„Neigt euer Ohr zu den Worten meines Mundes!" (Ps 78,1)

ÖSTERREICHISCHE BIBLISCHE STUDIEN

Herausgegeben von Georg Braulik

BAND 57

Beat Weber

„Neigt euer Ohr zu den Worten meines Mundes!" (Ps 78,1)

Studien zu den Asaph-Psalmen

Berlin - Bruxelles - Chennai - Lausanne - New York - Oxford

Bibliografische Information der Deutschen Nationalbibliothek
Die Deutsche Nationalbibliothek verzeichnet diese Publikation
in der Deutschen Nationalbibliografie; detaillierte bibliografische
Daten sind im Internet über http://dnb.d-nb.de abrufbar.

ISSN 0948-1664
ISBN 978-3-631-89650-1 (Print)
E-ISBN 978-3-631-89651-8 (E-PDF)
E-ISBN 978-3-631-89652-5 (EPUB)
DOI 10.3726/b20536

© 2024 Peter Lang Group AG, Lausanne
Verlegt durch:
Peter Lang GmbH, Berlin, Deutschland
info@peterlang.com http://www.peterlang.com/

Gewidmet

Ernst Jenni (1927–2022)

Edgar Kellenberger (*1943)

Klaus D. Seybold (1936–2011)

Heinrich von Siebenthal (*1945)

Vorwort

In Dankbarkeit und mit Freude geht dieser Band an die Leserschaft. Die darin enthaltenen zwölf Studien beschäftigen sich in unterschiedlicher Weise mit Psalmen, welche die Überschrift „zugehörig Asaph" (לאסף) tragen (Ps 50; 73–83). Diese sogenannten Asaph-Psalmen begleiten mich seit Beginn meiner wissenschaftlichen Beschäftigung.

Zehn der hier vorgelegten Studien sind früher, zwischen 1999 und 2021, entstanden. Für die Neuveröffentlichung wurden sie formal vereinheitlicht, (teils erheblich) überarbeitet und aktualisiert. In vier Beiträgen wurden Nachträge (bei I.2 und I.4) bzw. Anhänge (bei III.2 und III.4) neu beigegeben. Zwei umfangreiche Untersuchungen zu den Psalmen 78 und 81 sind neu entstanden und werden hier erstmals publiziert. Angeordnet sind die Beiträge im vorliegenden Sammelband unter drei Gesichtspunkten: Der erste Teil (I.1–4) enthält exegetisch-theologische Erarbeitungen ausgewählter Asaph-Psalmen (Ps 50 [zusammen mit Benjamin Kilchör]; 76; 78; 81). Im zweiten Teil (II.1–3) finden sich Aufsätze zu den Charakteristika, welche die Asaph-Psalmen in formaler und inhaltlicher Weise auszeichnen (Einordnung, Sprachgestalt, Gottesreden). Und der dritte Teil (III.1–5) bietet Studien zu Verbindungen, welche die Asaph-Psalmen als Einzelne oder als Gruppe zu weiteren Psalmen (Ps 90–106) sowie anderen Texten im Alten Testament (Dtn; Hos; Jes; Chr) aufweisen. Allen Aufsätzen wird eine englischsprachige Zusammenfassung (*Abstract*) vorangestellt. Die verwendeten Abkürzungen orientieren sich an Siegfried M. Schwertner, IATG³ – Internationales Abkürzungsverzeichnis für Theologie und Grenzgebiete, Berlin – Boston, MA ³2014.

Inhaltliche Überschneidungen und Doppelungen (z.B. zu den Charakteristika der Asaph-Psalmen) liessen sich nicht vermeiden bzw. hätten dafür eine noch viel weitergehende Bearbeitung der vormals publizierten Studien benötigt. Um Nachsicht bitte ich auch für die vielen Hinweise auf eigene Literatur. Die Aktualisierung der Beiträge dokumentiert die eigene Weiterarbeit an Asaph-Psalmen und -Themen über einen längeren Zeitraum. Die Beschäftigung mit diesen Psalmen kommt mit dem vorliegenden Sammelband zu einem gewissen Ende. Über die zwölf Beiträge dieses Bandes hinaus werden sieben weitere Asaph-Studien, die in einem ersten Sammelband zu Psalmen und Psalter neu bearbeitet wurden (2014), sowie die Monographie (Dissertation) zu Ps 77 (1995) – beide Bände sind inzwischen vergriffen – digital zugänglich gemacht (nähere Angaben finden sich am Ende dieses Bandes → Veröffentlichungen). Damit steht der Leserschaft mit diesem Band in den Händen der gesamte Ertrag meiner über dreissig-jährigen Beschäftigung mit Asaph und seinen Psalmen zur Verfügung.

Danken möchte ich allen, die bei den Korrekturlesungen der Beiträge mitgeholfen haben: Phil Botha, Michael Friesen, Walter Gisin, Andreas Käser, Edgar Kellenberger, Sr. Delia Klingler, Rainer Pabst, David Ray sowie eine Person, die ungenannt bleiben möchte. Benjamin Kilchör hat freundlicherweise der überarbeiteten Fassung eines gemeinsamen geschriebenen Aufsatzes zugestimmt. Mein Dank gebührt auch Georg Braulik, der als Herausgeber der Reihe „Österreichische Biblische Studien" (ÖBS) der Aufnahme meiner Beiträge in diese Reihe zugestimmt hat (mit ÖBS 58 wird bald ein weiterer Band mit Psalmen- und Psalterstudien folgen). Darüber hinaus hat er mich vielfach ermutigt und eine baldige Veröffentlichung angemahnt.

Der vorliegende Band ist vier Personen gewidmet, von denen zwei nicht mehr unter uns sind: Heinrich von Siebenthal hat mich im Erststudium an der „Freien Evangelisch-Theologischen Akademie Basel" (FETA, heute STH Basel) gründlich in die Sprachen der Bibel eingeführt. Ihm verdanke ich die linguistisch-exegetische Grundkompetenz. Im Folgestudium an der Universität Basel habe ich den beiden Alttestamentlern manches zu verdanken: Ernst Jenni hat mit seinen hebraistischen und semitistischen Vorlesungen und Publikationen mein Sprachverständnis wesentlich vertieft. Und Klaus Seybold hat mich vom Asaph-Seminar über die Akzessarbeit bis hin zur Dissertation begleitet. Mit einer wissenschaftlichen Forschungsassistenz (SNF) ermöglichte er mir die Arbeit an meiner Doktorarbeit. Zugleich konnte ich im Rahmen seines, in einen Kommentar (HAT) ausmündenden Psalmen-Projekts sämtliche Psalmen übersetzen und erarbeiten. Edgar Kellenberger schliesslich gehört wie ich zu den wenigen, die den Dienst als Pfarrer in einer Kirchgemeinde mit bibelwissenschaftlicher Tätigkeit verbunden haben. Dankbar blicke ich auf eine langjährige Beziehung mit vielerlei Gesprächen über Fragen von Bibel, Kirche und Theologie zurück. Bei fast all meinen Publikationen war er als Korrekturleser beteiligt und hat dabei erheblich zur Verbesserung meiner Ausdrucksweise beigetragen. Den vier Lehrern und Förderern ist dieser Band in Dankbarkeit gewidmet.

Basel, im Advent 2023   Beat Weber
                                           weber-lehnherr@sunrise.ch

Inhaltsverzeichnis

II. Charakteristika der Asaph-Psalmen

II.1 Asaph – ein Name, seine Träger und ihre Bedeutung in biblischen Zeiten

II.2 Akrostichische Muster in den Asaph-Psalmen 223

III. Verbindungen der Asaph-Psalmen

III.3 „Asaph Meets Hosea". Verbindungen zwischen Hosea-Schrift und Asaph-Psalmen, ausgehend von „Kriegsbogen"-Formulierungen

III.4 „Asaph" und „Jesaja". Eine komparatistische Studie zur These von Tempelsängern als für Jesaja 40–66 verantwortlichem Trägerkreis

I. Beiträge zu einzelnen Asaph-Psalmen

I.1 „Unser Gott kommt …!" (Ps 50,3). Psalm 50 und sein Setting im Lichte aufgenommener Überlieferungen[*]

Gemeinsam mit Benjamin Kilchör

Abstract: *This study combines an analysis of the discourse structure in Ps 50 with an investigation into the underlying (Pentateuchal) traditions invoked in the Psalm. The Asaphite Psalm 50 contains three divine speeches with different addressees: v. 5 (heaven and earth), vv. 7–15 (the people as a whole) and vv. 16b–23 (the wicked). A liturgical setting in the context of a renewal of the covenant seems likely, as textual relationships (cf. Deut 30–33; Josh 22; 24 inter alia) indicate. Deuteronomic traditions and texts and Levitical imprinting are found in the background of the Psalm. It contains a North-Israelite flavour but might have its setting in Jerusalem (Zion, v. 2). A dating after the fall of the Northern Kingdom (722 B.C.), probably in the reign of King Hezekiah, can be assumed. This makes it possible to group Ps 50 with other Asaph psalms. In relation to the two other "feast-psalms", it might be dated later than the Asaphite Ps 81 (probably from the Northern Kingdom and before 722 B.C.), but is evidently significantly older than Ps 95.*

1. Einleitung

In Psalm 50 verbinden sich in recht eigentümlicher Weise psalmentheologische, prophetische und deuteronomische (oder: deuteronomistische) Momente.[1] Dass die sogenannten asaphitischen „Festpsalmen" (Ps 50; 81, vgl. auch den „deutero-asaphitischen" Ps 95) Schnittstellen zu Strata des Pentateuchs, namentlich des Dtn und von ihm herkommender Literatur, aufweisen, wird häufig erwähnt.[2]

Der Anlass, Ps 50 von unterschiedlichen Perspektiven und Einsichten aus neu zu untersuchen, waren die jeweiligen Forschungsschwerpunkte im Pentateuch (Kilchör) und in den Psalmen (Weber).[3] Im Vordergrund dieses Beitrags stehen die Erarbeitung des Settings (Kommunikationssituation) und v.a. die Erkundung von

---

[*]   Erstveröffentlichung (wird hier von Beat Weber überarbeitet und aktualisiert): Benjamin KILCHÖR / Beat WEBER, „Unser Gott kommt …!" (Ps 50,3): Psalm 50 und sein Setting im Licht aufgenommener Überlieferungen, Old Testament Essays 27 (2014) 1084–1111 (mit dem Einverständnis des Mitverfassers zur hier vorliegenden Neuveröffentlichung).

1   Vgl. SPIECKERMANN, Rede, 159–161.
2   Zu diesem Psalm vgl. etwa die Kommentierung von HOSSFELD, Psalm 50, sowie BÖHLER, Psalmen 1–50, 904–924.
3   Die Asaph-Psalmen und ihr Gruppenkolorit sind von uns (Weber) mehrfach untersucht worden, vgl. WEBER, Psalm 77; DERS., Psalm 83; DERS., Asaph-Psalter; DERS., Asaf; DERS., Gottesreden.

literarischen Gemeinsamkeiten (und darin auch Differenzierungen) zwischen Ps 50 und anderen Texten, vornehmlich solchen aus dem Pentateuch. Daraus ergeben sich einige sozio- und literarhistorische Überlegungen sowie Erwägungen zu traditionsgeschichtlichen Hintergründen und Milieubezügen.

2. Text, Übersetzung und Kommunikationsstrukturen von Psalm 50

2.1 Text und Übersetzung

		1		מִזְמוֹר לְאָסָף	Ein Psalm – zugehörig Asaph.
I	A	1	a	אֵל אֱלֹהִים יְהוָה	„El, Elohim, Jнwн!"
			b	דִּבֶּר וַיִּקְרָא־אָרֶץ	Geredet hat er, [auf]gerufen [die] Erde:
			c	מִמִּזְרַח־שֶׁמֶשׁ עַד־מְבֹאוֹ:	vom Aufgang der Sonne bis zu ihrem Niedergang.
		2	a	מִצִּיּוֹן מִכְלַל־יֹפִי	Vom Zion her, der vollkommenen Schönheit,
			b	אֱלֹהִים הוֹפִיעַ:	ist Elohim aufgestrahlt:
		3	a	יָבֹא אֱלֹהֵינוּ וְאַל־יֶחֱרַשׁ	„Es kommt unser Elohim, und (er) schweigt nicht!"
			b	אֵשׁ־לְפָנָיו תֹּאכֵל	Feuer vor seinem Angesicht her, es frass (immer neu),
			c	וּסְבִיבָיו נִשְׂעֲרָה מְאֹד:	und rings um ihn stürmte es gewaltig.
	B	4	a	יִקְרָא אֶל־הַשָּׁמַיִם מֵעָל	Er rief (wiederholt) zu den Himmeln von oben her
			b	וְאֶל־הָאָרֶץ לָדִין עַמּוֹ:	und zur Erde, um zu richten sein Volk:
		5	a	אִסְפוּ־לִי חֲסִידָי	*„Versammelt mir meine Begnadeten,*
			b	כֹּרְתֵי בְרִיתִי עֲלֵי־זָבַח:	*die schliessen meinen Bund über dem Schlachtopfer!"*
		6	a	וַיַּגִּידוּ שָׁמַיִם צִדְקוֹ	Es verkündeten die Himmel seine Gerechtigkeit:
			b	כִּי־אֱלֹהִים שֹׁפֵט הוּא סֶלָה:	„Fürwahr, Elohim: Richter ist er!" – Sela.
II	C	7	a	שִׁמְעָה עַמִּי וַאֲדַבֵּרָה	*„Höre bitte, mein Volk, so will ich reden,*
			b	יִשְׂרָאֵל וְאָעִידָה בָּךְ	*Israel, so will ich zeugen gegen dich:*
			c	אֱלֹהִים אֱלֹהֶיךָ אָנֹכִי:	*Elohim, dein Elohim, bin ich!*
		8	a	לֹא עַל־זְבָחֶיךָ אוֹכִיחֶךָ	*Nicht wegen deiner Schlachtopfer rüge ich dich,*
			b	וְעוֹלֹתֶיךָ לְנֶגְדִּי תָמִיד:	*und deiner Brandopfer, die vor mir sind ständig.*
		9	a	לֹא־אֶקַּח מִבֵּיתְךָ פָר	*Nicht nehme ich von deinem Haus den Jungstier,*
			b	מִמִּכְלְאֹתֶיךָ עַתּוּדִים:	*aus deinen Pferchen die Böcke.*
	D	10	a	כִּי־לִי כָל־חַיְתוֹ־יָעַר	*Denn mein ist alles Getier des Waldes,*
			b	בְּהֵמוֹת בְּהַרְרֵי־אָלֶף:	*Vieh auf tausend Bergen.*

	11	a	יָדַעְתִּי כָּל־עוֹף הָרִים	Ich kenne alle Vögel der Berge,
		b	וְזִיז שָׂדַי עִמָּדִי:	und die Grille des Feldes ist bei mir.
E	12	a	אִם־אֶרְעַב לֹא־אֹמַר לָךְ	Wenn ich hungerte, müsste ich es nicht sagen dir,
		b	כִּי־לִי תֵבֵל וּמְלֹאָהּ:	denn mein ist der Erdkreis und was ihn füllt.
	13	a	הַאוֹכַל בְּשַׂר אַבִּירִים	Sollte ich etwa essen das Fleisch von Stieren
		b	וְדַם עַתּוּדִים אֶשְׁתֶּה:	und das Blut von Böcken trinken?!
F	14	a	זְבַח לֵאלֹהִים תּוֹדָה	Opfere Elohim Lobdank(opfer)
		b	וְשַׁלֵּם לְעֶלְיוֹן נְדָרֶיךָ:	und erstatte Eljon deine Gelübde!
	15	a	וּקְרָאֵנִי בְּיוֹם צָרָה	Ja, rufe an mich am Tag der Bedrängnis!
		b	אֲחַלֶּצְךָ וּתְכַבְּדֵנִי:	Ich werde dich retten, und du wirst mich ehren."
III G	16	a	וְלָרָשָׁע אָמַר אֱלֹהִים	Aber dem Frevler sagt Elohim hiermit:
		b	מַה־לְּךָ לְסַפֵּר חֻקָּי	„Was [erlaubt] dir, aufzuzählen meine Satzungen,
		c	וַתִּשָּׂא בְרִיתִי עֲלֵי־פִיךָ:	und nahmst meinen Bund in deinen Mund?!
	17	a	וְאַתָּה שָׂנֵאתָ מוּסָר	Doch du, du hassest Zucht,
		b	וַתַּשְׁלֵךְ דְּבָרַי אַחֲרֶיךָ:	warfst meine Worte hinter dich.
	18	a	אִם־רָאִיתָ גַנָּב וַתִּרֶץ עִמּוֹ	Wenn du sahst einen Dieb, befreundetest du dich mit ihm,
		b	וְעִם מְנָאֲפִים חֶלְקֶךָ:	und mit Ehebrechern war dein Teil.
H	19	a	פִּיךָ שָׁלַחְתָּ בְרָעָה	Deinen Mund sandtest du mit Bösem,
		b	וּלְשׁוֹנְךָ תַּצְמִיד מִרְמָה:	und deine Zunge flocht wiederholt Trug.
	20	a	תֵּשֵׁב בְּאָחִיךָ תְדַבֵּר	Jedesmal wenn du dich hinsetzt: gegen deinen Bruder redetest du,
		b	בְּבֶן־אִמְּךָ תִּתֶּן־דֹּפִי:	an den Sohn deiner Mutter heftetest du Makel.
	21	a	אֵלֶּה עָשִׂיתָ וְהֶחֱרַשְׁתִּי	Solches hast du getan – und ich sollte schweigen?
		b	דִּמִּיתָ הֱיוֹת־אֶהְיֶה כָמוֹךָ	Hast du dir eingebildet, ich sei ganz wie du?
		c	אוֹכִיחֲךָ וְאֶעֶרְכָה לְעֵינֶיךָ:	Ich muss dich rügen und [die (Rechts-)Sache] vor deine Augen stellen!
I	22	a	בִּינוּ־נָא זֹאת שֹׁכְחֵי אֱלוֹהַּ	Erkennt doch dies, ihr Eloah-Vergessende,
		b	פֶּן־אֶטְרֹף וְאֵין מַצִּיל:	damit ich nicht zerreisse, und es gibt keinen Retter.
	23	a	זֹבֵחַ תּוֹדָה יְכַבְּדָנְנִי	Wer opfert Lobdank(opfer), ehrt mich,
		b	וְשָׂם דֶּרֶךְ אַרְאֶנּוּ בְּיֵשַׁע אֱלֹהִים:	und wer den Weg bahnt, den lasse ich ansehen das Heil Elohims!"

2.2 Strukturen und Kommunikationsweisen

Knappe Hinweise zu Kolometrie und Strophik müssen an dieser Stelle genügen. Die Hauptzäsuren nach V. 6 und V. 15 sind durch Inhalt, Redewechsel und

Refrain-ähnlichen Schluss mit Toda-Bezug der beiden Hauptstanzen (vgl. V. 14–15 mit V. 23) leicht ersichtlich und weithin anerkannt.[4] Über die drei Stanzen (nach anderer Terminologie: Cantos) 1a–6 (I), 7–15 (II) und 16–23 (III) hinaus untergliedert sich der Psalm in neun Strophen (A–I), 23 Verse (4 Trikola, der Rest Bikola) und 51 Verszeilen (Kola).[5]

Etwas längere Ausführungen verdient die Kommunikationsstruktur dieses Psalms, ist diese doch so komplex wie beachtenswert.[6] Der dominante Modus der (prophetisch vermittelten) Gottesreden[7] ist vorab zu nennen.[8] Die Anfänge der beiden längeren Gottesreden in den Stanzen II und III sind deutlich, deren Ende weniger. Sicher verläuft die Gottesrede von V. 7–13 und (an andere Adressaten, vgl. 16a) von V. 16b–21. Am Ende der beiden Stanzen II und III (Strophen F und I) fällt auf, dass von Gott in der dritten Person gesprochen wird (14.22–23). Ein zweimaliger Wechsel zu einem menschlichen Sprecher ist unwahrscheinlich;[9] vielmehr ist von einer Selbstbezeichnung Gottes auszugehen (Illeismus).[10] Jedenfalls wird mit den Wechseln 13 → 14 und 21 → 22 zur direkt adressierenden bzw. auffordernden Rede je ein abschliessender Akzent gesetzt.[11]

---

4   Vgl. VAN DER LUGT, Cantos II, 87–90; VESCO, Psautier I, 456–457.

5   So in weitgehender Übereinstimmung mit VAN DER LUGT, Cantos II, 82–91. Abweichungen ergeben sich in der Kolometrie von Strophe A (1–3), die van der Lugt als Trikolon (1abc), Bikolon (2ab) und Trikolon (3abc) einstuft. Demgegenüber segmentieren wir (gegen die Masoreten, mit FOKKELMAN, Psalms, 60): Trikolon (1abc), Trikolon (2ab3a) und Bikolon (3bc). Damit wird die bikolische Segmentierung (1ab, 1c2a, 3ab) in WEBER, Werkbuch I, 228, korrigiert. Begründung: 3a ist als (zwischenmenschliche) direkte Rede einzustufen (dazu RUWE, Psalmen, 77), die 2ab vorbereiten bzw. einleiten. Es ergibt sich somit eine Parallelität zwischen den beiden den Psalm eröffnenden Trikola (eingespielte Rede am Anfang [1a] bzw. am Schluss [3a]). Gegenüber der zitathaften Einspielung von 3a ergehen 3bc wohl im Modus der Schilderung.

6   Die kommunikativen Konstellationen verdienen sorgfältigere Beachtung und Auswertung, als ihnen in der Psalmenforschung bisher zuteil wurde. Vgl. dazu WEBER, Werkbuch III, 130–137, und die Übersetzung von RUWE, Psalmen, 77–78. SCHÖNING, Gott, 215, notiert, dass die Verben des Redens „die wichtigsten Leitbegriffe dieses Psalms" bilden.

7   Vgl. SÜSSENBACH, Psalter, 80–85.314–319, und WEBER, Gottesreden, 741–745.

8   Gottesrede ist in obiger Übersetzung durch Kursivsetzung markiert; eingespielte, zitatartige Reden werden (zudem) mit „…" angezeigt.

9   V. 14 wäre in diesem Fall als menschliche Aufforderung zu verstehen, die Gott in V. 15 aufnimmt, in die er einstimmt und die er mit einer Verheissung beschliesst. Beim Psalmschluss läge – nimmt man die Rede von bzw. über Gott in der 3. Person als Kriterium – ein Wechsel zwischen Menschenrede (22a.23b) und Gottesrede (22b.23a) innerhalb der Verse vor, was abwegig ist.

10   Zum Phänomen der 3. Person zur Selbstbezeichnung (Illeismus) in der Bibel vgl. ELLEDGE, Use (er erwähnt aus Ps 50 nur V. 22, vgl. ebd., 77).

11   Im ersten Fall wechselt die Rede von einer rhetorischen Frage zu Aufforderungen; im zweiten Fall von rhetorischen Fragen, die mit einer Rüge „beantwortet" werden, zu einer Aufforderung (mit Vokativ und Adressatenwechsel vom Singular zum Plural). Beim Psalmschluss (23) handelt es sich um eine Generalisierung in weisheitlicher Manier.

Mit der Gottesrede als Psalmenrede liegt eine im Psalter eher unübliche Redeweise vor.[12] Die Worte ergehen mit hoher Autorisierung. Dass dabei auch die Vermittler der Gottesreden einen autoritativen Status einnehmen bzw. beanspruchen, machen die Redekonstellationen in der Eröffnungsstanze deutlich. So findet sich neben der Gottesrede von V. 5 eine *invocatio Dei* mit auffälliger Triplette in 1a.[13] Dazu gehört weiter die menschliche, für ein Kollektiv sich äussernde Stimme in 3a sowie das ungewöhnliche Verweiswort „der Himmel" in 6a (vgl. dazu auch Ps 82), das ebenfalls einen starken, Gewicht verleihenden Impetus enthält. In der nachfolgenden Textanalyse wird auf diese Phänomene weiter einzugehen sein.

3. Erläuterungen zu Psalm 50,1–6 (Stanze I)

3.1 Zum kommunikativen Setting

Die eröffnende Stanze (I: 1a–6) weist ein in den Rahmen, innerhalb dessen die beiden längeren Gottesreden in den Stanzen II und III zu verstehen sind. Gottes (vermeintliche) Absenz bzw. seine Präsenz ist der sich abzeichnende Hintergrund einer konflikthaften Konstellation. Sie kommt in der zwei-strophigen Erststanze zum Tragen, deutet sich aber auch in der inhaltlichen Entfaltung der Folgestanzen da und dort an (vgl. 7abc, 21a, 22b). Mit anderen Worten: Es geht um die Interaktion zwischen dem Gott Israels und „seinem Volk" als Gegenüber (vgl. 7), insbesondere um JHWHS Erscheinen, Reden und Handeln, das sein Bundesvolk nicht wahrnimmt, verbunden mit dem reaktiven Reden und Handeln seines Volkes (vgl. 5). Damit wird deutlich, dass „Kommunikation" – in weitem Sinne gefasst – nicht erst in den Gottesreden sich inhaltlich vollzieht, sondern das eigentliche Problem darstellt. Dies zeigt sich in Stanze I daran, dass der „Anfechtung" durch Gottes Untätigkeit (Abwesenheit, Schweigen) angesichts von Unrecht die Evidenz seines Kommens (Theophanie) gegenübergestellt wird. Dabei kommen verschiedene Kommunikationsebenen zum Tragen.

Wenn wir recht sehen, sind in den Duktus der schildernden Psalmrede in Stanze I mehrfach zitatartig Reden aufgenommen. Dies beginnt mit der Gottesanrufung in 1a (ungenannt: Mensch[en] → Gott = *invocatio Dei*) und setzt sich in 3a fort mit einer Aussage der Zuversicht, welche ein Kollektiv spricht (Menschen → ungenannt: Mitmenschen, allenfalls Selbstvergewisserung). Der Aufruf in 5ab ergeht erstmals in der Gestalt einer Gottesrede (Gott → ungenannt: Himmel und Erde). Der Abschnitt schliesst mit einer Vergewisserungsaussage in 6a, die von den Himmeln als Zeugeninstanz ergeht und Gott als Herrscher bzw. Richter beglaubigt (Himmel → ungenannt: Menschen).

Der Sachverhalt soll kurz in einem Schaubild dargestellt und in seiner Bedeutung evaluiert werden.

---

12   Eine Zusammenstellung samt Erörterung von (prophetischen) Gottesreden (mit Ps 81 als Beispiel) findet sich in WEBER, Werkbuch III, 164–171.

13   Dass Gott sich selbst in und mit diesen Worten äussert (Gottesrede), scheint unwahrscheinlich, ist aber nicht völlig ausgeschlossen (vgl. Ex 34,6–7). Die „Gott-Anapher" in 1a (2mal אל) wird in der Selbstvorstellung von 7abc aufgenommen und durch ein drittes א-Wort noch verstärkt (vgl. SONNET, God, 212).

Strophe A (1a–3):

1a   Menschenrede (an Gott): Gott wird an- bzw. aufgerufen (*invocatio Dei* →
      evocatio Dei).

3a   Menschenrede (an Menschen): Unser (angerufener) Gott kommt und redet.

Strophe B (4–6):

5ab   Gottesrede (an Himmel und Erde): Versammlungsaufruf (betreffend
      das Volk).

6b   Himmelsrede (an Menschen): Erweis des Richterseins Gottes.

Die grammatikalisch-syntaktische Struktur führt – ausgenommen die Gottesrede
in V. 5 – freilich nicht zwingend dazu, mit den vier angeführten Rede-Einspielungen
(1a, 3a, 5ab, 6b) zu rechnen. Entsprechend wird – insofern dies aus der jeweiligen
Auslegung hervorgeht – unterschiedlich übersetzt und ein Teil der erwähnten Passagen nicht als direkte Rede aufgefasst.[14] Die hier vorgelegte Einschätzung der Kom-
munikationsformen ist zum Teil neu und muss entsprechend begründet werden.[15]
Zu 1a(bc): Entweder versteht man die dreifache Gottesnennung in 1a als explizi-
tes, gestaffeltes (koordiniertes) Subjekt (bzw. mit den hinteren Gliedern als Apposition[16]) zu den Verben von 1b, oder aber die Verben haben Gott als implizites Subjekt[17]
und die Eingangszeile ist vokativisch als vorangestellte Gottesanrufung zu verstehen. Für die hier vertretene Auffassung lassen sich folgende Punkte anführen: 1.
die Triplette spricht eher für eine feierliche wie emphatische Anrufung der Gottheit
unter drei Bezeichnungen als für ein (gedehntes) Subjekt; 2. die engste Parallele in
Jos 22,22(–23) lässt im Zusammenhang mit einem abgegebenen Schwur ebenfalls
an eine Anrufung der Gottesnamen denken; 3. die Anrufung Gottes fügt sich in
den Kontext sowohl von Ps 50 wie asaphitischer Präsenz- bzw. Namenstheologie
generell.[18] Diese Einschätzung passt zum Wechsel zwischen abgeschlossenen und
präsentisch-futurischen Aussagen[19] in Stanze I: Die eröffnende Anrufung JHWHs
evoziert seine gegenwärtige Präsenz (1a), und diese ist verbunden mit seinem vergangenen Reden zur Erde (bewohnte Welt), fortschreitend von Tag zu Tag (1bc).

---

14   Vgl. dazu (direkte Rede in Klammern) u.a. DELITZSCH, Psalmen, 363 (1a?, 5ab); KRAUS,
     Psalmen, 525 (1a?, 5ab); CRAIGIE, Psalms 1–50, 362 (1a?, 5ab); SEYBOLD, Psalmen,
     203–204 (1[b]c!, 5ab, 6b?); SÜSSENBACH, Psalter, 75–76 (5ab); VESCO, Psautier I, 455
     (5ab). Bei HOSSFELD, Psalm 50, 310, ist der Sachverhalt aufgrund der Vorgabe der
     Einheitsübersetzung nicht hinreichend deutlich.
15   In WEBER, Werkbuch I, 228, wurde nur für 5ab sowie – weniger deutlich – für 1a
     direkte Rede angenommen. Die Neueinschätzung verdanken wir Anstössen von
     RUWE, Psalmen, 77.
16   Die Lesart von אל אלהים als Genetivverbindung im Sinne eines Superlativs („Gott
     der Götter" o.ä.) kann sich zwar auf die LXX (und Dtn 10,17 – freilich mit anderer
     Formulierung) stützen, ist hier aber unwahrscheinlich (so bereits DELITZSCH, Psal-
     men, 366). Auch die Ähnlichkeit zwischen den asaphitischen Belegen Ps 50,1(–3) und
     83,2 (dazu WEBER, Psalm 83, 273.277–278 [76.80–81]), widerrät dieser Auffassung.
17   Dieses legt sich von 1a her nahe bzw. die Staffel der Gottesbezeichnung übernimmt
     eine *double-duty*-Funktion (primär Vokativ, sekundär Satzsubjekt).
18   Vgl. dazu WEBER, Asaph-Psalter, 371–372 (124); DERS., Asaf, 249.
19   Diese Doppelung hat schon DELITZSCH, Psalmen, 366, notiert.

Die Anrufung und der Verweis auf Gottes stetiges Reden bereiten sein Kommen (Theophanie) und Reden vor.

Zu (2ab)3a: Ähnlich wie beim ersten Trikolon ist auch beim zweiten eine Verbindung von Rückblick (2ab *qtl*) und Ausblick (3a *jqtl*) festzustellen. Letzterer geschieht in Form einer direkten Rede. Die Erfahrung der Sonnen- bzw. Lichttheophanie wird in die Gewissheit gefasst, dass Gott fernerhin erscheint und spricht. Die beiden Trikola 1abc und 2ab3a sind mit Blick auf die Abfolge von direkter Rede und Schilderung spiegelsymmetrisch angeordnet, mit den Redeteilen (a/a') als Inclusio (abb|b'b'a'). Das angesagte Erscheinen Gottes in 3a wird in 3bc (die Strophe abschliessendes Bikolon) als realisierte (*qtl*) Gewittertheophanie (Blitz, Sturm) geschildert.

Zu 5ab: Es ist unbestritten, dass direkte Rede vorliegt und Gott der Sprechende ist. Die Gerichtsszenerie von V. 4–6 führt zunächst zur Aufbietung von Himmel und Erde als Zeugen (vgl. Dtn 4,26; 30,19; 32,1, ferner 17,6–7; 19,15).[20] In 6 wird von einem der beiden Zeugen (Himmel) Gott als Richter vorgestellt (bevor ab 7 dessen Rede einsetzt). Das Volk als Adressat der göttlichen Gerichtsrede (vgl. 4b) wird in 5 zusammengerufen, bevor die Gottesrede mit dem Höraufruf beginnt (7). Die Adressaten der in 5ab von Gott angeordneten Versammlung bleiben ungenannt.[21] Vom Kontext her rücken Himmel und Erde (allenfalls nur die Himmel, vgl. 6a) in den Vordergrund. Mit Blick auf die Aufgabe, eine (gottesdienstliche) Versammlung zusammenzurufen,[22] liegt es freilich näher, an Kultpersonal zu denken.[23] Da aber in Stanze I durchwegs „kosmische" Grössen angesprochen sind oder handeln, wird man trotz der ungewöhnlichen Vorstellung wohl an Himmel und Erde als Angesprochene zu denken haben. Sie bzw. der Himmel allein hätten dann eine dreifache Funktion: zu zeugen (4), die Gemeinde zusammenzurufen (5) sowie Gottes Gerechtigkeit zu verkünden und Gott als Richter zu proklamieren (6).

Zu 6(a)b: Die Einschätzung von 6b als direkter Rede hängt an der Bestimmung des כי: Fasst man es als Konjunktion („dass" oder „denn"), führt es den Satz aus 6a weiter; wird es hingegen als emphatische Partikel verstanden, wird die Verkündigung des Himmels bekräftigend in eine direkte Rede überführt. Syntaktisch ist beides möglich, inhaltlich ist die Differenz gering. Aufgrund der „liturgischen" Kommunikation und der Emphase am Stanzenende (bevor Gott unmittelbar danach selbst das Wort ergreift) ziehen wir die emphatische Lesart vor. Himmel (und Erde), die eine Volksgemeinde zusammenrufen (V. 5) und Gottes Richtersein verkünden (6) – beides ist als metaphorisch (Personifizierung) und, anders als bei der Zeugenschaft (4), als ungewöhnlich zu beurteilen.

Ist Strophe A (1b–3) durch die Sonnen- und Gewittertheophanie sowie die Anrufung der Erde (1bc *qtl*) bestimmt, so findet sich in Strophe B (4–6) insofern eine

---

20   Beim *infinitivus constructus* von 4b ist von Gott (nicht: Himmel und Erde) als Subjekt des Richtens auszugehen (vgl. 6b).

21   Es ist zwar möglich, חסידי „meine Begnadeten" als Angesprochene (vokativisch) aufzufassen, naheliegender aber ist es, sie in Parallelisierung mit dem b-Kolon als zu Versammelnde (akkusativisch) zu verstehen.

22   Mit „meinen Begnadeten" // „die schliessen meinen Bund über dem Schlachtopfer" ist von 4b und 7–8 her das Volk // Israel im Blick.

23   Eine Parallele dazu bieten Joel 1,13–14.

Steigerur.g, als nun Himmel und Erde angerufen werden (4ab *jqtl*).[24] In der B-Strophe steht das Gotteswort im Zentrum (5ab), umklammert von „Himmels"-Aussagen (4ab und 6ab). Der Himmel wird zu einer Art Zeugen- bzw. Mittlerinstanz: Gott ruft zum Himmel (4a) und tut ihm (und der Erde) seine Gerichtsabsicht kund (4ab); dieser wiederum verkündet Gott als gerechten Richter (6ab). Die Verkündigung der Himmel in 6a (*wjjqtl*) könnte als Progress zur geschehenen Adressierung der Erde in 1bc (*qtl*) aufgefasst werden (die Doppelung von Himmel/Erde aus 4ab aufnehmend und eine Stanzen-*inclusio* bildend). Die Theophanie aus Strophe A wird in B jedenfalls konkretisiert als Kommen zum Gericht.[25]

Trifft die aufgewiesene kommunikationsanalytische Einschätzung zu, dann ruft diese nach Überlegungen zu den Sprechvorgängen, ihren Ausführenden und damit dem Setting des sprachlichen Ensembles von Stanze I (und darüber hinaus).[26] Der Sitz im Leben in einer gottesdienstlichen (Fest-)Begehung in nationalem Horizont an einem Heiligtum legt sich bereits aufgrund der ersten Stanze nahe (und bestätigt sich durch Beobachtungen zu Opfer- und Gebotsausführungen in den nachfolgenden Stanzen sowie im verwandten Ps 81). Die dialogische Struktur und die zitatartigen Einspielungen machen das Auftreten unterschiedlicher Stimmen wahrscheinlich. Es ist anzunehmen, dass Sprecher und/oder Sprechgruppen (mit unterschiedlichen Funktionen) Ps 50 im Wechsel vortrugen. Namentlich die schildernden Passagen einerseits und die in dieser Rede eingelegten „Zitate" andererseits lassen an unterschiedliche Vortragende (Einzelpersonen oder Kollektive) denken, denen vermittelnde oder repräsentierende Funktionen oblagen (vgl. etwa das inkludierende „unser Elohim" in 3a).[27] Namentlich bei der Vermittlung der Gottesrede sind hohe Funktionäre am Heiligtum beteiligt. Soweit uns die Verhältnisse im Alten Israel bekannt sind, stehen Kultpropheten[28] oder Leviten(priester)[29] im Vordergrund. Auch eine Verbindung beider Funktionen ist denkbar.

---

24 Die *jqtl*-Form in 4a kann (anders als in der Übersetzung angezeigt) auch präsentisch aufgefasst werden; dann ergeht die erste Gottesrede (5ab) in der Gegenwart. So die Einschätzung in WEBER, Mose-Lied, 271–274. Auch BÖHLER, Psalm 1–50, 905.907, übersetzt präsentisch und sieht als Ziel in 4b die Erteilung einer Rechtsbelehrung.

25 Obwohl der Psalm von Gottes Richten redet (4b.6b), ist HOSSFELD, Ps 50, 84–86, insofern zuzustimmen, als in Ps 50 (wie 81) aus dem Gericht eine ermahnend-belehrende Rüge wird.

26 Betreffend Gattung und Sitz im Leben dieses Psalms (sowie anderer mehr) gibt es eine lange und bis heute anhaltende Diskussion, ob hier direkt kultisch-liturgisches Geschehen greifbar werde (so u.a. MOWINCKEL, Psalms, 20–21.69–70; CRAIGIE, Psalms 1–50, 363–364) oder ob solches (lediglich) im Modus der literarischen Nachahmung (so u.a. GUNKEL, Psalmen, 214; SPIECKERMANN, Rede, 159) vorliege. Besonders ausführlich äussert sich hinsichtlich Ps 50 KRAUS, Psalmen I, 526–538. Die Diskussion kann hier nicht aufgerollt werden. Zu unserer Präferierung *direkter* Gottesrede (in gottesdienstlichem Kontext) vgl. WEBER, Gottesreden.

27 Die Sprechenden bleiben allerdings – ausser Gott in seiner Ich-Rede – anonym.

28 So TOURNAY, Voir, 111–112.132–133.

29 So JEREMIAS, Kultprophetie, 125–127.

3.2 Zu Intertextualität und Traditionsmilieus

Die den Psalm eröffnende Dreifachanrufung „El, Elohim, Jнwн!" (1a) findet sich lediglich noch in Jos 22,22. Dort erscheint sie im Zusammenhang eines Schwurs der ostjordanischen Stämme, dass ihr Altarbau nicht zur frevelhaften Opferdarbringung, sondern als „Zeuge" (עד Jos 22,27–28.34) für die Nachkommen dienen soll. Gegenüber der vermeintlichen Abwendung von Gott zeigt die doppelte Dreifachanrufung der Ostjordanstämme am Anfang ihrer Legitimationsrede, dass sie im Verbund der Stämme Israels Jнwн bleibend die Treue halten wollen. Mag der Vergleich der beiden Passagen auf den ersten Blick nicht ergiebig sein, so zeigt sich bei näherem Zusehen, dass weitere Gemeinsamkeiten vorliegen: 1. findet eine Versammlung Israels an einem Heiligtum statt (vgl. Ps 50,2 [Zion] mit Jos 22,9.12 [Schilo]); 2. werden Fragen des rechten Opfers thematisiert („Schlachtopfer/Brandopfer": Ps 50,5.8; Jos 22,23.26–27.29);[30] 3. wird eine Zeugenschaft wider das Gott-Vergessen angesprochen (vom Altar als עד „Zeuge" für die Bundesbeziehung: Jos 22,27–28.34; vom עוד „Zeugen" Gottes gegen Israel: Ps 50,7 [mit 81,9 als naher Parallele]). In Ps 50 lautet das Selbstzeugnis Gottes: „Elohim (in Vertretung für: Jнwн), dein Elohim, bin ich!" Am Schluss der Jos-Passage heisst es: „Denn Zeuge ist er (gemeint: der Altar) zwischen uns, dass Jнwн Elohim ist." (Jos 22,34). Der letzte Punkt erhält unter Einbezug dtn Belege zusätzliches Gewicht, wenn man das Moment der Zeugenschaft in Stanze I weiter bedenkt. Gottes „(sich selbst be)zeugen" in V. 7 hat in der An- bzw. Aufrufung von Himmel und Erde (1bc, 4ab, vgl. 6a) gleichsam einen Vorbau. Dies hat Ps 50 mit dtn Aussagen (Dtn 4,26; 30,19; 31,28, vgl. 8,19; 31,19.21.24.26; 32,1 [mit Blick auf Nachkommen wie in Jos 22!]) gemeinsam, zumal diese (auch) einen Haftpunkt am Sinai haben (vgl. Ex 19,21.23).[31]

Nachzutragen bleibt der Hinweis auf den Landtag der Stämme zu Sichem in Jos 24, der im Duktus von Jos nach dem Altarbau der Ostjordanstämme stattfand. Dort wird zunächst das Volk zu „Zeugen" gegen sich selbst (Jos 24,22); zum Schluss wird (vergleichbar mit dem Altar zum Gedenken am Jordan in Jos 22) am Heiligtum ein Stein als „Zeugnis" (עדה) des Gedenkens aufgerichtet (Jos 24,27). Ps 50 weist mit Jos 24 auch insofern Berührungen auf, als (wie in Ps 50,5) vom „Schliessen eines Bundes" (כרת ברית) in Sichem die Rede ist (Jos 24,25), wohl als Bestätigung des Horeb/Sinai-Bundes (vgl. Ex 24,8; 34,10.27[32]; Dtn 5,2–3), aktualisiert in Moab (vgl. Dtn 1,4–6; 28,69). Die Anrufung von Himmel und Erde als Zeugen in Dtn 30,19 (ähnlich 31,28 und v.a. 32,1) hat eine enge Übereinstimmung mit Ps 50,4.7.

Dieser Sondierungsgang lässt als Sitz im Leben eine Bundes(schluss)erneuerung an einem Heiligtum denken. Dass altes Stämmekolorit und nordisraelitische Verhältnisse (Sichem, Schilo[33]) zum Tragen kommen, ist anzunehmen (vgl. den verwandten Festpsalm 81). Ähnlich führt Ps 83, der eine Reihe von Berührungen mit Ps 50

---

30 Schöning, Gott, 209.211–212.216–220.225, weist mit Blick auf die Opferthematik auf Verbindungen von Ps 50 zu Lev 7 hin. Bojowald, Ps 50,7–14, führt zur distanzierten Haltung gegenüber Opfern zwei ägyptische Texte an.

31 Zu Bezügen von Ps 50 zu Dtn 32,1–43 (mit seinem Rahmen) vgl. Weber, Mose-Lied, 271–276.

32 Zur Verbindung von „Bund" und „Schlachtopfer" vgl. Ps 50,5 mit Ex 34,15.

33 Für Schilo ist mit jährlichen Wallfahrten sowie Einlösungen von Gelübden und תודה-Darbringungen zu rechnen (vgl. 1. Sam 1,3.11.21–28; Ri 21,19).

aufweist, in nordisraelitische wie ostjordanische Gebiete (vgl. v.a. V. 9, ferner zum Schweigemotiv Ps 50,3.21; 83,2, zum Sturm 50,3; 83,14–16, zum Bundesschluss 50,5.16; 83,6).[34] Dass das Deuteronomium im Ostjordanland nach der Eroberung ostjordanischer Gebiete lokalisiert ist (Dtn 1,4–5 – mit Rückbezug auf Gottes Reden am Sinai/ Horeb, Dtn 1,6), stimmt überein mit dem gleich zu Beginn (1a) aufgrund von Jos 22 und 24 vermuteten Verweis auf frühe Haftpunkte im Ostjordanland (und Sichem/ Schilo). Im Vergleich zum Bericht in Num (21,21–35, vgl. 32,33) ist zudem die dtn Schilderung von der Eroberung und Zuteilung dieser Gebiete ungleich ausführlicher (vgl. Dtn 2,24–3,22), was mit ein Indiz für das nordisraelitische Kolorit des Dtn ist.[35] Auch die Erwähnung des Zions (2a) widerrät nicht zwingend einer diesbezüglichen Verortung, wie ein Blick auf Ps 68 zeigt.[36] Wenn auch in anderer Diktion als im Dtn ergibt sich dort eine Verbindung des Gottes vom Sinai mit dem eroberten Ostjordangebiet (Gottesberg in Baschan, vgl. V. 8–9 mit 16–18). Zugleich ist, ähnlich wie in Ps 50 vom (Berg) Zion, in Ps 68 vom Tempel in Jerusalem die Rede (V. 30). Gegenüber einer von Dtn 33,2 (dazu s.u.) her in Ps 50 zu vermutenden Transponierung der Gottespräsenz vom Sinai zum Zion zeigt Ps 68 eine solche gleichzeitig auf beiden Bergen und darüber hinaus im ostjordanischen Baschan-Gebirge. In Ps 68 wie Ps 50 zeigt die Präposition מִן an, dass ein Machterweis Jhwhs von Jerusalem/Zion (Lade-Bezug?) her erging bzw. neu erbeten wird (Ps 50,2; 68,30).

Neben den Gottesreden ist die Theophanie ein zweites Charakteristikum von Ps 50.[37] Im Falle von Ps 50 hat man von zwei Theophanie*formen* zu sprechen: einerseits von Gottes Erscheinen im Sonnenlicht (2ab3a), andererseits von seinem Kommen in den Gewitterphänomenen von Blitz und Sturmwind (3bc).[38] Als Hauptbeleg für eine Sonnentheophanie gilt Dtn 33,2. Indiz ist das seltene Verb יפע *hi* „aufstrahlen" (2b), das in der Funktion, eine Theophanie anzuzeigen (mit Gott als Subjekt), auf Dtn 33,2 als Erstkontext verweist. Ansonsten kommt es nur noch im Asaph-Psalm 80 (2, Verbindung mit Gott als Kerubenthroner, Höraufruf wie Ps 50,7) sowie im asaphitisch geprägten Anfang von Ps 94 (1) vor. Die Bezugnahme von Ps 50 auf Dtn 33,2 wird noch verstärkt, da weitere Begrifflichkeit von dort im Psalm erscheint (vgl. die Ableitungen von זרח und בוא in 1c und 3a; zum „Versammeln" des Volkes vor Gott vgl. ferner 5a mit Dtn 33,5). Dtn 33,2 gibt als Herkunft der Gotteserscheinung den Süden an (Sinai, Seïr, Paran), so auch andere alte Belege wie Ri 5,4–5 und Ps 68,8–9. Freilich erscheint Jhwh im Süden bzw. am Sinai in der Regel als Wetter- und nicht als Sonnengott (vgl. auch Ex 19,16–19; 20,18; 24,17). Ob man die beiden Gottesvorstellungen entwicklungsgeschichtlich versteht und die Solarisierung Jhwhs erst mit königszeitlichen Jerusalemer Vorstellungen in Verbindung zu bringen hat,[39] ist

---

34 Vgl. Weber, Psalm 83, 273 (76).
35 Knoppers, Jews, 67, verweist auf Alt, Ginsberg oder Schorch, die vom Proto-Dtn als einem „predominately northern document" sprechen. Seine Studie sowie diejenige von Fleming, Legacy, streichen die bleibende Bedeutung der Nordstämme heraus.
36 Zu diesem Psalm vgl. Weber, Werkbuch I, 300–307.
37 Vgl. dazu Jeremias, Theophanie, zu Ps 50 ebd., 13.62–64.115.
38 Die hier verwendeten Begriffe für die Phänomene „fressendes Feuer" (wohl von Blitzen ausgelöst) und „stürmen" sind singulär (mit anderer Begrifflichkeit vgl. u.a. Jes 29,6; Jer 10,13; Am 1,14; Sach 9,14; Ps 18,9–10.13–15; 77,18–19; 97,2–4). Zur seltenen Wurzel שער II vgl. noch Jes 28,2; Nah 1,3; Ps 58,10?; Hi 27,21.
39 Vgl. dazu ausführlich Leuenberger, Gott, 10–71.

zu überlegen – der Zion-Hinweis in Ps 50,2 könnte dazu passen (vgl. auch Am 1,2). Nun erscheint Jhwh aber nicht nur in Dtn 33,2 sonnentheophan, sondern auch in Hab 3,3–4. In Hab 3 sind überdies, wie in Ps 50, Sonnen- und Gewittertheophanie vereint und zugleich verbunden mit Gericht (Hab 3: Fremdvölker, Ps 50: Israel). Für die Verbindung von Sonnentheophanie und Rechtsdurchsetzung wie in Ps 50, aber ohne Zionsbezug, ist zudem auf Hos 6,3–5 zu verweisen. Der Beleg ist auch insofern erwähnenswert, als nachfolgend weitere Parallelen mit Ps 50 zu beobachten sind („Schlachtopfer/Brandopfer" Hos 6,6, „Bund" Hos 6,7, dazu s.u.). Anzufügen ist, dass Sonnen- und v.a. Gewittertheophanien, verbunden mit Gerichtskontexten, für die Asaph-Psalmen typisch sind (vgl. Ps 50,1–4; 75,3–8; 76,9–10; 77,17–20; 80,2–3; 83,14–19). Für das Motiv von Gott als „fressendes Feuer" ist neben Ex 24,17 (Sinai) namentlich auf Dtn 4,24 (vgl. auch 9,3; 32,22) zu verweisen. Dies deshalb, weil alle drei Gottbezeichnungen von 1a dort ebenfalls erscheinen und in Dtn 4 weitere Affinitäten zu Ps 50 vorliegen (Versammlungsaufruf 4,10, Feuer [am Horeb] 4,11.33, Verweis auf Gottesrede 4,12.33.36).

Zuletzt und in Überleitung zu den folgenden Stanzen: Wie gesehen haben die drei Gottesreden unterschiedliche Adressaten (5: Himmel und Erde, 7–15: Volk insgesamt, 16b–23: Frevler[40]).[41] Bei der Gottesrede V. 5 können weder die Angeredeten (Himmel und Erde) noch die zu Versammelnden (Volk) mit hinreichender Deutlichkeit als levitische Priester identifiziert werden (s.o.). Gleichwohl lassen einige Indizien vermuten, dass diese im Zusammenhang mit den im Psalm sich abbildenden Vorgängen eine Rolle spielen. Die Bezeichnung von 5b („die schliessen meinen Bund über dem Schlachtopfer") wie auch die mit 7 einsetzende Opferthematik ist kaum ohne einen wie auch immer gearteten Einbezug von ihnen (als „Fachleuten") denkbar.[42] Und wenn die zu Versammelnden von Gott als „meine Begnadeten" bezeichnet werden, so darf man vielleicht an den Segen für Levi (Dtn 33,8–11) denken, wo dieser als „Mann deiner חסיד"[43] bezeichnet wird (einziger Beleg im Pentateuch!), zumal dort auch der Hinweis auf den „Bund" erscheint (Ps 50: „schliessen", Dtn 33: „bewahren"). Zu erwähnen ist ferner, dass den Kultvertretern die Unterweisung in Rechtssachen anvertraut ist (vgl. Dtn 17,8–13). Zum dtn Milieu, das Ps 50 prägt, fügt sich ferner, dass die nachher einsetzende, ermahnende Gottesrede durch einen menschlichen Sprecher geschieht – so wie Mose am Sinai/Horeb (vgl. Dtn 4,10) und im dtn Gesetz

---

40 Denkbar ist, dass der abschliessende V. 23 mit seiner generalisierenden Aussage (anders V. 14) über die Frevler hinaus (wiederum) alle einschliesst.

41 Es ist nicht auszuschliessen, dass in der Eröffnung der drei Gottesreden einer Akrostichie vorliegt. So ergeben die Anfänge der drei Gottesreden die Abfolge א/שׁ/מ. Damit könnte eine verdeckte Anspielung auf אשׁם „sich verschulden, Schuld büssen" (Substantiv: Verschuldung, Schuldopfer) bzw. אשׁמה „Verschuldung, Schuld" vorliegen (vgl. v.a. die hos Belege: Hos 4,15; 5,15; 10,2; 13,1; 14,1). Akrostichische Muster sind für die Asaph-Psalmen nicht untypisch (dazu WEBER, Muster).

42 Zur Darbringung von „Schlachtopfern" u.a. durch die levitischen Priester vgl. Jer 33,18.

43 Die 2. Person singular bezieht sich auf Jhwh, dem sich Mose in Dtn 33,3 in der Anrede zuwendet. Levi ist also der „Mann von Jhwh's חסיד". Die textkritische Fragestellung von Dtn 33,8 (4QDtn[h]; 4QTest und die hebräische Vorlage der LXX stellen הבו ללוי „gebt Levi …!" voran) kann für unsere Fragestellung auf sich beruhen.

die Worte Gottes dem Volk vermittelt (vgl. Dtn 17,8–13 mit dem Schluss, dass das „ganze Volk hören soll", mit Ps 50,7–15, dazu auch Dtn 16,18). Bestätigend wirken als Seitenreferenzen die verwandten Festpsalmen und dort die Hinweise auf „Massa/Meriba" (vgl. Dtn 33,8 mit Ps 81,8; 95,8). Tora- wie Lied-Vortrag[44] am Herbstfest, wie es Dtn 31,9–13.19–23 (vgl. Neh 8–10) als Aufgabe der Leviten beschreibt (im Rahmen einer Erneuerung des Bundesschlusses am Sinai [Ex 24,3–8]?), gibt ein vergleichbares Setting für das Vortragen von Ps 50 (wie auch Ps 81) ab.[45]

4. Erläuterungen zu Psalm 50,7–15 (Stanze II)

Die zweite Gottesrede richtet sich an das Volk (V. 7: שִׁמְעָה עַמִּי): Gott redet als Richter zu seinem Volk, und als solcher zeugt (עוּד) er gegen Israel. Die Selbstbezeugung, die V. 7 beschliesst, zieht sich durch den ganzen pentateuchischen Bundesschluss, am prominentesten in der Präambel des Dekalogs (Ex 20,2; Dtn 5,6).

Die für Ps 50,1–6 bereits herausgearbeitete Nähe zu Jos 22; 24 und Dtn 30–33, die als Sitz im Leben ein nationales Bundeserneuerungsfest an einem Heiligtum vermuten lassen, bildet den Rahmen für die folgenden Überlegungen. Wenn Gott als Richter vor sein Volk tritt und analog zu Dtn 30,19; 31,28 und 32,1 Himmel und Erde als Zeugen aufruft, dann ist der Inhalt des Bundes, über dessen Einhaltung Gott richtet, die Tora,[46] oder, um es noch präziser zu fassen, die חקים und משפטים der Tora (vgl. Dtn 31,11–13 und Jos 24,25–26). Im Deuteronomium reichen diese von Dtn 12,1 bis 26,16.[47] In Anschluss an Levin und Rüterswörden[48] ist eine Zweiteilung des dtn Gesetzes in Kultgesetz (Dtn 12–18 mit die Kultzentralisation betreffenden Geboten) und Rechtsordnung (Dtn 19–25) diesen beiden Termini zuzuordnen: Die חקים meinen die auf die Kultzentralisation zielenden Anweisungen, die משפטים die Rechtsordnung.[49] Die beiden Gottesreden in Ps 50,7–15 und 16–23 entsprechen exakt dieser Zweiteilung.

---

44   Man beachte den „Zeugen"-Charakter des Mose-Lieds in Dtn 31,19.21.28 (die „Worte der Tora" insgesamt 31,26) im Vergleich mit Ps 50,7.

45   Vgl. HOSSFELD, Ps 50, 88; WEBER, Werkbuch I, 230; DERS., Mose-Lied, 272–274.301–302.

46   Zur Verlesung der Tora bei der Bundeserneuerung vgl. Dtn 31,11–13 und Jos 24.

47   Vgl. KILCHÖR, וזאת התורה, 101–103.

48   Vgl. LEVIN, Color, 118; RÜTERSWÖRDEN, Dekalogstruktur, 114.

49   Freilich kann חק sich nicht nur auf Kultisches und משפט nicht nur auf „Ethisches" beziehen. Die terminologische Differenzierung besteht u.E. darin, dass der Sitz im Leben des משפט das Gericht ist (vgl. die Wurzel שפט). Ein משפט kann sich durchaus auf kultische Themen beziehen, wenn etwa die Söhne Elis ihre richterliche Autorität als Priester ausnützen, um Rechtsanspruch auf das Opferfleisch des Volkes zu erheben. Umgekehrt meint חק zunächst nicht spezifisch eine kultische Bestimmung, sondern kann allgemein für Regelungen stehen, die ihren Geltungsbereich ausserhalb des Gerichtes haben (z.B. für die eingeforderte Ziegelmenge in Ex 5,14 oder für die Nahrungsration für Mägde in Spr 31,15). In den Gesetzen des Pentateuchs konkretisiert sich diese Differenzierung jedoch in weiten Teilen dahingehend, dass der Terminus משפט für die Rechtsordnungen im Bundesbuch (Ex 21,1) und im Heiligkeitsgesetz vorbehalten ist, während kultische Anweisungen (z.B. in Lev 1–15) als חקים bzw. חקות oder תורת bezeichnet werden. Dementsprechend sind im dtn Gesetz die auf die Kultzentralisation zielenden Anweisungen (חקים) von den Rechtssätzen (משפטים) unterschieden.

Ps 50,8–15 betreffen also kultische Anweisungen und beginnen ganz vorne im dtn Gesetz: bei den זבחים und עולת. Diese beiden Opferbegriffe stehen in Dtn 12 in den Listen dessen, was am Zentralheiligtum darzubringen ist, jeweils am Anfang (Dtn 12,6.11.14.17.26–27). עלה und זבח bezeichnen die Blutopfer insgesamt, wobei עלה das Ganzopfer meint, bei dem das ganze Tier samt Blut und Fleisch geopfert wird, während זבח Sammelbegriff für alle Opfer ist, die nur teilweise verbrannt werden (vgl. Dtn 12,27).[50] Ps 50,8 zufolge erhält Gott solche Blutopfer zur Genüge, doch laut V. 9 nimmt er sie vom Haus Israel nicht an. Die beiden in V. 9 genannten Opfertiere פר (Jungstier) und עתודים (Widder) sind auffällig: Der פר wird in den Opfergesetzen in Lev 1–7 nur für das Sündopfer (חטאת) genannt (Lev 4,3–21, vgl. zudem Ex 29,14; Lev 8,2; 16,6; Num 7,87) und kommt im Deuteronomium gar nicht vor; die עתודים finden in den Opfergesetzen in Lev 1–7 keine Erwähnung und erscheinen im Kontext von Opfern im gesamten Pentateuch nur in Num 7 (in Num 7,17–88 insgesamt 13mal; darüber hinaus im Pentateuch nur in Gen 31,10.12 und Dtn 32,14(!), im übrigen AT 13mal). Dtn 12 benutzt dagegen die allgemeineren Bezeichnungen בקר (Rindvieh) und צאן (Kleinvieh), vgl. Dtn 12,6.17.21. Bemerkenswert ist, dass ein פר (und, was Num 7 betrifft, auch die עתודים) für *besondere* Opfer gebraucht wird.[51] Kurzum: Ein Jungstier ist gewissermassen das Opfertier für hochheilige Opfer. Ein Blick auf die ganze Gottesrede kann vielleicht erhellen, weshalb Gott ausgerechnet dieses Opfer aus dem Haus Israel zurückweist. Die Begründung, weshalb Gott nach Ps 50,9 nicht an den Jungstieren und Widdern interessiert ist, ist eine doppelte: Erstens hat er bereits genug Fleisch (10–12), zweitens zieht er Dankopfer den Sündopfern vor (14).

Nachdem Ps 50,8 im Rahmen der These eines Bundeserneuerungsfestes mit Toraverlesung an Dtn 12 anknüpft, kann man in V. 10–12 einen Anschluss an Dtn 14 (par. Lev 11) sehen, wo geregelt wird, welche Tiere gegessen werden dürfen und welche nicht. Ps 50,10 nennt die grösseren Tiere des Waldes und der Berge. Dies entspricht Dtn 14,4–5 / Lev 11,2–8. Ps 50,11a nennt die Vögel, was eine Entsprechung in Dtn 14,11–18 / Lev 11,13–19 hat. Ps 50,11b schliesslich nennt den „Schwarm des Feldes" (זיז שדי), womit Heuschrecken und Grillen gemeint sein dürften (vgl. darüber hinaus nur noch den asaphitischen Beleg Ps 80,14), was Dtn 14,19 / Lev 11,20–23 entspricht. Ps 50,10–12 zählt die Kategorien also in derselben Reihenfolge auf, in der sie in den Reinheitsgesetzen der Tora stehen. In Ps 50 fehlen freilich die Wassertiere, die in Dtn 14,9–10 / Lev 11,9–10 (allerdings nur knapp) erwähnt sind. Dtn 14,3–20 ist auf Dtn 12 bezogen: Die Einführung der profanen Schlachtung in Dtn 12,15.21–22 erfordert eine Klärung, welche Tiere nebst dem Opferfleisch zum Verzehr erlaubt sind. Dieselbe Logik liegt Ps 50,8–12 zugrunde: Gott ist nicht auf die Blutopfer angewiesen, da ihm der ganze Erdkreis mit all den reinen, essbaren Tieren gehört.

---

50   Vgl. McCONVILLE, Law, 52. Der Gebrauch von זבח als Überbegriff für alle Blutopfer, die nicht vollständig geopfert werden, ist auch in Lev 23,37 bezeugt, wo חטאת und שלם (Lev 23,19) unter זבח subsummiert werden.

51   In Ex 24,5 für den Bundesschluss, in Ex 29,1–14 und Lev 8 für die Weihe der Priester und des Altars, in Ex 29,36 für die Entsühnung des Altars, in Lev 16 für den Versöhnungstag, in Num 7 für die Einweihung der Stiftshütte, in Num 8,8.12 zur Weihung der Leviten sowie in Num 28–29 für verschiedene Feste.

Wenn also in der Gottesrede Ps 50,7–15 die Bundeserneuerung den Blick auf Dtn 12 und 14 richtet, so lohnt sich ein Seitenblick auf einen weiteren Asaph-Psalm, nämlich Ps 81. Die engste Parallele zu Ps 50,7 im AT überhaupt findet sich in Ps 81,9:

Ps 50,7a	ואעידה בך	שמעה עמי ואדברה ישראל
Ps 81,9	ואעידה בך ישראל אם תשמע לי	שמע עמי

In Ps 81,10 folgt die Verpflichtung Israels auf das Fremdgötterverbot. Im dtn Gesetz entspricht dies exakt Dtn 13, wo die Strafe für Verleitung zum Dienst an anderen Göttern durch drei mögliche Personenkreise angeordnet wird (Dtn 13,3.7.14). Ps 81,11 begründet das Fremdgötterverbot durch die Selbstbezeugung Jhwh Elohims, der Israel aus Ägypten hinaufgeführt hat.[52] Diese Formel ist auch in Dtn 13 Grundlage des Fremdgötterverbotes (Dtn 13,6.11). Die parallel eingeleiteten Gottesreden in Ps 50,7–15 und 81,9–11 sind in diesem Sinne komplementär: Zusammen decken sie Dtn 12; 13 und 14 und damit die komplette erste Hälfte der dtn Kultgesetzgebung ab.

Nachdem Gott sein Desinteresse an den Blutopfern bekundet hat, lautet die Alternative nicht Opferverzicht, sondern תודה (Dankopfer) und Einlösung der Gelübde. Das Dankopfer ist in Lev 7,11–15 beschrieben. Auch dort ist es mit dem Gelübde verbunden, und zwar dahingehend, dass das Dankopfer ein Gelübde sein *kann* und dann etwas anderen Bedingungen unterliegt (Lev 7,16). Als Charakteristikum, welches die Dankopfer und Gelübde von Schlacht- und Brandopfern unterscheidet, ist zuerst die Motivation zu nennen: Der Fokus liegt auf dem Dank und nicht auf der Schuldbeseitigung.[53] In diesem Sinne besteht eine bemerkenswerte Nähe von Ps 50,7–15 zu Jes 1,11–17,[54] wo Jhwh ebenfalls die Opfer kritisiert, die der Schuldbeseitigung dienen, und vom Volk stattdessen einen guten und gerechten Lebenswandel einfordert. Und natürlich steht im Hintergrund auch 1. Sam 15,22, das grosse Wort „Samuels […], des Vaters der Psalmenpoesie"[55]. Ps 50,15 zielt darauf ab, dass Gott an Opfergaben interessiert ist, mit denen ihm für Rettung aus der Not gedankt wird, nicht an solchen, mit denen man begangene Schuld begleichen will. Die Rettung „am Tag der Bedrängnis" (ביום צרה) ist eine Formulierung (vgl. auch die asaphitischen Belege Ps 77,3[56] und 81,8), die im Pentateuch im Zusammenhang mit Bethel steht (Gen 35,3): Der Altarbau geschieht bei der Rückkehr Jakobs nach seiner Flucht. Die Trennung seiner Familie von den fremden Göttern gehört dazu (Gen 35,2), und das Opfer

---

52 Vgl. Weber, Werkbuch III, 170–171.

53 Vgl. dazu Schöning, Gott, 216–220.

54 Auf sprachlicher Ebene ist besonders auf die Verbindung von Jes 1,11 und Ps 50,9 hinzuweisen, wo sich jeweils die im AT seltene Kombination von Jungstier und Böcken findet (sonst nur noch in Num 7,88 und Ez 39,18). Auch in Jes 1,2 findet sich ja das Motiv der Zeugenanrufung von Himmel und Erde.

55 Delitzsch, Psalmen, 365. Im Kontext geht es um die Verwerfung Sauls, der glaubt, seinen Ungehorsam durch Brandopfer und Schlachtopfer in Gilgal wettmachen zu können. Gilgal ist der Ort, wo die zwölf Steine aufgerichtet wurden, nachem die Israeliten den Jordan überschritten hatten (Jos 4,20). Bei diesem Steinkreis bauten die Ostjordanstämme den Altar, der zur in Jos 22,9–34 berichteten Auseinandersetzung führte. Auf Verbindungen von Jos 22 und Ps 50 wurde oben schon verschiedentlich hingewiesen.

56 Ebenfalls mit Bezug auf Jakob (und Joseph), dazu Weber, Psalm 77, 52.230.

dient nicht der Schuldbeseitigung, sondern dem Dank und dem Gedenken – es ist ein Trankopfer. Ein zweites Charakteristikum ist, dass bei Dankopfern und Gelübden im Unterschied zu Schlacht- und Brandopfern nicht das Fleisch im Vordergrund steht. Vielmehr wird ein זבח dadurch zu einer תודה, dass dem Schlachtopfer Brot und Kuchen beigefügt werden, die dann dem Priester zur Nahrung dienen (Lev 7,14).

Nimmt man diese Beobachtungen zusammen, so ergeben sich folgende möglichen Motive und Hintergründe für diese Gottesrede: 1. am Eindeutigsten ist die theologische Motivation: Der Kult soll nicht dazu dienen, ein unmoralisches Leben zu rechtfertigen. Gott zieht ein gutes Leben den Opfern zur Schuldbegleichung vor. Dagegen erfreut er sich an Dankopfern; 2. die Zurückweisung von Opfertieren aus dem Haus Israel (Ps 50,9), die in der Tora stets in Verbindung mit hochliturgischen Opfern stehen, zugunsten von Dankopfern und Gelübden, die keine sühnende Funktion haben, könnte – im Rahmen der Bundeserneuerung durchaus auch im Sinne der Kultzentralisation[57] – auf eine stärkere Differenzierung zwischen Klerus und Volk abzielen: Die rituellen, hochheiligen Opfer sind nicht Sache des Volkes, sondern der Priesterschaft. Gott erhält sie „kontinuierlich" (תמיד Ps 50,8, vgl. Ex 29,42; Num 28–29). Vom Volk dagegen wünscht sich Gott nicht die Opfer des regelmässigen Kultes, sondern Opfer der Dankbarkeit für Gottes Hilfe in schwierigen Situationen.[58] Dazu passt wiederum die zu Ps 50,1–6 aufgezeigte Nähe zu Jos 22; 3. vielleicht spielt über die theologischen Motive hinaus auch ein praktisches Moment eine Rolle: Die Priester haben genügend Fleisch, doch ihnen fehlen die „Beilagen", nämlich Getreide, Brot und Kuchen, da sie ja kein eigenes Land haben. Neben dem Opferfleisch, von dem sie konsumieren können, stehen ihnen zum Fleischkonsum alle reinen Tiere des Landes zur Verfügung.[59]

5. Erläuterungen zu Psalm 50,16–23 (Stanze III)

Die dritte Gottesrede richtet sich an den Frevler (רשע), typisiert im Sinne eines Kollektivs (vgl. den Plural in V. 22). Oben haben wir vorgeschlagen, die vorangegangenen Gottesreden im Rahmen einer Bundeserneuerung mit Tora-Verlesung zu deuten. Dabei entspricht die zweite Rede der Kultgesetzgebung (חקים), die dritte der

---

57   Vgl. neben Dtn 12 auch Jos 22,22–29. Die Nähe von Ps 50 zu Jos 22 ist oben zu Ps 50,1–6 ausführlicher behandelt worden.

58   Aufgrund der bisher erarbeiteten Bezüge von Ps 50 auf das Mose-Lied ist auch ein Götzen-polemischer Hintergrund zu erwägen (vgl. WEBER, Mose-Lied, 274–276). Können die Götzen „fressen", aber nicht „retten" (Dtn 32,37–38), so ist es bei JHWH umgekehrt: Er bedarf weder Speis noch Trank (Opfer), dafür vermag er zu retten (Ps 50,12–13.15). Gibt es keinen, der aus seiner Hand rettet (vgl. Dtn 32,39), so gibt der Psalm – gerade an die Adresse derer, die Gott vergessen – zu bedenken, dass ausser Gott kein Retter ist (Ps 50,22). Der Fokus auf die Darbringung der Toda als wahres Opfer, Zielpunkt der Gottesreden in Ps 50 (V. 14–15.23), ist nachvollziehbar: Da die Toda mit *erhörter* Gottesbitte und -rettung zusammenhängt, ist es dasjenige Opfer, das von einer Fremdgötter-Infizierung gefeit ist; da Götzen nicht retten können, erhalten sie auch keine Toda.

59   Das Fehlen der Wassertiere in der Aufzählung dürfte durch die geographische Lage des Heiligtums begründet sein.

Rechtsordnung (משפטים). Der רשע ist in den Pentateuchgesetzen[60] derjenige, der gegen die Rechtsordnung verstösst (vgl. besonders Dtn 25,1–2, wo der רשע der die משפטים Übertretende ist, aber auch Ex 23,1–9 und Num 35,31).[61] Nach Ps 50,16 zählt der Frevler die Satzungen (חקים) auf und führt den Bund (ברית) in seinem Mund. Letzteres knüpft an V. 5 an. Verbunden mit der oben begründeten Annahme, dass im Hintergrund eine Bundeserneuerung mit Tora-Verlesung steht, liegt es nahe, in den חקים nicht einfach die ganze Tora zu sehen, sondern die hauptsächlich kultischen Anweisungen neben der Rechtsordnung. Dann beruft sich der Frevler z.B. auf eine korrekte Opferpraxis, die Gott in Ps 50,8 dem Volk ja durchaus einräumt. Die Verbindung von ברית und חקים führt auf der Suche nach Vorlagen zu Lev 26,15[62] und Jos 24,25. In beiden Stellen besteht der Bund nicht nur aus den חקים, sondern auch aus den משפטים. Indem Ps 50,16 an diese beiden zentralen Texte, die Israel auf den Bundesschluss verpflichten, anknüpft, dabei aber die משפטים weglässt, wird deutlich, dass der Frevler zwar חקים aufzählt und womöglich formal auch einhält, dass er aber die משפטים missachtet. In der Tat wird ihm genau dies in Ps 50,17–20 vorgeworfen.

Ps 50,17 ist allgemein gehalten: Der Frevler hasst Zucht (מוסר)[63] und wirft die Worte Gottes hinter sich. מוסר kommt als Substantiv im Pentateuch nur in Dtn 11,2 vor, als Verb (יסר) darüber hinaus in Dtn 4,36; 8,5; 21,18 und 22,18. Die Verse Ps 50,18–20 zählen dann Vergehen des Frevlers gegen Gebote des Dekalogs auf. Die Verbindung zu den deuteronomischen משפטים besteht dabei insofern, als das dtn Gesetz selbst dekalogisch strukturiert ist.[64] So unterschiedlich die verschiedenen Modelle einer am Dekalog orientierten Strukturierung des dtn Gesetzes auch

---

60   Anderswo kann רשע durchaus auch im breiteren Sinne denjenigen bezeichnen, der nicht nur Rechtsordnungen, sondern allgemein Anweisungen Jhwhs übertritt (z.B. Ps 119,115, wo die רשעים nicht nach den חקים fragen).

61   Die gelegentlich gemachte Behauptung, eine nachträgliche Redaktion habe die ursprünglich gegen Israel gerichtete Kritik auf die רשעים abgeleitet, die dann als Nichtisraeliten oder Feinde der Jhwh-Religion gedeutet werden müssen, hat SEIDL, Who, 84–85, zu Recht kritisiert. Die vier Nomen חק, ברית, מוסר und דבר (Ps 50,16–17) „stand in relationship to YHWH and describe different elements and specifications of the divine revelation to Israel", und insbesondere die Wendung ותשלך דברי אחריך (V. 17b) bezeichne typischerweise die Zurückweisung des prophetischen Wortes: „By means of this statement we could argue with good reason that the רשע of v. 16a is a member of Israel, to whom the prophetic word is first given".

62   Dass hier Bezüge auf priesterliche Literatur angenommen werden und dieser Beitrag dennoch Überlegungen zu einer vorexilischen Datierung von Ps 50 anstellt, mag irritieren. Einer der beiden Verfasser hat den Nachweis erbracht, dass im dtn Gesetz, dessen Kern allgemein als ältestes Stück des Deuteronomiums gilt, die priesterliche Literatur des Tetrateuch weitgehend vorausgesetzt ist. Für das Sklavenfreilassungsgesetz vgl. KILCHÖR, Sicherheit, und für das Passa-Gesetz und eine Reihe von sozialrechtlichen Bestimmungen vgl. DERS., Direction.

63   Die Wendung „Zucht hassen" (שנא מוסר) hat eine Affinität zur Weisheit und findet sich ausser hier nur in den Proverbia (vgl. Spr 5,12, ferner 12,1; 13,24; 15,10).

64   Die These einer dekalogischen Redaktion des deuteronomischen Gesetzes hat BRAULIK, Gesetze, am Ausführlichsten ausgearbeitet. Gegen kritische Einwände hat er sie in neuerer Zeit verteidigt (DERS., Dekalog, 174–176, Fn. 20). Jüngst hat FINSTERBUSCH, Dekalog-Ausrichtung, die These in variierter Form bestätigt.

sind, so besteht doch eine bemerkenswerte Übereinstimmung darin, dass Dtn 19–25 als Rechtsordnung den Dekaloggeboten aus Dtn 5,17–21 entspricht.[65] Wenn also Ps 50,18–20 verschiedene Dekaloggebote aus Dtn 5,17–21 (par. Ex 20,13–17) aufgreift und dem Frevler vorwirft, diese zu brechen, so darf man dies wohl *pars pro toto* als Verstoss gegen die משפטים der Tora *insgesamt* verstehen. Dies bestätigt sich bei einem genaueren Blick auf die Aussagen in Ps 50,18–20.

In 18a wird dem Frevler nicht vorgeworfen, selbst ein Dieb zu sein, sondern sich mit einem Dieb, wenn er ihn sieht, anzufreunden. Dies entspricht exakt der Auslegung, die das dekalogische Diebstahlverbot in den משפטים des Bundesbuches (vgl. Ex 21,1) und des dtn Gesetzes erfährt, wo גנב als Substantiv viermal vorkommt (Ex 22,1.6.7; Dtn 24,7) und zwar stets im Zusammenhang, dass ein Dieb entdeckt wird. Der jeweiligen (leicht variierenden) Rechtssatzeinleitung אם ימצא הגנב („wenn der Dieb entdeckt wird")[66] entspricht in Ps 50,18a אם ראית גנב („wenn du einen Dieb siehst"). Während also die משפטים regeln, was zu tun ist, wenn ein Dieb erwischt wird, schliesst nach Ps 50,18a der Frevler mit dem Dieb, wenn er ihn sieht, Freundschaft.

Diese Vergemeinschaftung wird auch nachfolgend angeprangert: Gemäss 18b hat der Frevler Anteil an den Ehebrechern (מנאפים). נאף ist das Verb, das im Ehebruchverbot des Dekalogs verwendet wird (Ex 20,14; Dtn 5,18). In den Pentateuchgesetzen wird es zudem in Lev 20,10 gebraucht. Wie einer der beiden Verfasser anderswo[67] argumentiert, ist Dtn 22,22 von Lev 20,10 abhängig. Da Dtn 22,22 freilich in einer Reihe von Bestimmungen steht, wo es nicht nur um Ehebruch, sondern auch um voreheliche Geschlechtsverkehr geht (Dtn 22,13–29), ersetzt Dtn 22,22 das Verb נאף wegen der Einheitlichkeit durch שכב עם („schlafen mit"). Obwohl Dtn 22,22 das in Ps 50,18b verwendete Verb nicht benutzt, ist auffällig, dass der Rechtssatz in Dtn 22,22 mit den Worten כי ימצא איש שכב עם אשה, analog also zum Diebstahlgebot in Dtn 24,7 (כי ימצא איש גנב), formuliert ist. Wenn Ps 50,18a mit אם ראית גנב an Dtn 24,7 anknüpft, so liegt es nahe, dass die Verbindung von Ps 50,18a+b in Dtn 24,7 und 22,22 vorgegeben ist: Auch hier wird der Frevler nicht als einer beschrieben, der selbst gegen dekalogische Gebote verstösst, sondern als einer, der mit denen, die gegen dekalogische Gebote verstossen, Freundschaft schliesst (wenn er sie entdeckt). Der Frevler hält sich somit wiederum nicht an die Rechtsordnung der Tora, die für den Fall, dass jemand beim Ehebruch entdeckt wird, die Todesstrafe fordert (Dtn 22,22).

Wenn Ps 50,18a an Dtn 24,7 anknüpft und 18b assoziativ an den parallel zu Dtn 24,7 formulierten Rechtssatz in Dtn 22,22, dann macht es Sinn, auch 19a als durch Dtn 24,7 inspiriert zu verstehen. Dtn 24,7b fordert nämlich Israel auf, das Böse (רע) aus seiner Mitte wegzuschaffen, und Ps 50,19a beschreibt den Frevler als den, der seinen Mund zum Bösen (רעה) schickt. Bedenkt man, dass das Dekaloggebot, falsches Zeugnis zu geben, so formuliert ist, dass man gegen seinen Nächsten (ebenfalls רע!) nicht mit einem Lügenzeugnis antworten solle (Ex 20,16; Dtn 5,20), dann ist auch hier eine Anspielung auf den Dekalog zu sehen. Ps 50,19b ist anschliessend sprachlich und sachlich parallel zu 19a formuliert. Wörtliche Anklänge an Gesetze aus dem Pentateuch oder gar an den Dekalog sind nicht gegeben, doch dass die Zunge sich

---

65   Dies gilt auch für das pentalogische Modell von Otto, Deuteronomium 4,44–11,32, 694.
66   Ex 22,7 regelt den negativen Fall, dass ein Dieb nicht entdeckt wird: אם לא ימצא הגנב.
67   Kilchör, Mosetora, 254–257.

mit Trug „verbindet", erinnert an die Bindung an Baal-Peor. Das Verb צמד kommt im AT nur fünfmal vor, dreimal davon explizit für die Bindung an Baal-Peor (Num 25,3.5; Ps 106,28).[68]

Nach Ps 50,20 heftet der Frevler einen Makel (דפי, *hap. leg.*) an den Bruder. Ist Dtn 24,7 als Referenztext für Ps 50,18–19 ertragreich, so auch für diesen Vers. Unmittelbar auf Dtn 24,7 folgt nämlich ein das Auftreten von Aussatz betreffendes Gebot mit der mahnenden Erinnerung an Mirjam (Dtn 24,9), die aussätzig wurde, weil sie gegen ihren Bruder Mose redete.

Der Frevler zählt also die חקים auf und führt den Bund in seinem Munde, missachtet aber die משפטים. In V. 22 redet Gott die Frevler als שכחי אלוה („Eloah-Vergessende") an. Das Motiv, Gott zu vergessen, findet sich auch in Dtn 8,11 – auch dort im Zusammenhang mit der Aufforderung, die Rechtsbestimmungen und Satzungen einzuhalten – und in Dtn 32,18. V. 23 führt in Parallele zu 14–15 wieder zum Hauptgedanken zurück: Opfer zur Schuldbeseitigung. Solange die Frevler Gott vergessen, indem sie die Rechtsbestimmungen missachten, werden diese von Gott nicht angenommen. Stattdessen hat er Gefallen an Dankopfern.

Neben diesen Verbindungen der dritten Gottesrede zum Dekalog und den משפטים von Bundesbuch und Deuteronomium ist die Parallele eines weiteren Textes zu Ps 50 sehr auffällig: Hos 4–6. Analog zu Ps 50,7 beginnt auch Hos 4 mit einem Höraufruf an Israel, wobei JHWH in Hos 4,1 einen Rechtsstreit (ריב) mit Israel führen will. Doch nimmt JHWH in Hos 4,4 das Volk in Schutz und richtet sich gegen die Priesterschaft. Der Vorwurf: Sie ernähren sich von den Sündopfern des Volkes und richten gleichzeitig das Volk zur Sünde hin aus (Hos 4,8). Die konkreten Vergehen, die aufgezählt werden, entsprechen wie Ps 50,18–20 Geboten der zweiten Hälfte des Dekalogs (Hos 4,2), umfassen aber auch kultische Verirrungen (Hos 4,12–15). Hos 5,2 kündigt Strafe (מוסר, vgl. Ps 50,17!) an. Israel und Juda werden JHWH mit Schafen und Rindern suchen, ihn aber nicht finden (Hos 5,6). Besonders bemerkenswert ist die Formulierung in Ps 50,22b, „dass ich nicht zerreisse, und es gibt keinen Retter" (פן אטרף ואין מציל), die eine deutliche Parallele in Hos 5,14 hat (vgl. auch Dtn 32,39). Dort stellt sich JHWH als Löwe dar, der Ephraim und Juda „zerreisst ... und es gibt keine Rettung" (אטרף ... ואין מציל). In ihrer Not (בצר, vgl. Ps 50,15: ביום צרה) werden sie JHWH dann suchen (Hos 5,15), und er wird aufgehen wie die Morgenröte (Hos 6,3, vgl. Ps 50,2, dazu s.o. [Theophanie]). Alles gipfelt im bekannten Satz: „Denn ich habe Gefallen an Liebe und nicht an Schlachtopfern, an Erkenntnis Gottes mehr als an Brandopfern" (Hos 6,6, vgl. Ps 50,8–9). Auch hier bekundet Gott also sein Desinteresse an Brandopfern und Schlachtopfern. Gefallen hat er stattdessen an Liebe, was in der dritten JHWH-Rede Ps 50,16–21 zum Ausdruck kommt, sowie an Erkenntnis Gottes, die – wenn auch nicht explizit – in der zweiten JHWH-Rede Ps 50,7–13, bemängelt wird (vgl. besonders die Selbstvorstellung in 7c). In Hos 6,7 wird dann auch das Motiv des Bundesbruches aufgegriffen.

Somit ist der Rahmen von Ps 50 durch Dtn 30–33; Jos 22 und Jos 24 deutlich vorgegeben: Es geht um Erneuerung des Bundes, wobei Gott selbst Richter ist und dem Volk die Vernachlässigung der Tora vorwirft. Im liturgischen Setting von Ps 50 kommt es freilich nicht zu einem Richterspruch, sondern zu Ermahnung und Verheissung. In der engen inhaltlichen Verbindung zu Hos 4–6 (aber auch Jes 1) wird

---

68   Vgl. SEIDL, Who, 85.

eine prophetische Stossrichtung dieses Psalms sichtbar,[69] die auf die Kritik an Opfern zur Beseitigung der Schuld, verbunden mit einem unethischen Lebenswandel, abzielt. Diese prophetische Kritik gehört in den Rahmen der Bundeserneuerung. Die refrainartige Aufforderung zu Dankopfern (Ps 50,14–15 und 23) verklammert die beiden Reden 7–15 und 16b–22 und streicht so die Hauptbotschaft heraus: Dankopfer sind besser als eine korrekte Opferpraxis zur Tilgung der Schuld. Die Opfer zur Beseitigung der Schuld werden allzu schnell zu einer billigen Rechtfertigung eines frevelhaften Lebenswandels (vgl. 1. Sam 15,22–23). Die Bundeserneuerung zielt aber nicht auf Schuld und Sühne, sondern auf Tora-Treue, welche die Verheissung des Segens in sich trägt und so nicht zu Schuld- sondern zu Dankopfern Anlass gibt.

6. Ergebnis und Auswertung

Psalm 50 wird mehrheitlich als prophetische Nachahmung bzw. levitische Predigt bestimmt, dabei wird mit dtn/dtr (und prophetischer) Beeinflussung gerechnet und eine (früh)nachexilische Datierung vertreten.[70]

Wir kommen teils zu einer anderen Sichtweise. Die erarbeitete vielschichtige kommunikative Situation, die deutlichen Anklänge an Tora-Verlesung mit Bundeserneuerung (vgl. Dtn 30–33; Jos 22; 24) und Parallelen mit anderen Asaph-Psalmen, insbesondere Ps 81,[71] lassen uns einen Verstehenshintergrund von Ps 50 innerhalb eines liturgischen Settings favorisieren.[72] Bei der anzunehmenden gottesdienstlichen Volksversammlung wurde, vermutlich nach der Verlesung von „Tora" (in einer Gestalt, die dem heutigen Dtn nahesteht), dieser Psalm vorgetragen. In prophetischer Weise wird das Vorgegebene damit aktualisierend angewandt. Ps 50 wurde als literarisches Zeugnis dieses Geschehens und darin namentlich der Gottesworte sowie zur weiteren Verwendung komponiert und weiterüberliefert. Obwohl der Psalm ein genuin-kultisches Geschehen festhält, lässt sich nicht eruieren, wie dieses im Psalm genau abgebildet ist. Dies auch deshalb, weil über seine Verwendung (inklusive der genaueren Identität der am Geschehen Partizipierenden) nichts mitüberliefert ist und ein Sitz im Leben weithin anhand der Angaben im Psalm selbst erschlossen werden muss.

Eine Identifizierung der Träger der sich artikulierenden Stimmen sowie der Adressaten ist nur teil- bzw. annäherungsweise möglich. Die Übermittlung der Gottesreden in diesem liturgischen Setting lässt an Leviten (in dtn Charakterisierung) und/oder Kultpropheten denken. Jedenfalls vermitteln die Gottesreden eine hohe Autorisierung und zeugen zugleich von einer profunden Kenntnis von Israels Überlieferungen und Institutionen. Was die Redeempfänger betrifft, denken wir für die

---

69   Vgl. Seidl, Who, 78–79, der zu מה לך + Inf. in Ps 50,16b darauf hinweist, „that the divine speech in our psalm starts with a formula of blaming and scolding which is frequently used in prophetic announcements".

70   Vgl. u.a. Hossfeld, Ps 50, 89; Spieckermann, Rede, 159–161; Süssenbach, Psalter, 80–85, und die Übersicht bei Hilber, Prophecy, 162–164. Böhler, Psalm 1–50, 911, bestimmt Ps 50 als „spätes Produkt im Psalter".

71   Dazu Weber, Werkbuch III, 169–171.

72   Ähnlich schon Craigie, Psalms 1–50, 363–364, und Kraus, Psalmen I, 529: „Dabei wird Ps 50 aus der Beziehung auf einen – wie auch immer gearteten – Festkult nicht zu lösen sein."

drei Gottesreden an unterschiedliche Adressierungen: Himmel und Erde (5) – Volk insgesamt (7–15) – Frevler (16b–23). Der/die Frevler ist/sind aus dem Volk; eine nähere Identifizierung der „Gott-Vergessenden" (22) scheint nicht möglich.

Mit welchem Ort und Zusammenhang und mit welcher Zeit könnte Ps 50 sich (ursprünglich) verbinden? Ein Zusammenhang mit einem Herbstfest legt sich von Ps 81,4–5 und Dtn 31,9–30 her nahe. Ein Heiligtum oder jedenfalls prägnanter Ort ist vorausgesetzt, die Präsenz der Lade ist aufgrund der Theophanie (vgl. Ex 25,18–22; Dtn 33,2; Ps 18,9–14 und v.a. der asaphitische Beleg Ps 80,2–3) sowie des Leviten- und Dekalog-Bezugs (vgl. Ex 25,16.21–22; Dtn 10,8; 31,24–26; Jos 8,32–33) zu vermuten. Ein nordisraelitisches (levitisches) Kolorit scheint mehrfach durch (vgl. Dtn; Jos), fügt sich zu den Charakteristika der Asaph-Psalmen und ist möglicherweise auch sprachlich greifbar.[73] Angesichts dessen äussert Kraus vorsichtig die Möglichkeit, dass der in Ps 50 angezeigte Kult „in einem auf älteste (sichemitische) Traditionen zurückweisenden Fest, das nordisraelitischer Herkunft war"[74], seine Vorgeschichte haben könnte. Damit liegt er u.E. richtig: Der Psalm lässt frühisraelitische, (ursprünglich) in Sichem bzw. Schilo (Lade), möglicherweise auch in Bethel, jedenfalls im Norden beheimatete Überlieferungen anklingen. Als deren Trägerkreise ist an Landleviten zu denken, zu deren Überlieferungsgut weithin auch die Asaph zugeschriebenen Psalmen gehören.[75]

Nun kommt in Ps 50,2–3 die Theophanie „vom Zion her". Noch erkennbare Nordreich-Überlieferungen und deren frühe Adaption im Zionskult[76] lässt sich am ehesten für eine Zeit bald nach 722 v. Chr. in der Regentschaft Hiskias denken. Die solare Theophanie und auch die Erwähnung „vom Zion her" liessen sich damit ebenso gut erklären wie die Zugehörigkeit zur Gruppe der Asaph-Psalmen (Gruppenkolorit) sowie dtn und frühe prophetische Einflüsse aus dem Norden (Hos).[77] Eine Ansetzung im letzten Viertel des 8. Jh. scheint uns die wahrscheinlichste Annahme.[78] Der Psalm

---

73   Als mögliche Einschläge von Aramaismen oder Ausdrucksformen eines Nordreich-Dialekts lassen sich in Ps 50 diskutieren: שׁער statt סער in 3c, Doppelungsplural בהררי־ in 10c (vgl. u.a. Ps 76,5), allenfalls unter Emendierung zu הררי־אל (vgl. Ps 36,7), und der Begriff דפי „Makel" in 20b. Vgl. dazu RENDSBURG, Evidence, 73–81. Ferner lässt sich auf die (mehrheitliche) Ersetzung des Tetragrammatons durch אלהים hinweisen („Elohistischer Psalter": Ps 42–83). Die Sachverhalte sind freilich allesamt strittig.

74   KRAUS, Psalmen I, 530.

75   Vgl. dazu WEBER, Asaph im Psalter, 356–373; DERS., Verbindungslinien, 99–102.

76   Ähnliches gilt diesbezüglich für Ps 68. Allerdings wird man für Ps 68 eher eine frühkönigliche Ansetzung erwägen dürfen – die Lade und wohl auch der Tempelbau in Jerusalem ist vorauszusetzen. Eine solche ist für Ps 50 zwar nicht gänzlich auszuschliessen, aber aufgrund der rezipierten Überlieferungen schwer begründbar.

77   Zur Einordnung einer Reihe Asaph-Psalmen in die Zeit Hiskias vgl. WEBER, Asaph im Psalter, 364–371.

78   Eine frühkönigszeitliche oder gar vorkönigszeitliche Ansetzung von Ps 50 im Gebiet des Nordreichs vertritt COOK, Roots (zu Ps 50 namentlich 25.53–54.237–241). Er geht davon aus, dass eine uralte Sinai-Theologie zunächst an alten Heiligtümern (Sichem, Schilo etc.) gepflegt und tradiert wurde, und zwar im Wesentlichen von Kreisen, die hinter den Asaph-Psalmen stehen. Die poetischen Asaph-Texte bewahren ihm zufolge den Kern einer altjahwistischen Sinai-Theologie. Sie wurden im 8. Jh. von frühen Propheten (Hos; Mi) und im 7. Jh. vom Dtn aufgenommen. Der Vorschlag ist so unkonventionell wie weiterer Überlegungen wert. Allerdings ist seine, von

dürfte von levitisch-asaphitischen Kreisen aus dem (einstigen) Nordreich verant-wortet sein. Verbunden mit dieser zeitlichen Ansetzung ist die weitere Annahme, dass massgebliche Überlieferungen der Tora zu jener Zeit bereits zur Verfügung standen und als bekannt vorausgesetzt werden können.[79] Eine Verortung von Ps 50 (erst) am nachexilischen Tempel scheint uns dagegen unwahrscheinlich. Die drei (deutero)asaphitischen „Festpsalmen" dürften unterschiedliche Entstehungssituati-onen reflektieren. Wir gehen von folgender Abfolge aus: Ps 81 (aus dem Nordreich, vor 722 v. Chr.) → Ps 50 (Einfluss aus dem Nordreich, zwischen 722–701 v. Chr. in Jerusalem) → Ps 95 (vermutlich frühnachexilisch).

Bibliographie

BÖHLER, D., Psalmen 1–50 (HThKAT), Freiburg i.Br. 2021.

BOJOWALD, S., Ps 50,7–14 im Lichte ägyptischer Parallelen, UF 45 (2014) 49–55.

BRAULIK, G., Die deuteronomischen Gesetze und der Dekalog. Studien zum Aufbau von Deuteronomium 12–26 (SBS 145), Stuttgart 1991.

–, Der unterbrochene Dekalog. Zu Deuteronomium 5,12 und 16 und ihrer Bedeutung für den deuteronomischen Gesetzeskodex, ZAW 120 (2008) 169–183.

COOK, S.L., The Social Roots of Biblical Yahwism (StBL 8), Atlanta, GA 2004.

CRAIGIE, P.C., Psalms 1–50 (WBC 19), Waco, TX 1983.

DELITZSCH, F., Die Psalmen, Giessen 2005 (= Nachdruck ⁵1894).

ELLEDGE, R., Use of the Third Person for Self-Reference by Jesus and Yahweh: A Study of Illeism in the Bible and Ancient Near Eastern Texts and Its Implication for Christology (LNTS 575), London – New York, NY 2018 (2017).

FINSTERBUSCH, K., Die Dekalog-Ausrichtung des deuteronomischen Gesetzes. Ein neuer Ansatz, in: G. Fischer / D. Markl / S. Paganini (Hg.), Deuteronomium – Tora für eine neue Generation (BZABR 17), Wiesbaden 2011, 123–146.

FLEMING, D.E., The Legacy of Israel in Judah's Bible: History, Politics, and the Rein-scribing of Tradition, New York, NY – Cambridge, U.K. 2012.

FOKKELMAN, J.P., The Psalms in Form: The Hebrew Psalter in Poetic Shape, Leiden 2002.

GOULDER, M.D., The Psalms of Asaph and the Pentateuch: Studies in the Psalter, III (JSOTS 233), Sheffield 1996.

GUNKEL, H., Die Psalmen, Göttingen ⁶1986.

HILBER, J.W., Cultic Prophecy in the Psalms (BZAW 352), Berlin – New York, NY 2005.

HOSSFELD, F.-L., Ps 50 und die Verkündigung des Gottesrechts, in: F.V. Reiterer (Hg.), Ein Gott, eine Offenbarung. Beiträge zur biblischen Exegese, Theologie und Spi-ritualität. FS Notker Füglister, Würzburg 1991, 83–101.

GOULDER, Psalms, 40, übernommene Annahme (COOK, Roots, 53) einer späteren Einfügung (nach 722 v. Chr.) der Angabe „von Zion her" (Ps 50,2a) ohne Anhalt am Text.

79 Diesbezüglich steht uns das von SCHNIEDEWIND, Bible, 64–90, gezeichnete Bild dieser Zeit näher als die übliche (Spät-)Datierung des Dtn.

–, Psalm 50. Die Verkündigung des Gottesrechts, in: F.-L. Hossfeld / E. Zenger, Die Psalmen I. Psalm 1–50 (NEB.AT 29), Würzburg 1993, 308–316.

Jeremias, J., Kultprophetie und Gerichtsverkündigung in der späten Königszeit Israels (WMANT35), Neukirchen-Vluyn 1970.

–, Theophanie. Die Geschichte einer alttestamentlichen Gattung (WMANT 10), Neukirchen-Vluyn ²1977.

Kilchör, B., וזאת התורה – Zur literarischen und theologischen Funktion der An- und Absageformeln in den Pentateuchgesetzen, in: S. Riecker / J. Steinberg (Hg.), Das heilige Herz der Tora. FS Hendrik Koorevaar (ThSt), Aachen 2011, 97–120.

–, Soziale Sicherheit als Schlüssel zum Verhältnis der Sklavenfreilassungsgesetze im Pentateuch, VT 62 (2012) 381–397.

–, The Direction of Dependence between the Laws of the Pentateuch: The Priority of a Literary Approach, ETL 89 (2013) 1–14.

–, Mosetora und Jahwetora. Das Verhältnis von Deuteronomium 12–26 zu Exodus, Levitikus und Numeri (BZABR 21), Wiesbaden 2015.

Knoppers, G.N., Jews and Samaritans: The Origins and History of Their Early Relations, New York, NY – Oxford, U.K. 2013.

Kraus, H.-J., Psalmen. 1. Teilband: Psalmen 1–59 (BKAT XV/1), Neukirchen-Vluyn ⁵1978.

Leuenberger, M., Gott in Bewegung. Religions- und theologiegeschichtliche Beiträge zu Gottesvorstellungen im alten Israel (FAT 76), Tübingen 2011.

Levin, C., Über den „Color Hieremianus" des Deuteronomiums, in: T. Veijola (Hg.), Das Deuteronomium und seine Querbeziehungen (SFEG 62), Helsinki / Göttingen 1996, 107–126.

McConville, J.G., Law and Theology in Deuteronomy (JSOTS 33), Sheffield 1984.

Mowinckel, S., The Psalms in Israel's Worship (Two Volumes in One), Sheffield 1967 (1962).

Otto, E., Deuteronomium 4,44–11,32 (HThKAT), Freiburg i.Br. 2012.

Rendsburg, G.A., Linguistic Evidence for the Northern Origin of Selected Psalms (SBLMS 43), Atlanta, GA 1990.

Rüterswörden, U., Die Dekalogstruktur des Deuteronomiums – Fragen an eine Annahme, in: C. Frevel / M. Konkel / J. Schnocks (Hg.), Die Zehn Worte. Der Dekalog als Testfall der Pentateuchkritik (QD 212), Freiburg i.Br. 2005, 109–125.

Ruwe, A., Die Psalmen zum Betrachten, Studieren und Vorlesen. Eine textanalytische Übersetzung, Zürich 2012.

Schniedewind, W.M., How the Bible Became a Book: The Textualization of Ancient Israel, Cambridge, U.K. 2004.

Schöning, B., Gott ruft zur Umkehr. Kontext und Kohärenz von Ps 50, BZ 60 (2016) 209–227.

Seidl, T., Who Stands Behind the רשע in Psalm 50:16a? The Ethical Testimony of Psalm 50:16–22, in: D. Human (ed.), Psalmody and Poetry in Old Testament Ethics (LHB 572), London – New York, NY 2012, 76–92.

Seybold, K., Die Psalmen (HAT I/15), Tübingen 1996.

SONNET, J.-P., God to the Letter: Alphabetical and Theological Thinking in the Hebrew Bible, ZABR 27 (2021) 203–225.

SPIECKERMANN, H., Rede Gottes und Wort Gottes in den Psalmen, in: K. Seybold / E. Zenger (Hg.), Neue Wege der Psalmenforschung. FS W. Beyerlin (HBS 1), Freiburg i.Br. 1994, 157–173.

SÜSSENBACH, C., Der elohistische Psalter. Untersuchungen zu Komposition und Theologie von Ps 42–83 (FAT II/7), Tübingen 2005.

TOURNAY, R.J., Voir et entendre Dieu avec les Psaumes ou la liturgie prophétique du second temple à Jerusalem (CRB 24), Paris 1988.

VAN DER LUGT, P., Cantos and Strophes in Biblical Hebrew Poetry II: Psalms 42–89 (OTS 57), Leiden – Boston, MA 2010.

VESCO, J.-L., Le psautier de David traduit et commenté I (LD 210), Paris 2008.

WEBER, B., Psalm 77 und sein Umfeld. Eine poetologische Studie (BBB 103), Weinheim 1995 (digital: https://www.academia.edu/40122041 [eingesehen am 21. Marz 2023]).

–, Psalm 83 als Einzelpsalm und als Abschluss der Asaph-Psalmen, BN 103 (2000) 64–84; leicht überarbeiteter und aktualisierter Neuabdruck in: Ders., „Wie ein Baum, eingepflanzt an Wasserrinnen" (Psalm 1,3). Beiträge zur Poesie und Theologie von Psalmen und Psalter für Wissenschaft und Kirche (hg. von T. Uhlig; ABIG 41), Leipzig 2014, 258–281.

–, Der Asaph-Psalter – eine Skizze, in: B. Huwyler / H.-P. Mathys / B. Weber (Hg.), Prophetie und Psalmen. FS K. Seybold (AOAT 280), Münster 2001, 117–141; leicht überarbeiteter und aktualisierter Neuabdruck in: Ders., „Wie ein Baum, eingepflanzt an Wasserrinnen" (Psalm 1,3). Beiträge zur Poesie und Theologie von Psalmen und Psalter für Wissenschaft und Kirche (hg. von T. Uhlig; ABIG 41), Leipzig 2014, 363–391.

–, Akrostichische Muster in den Asaph-Psalmen, BN 113 (2002) 79–94.

–, Asaf – ein Name, seine Träger und ihre Bedeutung in biblischen Zeiten, in: M. Witte / J.F. Diehl (Hg.), Orakel und Gebete. Interdisziplinäre Studien zur Sprache der Religionen in Ägypten, Vorderasien und Griechenland in hellenistischer Zeit (FAT II/38), Tübingen 2009, 235–259.

–, Werkbuch Psalmen III. Theologie und Spiritualität des Psalters und seiner Psalmen, Stuttgart 2010.

–, Gottesreden in „Asaph-Texten", OTE 25 (2012) 737–760.

–, Werkbuch Psalmen I. Die Psalmen 1 bis 72, Stuttgart ²2016 (2001).

–, Verbindungslinien von den Psalmen Asaphs (Ps 50; 73–83) zu den Psalmen des Psalterteilbuchs IV (Ps 90–106). Erwägungen zu einem asaphitischen Trägerkreis, in: F.-L. Hossfeld / J. Bremer / T.M. Steiner (Hg.), Trägerkreise in den Psalmen (BBB 178), Göttingen 2017, 97–131.

–, Asaph im Psalter und in der Chronik. Erwägungen zu „Schnittstellen", Trägerkreisen und Redaktionsprozessen, in: F. Hartenstein / T. Willi (Hg.), Psalmen und Chronik (FAT II/107), Tübingen 2019, 343–378.

–, Mose-Lied (Dtn 32,1–43) und Asaph-Psalmen (Ps 50; 73–83). Untersuchungen zu ihrem Verhältnis, ZABR 27 (2021) 257–309.

I.2 „In Salem wurde sein Versteck ..." (Ps 76,3). Psalm 76 im Lichte literarischer und historischer Kontexte neu gelesen[*]

Abstract: *This article presents an analysis of Psalm 76 within the literary context of the Psalms of Asaph (Pss 50 and 73–83). Just as Ps 78, the central psalm in the Asaphite collection, can be dated to the end of the 8th century B.C., this period is also plausible for Ps 76, which was probably composed soon after 701 B.C. The author intended mainly to address his fellow "countrymen" from the former northern kingdom with the message that Zion is the only remaining place in which YHWH is truly present. The meaning of the verb in v. 3 was initially intended to read in an ingressive (and continuous) meaning ("Salem has become", i.e., this is still the case). After 587 B.C., the same verbal form could be re-read as having a constative meaning ("Salem was", i.e., is no longer).*

Psalm 76[1] ist kurz, aber nicht leicht zu verstehen, zumal den Psalmen der die Interpretation erleichternde Kontext abgeht bzw. nur erschlossen werden kann. Klaus Seybold hat eine Studie zu diesem Psalm publiziert und dabei den Kontext der Asaph-Psalmen (50; 73–83) zur Erhellung von Ps 76 beigezogen.[2] Dies erscheint mir ein hilfreiches Unterfangen, zumal sich zeigt, dass die mit לאסף überschriebenen Psalmen viele Gemeinsamkeiten aufweisen und formal wie inhaltlich zusammengehören.[3] Der von Seybold initiierte Versuch, aufgrund eines Einbezugs von Kontexten zu einem besseren Verständnis von Ps 76[4] zu gelangen, soll hier weiter vorangetrieben werden. Über den asaphitischen Kontext (textliches Umfeld) hinaus werden dabei weitere literarische Kontexte bedacht und Überlegungen zum

---

[*] Erstveröffentlichung (wird hier überarbeitet und aktualisiert): Beat WEBER, „In Salem wurde sein Versteck ..." Psalm 76 im Lichte literarischer und historischer Kontexte neu gelesen, Biblische Notizen 97 (1999) 85–103. Zu diesem Psalm vgl. inzwischen auch (mit kleineren Modifikationen) DERS., Werkbuch II, 35–39. Seit der Erstveröffentlichung sind u.a. zwei Studien von LEUENBERGER (Fortschreibungen; Šalem) erschienen. Auf die ebenfalls neue Monographie von CARGILL, Melchizedek, wird in einem Nachtrag eingegangen.

[1] Zu Auslegung und Literaturzusammenstellung vgl. SEYBOLD, Psalmen, 294–297; eine laufend aktualisierte Bibliographie findet sich unter WEBER, BiblioPss1990ff. (Rubrik I. 3.).

[2] Vgl. SEYBOLD, Psalm 76; diesbezüglich ablehnend RAMOND, Mentions, 372.

[3] Vgl. dazu BUSS, Psalms; ILLMAN, Thema; LURIA, Psalms; SCHELLING, Asafspsalmen; NASUTI, History; SEYBOLD, Wir; GOULDER, Psalms; WEBER, Psalm 77, 273–304; DERS., Asaph-Psalter.

[4] Eine erste Einschätzung dieses Psalms meinerseits findet sich in WEBER, Psalm 77, 285–286.

geschichtlichen Kontext (historisches Umfeld) angestellt. Beim Erwägen dieser literarischen und historischen Kontexte fliessen Überlegungen ein, die ich zu den benachbarten Psalmen 77 und 78 vorgetragen habe.[5]

1. Arbeitsübersetzung von Psalm 76

		1		לַמְנַצֵּחַ בִּנְגִינֹת מִזְמוֹר לְאָסָף שִׁיר:	[Dem Musikverantwortlichen – mit Saitenspiel –] Ein Psalm – Asaph zugehörig – ein Kultlied [– gegen den Assyrer].
I	A	2	a	נוֹדָע בִּיהוּדָה אֱלֹהִים	Bekannt in Juda (ist) Gott,
			b	בְּיִשְׂרָאֵל גָּדוֹל שְׁמוֹ:	in Israel (ist) gross sein Name.
		3	a	וַיְהִי בְשָׁלֵם סֻכּוֹ	In Salem wurde/war sein(e) Versteck/Hütte;
			b	וּמְעוֹנָתוֹ בְצִיּוֹן:	ja, seine Lagerstatt auf dem Zion.
		4	a	שָׁמָּה שִׁבַּר רִשְׁפֵי־קָשֶׁת	Dort machte er zerbrochen (Pfeil-)Brände des Bogens,
			b	מָגֵן וְחֶרֶב וּמִלְחָמָה סֶלָה:	Schild, Schwert und Krieg(sgerät). *Sela.*
	B	5	a	נָאוֹר אַתָּה	Glanzvoll (bist) du,
			b	אַדִּיר מֵהַרְרֵי־טָרֶף:	gewaltig von den Beute-Bergen her!
		6	a	אֶשְׁתּוֹלְלוּ ׀ אַבִּירֵי לֵב	Die Tapferen nach dem Herzen wurden geplündert;
			b	נָמוּ שְׁנָתָם	sie schlummerten ihren Schlaf,
			c	וְלֹא־מָצְאוּ כָל־אַנְשֵׁי־חַיִל יְדֵיהֶם:	und keiner der Kriegsleute wusste seine Hände zu gebrauchen.
		7	a	מִגַּעֲרָתְךָ אֱלֹהֵי יַעֲקֹב	Vor deinem Drohruf, Gott Jakobs,
			b	נִרְדָּם וְרֶכֶב וָסוּס:	sanken sowohl Wagen wie Ross(e) in Betäubung.
II	C	8	a	אַתָּה ׀ נוֹרָא אַתָּה	Du, Ehrfurcht gebietend (bist) du!
			b	וּמִי־יַעֲמֹד לְפָנֶיךָ	Ja, wer kann bestehen vor deinem Angesicht,
			c	מֵאָז אַפֶּךָ:	vor der Gewalt deines Zorns?!
		9	a	מִשָּׁמַיִם הִשְׁמַעְתָּ דִּין	Vom Himmel her tatest du (den) Gerichtsspruch kund;
			b	אֶרֶץ יָרְאָה וְשָׁקָטָה:	die Erde muss sich fürchten und ist stille.
		10	a	בְּקוּם־לַמִּשְׁפָּט אֱלֹהִים	Als Gott sich erhob zum Rechtsentscheid,
			b	לְהוֹשִׁיעַ כָּל־עַנְוֵי־אֶרֶץ סֶלָה:	zu retten alle Niedergedrückten des Landes/der Erde. *Sela.*
	D	11	a	כִּי־חֲמַת אָדָם תּוֹדֶךָּ	Fürwahr! Der Menschen Zornesglut muss dich preisen,
			b	שְׁאֵרִית חֵמֹת תַּחְגֹּר:	den Rest der Zornesaufwallungen wirst du dir umgürten.
		12	a	נִדְרוּ וְשַׁלְּמוּ לַיהוָה אֱלֹהֵיכֶם	Weiht ein Gelübde und löst es ein gegenüber JHWH, eurem Gott!
			b	כָּל־סְבִיבָיו יוֹבִילוּ שַׁי לַמּוֹרָא:	Alle um ihn sollen Geschenke darbringen dem Ehrfurcht-Gebietenden(?).

---

5 Vgl. WEBER, Psalm 77; DERS., Psalm 78 (zu Ps 78 auch DERS., Psalm 77, 286–290, und der Beitrag I.3 in diesem Band).

13 a יַבְצֹר רוּחַ נְגִידִים Er wird demütigen den Geist der Fürsten;

b נוֹרָא לְמַלְכֵי־אָרֶץ: ein Ehrfurcht Gebietender gegenüber den Königen der Erde (ist er).

[Dem Musikverantwortlichen – nach Jedithun]

2. Zu Psalm 76 insgesamt

In der Regel wird Ps 76 gattungsmässig als „Zionslied" bestimmt und mit Psalmen wie 46; 48; 84; 87 (und 122) zusammengestellt.[6] Dabei fällt auf, dass dieser Typus insbesondere in den beiden Gruppen der Qorach-Psalmen beheimatet, innerhalb der Asaph-Psalmen jedoch singulär ist, auch wenn sich in anderen Asaph-Psalmen Aussagen über den Zion finden.[7] Es wird zu zeigen sein, dass Ps 76 tatsächlich eine spezielle Gestalt innerhalb dieser Gattung mit ihrer ohnehin nicht glücklichen Bezeichnung darstellt. Es könnte allerdings sein, dass ein editorischer Vermerk die Verwandtschaft zwischen Ps 76 und den Zionsliedern der Qorach-Gruppen anzeigt.[8] Dies dann, wenn die von Bruce Waltke ins Spiel gebrachte Hypothese zutrifft, wonach die Psalmenüberschriften eine spätere irrtümliche Verschmelzung („conflation") des Subskripts des Vorderpsalms und des Präskript des nachfolgenden Psalms darstellen.[9] Angewandt auf Ps 76 (s. obige Übersetzung) verbliebe diesem מזמור לאסף שיר (1); zugleich hätte er als Postskript die Angabe למנצח על־ידיתון (aus Ps 77,1). Chronistischen Angaben zufolge stehen „Jedithun" und seine Nachfahren jedenfalls in einer engen Beziehung mit der Gilde der Qorachiten.[10]

Die textlichen Unsicherheiten von Ps 76 kann man m.E. nicht mit literarkritischen Operationen beheben. Wie schon bei den Psalmen 77 und 78[11] legt sich auch im Blick auf Ps 76 ein kompositionskritischer Verstehensansatz nahe: Der Psalmist erweist sich als guter Kenner israelitischer Traditionen (s.u.); er greift überlieferte Stoffe auf, fügt diese aber so ein, dass der Fremdbezug zwar noch kenntlich ist, aber seine genauen Umrisse verschwimmen.

---

6 Vgl. GUNKEL/BEGRICH, Einleitung, 42. Zu den damit verbundenen Vorstellungen vgl. etwa SCHMIDT, Glaube, 287–301 (§13 Der Zion). Eine dezidiert qorachitisch-zionstheologische, von Ps 46 und 48 ausgehende Sicht von Ps 76 (als literarisch einheitlicher Redaktionspsalm, eng verwandt mit den Fortschreibungen Ps 46,9–12; 48,10–12), der spätpersisch (4. Jh. v. Chr.) entstanden und redaktionell in den Asaph-Psalter 73–83 eingeschrieben worden sei, vertritt LEUENBERGER, Šalem; DERS., Fortschreibung, 80–91.

7 Vgl. Ps 50,2ff.; 74,2ff.; 78,68–69; 79,1ff.

8 Darüber hinaus ergeben sich insbesondere auch Analogien zwischen den „Volksklagen" Ps 44 (Qorach) und 74 (Asaph). In der Psalteredition sind die den Söhnen Qorachs und die Asaph zugeschriebenen Psalmen mittels einer chiastischen Anlage der Psalterbücher II und III untereinander verklammert (Qorach – Asaph – David – Asaph – Qorach).

9 Vgl. WALTKE, Superscripts.

10 Vgl. dazu WEBER, Psalm 77, 272–273.

11 Vgl. WEBER, Psalm 77, 199ff., und DERS., Psalm 78.

Der Psalm ist deutlich in vier Strophen (A–D) zu je drei Versen unterteilt; je zwei Strophen bilden eine Stanze (I und II).[12] Indizien für diese strophische Gliederung sind die partizipial-hymnischen Eröffnungen. Sie führen zugleich ein Moment der Steigerung mit sich.[13] Ferner fungieren in diesem Psalm die beiden סלה als Strophenende-Marker (4b.10b). Sie umschliessen den Theophanie-Hymnus (5–10). Was die Gesamtanlage angeht, enthält der Psalm zwar Elemente der Reihung (AA'BB'),[14] doch dürfte die Spiegelsymmetrie (ABB'A')[15] die wesentliche, das Verstehen leitende Gesamtstruktur von Ps 76 abgeben.[16]

Zum poetischen Instrumentarium dieses Psalms gehören neben den semantischen Wiederholungen (vgl. z.B. die Derivate der Wurzel ירא in 8.9.12.13), Laut- und Sinnfiguren, Anspielungen auf Fremdtexte und Geschehnisse sowie das bewusste Spiel mit Mehrdeutigkeiten. Einiges davon wird in den nachfolgenden Analysen deutlich werden.

3. Strophe A (Verse 2–4)

Der Psalm eröffnet mit einer Aussage über „Bekanntes" (2a), aber zugleich auffällig mit dem in den Psalmen sonst nur noch in Ps 114,2 bezeugten Paar „Juda // Israel" (2ab). Mehrere Interpretationen sind im Blick auf die Zuordnung der beiden Grössen denkbar: 1. Israel steht für die Zehn Stämme im Norden bzw. das Nordreich Israel, Juda für den Stamm im Süden bzw. das Südreich Juda; die beiden Grössen ergänzen sich gleichwertig im Sinne einer Zusammengehörigkeit oder Ganzheit, die auf der gemeinsamen Geschichte und v.a. der Verehrung desselben Gottes (JHWH) beruht (synthetischer Parallelismus). 2. „Juda" *ist* „Israel", hat den Namen und seine Traditionen übernommen, sein Erbe (allein) angetreten (synonymer Parallelismus). 3. „Juda" und „Israel" sind weder identisch noch stehen sie für zwei, sich ergänzende Teile; vielmehr ist ein inkludierendes Verhältnis im Sinne von Teilgrösse (Juda) und Ganzheit (Israel) gemeint (Parallelismus von *pars* und *totum*).

---

12 Die Strophen sind nahezu gleich lang (Kola: 6 – 7 – 7 – 6). Vgl. auch BEUKEN, Presence, 135–136. Vers 11 hat insofern einen janusköpfigen Charakter, als er hinsichtlich der Adressierung mit Strophe C verknüpft ist, aber hinsichtlich der Thematik 12–13 vorbereitet (vgl. ebd., 136). Insgesamt wird man ihn aber – auch aufgrund des סלה am Ende von 10 zur Schluss-Strophe D schlagen und das 11 eröffnende כי als emphatisch beurteilen (analog zu den anderen Strophen-Anfängen). Vgl. auch VAN DER LUGT, Cantos II, 326–331, der allerdings durchgängig Bikola liest, während ich 6 und 8 als trikolisch beurteile.

13 Partizip (2a) – Partizip + אתה (5a) – אתה + Partizip + אתה (8a).

14 Sie entsprechen den beiden Hauptteilen (Stanzen): Kriegsthematik in A + B (I); Gerichtsthematik und Gottesfurchts-Aussagen in C + D (II). Die Formen der Wurzel ירא (Leitwort-Stil) erscheinen lediglich in den letzten beiden Strophen (8a.9b.12b.13b). Man beachte auch den identischen Schluss der Strophen C und D *sub voce* ארץ 10b.13b, vgl. auch 9b.

15 Vgl den eingebetteten „Du"-Hymnus B + C (auch das Personalpronomen אתה erscheint nur in diesen beiden Strophen [5a.8a*bis*]) und die „Er"- und imperativischen Aussagen (mit Ausnahme von 11) im Rahmen A + D.

16 In jeder Strophe erscheint übrigens einmal die Gottesbezeichnung אלהים 2a.7a.10.12a (Elohistischer Psalter), wobei das zweite und das vierte Mal (Alternierung) die Gottesbezeichnung aus zwei Elementen besteht.

Das Bekenntnis am Psalmeingang ist offen formuliert. Unbestritten ist die Grösse und Bekanntheit Gottes; sie manifestiert sich in Juda und Israel. Aufgrund des nachfolgenden Textes, seiner späteren Neulesung sowie den jeweiligen Verbindungen mit unterschiedlichen Geschehnissen kann sich die eine oder andere Deutung (s.o.) in den Vordergrund schieben. Nach dem zuerst erwähnten Juda wird im nachfolgenden Vers die Gottespräsenz (uranfänglich) mit Jerusalem und dem Zion verbunden – an Israel erinnert in der Folge explizit nur noch der „Gott Jakobs" (7a). Der Akzent liegt auf der Trias Juda/Salem/Zion. Geschichtlich ist an die Erwählung des Zions und den Einzug der Lade unter König David (vgl. 2. Sam 6,12–19) oder die Tempeleinweihung unter seinem Sohn Salomo (vgl. 1. Kön 8) zu denken. Die Formulierung für Gottes Behausung (mit der Lade als Ort der Gottespräsenz) und die verwandte Trias Juda/Zion/David am Ende des asaphitischen Hauptpsalms (Ps 78,68–72) lassen an die Lade im Zelt in der Davidstadt denken. Die Lade ist nicht genannt, aber es wird auf sie angespielt; mit ihr ist die Gesamtheit der Stämme Israels verbunden. Im Text wird also an das Geschehen noch vor der Reichsteilung erinnert. Die oben genannte Option 3. schiebt sich damit in den Vordergrund: Israel meint die Gesamtheit des Gottesvolks – in ihm ist Gottes Name gross (2b, vgl. asaphitisch Ps 77,14); Gott aber hat Wohnung genommen auf dem von ihm erwählten Zion[17] in Jerusalem und Juda (nicht mehr wie einst im ephraimitischen Schilo).[18]

Auch der bereits genannte Vers 3 ist mehrdeutig. Besondere Aufmerksamkeit verdient der Zeitmarker ויהי in 3a, der anzeigt, dass das Geschehen der Vergangenheit angehört.[19] Es ergeben sich zwei Deute-Optionen dieser *wjjqtl*-Form: Man kann sie konstativ im Sinne eines zurückliegenden Sachverhalts, der „war" (jetzt aber nicht mehr ist), auffassen. Oder man kann sie ingressiv im Sinne des Neueintritts eines Sachverhalts, der „wurde" (und noch anhält), verstehen.[20] Vom Kontext her wird deutlich, dass – zunächst jedenfalls – auf eine Früh- bzw. Anfangszeit abgestellt wird. Insofern drängt sich die ingressive Lesart auf. Dass sich nach der Zerstörung von Jerusalem und dem Tempel (587 v. Chr.) in der Exilzeit (und vor dem Bau des zweiten Tempels) bei einer Neuverwendung dieses Psalms die zweite, konstative Lesart in den Vordergrund schob oder zumindest schieben konnte, legt sich nahe – wie auch das Zueinander von Juda und Israel bei späteren Relecturen (nach der Reichsteilung, nach dem Fall des Nord- und später des Südreichs) neue Akzente bekam.

In Vers 3 erscheint die seltene wie auffällige Kurzform „Salem" für „Jeru-salem".[21] Sie wurde kaum zufällig verwendet und dürfte auf die Begegnung Abrahams mit Melchisedek, dem König von „Salem" und Priester des Höchsten (Gen 14,17–24),

---

17 Vgl. die weiteren asaphitischen Belege in Ps 50,2; 74,2; 78,68.
18 Der Bezug auf Ganzisrael liegt in Ps 76,2 wie Ps 78,71, wo Israel (und Jakob) als Volk erwähnt wird, vor. Vgl. dazu den neuen Beitrag zu Ps 78 in diesem Band (I.3). LEUENBERGER, Šalem, 70–71, denkt bei 2–3 ebenfalls an frühzeitliches Geschehen, zieht aber mit Blick auf Juda/Israel Option 1. vor und denkt bei Israel an dessen ephraimitisches und manassitisches Kerngebiet.
19 Dem entspricht auch die Weiterführung in 4 mit *qtl*-Form.
20 Vgl. BARTELMUS, *HYH*, 106–114.126.133–134.
21 An den Ort Salem unweit von Sichem (wie in Gen 33,18?) denkt dagegen GOULDER, Psalms, 86–88. Vgl. dazu auch den Nachtrag am Ende des Aufsatzes.

anspielen.[22] Ist dem so, wird die Präsenz Gottes an diesem Ort über das Jerusalem Davids hinaus mit Ereignissen aus der Zeit des Patriarchen Abraham unterlegt (zu möglichen Assoziationen von מורא in 12b s. unter Strophe D). Mit שלם „S(ch)alem" verbindet sich zugleich wortspielartig das nachfolgend geschilderte Geschehen des von Gott an diesem Ort erwirkten שלום „Schalom" (vgl. 4[–7]).[23] Die Rede ist hier nicht von einem „(Tempel-)Heiligtum", vielmehr wird die mit Salem verwendete altertümliche Diktion durch das suffigierte, semantisch synonyme Begriffspaar סכי/מעונתו (3ab) beibehalten und metaphorisch angereichert. Der Psalmist hat den maskulinen Begriff *סך[24] und den femininen Begriff מענה[25] kombiniert (vgl. Hi 38,40). Das Bild eines im Dickicht lagernden bzw. lauernden Löwen wird evoziert.[26] Die Begriffe oszillieren zugleich zur Bedeutung „(Laub-)Hütte, Wohnung" hin. In Salem-Zion wurde/war der Wohnort Jhwhs; er erwies sich dort als Löwe, der nicht zum Raub auszieht, sondern der „von dorther"[27] (שמה, Wort- und Sinnspiel mit שמו und שלם) das Kriegsgerät „zerbrochen macht" (vgl. Jes 38,13; Ps 46,10) und Frieden stiftet. Es ist also Juda, welcher das Lager Jhwhs, des Löwen, bei sich hat. Den Psalmhörern dürfte bekannt sein, dass im Jakob-Segen Juda als Löwe bezeichnet wird (Gen 49,9–12, vgl. Jer 12,7–8; Ez 19,1–9).[28]

Die (ersten) Adressaten dieses Psalms kennen – wie zu zeigen sein wird – vor allem Traditionen, die aus dem Nordreich kommen bzw. dort überliefert wurden. Dazu gehören Prophetenworte aus dem Hosea-Buch.[29] Auf diesem Hintergrund kann 3–4(ff.) von Hos 5,14; 13,7–8 her als ein Frontwechsel Jhwhs interpretiert werden: Gottes Eingreifen als Löwe geschieht nicht (mehr) zuungunsten Ephraims (und Judas), sondern nun zugunsten seines Volkes; es dient der Beendigung des Krieges, schafft Frieden.[30] In der Aufzählung von Kriegsgerät, das zerstört wird, liegen deutliche Berührungen zwischen 4 und Hos 1,7; 2,20 (vgl. auch 1,5) vor.[31] Besondere Beachtung

---

22 Zu Ansätzen einer Theorie im Blick auf das *literary echoing* innerhalb der Psalmenpoesie vgl. Weber, Psalm 77, 203–206.

23 Möglicherweise ist darüber hinaus impliziert, dass Jhwh in Verbindung mit Jerusalem die Charakteristik des jebusitischen, mit Heil und Frieden in Zusammenhang gebrachten Stadtgottes Salem übernimmt (vgl. Schmidt, Glaube, 291ff.).

24 „Dickicht, Hütte", vgl. auch das Femininum סכה „Dickicht, Hütte"; dazu Jer 25,38; Ps 10,9; 27,5; Thr 2,6, auch 2. Sam 11,11.

25 „Versteck, Lagerstatt", vgl. auch das Maskulinum מעון I „Versteck, Wohnung", dazu Dtn 33,27; Am 3,4; Nah 2,12–13; Ps 104,22, auch Dtn 26,15; Ps 26,8.

26 Zur Löwen-Metaphorik ausführlich Beuken, Presence, 138–143.

27 Ob damit auf eine Form von Kultzentralisation (vgl. Dtn 12,5.11.21 u.ö.) angespielt wird?

28 Anspielungen auf Gen 49 dürften nicht nur zum Juda-, sondern auch zum Joseph-Spruch vorliegen (s.u.). Aber auch auf das Volk Israel insgesamt wird die Löwen-Metapher angewandt (Num 23,23–24; 24,8–9); man denke auch an Jakob-Israel als „Gottes-Kämpfer" (Gen 32,29; Hos 12,4–5).

29 Auf die Nähe Hoseas zu einigen Asaph-Psalmen (80; 81, auch 78) verweist auch Davies, Hosea, v.a. 32–33.

30 Es finden sich auch andere Belege, in denen der Zion als Ort der Befriedung, des Friedens erscheint (Ps 46,6–10; 122,7–8 u.ö.).

31 Vgl. dazu detailliert Weber, Asaph Meets Hosea, 584–589. Leuenberger (Fortschreibung, 81–82; Šalem, 68) verweist mit Blick auf das Zerbrechen der Kriegsgeräte zu Recht auf den qorachitischen Beleg Ps 46,10, lässt die Hos-Stellen jedoch unerwähnt.

verdient die singuläre Wendung רשפי־קשת „(Pfeil-)Brände des Bogens" (= Brandpfeile).[32] Man ist sich in asaphitischen Kreisen bewusst, dass der Bogen als Kriegsgerät speziell mit Joseph/Ephraim verbunden ist: In den (Segens-)Worten von Jakob an
Joseph (Gen 48,22; 49,23–24) ist vom Beherrschen des Bogens die Rede, und nach Ps
78,9.57 steht Josephs/Ephraims Versagen mit dem „Bogen" in einem Zusammenhang.
Unsere Stelle steht zudem in der Nähe von hoseanischen Formulierungen (Hos 1,5.7;
2,20; 7,16), die an alte Joseph/Ephraim-Traditionen anknüpfen. Es darf – mit Seitenblick auf Psalm 78 und Hosea – vermutet werden, dass hier (auch) ein verstecktes
Erinnerungszeichen an Ephraim eingewoben ist und auf hoseanische Aussagen
angespielt wird.[33] Die hoseanischen Aussagen zum Stichwort „Bogen und anderes
Kriegsgerät (zerbrechen)"[34] dürften für den Psalm-Hörer dergestalt aktualisiert worden sein. Trotz des erschlafften, ja zerbrochenen Bogens Israels (Hos 7,16; 1,5, vgl. Ps
78,9.57) bleibt die Verheissung Jʜwʜs, er werde den Bogen und anderes Kriegsgerät
(Hos 2,20) zerbrechen und so den Frieden herauführen. Insofern „lässt sich Ps 76
als eine von Zion ausgehende Teilerfüllung und Bestätigung der Verheissung von
Hos 2,20 lesen"[35].

Bezieht sich 2 auf den Anfang der Präsenz Gottes auf dem Zion, die Überführung
der Lade unter König David nach Jerusalem (s.o.), so ist 3(ff.) offen formuliert und
kann für unterschiedliches Eingreifen Gottes zugunsten der Bedrängten und eine
tiefgreifende Befriedung stehen. Ein Verweis auf ein, vom Sprecherstandpunkt aus
gesehen, nicht weit zurückliegendes Geschehen liegt gleichwohl vor: den erfolglosen
Ansturm der Assyrer auf Jerusalem um 701 v. Chr. und das wunderbare Eingreifen
Jʜwʜs (vgl. 2. Kön 19,32–37; 20,6). Damit verbunden ist die Annahme, dass Ps 76 auf
dem Hintergrund der assyrischen Herrschaft zu verstehen ist. Dies entspricht der
ältesten uns greifbaren Deutung insofern, als die LXX nur diesen (LXX Ps 75,1) und
den ebenfalls asaphitischen Ps 80 (LXX Ps 79,1) mit einer Konfrontation mit den
Assyrern (πρὸς τὸν Ἀσσύριον) in Zusammenhang bringt. Die Angabe in der Überschrift ist entweder auf eine zuverlässige Überlieferung oder auf eine sachgemässe
Interpretation zurückzuführen. Im Hintergrund stehen die assyrische Bedrohung
der Königreiche Israel und Juda, der Fall des Nordreichs (722 v. Chr.), die Fluchtbewe-
gung von vielen Israeliten aus dem Nordreich nach Jerusalem und die Erfahrung der
Rettung der Stadt durch ein Gotteswunder. Seit Beginn von Gottes Präsenz (Lade) in
Jerusalem und bis in die Gegenwart hat (Jeru-)Salem als Gottesstadt des „Friedens"
alle feindlichen Anstürme (einschliesslich demjenigen unter Sanherib) überstan-
den. Angesichts dieser Situation ist Juda/Israel nicht nur von 2 her als (einstiges)
Gesamtisrael der zwölf Stämme aufzufassen, sondern auch auf dem Hintergrund

---

32 Vgl. dazu Wᴇʙᴇʀ, Asaph Meets Hosea, 585. Das Nomen רשף weist im AT nur eine
    Handvoll Belege auf, in den Psalmen ausser hier nur noch in Ps 78,48 sowie im Mose-
    Lied Dtn 32,24 (beide Male allerdings mit anderer Bedeutungsnuance als in Ps 76,3).

33 Berührungen könnten auch mit dem Mose-Lied Dtn 32 vorliegen (vgl. Ps 76,3 mit
    Dtn 32,23–24.41–42). Die Bezüge sind nicht stark, gewinnen aber an Gewicht, wenn
    man bedenkt, wie beliebt das Mose-Lied in asaphitischen Kreisen war (vgl. Wᴇʙᴇʀ,
    Psalm 77, 234–236; Dᴇʀs., Psalm 78; Dᴇʀs., Mose-Lied; Jüɴɢʟɪɴɢ, Tod, 79–80.94–99).

34 Vgl. die Aufzählung in Hos 1,7 und v.a. 2,20 (zu diesen Stellen Eᴍᴍᴇʀsᴏɴ, Hosea,
    30–32.88–95).

35 Wᴇʙᴇʀ, Asaph Meets Hosea, 589.

der späteren Realität der zwei Reiche (Juda, mit Benjamin, und das Israel der Zehn Stämme). Dies gilt auch noch nach dem Fall des Nordreichs. Jedenfalls ist und bleibt die Bevölkerung des Nordens, die im Süden Zuflucht gefunden hat, auch in Juda/Jerusalem Israel. Ob in diesem Verständnis von Juda/Israel die beiden Grössen als Ergänzung (s.o., Option 1.) oder Juda als Teil Israels angesehen wird (s.o., Option 3.), kann hier auf sich beruhen.[36] Jedenfalls trifft von Ps 76 her, im asaphitischen Kontext gelesen (vgl. v.a. Ps 78), die Option 2. (Aufgehen von Israel in Juda) nicht zu.[37] Klaus Seybold meint, dass der Psalm zwar auf Juda/Jerusalem zentriert erscheine, aber dergestalt, dass der Standort des Sprechers ausserhalb der Stadt zu denken sei.[38] Ps 76 ist kaum eine Selbstlegitimierung von Jerusalemer Tempelkreisen. Wahrscheinlich ist dieser Psalm (primär) an JHWH-treue (z.T. in den Süden geflohene) Nordreich-Israeliten gerichtet, die nach dem Verlust der politischen Grösse einer neuen Ausrichtung und Beheimatung bedurften. Dies geschieht im Anschluss an Juda und Salem/Zion (vgl. Hos 1,5–7 und Ps 78,59–60.67–72).

Dieses Verständnis von Ps 76 hat sich mir im Blick auf Ps 78, der als „Leittext" der Asaph-Psalmen anzusehen ist, aufgedrängt.[39] Ein geschichtlich ähnlicher Hintergrund liegt über Ps 76 und 78 hinaus auch in Ps 77 vor.[40] Nordisraelitisches Kolorit zeigt sich in Ps 76 auch an der teils altertümlichen, mit Nordreich-Dialektismen durchsetzten Diktion.[41] Demgemäss sind es asaphitische, mit dem Nordreich verbundene[42] und vermutlich ursprünglich auch aus diesem Gebiet stammende Kreise, die nach dem Untergang des Nordreichs ihren „Landsleuten" versichern, dass Zion als Kultort und der Führungsanspruch Judas für Gesamtisrael gelte. Dies tun sie durch den Rückgriff auf gesamtisraelitische Überlieferungen (Väterzeit, frühe Königszeit) einerseits und durch die Verbindung von jerusalemitischen und ephraimitischen

---

36 SCHÜTTE (Juda; Israel) geht mit Blick auf die frühen Schriftpropheten von einer Eigenständigkeit der Nordreich-Israeliten im „Exil" in Juda aus, ja er spricht sogar von einer „Israelitisierung Judas".

37 Vgl. die Interpretation von Ps 78 im neuen Beitrag zu diesem Psalm im vorliegenden Band (I.3). Auch weiteres Schrifttum, wie etwa das „Trostbüchlein Ephraims" (Jer 30–31), kennt kein (endgültiges) Aufgehen Israels in Juda.

38 Vgl. SEYBOLD, Psalm 76, 131–132.

39 Vgl. WEBER, Psalm 78, sowie der Beitrag zu Ps 78 in diesem Band (I.3).

40 Vgl. WEBER, Psalm 77, v.a. 252–257.264.285–294. Anders als in meiner Dissertation würde ich heute einer Ansetzung von Ps 77 in vorexilischer Zeit (in der Regierungszeit Hiskias) gegenüber einer exilischen Datierung den Vorzug geben (vgl. DERS., Wasser, 269–270). Die letzten beiden Wörter (Namen!) des Psalms, „Mose und Aaron", haben m.E. insofern legitimierenden Charakter, als sie einen Fingerzeig abgeben, dass „Mose" (sprich: das Nordreich und seine Traditionen) und „Aaron" (sprich: Juda/Jerusalem und der Tempel) zusammengehören – zumindest kann man die Aussage so interpretieren.

41 In diese Richtung weisen über die nachfolgend genannten Motiv- und Traditionsbezüge hinaus die *hitp*-Form אשתוללו in 6 sowie die Lexeme שי und יבל in 12 sowie בצר in 13, vgl. RENDSBURG, Evidence, 73–81.

42 Dass in die Asaph-Psalmen ein grosses Mass an Nordreich-Traditionen („Ephraimite tradition") eingeflossen ist, hat namentlich NASUTI, History, herausgearbeitet. Diese Einschätzung wird von SEYBOLD (Psalmen, 8–9; Wir) und WEBER (Psalm 77, 277–284, auch 229–233) geteilt.

Traditionen (die nach dem Untergang des Nordreichs nach Jerusalem gelangt sind) andererseits.[43]

Auf diesem Hintergrund gelesen ergeben die Aussagen von Strophe A (und von Ps 76 insgesamt) ein kohärentes Bild. Die Abfolge Juda ⟶ Israel wird in diesem Rahmen genauso plausibel wie diejenige von Salem ⟶ Zion und die Interpretation von ויהי als ingressiv. Auch Vers 4, der mit Hos 2,20 und insofern mit ephraimitischer Tradition konform geht, dient der Vergewisserung der Gottesherrschaft (auch) für die Bewohner des ehemaligen Nordreiches in bedrängter Zeit. Der Rückgriff auf alte, (auch) in Israel bekannte Überlieferungen liegt nahe: Der Name „Salem" vermag den auf die Väterzeit (Gen 14,17–24) zurückreichenden Anspruch zu legitimieren. Hinter 3 klingt die Überführung der Lade nach; bei 4(ff.) haben Ausleger nicht nur an Sanheribs Feldzug und seinen Abzug von Jerusalem 701 v. Chr. gedacht, sondern auch an die Siege über die Philister (vgl. 2. Sam 5,17–25).[44] Und die Löwen-Metaphorik kann neben judäischen auch gesamtisraelitische Traditionen anklingen lassen (s.o.).

4. Strophen B und C (Verse 5–7 und 8–10)

Mit Strophe B setzt ein hymnisches Gebet (Du-Anrede) ein. Der Strophenbeginn ist in wortspielartiger Analogie zum Beginn von Strophe A gestaltet (נאור/נודע: je Ptz *ni*, Alliteration und Assonanz). Der Rückbezug von 5 auf 2(–3) ist gewollt: Wird dort angesprochen, wo Gott bekannt ist, so hier seine herrliche Gegenwart. Willem Beuken charakterisiert Strophe B als Theophanie vom Zion her (vgl. 3–4) und schreibt treffend:

> „While the first strophe proclaims God's lion-like dwelling in Salem and the effect of his residence there (3d person), the following strophes praise him (2d person) because he comes to ligth (v. 5: נאור) in an incomparably awe-inspiring way (v. 8: נורא ...)."[45]

Scheint sonst der Lichtglanz Gottes nur auf,[46] so ist er hier permanent vorhanden. Mit dem Ptz *ni* liegt eine Seinsaussage vor: Der Glanz Gottes bewirkt Heil gegenüber Feindmächten und deren Kriegshandlungen (vgl. 4).[47] Das alliterativ an אתה

---

43 SEYBOLD (Psalm 76, 132–133; Psalmen, 294–313) hat im Blick auf Ps 76 und 78 eine andere Lösung gewählt: Er datiert ins Exil und nimmt eine ephraimitische Grundschicht und eine spätere judäische Überarbeitung an. Ich gehe dagegen von einem einheitlichen Text aus und erkläre, wieso die Asaph-Psalmen und die Asaphiten in der Verarbeitung des Exils nach 587 v. Chr. eine prominente Rolle spielten: Ihre Psalmtexte hatten schon bei der Verarbeitung des Nordreichfalls 722 v. Chr. ihren Dienst erwiesen und konnten nun in analogen Situationen wiederverwendet werden. Ich gehe nicht von einer exilischen Datierung von Ps 76–78 aus, aber einer exilischen Re-Lektüre dieser Psalmen aus.

44 Vgl. dazu EISSFELDT, Psalm 76.

45 BEUKEN, Presence, 143.

46 So nicht selten auch in den Asaph-Psalmen (vgl. Ps 50,2; 77,19; 80,2.4.8.20, auch 78,14).

47 Eine Emendation von נאור zu נורא (8.13) ist – trotz der Seltenheit des *ni*-Stammes von אור (noch 2. Sam 2,32; Hi 33,30) – nicht geraten. Vgl. dazu v.a. BEUKEN, Presence, 144–145.

anschliessende אדיר bezeichnet Gott als „gewaltig" (vgl. Jes 33,21; Ps 8,2.10; 93,4).[48] Die Schlusswendung מהררי־טרף „von den Beute-Bergen" nennt den Herkunftsort (מן)[49] seiner Theophanie. Bei dieser singulären Formulierung wird sich bei den mit israe-litischer Tradition vertrauten Hörern eine doppelte, den beiden Teilen der Wendung entsprechende Assoziation einstellen: Die Wurzel טרף ergibt eine Verbindung mit der in 3(–4) angedeutete Löwen-Metapher (vgl. u.a. Nah 2,13–14; Ps 7,3; 17,12). Zudem legt sich ein weiterer Bezug zu hosenischen Aussagen nahe: In Hos 5,14 und 6,1[50] (vgl. auch den Asaph-Psalm-Beleg 50,22) erscheint Jhwh als reissender (טרף) Löwe gegen Ephraim wie gegen Juda, der aber – wenn das Volk umkehrt – nach dem Zerreissen auch wieder heilt. Ps 76 bezeugt Jhwh als Löwe, der von Salem/Zion her seinem Volk nicht (mehr) Verderben, sondern Heil bringt und sich gegen die Feinde Israels wendet. Ein Bezug auf die Verderbens- *und* Verheissungsaussage in den genannten Hos-Belegen fügt sich in den aufgewiesenen judäisch-ephraimitischen Zusammen-hang von Ps 76.[51] Damit ist der „Beute"-Bezug erklärt; was aber sollen die „Berge"? Neben dem Rückbezug auf den „(Berg) Zion" (3, vgl. auch die Asaph-Ps 74,2; 78,68 u.ö.) wird der Israelit von der Theophanie her, verstärkt durch den auffälligen redu-plizierten Plural (*constructus*), auf den Mose-Segen gewiesen. Dieser beginnt in Dtn 33,2 mit dem Verweis auf die (leuchtende!) Theophanie Jhwhs, der von den Bergen herkommt (Sinai, Seir, Paran). Zudem geht der Segen an Joseph von den „uralten Bergen" (הררי־טרף) aus (Dtn 33,15, vgl. auch Gen 49,26 LXX).[52] In dem Sinn dürften die „Beute-Berge" mehrdeutig schillern und dazu dienen, den Hörern aus den Joseph- bzw. Nordreich-Stämmen die allein verbliebene Möglichkeit, sich Jhwh auf dem Zion anzuschliessen, plausibel zu machen (vgl. Asaph-Ps 78,67–72).

Vers 6 wird vermutlich als Trikolon (2+2+3?) zu lesen sein. Sein Verständnis ist nicht ganz einfach, doch wird – aufgrund des Kontextes – deutlich, dass die Aussa-gen als Folgen von Gottes Erscheinen (5) zu verstehen sind. 6–7 hat man gleichsam als Explikation von 4 (auch *qtl*) zu lesen. Das Eingangsverb אשתוללו (*hitp* „geplün-dert, zur Beute werden") berührt sich formal und semantisch mit טרף und führt die in 3–4 eingeführte Doppelheit von Löwen-Metaphorik und Kriegsaussage weiter.[53]

---

48   Aus 7 geht hervor, dass auf das Schilfmeerlied angespielt und dieses bei den Hörern als bekannt vorausgesetzt wird. Möglicherweise sind bereits bei der Gottesprädikation אדיר die „gewaltigen Wasser", in denen Jhwhs Feinde angesichts dessen „Gewaltig-keit" versinken (Ex 15,10 = Erstbeleg אדיר), evoziert worden.

49   Diese Lesung ist der komparativischen vorzuziehen.

50   Emmerson, Hosea, 68–74, schreibt diese Passage(n) Hosea zu.

51   Auch im Hosea-Buch lässt sich ein Nebeneinander von nordisraelitischer Herkunft und judäischer Perspektive (letztere wird oft als spätere Redaktion veranschlagt) erkennen (vgl. dazu Emmerson, Hosea). Möglicherweise war die hosenische Über-lieferung in doppelter Weise wesentlich für die asaphitischen Kreise: Einerseits erfreuten sich der Nordreich-Prophet und seine Botschaft (gerade nach dem Fall des Nordreichs) besonderer Wertschätzung, und andererseits ist bei ihm selber (oder den Überlieferern und Fortschreibern hosenischer Worte) die judäische Perspek-tive und damit die Bewegung vom Norden in den Süden bereits angelegt.

52   Wenn man, wie z.T. vorgeschlagen wird, zu הררי־עד (vgl. Gen 49,26 LXX) emendiert, wird die Doppelsinnigkeit der Wendung auf die eine Seite hin vereindeutigt.

53   Vgl. auch das Nebeneinander der beiden Wurzeln im Jakob-Segen an Benjamin (Gen 49,27). Zur Verbindung der Stammesgebiete von Benjamin und Ephraim-Manasse vgl. den asaphitischen Beleg Ps 80,3.

Betroffen von der Plünderung (= Entwaffnung?) sind die אבירי לב „Herzens-Tapferen".
Die auch semantisch verwandten Begriffe אדיר und אביר in 5b und 6a (ähnliche
Position)[54] werden in einem Laut- und Sinnspiel aufeinander bezogen: Der Gewaltige
(theophaner Kriegsmann) plündert bzw. überfällt löwengleich[55] die ihm entgegen-
stehenden „Herzens-Gewaltigen" (tapfere Kriegsleute). Ein Gottes-Schrecken führt
aufseiten der Feinde zu Erstarrung und Betäubung („sie schlummerten ihren Schlaf",
6b).[56] Die Folge davon: „Und keiner der Kriegsleute fand seine Hand" (6c), d.h. keiner wusste seine Hände (und damit die Waffen, vgl. 4) zu gebrauchen.[57] Liest man
diese Passage im asaphitischen Kontext, so stellt sie gleichsam einen Gegenpol, eine
Gottes-Antwort auf Schilderungen in Ps 74 dar, wo die Feinde Israels (und Jhwhs)
u.a. als beutemachende Raubtiere gezeichnet werden (Ps 74,19ff., vgl. im Blick auf
die betroffenen „Geringen" auch 10 mit Ps 74,21).

Zum Schluss von Strophe B wird in 7 der „Gott Jakobs" angerufen und damit nicht
nur auf Väter-, sondern auch auf (im Norden gepflegte) Volk-Israel-Überlieferungen
rekurriert (vgl. Ex 3,6.15; 4,5). Auch diese, im Psalter nur 9mal belegte Gottesbezeichnung hat in der asaphitischen Tradition einen Schwerpunkt (Ps 75,10; 76,7; 81,2.5, zu
„Jakob" vgl. ferner Ps 77,16; 78,5.21.71; 79,7).[58] Mit den Stichworten „Schlaf" und „in
Betäubung sinken" (רדם ni) wird inhaltlich an 6(–7) angeknüpft. Der Vers enthält
Anspielungen an das Auszugsgeschehen bzw. das Schilfmeer-Lied (vgl. Ex 15,1.4.19.21,
auch 14,9). Es ist dies eine von mehreren Anspielungen.[59] Diese fügen sich in den nord-
bzw. gesamtisraelitischen Horizont und finden sich auch in anderen Asaph-Psalmen.[60]

Strophe C setzt in deutlicher Analogie zu den Stropheneröffnungen von A und B
mit dem den zweiten Psalmteil prägenden Stichwort נורא ein – eine Prädikation, die
mit nordisraelitischen (Jakob-, Mose-)Traditionen und Orten (Bethel[61]) assoziiert ist.[62]
Die beiden nachfolgenden Kola des trikolischen V. 8 (3+2+2) explizieren mittels einer
rhetorischen Frage die Irresistibilität Gottes bzw. seines Erscheinens zum Zornesge-
richt (vgl. Nah 1,6). Anstelle der Präposition מאז ist wohl מעז (vgl. Ps 90,11) zu lesen.

Vers 9 wechselt vom kriegerischen Duktus zur Jurisdiktion: Jhwh erscheint zum
Gericht bzw. tut seinen Rechtsspruch kund (דין). Erfolgt sein kriegerisches Kommen
von Salem bzw. den „Raube-Bergen" her, so dasjenige zum Gericht „vom Himmel her"

---

54 Vgl. dazu auch den Beleg im Jakob-Segen an Joseph (Gen 49,24) und die asaphitischen Belege Ps 50,13 und 78,25.

55 אדיר/אביר klingen lautlich an כפיר/אריה an.

56 Asaph-Ps 78,65–66 ist quasi das „Gegenbild" dazu. Dort wird Jhwh als zeitweilig
Schlafender (Gottesabwesenheit) gezeichnet, der dann erwacht und in den Kampf
eingreift.

57 Die Wendung מצא יד (vgl. u.a. Lev 12,8; 1. Sam 10,7; Jes 10,10.14; Ps 21,9) bedeutet
„die Hand finden" im Sinn von: „das Vermögen haben, in der Lage sein, Gewalt
bekommen".

58 Zu גערה „Schelten" (7a) in Theophanien vgl. auch Ps 80,17, ferner Ps 18,16 = 2.
Sam 22,16.

59 Vgl. die Gottesprädizierung 8.13 נורא und Ex 15,11 (vgl. auch אדיר in 5 und Ex 15,10).

60 Vgl. namentlich Ps 74,2.12; 77,11ff.; 78,13ff.52ff.; 81,6.11, dazu auch Weber, Psalm 77,
207–212.280.

61 Eine Präsenz der hinter den Asaph-Psalmen stehenden Kreise in Bethel erwägen –
mit unterschiedlichen Zeitansetzungen – Seybold, Wir, 147, und Goulder, Psalms,
34–36. Zur Ortslage vgl. Kelso, Bethel.

62 Vgl. Gen 28,17; Ex 15,11; 34,10; Dtn 7,21; 10,17; 28,58, ferner Qorach-Ps 47,3.

(vgl. Dtn 4,36; 32,36). Damit ist die politisch-nationale mit einer sozial-juristischen Dimension verknüpft, was typisch ist für die mit den Asaph-Psalmen verbundenen Kreise.[63] Das in 9–10[64] geschilderte Auftreten Jhwhs in einer Rechtssache nimmt einen prominenten Platz in den Asaph-Psalmen ein, die häufig auch prophetische Gottesrede wiedergeben.[65] Enge Berührungen mit 9–10 weisen Ps 50,4.6 auf, aber auch Ps 81,5(ff.), Ps 82 und der Nachbarpsalm (Ps 75,3–4.8) sind als Seitenreferenzen im Blick zu behalten.[66] Der in 9a geschilderten Kundgabe entspricht die Reaktion in 9b. Die nicht näher spezifizierte „Erde" ist der Ort, der sich „fürchten" (die Leitwurzel ירא erscheint das zweite Mal) und „stille sein" (שקט, Lautspiel mit dem nachfolgenden Lexem der Wurzel שפט in 10a) muss.[67] Auch dazu findet sich im Sinne einer Wechselwirkung eine asaphitische Entsprechung: In Ps 83,2 wird Gott aufgerufen, gerade nicht stille zu sein (vgl. zudem auch Ps 50,2).

Vers 10 doppelt nach und konkretisiert. Gott (Jhwh) steht auf (קום), um das Gerichtsurteil, den Rechtsentscheid (משפט, vgl. Ps 81,5), zu verkünden. Er bedeutet die „Rettung" (ישע hi)[68] aller Gebeugten der Erde oder – vielleicht eher und anders als in 9 und 13 – des Landes (10b). Im Blick auf Jhwhs rettendes Handeln ist (nochmals) auf Hos 1,7 (vgl. auch Hos 13,4.10) zu verweisen.[69] 10b scheint anzuzeigen, dass die Adressaten dieses Psalms von sozialer Unterdrückung und juristischen wie ökonomischen Missständen (verstärkt durch die desolate Lage nach dem Untergang des Nordreichs?) betroffen waren.

5. Strophe D (Verse 11–13)

Vers 11 ist janusköpfig in dem Sinn, dass er den Gerichtshymnus von Strophe B und C abschliesst („Du"-Aussage) und zugleich die Schluss-Strophe (D) mit dem Aufruf zur Dank-Erstattung einleitet (jqtl- und Impt-Formen). Der Vers ist schwer verständlich und hat Anlass zu Textkorrekturen gegeben.[70] Diese vermögen jedoch nicht zu überzeugen.[71] Das in 8c angeklungene Zorn-Motiv wird in einer Art bilanzierender Schluss-Aussage (vgl. das emphatische כי) aufgenommen und zu einem Gerichtslobpreis. Die um den „Du"-Hymnus gelegten Rahmenstrophen (A, D) sind aufeinander bezogen (spiegelsymmetrische Gesamtanlage), so dass man 11 auf dem

---

63   Vgl. Weber, Psalm 77, 277–284.
64   Die Verklammerung der beiden Verse kommt auch durch die *Inclusio* שמים/ארץ zum Ausdruck.
65   Vgl. Hossfeld, Prophetische, 227–230.238–243.
66   Für die asaphitischen Kreise hat das Mose-Lied Dtn 32,1–43 als poetisches „Vorbild" im Hintergrund gestanden.
67   Die Verbindung des Verbes שקט mit ארץ als Subjekt ist verbreitet: „Das Land hatte Ruhe (vom Krieg)" (vgl. Jos 11,23; 14,15; Ri 3,11.30 u.ö.).
68   Zum Motiv der „Rettung" in den Asaph-Psalmen vgl. auch Ps 50,23; 79,9; 80,4.8.20 (Kehrvers).
69   Erwähnenswert sind aber auch Jes 11,4 und Am 2,7; 8,4 (vgl. auch Ps 10,12.17).
70   Vgl. Seybold, Psalm 76, 138–140 (mit Diskussion früherer Emendationen). Leuenberger, Šalem, 60, übersetzt: „Ja, die (Zornes-)Glut des Menschen wird/muss ich preisen, / der Rest der (Zornes-)Gluten wird/muss dich feiern."
71   So sollte man z.B. die Form von תודך aufgrund des evidenten Zusammenhangs der Dank- und Gelübde-Erstattung (12–13) nicht verändern.

Hintergrund von 2–3 zu interpretieren hat: Der Ansturm richtet sich gegen Salem/
Zion als Ort der Gottespräsenz. „Der Menschen (Zornes-)Glut" wird man als Ausdruck Israel- und Jhwh-feindlicher Militanz zu verstehen haben. Dabei werden selbst
kriegerische und feindliche Absichten unter Gottes Wirken in ihr Gegenteil verkehrt.
Die „Zornesgluten" müssen Gott Dank abstatten; sie werden gleichsam zur Toda-
Darbringung auf dem Zion und damit befriedet. 11a knüpft mit dieser Aussage an
die in 4 ausgedrückte Beendigung des Kriegs an und führt sie fort. 11b fügt sich in
diese Aussage insofern ein, als dass Gott sich den „Rest der Zornesaufwallungen"
(wie ein Schwert) umgürtet (vgl. Ps 45,4), d.h. ihrer Feindschaft beraubt und sich zu
eigen macht.

In V. 12 werden das einzige Mal die Adressaten der Dank- und Gelübde-
Darbringung und damit auch des Psalms genannt: כל־סביביו „alle rings um ihn her"
(12b).[72] Damit ist die um Jhwh und Salem/Zion gelagerte[73] und auf ihn ausgerichtete Einwohner- bzw. Nachbarschaft gemeint.[74] Örtliche Angabe und theologische
Ausrichtung laufen in dieser Bezeichnung zueinander parallel und bestätigen den
eingebrachten Vorschlag zum Verständnis von Ps 76. Zu den Empfängern des Psalms,
die um Jhwh her sind, können auch Adressaten im ephraimitischen Nachbargebiet
gehören. Die Aussage impliziert einen Imperativ: Selbst Kreise aus dem ehemaligen
Nordreich dürfen sich in diese Formulierung eingeschlossen wissen; ja, sie sollen sich
als solche „um Jhwh her" verstehen und sich auf den Ort seiner (allein verbliebenen)
Gottesgegenwart in Salem, auf den Zion, ausrichten.[75] Diese Perspektive wird durch
die imperativisch-jussivischen Aufforderungen von 12 konkretisiert: Die Adressaten werden eingeladen, diese neue Ausrichtung auf den auf dem Zion wohnenden
Jhwh durch die Weihung und Einlösung eines Gelübdes zu vollziehen (12a, vgl. Hos
14,3, ferner Dtn 23,22). Nachdem bereits die Feindmächte unfreiwillig Gott auf Zion
Dank abgestattet haben (11a, Bezug auf 701 v. Chr.?), soll dies die Jhwh-zugewandte
Bewohnerschaft freudig und freiwillig tun. Im Blick auf 12a ist eine auffallende
Nähe zum asaphitischen Seitenbeleg Ps 50,14 zu konstatieren. Gut möglich, dass dem
asaphitischen, mit Jakob-Überlieferungen (in Bethel?)[76] verbundenen Trägerkreis
die Abstattung von Gelübden von besonderer Bedeutung war (vgl. das Erst-Gelübde
Jakobs in Bethel Gen 28,20; 31,13) und er deshalb darauf zu sprechen kommt – allerdings in Neuausrichtung auf den Zion, wo das nun allein gültige „Haus Gottes"
(= „Beth-El") aufzusuchen ist. 12b wiederholt den Aufruf, Jhwh „Huldigungsgaben"
(שׁי)[77] darzubringen. Man ist geneigt, an eine Art freiwilligen Tribut zu denken. Zu
überlegen ist, ob sich dahinter ein antiassyrischer Impetus versteckt (Tribut soll nach
Jerusalem, nicht nach Assur/Ninive geleistet werden – für den Tempelunterhalt?),
der zugleich als Jhwh-Vertrauen (Vertrauen auf den Schutz durch den auf dem Zion

---

72 Bezugswort des Suffixes ist יהוה אלהיכם (12a). Es handelt sich um den einzigen Beleg
   des Tetragrammatons in diesem elohistischen bzw. elohistisch redigierten Psalm.
73 Bei Beachtung der spiegelsymmetrischen Anlage des Psalms wird klar, dass 2–4
   (A) und 11–13 (D) sich wechselseitig auslegen.
74 Vgl. Jer 32,44; 33,13; 48,17.39; Ps 44,14; 89,8; Thr 1,7.
75 Vgl. Ps 78,60.67–72, dazu Weber, Psalm 78.
76 Aus 2. Kön 17,28 geht hervor, dass auch nach dem Fall Samarias Bethel als Ausgangsort der Jhwh-Verehrung diente.
77 Ausser hier nur noch Jes 18,7; Ps 68,30.

präsenten Jhwh) auszulegen ist. Der Tribut-Empfänger, Jhwh, wird auffallender-
weise als מורא angesprochen (vgl. Jes 8,12–13). Damit wird textintern eine Brücke zu
den andern ירא-Aussagen (8.9.13) und textextern (neuerlich) eine solche zu Traditionen, die mit Jakob-Bethel (Gen 28,17) und Mose-Exodus (u.a. Ex 15,11; 34,10; Dtn 4,34;
7,21; 26,8) verbunden sind, geschlagen. Ähnlich wie bei „Salem" (3) scheint auch hier
eine mit der Abraham-Überlieferung verbundene Ortslage durch: מריה (vgl. Gen 22,2
[*Sam.* מוראה]; 2. Chr 3,1).[78] Darf man den versteckten Hinweis so ausdeuten: Wo einst
unser Vater Abraham auf dem „Morija" eine Opfergabe darbrachte, daselbst (und
nicht mehr in Bethel oder anderswo) sollen auch wir dem „Ehrfurcht-Gebietenden"
unsere Opfergaben darbringen?
    Vers 13 weitet den Horizont auf grössere Dimensionen hin und knüpft an vor-
ausgegangene Aussagen (4ff.) an. Dem „Retten der Niedergedrückten des Landes/
der Erde" entspricht auf der andern Seite Jhwhs „Demütigen" (בצר II) der Mächti-
gen: Fürsten und Könige der Erde. Der Schlussvers zeigt nochmals Jhwh als denjenigen, dem allein Ehrfurcht gebührt (נורא in 13b), der die Geschichte und die Geschicke
seines Volkes in der Hand behält, gerade auch in Zeiten anhaltender politischer
und sozialer Bedrängnis (durch die Assyrer). Damit ist gleichsam vom Anfang zum
Ende ein Rahmen gelegt: „Bekannt in Juda ist Gott (Jhwh)" (2a) – „ein Ehrfurcht
Gebietender gegenüber den Königen der Erde ist er" (13b).
    Beide Teile des Namens Jeru-salem werden also in Ps 76 wortspielartig entfal-
tet: Jeru-SALEM ist der Ort des Friedens (שלום, vgl. 4) sowie der Gelübde-Einlösung
(שלם in 12), und JERU-salem ist zugleich der Ort der Präsenz Gottes als des Ehrfurcht-
Gebietenden (vgl. die ירא-Ableitungen 8–9.12–13).[79]

6. Psalm 76 im Kompositionsgefüge der Psalmen
(74 –) 75 – 76 – 77 (– 78)

Dass Ps 78 mit seiner Nord-Süd-Orientierung (Joseph/Ephraim → Juda, Jerusalem/
Zion)[80] den Leittext zum Verständnis von Ps 76 und der asaphitischen Psalmengruppe
insgesamt abgibt, wurde bereits gesagt. Im Folgenden soll es über Gemeinsamkeiten
der Asaph-Psalmen hinaus um deren kompositionelle Anordnung gehen. Im Speziellen interessiert die Frage, welche zusätzlichen Sinnanreicherungen sich bei Ps 76
einstellen, wenn er im Rahmen einer *lectio continua*, von Ps 75 (und 74) her auf Ps
77 (und 78) hin, gehört bzw. gelesen wird.[81] Die Kompositionsstufe der vorliegenden
Anordnung der Asaph-Psalmen 73–83 dürfte in der Zeit des Exils erreicht sein. Dann
ist von einer Zusammenschau der Geschehnisse von 722 v. Chr. und 587 v. Chr. auszugehen, einer entsprechenden Neu-Lesung und m.E. auch (im Sinne von Matthias
Millard) einer „prophetischen Klageliturgie" (Ps 73–83).

---

78   So auch Seybold, Psalm 76, 134–135.
79   Vgl. Beuken, Presence, 149–150.
80   Vgl. Weber, Psalm 78.
81   Vgl. dazu programmatisch Zenger, Psalmenauslegung; Lohfink, Psalmengebet;
      zum konkreten Platz von Ps 76 in der Asaph-Psalmengruppe Millard, Komposition,
      89–103; Schelling, Asafspsalmen, 238–239; Weber, Psalm 77, 285–286.290–296.

Psalm 74, ein wohl auf 722 v. Chr. zurückgehender und angesichts der Geschehnisse von 587 v. Chr. „aktualisierter" Volksklage-Psalm, artikuliert in Klage und Bitte die unmittelbare Betroffenheit, ruft alte Gründungsgeschichten in Erinnerung und benennt die theologische Dimension der Krise. Jнwн wird in wiederkehrenden Bitten zum „Gedenken" und Eingreifen aufgefordert (2–3.18ff.). Es wird an ihn appelliert, er solle „aufstehen" und den Rechtsstreit (ריב) führen (22). Ps 75 gibt darauf eine (erste) „Antwort": Die Bitte macht dem Dank Platz, und der ferne Gott wird als der in der Verkündigung früherer Heilstaten nahe Gekommene bezeugt (2). Ebenso ist der Appell an Jнwн, rechtlich einzugreifen, mittels einer Gottesrede eingelöst, in der er verspricht, zur festgesetzten Zeit als Richter (שפט) aufzutreten (3–6). Der Psalmist sieht in seiner Ausdeutung der Gottesrede Gott als Richter mit dem Taumelbecher in der Hand, dem niemand sich zu entziehen vermag (7–9.11). Darum kann der Psalmist verkündigend und singend dem „Gott Jakobs" Lob darbringen (10).

Ps 76 knüpft an Ps 75 insofern an, als dass der Ort des Verkündigens und Besingens Gottes genannt wird. Dabei erscheint die namenstheologische Komponente vom Anfang von Ps 75 wiederum am Anfang (שם Ps 75,2; 76,2). Fortgeführt wird auch das Richter-Motiv mit Bezug auf Jнwн, allerdings wird das in Ps 75 angekündigte in Ps 76 nun als eingetroffenes (kriegerisches) Geschehen hymnisch bezeugt (4ff.). Wird Gott in Ps 74 aufgefordert, sich zum Gericht zu erheben (קום) und sich für die Unterdrückten einzusetzen (21–22), so erscheint er in Ps 75 als derjenige, der die Zeit seines Richtens festsetzt und die Widersacher in die Schranken weist (3ff.), und in Ps 76 als der, der sich erhoben (קום) und die Niedergedrückten errettet hat (10–11). Es spannt sich mit Blick auf die Gerichtsthematik also ein Bogen von der Gerichtsbitte (Ps 74) über die Gerichtsansage (Ps 75) zum Gerichtseingreifen (Ps 76). Dabei wird in den Nachbarpsalmen 75 und 76 beide Male die Erde (ארץ Ps 75,4; 76,9, vgl. 10.13) als die von Gottes Erscheinen Betroffene genannt. Und es ist auch in beiden Psalmen der „Gott Jakobs" (Ps 75,10; 76,7) der als Handelnder besungen bzw. bezeugt wird. Mit der Dankabstattung an Jнwн (ידה hi Ps 75,2; 76,11) wird gleichsam eine Klammer angebracht: Einmal ist es die Gott-treue „Wir"-Gruppe, die den Lobpreis darbringt (Ps 75,2), das andere Mal dient sogar der Zorn der Feinde zum Lobe Gottes (Ps 76,11). Die zu ihm Gehörenden aber sollen über den Dank hinaus Gelübde ablegen und Geschenke an den Ort der Gottesverehrung bringen (Ps 76,12).

Es zeigen sich im Rahmen einer Fortlesung von Ps 75 (und 74) auf Ps 76 hin also deutliche Verklammerungen, die namentlich am Gerichts-Motiv (und der Dankabstattung) haften. Dabei wird Ps 76 aufgrund der Geschehnisse von 587 v. Chr. mit neuen Akzenten angereichert: Die Aussage von 3 ist dann zwar als *vergangen* aufzufassen (konstatives *wjjqtl*); an dieser ruhmvollen Vergangenheit kann sich jedoch neue Zukunftshoffnung kristallisieren. In dem Sinn können die Schilderungen von 4ff. unter der Hand als Hoffnung und Bitte zur Neurealisierung von Gottes Eingreifen „gelesen" werden.

Ergibt sich ein verbindendes Band zwischen Ps 75 und 76, so ist in der Fortlesung von Ps 76 zu 77 eine Zäsur zu konstatieren, obgleich Ps 75–77 die gleiche Überschrift מזמור tragen und es weitere Gemeinsamkeiten zwischen Ps 76 und 77 gibt.[82] Ps 77 kehrt in variierender Weise und (unter Hinzunahme von Ps 75–76) mit

---

82 An Ähnlichkeiten hinsichtlich von Vokabular und Motivik ist zu nennen: eine Theophanie vom Himmel her mit der Erde als betroffenem Element (Ps 76,9; 77,18–19), die

einer stärkeren Hoffnungsperspektive zum Klageelement von Ps 74 zurück. Auf den offenen Schluss von Ps 77 hin „antwortet" Ps 78 mit einer theologischen Erklärung, die das Gottesgericht über Joseph/Ephraim verständlich macht.[83] Ps 79 bietet eine exilische Sicht (nach 587 v. Chr.) und weist darauf hin, dass vom gleichen Schicksal nun auch Jerusalem und der Zion betroffen sind (vgl. dazu auch den auf den Gesalbten bezogenen Schlusspsalm 89 in der Teilgruppe III).

7. Fazit

Es wurde der Versuch unternommen, den nicht leicht zu verstehenden Ps 76 aufgrund seiner Zugehörigkeit zum Kreis der Asaph-Psalmen und den damit verbundenen Traditionen, Überlieferungsträgern und geschichtstheologischen Anliegen neu zu „lesen" und zu interpretieren. Dabei ist die Annahme leitend, dass die Zuschreibung לאסף nicht zufällig erfolgte, sondern sachgerechter Ausdruck einer Reihe von Gemeinsamkeiten dieser Psalmengruppe darstellt. Aufgrund einer Verbindung textinterner und textexterner Indizien hat sich nahegelegt, dass der für Ps 78, dem hermeneutischen Zentrum der asaphitischen Psalmen, erarbeitete geschichtliche und theologische Hintergrund auch für das Verständnis von Ps 76 in Anschlag zu bringen ist. Demnach ist Ps 76 ein an Bewohner des ehemaligen Nordreichs (noch dort wohnend oder nach Jerusalem geflüchtet) gerichteter Text mit dem Anliegen, (u.a.) diesen „Landsleuten" Salem/Zion als den allein verbliebenen Ort wahrer JHWH-Präsenz nahezulegen. Einen derartigen Hintergrund in „assyrischer Zeit" legt auch die LXX mit ihrer Überschriftangabe sowie die sprachliche Gestalt des Psalms (Nordreich-Dialekt) nahe (ויהי in 3a ingressiv verstanden). Diese Einschätzung von Ps 76, verbunden mit dem nordisraelitischen Kolorit wie auch der zeitlichen Ansetzung nach 701 v. Chr. (noch unter Hiskia?), wurde durch Hinweise auf Affinitäten mit und Anspielungen auf Texte(n) wie Gen 49; Ex 15; Dtn 32 und v.a. Hos vertieft.[84]

An Ps 76 wird einmal mehr die Geschmeidigkeit von Palmen mit ihrem Mehrdeutigkeitspotential auf vielfältige Einordnung bzw. Kontextuierung hin deutlich.[85] Mehrdeutige Leseoptionen werden durch literarische, aber auch geschichtliche Kontexte vereindeutigt. Methodisch ist „Relecture" zunächst beim Wortlaut (= Neu-Lesung im Sinne von Neu-Interpretation) zu nehmen und nicht vorschnell mit Textfortschreibung gleichzusetzen. So erweist sich Ps 76 als flexibel genug, nicht nur

---

Unvergleichlichkeit Gottes (mit מי-Frage Ps 76,8; 77,14) und die Prädizierung Gottes als גדול (Ps 76,2; 77,14).

83 Vgl. WEBER, Psalm 77, 288–290.

84 Die vorliegende Interpretation basiert wesentlich auf den Gemeinsamkeiten der asaphitischen Psalmen, der Datierung von Ps 78 und der Analogie von Ps 76 und 78. Dazu kommt die Einschätzung geschichtlicher Vorgänge in dieser Zeit (z.B. des Umfangs der Reform unter Hiskia) und die Datierung der angeführten Bezugstexte. SCHOORS, Königreiche, 96–97.100–101, rechnet nicht mit einer tiefgreifenden Reform unter Hiskia. Meine eigene Einschätzung (WEBER, Psalm 77, 253–256) liegt näher bei denjenigen von ODED, Judah, 441–451; ROSENBAUM, Reform, und insbesondere YOUNG, Hezekiah, v.a. 91–121.235–255.

85 Vgl. WEBER, Psalm 77, 29–32.311–313.

auf dem Hintergrund von 722 und 701 v. Chr., sondern – mit konstativer Lesart von ויהי (3) – später auch auf demjenigen von 587 v. Chr. interpretiert werden zu können. Gerade dieser Umstand dürfte die Bedeutung von Ps 76, anderen Asaph-Psalmen und der damit verbundenen Asaphiten in exilischer und frühnachexilischer Zeit ausgemacht haben.

8. Nachtrag: zur „Melchisedek"-Studie von Robert Cargill

Nach der Erstveröffentlichung dieses Aufsatzes hat Robert Cargill im Rahmen einer Monographie die Melchisedek-Stellen (Gen 14,18; Ps 110,4) neu interpretiert und dabei u.a. auch die Identifizierung von שלם „Salem" = Jerusalem (Gen 14,18; Ps 76,3) in Frage gestellt.[86] Er geht – wie zuvor u.a. Michael Goulder[87] – davon aus, dass Salem (wie in Gen 33,18, vgl. Jer 41,5 LXX; Jub 30,1) ursprünglich einen Ort bei Sichem (und Schilo) bezeichne, der später (zwischen dem 5. und 2. Jh. v. Chr.) mit Jeru-salem assoziiert wurde.[88] Er übersetzt Ps 76,2–3 folgendermassen:

> „In Judah God is known; in Israel his name is great; And his tent/tabernacle was in Shalem; but his residence is in Zion."[89]

Der Parallelismus von 3ab wird dabei nicht als synthetisch, sondern im Sinne einer geschichtlichen Progression der mit der Lade verbundenen Gottespräsenz verstanden: zunächst (= einst) in Schilo, ausserhalb von Sichem, später (= jetzt) in Jerusalem.

Zur Syntax: *wjjqtl* in 3a hat man als perfektiv (ingressiv oder konstativ, dazu s.o.) einzustufen. Aber es ist nicht zwingend, 3b als Nominalsatz zu bestimmen, präsentisch zu interpretieren und die eröffnende Konjunktion als adversativ zu fassen. Dass das Verb in 3a auch die Zweitzeile 3b regiert (Ellipse), ist ebenso gut möglich.

Zum Inhalt: Die Akkusativobjekte in den beiden Verszeilen (s.o.) lassen sich kaum im Sinn einer Differenzierung von Zeltheiligtum und (gebautem) Tempel auswerten. Die Hauptfrage ist: Wenn in 3a das alte Stämmeheiligtum in Schilo im Blick ist, warum wird nicht dieses angeführt, sondern das Toponym Salem, ein (Neben-)Ort im Distrikt von Sichem – zumal Schilo nicht in unmittelbarer Nähe von Sichem/Salem liegt? Warum wurde, mit Cargill gesprochen, Salem als „a metaphor for Shechem and/or Shiloh"[90] gewählt? Eine bewusste oder unbewusste Änderung – die ersten beiden Konsonanten sind im Hebräischen identisch –, vergleichbar mit Jer 41,5 (MT *versus* LXX), wird von ihm nicht erwogen.

Sollte die Salem- bzw. Schilo-Interpretation von Cargill (und Goulder) zutreffen, würde der angenommene Nordreich-Kolorit von Ps 76 (s.o.) verstärkt und sich zudem – wie Cargill zutreffend bemerkt – eine Nähe zu Aussagen des asaphitischen Psalms 78 ergeben (vgl. V. 9.56–72). Dort wird der Ladeverlust zu einer

---

86 Vgl. CARGILL, Melchizedek.
87 GOULDER, Psalms, 85–88, geht freilich von einer Jerusalemer Überarbeitung des Psalms aus und rechnet mit einer späteren Eintragung von Juda und Zion. Ps 76,2–3: „In *Joseph* (→ Juda) God makes himself known: His name is great in Israel. In Salem also was his covert, And his lair in *Gerizim* (→ Zion)" (ebd., 85).
88 Vgl. CARGILL, Melchizedek, 55–71 („From Shalem to Jerusalem").
89 CARGILL, Melchizedek, 59.
90 CARGILL, Melchizedek, 61.

geschichtstheologischen Erklärung für den Wechsel von Schilo/Ephraim zu Zion/ Juda.[91] Die vier Verszeilen der Bikola Ps 76,2–3 wären dann in spiegelsymmetrischem Sinn (abb'a') zu interpretieren: Juda / Israel – Salem (Schilo) / Zion. Die in Ps 76,4 sich anschliessende Deixis „dort" (שמה) mit Bezug auf das (theophane) Kriegsgeschehen lässt fragen, wohin das „dort" verweist: Ist (nur) Zion in der b-Zeile gemeint? Und wie ist die Verbindung von Ps 76,2–4 zu analogen Aussagen in Hos 1,5.7; 2,20[92] zu interpretieren?

Für eine Identifizierung von Salem und Jerusalem in Ps 76 von Anfang an spricht über die bereits erwähnten Probleme hinaus die Assoziation von שלם „Salem" mit den im Psalm angesprochen Motiven der Befriedung (שלום) und der Gelübde-Darbringung (שלם). Auch der ungewöhnliche präpositionale Ausdruck למורא in Ps 76,12 (dazu s.o.) könnte aufgrund des Anklangs an den Jerusalemer Tempelberg gewählt worden sein (vgl. Gen 22,6; 2. Chr 3,1). Allerdings gibt es auch die Meinung, dass die Identifizierung mit dem Zion gegenüber der Lesung מורא (vgl. Gen 12,6; Dtn 11,30; Ri 7,1) und damit einem Hügel bei Sichem sekundär sei.[93]

Soweit einige Überlegungen zur Annahme einer ursprünglichen Verbindung des Toponyms Salem mit (der Gegend von) Sichem/Schilo. Während die Interpretation von Goulder mit redaktionellen Eingriffen rechnet, kommt Cargill (mit Blick auf Ps 76) ohne solche aus. Es bleiben Fragen, die weiter zu bedenken sind, wobei auch die geschichtliche Einordnung von Ps 76 eine Rolle spielt.

Bibliographie

BARTELMUS, R., *HYH*. Bedeutung und Funktion eines hebräischen „Allerweltswortes" – zugleich ein Beitrag zur Frage des hebräischen Tempussystems (ATSAT 17), St. Ottilien 1982.

BUSS, M.J., The Psalms of Asaph and Korah, JBL 82 (1963) 382–392.

CARGILL, R.R., Melchizedek, King of Sodom: How Scribes Invented the Biblical Priest-King, New York, NY 2019.

DAVIES, G.I., Hosea (NCBC), Grand Rapids, MI 1992.

EISSFELDT, O., Psalm 76, ThLZ 82 (1957) 801–808; Neuausgabe in: Ders., Kleine Schriften Bd. III, Tübingen 1966, 448–457.

EMMERSON, G.L., Hosea: An Israelite Prophet in Judean Perspective (JSOTS 28), Sheffield 1984.

GOULDER, M.D., The Psalms of Asaph and the Pentateuch: Studies in the Psalter, III (JSOTS 233), Sheffield 1996.

GUNKEL, H. / BEGRICH, J., Einleitung in die Psalmen. Die Gattungen der religiösen Lyrik Israels (HK.Ergänzungsband zur II. Abteilung), Göttingen 1933.

---

91 Vgl. WEBER, Psalm 78; DERS., Asaph im Psalter, 356–361, und der neue Beitrag zu Ps 78 in diesem Band (I.3).

92 Vgl. WEBER, Asaph Meets Hosea, 584–589.

93 Vgl. *Sam.* המוראה in Gen 22,2, ferner CARGILL, Melchizedek, 47–54 („Gen. 22: From Moreh to Moriah to Jerusalem …"). Die Stelle in Ps 76,12 wird von ihm freilich nicht erwähnt.

Hossfeld, F.-L., Das Prophetische in den Psalmen. Zur Gottesrede der Asafpsalmen im Vergleich mit der des ersten und zweiten Davidpsalters, in: F. Diedrich / B. Willmes (Hg.), Ich bewirke das Heil und erschaffe das Unheil (Jesaja 45,7). Studien zur Botschaft der Propheten. FS L. Ruppert (FzB 88), Würzburg 1998, 223–243.

Illman, K.-J., Thema und Tradition in den Asaf-Psalmen (Publications of the Research Institute of the Åbo Akademi Foundation 13), Åbo 1976.

Jüngling, H.-W., Der Tod der Götter. Eine Untersuchung zu Psalm 82 (SBS 38), Stuttgart 1969.

Kelso, J.L., Art. „Bethel", NEAEHL 1 (1993) 192–194.

Leuenberger, M., Eine zionstheologische Fortschreibung in Psalm 46, 48 und 76. Intertextuelle Befunde und redaktionsgeschichtliche Auswertungen, in: A. Brodersen / F. Neumann / D. Willgren (Hg.), Intertextualität und die Entstehung des Psalters. Methodische Reflexionen – Theologiegeschichtliche Perspektiven (FAT II/114), Tübingen 2020, 75–92.

–, „Und es entstand in Šalem seine Hütte" (Ps 76,3). Psalm 76 und die Zionstheologie, in: C. Grappe (ed.), La Maison de Dieu / Das Haus Gottes / The House of God (WUNT 471), Tübingen 2022, 59–79.

Lohfink, N., Psalmengebet und Psalterredaktion, ALW 34 (1992) 1–22.

Luria, B.Z., Ephraimite Psalms, BetM 73 (1978) 151–161 (hebr.).

Millard, M., Die Komposition des Psalters. Ein formgeschichtlicher Ansatz (FAT 9), Tübingen 1994.

Nasuti, H.P., Tradition History and the Psalms of Asaph (SBLDS 88), Atlanta, GA 1988.

Oded, B., Juda and the Exil, in: J.H. Hayes / J.M. Miller (eds.), Israelite and Judaean History, London – Philadelphia, PA ³1990 (1977).

Pritchard, J.B., The Ancient Near East in Pictures Relating to the Old Testament (= ANEP), Princeton ²1969 (1954).

Ramond, S., Contrasting Mentions of Zion in Asaph Psalms, in: L. Maskow / J. Robker (Hg.), Kritische Schriftgelehrsamkeit in priesterlichen und prophetischen Diskursen. FS R. Achenbach (BZABR 27), Wiesbaden 2022, 363–373.

Rendsburg, G.A., Linguistic Evidence for the Northern Origins of Selected Psalms (SBLMS 43), Atlanta, GA 1990.

Rosenbaum, J., Hezekiah's Reform and the Deuteronomistic Tradition, HTR 72 (1979) 23–43.

Schelling, P., De Asafpsalmen hun samenhang en achtergrond (DNL.T), Kampen 1985.

Schmidt, W.H., Alttestamentlicher Glaube, Neukirchen-Vluyn ⁸1996 (1968).

Schoors, A., Die Königreiche Israel und Juda im 8. und 7. Jahrhundert v. Chr. Die assyrische Krise (BE[S] 5), Stuttgart 1998.

Schütte, W., Wie wurde Juda israelitisiert?, in: Ders., Israels Exil in Juda. Untersuchungen zur Entstehung der Schriftprophetie (OBO 279), Fribourg / Göttingen 2016, 7–24 (Erstveröffentlichung 2012).

–, Israel, Juda und das „Biblische Israel", in: Ders., Israels Exil in Juda. Untersuchungen zur Entstehung der Schriftprophetie (OBO 279), Fribourg / Göttingen 2016, 165–185.

SEYBOLD, K., Das „Wir" in den Asaph-Psalmen. Spezifische Probleme einer Palmgruppe, in: K. Seybold / E. Zenger (Hg.), Neue Wege der Psalmenforschung. FS W. Beyerlin (HBS 1), Freiburg i.Br. ²1995 (1994), 143–155; Neuausgabe in: Ders., Studien zur Psalmenauslegung, Stuttgart 1998, 231–243.

–, Die Psalmen (HAT I/15), Tübingen 1996.

–, Psalm 76, in: Ders., Studien zur Psalmenauslegung, Stuttgart 1998, 130–146.

VAN DER LUGT, P., Cantos and Strophes in Biblical Hebrew Poetry II: Psalms 42–89 (OTS 57), Leiden – Boston, MA 2010.

WALTKE, B.K., Superscripts, Postscripts, or Both, JBL 110 (1991) 583–596.

WEBER, B., Psalm 77 und sein Umfeld. Eine poetologische Studie (BBB 103), Weinheim 1995 (digital: https://www.academia.edu/40122041 [eingesehen am 21. März 2023]).

–, Psalm 78: Geschichte mit Geschichte deuten, ThZ 56 (2000) 193–214; überarbeitete Neuausgabe in: Ders., „Wie ein Baum, eingepflanzt an Wasserrinnen" (Psalm 1,3). Beiträge zur Poesie und Theologie von Psalmen und Psalter für Wissenschaft und Kirche (hg. von T. Uhlig; ABIG 41), Leipzig 2014, 223–246.

–, Der Asaph-Psalter – eine Skizze, in: B. Huwyler / H.-P. Mathys / B. Weber (Hg.), Prophetie und Psalmen. FS K. Seybold (AOAT 280), Münster 2001, 117–141; Neuausgabe in: Ders., „Wie ein Baum, eingepflanzt an Wasserrinnen" (Psalm 1,3). Beiträge zur Poesie und Theologie von Psalmen und Psalter für Wissenschaft und Kirche (hg. von T. Uhlig; ABIG 41), Leipzig 2014, 363–391.

–, „Es sahen dich die Wasser – sie bebten ..." (Ps 77:17b). Die Funktion mythopoetischer Sprache im Kontext von Psalm 77, OTE 19 (2006) 261–280; Neuausgabe in: Ders., „Wie ein Baum, eingepflanzt an Wasserrinnen" (Psalm 1,3). Beiträge zur Poesie und Theologie von Psalmen und Psalter für Wissenschaft und Kirche (hg. von T. Uhlig; ABIG 41), Leipzig 2014, 201–222.

–, Werkbuch Psalmen II. Die Psalmen 73 bis 150, Stuttgart ²2016 (2003).

–, Asaph im Psalter und in der Chronik. Erwägungen zu „Schnittstellen", Trägerkreisen und Redaktionsprozessen, in: F. Hartenstein / T. Willi (Hg.), Psalmen und Chronik (FAT II/107), Tübingen 2019, 343–378.

–, „Asaph Meets Hosea". Verbindungen zwischen Hosea-Schrift und Asaph-Psalmen, ausgehend von „Kriegsbogen"-Formulierungen, OTE 32 (2019) 578–605.

–, Mose-Lied (Dtn 32,1–43) und Asaph-Psalmen (Ps 50; 73–83). Untersuchungen zu ihrem Verhältnis, ZABR 27 (2021) 257–309.

–, BiblioPss1990ff.: Bibliography of Psalms and the Psalter since 1990: https://www.academia.edu/5910732 (eingesehen am 21. März 2023).

YOUNG, R.A., Hezekiah in History and Tradition (VT.S 155), Leiden – Boston, MA 2012.

ZENGER, E., Was wird anders bei kanonischer Psalmenauslegung?, in: F.V. Reiterer (Hg.), Ein Gott – eine Offenbarung. Beiträge zur biblischen Exegese, Theologie und Spiritualität. FS N. Füglister, Würzburg 1991, 397–413.

I.3 „Ich will auftun zum Gleichnis meinen Mund …" (Ps 78,2). Psalm 78 und seine Deutung der Gegenwart mit Hilfe der Vergangenheit[*]

Abstract: *This study of Psalm 78 focuses on the opening (vv. 1–8 and 9–11) and concluding (vv. 56–72) sections of the psalm. The multiple generational sequences ("fathers/sons") are examined and ordered in accordance with the narrative tradition, which reveals the centrality of the Deuteronomic Moab and land-conquest generation in the psalm. The much-discussed reference to "Ephraim" in v(v). 9(–11) is understood not as a secondary insertion but as a poetic device (prolepsis), deliberately preparing for the events in the land (with a clear reference to vv. 57 and 67). The psalm's shift in emphasis from Shiloh and Ephraim to the triad of Judah, Zion and David is explained through the Ark narrative (1 Sam 4; 2 Sam 6), which is present in the background. The (early) history of the Psalm serves as an interpretation – in the form of a parable and a riddle (v. 2) – for a later (contemporary) history. There are traces in the text and other indications which suggest a royal period setting, probably after the fall of the Northern Kingdom at the time of King Hezekiah. It is argued that the psalm is not so much a Judean-Davidic legitimation text as an interpretation and message of future hope for the northern tribes, wherein it is likely to have been written by "compatriots"; that is, Levites who had immigrated to Jerusalem from the north. Within this historical setting, it is contended that the psalm gives the northern tribes a future hope in connection with Judah, Zion and David – a thematic thrust which is consistent with other Asaph psalms. Accordingly, the findings of this study contrast substantially with those that claim Ps 78 represents an abrogation of the covenant for Ephraim or the ten tribes as supposed divine abandonment by God or a reduction of the representation of Israel by Judah or the Southern Kingdom alone.*

1. Einleitung

Die formgeschichtliche Einordnung von Ps 78 als „Geschichtspsalm" kann man *prima vista* gelten lassen.[1] Das religiös „neutrale" Wort „Geschichte" ist dem Psalm (und der Bibel generell) allerdings fremd: Es geht um Gotteshandeln und -weisung

---

[*] Bei diesem Beitrag handelt es sich um eine Erstveröffentlichung. Ich danke Pfr. Dr. Edgar Kellenberger für Hinweise und Korrekturlesung. Die Studie steht im Zusammenhang mit Status und Tätigkeit des Verfassers als „Research Associate" am Department of Ancient and Modern Languages and Cultures der Universität Pretoria, Pretoria, Südafrika. Eine Kurz- bzw. Teilfassung dieses Beitrags in englischer Sprache bietet WEBER, Ear.

[1] Im Zusammenhang mit Ps 78 lässt sich auch von Geschichtshermeneutik und Geschichtstheologie sprechen.

und darauf antwortendes (Fehl-)Verhalten des Bundesvolkes Israel.[2] Dazu wird reichlich auf Überlieferungen aus der Frühzeit zurückgegriffen und diese neu akzentuiert. Die vermittelten Inhalte greifen ein breites Spektrum an Erzählungen und Reden auf, die den biblischen Büchern Ex–Sam entnommen werden oder auf gemeinsame Überlieferungen zurückgehen (→ 4.3). Die Art und Weise der Präsentation lässt sich als pädagogisch-katechetisch[3] bzw. der Weisheit und v.a. dem „Deuteronomismus" nahestehend bezeichnen. Im Gegensatz zu den Mose-Reden im Dtn enthält Ps 78 jedoch – mit Ausnahme von 1 – keine direkt-adressierten Äusserungen (Paränesen).[4]

Derartige Ein- und Zuordnungen intertextueller, ideeller und formgeschichtlicher Art machen anfällig für Engführungen. So ist mit dem Label „Deuteronomismus" eine Reihe von zeitlichen und anderen Einstufungen verbunden.[5] Dieser Problematik eingedenk stellt der vorliegende Beitrag die (literar)historischen Fragestellungen zunächst soweit möglich zurück und konzentriert sich auf die Wahrnehmung und Nachzeichnung des Textes (MT).[6] Dazu dienen linguistische, literaturwissenschaftliche und kommunikationsanalytische Methoden. Da der Psalmtext selbst eine Mehrsinnigkeit anzeigt (2),[7] ist es um so wichtiger, zunächst die Oberflächentextur nachzuzeichnen. Erst in einem zweiten Durchgang sollen damit verbundene Bild- und Vergleichsebenen und in dem Sinn die Tiefenstruktur des Psalms bedacht und historische Fragestellungen verstärkt einbezogen werden.[8]

Die vorliegende Studie vermag keine umfassende Interpretation des zweitlängsten Psalms im Psalter zu bieten. Auslöser für die Neubeschäftigung mit Ps 78 war das Anliegen, die Konstellationen der Generationen von „Vätern" und „Söhnen" (besser) zu verstehen.[9] Von daher steht der Eingangsteil mit der Abfolge der Generationen

---

2   Ein *etsi Deus non daretur* und entsprechend ein Geschichtsverständnis der Moderne, wie es auch der historisch-kritischen Methodik zugrunde liegt, ist im Selbstverständnis dieses „Geschichtspsalms" nicht möglich und wird durch die starke Betonung des Gotteshandelns (→ 3.3; 4.4) geradezu *ad absurdum* geführt.

3   Auch die Einstufung von Estes, Psalm 78:1–8, 305, als „didactic homily" ist nicht unpassend.

4   Kennzeichen einer (explizit) adressatenbezogenen Deixis sind Imperative, Vokative sowie Personal- und Possessivpronomina der zweiten Person.

5   Nachfolgend wird deshalb auf die gängige Differenzierung zwischen deuteronomisch (dtn) und deuteronomistisch (dtr) verzichtet und in der Regel einfach Dtn/ dtn verwendet.

6   Talstra, Fathers, 248, moniert zu Recht: „Scholarly textual research has a tradition of skipping questions of syntactic patterns of markers of textual structure; such readings then also run the risk of being informed mainly by ‚their own conceptual world'."

7   Angaben ohne Buchbezeichnung (Ps) beziehen sich stets auf Ps 78 (Verse), ansonsten wird das biblische Buch bzw. der Psalm genannt.

8   Auf literarkritische und redaktionsgeschichtliche Fragestellungen wird – mit Ausnahme von 9(–11) – allerdings nur am Rande eingegangen, da das Verständnis des *vorliegenden*, kanonisch bedeutsam gewordenen Psalms im Fokus steht.

9   Die mit Ambiguität verbundene Komplexität dieser Verse wird ersichtlich an „syntaktischen Problemen" und beinhaltet die Frage, auf wen die (suffigierten) Lexeme „Vater", „Sohn" und „Generation" verweisen (Personaldeixis), vgl. Pavan, He remembered, 403–407 (Appendix). Anders als Namen gelten deiktische Ausdrücke als „so hochgradig unterspezifiziert, dass ihre Referenz nur im Kontext bestimmt werden

und mit ihr der Überlieferung (1–8) sowie den Aussagen über „die Söhne Ephraims"
(9–11) im Vordergrund. Der Schlussteil mit den Verwerfungs- und Erwählungsaussa-
gen (56–72) bildet den zweiten Schwerpunkt dieser Studie. Nach Einführung (1.) und
Struktur (2.) folgen als Hauptteile die exegetische Erarbeitung von Anfang (3.) und
Schluss (5.). Dazwischen eingeschoben sind ein Überblick über die nicht erörterten
Verse (12–55) und die Nennung einiger Charakteristika von Ps 78 (4.). Den Schluss
machen eine Bilanz und Überlegungen zur Deutung des Psalms als Parabel und
Rätselrede sowie zu seiner Entstehung und Verwendung (6.).[10]

2. Zur Struktur von Psalm 78

In Ps 78 sind durchgängig jeweils zwei oder drei Verse zu einer Strophe gefügt.[11] Und
jeweils drei oder vier (im Eingangsteil fünf[12]) Strophen umfassen eine Stanze. Deren
Anfänge sind durch refrainartige Aussagen über wiederholtes Sündigen (17.32.40.56,
mit dem Sonderfall 9: Fehlverhalten in der Schlacht)[13] oder durch Subjekt- und Themen-
Wechsel (23.65) markiert.[14] Strittig ist v.a. die Abgrenzung (und Untergliederung)
des Eingangsbereichs sowie die Makrostruktur, d.h. das Zueinander und die Gruppierung der Stanzen. Darin verwickelt sind auch interpretative Fragen um das Verständnis dieses Psalms.

Will man nicht von vornherein 9(–11) literarkritisch ausscheiden (→ 3.7), so stellt
sich die Frage, ob der Eingangsabschnitt mit 8 oder 11 abschliesst. Für beide Optionen
lassen sich Gründe ins Feld führen.[15] Hier wird der Beginn eines neuen Cantos (II)
mit 9 favorisiert, wobei den Versen 9–11 eine Scharnierfunktion zwischen Eröffnung und erstem Erzählbogen zukommt. Nach der „Einleitung" beginnt mit der

---

kann"; sie haben „die grundlegende Funktion der Übertragung einer Fokussierung
     auf den Hörer" (FINKBEINER, Deixis, 188.189).

10   Bisherige Beiträge zu Ps 78 (in seinen Kontexten) werden hier ergänzt und teilweise
    modifiziert: WEBER, Psalm 78: Geschichte; DERS., Werkbuch II, 46–56; DERS., Psalm
    78 als Mitte, ferner auch DERS., Asaph-Psalter.

11   Diesbezüglich übereinstimmend mit VAN DER LUGT, Cantos II, 342–344, und FOK-
    KELMAN, Psalms, 85–87 (mit Unterschieden bei gewissen Strophen-Abgrenzungen).
    KUNTZ, Psalmen, 200–207, geht durchgehend von 4-Vers-Einheiten aus.

12   VAN DER LUGT, Cantos II, 342, hat auch für 1–8 vier Strophen (er liest 6abc und
    7abc mit MT als zwei Trikola; hier werden anstelle der beiden Trikola drei Bikola
    gelesen: 6ab.6c7a.7bc).

13   Vgl. Hos 13,2.

14   So weithin schon WEBER, Werkbuch II, 46–54; DERS., Psalm 78: Geschichte, ähnlich
    auch VAN DER LUGT, Cantos II, 342–344; GÄRTNER, Geschichtspsalmen, 46–49. Fok-
    kelman und Kuntz markieren keine höheren Baustrukturen als die Strophen.

15   Für die Zugehörigkeit von 9–11 zu 1–8 sprechen: Väter-Söhne-Struktur (Überliefe-
    rung) und Stichwort- und Inhaltsbezüge von 10–11 mit den vorangehenden Versen
    (zu Stichwort- und Themenverbindungen s. nachfolgend). Für die Zugehörigkeit
    von 9–11 zu 12–16 sprechen die auffällige Zäsur zwischen 8|9, Verbindungen von
    12 zu 9 („Söhne Ephraims" – „ihre Väter") und 11 (Wundertaten JHWHs), der (sonst
    zu geringe) Umfang von Stanze II.1 sowie die Analogie mit den jeweils die Stanzen
    eröffnenden Strophen 9–11 und 56–58 (sowie die weiteren Stanzen-Eröffnungen mit
    den Verweisen auf wiederholtes Sündigen).

vorangestellten „Ephraim“-Strophe der (doppelte) Erzählbogen, der bis zum Ende des Psalms reicht. In dessen Rahmen zeigt sich an, dass der Weg nicht nur von Zo'an (12) nach Zion (68), respektive von Mose (Überlieferung) zu David (Führungsgestalt) führt, sondern auch den Wechsel von Ephraim (9) zu Juda (68) beinhaltet. Das letzte Moment wird im Zentrum der finalen Stanze unterstrichen (67–68).

Die Makrogliederung ergibt nach der Eröffnung (Canto I)[16] eine paarweise Anordnung von acht Stanzen zu vier Cantos (II–V). Dabei bilden je zwei Cantos (II–III und IV–V) einen der beiden Erzählbögen, die in je eigener Akzentuierung die Frühgeschichte Israels darbieten. Die beiden Erzählbögen enden mit den Stanzen III.2 (32–39) und V.2 (65–72). Mit deren Platzierung im Zentrum und am Schluss verbindet sich je ein Fokus, Gottes Gnadenhandeln betreffend. Nachfolgend eine tabellarische Darstellung der Struktur von Ps 78.[17]

Verse	Verszeilen	Strophen	Stanzen	Cantos	Inhalte
1ab.2ab	4	A			*Eingang (1–8):*
3ab.4ab.4cd	6	B			*Höraufruf und*
5ab.5cd.6ab	6	C	I	I	*Weisheitsworte*
6c7a.7bc	4	D			*Überlieferungskette*
8ab.8cd	4	E			*(Heilstaten, Weisung)*
	24	*4*	*1*	*1*	
9ab.10ab.11ab	6	F			*Erster Erzählbogen (9–39):*
12ab.13ab.14ab	6	G	II.1		*Söhne Ephraims und*
15ab.16ab	4	H		II	*ihre Väter: Ägypten,*
	16	*3*			*Schilfmeer, Wüste*
17ab.18ab.19abc	7	I			
20abc.20de	5	J	II.2		
21abc.22ab	5	K			
	17	*3*	*2*	*1*	
23ab.24ab.25ab	6	L			
26ab.27ab.28ab	6	M	III.1	III	
29ab.30ab.31abc	7	N			
	19	*3*			

16   Canto I (1–8) lässt sich in Strophen (A–E), aber wohl nicht in Stanzen unterteilen (Canto I = Stanze I). Van der Lugt, Cantos II, 342, gelangt aufgrund der Trikola-Bestimmungen von 6 und 7 (mit MT) und einer Strophen-Trennung 6|7 zu vier Strophen (→ 3.4.3).

17   Sie stimmt weithin mit van der Lugt, Cantos II, 342–368, überein; ähnlich Pavan, He remembered, 260–269, in den Grundzügen u.a. auch Clifford, Zion, 129; Gärtner, Geschichtspsalmen, 48–49. Ähnlich, mit Modifikationen, Weber, Werkbuch II, 46–54; Ders., Psalm 78: Geschichte, 223–228.

Verse	Vers-zeilen	Strophen	Stanzen	Cantos	Inhalte
32ab.33ab	4	O			----------------------------
34ab.35ab	4	P	III.2		*„Zentrum" (32–39):*
36ab.37ab	4	Q			Sünde, Gericht, Umkehr,
38ab.38cd.39ab	6	R			Barmherzigkeit
	18	*4*	*2*	*1*	
40ab.41ab	4	S			*Zweiter Erzählbogen*
42ab.43ab	4	T	IV.1		*(40–72):* Ägypten, Wüste,
44ab.45ab.46ab	6	U			Landgabe,
47ab.48ab	4	V		IV	Abfall, Preisgabe Schilos
	18	*4*			
49abc.50abc	6	W			
51ab.52ab.53ab	6	X	IV.2		
54ab.55abc	5	Y			
	17	*3*	*2*	*1*	
56ab.57ab.58ab	6	Z			
59ab.60ab.61ab	6	AA	V.1		
62ab.63ab.64ab	6	BB			
	18	*3*		V	----------------------------
65ab.66ab	4	CC			*Erzählschluss (65–72):*
67ab.68ab.69ab	6	DD	V.2		Erwählung von Juda (↔
70ab.71abc.72ab	7	EE			Ephraim), Zion und David
	17	*3*	*2*	*1*	
TOTAL	*164*	*30*	*9*	*5*	

3. Psalm 78,1–11: die Psalmeröffnung und die Ephraimiten

3.1 Text und Übersetzung

1	מַשְׂכִּיל לְאָסָף	Ein Lehrgedicht – zugehörig Asaph.

I	A	1	a	הַאֲזִינָה עַמִּי תּוֹרָתִי „Öffne bitte das Ohr, mein Volk, meiner Weisung;
		1	b	הַטּוּ אָזְנְכֶם לְאִמְרֵי־פִי: neigt euer Ohr zu den Worten meines Mundes!"
		2	a	אֶפְתְּחָה בְמָשָׁל פִּי Ich will auftun zum Gleichnis meinen Mund,
		2	b	אַבִּיעָה חִידוֹת מִנִּי־קֶדֶם: hervorsprudeln lassen Rätselworte aus der Frühzeit.

B 3 a אֲשֶׁר שָׁמַעְנוּ וַנֵּדָעֵם [Diese Dinge sind es,] die wir gehört und sie erkannt

3 b וַאֲבוֹתֵינוּ סִפְּרוּ־לָנוּ׃ und unsere Väter uns erzählt haben.

4 a לֹא נְכַחֵד מִבְּנֵיהֶם Nicht halten wir verborgen vor ihren Söhnen,

4 b לְדוֹר אַחֲרוֹן מְסַפְּרִים einer künftigen Generation erzählend:

4 c תְּהִלּוֹת יְהוָה וֶעֱזוּזוֹ Die Preistaten Jʜwʜs und seine Macht,

4 d וְנִפְלְאוֹתָיו אֲשֶׁר עָשָׂה׃ und seine Wunder, die er getan hat.

C 5 a וַיָּקֶם עֵדוּת בְּיַעֲקֹב Er richtete auf eine Bezeugung in Jakob,

5 b וְתוֹרָה שָׂם בְּיִשְׂרָאֵל und Weisung setzte er fest in Israel,

5 c אֲשֶׁר צִוָּה אֶת־אֲבוֹתֵינוּ welche er gebot unseren Vätern,

5 d לְהוֹדִיעָם לִבְנֵיהֶם׃ sie kundzutun ihren Söhnen,

6 a לְמַעַן יֵדְעוּ דּוֹר אַחֲרוֹן damit erkenne eine künftige Generation:

6 b בָּנִים יִוָּלֵדוּ Söhne, die geboren werden.

D 6 c יָקֻמוּ וִיסַפְּרוּ לִבְנֵיהֶם׃ Sie soll(t)en aufstehen und erzählen ihren Söhnen,

7 a וְיָשִׂימוּ בֵאלֹהִים כִּסְלָם so dass sie setzen werden auf Gott ihre Zuversicht.

7 b וְלֹא יִשְׁכְּחוּ מַעַלְלֵי־אֵל Und nicht soll(t)en sie vergessen die Grosstaten Gottes

7 c וּמִצְוֹתָיו יִנְצֹרוּ׃ und seine Gebote beachten.

E 8 a וְלֹא יִהְיוּ כַּאֲבוֹתָם Und nicht soll(t)en sie werden wie ihre Väter:

8 b דּוֹר סוֹרֵר וּמֹרֶה eine störrische und widerspenstige Generation,

8 c דּוֹר לֹא־הֵכִין לִבּוֹ eine Generation, die nicht festmachte ihr Herz

8 d וְלֹא־נֶאֶמְנָה אֶת־אֵל רוּחוֹ׃ und deren Geist Gott nicht treu war.

II.1 F 9 a בְּנֵי־אֶפְרַיִם נוֹשְׁקֵי רוֹמֵי־קָשֶׁת Die Söhne Ephraims, gerüstete Bogenschützen,

9 b הָפְכוּ בְּיוֹם קְרָב׃ machten kehrt am Tag der Schlacht.

10 a לֹא שָׁמְרוּ בְּרִית אֱלֹהִים Nicht bewahrten sie den Bund Gottes,

10 b וּבְתוֹרָתוֹ מֵאֲנוּ לָלֶכֶת׃ und in seiner Weisung zu gehen weigerten sie sich.

11 a   וַיִּשְׁכְּחוּ עֲלִילוֹתָיו   Und sie vergaßen seine Taten

11 b   וְנִפְלְאוֹתָיו אֲשֶׁר הֶרְאָם׃   und seine Wunder, die er sie sehen ließ.

G 12 a   נֶגֶד אֲבוֹתָם עָשָׂה פֶלֶא   Vor ihren Vätern tat er Wunderbares

    b   בְּאֶרֶץ מִצְרַיִם שְׂדֵה־צֹעַן׃   im Land Ägypten, im Gefilde von Zoʻan.

...

3.2 Kommunikative Konstellationen

Das kommunikative Setting des Psalms ergibt sich in den ersten Versen und bleibt in der Folge unverändert. Dies gilt namentlich für die im Psalm auftretenden (impliziten) Sprechenden.[18] Zunächst ein Überblick:[19]

Kommunikationsanalyse zu Psalm 78				
Vers	**Sprecher**	**Adressat(en)**	**Kommunikations-formen**	**Hinweise**
1a	(Editor)		Zuweisung (Paratext)	
1	Jhwh	„mein Volk" (Israel)	Aufforderungen (Imperative)	
2	Ich		Selbstkundgabe zur Redeart	
3–4	Wir		Wir-Schilderung: ...	„unsere" (3b), „uns" (3b),
5–6b			Er (Gott)-Schilderung	„unsere" (5c) → Wir
6c–11			Sie (Volk)-Schilderung	Generation Israels (6c–8) Söhne Ephraims (9–11)
12–16			Er-Schilderung	
17–20			Sie-Schilderung	Israel; Sie-Zitat (19b–20), „seinem Volk" (20e) = selbstreferentiell
21			Er-Schilderung	
22			Sie-Schilderung	
23–28			Er-Schilderung	
29–30			Sie-Schilderung	
31			Er-Schilderung	

---

18   Der „Text" stellt ein Rede-Geschehen und keine Lese-Kommunikation – eine solche ergibt sich sekundär aufgrund der Verschriftung des Psalms – dar und hat diesbezüglich eine gewisse Analogie mit den dtn Mose-Reden. Zur Methodik einer kommunikationsbasierten Analytik und insbesondere der Mehrschichtigkeit der Sprecher und Adressaten (extern/intern) vgl. van Wieringen, Unity, 10–32, in Anwendung auf Ps 78 Kim/van Roy, Reading I–III.

19   Vgl. dazu auch Pavan, He remembered, 248–250.

Kommunikationsanalyse zu Psalm 78			
32		Sie-Schilderung	
33		Er-Schilderung	
34		Er-/Sie-Schilderungen	
35–37		Sie-Schilderung	
38–39		Er-Schilderung	
40–41		Sie-Schilderung	
42		Sie-/Er-Schilderungen	
43–55		Er-Schilderung	Längster Passus
56–58		Sie-Schilderung	
59–62		Er-Schilderung	
63–64		Sie-Schilderung	Vier Kollektive
65–71		Er-Schilderung	
72		Er-Schilderung	Oszillierung Gott/David

Beim ersten Zweizeiler (1ab) handelt es sich um ein (vermitteltes) Gotteswort. Eine Redeeinführung fehlt. Der Aufruf an „*mein* Volk" zu hören – ähnlich im asaphitischen Beleg Ps 50,7 – lässt nur Gott als Sprechenden zu und setzt die Bundesbeziehung zwischen Jhwh und Israel voraus.[20] Analoges gilt hinsichtlich des an das Volk gerichteten Redeinhalts mittels der suffigierten Bezeichnung „*meine* Weisung". Damit ergibt sich in der Psalmeröffnung die Kommunikation Jhwh → „mein Volk" = Israel.[21] Im Eröffnungsvers liegt die einzige explizit adressatenbezogene Äusserung im gesamten Psalm vor. Da in der Folge keine vokativische Anrede mehr erscheint und auch keine weiteren Hinweise auf einen Adressatenwechsel vorliegen, ist diese zu Beginn angesprochene, implizite Zuhörerschaft bis zum Schluss vorausgesetzt. Aufgrund des häufigen Rückgriffs auf Israels Überlieferung ist davon auszugehen, dass die angezielte Hörerschaft mit dieser vertraut ist.

Unvermittelt und wiederum ohne Redeeinführung wechselt das zweite Bikolon (2ab) von imperativischer Gottes-Anrede zu Ich-Aussagen. Wird in 1ab zum Hören „meiner Weisung (Tora)" aufgerufen und damit der belehrende Charakter dieses

---

20   Der vokativischen Adressierung „*mein* Volk" entspricht, dass alle übrigen Belege im Psalm (20.52.61.71) von „*seinem* Volk" = Gottes Volk sprechen.

21   Dass Gott der Sprechende (zumindest) in 1ab ist, wird nicht immer wahrgenommen. Bei Spieckermann, Heilsgegenwart, 140; Ders., Place, 295–296, ist dies jedoch der Fall. Er zählt 2ab zur Gottesrede hinzu und vermutet die personifizierte Weisheit als Sprecherin. Damit gelingt es ihm, die weisheitlichen Begriffe in 2 zu integrieren und ohne einen Sprecherwechsel auszukommen. Ich halte die Identifizierung der Sprechperson von 1–2 mit der personifizierten Weisheit für originell, aber wenig wahrscheinlich. Angesichts der paratextlichen Zuschreibung „zugehörig Asaph" und auf dem Hintergrund meiner Studien zu den weiteren Asaph-Psalmen legt sich mir – in Überschreitung vom impliziten Sprecher(kollektiv) zum expliziten Verfasser – eine (kult)prophetisch vermittelte Gottesrede mit weisheitlich-didaktischen Momenten und einer Orientierung am Mose-Lied (Dtn 32) nahe (vgl. Weber, Gottesrede, 741–748; Ders., Asaph-Psalter, 369–371; Ders., Mose-Lied, 287–294).

Vortrags angezeigt (vgl. auch משכיל im Präskript), so ist in 2ab die Art und Weise der Rede, verbunden mit einem Zeitvektor (Frühzeit), ausgedrückt. Der sprachlichen Oberflächenstruktur wird damit ein Zweit- bzw. Tiefensinn eingestiftet (→ 3.3; 6.2.2). Zugleich wird bei der Hörerschaft dadurch eine erhöhte Achtsamkeit bzw. eine verstärkte Verstehensbemühung eingefordert.

In 3ab kommt es noch einmal – und letztmals – zu einem Sprecherwechsel, diesmal von einem Ich zu einem Wir. Auch hier fehlt eine Rede-Einführung. Der Wechsel vom Individuum zum Kollektiv und das Sprechen *über* Jhwh (4cd) machen aber deutlich, dass eine *menschliche* Sprecher-Gruppe das Wort ergreift. Zugleich liegt ein Zeitenwechsel vor: von Rede-*Aktionen* in der Gegenwart (Imperative und Kohortative in 1 bzw. 2) zur Schilderung einer in der Vergangenheit eingelösten und zur Weitergabe verpflichtenden Rede-*Rezeption* (*qtl*-Verben, 3ab). Das Wir wird in den Verbalformen von 3a und 4a angezeigt, darüber hinaus wird in 3b zweimal darauf Bezug genommen (Possessivsuffix und Präpositionalobjekt). Die letzte Deixis auf das Sprecherkollektiv erfolgt in der Er-Gottes-Schilderung in 5c (Possessivsuffix). Danach ist das Wir bis zum Schluss linguistisch nicht mehr greifbar. Es tritt in den nach 6 einsetzenden Er- und Sie-Schilderungen in den Hintergrund. Der „narrative" Stil wird bis zum Schluss beibehalten und nie durch (paränetische) Hörer-Adressierungen durchbrochen.[22]

Wie ist die Sprecher-Abfolge Gott → Ich → Wir zu verstehen? In 2 äussert sich wohl eine *menschliche* Stimme – allerdings ohne eine Markierung des Sprecherwechsels, mit Stichwortanknüpfung „mein Mund" (Zeilenendreim) –, so dass von 1 zu 2 von einem Sprecherwechsel von Jhwh zu einem autoritativ auftretenden Individuum auszugehen ist.[23] Die mit hintergründiger Deutung (Gleichnis- bzw. Rätselrede) verbundene Darbietung lässt an einen Weisheitslehrer oder jedenfalls an eine Person mit Kenntnis entsprechender Redeformen denken (vgl. Spr 1,5–6). In dieselbe Richtung weisen 3–4, wobei sich angesichts der memorierten Stoffe zur weisheitlichen eine überlieferungsgeschichtliche Kompetenz gesellt (→ 4.3).[24]

Den Wechsel vom Ich (2) zum Wir (3ff.) wird man so zu verstehen haben, dass das sprechende Ich sich in ein kollektives Wir einordnet. Da es sich bei den dargebotenen Inhalten um Fest- und Volksgut handelt, passt die Ausweitung vom Ich zum inkludierenden Wir. Basis ist die Väterüberlieferung über Generationen hinweg, die den/die Sprechenden und die Hörgemeinschaft zum Bundesvolk Israel (vgl. „mein

---

22 In der eingefügten Sie-Rede in 19–20 spricht das Volk – bezeichnenderweise! – *über* Gott und nicht *mit* ihm (Gebet).

23 Ob in 2 sich eine göttliche oder eine autoritative menschliche Stimme äussert, bleibt freilich in einer gewissen Schwebe. In Mt 13,35 führt der Evangelist Ps 78,2 (LXX) als (verborgenes, zu enthüllendes) Wort, das „durch den Propheten" (= Asaph?) gesprochen wurde (Erfüllungszitat), an. Ob Jesus indirekt damit auch mit dem Sprechenden des Psalmworts (Prophet? Gottesstimme?) identifiziert wird, lässt sich erwägen. Zu Ps 78,2/Mt 13,35 vgl. Euler, Mund.

24 Das in 3 eröffnende Bezugswort אשר lässt nach einer Referenz bezüglich des überlieferten Inhalts fragen. Anaphorisch kämen משל und חידות aus dem vorangehenden Vers in Frage, zumal der Stoff der „Frühzeit" entnommen ist, also der Bezug auf die Vergangenheit die Verse verbindet. In den Vordergrund jedoch wird kataphorisch das in 4cd genannte Wunderwirken Jhwhs geschoben. Nicht die Darbietungsformen, sondern die Inhalte stehen im Fokus der Väterüberlieferung.

Volk", 1a) zusammenschliesst. Ist dieses Wir (und darin das Ich als Einzelstimme) einerseits Teil des Volkes, so steht es diesem andererseits aufgrund der Funktion als Überbringer der Psalmbotschaft zugleich gegenüber.[25] Das Kollektiv (Wir) und die zu ihm gehörende Sprechperson (Ich) übernehmen angesichts des Gehörten und Empfangenen aus vergangenen Zeiten die Verpflichtung, das Überkommene der gegenwärtigen und künftigen Generation weiterzugeben (→ 3.4.1).

Die Gottesrede von 1 ist „Überschrift" über die weiteren Psalmworte. Der das Gotteswort prophetisch Übermittelnde ist wohl derselbe, der dieses in weisheitlicher Manier weitergibt (2). Und auch als Sprecher der Wir-Rede (3–72) dürfte er auftreten, so dass *eine* Stimme in drei Rollen bzw. Funktionen erscheint.[26] Das empfangene Gotteswort als „Weisung" (1) wird vom Sprecher-Ich als Gleichnis und Rätselrede artikuliert, die es zu verstehen gilt. Die *aktuelle* Weisung gründet auf die ganz Israel einst gegebene, *konstitutive* Weisung (5). Wie vormals die Sinai- durch die Moab-Verpflichtung zeitlich überblendet wurde,[27] wird im Psalm Grundlegendes auf gegenwärtige Horizonte hin geöffnet.[28]

3.3 Inhalt, Art und Funktion der Überlieferung

1a	תורתי	„meine Weisung"	
1b	לאמרי־פי	„zu den Worten meines Mundes"	
2a	במשל	„zum Gleichnis"	
2b	חידות מנ־קדם	„Rätsel(rede) aus der Frühzeit"	
3ab	–		
4ab	–		
4c	תהלות יהוה ועזוזו	*„die Preistaten JHWHS und seine Macht"*	(26.61)
4d	נפלאותיו	*„seine Wunder"*	32
5a	עדות	„eine Bezeugung (in Jakob)"	56 (pl)
5b	תורה	„eine Weisung (in Israel)"	
...			
7b	מעללי־אל	*„die Grosstaten Gottes"*	
7c	מצותיו	„seine Gebote"	
...			

---

25 Es ist diesbezüglich vergleichbar mit der Funktion eines Pfarrers in der gottesdienstlichen Gemeinde. Er gehört mit zur Gemeinde, und das Predigtwort betrifft insofern auch ihn selber, zugleich übernimmt er das Amt der Verkündigung der Gottesbotschaft ihr gegenüber.

26 Von den textinternen Überlegungen zu den Sprechpersonen ergeben sich unter Einbezug weiterer Anhaltspunkte auch textexterne Hinweise zu den Verfasser- und Trägerkreisen von Ps 78 (→ 6.3).

27 Vgl. Dtn 4,44–5,3 (und 29–30).

28 Dies zeigt sich auch darin, dass die *narrativen* Tempora mit *jqtl*-Formen durchsetzt sind und aus der erzählten Zeit auf die Sprecher-Hörer-Kommunikation gewechselt wird. Dazu → 4.5 und TALSTRA, Fathers, 249–261.

10a	ברית אלהים	„der Bund Gottes"	37
10b	בתורתו	„in/mit seiner Weisung"	
11a	עלילותיו	*„seine Taten"*	
11b	נפלאותיו	*„seine Wunder"*	32
12a	פלא	*„Wunderbares"*	(32)
12b	–	–	
...			
22	בישועתו	*„auf seine Rettung"*	
43	מופתיו | אחותיו	*„seine Zeichen / seine Wunderzeichen"*	
61	תפארתו | עזו	*„seine Macht / seine Pracht"*	

Die Gottesstimme ruft auf zum Hören תורתי „meiner Weisung". Entsprechend sind die „Worte meines Mundes" als aktuelle Gottesbelehrung zu verstehen – sie umfassen die vorgetragenen Worte des Psalms insgesamt. Insofern handelt es sich um die von Gott selbst herkommende und autorisierte תורת יהוה (*Genetivus subjectivus*), vergleichbar mit Ps 1,2 (vgl. auch Ex 13,9–10).[29] Die Worte aus göttlichem Mund (פי) nimmt der Sprechende nun selbst in seinen Mund (1b.2a) und qualifiziert das zu Vermittelnde als משל (sg) und חידות (pl).[30] Wie die prophetische zu Beginn, betrifft auch diese weisheitlich-didaktische Näherbestimmung den gesamten Psalm.[31] Man hat nicht an einen einzelnen Spruch vergleichender Art, sondern an eine die poetisch dargebotene Geschichtserzählung insgesamt betreffende Weise zu denken. Entsprechend trifft die Übersetzung „Gleichnis(rede), Parabel" den Sachverhalt. Analoges gilt für die „Rätsel": Die Gesamtaussage ist rätselhaft bzw. bedarf der Entschlüsselung. Der Plural kann auf mehrere Rätsel(ebenen) hinweisen oder ist – m.E. wahrscheinlicher – als Extension im Sinne einer Rätselrede aufzufassen.[32] Mit dieser doppelten Qualifizierung seiner Äusserungen setzt der Sprechende ein hermeneutisches Ausrufezeichen. Poetischem Sprachduktus eignet ohnehin Ambiguität; hier wird darüber hinaus ein Deutehorizont explizit gemacht.

Die Psalmeröffnung in ihrer Doppelheit von Gottesrede und Weisheitsrede evoziert bei der mit der Überlieferung vertrauten Hörerschaft den Anfang eines ebenfalls poetisch geformten Grundtextes: das Mose-Lied (Dtn 32,1–43).[33] Beide Höraufrufe beginnen und schliessen mit denselben Worten: „Öffne(t) das Ohr ... (zu)

---

29 Vgl. WEBER, Tora, 75–78.85.95–100.
30 Parallelen liegen vor zwischen dem Eingang des asaphitischen Ps 78 und dem qorachitischen Ps 49 (V. 2–5), ferner Spr 1,5–6. Vgl. dazu GÄRTNER, Geschichtspsalmen, 52–53.
31 Die Verbindung von Prophetie und Weisheit (Gleichnis, Rätsel) findet sich öfters bei Ez, vgl. namentlich Ez 17,1–3(ff.), ferner Ez 18,1–4; 21,1–5; 24,1–13.
32 Eine Kombination der beiden Begriffe findet sich noch in Ez 17,2; Hab 2,6; Ps 49,5; Spr 1,6.
33 Zur Abhängigkeitsrichtung (Mose-Lied → Asaph-Psalmen) im Einzelnen vgl. WEBER, Mose-Lied, 287–294. Neben dem Mose-Lied wird in Ps 78 auch auf das Schilfmeerlied (Ex 15,1–18) mehrfach zurückgegriffen (vgl. dazu GÄRTNER, Geschichtspsalmen, 62–65.85–89). BOYD, Rhetoric, vergleicht die beiden poetischen Texte mit Blick auf ihre Rhetorik der Erinnerung, die auf die Identitätsbildung der jeweiligen Zuhörerschaft abzielt.

Worten meines Mundes!“ Im Unterschied zum Mose-Lied, wo Himmel und Erde zur
Zeugenschaft angerufen und in Pflicht genommen werden (vgl. Dtn 31,28; 32,46), ist
Ps 78 an „mein Volk“ gerichtet (vgl. Dtn 6,4).[34] Wie im Psalm ist aber auch im Mose-
Lied das Volk als Zuhörerschaft im Blick (Dtn 32,6.43), wobei der Sprechende mit
Blick auf „unseren Gott“ (Dtn 32,3) sich ebenfalls mit dem Volk zu einem Wir zusam-
menschliesst. Auch die Weitergabe und Memorierung der „Väter“-Überlieferungen
(vgl. 3–8 mit Dtn 32,7) sowie der lehrhafte Charakter sind beiden Stücken eigen. So
verbindet sich der Höraufruf jeweils mit der Absicht einer Belehrung (vgl. 1–2 mit
Dtn 32,1–2, ferner Dtn 31,22; 32,45–47).[35] Die Gemeinsamkeiten beider Lehrstücke
sind deutlich und reichen über die Analogie der Anfangsverse weit hinaus.[36] Insofern wird nicht nur ein Referenztext aufgerufen, sondern mit der Anbindung an das
Mose-Lied als Vermächtnis ein Rahmen des Verstehens aufgespannt. Dieser spurt
die Art und Richtung des Vermittelnden vor und weist auf eine Tora-Vermittlung
in einem Festzusammenhang und die levitische Beauftragung hin (vgl. Dtn 31–32).
Dazu gehört die Manifestation als עד „Zeuge“ (Dtn 31,19.21) bzw. die Funktion des
עוד „Bezeugens“ (Dtn 31,28; 32,46), zumal sich Ps 78,5 auf eine geltende עדות „Bezeugung“[37] bezieht. Weiter wird in beiden poetischen Stücken die Überlieferung an und
die Bedeutung für künftige Generationen herausgestellt (vgl. 3–8 mit Dtn 32,5–9,
ferner 31,21–22; 32,46–47).

Der Begriff תורה „Weisung“ erscheint 3mal im Eingangsbereich (1a.5b.10b) und ist
entsprechend signifikant.[38] Ist beim ersten Beleg der vorgetragene Psalm als aktuelle (mündliche) Gottes-Tora gefasst, so wird in 5 auf eine in der Vergangenheit
für Israel verbindliche Festsetzung Bezug genommen. Dadurch wird eine Relation
hergestellt: Das mit dem Psalm Vorgetragene gründet auf Tora (5b) und ist seinerseits Tora (1a), nämlich deutende Tora, gestaltet als Parabel und Rätselrede.[39] Die
vorangehende Parallelzeile (5a) bringt mit עדות den bereits erwähnten Begriff der
„Bezeugung“ ins Spiel (vgl. auch den asaphitischen Seitenbeleg Ps 81,5–6.9). Im Blick
ist die mit der Rettung aus Ägypten ihren Anfang nehmende Frühzeit, insbesondere
die Bundesverpflichtung. Dies bestätigt der dritte und letzte Tora-Beleg in Ps 78,
wo das Tora-gemässe Verhalten mit der Bewahrung des Bundes parallelisiert wird

---

34   Was den Redner betrifft, wird Mose als Sprechender des Lieds eingeführt (Dtn 31,30).
     Da im Fortlauf des Mose-Lieds Gottesreden erscheinen, ist auch für Dtn 32,1 nicht
     auszuschliessen, dass Mose aufgrund des Kontextes zwar als der Vortragende gilt,
     der initiale Höraufruf aber (ebenfalls) ein Gotteswort darstellt (vgl. auch Ps 50,4.7).
     In diesem Fall wäre die Nähe der beiden Anfangsverse noch enger.

35   Kommt eine adressatenbezogene Deixis in Ps 78 lediglich in der eröffnenden Got-
     tesrede (1) zur Anwendung, so findet sich eine solche im Mose-Lied in 1–7.14–18,
     verschwindet dann aber mit dem Einsetzen der Gottesreden ab 19.

36   Eine Zusammenstellung und Diskussion der Bezüge bieten LEONARD, Traditions,
     301–321; SCHMIDTKUNZ, Moselied, 276–287.302–308, und WEBER, Mose-Lied, 287–294.

37   Das Nomen im Singular fehlt im Dtn. Das Mose-Lied wird jedoch mit unter den
     Begriff der „Weisung“ gefasst (Dtn 32,46, vgl. 31,9.11.12.24.26), und in Ps 78,5ab
     werden „Bezeugung (in Jakob)“ (vgl. auch Ps 81,6) und „Weisung (in Israel)“
     parallelisiert.

38   Darüber hinaus wird er in Ps 78 nicht mehr verwendet. Sieht man einmal von den
     zahlreichen Belegen in Ps 119 ab, erscheint „Tora“ im Psalter nicht häufig.

39   Vgl. WEBER, Mose-Lied, 291–292.

(10ab). Die Erwähnung geschieht in negativer Form im Sinne einer Nichtorientierung gegenüber dieser Verpflichtung. Das getadelte Verhalten wird „den Söhnen Ephraims" (9a) angekreidet.

Ist mit den Begriffen „Weisung", „Bezeugung", „Gebote" und „Bund" (s. Tabelle) der das Volk *verpflichtende* Aspekt der Bundesbeziehung angesprochen, so verbindet sich mit den in der Tabelle kursiv dargestellten Bezeichnungen das von Gott ausgehende *Heilswirken* gegenüber seinem Volk. In 4c ist erstmals von den „Preistaten Jʜwʜs" die Rede, und in der Folge dienen v.a. nominale Ableitungen der Wurzeln עלל und פלא zur Bezeichnung seines wunderbaren Eingreifens zugunsten Israels (7b.11a sowie 4d.11b.12a). Dieses nimmt seinen Anfang in Ägypten (12ab) und wird ab 13 in der Gestalt narrativer Poesie in Auswahl fortgeführt. Beide Seiten des Bundes (Indikativ und Imperativ) sind im Bikolon 7bc (Negativaussage) verknüpft. Dies heisst für Israel: Es hat die Heilstaten Jʜwʜs gegenwärtig zu halten und die Gebote Gottes zu bewahren.

3.4 Die Generationen-Konstellationen in Psalm 78,3–8

Der Eindruck eines „heillosen Personenwirrwarrs"[40] kann sich mit Blick auf die vielschichtige Verwendung der Bezeichnungen „Väter" und „Söhne" und ihren Zuordnungen (Possessivsuffixe) einstellen. Der Psalmeingang, in dem diese Begriffe verdichtet erscheinen, enthält denn auch eine Reihe (in der Anführung bereits angesprochener) syntaktischer und referentieller Herausforderungen (→ 1.). Die Hörerschaft wurde jedoch gleich zu Beginn darauf hingewiesen, dass die Ausführungen als Gleichnis und Rätselworte vorgetragen werden und dabei auf die Frühzeit (מני־קדם) zurückgegriffen wird (2). Damit ist die Aufmerksamkeit (auch) auf die Generationen-Konstellationen gelenkt, um die mit ihnen verbundene geschichtshermeneutischen Absichten zu erkennen.

Leitbegriffe der Tradierungsprozesse über „Generationen" (דור) hinweg sind die je 3mal verwendeten Verben ספר *pi* „erzählen" (3b.4b.6c) und ידע *qal/hi* „erkennen/kundtun" (3a.5d.6a, vgl. Ex 10,2). Dazu kommen die Nomina „Väter" (5mal, pl), „Söhne" (5mal, pl) und „Generation" (4mal, sg); sie zeigen Beziehungen an, die Generationen übergreifen.[41] Dabei fällt auf, dass die „Väter" stets und die „Söhne" mehrheitlich mit suffigierten Possessivpronomina versehen sind und unterschiedlich aufeinander verweisen. Im Psalm ist die Rede von „*unseren* Vätern" (3b.5c), von „*ihren* Vätern" (8a.12a, ferner 57a) und „*ihren* Söhnen" (4a.5d.6c); hinzukommen „Söhne, die geboren werden" (6b) sowie „die Söhne Ephraims" (9a).

Die deiktischen Systeme dieser Begrifflichkeit samt Zeitlagen und Generationenabfolgen gilt es nun zu erfassen. Die Verbindung der Plurale „Väter" und „Söhne" haben unterschiedliche Bedeutungen. Es können damit unmittelbare und d.h. leibliche Zwei-Generationen-Beziehungen, aber auch distanziertere, Generationen überspringende Nachkommensverhältnisse (Vor- bzw. Nachfahren) angezeigt werden. Zu erwägen ist auch eine ausgeweitete, nicht auf direkte Blutsverwandtschaft

---

40   So Sᴘɪᴇᴄᴋᴇʀᴍᴀɴɴ, Heilsgegenwart, 134. Er bezieht sich dabei auf die von ihm als spätere Ergänzung (wie 9–11) eingestuften Bikola 3ab.4ab; ihm folgend Kʟᴇɪɴ, Geschichte, 89.

41   Bei insgesamt 19 Belegen von אב „Vater" im Psalter, davon 14 im Plural, machen die 5 Plural-Belege von Ps 78 einen beträchtlichen Teil aus (bei בן „Sohn" ist der Anteil weniger signifikant).

festgelegte Bedeutung. Sie kann funktionaler Art sein oder aber – und dieses Verständnis wird durch die Verwendung des Synonyms דור hier eher in den Vordergrund geschoben – eine Generationen-Beziehung innerhalb des Volks meinen, ohne dass zwingend Patrilinearität vorliegt. Ohnehin wird Israel als Volk ja auf Jakob und seine zwölf Söhne (Stämme) zurückgeführt. Wie auch immer: Mit den Begriffen selbst und ihrer Relationierung mittels Possessivpronomina werden Verbindungen wie Verbindlichkeiten angezeigt. Dabei wird zu beachten sein, ob und wie Sprech- („unsere") und Drittpersonenbezug („ihre") konnotiert sind.

In den Psalmen sind derart ausgestaltete und mit der Heilsvergegenwärtigung und Bundesverpflichtung verbundene Väter-Söhne-Relationen selten. Im Dtn sind sie dagegen charakteristisch: Die Verpflichtung zur Überlieferung und das 3-Generationen-Modell finden sich mehrfach (vgl. u.a. Dtn 4,9–10.25; 6,2.4–7.20–25; 31,9–13; 32,7). Entsprechend ist der dtn Einfluss zu beachten (→ 4.3). Bereits die analoge Eröffnung des Mose-Lieds (Höraufruf) und die nachfolgenden Aufrufe zum Bedenken der Frühzeit und des Handelns Gottes über Generationen hinweg werden die Hörerschaft dafür sensibilisiert haben (→ 3.3). Über das Lied hinaus sind die dtn Reden durchsetzt von generationenübergreifender Pädagogik und einer Paränese, die Gotteshandeln und Volksverpflichtung verbindet (vgl. u.a. Dtn 4,9–10.25; 6,1–9.20–25; 11,9.18–21; 12,28; 30,1–2; 31,12–13; 32,7.46). Ps 78 spricht die Adressaten nicht direkt an, bleibt beim distanzierteren Schilderungsstil, weist aber vergleichbare Generationen-Konstellationen auf (vgl. Dtn 4,9–10; 6,2, auch Ex 10,2).[42] Es wird sich zeigen, dass in Ps 78 spezifische Generationen gemeint sind und Synchronisierungen zur Erzähl- (Ex; Num) und insbesondere Rede-Überlieferung (Dtn) vorliegen.

3.4.1 Die erste Generationen-Konstellation (Ps 78,3–4)

In Strophe B (3a–4d) gibt das Wir-Kollektiv zu verstehen, dass es Überlieferung empfangen hat, auf die im aktuellen Sprechakt zurückgeblickt wird. Sie kam von „unseren" Vätern (qtl – wjjqtl – qtl, 3) und ist verbunden mit der Verpflichtung zur Weiterüberlieferung (jqtl – Ptz, 4ab) des vergangenen Gotteswirkens (qtl, 4cd). Da Auskunft im Jetzt gegeben wird (Sprechzeit) und Vor- bzw. Nachfahren in das Vorgehen involviert sind, werden die unmittelbaren (leiblichen) Väter und Söhne gemeint sein. Dass bei „unseren Vätern" eine bis zu den Vorvätern der Frühzeit Israels (5c) reichende Staffel des Weitersagens ebenfalls (mit)gemeint ist, ist möglich, steht aber nicht im Vordergrund.[43] Die Wir-Gruppe sieht sich in der Pflicht, das Überkommene an „ihre Söhne" getreu weiterzugeben. Dass die Deixis von der ersten zur dritten Person im Plural wechselt, ist auffällig. Eine gegenwärtige bzw. zukünftige Generation ist gemeint. Die Suffigierung

---

42 Im Dtn (Situation vor der Landnahme) sind (nur) die Nachfahren im Blick: Erwachsener/Verantwortlicher → Kinder → Enkel. Erwähnung verdienen auch Ex 10,1–2, weil dort über die drei Generationen hinaus auch die erwähnten, in Ps 78,3–6 verwendeten Leitverben der Weitergabe erscheinen.

43 In Ps 44,2 wird mit „unseren Vätern" direkt auf die Generation der Frühzeit, also auf die Vorfahren (unter Überspringung der Folgegenerationen), Bezug genommen. Allerdings wird dort die Frühzeit explizit erwähnt und im folgenden Vers Geschehen aus dieser Zeit angeführt. In Ps 78 ist die Frühzeit auch erwähnt (2b), aber nicht im unmittelbaren Kontext; zudem wird danach, vor der Erwähnung der Gottestaten (4cd), zunächst weiter auf das Überlieferungsgeschehen eingegangen.

ist daher nicht (primär) auf die Frühzeit (5d) zu beziehen. Wahrscheinlich sind die in 3b erwähnten Väter gemeint, womit die Wir-Gruppe *und* die genannten Söhne *dieselben* Väter haben. Insofern ist Zusammengehörigkeit ausgedrückt: „*Unsere*" und „*ihre* Väter" sind als Gegenwartsgeneration zeitgleich, werden als Gottesvolk adressiert (1a) und gehören zu Jakob/Israel (5ab, vgl. 21bc.71bc). Die ungewöhnliche Formulierung legt freilich nahe, dass neben dem Miteinander zugleich ein Gegenüber, wohl funktionaler Art, ausgedrückt werden soll: Die Wir-Gruppe gibt der Söhne-Generation, der sie selbst zugehört, mit diesen Psalmworten die Väterüberlieferung als (Ver-)Mittler weiter. Sie verspricht in 4a (*jqtl*), den Zeit- und Volksgenossen das Überlieferte[44] nicht zu verbergen, und tritt diesbezüglich in die Fussstapfen ihrer Väter-Generation.[45]

Was die beiden Verszeilen des Bikolons 4ab betrifft, lässt sich das Verhältnis zwischen „ihren Söhnen" (4a) und „einer/der künftigen Generation" (4b, vgl. Dtn 29,21; Ps 48,14) als synchron/parallel (Generation 4a = 4b) oder aber diachron/seriell (Generation 4a + künftige Generation 4b) fassen.[46] Die zweite Option ist zu favorisieren, da die kontinuierliche Weitergabe im Vordergrund steht (vgl. auch das Ptz in 4b). Mit anderen Worten: Nicht die Wir-Gruppe, sondern die von ihr Unterrichteten unterrichten ihrerseits („ihre Söhne" in 4a ist Subjekt) eine nächste bzw. kommende Generation.[47] Insofern sind drei Generationen im Blick, wobei für die mittlere, *gegenwärtige* Generation eine Vermittlung von der mit dieser Funktion betrauten Wir-Gruppe zu dem übrigen Volk vorliegt: 1. Generation: Väter („unsere") der Wir-Gruppe → 2. Generation: Wir → „ihre" Söhne („ihre") = gleiche Generation wie Wir-Kollektiv → 3. Generation: nächste/künftige Generation.

Der Inhalt des Gehörten und Weitergegebenen wird im Schlussvers der Strophe genannt (4cd). Es ist Gottes Befreiungs- und Heilswirken an Israel. Die Erwähnung der Frühzeit (2b), die verwendeten Begriffe[48] wie auch das mit 12 einsetzende lyrische Narrativ machen deutlich, dass das grundlegende, Israel als Volk konstituierende Rettungshandeln im Blick ist.

3.4.2 Die zweite Generationen-Konstellation (Ps 78,5–6b)

Mit der Strophe C (5a–6b) schliesst sich an die erste eine zweite Generationen-Konfiguration an. Der Schlussvers von B (4cd) wird dabei im Anfangsvers von C (5ab)

---

44 Gemeint ist 4cd (das Suffix von וַנְּדְעֵם bezieht sich auf die Relativpartikel bzw. darin impliziert auf 4cd).

45 Aufgrund dieser Differenzierung ergibt sich der Fingerzeig, dass hinter dem ab 3 sprechenden (textinternen) Wir eine mit der Vermittlung von Tradition und Tora vertraute und beauftragte (textexterne) Gruppe steht. Aufgrund des dtn Horizonts ist es naheliegend, an Leviten zu denken (vgl. Dtn 31,9–13.24–27, ferner 33,9–10, dazu → 6.3).

46 Die Formulierung ist ambigue, da offenbleibt, ob die Erzähler an die Folgegeneration in 4b – das plurale Partizip (מְסַפְּרִים) vermittelt ein anhaltendes Geschehen – das sprechende Wir sind oder – im Sinne einer Staffelung der Überlieferung – bereits die nächste Generation (d.h. „ihre Söhne") gemeint ist.

47 Analog zu „unseren Vätern" ist auch diesbezüglich eine längere Überlieferungsstaffel (Vorväter) nicht auszuschliessen. Es gilt, auf die Zukunft gerichtet, Vergleichbares für die Folgegenerationen (vgl. indeterminiertes Substantiv und Partizip in 4b).

48 Vgl. dazu u.a. Ex 3,20; 15,2.11.13; Dtn 10,21; Ps 74,13; 77,12.15.

aufgenommen und ergänzt: Das frühere Heilswirken Jhwhs an Israel zieht – wie in der Verbindung von Präambel und Dekalog angezeigt (Ex 20,2–17; Dtn 5,6–21) – die Bundesverpflichtungen mit ihren Geboten nach sich (→ 3.3). Mit dem Strophenbeginn und dem Verweis auf die Festsetzungen Gottes vollzieht sich ein Subjektwechsel vom Wir-Kollektiv zum Er für Jhwh. Das sprechende Kollektiv rückt in den Hintergrund und gibt die Bühne frei für die Schilderungen von vergangenem Geschehen, die sich im Wechsel von „Er" (Gott)- und „Sie" (Volk)-Handlungen abspielen (→ 3.2).

In 5c(d) ist, mit relativischem Anschluss (wie in 3a) an die Bundesverpflichtungen (5ab), vom einstigen Gebieten Gottes die Rede (qtl).[49] Damit wird, nun auch den Erzählinhalt betreffend, die Gegenwart verlassen und an Anfangszeit reminisziert (Ägypten, Sinai, Wüste). Es handelt sich um verpflichtende „Weisung" (Tora), die weiterzugeben ist.[50] Mit dem Possessivpronomen „unsere Väter" ist letztmals die Wir-Gruppe im Blick. Anders als in 3a wird in 5c auf die Generation der Frühzeit (Vorväter) verwiesen. Man ist angesichts der Rede von Preistaten/Wundern (4cd, ferner 12ff.43ff.) sowie von Bezeugung/Weisung (5ab) geneigt, an die Auszugsgeneration und den Sinai-Bund zu denken. Im Fortgang wird jedoch deutlich – so in 8 und 57[51], weniger akzentuiert in 12 (vgl. aber 11.17ff.) –, dass „ihre Väter" negativ dargestellt werden und von ihnen in abgrenzendem Sinn gesprochen wird. Das in Ps 78 gegeißelte Fehlverhalten bezieht sich praktisch durchgehend auf die Vergehen in der Wüste (und später im Land). Aufgrund dessen ist nicht die Erstgeneration, die in der Wüste ausstirbt, angezielt. Vielmehr ist die nachfolgende, die in den Steppen Moabs neu verpflichtete Zweitgeneration, die das Land einnehmen wird, im Blick (vgl. Dtn 29,9–14; 34,9). Das auf die Wir-Gruppe verweisende Possessivpronomen „unsere Väter" (3.5) stellt sie in ein positives Licht. Die Moabbund- und Landnahme-Generation erscheint in den Erzählbögen zwar nur am Rand (vgl. 54–55), doch mit ihr identifiziert sich dieser Psalm: mit der lehrhaften Geschichtspredigt, vermittelt durch die in den Fussstapfen Moses gehende Wir-Gruppe in dtn-levitischer Ausprägung (→ 6.3).[52]

Die Synchronität von „ihre Väter" mit der Auszugsgeneration und „unsere Väter" mit der Landnahmegeneration (Moab-Bund) wird durch die Orientierung von Ps 78 am Mose-Lied (→ 3.3) und weiteren Schnittstellen mit dem Dtn gestützt (vgl. Dtn 1,5; 4,8.44; 27,26; 31,10–13.26; 32,46; 33,10).[53] Jhwh gebietet (durch Moses Worte) den Vätern

---

49   Vgl. Ex 16,32.34; 19,7; 34,32; 35,1; Dtn 27,1; 33,4 u.ö.

50   Das Suffix der Infinitivkonstruktion in 5d bezieht sich auf die Akkusativobjekte in 5ab.

51   In 57 könnten Folge-Generationen im Land (Richterzeit) mitgemeint sein (→ 5.2.1).

52   FRANZ, Wunder, 157–162, unterscheidet ebenfalls zwischen der Exodus- und der Landnahme-Generation und sieht diese aufgrund der je geschilderten Ereignisse auf die beiden Erzählbögen verteilt: die Exodus-Generation in 12–40 und die Landnahme-Generation in 41–64/72. Das Modell überzeugt jedoch nicht, denn die Plagen im zweiten Bogen sind mit der Exodus- und nicht der Landnahme-Generation verbunden. Zutreffend aber ist, dass beide Erzählbögen – bis 55 – auf die sündige Exodus-/Wüstengeneration verweisen. Ab 56 sind dann die ebenfalls negativ gezeichnete(n) Generation(en) der Richter-Zeit im Blick.

53   Das Nomen עֵדוּת findet sich im Singular im Dtn zwar nicht (pl in Dtn 4,45; 6,17.20), doch andere Derivate der Wurzel עוד „(be)zeugen" sehr wohl; sie führen ebenfalls zu den erwähnten Geschehnissen (vgl. Dtn 4,26; 30,19; 31,19.21.26.28; 32,46), dazu → 3.3.

in den Steppen Moabs nicht nur, die aufgerichtete bzw. vorgelegte Bezeugung/Weisung (5ab) einzuhalten (5c), sondern auch, sie der nächsten, im Land aufgewachsenen Generation kundzutun (5d).[54] In 6ab wird dann, mit finalem Anschluss, nach den Vätern und deren Söhnen eine weitere, *dritte* Generation genannt, der die Überlieferung weiterzugeben ist (vgl. 6a mit 4b).[55] Sie kennt die Landnahme nur vom Hören her und wird in der b-Zeile, die Apposition zu 6a ist, als „Söhne, die geboren werden" bezeichnet (vgl. Dtn 4,25).[56] Die Formulierung schliesst einen zeitlichen Abstand zur ersten Siedlergeneration (5d) nicht aus.[57] Es ist von einem 3-Generationen-Schema (Väter → Söhne → künftige Generation) zu sprechen, auch wenn die Formulierung über die erste Siedlergeneration (5d) eine Ausweitung auf spätere Generationen ermöglicht. Die deutlichste Parallele, wenn auch ohne paränetische Zuspitzung, findet sich in der ersten Rede von Mose. Angesichts des Unvertrauens ihrer Väter (vgl. Num 14,20–35; Dtn 1,30–46) ergeht diese an die vor der Jordan-Überquerung stehende Generation Israels. Darunter finden sich die folgenden Worte aus Dtn 4:

> [8] *Und wo ist eine grosse Nation, die [so] grosse Satzungen und Rechtsbestimmungen hat, wie diese ganze Weisung (התורה), die ich euch heute gebe?* [9] *Nur hüte dich, ja hüte dich selbst sehr, dass du nicht vergisst die Geschehnisse, die gesehen haben deine Augen und dass sie nicht weichen aus deinem Herzen alle Tage deines Lebens! Und tue sie kund (והודעתם) deinen Söhnen (לבניך) und den Söhnen deiner Söhne (ולבני בניך).* [10] *Am Tag, als du standest am Horeb vor dem Angesicht JHWHs, deinem Gott, da sprach JHWH zu mir: „Versammle mir das Volk, dass ich sie hören lasse meine Worte, die sie lernen sollen, damit sie mich fürchten alle Tage, die sie auf dem Erdboden leben, und lehren ihre Söhne (בניהם)."*[58]

Eine Verpflichtung, das Geschehene an die nachkommenden Generationen weiterzuerzählen – im Sinne des Kundtuns bzw. Erkennens (ידע *hi* und *qal* –), liegt vor (vgl. 5cd.6ab mit Dtn 4,9–10, ferner 6,7). Die Mose-Worte ergehen freilich nicht ohne Anbindung an den Sinai- bzw. Horeb-Bund.[59] Dies zeigt sich am Hinweis, dass die Verpflichtung zur Weitergabe auf ein Gotteswort zurückgeht, das JHWH am Gottesberg an das Volk richtete. Gott hatte sie also *bereits damals und dort* auf die

---

54 Damit die Tradierung von Heilsgeschehen und Bundesverpflichtung von „*unseren* Vätern" der Erstgeneration (5c) zu „*unseren* Vätern" der Gegenwartsgeneration (3b) gelangte, ist ein (vom Dtn angestossener) Prozess des Überlieferns über Generationen hinweg vorausgesetzt.

55 Subjekt des Erkennens (*jqtl*, pl) sind die künftige Generation bzw. die „Söhne" in 6b.

56 Man beachte die Abfolge von ידע *hi* „kundtun" (Weitergabe) in 5d zu *qal* „erkennen" (Rezeption). Eine Option bestünde darin, dass „ihre Söhne" und „eine/die künftige Generation" auf *dieselbe* Generation Bezug nehmen würden. Die Näherbestimmung der künftigen Generation mit Söhnen, die (noch) geboren werden (*jqtl*), spricht jedoch für die Annahme, dass in 6ab eine dritte Generation gemeint ist.

57 In diese Richtung weist einerseits die Indeterminierung („*eine* kommende Generation") und die futurische Formulierung („Söhne, die [noch] geboren werden").

58 Zum „Sehen" (ראה) und „Vergessen" (שכח) vgl. auch Ps 78,11ab, zum „Gebieten" (צוה) vgl. Dtn 4,2*bis*.5.13.14 mit Ps 78,5c.7c, zum „Bewahren, Hüten" (שמר) vgl. Dtn 4,4.6.9*bis* mit Ps 78,10.56.

59 Braulik, Horebbund, stellt trotz ihrer Verschiedenheit die Identität von Horeb- und Moabbund heraus.

Belehrung der Nachkommen („ihre Söhne“) verpflichtet.[60] Auch angesichts der neuen
Ausrichtung an die Landnahme-Generation hat und behält diese Überlieferungs-
und Lehrverpflichtung ihren Haftpunkt am Sinai/Horeb bei der Auszugsgeneration
(vgl. auch Dtn 28,69). Die Verbindung der Moabsteppen-Generation mit den Erfahrungen, die der Auszugsgeneration zuteil wurden, manifestiert sich in Ps 78 auch
am Erzählstoff, der bis zu den Geschehnissen in Ägypten zurückreicht.[61]
    Mittels der Verweise auf die Frühzeit (4cd|5ab) und der Generationenabfolgen
(3a–4b|5c–6b) sind die Strophen B und C chiastisch arrangiert (ABB'A').[62] Die erste
Abfolge an Generationen und Überlieferungen (B: 3a–4d) ist von der *Gegenwart* als
der Erzählzeit der Wir-Gruppe bestimmt. Die zweite (C: 5a–6b) spricht von der *Heils-
und Bundesvergangenheit.* Mit der Rede von „*unseren* Vätern“ kommt das Bundesvolk in den Steppen Moabs in den Blick (5c), im Anschluss an das Gottesgeschehen
der Vorgängergeneration (Exodus/Sinai). Das Gebot des Weitergebens gilt für „ihre
Söhne“ (5d), also die nachfolgende (erste) Siedlergeneration. Diese wiederum soll
das Empfangene an „eine künftige Generation“ von Nachgeborenen weitergeben
(6ab, vgl. Ps 22,31–32).
    Die Generationenabfolgen in Ps 78 beruhen auf denen der frühgeschichtlichen Über-
lieferung (Ex–Dtn). Dabei ergeben sich für den Zeitraum vom Auszug bis zur Landnahme zwei „Generationen“.[63] Zwischen den beiden und nach der zweiten wird von
unheilvollen bzw. selbstverschuldeten „Zäsuren“ berichtet, die auf das Fehlverhalten
des Bundesvolkes zurückzuführen sind. Der Sachverhalt lässt sich in einem Überblick
folgendermassen darstellen:

---

60   Die Referenz lässt an Ex 19,17–19 denken; allerdings ist dort von einer (Verpflichtung
      zur) Weitergabe an Nachkommen nicht die Rede. Es handelt sich demnach um ein
      dtn Charakteristikum. Die Wurzel למד „lernen“, *pi* „lehren“ hat in der kanonischen
      Schriftenabfolge denn auch in Dtn 4,1.5.10.14 ihre ersten Belege (vgl. auch die letzten
      Belege im Buch in Dtn 31,12.13.19.22). Vgl. dazu FINSTERBUSCH, Weisung, 117–314.
61   In Dtn 31(–32) wird den Leviten geboten, am Laubhüttenfest in jedem Erlassjahr die
      Tora vorzutragen (Dtn 31,9–13). Die Bezüge zwischen Dtn 31 (zu erwähnen wäre
      ebenso Dtn 32) und Ps 78 stellt auch WAGNER, Recounting, 17–19, heraus (mit einem
      Verzeichnis der Stichwortverbindungen). Das Laubhüttenfest als Ursprungsetting
      ist (auch) für Ps 78 zu vermuten (dazu → 6.3.2).
62   Die u.a. von SPIECKERMANN, Heilsgegenwart, 133–134, und KLEIN, Geschichte,
      89.102–105, vorgenommene Ausscheidung von 3ab und 4ab aus der Grundfassung
      beeinträchtigt den dargestellten Bezug der Zeit- und Bundesebenen; sie erfolgt also
      zu Unrecht.
63   Die „Zäsur“ zwischen Auszugs- und Landnahme-Generation wird verursacht durch
      das Unvertrauen, woraus die Strafe Gottes resultiert, dass diese Auszugs-Generation
      das verheissene Land nicht sehen darf, weil sie vierzig Jahre in der Wüste bleiben
      muss (vgl. Num 14,33–34; 32,13; Dtn 2,7; 8,2.4; 29,4; Jos 5,6; Ps 95,10–11). Der Zeitum-
      fang von vierzig Jahren übertrifft – strenggenommen – den Zyklus für eine einzige
      Generation (vgl. aber Num 14,29).

Auszugsgeneration	Wechsel	Einzugsgeneration	Wechsel	Landgenerationen
Ex–Num	Num 14,20–38; Dtn 1,26–2,1	Dtn–Jos	Ri 2,6–23	Ri–Sam
Exodus-Wüste-Sinai (Sinai-Bund)		Moabsteppen - Landnahme (Moab-Bund)		
Mose	† Moses (Dtn 34)	(Mose →) Josua	† Josuas (Ri 2,7–8)	Richter-Gestalten
Beurteilung: negativ				Beurteilung: negativ
Ps 78: „*ihre* Väter" (8.12.57)		Ps 78: „*unsere* Väter" ([3.]5)		Ps 78: „Söhne (Ephraims)" (4.5.6*bis*.9)

Der Verstetigung der Überlieferung kommt zentrale Bedeutung zu. In alle Zeiten und Generationen ist Gottes Wunderwirken gewärtig zu halten und seine Weisung zu befolgen. Nach der Heute- und der Frühzeit-Generationenkonstellation in Ps 78 ergibt sich die Frage: Wie ging es weiter, als Israel im Land war?

3.4.3 Die dritte Generationen-Konstellation (Ps 78,6c–8d)

Nach den Strophen B und C mit den ersten beiden Generationen-Abfolgen enthalten die je zwei Bikola umfassenden Strophen D (6c7a.7bc) und E (8ab.8cd) eine dritte Generationenkonstellation. Sie schliesst an die ersten beiden an, ist aber anders akzentuiert. Zunächst ist die Annahme einer Zäsur zwischen 6b|6c sowie das Vorliegen von ausschliesslich Bikola in Canto I (1–8) zu begründen (zur Übersetzung → 3.1).[64]

Der finale, mit למען eingeführte Nebensatz von 6a wird in 6c *nicht* fortgesetzt, und entsprechend wird die abhängige Satzfolge nicht bis 8d weitergeführt.[65] Vielmehr wird der Vers mit 6b als Apposition beschlossen (Bikolon). Damit entfällt

---

64   Zu dieser Kolometrie bereits WEBER, Werkbuch II, 46, und zuvor SPIECKERMANN, Heilsgegenwart, 133. Überwiegend bleiben die Ausleger bei der Lesung von 6abc und 7abc als zwei Trikola (MT), vgl. u.a. HOSSFELD, Psalm 78, 414–415.433. WAGNER, Recounting, 6–7, liest in 1–8 sogar vier, in Bikola eingebettete Trikola (3abc, 4abc, 6abc und 7abc).

65   Eine Abfolge, bei der die in 6a vorangestellte, unterordnende Konjunktion למען „damit" alle folgenden (Neben-)Sätze bis 8(a) bestimmt, wird von HIEKE, Weitergabe, 52, angenommen. Dies ist syntaktisch möglich, aber keineswegs zwingend und nur unter Annahme von 6b als Parenthese aufrechtzuhalten. GÄRTNER, Geschichtspsalmen, 40, übersetzt 6–7 je trikolisch und stellt das 6c eröffnende Verb ans Ende von 6b (den *Atnach* negierend): „auf dass eine nachkommende Generation erkenne, / Kinder – sie werden (erst) geboren – aufstehen / und (sie/es) ihren Kindern erzählen // und auf Gott ihre Zuversicht setzen / und die Taten Gottes nicht vergessen / und seine Gebote bewahren."

die Interpretation von 6b als grammatikalisch ungelenke Parenthese.[66] In 6c beginnt mit יקמו ein neuer Hauptsatz.[67] Dieser eröffnet nicht eine dritte Verszeile, sondern – gegen MT[68] – einen neuen Vers, ja sogar eine neue Strophe (D).[69] *Sub voce* קום „aufstehen", *hi* „aufrichten" sind die Eröffnungen der Strophen C (5a) und D (6c) parallel gestaltet. Damit ist eine Assoziierung von Gottes „Aufrichten" der Bezeugung (*wjjqtl*) und dem verpflichtenden „Aufstehen" zur Weitergabe (*jqtl*) verbunden.[70] Mit der angenommenen Zäsur ergibt sich eine weithin analoge Struktur der Strophen B und C. Zudem wird ein neuer Aspekt in die Strophe D (und E) eingebracht. Die final angeschlossene Aussage 6ab erwähnt ein Kollektiv („sie"): Söhne, die (noch) geboren werden. Mit dieser neuen, im verheissenen Land siedelnden Generation schliesst die zweite 3-Generationen-Abfolge (C). Die dort zuletzt genannte Generation (6bc) wird als Satzsubjekt in 6c aufgenommen (sie = Söhne, die geboren werden) und bildet den Ausgangspunkt einer neuen Aussage, die ein drittes Mal anhand einer Generationen-Konstellation entfaltet wird (D und E).

Mit 6c setzen eine neue Aussage und ein bis 8d reichender Sinnzusammenhang ein. Mit dem Strophenwechsel C → D verbinden sich Änderungen im Blick auf Syntax und Zeitlagen: Ist Strophe C bestimmt durch vergangenes *Geschehen*, so ist die in 6c mit einem neuen Hauptsatz eröffnende Strophe D charakterisiert durch Aussagen des *Sollens* (Jussive) bzw. durch Verpflichtungen (6c: *jqtl* – *w-jqtl*). Im Fokus steht, was die Generationen hätten tun bzw. nicht tun sollen (und was sie nicht getan haben). Mit den jussivisch zu interpretierenden *jqtl*-Formen stellt sich eine zeitliche Offenheit insofern ein, als das aufgegebene *Sollen* sich zunächst mit der entsprechenden Generation in der Frühzeit verbindet („Sie *sollten* aufstehen ..."). Zugleich wird ein Oszillieren zu Aufforderungen in der aktuell-gegenwärtigen Sprechsituation

---

66 Es liegt näher, 6b als Apposition zur „künftigen Generation" als eine den Vers (und die Strophe) beschliessende (poetische) Figur (verbunden mit Dehnung/Betonung) aufzufassen, anstatt – unnötigerweise und zur poetischen Diktion wenig passend – eine Parenthese anzunehmen.

67 Dem entspricht die Lesart von MT, die kein copulatives *waw* am Anfang von 6c hat (anders LXX). Ein solches wäre zu erwarten, wenn 6c als indirekt-volitive Fortführung von 6a(b) in konsekutivem oder finalem Sinn zu interpretieren wäre (vgl. Lettinga/von Siebenthal, Grammatik, § 715). In 7a liegt dagegen ein copulatives *waw* vor; entsprechend beginnt mit 7a kein neuer Vers, vielmehr wird 6c fortgeführt (Bikolon).

68 Kolometrie und Syntax von MT sind weder klar noch leicht verständlich. MT[L] liest ein Trikolon (6abc), hat ein Spatium nach אחרון und setzt einen Atnach nach יולדו, wobei allerdings das folgende Verb direkt ohne Zwischenraum angeschlossen wird. MT[A] dagegen setzt zusätzlich zum Atnach ein Spatium nach יולדו, markiert also ein Verszeilenende. Ein neuer Satzbeginn wird auch von LXX unterstützt. Der Anfang einer Satz- und Verszeile ist jedenfalls mit יקמו gegeben (vgl. auch Hieke, Weitergabe, 49.52).

69 Der Anschluss des Subjekts („sie") in 6c an die „Söhne" von 6b (ohne Renominalisierung) betont den Zusammenhang und hat wohl zur trikolischen Lesung (6abc) geführt.

70 Vgl. auch die Ähnlichkeit der b-Zeilen (5b.7a) *sub voce* שים „setzen" (*qtl* und *w-jqtl*) sowie die Rede von einer „Generation" an den Strophen-Enden von C (6a) und E (8c), ferner im Zentrum von B (4b).

nahegelegt („Sie *sollen* aufstehen ...").[71] Die in 6ab erwähnte Generation im Land (Richterzeit) soll(te) in 6c „aufstehen" und d.h. tätig werden, nämlich die Traditionen an „ihre Söhne" weitergeben, ihnen Gottes Heilstaten und sich die daraus ergebende Verpflichtung erzählen (vgl. 3b.4b) – mit der Absicht, dass ihre Söhne ebenfalls auf Gott ihre Zuversicht setzen (6c7a). Das Satzsubjekt in 7bc könnte dasselbe wie in 6c sein („sie" = 6b: „Söhne, die geboren werden"), wahrscheinlich bezieht es sich aber auf „ihre Söhne" (6c, = *nachfolgende* Generation). Auf diese bezogen wird das Abstellen der Zuversicht auf Gott (7a) durch Anführung weiterer Verhaltensweisen ergänzt (7bc). Genannt sind das Nicht-Vergessen der Grosstaten Gottes (Heilsaspekt)[72] und das Bewahren der Gebote (Verpflichtungsaspekt, vgl. Dtn 4,2.40). Beide Bundesaspekte werden in 7bc erstmals in *ein und demselben* Vers genannt.

Steht in Strophe D (6c7a.7bc) das *Sollen* (positives Verhalten) im Fokus, so in E (8ab.8cd) das *Nicht-Sollen* (negatives Verhalten). Zwar ist bereits in 7b eine negative Formulierung (Vermeiden) gewählt worden, aber in 8ab wird das Fehlverhalten nun an einer Generation festgemacht. Die Generation, an der sie sich *nicht* orientieren sollen, sind „ihre Väter". Die Redeweise *„ihre* Väter" ist nicht nur grammatikalischen Umständen – der Bezug geht auf „ihre Söhne" (6c) –, sondern auch einer Distanzierung geschuldet (→ 3.4.2).[73] Diese „Generation (des Volkes Israel)"[74] wird mit den Adjektiven „störrisch und widerspenstig" (סורר ומרה) charakterisiert.[75] Ein mit der Eltern-Sohn-Beziehung in Dtn 21,18–21 vergleichbares Verhalten wird in Ps 78 angesprochen. Dabei wird der Gehorsam gegenüber den Eltern auf das Verhältnis der Väter gegenüber Gott übertragen. In 8cd wird das Verhalten der Vätergeneration – später mit ähnlichen Worten auch das Volksverhalten in 37ab[76] – als „nicht festmachen (Herz)" und als „Gott nicht treu sein (Geist)" charakterisiert (*qtl*).[77] Das in 8b angeprangerte Fehlverhalten steht demjenigen von Jhwh, der in Dtn 7,9 als „der treue Gott" (האל הנאמן) bezeichnet wird, diametral gegenüber.[78] Diesbezüglich

---

71 Vgl. Lettinga/von Siebenthal, Grammatik, § 711.7.

72 Das Vergessen (שכח) der Heilstaten Gottes (7b.11a) bzw. der Tora (Hos 4,6, dazu Ps 78,7c.10–11) bedeutet Jhwh selbst vergessen (vgl. Dtn 32,18; Hos 2,15; 8,14; 13,6).

73 Vgl. auch Gärtner, Geschichtspsalmen, 57.

74 Der Begriff דור „Generation" (8b.8c) wurde bisher nicht den Vätern zugeordnet, sondern erschien in Zusammenhang mit den Söhnen/Nachkommen (4b.6a).

75 Ausser hier findet sich dieser Doppelausdruck auf das Volk bezogen in Jer 5,23 sowie auf den gegenüber den Eltern ungehorsamen Sohn in Dtn 21,18.20 und bezeichnet dort ein todeswürdiges Vergehen. Geläufiger ist die Verhaltensbezeichnung lediglich als „widerspenstig" für Israel. Sie hat ihren Anfang in der Wüstenzeit (Num 20,10.24; 27,14) und erscheint in Dtn (1,26.43; 9,7.23.24; 31,27) wie Ps 78 (8.17.40.56) mehrfach.

76 Gärtner, Geschichtspsalmen, 58–59, weist darauf hin, dass die in 8ab.8cd genannten negativen Charakterisierungen als strukturgebende Leitwörter zur Bezeichnung des Schuldverhaltens immer wieder aufgenommen und – auf das Proömium zurückbezogen – zu geschichtstheologischen Schlüsselkategorien werden (vgl. 8.17.22.32.37.40.56).

77 Die Rahmung der Strophe D erfolgt mit einer positiven Formulierung („Zuversicht auf Gott", 6c7a) und diejenige der Strophe E mit einer negativen („Herz nicht festmachen", „Gott nicht treu sein", 8cd).

78 Im unmittelbaren Kontext erscheint Gott unausgesprochen als Bewahrer des Bundes (10a) gegenüber denen, die seine Gebote bewahren (7c).

verdient (wiederum) das Mose-Lied (Dtn 32,1–43 im Kontext), dem eine Zeugen-Funktion gegenüber Israel zukommt (Dtn 31,19.21.21.26; 32,46, vgl. Ps 78,5), erwähnt zu werden: Dort wird Jhwh als „Gott der Treue" (אל אמונה) vorgestellt und sein Verhalten dem einer „verkehrten und verdrehten Generation" bzw. eines „törichten und unweisen Volks" gegenübergestellt (vgl. 8 mit Dtn 32,4–6.15.20). Zudem wird im Lied explizit dazu aufgerufen, der Frühzeit und darin Gottes Heilstaten (über Generationen hinweg) zu gedenken, und das Vergessen gebrandmarkt (vgl. 3–8 mit Dtn 32,7.18).[79]

Ziehen wir ein Zwischenfazit: Einer im Land siedelnden (späteren) Generation (6c: „sie", vgl. 6ab) wird aufgetragen, ihrer Nachfolgegeneration (6c: „ihre Söhne") Heilstaten und Bundesverpflichtung einzuschärfen (vgl. Dtn 4,9–10.25–26; 29,21). Ein Dreifaches ist damit angezielt: 1. Gottvertrauen, 2. Nicht-Vergessen der Grosstaten Gottes und 3. Bewahren seiner Gebote (7a.7bd). Flankierend dazu wird ihnen in einem negativen Vergleich eingeschärft, nicht das Verhalten „ihrer Väter" anzunehmen (8a). Nach den drei positiven Verhaltensweisen werden drei negative angeführt: 1. störrisch und widerspenstig sein, 2. das Herz nicht festmachen und 3. Gott untreu sein (8b.8cd). Auf der Distanzierung vom Verhalten dieser Väter-Generation liegt der Schlussakzent der dritten Generationen-Konstellation, in der die Abfolge teils umgestellt ist und nicht bei den Söhnen, sondern – als Negativvergleich – bei „ihren Vätern" endet.

Worauf aber bezieht sich „ihre Väter" und wen meinen sie? Die für das Possessivsuffix sich nahelegende Bezugsgrösse sind „ihre Söhne" (6c). Geht man von einer *unmittelbaren* Generationenabfolge aus, wären die Väter mit dem in 6c sprechenden Subjekt (= in 6ab angesprochene Generation) identisch. Dies ergibt wenig Sinn, denn die in 6c zur Überlieferung aufgeforderte Generation wird kaum mit derjenigen gleichgesetzt sein, von deren Verhalten sich die Söhne abgrenzen sollen. Es muss sich um eine *unterschiedliche* Generationen handeln: Die eine Linie (6ab.6c) wird von der im Dtn angesprochenen, in den Steppen Moabs befindlichen und die Landnahme bestreitenden Zweitgeneration abgeleitet („unsere Väter", 5c). Die andere, als „ihre Väter" bezeichnete, störrische und widerspenstige Generation verweist auf die Exodus-Generation und ihr Handeln in der Wüste (→ 3.4.2). Im Vordergrund steht deren Verweigerung der Landnahme nach der Kundschafter-Episode, die dazu führte, dass jener Generation der Einzug ins Land von Gott verwehrt wurde (vgl. Dtn 1,26–46; 2,14–16; 9,23; Ps 95,9–11). Die Verbindung von Widerspenstigkeit (מרה) und Untreue bzw. Unvertrauen (אמן ni bzw. hi) teilt 8 mit Dtn 9,23–24 (ähnlich Dtn 1,26.32).[80]

Die Zuweisung der in 8ab erwähnten Väter-Generation in die Wüstenzeit bestätigt sich insofern, als trotz Jhwhs Wunderwirken „vor ihren Vätern" (12a, vgl. 8a) sie sich widerspenstig zeigte (17). Gegenüber den in 6c erwähnten Söhnen handelte es sich bei „ihren Vätern" in 8a demnach nicht um leibliche Väter, sondern um Vorfahren (Ururgrossväter): die Erstgeneration, die in der Wüste sich negativ verhielt.[81] Mit „unseren" (Moab-/Einzugs-Generation) und „ihren Vätern" (Auszugs-/

79　Vgl. Weber, Mose-Lied, 287–294.306.

80　Vgl. Braulik, Schuld, 174–182.185–189, der vom „Urereignis der Sündigkeit Israels" (ebd., 185) spricht.

81　Bezieht man Ri 2,10–12 ein, so haben nach Josuas Tod bereits ihre Väter- und Grossväter sich vom Verhalten der Moab-/Landnahme-Generation durch Gottvergessen und Götzendienst abgewendet. Obwohl dies von der Generationenabfolge her

Sinai-Generation) stehen sich zwei Verhaltensparadigmen gegenüber. Dabei geht es in Ps 78 nicht nur um zwei Generationen aus Israels Frühgeschichte; vielmehr bilden diese ein positives wie negatives Muster. Jeder Generation werden aufs Neue die beiden Verhaltensmuster vor Augen gestellt, und sie wird zur Entscheidung gerufen.

In den Strophen D und E kommt eine dritte 3-Generationen-Konstellation zum Tragen. Sie nimmt das letzte Generationenglied aus der zweiten auf (6c = 6ab), fügt eine Söhne-Generation an (6c) und kommt auf eine (Vor-)Väter-Generation zu sprechen (8a), welche diesen beiden vorausgeht. Neu ist, dass letztere als negative Vergleichsgrösse („nicht wie …“) qualifiziert wird. Angesichts der Rede von „*unseren*“ und „*ihren* Vätern“ wird mit Hilfe der possessiven Suffixe bei der Hörerschaft ein identifizierendes respektive distanzierendes Verhalten hervorgerufen. Es stellt sich nun die Frage, ob bzw. wie die in 9 erwähnten „Söhne Ephraims“ in die Generationen-Abfolgen einzuordnen sind.

3.5 Psalm 78,9–11: „die Söhne Ephraims“

Die Strophe F (9–11) und damit Vers 9 weist Verbindungen zu Canto I wie zu II auf (Scharnierfunktion), wird hier aber zum Erzählbogen gerechnet (→ 2.). Zwischen 8d|9a liegt eine Zäsur, zumal die Erwähnung eines einstigen Schlachtgeschehens in 9ab ein neues Thema darstellt und die Generationenabfolgen samt der Traditionsvermittlung unterbricht. Einzig das Lexem „Söhne“ und die Schilderung eines ebenfalls negativen Verhaltens verbinden den Vers mit dem Vorangegangenen. Die Schilderung von 9 kommt derart unverhofft, ja anscheinend „unpassend“, dass viele Ausleger den Vers 9ab[82] oder die gesamte Strophe 9–11[83] als die Kohärenz beeinträchtigend beurteilen und literarkritisch als späteren Eintrag ausscheiden (→ 3.7). Da der vorliegende Psalm unter Einschluss von 9(–11) überliefert wurde,[84] sollen literarkritische und redaktionsgeschichtliche Überlegungen zurückgestellt und zunächst die vorliegende Textspur interpretiert werden. Es ist daran zu erinnern, dass die Zuhörer mit 2ab im Ohr sich auf Ungewohntes gefasst machen sollen. Die „Sonderlichkeit“ von 9ab wird bereits früheren Hörern aufgefallen sein. Sie führt kognitionspsychologisch zum Versuch, diesen Vers mit dem bisher Gesagten (und dem Nachfolgenden) inhaltlich zusammenzubringen.[85]

In der vorangegangenen Strophe (E) wurde als Negativbeispiel auf eine (Väter-)Generation verwiesen. Diese wird in ihrem Fehlverhalten gegenüber Gott als „eine störrische und widerspenstige Generation“ (8b) bezeichnet. Es legt sich nahe, sie

---

zutrifft, führt 8 aufgrund der Begrifflichkeit nicht auf diese, sondern auf die Erstgeneration der Frühzeit hin (anders 56–58).

82   So u.a. FÜGLISTER, Psalm LXXXVIII (*sic!*), 270–271; GÄRTNER, Geschichtspsalmen, 58–61; KNITTEL, Heiligtum, 172.177.

83   So u.a. SPIECKERMANN, Heilsgegenwart, 134; HIEKE, Weitergabe, 50; HOSSFELD, Psalm 78, 422; WITTE, Exodus, 119; KLEIN, Geschichte, 89–90.

84   Die Verse 9–11 sind teilweise in 11Q8 (Frag. 12) enthalten (im Fragment finden sich Teile von 5–12).

85   In der jüdischen Überlieferung wird 9 in Verbindung mit 1. Chr 7,20 mit einem früheren Exodus von Ephraimiten, der vor dem biblischen stattfand, in Beziehung gebracht, vgl. GRUBER, Commentary, 523.

mit „den Söhnen Ephraims" in Beziehung zu setzen. Für eine *direkte* Identifizierung der Ephraimiten und ihres negativen Verhaltens mit Geschehnissen der Exodus-Generation gibt es keine Anhaltspunkte. Näher kommen wir der Sache mit Blick auf die zuvor angesprochene Generation, die davor gewarnt wird, sich wie die Erstgeneration des Auszugs zu verhalten. Gibt es die aufgezeigte Generationen-Staffelung, handelt es sich dabei um die dritte, im Land siedelnde Generation nach der Landnahme bzw. Josuas Tod (Richterzeit).[86] Die Aussage in 9 referiert jedenfalls auf ein späteres Geschehen im Land. Eine genaue zeitliche Einordnung wird nicht ersichtlich, nur dass ein Kriegsverhalten damit einhergeht, dessen Konturen hier aber (noch) nicht klar werden.

Die negative Konnotation und die Einzeichnung dieses Ereignisses in das Verhaltensmuster der Exodus-Generation ist gleichwohl deutlich und assoziiert eine Verbindung des Verhaltens zwischen ihr und den Ephraimiten. Dies ergibt sich nicht nur aus der vorangegangenen Strophe, sondern mindestens so stark aus den nachfolgenden Versen (10–11). Die Schlacht wird auf diese Weise mit theologischen Verhaltensweisen verbunden, die den negativen Schilderungen der Väter-Generation in Strophe E entsprechen.[87] Das kollektive Satzsubjekt („sie") von 10–11 ist auf „die Söhne Ephraims" bezogen. Entsprechend werden diese mit einem konkreten militärischen Versagen (9) *und* mit einem generellen Fehlverhalten gegenüber Jhwh und der Bundesverpflichtung (10–11) in Verbindung gebracht.[88]

Zur Negativcharakterisierung in 10–11 besteht eine Analogie im widerspenstigen Verhalten, das die Generation(en) nach Josua gemäss Ri 2,11–13 auszeichnete (vgl. auch Dtn 6,12–15). Vergleichbares gilt für die Erstgeneration, zumal die Nachkommen Ephraims in 10ab bezichtigt werden, den Bund – Gott untreu – nicht bewahrt und sich einem Tora-gemässen Wandel (vgl. Ex 16,4) verweigert zu haben. Es handelt sich um ähnliche Worte, wie sie in 37 mit Blick auf die Wüstengeneration verwendet werden.[89] 11a(b) schildert mit dem Vergessen der Heilstaten ein Verhalten, das gemäss 7a(b) vermieden werden soll. In 10–11 wird jedoch nicht nur eine Analogie mit dem zu vermeidenden Verhalten der Väter in der Wüste herausgestellt, sondern aufgrund von Stichwort-Verbindungen auch Gegenteiliges bzw. Wünschbares aus den Vorversen kontrastiert: So wird mit dem Begriff Tora auf die Tora-Gabe zurückverwiesen (vgl. 10b mit 5b, ferner 1a), und es wird an die Heilstaten erinnert (vgl. zum Vergessen der Gottestaten 11a mit 7b, zu den Wundern 11b mit 4d). Im Hintergrund stehen Aussagen wie in Ex 34,10 und Dtn 4,23; 29,24.

Soviel ist jedenfalls deutlich geworden: Das Verhalten der „Söhne Ephraims" bewegt sich im Rahmen der in 8 skizzierten Verhaltensweise der Erstgeneration in

---

86 Dass diese sich negativ verhielt, ist Ri 2,6–23 zu entnehmen.

87 Die inhaltlich isolierte Aussage von 9ab wird von den thematisch analogen und der Vergangenheit (*qtl*) zugewiesenen Aussagen von 8 und 10–11 gerahmt.

88 Was es mit diesem Schlachtgeschehen, in das Bogenschützen involviert sind, auf sich hat, stellen wir vorerst zurück. Dies tut in gewissem Sinn auch der Psalmist, der erst im späteren Verlauf auf den Kriegsbogen (57) und Ephraim (67) zurückkommt (→ 5.2.1; 5.3.2).

89 In 37 werden (auch) Momente aus 8 und 10 aufgenommen, womit die Verhaltensanalogie zwischen den Vätern in der Wüste und den Söhnen Ephraims unterstrichen wird. Dass auch ein einzelner Stamm innerhalb des Volkes der Abgötterei verfallen kann, zeigt sich in Dtn 29,17–20.

der Wüste.[90] Sie werden im Psalm kaum zufällig an derjenigen Stelle erwähnt, wo die Generationenabfolge in der Richterzeit angekommen ist. Für eine nähere Einordnung in Israels Geschichte im Land fehlt es im bisherigen Psalmverlauf jedoch an Hinweisen.

Die Ephraim-Strophe (F) firmiert als Verbindungsglied zwischen der Einführung mit den Generationenabfolgen und deren Verpflichtung sowie der nun beginnenden geschichtlichen Vergegenwärtigung. Dabei wird auf Geschehen vorgegriffen, das später entfaltet wird (*Hysteron proteron*). Wenn in 12 von „ihren Vätern" gesprochen wird, verweist das Possessivsuffix zurück auf „die Söhne Ephraims" und meint mit ihnen die Vorväter, nämlich die Erstgeneration der Frühzeit, der sich der Psalm nun zuwendet. Insofern wird eine Verbindung zwischen den Vorvätern in der Wüste und den Ephraim-Söhnen als ihren Nachkommen und Nachahmern hergestellt.[91] Der Ephraim-Faden wird mit dem bestehenden allerdings nur kurz verknüpft und dann vorerst nicht weitergesponnen. Die Engführung auf ein spezifisches Kollektiv innerhalb Israels wird (vorerst) suspendiert zugunsten von Israel mit seinen zwölf Stämmen, und von Generationen im Land (Richterzeit) wird mit 12 zur heilsbegründenden Frühzeit und zur Erstgeneration zurückgekehrt. Die Zeit Israels in Ägypten und der Wüste kommt nun eingehend zur Sprache. Danach, nach Israels Ankunft im Land (55), erscheint letztmals die Generationenbezeichnung „ihre Väter" (57). Mit dem „Bogen"-Vergleich tauchen die Ephraim-Söhne zwar noch nicht explizit, aber in Rückkoppelung mit 9 implizit wieder auf. Der Faden aus 9 wird wieder aufgenommen, kommt im Zusammenhang mit der Preisgabe Schilos (60) verstärkt in den Blick – das Stämme-Heiligtum liegt auf ephraimitischem Gebiet – und wird mit der Nennung des Stammes Ephraim (67) explizit gemacht. Die beiden Fäden, der gesamtisraelitische und der ephraimitische, werden – samt den damit verbundenen Geschehnissen, Verhaltens- und Verstehensweisen – derart verzwirnt.

3.6 Überblick über die Väter-Söhne-Relationen

Die Väter-Söhne-Beziehungen in ihrer Komplexität sollen in einer tabellarischen Zusammenschau abschliessend dargestellt und veranschaulicht werden. Hinzugefügt werden Bezeichnungen, die sich auf das Volk insgesamt oder Teile desselben beziehen.

---

90   Die Referenz des Suffixes im Morphem הראם in 11b oszilliert zwischen den Vorvätern (8a) und „den Söhnen Ephraims" (9a).

91   Als Nachkomme Jakobs gilt Ephraim mit seinen Söhnen in genealogischem Sinn (vgl. Gen 48,5); dessen Nachkommen treten mit Blick auf die Exodus- und Wüstengeneration aufgrund ihres Fehlverhaltens (auch) eine „Nachkommenschaft" an.

Väter-Söhne-Relationen in Psalm 78							
		Zukunft	Sprechge-genwart	Vergangenheit (gestaffelt)			
				Nahe Ver-gangenheit	Generationen im Land[92] (Ri)	vor dem Einzug (Dtn)	Exodus/ Wüste (Ex/Num)
	1a		mein Volk				
1. Abfolge (3–4)	3b		*unsere →*	*Väter*			*(Väter)*
	4a		*Söhne*	*← ihre*			
	4b	künftige Genera-tion					
2. Abfolge (5–6b)	5a						Jakob
	5b						Israel
	5c		*unsere →*			*Väter*	
	5d				*Söhne*	*← ihre*	
	6a				künftige Generation		
	6b				*Söhne ...*		
3. Abfolge (6c–8d)	6c				*Söhne ← ihre*		
	8a				*ihre →*		*Väter*
	8b						Generation
	8c						Generation
	9a				*Söhne Ephraims*		
	12a				*ihre → (Väter?)*		*Väter*

92 In dieser Spalte wären nochmals (mindestens) drei Zeiten bzw. Generationen zu differenzieren: eine erste Generation (nach derjenigen der Landnahme und dem Tod Josuas) in 5d, eine nachfolgende in 6ab (und Subjekt in 7c) und eine wiederum nachfolgende (dritte) in 6c. Auch „die Söhne Ephraims" (9a) gehören in die Zeit nach der Ansiedlung im Land, ohne dass sie genau eingeordnet werden. Diese Differenzierung der ersten drei Generationen innerhalb der Richterzeit wird durch Linksbündigkeit, Zentrierung und Rechtsbündigkeit angezeigt (die Ephraim-Söhne werden linksbündig angeordnet).

Väter-Söhne-Relationen in Psalm 78						
	57a			*ihre* → (*Väter?*)		*Väter*
sein Volk				62.71		20.52
Israel				55.59.71		21.31.41
Jakob				71		21
Joseph				67		
Ephraim				67		
Juda				68		

3.7 Erwägungen zur Literarkritik von Psalm 78,9–11

Nach der Auslegung von 1–8/11 ist auf die literarkritische Fragestellung zurück-zukommen. Unter Verdacht eines sekundären Einschubs steht primär das Bikolon 9ab, das aus dem Kontext heraussticht.[93] 10–11 dagegen lassen sich, wie gezeigt (→ 3.5), recht gut in die Textentwicklung integrieren. Ob sie (auch) sekundär sind, hängt an der Frage, ob man bei einem literarkritischen Eingriff aufgrund des Zusammenhangs ausser 9 (zwingend) auch 10–11 ausscheiden muss. Wie deutlich geworden ist, ergänzen sich die Bikola 8ab.8cd und 10ab.11ab gut, so dass ein direkter Anschluss von 10 an 8 möglich ist: Die Schilderung der störri-schen und widerspenstigen Väter-Generation würde in diesem Fall durch weitere Inhalte ergänzt, und das Satzsubjekt von 10–11 („sie") wäre auf „ihre Väter" in 8a bezogen.

Ein Problem ergibt sich jedoch aufgrund der Angabe „vor *ihren* Vätern" in 12a: Das suffigierte Possessivpronomen muss beim Wegfall von 9 auf „ihre Väter" in 8a bezo-gen werden. Dieser Bezug macht jedoch weder grammatikalisch noch inhaltlich Sinn. Beurteilt man hingegen 9–11 insgesamt als sekundär, dann bezieht sich das

---

93 Nicht wenige Exegeten rechnen über 9(–11) hinaus mit weiteren sekundären Tei-len (auf deren Diskussion hier verzichtet wird). Spieckermann, Heilsgegenwart, 133–139.326–329, geht von einer Grundschicht (1–2.4b–8.12–20*.22–27.29.32–39.52–58*.60–72*) und drei Fortschreibungen aus (1. Redaktion: 3.4*.9–11; 2. Redak-tion: 21.28.30–31.40–51.55*.59; 3. Redaktion: 19*.71*), noch weitergehend Klein, Geschichte, 102–110, die über den Grundpsalm (1–2.4b–8.12–20*.23–27.29.40–42.54–56*.58.60–72*) hinaus eine „Zornesredaktion" (19*.21–22.28.30–31.55*.59) und weitere Einträge (3–4*.9–11.32–39.43–51*.53.57.71*) annimmt. Witte, Exodus, 118–121, rech-net mit einem Grundpsalm (1b–8.12–39*.40–42*.52–72*) und zwei Fortschreibungen (1. Redaktion: 9–11; 2. Redaktion: 19*.20–21.28.30–31.43–51.55*.71*), ebenfalls Hoss-feld, Psalm 78, 421–425 (Grundpsalm: 1–2.4–8*.12–19*.22–27.29.32–39.52–58*.60–72*; 1. Redaktion: 3–4*.6*.9–11; 2. Redaktion: 19*.21.28.30–31.40–51.55*59 – dazu Glos-sen: 49*.50*.71*). Weingart, Juda, 447–450, sieht keinen hinreichenden Grund, 9(–11) als sekundär auszuschneiden, geht aber von einer späteren Beifügung eines zweiten Geschichtsrückblicks (12*–14.40–55) aus.

Possessivsuffix in 12a nicht auf die Vergleichsaussage „(wie) ihre Väter", sondern auf das Satzsubjekt in 8a, eine Söhne-Generation (vgl. 6c). Dies würde von der Satzfolge her passen; inhaltlich wären dann „ihre Väter" in der Vergleichsaussage von 8a und im Präpositionalobjekt von 12a identisch: die Exodus-Wüsten-Generation. Die genannte Problematik wird von den meisten neueren Auslegern gesehen und entsprechend werden 9–11 als späterer Einschub beurteilt.[94] In diesem Fall hat man redaktionsgeschichtlich davon auszugehen, dass beim Einbau 10–11 dazu dienten, 9 anschlussfähig zur Väter-Charakterisierung von 8ab.8bc zu machen und Ephraim in deren negatives Licht zu stellen.

Nebst dem inhaltlich unvermittelten Erscheinen von 9 wird als zweites Hauptargument für die Annahme eines sekundären Einschubs vorgebracht, dass die Engführung des Fehlverhaltens auf Ephraim hier nicht passe, zumal ab 12 (wieder) das gesamte Israel der Frühzeit im Blick sei und 12 insofern 8 fortsetze. Dazu ist aufgrund der vorgenommenen Textanalyse einschränkend zu sagen, dass die Ephraimiten mit der in 8 ins Bild gekommenen widerspenstigen Väter-Generation *nicht gleichgesetzt*, wohl aber in den Rahmen ihres Verhaltens eingefügt werden. Mit 12 wird zu Israel insgesamt zurückgekehrt – allerdings (zunächst) nicht zum Fehlverhalten der Auszugs- und Wüstengeneration, sondern zum Wirken Gottes vor deren Augen. Mit 12 liegt also ohnehin eine Zäsur vor, ob mit oder ohne 9–11. Kommt dazu, dass 12ab deutlich besser an 11ab als an 8cd anschliesst.[95] Die Argumentation ist jedenfalls nicht zwingend.

Es bleibt die Frage, weshalb der unerwartete, wenn auch mit dem Kontext verwobene „Einschub" – ob primär oder sekundär – hier platziert wurde. Die Antwort lautet: Das Verhalten einer spezifischen Ephraim-Generation soll schon vorab in einen Konnex mit den störrischen Vätern aus der Wüstenzeit gestellt werden, bevor das frühgeschichtliche Geschehen als Wirken Gottes und Fehlverhalten Israels ausgiebig geschildert wird. Dass im letzten Canto (56–64|65–72), wo Israel im Duktus des Psalms im Land angekommen ist, nun Ephraim, sein Vergehen und auch der Kriegsbogen erneut auftauchen, ist deutlich.[96] Insofern rahmen die Verfehlungen und Gottes Eingreifen im Land, speziell gegen Ephraim, die Erzählbögen, die zur Frühgeschichte führen. Es ergibt erzähltechnisch durchaus Sinn, den prägnanten Schluss mit dem Wechsel von Joseph/Ephraim/Schilo zu Juda/David/Jerusalem durch einen frühen Hinweis, der das Verhalten Ephraims in dasjenige Israel in der Wüste einfügt, vorzubereiten. Die Alternative zur Einschub-Hypothese liegt demnach in der Annahme einer Prolepse, also der Antizipierung der Thematik von (60–)67 mit Hilfe einer literarischen Sprachfigur.

---

94 Vgl. etwa Hossfeld, Psalm 78, 422; anders Gärtner, Geschichtspsalmen, 60, die nur 9 herauslösen will, die Verbindung von 7–8 und 10–11 zu Recht betont, aber die Inkongruenz bei den Referenzgrössen nicht in Rechnung stellt (auch die Annahme, dass mit 9 die Generation der schuldig gewordenen Väter auf die Ephraimiten engeführt wird, ist nicht stimmig).

95 Das „Sehen lassen" der Gottestaten (11b) wird in 12ff. nun vor Augen gemalt, und darüber hinaus werden für Gottes Wunderwirken Begriffe, die von derselben Wurzel gebildet werden (פלא), verwendet (vgl. 11b und 12a).

96 Auch bei der Annahme einer sekundären Einfügung von 9–11 muss diese von 56–57 und 67 her motiviert gewesen sein.

Fazit: Eine Gestaltung des Psalms, bei der 9–11 zum Grundbestand gehört, erscheint mir plausibler als die Annahme eines Einschubs.[97] Kommt dazu, dass die für eine literarkritische Ausscheidung beigebrachten redaktionsgeschichtlichen Erklärungen eher dürftig und wenig plausibel sind (→ 6.2).[98]

4. Psalm 78,12–55 und einige Charakteristika des Psalms

Bevor wir nach der Behandlung von 1–8.9–11 den Textverlauf wieder aufnehmen und den Schlusspassus 56–72 erörtern, sollen die dazwischen liegenden Verse 12–55 kurz rekapituliert und einige Charakteristika von Ps 78 erwähnt werden.

4.1 Psalm 78,12–55 im Überblick: von Ägypten bis zur Landgabe

Die geschilderten Geschehnisse aus Israels Frühzeit, von Ägypten (12) bis zur Landgabe (55), bedürften ebenfalls der eingehenden Erörterung. Weil dies hier nicht möglich ist, soll der umfangreiche Text kurz rekapituliert werden. Der Stoff wird in zwei Erzählbögen dargeboten, die zeitlich nicht seriell verlaufen, sondern sich teils überschneiden (→ 2.).

Der erste Erzählbogen (9–39) beginnt – nach der Ephraim-Strophe (F) als „Brückenkopf" zum Eingangsteil – in Ägypten, spricht kurz von Wundertaten (Plagen) und Schilfmeerdurchzug, um sich dann ausführlich Geschehnissen der Wüstenzeit zuzuwenden. Er schliesst mit einem reflektierenden Teil (32–39) über das sündige Verhalten des Volkes und das Erbarmen Gottes gegenüber Israel. Im Hintergrund steht der Bundesbruch (dazu Ex 34,6–7, vgl. auch Ps 106,42–46). Auf das gegenüber der sündigen Auszugs- und Wüstengeneration verordnete Gericht – sie darf nicht ins Land – wird angespielt (vgl. 32–33 mit Num 14,11.22–23). Israel hat, wie zu Beginn schon deutlich wurde (7.11), die Gottestaten vergessen, war Jhwh untreu und erfährt seine Strafe (32–37). Mit זכר „erinnern, gedenken, vergegenwärtigen" erscheint jetzt ein Kernbegriff: Das Volk erinnert sich an Gott als Fels[99] und Erlöser (35) – eine der wenigen Aussagen, wo das Volk sich positiv verhält –, und Gott seinerseits „gedenkt" der Vergänglichkeit und Flüchtigkeit ihrer Existenz (39), die ihn zu Versöhnung und Barmherzigkeit veranlassen.[100]

Der zweite Erzählbogen (40–72) beginnt mit der Wüstenzeit (Widerspenstigkeit Israels) und kehrt danach zurück nach Ägypten; dabei schildert er ausführlich die Plagen, die mit der Tötung der Erstgeburt abgeschlossen werden. Daraufhin wird mit

---

97 So in jüngerer Zeit auch Weingart, Juda, 447–449 (dass eine Verbindung mit der Schlacht dadurch obsolet sei, wie sie meint, ist damit allerdings nicht gesagt).

98 Zur redaktionellen Einfügung von 9–11 (und teils weiteren Versen im Eingang des Psalms und darüber hinaus) vgl. etwa die Erklärungen von Hossfeld, Psalm 78, 422; Witte, Exodus, 118–121.128–129; Klein, Geschichte, 109–110. Kommt dazu, dass bezüglich 9–11 auch (z.T. nicht explizit ausgewiesene) entstehungsgeschichtliche Überlegungen eine Rolle spielen (dürften).

99 Mit Anklängen ans Mose-Lied, wo das Epithet als Leitwort erscheint (Dtn 32,4.13.15.18.30.31bis.37), vgl. neben 35 auch in 15 und 20.

100 Vgl. Pavan, He remembered, 212–214, der darüber hinaus „Memory and Forgetting" als Schlüsselthematik der Asaph-Psalmengruppe und des Teilbuchs III beschreibt; ferner Jacobson, Memories.

wenigen Worten (Auszug, Führung, Rettung) der Bogen zu Landgabe und -verteilung geschlagen. Das frevelhafte Verhalten Israels im Land, das die Preisgabe Schilos zur Folge hat (56–64), und Gottes Neuanfang (65–72), mit dem der zweite Erzählbogen und der Psalm insgesamt schliesst, wird nachfolgend eingehend erarbeitet (→ 5.).

4.2 Speisung und Tränkung des Volkes

Auffallend ist der hohe Stellenwert, welchen die Speisung und Tränkung des Volks durch Jhwh einnimmt (15–16.20.24–29). Gottes Reaktion auf die Klage und Unzufriedenheit Israels angesichts seiner Gaben besteht sowohl in seiner Hilfe wie auch der Gerichtsstrafe (17–33).[101] Dies betrifft die Wüstenzeit im ersten Erzählbogen (15–31) und indirekt auch Gottes „Zeichen" in Ägypten, da die Plagen Auswirkungen auf Tranksame und Nahrung hatten (43–48). Obwohl die Plagen nach der Überlieferung gegen die Ägypter gerichtet waren (Ex 7–12), lässt die Schilderung in Ps 78 – aufgrund der Satzsubjekte und der (suffigierten) Possessivpronomina in 40–50 – annehmen, dass Israel darunter ebenfalls litt. Nur bei der letzten Plage, der Tötung der Erstgeburt, ist es eindeutig, dass dies (nur) „die Zelte Hams" betraf (51) und zum Aufbruch Israels aus Ägypten führte.

Bei den Ausführungen zu Speis und Trank wird also das anhaltende und grosszügige Geben Gottes betont (zur Theologisierung → 4.4). Und auf diesem Hintergrund tritt die Widerspenstigkeit seines Volkes und Feinde und dessen Unvertrauen um so stärker hervor. Besonders markant kommt dieses in der eingebetteten Rede des Volkes zum Ausdruck (19–20): Die Rebellion Israels gegen Gott wird in dessen eigenen Worten wiedergegeben. Die Betonung der Nahrung könnte auch durch Geschehnisse in der Erzählzeit motiviert sein (zu prospektiv nuancierten *jqtl*-Formen → 4.5).[102]

4.3 Überlieferungsgut und Rezeption

Das sprechende Ich tut kund, dass es Stoff aus der Frühzeit aufnimmt (2). Dies geschieht in der Folge denn auch in beträchtlichem Umfang. Die sich artikulierende Wir-Gruppe thematisiert nicht nur die Wichtigkeit der grundlegenden Heilstaten Gottes und der Bundesverpflichtungen für Israel und seinen Glauben, sondern ist auch für die Aufnahme und Darbietung von Überlieferungsgut verantwortlich. Mit Marco Pavan gesagt:

---

101   Vgl. auch Gillmayr-Bucher, Food, die bilanziert: „It becomes evident that food-related events express the fundamental relationship between the people and YHWH" (ebd., 95). Zu den Quellen hinter den „food accounts" in Ps 78 vgl. Leonard, Traditions, 193–215. Er schreibt: „Psalm 78 devotes more attention to Israel's wilderness wanderings than to any other historical period or event. At the heart of the psalm's remembrance of the wilderness wanderings is the body of material commonly known as the murmuring traditions" (ebd., 170).

102   Denkbar sind Ernteausfall und Hungersnot aufgrund von Dürreperioden; auch Krieg und Plünderung können Auslöser sein. Ähnliche Überlegungen ergeben sich beim asaphitischen Ps 81, wo Gott im Fall der Abkehr von der Weigerung, auf ihn zu hören, dem Volk verspricht, dessen Feinde abzuwehren und dem Volk Nahrung zu geben (vgl. Ps 81,14–17 mit Dtn 32,13.41). Auch Anspielungen auf dtn Fluch- bzw. Gerichtsankündigungen sind nicht auszuschliessen (vgl. Dtn 28,20–61; 29,21–28; 31,29; 32,22–25). Vgl. dazu auch den neuen Beitrag zu Ps 81 in diesem Band (I.4).

„The psalmist had re-elaborated pre-existent and diversified material into a unitary composition which does not consist in a mere anthological collection but in a *new creation*, which rereads the past on the basis of one or more basic intuitions.“[103]

Es geht in Ps 78 um die für die Gegenwart relevant gemachte Geschichte. Aufgenommen werden die beiden poetischen Mose-Stücke (Ex 15; Dtn 32), Redestoff aus dem Dtn (v.a. aus dessen Rahmen) und Erzählgut aus Ex/Num.[104] Als Ps 78 prägend werden der dtn/dtr Sprachgebrauch und teils die Weisheit angesehen.[105] Inhaltlich stehen die Befreiung Israels aus Ägypten (Plagen, Schilfmeer), Gottes Führung und Speisung des Volkes in der Wüste und die Darlegung des Fehlverhaltens Israels im Vordergrund. Weniger offensichtlich sind die Überlieferungen hinter Canto V (56–72), wo auf Geschehnisse im Land aus Ri und v.a. Sam (Lade-Erzählung) angespielt wird.[106] Intertextuelle Annahmen und solche der Abhängigkeitsrichtung sind oft wechselseitig mit Datierungen des Psalms und der rezipierten Texte verbunden.

4.4 Theologisierung

Ps 78 hat gegenüber der rezipierten Überlieferung die Tendenz, Handlungen, Wirkungen, Veranlassungen Jhwh zuzuweisen sowie Personen mit ihm in Verbindung zu bringen. Dies soll anhand der Formulierungsweise, der Tendenz zur Kausativierung von Verben (*hi*) gegenüber Textvorlagen und der Verwendung von auf Gott verweisenden Possessivpronomina (Personaldeixis) verdeutlicht werden.[107]

Gottesname oder Gottesbezeichnungen werden oft wiederholt (Renominalisierung), weniger häufig als handelndes Subjekt (21.31.59.65) als bei Verhaltensweisen des Volkes *gegen(über)* Gott (17–19.22.34–35.41.56). Das Wirken Jhwhs geschieht – wie der Beginn der eigentlichen Erzählung in 12a anzeigt – „*gegenüber* bzw. *vor* ihren

---

103 Pavan, He remembered, 233.
104 Den „historical traditions“ widmet sich die (unpublizierte) Dissertation von Leonard, Traditions (vgl. ferner, verbunden mit methodologischen Überlegungen, Ders., Inner-Biblical Allusions; Ders., Subtle Allusions, 95–97.105–110). Nach ihm schöpft der Psalm bis zur Landnahme von frühen Überlieferungen (JE, Schilfmeerlied, ≠ P), danach von einer Lade-Erzählung (1. Sam 4–6; 2. Sam 6). Eine frühdtn Prägung sei greifbar, dazu wird das Mose-Lied rezipiert. Zu Ps 78 und Dtn 32,1–43 vgl. auch Eissfeldt, Lied; Schmidtkunz, Moselied, 276–290.302–311; Weber, Mose-Lied, 287–294, zu Ex 15,1–18 sowie weiteren Texten Gärtner, Geschichtspsalmen, 50–102.102–134. Pavan, He remembered, 75–131.185–221.223–36, nimmt über Ps 78 hinaus das Teilbuch III (Ps 73–89) in den Blick und bietet materialreiche Anhänge. Zu Ps 78 im Kontext der Asaph-Psalmen und des Psalters vgl. Weber, Asaph-Psalter, 374–387; Ders., Psalm 78 als Mitte.
105 Vgl. Mathias, Geschichtstheologie, 57–69, gemäss dem die dtr Prägung umfassender sei als die weisheitliche, die sich auf bestimmte Passagen konzentriere. Beide Prägungen gingen auf denselben Verfasser zurück. Bei den von dtr (und weisheitlichen) Sprachgebrauch unberührten Teilen – er führt 12–16.44–48.51.52–55 an – nehme der Psalmist der Psalmist Traditionsgut unverändert auf.
106 Landgabe und -verteilung (Jos) sind in 55 nur knapp erwähnt.
107 Die (inner)textlichen Bezüge beschränken sich freilich nicht auf Gott, sondern – wie im Zusammenhang von 1–8 deutlich wurde – auch auf Relationen und Interaktionen menschlicher Grössen bzw. Kollektive. Talstra, Fathers, 251, spricht diesbezüglich von einem „participant tracking“.

Vätern" (נגד אבותם). Die Betonung von Gottes Handeln manifestiert sich in der Vielzahl von „Er"-Schilderungen (→ 3.2). Die letzte Stanze (65–72) ist sogar durchgängig
so gestaltet. Im Eingangsteil erscheint im Zusammenhang mit seinem Wunderwirken der Name Jhwh erstmals im (elohistischen) Psalm, und erstmals erscheint Gott
auch als Satzsubjekt. Daran schliessen sich in 5–6 Äusserungen an, in denen Gott
als Subjekt die Tora bezeugt und aufrichtet und mit seinem Gebot die Überlieferung
in Gang setzt.

David Ray[108] hat beobachtet, dass die Betonung des Gotteswirkens in Ps 78 syntakto-
semantisch mit einer „Hiphilisierung" und damit einer Theologisierung geschichtlichen Geschehens einhergeht. Er schreibt dazu: „The *hiphil* stem is a principal means
by which the psalmist and redactors emphasise divine responsibility for miraculous
acts in biblical-historical accounts."[109] Dabei notiert er nicht nur einen hohen Anteil an
Formen des Kausativstamms,[110] sondern zeigt auch, dass bei einer Reihe von inhaltlichen Übernahmen die Aussagen kausativiert und damit unmittelbar(er) Gottes Wirken
zugeordnet werden. Als Beispiel sei 13 herausgegriffen, wo Ex 14,21–22 und 15,8 (vgl.
auch Ps 74,15) aufgenommen werden.[111]

Vers	Psalm 78	Exodus 14 und 15	Vers
13ab	Er spaltete [das] Meer und liess sie hindurchziehen (*hi*), / und er liess stehen (*hi*) [die] Wasser wie einen Damm. //	... und es spalteten sich die Wasser.	14,21
		Da gingen die Söhne Israel mitten durch das Meer auf trockenem Boden, und die Wasser [waren] für sie eine Mauer, zur Rechten und zur Linken.	14,22
		Beim Schnauben deiner Nase/deines Zorns stauten sich die Wasser, / stellten sich die Wogen auf wie ein Damm, / gerannen [die] Fluten im Herzen des Meeres. //	15,8

Im angeführten Beispiel ist Gott in Ps 78 durchgängig der *agens*: Die Wasser werden relegiert zu dienstbaren Objekten, und auch der Durchzug der Israeliten wird
von Gott bewirkt bzw. gewährt.[112] Mit dieser Theologisierung verbindet sich ein
backgrounding von menschlichen Handlungsträgern und Mittlergestalten. Entgegen
des Schlussverses im Vorgängerpsalm, wo Gottes Führung durch Mose und Aaron
geschieht (Ps 77,21), werden diese Gestalten – obwohl Mose aufgrund der Referenzen
subkutan ominipräsent ist – im gesamten Psalm nie genannt.[113] In der Schlussstrophe

---

108   Vgl. Ray, Who.
109   Ray, Who, 68.
110   Ray, Who, 67, notiert insgesamt 48 Belege, was im Blick auf den gesamten Psalter
      (883 Fälle) eine beträchtliche Zahl ergibt (auch wenn man in Rechnung stellt, dass
      Ps 78 mit zweiundsiebzig Versen der zweitumfangreichste Psalm ist).
111   Vgl. dazu Ray, Who, 69–71, ferner Gärtner, Geschichtspsalmen, 62–65.
112   Weitere Beispiele sind u.a. 11/Ex 34,10; 15/Ex 17,6; 20/Num 20,11; 52/Num 27,17, dazu
      Ray, Who, 72–75.
113   Vgl. Ray, Who, 82–83. Dies ist auffällig, zumal diese nicht nur im asaphitischen
      Nachbarn, sondern auch in den „verwandten" Psalmen 105 und v.a. 106 angeführt
      werden (vgl. Ps 105,26; 106,16.23.32).

findet stattdessen David Erwähnung (70), allerdings wird auch bei ihm Gott als Handelnder – bis auf den doppelsinnigen Schlussvers (72, dazu → 5.3.2) – herausgestellt.

Zu den Phänomenen einer Theologisierung gehört auch der Verweis auf Gott mittels Personalpronomina (Deixis). Im Eingangsteil referieren die suffigierten Possessivpronomina einerseits (wechselseitig) auf die Generationen von „Vätern" und „Söhnen" (→ 3.4; 3.6), andererseits auf *Gottes* Machttaten, Gebote u.ä. (4cd.7bc.10–11). Im ersten Erzählbogen (9–39) finden sich nach der Ephraim-Strophe (9–11) possessive Suffixe, die auf Gott verweisen, nur gelegentlich. Im reflektierenden Abschnitt im Zentrum des Psalms (32–39) erscheinen sie wieder häufiger. Ähnliches gilt für den Schluss des Psalms (Canto V, v.a. ab 60). Auffällig sind dort die vier Suffixe bei Kriegsbetroffenen in 63–64, wodurch alle als (primär) gottzugehörig ausgewiesen werden (→ 5.2.2).

Aufgrund dieser theologisierenden Akzente erscheint die Geschichte nicht als kontingent, sondern als durchgehend von Gott gesteuert und gewirkt. Entgegen eines geschichtssäkularen Verstehens, wo die Rede von Gottes Eingreifen als ideologischer/theologischer Überbau gilt, wird hier Jhwh als der eigentliche *agens* herausgestellt. Dies gilt auch dann, wenn Jhwh selbst betroffen ist: Er gibt sein Heiligtum preis und lässt seine Macht in Gefangenschaft gehen (60–61). Als er daraus „erwacht", schlägt er die Bedränger zurück (65–66) und nimmt in Israel entscheidende Weichenstellungen vor (67–72). Die im Psalm Sprechenden (Ich/Wir) rücken das Wirken Gottes in den Vordergrund. Dazu fügt sich, dass mit dem Höraufruf zu Beginn Gott selbst zu Wort kommt. Mit diesem Eingang wird alles Nachfolgende als Tora Gottes bezeichnet und das anschliessende Menschenwort göttlich autorisiert.[114]

4.5 Vergangenes wird gegenwärtig

> „*Scholarly textual research has a tradition of skipping questions of syntactic patterns as markers of textual structure; such readings then also run the risk of being informed mainly by ,their own conceptual word', i.e., in the case of Ps 78, scholarly knowledge about the Pentateuch stories and the religion of ancient Israel … Thus the cognitive world of the psalm is only explained by reference to what our research knows about other biblical literature and religious themes that are supposed to have been actual in the situation of the psalm's composition.*"[115]

Mit diesem bedenkenswerten Wort mahnt Eep Talstra vor konzeptioneller Voreingenommenheit, der Eintragungen von Vorverständnissen und plädiert für die sorgfältige Beachtung der sprachlichen Textur. Er moniert, dass Kommunikation mit der

---

114   Derartige Autorisierung dürfte auch ein Fingerzeig für Stellung und Funktion der (externen) Verfasser bzw. Vortragenden dieses geschichtshermeneutischen Lehrstücks sein. Die Spuren führen zum Mose-Lied und seinem Setting (Dtn 31–32) und damit zu den Leviten als für Bewahrung, Verlesung und Aufführung des mosaischen Vermächtnisses Verantwortlichen, vgl. → 6.3.2 und Weber, Asaph im Psalter, 353–373.

115   Talstra, Fathers, 248.

Verbalkonjugation verbunden sei und schreibt: „Repeatedly, *yiqtols* are translated as narratives, as if part of the story, not as part of the direct communication between speaker and reader."[116]

Ohne auf Differenzen im hebräischen Verbalsystem einzugehen,[117] verdient der Umstand Beachtung, dass der narrative Modus der Schilderung vergangenheitlichen Geschehens (*qtl, wjjqtl*) da und dort durch *jqtl*-Konjugationsformen „aufgebrochen" wird. Dass im eröffnenden Canto (1–8) verschiedene Redekonstellationen und Zeit-lagen erscheinen, ist bereits evident geworden, so dass wir uns auf die übrigen Teile des Psalms konzentrieren können.

Zunächst stechen die *jqtl*-Aussagen in der eingebetteten direkten Rede des Volkes in 19–20 hervor: Abgesehen von ישׁפטו (iterativ-durativ) haben die *jqtl*-Morpheme eine prospektive Ausrichtung. Die nicht an Gott (Gebet) gerichteten, sondern über ihn geäusserten Worte in Frageform heben dabei nicht nur das damals fehlende Vertrauen der Wüstengeneration hervor, sondern sind zugleich rhetorisches Mittel, um die Zuhörer-Generation in die Problematik zu involvieren.

Eine zweite Häufung findet sich in 38–40. Mit der nominalen Fügung von 38a wird das barmherzige Verhalten Jhwhs mit dem vorab (wie nachfolgend) geschilderten Fehlverhalten des Bundesvolkes kontrastiert. Zugleich ist diese Gottesaussage (vgl. Ex 34,6–7) nicht einfach verhaftet in der Vergangenheit, sondern charakterisiert zeitübergreifend Gottes Wesen. Die Öffnung der Zeit auf die Gegenwart hin und damit verbunden das implizite Ansprechen der Hörerschaft äussert sich auch darin, dass nicht gleich in die Vergangenheit zurückgekehrt wird, sondern die nächsten Aussagen im *jqtl*-Modus formuliert sind. Damit kann ein Iterativ der Vergangenheit angezeigt werden, aber die mitschwingenden Momente der Wiederholung und des Andauerns führen auch zu Brücken in die Gegenwart und damit zu einer Involvie-rung der Zuhörerschaft.[118] Das ist in dieser reflektierenden Zentrums-Stanze III.2 (32–39) gewollt.

Im nachfolgenden Canto IV (40–55) setzt sich dieses Moment in der exklamativen Eröffnung (כמה) fort (40). Auffälligerweise beginnen nachher auch 45.47.49.50 mit *jqtl*-Aussagen, welche die Erzählfolge durchbrechen; wahrscheinlich ist dies ein sprachliches Indiz, welches die Inhalte für die Hörerschaft predigtartig aktualisiert. Im anschliessenden Abschnitt 56–64 finden sich zwei am Versende platzierte Verben im *jqtl*-Modus (58.64). Dass in 58 eine fortgesetzte, wohl bis hin zu den implizierten Adressaten virulente Problematik angesprochen wird, ist deutlich.[119] Zuletzt ist auf

---

116 TALSTRA, Fathers, 249, führt die Verse 38 und 40 als Beispiele an.

117 Während Eep Talstra (und Wolfgang Schneider) das Verbalsystem nicht als Zeiten-, sondern als Kommunikationssystem (differenzierend zwischen Erzählung und Diskurs) beurteilt (vgl. dazu VAN WIERINGEN, Unity, 14–16), geht Rüdiger Bartelmus von einem „relativen Tempussystem" (Hauptfunktion von *jqtl*: Nachzeitigkeit) aus (vgl. BARTELMUS, HYH, 40–79).

118 Vgl. dazu TALSTRA, Fathers, 249.257–258. In diese Richtung zielen auch die Aussa-gen von RAY, Who, 80, der 38 mit Dtn 4,31 verbindet und schreibt: „God's character is normative in both texts. In particular, the verbs in Psalm 78:38 appear in the *yiqtol* form and should be distinguished from those in the immediately preceding verse in the *qatal* form."

119 Zu 58 vgl. auch die Vorlage in Dtn 32,16, wo beide Verben in der *jqtl*-Konjugation vorliegen (vgl. WEBER, Mose-Lied, 288.293). In 64b kann ein modaler Akzent oder ein versteckter Hinweis auf den Untergang des Nordreichs vermutet werden.

das allerletzte Wort im Psalm hinzuweisen, wo mit der *jqtl*-Form ינחם die Führung des Volkes durch Jhwh bzw. Davids von der damaligen Zeit auf die aktuelle Gegenwart hin „geöffnet" wird (→ 5.3.2).

Als Fazit ergibt sich: In Ps 78 fungieren die *jqtl*-Morpheme nicht nur als archaisches Erzähltempus oder drücken in iterativer Verwendung (wiederholtes) Geschehen der Vergangenheit aus. An einigen Stellen wird der Erzählverlauf unterbrochen und das Geschehen prospektiv auf die aktuelle Gegenwart hin geöffnet, so dass textpragmatisch von einem verstärkten Einbezug der Hörer auszugehen ist.[120]

5. Psalm 78,56–72: von Ephraim zu David und von Schilo zum Zion

Mit dem trikolischen Vers 55abc ist das Volk im Land angekommen. Die Fremdvölker sind vertrieben (55a) und das Land ist verteilt (55b, vgl. Jos 13–21). In der letzten Zeile von Canto IV (55c) heisst es: „Er liess wohnen in ihren Zelten die Stämme Israels." Der finale Canto V mit seinen beiden Stanzen (56–64.65–72) schildert Geschehnisse *im Land*. Ihnen wenden wir uns nun zu.

5.1 Text und Übersetzung

V.1	Z	56	a	וַיְנַסּוּ וַיַּמְרוּ אֶת־אֱלֹהִים עֶלְיוֹן	Sie versuchten und waren widerspenstig gegen Gott, den Höchsten,
		56	b	וְעֵדוֹתָיו לֹא שָׁמָרוּ׃	und seine Bezeugungen bewahrten sie nicht.[121]
		57	a	וַיִּסֹּגוּ וַיִּבְגְּדוּ כַּאֲבוֹתָם	Sie wichen ab/wurden abtrünnig und handelten treulos wie ihre Väter,
		57	b	נֶהְפְּכוּ כְּקֶשֶׁת רְמִיָּה׃	wandten sich um wie [Bogenschützen mit] ein[em] schlaffer[/n]/trügerischer[/n] Bogen.
		58	a	וַיַּכְעִיסוּהוּ בְּבָמוֹתָם	Sie reizten ihn zum Zorn mit ihren Kulthöhen,
		58	b	וּבִפְסִילֵיהֶם יַקְנִיאוּהוּ׃	und mit ihren Götzenbildern kränkten sie ihn immerzu.
	AA	59	a	שָׁמַע אֱלֹהִים וַיִּתְעַבָּר	Gott hörte es und ergrimmte,
		59	b	וַיִּמְאַס מְאֹד בְּיִשְׂרָאֵל׃	und er verwarf Israel gar sehr.

---

120   Die Bedeutungen, welche die *jqtl*-Konjugation mit sich führt, lassen sich nicht immer trennscharf voneinander abheben. So werden *jqtl*-Kurzformen in 26.29 als Archaismen für ein Erzähltempus der Vergangenheit eingestuft (vgl. Schmidt-kunz, Moselied, 310–311); 15a lässt sich als archaisch oder iterativ einstufen, die verseröffnenden Formen in 45.47.49.50 als iterativ oder prospektiv (→ 4.2).

121   Erwägenswert ist der kolometrische Vorschlag von Fokkelman, Psalms, 10.87, mit עֶלְיוֹן das b-Kolon zu eröffnen, was zu einer ausgewogenen Versstruktur (4+4) führt.

		60	a	וַיִּטֹּשׁ מִשְׁכַּן שִׁלוֹ	Er gab auf als Wohnstätte Schilo,
		60	b	אֹהֶל שִׁכֵּן בָּאָדָם:	das Zelt, [welches] er aufgeschlagen hatte unter den Menschen.
		61	a	וַיִּתֵּן לַשְּׁבִי עֻזּוֹ	Er gab in Gefangenschaft seine Macht,
		61	b	וְתִפְאַרְתּוֹ בְיַד־צָר:	ja, seine Pracht in die Hand eines Bedrängers.
	BB	62	a	וַיַּסְגֵּר לַחֶרֶב עַמּוֹ	Er überlieferte dem Schwert sein Volk,
		62	b	וּבְנַחֲלָתוֹ הִתְעַבָּר:	und über seinen Erbteil ergrimmte er.
		63	a	בַּחוּרָיו אָכְלָה־אֵשׁ	Seine jungen Männer verzehrte Feuer,
		63	b	וּבְתוּלֹתָיו לֹא הוּלָּלוּ:	und seine jungen Frauen wurden nicht mehr gepriesen.
		64	a	כֹּהֲנָיו בַּחֶרֶב נָפָלוּ	Seine Priester: Durchs Schwert fielen sie,
		64	b	וְאַלְמְנֹתָיו לֹא תִבְכֶּינָה:	und seine Witwen konnten nicht [einmal] weinen.
V.2	CC	65	a	וַיִּקַץ כְּיָשֵׁן אֲדֹנָי	Da erwachte wie ein Schlafender der Herr,
		65	b	כְּגִבּוֹר מִתְרוֹנֵן מִיָּיִן:	wie ein Held, betäubt vom Wein.
		66	a	וַיַּךְ־צָרָיו אָחוֹר	Er schlug seine Bedränger zurück,
		66	b	חֶרְפַּת עוֹלָם נָתַן לָמוֹ:	Schmach für immer bereitete er ihnen.
	DD	67	a	וַיִּמְאַס בְּאֹהֶל יוֹסֵף	Er verwarf das Zelt Josephs,
		67	b	וּבְשֵׁבֶט אֶפְרַיִם לֹא בָחָר:	den Stamm Ephraim erwählte er nicht.
		68	a	וַיִּבְחַר אֶת־שֵׁבֶט יְהוּדָה	Er erwählte den Stamm Juda,
		68	b	אֶת־הַר צִיּוֹן אֲשֶׁר אָהֵב:	den Berg Zion, den er liebt/e.
		69	a	וַיִּבֶן כְּמוֹ־רָמִים מִקְדָּשׁוֹ	Er baute wie [Himmels-]Höhen sein Heiligtum,
		69	b	כְּאֶרֶץ יְסָדָהּ לְעוֹלָם:	wie die Erde gründete er es für immer.
	EE	70	a	וַיִּבְחַר בְּדָוִד עַבְדּוֹ	Er erwählte David, seinen Knecht,
			b	וַיִּקָּחֵהוּ מִמִּכְלְאֹת צֹאן:	holte ihn weg von [den] Hürden des Kleinviehs.
		71	a	מֵאַחַר עָלוֹת הֱבִיאוֹ	Hinter Mutterschafen nahm er ihn weg,
			b	לִרְעוֹת בְּיַעֲקֹב עַמּוֹ	um zu weiden Jakob, sein Volk,
			c	וּבְיִשְׂרָאֵל נַחֲלָתוֹ:	und Israel, seinen Erbteil.

72   a   וַיִּרְעֵם כְּתֹם לְבָבוֹ   Er weidete sie nach der Lauterkeit seines Herzens,

     b   וּבִתְבוּנוֹת כַּפָּיו יַנְחֵם: und mit dem/durch das Geschick seiner Hände leitete er sie/liess er sie leiten fernerhin.

5.2 Götzendienst, Preisgabe Schilos und Gottesgericht (Psalm 78,56–64)

5.2.1 Psalm 78,56–58

Die Subjekte der Verbalmorpheme („sie") von Strophe Z (56–58) beziehen sich auf „die Stämme Israels" in 55c (in 59b wird das nächste Mal „Israel" erwähnt). Zu Beginn des finalen Cantos erscheint – letztmals im Psalm – eine bilanzierende Schuld-Aussage (56, vgl. 17.32.40). Letztmals wird auch vom Gott-Versuchen (נסה *pi*) gesprochen (vgl. 18.41),[122] und das widerspenstige Verhalten (מרה) hat ebenfalls in 56 seinen Abschluss (vgl. 8.17.40). Diese Wiederaufnahmen machen deutlich, dass sich das zuvor geschilderte Verhalten Israels in der Wüste im Land fortsetzte (vgl. Ps 106,43). Die Exodus- und Wüstengeneration durfte das Land deswegen nicht betreten (vgl. Num 14,22–23; Dtn 1,34; Ps 95,9–11) und wurde durch eine neue abgelöst: In den Steppen Moabs bekam diese vor der Landnahme die Reden und das Lied Moses in Neuverpflichtung auf den Bund zu hören (Dtn). In Ri 2,6–23 ist einleitend in das neue Zeitalter zu vernehmen, dass es nach dem Tod Josuas und der Landnahme-Generation zu einem Traditionsabbruch[123] und zu einem (neuerlichen) Verhaltenswechsel hin zum Bösen kam (→ 3.4.2). „*Ihre* Väter" (57a) meint nicht die Moab- und Landnahme-Generation, sondern die treulose Wüstengeneration, also ihre Vorväter. Die nachfolgende(n) Generation(en) im Land bewegen sich – wie die erwähnten Begriffsaufnahmen zeigen – im Fahrwasser der Wüstengeneration, deren Verhalten in 8 als „störrisch und widerspenstig" charakterisiert wurde (zu den Generationenstaffelungen → 3.4 und 3.6). Schlechtem Verhalten verfallen, werden sie als abtrünnig (סוג *ni*) und treulos (בגד) bezeichnet (vgl. Jes 42,17; 50,5; Jer 5,11; Hos 5,7; 6,7). Ein Vergleich von 56–58 mit der im Richterbuch den Einzelerzählungen vorangestellten Charakteristik zeigt denn auch Übereinstimmungen.

---

122   Vgl. in dieser Beziehungsrichtung mit Gott als Objekt auch Ex 17,2.7; Num 14,22; Dtn 6,16; 33,8 (Levi); Ps 95,9, in umgekehrter Richtung mit Gott als Subjekt Ex 16,4; 20,20; Dtn 8,2.16.

123   Vgl. Ri 2,10: „... und es stand auf eine andere Generation nach ihnen, die Jhwh nicht kannte und auch nicht das Werk, das er für Israel getan hatte."

Psalm 78,56–58	Richter 2,11–12.19–22
[56] Sie versuchten (נסה) und waren widerspenstig (מרה) gegen Gott, den Höchsten, / und seine Bezeugungen bewahrten sie (שמר) nicht. // [57] Sie wichen ab/wurden abtrünnig und treulos wie ihre Väter (אבותם), / wandten sich um (הפך ni) wie [Bogenschützen mit] ein[em] schlaffer[/n]/ trügerischer[/n] Bogen. // [58] Sie reizten ihn zum Zorn (כעס) mit ihren Kulthöhen, / und mit ihren Götzenbildern kränkten sie ihn immerzu. //	[11] Und die Söhne Israels taten das Böse in den Augen Jhwhs und dienten den Ba'alen. [12] Und sie verliessen Jhwh, den Gott ihrer Väter (אבותם), der sie herausführte aus dem Land Ägypten. Sie gingen hinter anderen Gottheiten her, von den Gottheiten der Nationen ringsumher; sie warfen sich vor ihnen nieder und reizten Jhwh zum Zorn (כעס). ... [19] Wenn aber der Richter starb, kehrten sie um und trieben es schlimmer als ihre Väter (אבותם), zu gehen hinter anderen Gottheiten, ihnen zu dienen und sich vor ihnen niederzuwerfen. Sie liessen nicht ab von ihren Taten und ihren halsstarrigen Wegen. [20] Da entbrannte der Zorn Jhwhs über Israel, und er sprach: „Weil dieses Volk meinen Bund, den ich ihren Vätern (אבותם) gebot, übertrat und auf meine Stimme nicht hörte, [21] werde ich auch nicht länger irgendeine von ihnen vertreiben aus den Nationen, die Josua übriggelassen hat, als er starb, [22] um Israel durch sie [= Nationen] zu prüfen (נסה), ob es bewahrt (שמר) den Weg Jhwhs, auf ihm zu gehen – wie bewahrt haben (שמר) ihre Väter (אבותם) – oder nicht.

Das sog. Richter-Schema samt Quintessenz (Ri 2,11–19.20–23) erweist das Verhalten der nach-josuanischen Generation(en) als anhaltend und die Folgezeit bestimmend. Von einem verfestigten, die Generationenabfolge übergreifenden Fehlverhalten sprechen auch die Psalmworte, zumal die Strophe mit iterativem *jqtl* schliesst: „... und mit ihren Götzenbildern kränkten sie ihn immerzu" (58b). Ja, gegenüber der Wüstenzeit ist das Fehlverhalten angesichts der Götzenverehrung, der man (erst) im Land anheimfiel, noch gesteigert.

Im mittleren Vers dieser Strophe (57) wird dieses negative Verhalten mit einer Vergleichsaussage geschildert („wie ..."). Beim Bildbereich handelt es sich um ein Geschehen in Verbindung mit dem Kriegsbogen (קשת). Ein Rückverweis auf die (nicht bildhafte) Aussage in 9 liegt vor. Hier wie dort ist unter Gebrauch des Verbs הפך von einem „Umwenden, Kehrtmachen" die Rede (9b *qal*, 57 *ni*, vgl. auch 44a *qal*).[124] Dazu eine vergleichende Zusammenstellung, in die aufgrund von Analogien und des Zusammenhangs mit „den Söhnen Ephraims" auch Gen 49,24 und Hos 7,16 einbezogen werden.[125]

---

124   Das Verb findet sich in den Asaph-Psalmen nur dreimal in Ps 78. In Verbindung mit dem Bogen findet es sich ausser in 9 und 57 noch in 1. Kön 22,34 = 2. Chr 18,33 und Hi 41,20.

125   Vgl. dazu ausführlich WEBER, Asaph Meets Hosea, 589–598.

Ps 78,9–11	Gen 49,24 und Hos 7,16	Weiteres aus Ps 78
⁹ Die Söhne Ephraims, gerüstete <u>Bogenschützen</u> (רומי־קשת), / <u>machten kehrt</u> (הפך) am Tag der Schlacht. //	²⁴ Doch es blieb dauerhaft sein [= Josephs] <u>Bogen</u> (קשת), agil waren die Arm(züg)e seiner Hände(?) aufgrund der Hände des Starken Jakobs, aufgrund des Namens(?) des Hirten, des Steines Israels(?). ¹⁶ Sie wenden sich um (שוב), nicht [zum] Hohen; sie sind geworden wie <u>ein schlaffer/trügerischer Bogen</u> (קשת רמיה). Es werden fallen durch das Schwert ihre Oberen wegen der Verwünschung ihrer Zunge(?) – dies [ist] ihre Lästerung(?) im Lande Ägypten!	Söhne (4.5.6) Ephraim (67)
	Ps 78,56–57	
¹⁰ <u>Nicht bewahrten sie</u> (לא שמרו) den Bund <u>Gottes</u>, / und in seiner Weisung zu gehen, weigerten sie sich. //	⁵⁶ Sie versuchten [ihn] und waren widerspenstig gegen <u>Gott</u>, den Höchsten, / und seine Bezeugungen <u>bewahrten sie nicht</u> (לא שמרו). //	Bund (37) Weisung (1.5)
¹¹ Und sie vergassen seine Taten / und seine Wunder, die er sie sehen liess.	⁵⁷ Sie wichen ab/wurden abtrünnig und handelten treulos wie ihre Väter, / <u>wandten sich um</u> (הפך) wie [Bogenschützen mit] <u>ein[em] schlaffer[/n]/ trügerischer[/n] Bogen</u> (קשת רמיה). //	vergessen (7) (nicht) gedenken ([35.39.]42) Taten (≈7) Wunder (4.32; ≈11)

Stichwort-Bezüge machen die Rückkoppelung von 56–57 zu 9–11 deutlich: Die identische Formulierung des Nichtbewahrens in 10a (Bund Gottes) und 56b (Bezeugungen Gottes) assoziiert die beiden Schilderungen und ordnet das in 9–11 erwähnte Fehlverhalten der Ephraimiten einem Geschehen im Land (aller Israeliten) zu. In 9 wie 57 wird – wie erwähnt – das Verb הפך „umwenden, -stürzen" verwendet. Dieses hat eine ähnliche, wenn auch weniger breite Bedeutung als das geläufige שוב (24.38.39.41).

In 9b bezieht sich das Verbalsubjekt auf „die Söhne Ephraims", die „umwendeten, kehrtmachten" (*qal*). Ein vergleichbares Geschehen wird in 1. Kön 22,34 // 2. Chr 18,33 geschildert. Der von einem Pfeil getroffene König wies seinen Wagenlenker an: „Drehe um (הפך)[126] und führe mich heraus aus der Kampfformation, denn ich bin schwer verwundet!" Ein analoges Ausscheren aus den Schlachtreihen bzw. ein Kehrtmachen der ephraimitischen, wohl auf Streitwagen positionierten Bogenschützen (vgl. Ri 20,39.41) ist für 9a anzunehmen – mit dem Unterschied freilich, dass ihnen für dieses Verhalten keine Entschuldigung attestiert, sondern ihnen dieses, angesichts ihrer Ausrüstung und Auszeichnung als Bogenschützen (Gen 49,23–24), als Versagen angelastet wird.[127] Zur dtn Konturierung der Psalmaussagen passend,

---

126   „Durch Abdrehen der die Zügel führende Hand den Wagen wenden" (KAHAL 132).
127   Die Bedeutung und Potenz israelitischer Streitwagentruppen (mit ihren Bogenschützen) im 9. und 8. Jh. v. Chr. bestätigen assyrische Quellen. Erwähnt seien die

ist zu erwägen, ob ein hintergründiger Hinweis auf das Kriegsgesetz vorliegt. In Dtn 20,3–4 wird vor Verzagtheit, Furcht und Flucht gewarnt, weil Jнwн selbst mitzieht, „um für euch mit euren Feinden zu kämpfen, um euch zu retten".

Die mit Partizipien gebildete, doppelte *constructus*-Verbindung נוֹשְׁקֵי רוֹמֵי־קֶשֶׁת ist auffällig (9a). Mit רמה I ist das Abschiessen der Pfeile mit dem Bogen gemeint („Bogenschützen");[128] נשק (II) bezeichnet das Ausgerüstetsein der Bogenschützen oder ihre Anordnung und Abstimmung als Schlachtformation (der Streitwagen). Man kann übersetzen: „gerüstete" oder „zum Kampf formierte Bogenschützen" – jedenfalls wird mit der Wendung die Bereitschaft und Kampfkraft betont und damit der Kontrast zwischen dem zu erwartenden und dem effektiven Verhalten herausgestellt. Im Hintergrund steht der Jakob-Segen an Joseph (Gen 49,22–26), in welchem dessen Bogenschützen als Elitetruppen erscheinen, ferner auch derjenige an Ephraim und Manasse (Gen 48,20–22). Die Segensworte zeigen an, welche Bedeutung den Joseph-Stämmen und insbesondere Ephraim für die Einnahme und Verteidigung des verheissenen Landes zugemessen wurde.[129]

In 57 ist (wie in 56) das Subjekt des „Sich-Umwendens" (*ni*) eine im Land wohnende Generation der „Stämme Israels" (55c). Ein theologisches Geschehen (Abwendung von Gott, Untreue) wird im b-Kolon mit einem militärischen Kontext verglichen (vgl. ähnlich 9.10–11). Er führt sachlich in die Nähe von 9b, ist aber nicht deckungsgleich und darüber hinaus doppelsinnig.

Der Bedeutungsumfang des Verbs סוג I umfasst neben „abtrünnig werden" auch „ab-, zurückweichen" und ist diesbezüglich bedeutungsähnlich mit dem in 57b verwendeten Verb הפך. Aufschlussreich ist die Aussage in 2. Sam 1,22, dass „Jonathans Bogen (קשת) nicht zurückwich (לֹא נָשׂוֹג אָחוֹר) und das Schwert Sauls nicht erfolglos zurückkehrte (לֹא תָשׁוּב רֵיקָם)". Gegenläufig zum Aufziehen/Spannen des Pfeilbogens (מֶשֶׁךְ, vgl. 1. Kön 22,34 // 2. Chr 18,33; Jes 66,19) ist der Vorgang des Abspannens bzw. Erschlaffens (רמה).[130] Der Vergleich mit einem schlaffen, von der Sehne gelösten Bogen (קֶשֶׁת רְמִיָּה) findet sich mit 57b identisch in Hos 7,16 (vermutlich der Spendertext). Nun kann das Nomen (hier in adjektivischer Verwendung) neben „Schlaffheit" auch „Trägheit, Lässigkeit" bzw. „Trug, Täuschung" bedeuten – ein semantischer Aspekt, der sich auch beim Verb בגד „treulos/trügerisch sein/ handeln" (57a) findet. Zur Doppelsinnigkeit eines erschlafften/trügerischen Bogens kommt hinzu, dass eine homonyme Wurzel רמה in Verbindung mit dem Kriegsbogen in der Bedeutung „(ab)schiessen (der Pfeile)" verwendet wird (so in 9a und Jer 4,29). Das Verb הפך *ni* (57b, *qal* in 9b) wird gerne mit „versagen" wiedergegeben.[131]

Angaben zu den Streitwagen von König Ahab mit Blick auf die Schlacht von Qarqar (vgl. COS 2.113, 263) und im Zusammenhang mit der Einnahme Samarias (COS 2.118D, 295), ferner auch die nachfolgende Integrierung samarischer Streitwagen-Truppen in das Elite-Kontingent des Assyrerkönigs (vgl. RADNER, Tribes, 113–117).

128 Vgl. auch Jer 4,29. Unterschwellig, verstärkt von 57 her, mag zudem רמה II „betrügen, täuschen" mitschwingen.

129 Dass das Nordreich im 9./8. Jh. v. Chr. ansehnliche Streitwagen-Truppen (mit Bogenschützen) hatte, bestätigen auch assyrische Quellen (s.o.).

130 Im Hebräischen ist das Verb in dieser Bedeutung nicht bezeugt, nur die beiden aufgeführten nominalen Formen. Mehr dazu mit akkadischen Belegen bei WEBER, Asaph Meets Hosea, 590–592.

131 Vgl. Ges[18] 284; KAHAL 132; SPIECKERMANN, Heilsgegenwart, 138, auch WEBER, Werkbuch II, 49.

Angemessener ist es, bei der engeren Bedeutung „sich umwenden" zu bleiben und nach dem Vergleichspunkt zwischen Sach- und Bildhälfte zu fragen. Bei der Übersetzung „sie schnellten zurück wie …"[132] wäre der Moment des Umwendens bzw. Wechselns von einem kampfbereiten Bogen (mit angespannter Sehne) zu einem kampfuntauglichen, „schlaffen" Bogen (mit entspannter Sehne) im Blick.[133] Allerdings wird nur das „Endprodukt" erwähnt, was zur Formulierung von Hos 7,16 (mit היו), aber weniger zu 57b (mit נהפכו) passt. Daher sind als Vergleichsgrössen eher die kampfunwilligen Bogenschützen (wie in 9) im Blick. Dann wäre die Formulierung metonymisch-elliptisch in folgendem Sinn zu verstehen: „Sie (= die Stämme Israels) wandten sich um (von der Schlacht weg) wie [Bogenschützen mit] ein[em] schlaffer[/n]/trügerischer[/n] Bogen." Die Abtrünnigkeit der Israeliten bzw. Ephraimiten wird bei dieser Verstehensweise mit kampfunwilligen, ihrer Aufgabe nicht nachkommenden Truppen und insofern das Bundesversagen mit (mutwilligem) Kriegsversagen verglichen. Steht die Form רומי in 9a für die rechte Kampfbereitschaft, so רמיה in 57b für deren unverzeihliche Nichtbereitschaft. Diese Einschätzung des Bildvergleichs ist angesichts der hebräischen Phraseologie ungewöhnlich, wird aber durch 9 gestützt.[134]

Für 57ab wird von folgender Übersetzung ausgegangen: „Sie wichen ab/wurden abtrünnig und treulos wie ihre Väter, / wandten sich um wie [Bogenschützen mit] ein[em] schlaffer[/n]/trügerischer[/n] Bogen." Die Verschränkung der beiden Kola von 57 und der Rückbezug auf 9–11 wird dadurch manifest, dass die bundestheologische Aussage und der als Vergleich hinzugezogene militärische Aspekt aufeinander bezogen sind. Dies wird durch die synonymen Verbinhalte von סוג und הפך bzw. בגד und רמיה sowie die Ambiguität des Vergleichsausdrucks in 57b noch unterstrichen (s.o., Exkurs). Die in beiden Versen verwendeten Lexeme „umkehren, (sich) umwenden" (הפך) und „Bogen" (קשת), dazu die Ableitungen zweier homonymer Wurzeln (רמה) im Sinne von „(ab)schiessen" (9a) bzw. „schlaff/trügerisch" (57b) schaffen einen Konnex und führen zur Verbindung dieser beiden Aussagen: Es liegt 1. ein negatives Verhalten „der Söhne Ephraims" bei einer kriegerischen Konfrontation (feige Flucht?) vor,[135] verbunden mit dem „Vergessen" von Gottes Heilstaten und des Bundes mit ihm (10–11), und 2. ein ebenso negatives Verhalten eines Kollektivs – gemäss 55c der „Stämme Israels" – gegenüber JHWH als Bundesgott.[136] Beiderlei wird direkt oder indirekt mit dem Fehlverhalten „ihrer Väter" in Verbindung gebracht. Der militärische Aspekt spielt dabei – das macht nach 9 auch 57b deutlich – eine Rolle, auch

---

132   Vgl. Gärtner, Geschichtspsalmen, 44. Weniger deutlich Hossfeld, Psalm 78, 417: „Sie … wandten sich ab wie ein Bogen, der versagt" (so auch Klein, Geschichte, 85).

133   So Tammuz, Psalm 78, 213: „They recoiled like a loose bow".

134   Vgl. dazu Weber, Asaph Meets Hosea, 589–593. Beachtenswert mit Blick auf die fehlende Wehrtüchtigkeit der Bogenschützen ist der dort (ebd., 590, Fussnote) notierte Beleg aus der Korrespondenz eines Heerführers mit dem assyrischen Grosskönig Assurbanipal (7. Jh. v. Chr.): „Vielleicht können die Götter des Herrn der Könige, meines Herrn, bewirken, daß man ihn [= elamitischer Aufständiger] mit entspanntem Bogen fassen kann …"

135   Man beachte im Zusammenhang mit dem Ladeverlust (→ 5.2.2) das gegenteilige, im Kampf mutige Vorgehen der Philister in 1. Sam 4,8–11.

136   Ein Wortspiel zwischen „widerspenstig" (√ מרה) und „schlaff/trügerisch" (√ רמה) stützt diese Verbindung.

wenn er hier nur als Vergleich eingebracht wird. Weder eine Negierung – wie durch literarkritische Ausscheidung von 9(–11) – noch eine Geringschätzung des militärischen Aspekts[137] ist angebracht. Im Gegenteil: Das vortragende Kollektiv ruft in 57 aufgrund der Prolepse in 9 das Kriegsversagen in Erinnerung. Das Gerichtshandeln Gottes setzt denn auch ab 60 ein und hat militärische Züge. In diesem Zusammenhang wird zu klären sein, weshalb und inwiefern nicht „die Stämme Israels“ *insgesamt*, die das Subjekt der Verbalaussagen von 56–58 sind, sondern (nur) „die Zelte Josephs“ bzw. „der Stamm Ephraim“ (67, vgl. 9) bestraft werden.[138] Die deutliche Anspielung von 57 auf Hos 7,15–16 (und den Joseph-Segen in Gen 49,23–24) bereitet jedenfalls hier eine – wenn man so will: Zweitreferenz – auf den vormaligen Leitstamm Israels, ohne ihn zu nennen, bereits vor.[139]

Im Schlussvers der Strophe kommt der Bundesbruch am deutlichsten und konkretesten zur Sprache. Die Verehrung von Fremdgöttern stellt eine Übertretung des Hauptgebots (Ex 20,3; Dtn 5,7) dar. Die in 58 gewählte Formulierung lehnt sich deutlich an entsprechende Aussagen im Mose-Lied (Dtn 32,16–17.19.21) und Dtn 4,25 an.[140] In Ri 17–18 ist von selbst gemachten Göttern (Kultbildern) innerhalb Ephraims (und eines zum Priesterdienst gewonnenen Leviten) die Rede, die schliesslich – noch zur Zeit des Heiligtums in Schilo!– für den Kult in Dan dienten (Ri 18,30–31). Im Zusammenhang mit 58 verdienen zudem Hosea-Stellen erwähnt zu werden: In Hos 8,11 und 14,9 ist im Zusammenhang mit Ephraim von Altären und Götzen die Rede, und in Hos 12,15 wird Ephraim von Jhwh bezichtigt, ihn zu kränken, zum Zorn zu reizen (כעס *hi*). Eine ähnliche Formulierung findet sich in der Begründung des Falls des Nordreichs (2. Kön 17,11).[141]

5.2.2 Psalm 78,59–64

Die Strophen 59–61 (AA) und 62–64 (BB) sprechen von der Reaktion Gottes auf den geschilderten Bundesbruch. Gottes „Hören“ und sein „Ergrimmen“ in 59 finden sich bereits in 21 als Reaktion auf die als Zitat eingespielten Worte des mangelnden Vertrauens des Volkes in der Wüste. Anders als in 21 bleibt es in 59 nicht bei einer Schilderung des Zornes Jhwhs, sondern es ist von einer einschneidenden Handlung Gottes die Rede: Er „verwirft“ (מאס) Israel gar sehr (vgl. Klgl 5,22). Angesichts der prägnanten Verwendung des Verbes מאס (59.67) und seines Oppositums בחר (67.68.70)

---

137 Vgl. Weingart, Juda, 448.

138 Gärtner, Geschichtspsalmen, 90, nennt die Inkompatibilität zwischen 9 (Ephraimiten) und 57 (gesamtes Israel) als wesentlichen Grund für die literarkritische Ausscheidung von 9. Ihr ist Recht zu geben: Wird eine Zugehörigkeit von 9 zum Grundtext (die Zugehörigkeit von 57 wird nur selten bestritten) angenommen, muss eine Antwort auf die aufgeworfene Problematik vom Text her plausibel gemacht werden können.

139 Vgl. dazu ausführlich in Weber, Asaph Meets Hosea, 590–598. Soweit ich sehe, steht die Wendung „die Stämme Israels“ (55c und auch Hos 5,9) stets für Gesamtisrael (12 Stämme) und nie (nur) für das Nordreich (10 Stämme).

140 Vgl. Weber, Mose-Lied, 288–289.293. Zu Kulthöhen und Götzenbildern vgl. u.a. Dtn 7,5.25; 12,3; Hos 10,8; 11,2.

141 Zu den Stellen in Hos und 2. Kön 17 als Seitenbelege für das Verständnis von Ps 78 → 6.2.2.

im Schlussteil (Canto V) von Ps 78 verdienen diese Begriffe sorgfältige Beachtung. Dabei stehen Bedeutungsgehalt und Reichweite im Vordergrund.

Das im *qal* und *ni* (passiv) belegte Verb מאס mit gut 70 Belegen hat die Grundbedeutung „nichts zu tun haben wollen mit" und wird mit „missachten, ablehnen, verstossen, verwerfen" o.ä. wiedergegeben. Das Verb wird sowohl mit dem Menschen als auch – wie hier – mit Gott als Subjekt verwendet.[142] Wenn das Volk sich widerspenstig zeigt, „verwirft" es Gottes Gebote bzw. ihn selbst und bricht den Bund (vgl. u.a. Lev 26,15.43; Num 11,20; 1. Sam 10,19; Jes 5,24; 30,12; Ez 5,6; 20,13.24; Am 2,4). Entsprechend kann Gott seinerseits mit Verwerfen reagieren (vgl. 2. Kön 17,15.20; Jer 6,19.30; Ez 20,13.16; Hos 4,6). Gottes Verwerfen betrifft Israel (und seine Nachkommen) wie 59 in 2. Kön 17,20; Jer 7,29; 31,37; 33,26; Ez 20,13, Joseph/Ephraim wie 67 in Hos 9,16–17, Juda in Jer 14,19 (fragend), Jerusalem und das Davidhaus in 2. Kön 23,27 und den Gesalbten in 1. Sam 15,26; 16,1 (Saul) sowie Ps 89,39 (David und seine Nachkommen). In 1. Sam 16,7 wird im Zusammenhang mit der Salbung Davids bei der Sichtung der Söhne Isaïs das Verb im Sinne der Ablehnung des ältesten Sohns für das Königsamt verwendet. Ausgehend von dieser „funktionalen" Aussage stellt sich beim theologischen Gebrauch die Frage, was darunter zu verstehen ist, bzw. ob „verwerfen" eine sachgemässe Übersetzung ist. Gott gibt Israel dem Gericht preis, aber eine *endgültige* Preisgabe bzw. Verwerfung ist damit nicht ausgedrückt bzw. impliziert. Dafür sprechen Aussagen in Lev 26,44, zumal sich – anders als in Ps 78 – auch über Juda, Jerusalem und das Davidhaus Aussagen und Ankündigungen des Verwerfens finden (2. Kön 23,27; Jer 6,30; 14,19; 31,37; 33,24), und Jhwh ihnen nach dem Gericht (Exil) doch einen Neuanfang gewährte. Ist dies in Ps 78 betreffend Israel und Joseph/Ephraim anders? Das Nordreich bzw. Ephraim wird in Hos 9,16–17 (vgl. 4,6) zwar „verworfen", gleichwohl wird in Hos 11,8–11 angezeigt, dass dieses Gericht vorübergehend, nicht immerwährend ist, vgl. ähnlich in Jer 30,3; 31,9.15–20; Ez 37,15–22 (→ 6.2.2).

Das Verb בחר „aus-, erwählen", semantisch gegensätzlich zu מאס, hat eine ähnliche Verwendungsbreite. Es weist jedoch mehr Belege auf (> 140mal), und der theologische Gebrauch mit Gott als Subjekt (fast 100 Belege, am häufigsten im Dtn) überwiegt. Gott erwählt (aus der Völkerwelt) sein Volk Israel (Dtn 4,37; 7,6–7; 10,15; 14,2 u.ö.; Jes 41,8–9; 44,1–2; Ez 20,5; Ps 135,4 – Juda: Ps 78,68; 1. Chr 28,4), seinen irdischen Wohnort/Heiligtum (Dtn 12,5.11 u.ö.) bzw. Zion/Jerusalem (1. Kön 8,44.48; 11,13.36; Sach 2,16; Ps 78,68; 132,13), den König (Dtn 17,15; 1. Sam 10,24) bzw. David und seine Nachkommen (1. Kön 8,16; 11,34; Ps 78,70; 89,20 – Salomo: 1. Chr 28,5–6), den levitischen Priester (Dtn 18,3–5; 21,5; 1. Sam 2,28; 1. Chr 15,2 – Aaron: Ps 105,26).

In 59 wird von der Verwerfung Israels gesprochen; das Bundesvolk wird als Reaktion auf den erwähnten Götzendienst im Land dem Gericht zugeführt. Aufgrund bisheriger Aussagen (5.21.31.41) ist mit „Israel" das Volk *insgesamt* bzw. die Gesamtheit seiner Stämme (55) gemeint. Erst die Neuverwendung des Verbes „verwerfen" in Verbindung mit Joseph und Ephraim (67) lässt – in Verbindung mit 9 – fragen, ob bereits in 59 mit Israel das Zehnstämme- bzw. Nordreich gemeint sei. Auf der Textebene gibt es dafür – zunächst jedenfalls – keine Hinweise, zumal auch Schilo (60–61) und „sein Volk" (62) auf der Ebene von Gesamtisrael anzusiedeln sind.

---

142 Vgl. dazu Wildberger, בחר, THAT I, 275–300, und Ders., מאס, THAT I, 879–892.

Die Verwerfung des Volkes wird in 60 mit dem Aufgeben (נטשׁ) der Wohnstätte unter seinem Volk, dem „Zelt(-Heiligtum)“,[143] verbunden. Nach Wüstenwanderung, Landnahme und Ansiedelung fand die Stiftshütte im ephraimitischen Stammesgebiet, in Schilo, ihren Platz (Jos 16,6; 18,1.9–10; 22,12; Ri 21,19; 1. Sam 1,3.24; 3,3). Auf dem Hintergrund des Mose-Lieds, das – wie mehrfach deutlich wurde – für das Verständnis von Ps 78 relevant ist, ergibt sich: Weil Israel seinen Gott *verlassen* hat, hat Gott sein Volk *verlassen*, d.h. seine Präsenz unter ihm aufgegeben (Dtn 32,15.19-20, vgl. ferner Ri 6,13; Jes 2,6; Jer 12,7). Das Verb „aufgeben, verlassen“ (mit Gott als Subjekt) verweist in Verbindung mit Schilo als Wohnstätte auf die im dortigen Zeltheiligtum stationierte Bundeslade. „Wohnstätte“ und „Zelt“ stehen metonymisch für deren (wichtigsten) Inhalt: die Lade als Ort der Gottespräsenz. *Diese* wird von Gott preisgegeben, zumal Schilo ohne Lade ein „leeres“ Zelt und kein gemeinsames Heiligtum der Stämme Israels mehr ist. Diese Interpretation drängt sich aufgrund von 1. Sam 4,2–11 auf: Die im Zeltheiligtum von Schilo stationierte Lade wird bei einem Kriegsgang gegen die Philister als Kriegspalladium[144] an den Ort des Kampfes (Eben-Eser bzw. Aphek) gebracht und wird in der Schlacht von den Philistern behändigt.

> Von einer Zerstörung von Schilo bzw. des dort befindlichen Zeltheiligtums[145] ist explizit weder in 1. Sam 4(ff.) noch in Ps 78 die Rede. In Jer 7,12–15; 26,6–9 (möglicherweise auch in Ri 18,31) wird eine solche zumindest angedeutet und jedenfalls eine Ablösung von Schilo durch Jerusalem als zentralen Kultort (vgl. Dtn 12) angezeigt (ähnlich wie in Ps 78). Der archäologische Befund ist lückenhaft: Eine Zerstörung des Ortes wird um die Mitte des 11. Jh. v. Chr. (Eisenzeit I) – passend zu dem in 1. Sam 4 erwähnten Philisterkrieg – angenommen. Indizien für ein Heiligtum bzw. Überreste für eine kultische Tätigkeit (Altar, Opfergefässe, Tierknochen u.a.) wurden allerdings (bisher) nur spärlich gefunden – 2012/13 sollen Reste zweier Hörneraltäre entdeckt worden sein –, was diverse Fragen, u.a. zum Standort, aufwirft.[146]

Geopolitische Angaben und Namen gehören zu den hervorgehobenen deiktischen Kategorien, die auf aussertextliche, geschichtliche Verhaftung des Ausgeführten hinweisen. So ruft das im Duktus des Psalms platzierte Stichwort „Schilo“ mit seinem Verwendungskontext in der Hörerschaft Zu- und Einordnungen und in dem Sinn Deutungshorizonte auf. Aufgrund der letzten, im Psalm explizit genannten Erzählmomente (Königsherrschaft Davids, Zion) ist klar, dass Schilo als Heiligtum der Stämme Israels nicht mehr existierte – die Lade freilich schon – und die im Psalm vorausgesetzte Kenntnis der Umstände auf Überlieferung beruht. Die Frage, ob und

---

143   Vgl. dazu auch die unterschiedlichen „Zelt“-Erwähnungen in 51.55.67.

144   Vgl. dazu auch Num 10,35–36 und LEUCHTER, Levites, 74.94.

145   Ob es (später) durch einen festen Bau (Tempel) ersetzt/ergänzt wurde, wird diskutiert, vgl. dazu LEONARD, Traditions, 269–272. Die Belege für einen Tempelbau aus Steinen (1. Sam 1,9; 3,3.15; Ri 18,31) überzeugen mich nicht, bzw. „zwingen“ nicht zu dieser Annahme. Hier in 60 ist jedenfalls von einem „Zelt“ die Rede.

146   Zur Ortslage, den Grabungstätigkeiten und dem Stand der archäologischen Diskussion (mit Lit.) vgl. KNITTEL, Heiligtum, 31–54, zu Schilo und Ps 78 ebd., 150–178, zu Schilo im Juda-Spruch (Gen 49,10) ebd., 179–187, sowie JERICKE, Schilo, und FROLOV, Juda.

inwiefern die sog. Lade-Erzählung, 1. Sam 4–6 (und 2. Sam 6), den Hintergrund von Ps 78,60ff. abgibt, stellt sich angesichts der eher dürftigen Schnittstellen. Ein erster, zunächst auf 59–64 beschränkter Vergleich mit 1. Sam 4 (samt zusätzlichen → Stellenhinweisen) dient zur Klärung dieser Frage.[147]

Vers	Psalm 78	1. Samuel 4	Vers
59–61	Gott hörte es und ergrimmte, / und er verwarf Israel gar sehr. // Er gab auf (נטש) als Wohnstätte (משכן) Schilo (שלו), / das Zelt (אהל), [welches] er aufgeschlagen hatte unter den Menschen. // Er gab in Gefangenschaft seine Macht, / ja, seine Pracht in die Hand eines Bedrängers. //	→ Ri 2,12.20 (Gottes Zorn, s.o.)	
		Und Israel zog aus gegen die Philister zum Kampf. Sie lagerten sich bei Eben-Eser, und die Philister lagerten sich bei Aphek. | Da stellten sich die Philister in Schlachtordnung gegenüber Israel auf. Und der Kampf wurde aufgegeben(?) (נטש),[148] und Israel wurde geschlagen vor den Philistern. Und sie erschlugen in der Schlachtreihe auf dem Feld um 4'000 Mann.	1–2
		Frage, weshalb es zur Niederlage kam → Lade wird aus Schilo (שלה) geholt → bei Ankunft Jauchzen unter Israeliten und Befürchtungen bei Philistern → Selbstermutigung unter den Philistern.	3–9
		Da kämpften die Philister, und Israel wurde geschlagen, und sie flohen: jeder einzelne zu seinem Zelt (אהל). Und die Niederlage („Schlag") war sehr gross. Und es fielen von Israel 30'000 an Fussvolk. | Auch die Lade Gottes wurde genommen, und die beiden Söhne Elis kamen um: Hophni und Pinehas.	10–11
		Da antwortete der Bote und sagte: „Israel ist geflohen vor den Philistern, und es gab eine grosse Niederlage (‚Plage') im Volk, und auch deine beiden Söhne kamen um: Hophni und Pinehas, und die Lade Gottes wurde genommen."	17
		→ 2. Sam 6,17 (vgl. 1. Sam 5,2): Und sie brachten die Lade Jhwhs und stellten sie hin an ihren Ort, in die Mitte des Zeltes (אהל), das David für sie aufgeschlagen hatte ... → 2. Sam 7,6: ... ich bin umhergezogen in einem Zelt (אהל) als Wohnstätte (משכן).	

---

147 Vgl. dazu die eingehende Darstellung und Auswertung von LEONARD, Traditions, 230–274. KNITTEL, Heiligtum, 171–177, geht ebenfalls davon aus, dass im Hintergrund von Ps 78 die Lade-Erzählung steht.

148 In 60 (Subjekt: Gott) wie 1. Sam 4,2 (Subjekt: der Kampf) liegen Verbalmorpheme derselben (!) Wurzel vor; der Sinn ist aber mit Blick auf die Sam-Stelle strittig (alternative Wurzeln und Ableitungen werden diskutiert). Übersetzungsvarianten: Zü: „Und als der Kampf nachliess ...", Elbf.: „Und der Kampf breitete sich aus ...", STOEBE, KAT VIII/1, 128–129 (aramaisierend von שוט?): „Und der Kampf ging hin und her ...". Hier werden beide Stellen analog übersetzt (vgl. auch Ri 6,13).

Vers	Psalm 78	1. Samuel 4	Vers
62–64	Er überlieferte dem Schwert sein Volk, / und über seinen Erbteil ergrimmte er. // Seine jungen Männer verzehrte Feuer, / und seine jungen Frauen wurden nicht mehr gepriesen. // Seine Priester (כהן): Durchs Schwert fielen sie, / und seine Witwen konnten nicht [einmal] weinen. //	→ 1. Sam 1,3: Söhne Elis, Hophni und Pinehas, Priester (כהן) für JHWH (in Schilo). → 1. Sam 1,9 (2,11): Eli, Priester (כהן) (in Schilo). → 1. Sam 2,35: Werde für mich treuen Priester (כהן) auftreten lassen …	
		Da kämpften die Philister, und Israel wurde geschlagen … Und die Niederlage („Schlag") war sehr gross. Und es fielen von Israel 30'000 an Fussvolk.	10
		„Israel ist geflohen vor den Philistern, und es gab eine grosse Niederlage („Plage") im Volk, und auch deine beiden Söhne kamen um: Hophni und Pinehas …"	Als er erwähnte die Lade Gottes, fiel Eli rückwärts vom Stuhl neben dem Tor, brach sich das Genick und starb …	Und seine Schwiegertochter, die Frau des Pinehas, war hochschwanger. Und als sie hörte die Kunde … fiel sie auf die Knie und gebar, denn ihre Wehen waren über sie gekommen.	Und sie lag im Sterben …	Und sie nannte den Knaben I-Kabod und sagte: „Die Herrlichkeit wurde genommen aus Israel" – weil die Lade Gottes genommen wurde und wegen ihres Schwiegervaters und ihres Mannes.	17–21

Bedenken wir zunächst die Ergebnisse des Vergleichs mit Strophe 59–61 (AA). Hier finden sich über Schilo hinaus kaum Lexem-Überschneidungen. Signifikant ist einzig das Verb נטש „aufgeben" (60/1. Sam 4,2), dessen Bedeutung in 1. Sam 4,2 aber unsicher ist.[149] Die Bezeichnung ארון „Lade" wird in Ps 78 vermieden, doch verweisen die parallelen Bezeichnungen „seine Macht" (עזו) und „seine Pracht" (תפארתו) auf die mit der Lade verbundene Präsenz Gottes (wohl auch Ps 96,6). Der erste Begriff ist Ellipse für „die Lade deiner Macht" (Ps 132,8; 2. Chr 6,41).[150] In der Lade-Erzählung selbst wird die Lade später mit Gottes כבוד in Verbindung gebracht (1. Sam 4,21–22).[151] Mit dem „Bedränger" (vgl. auch 42) sind die Kriegsleute der Philister gemeint (vgl. 1. Sam 4,3). Zwei Sachverhalte sind gemeinsam, auch wenn sie unterschiedlich formuliert werden bzw. sich nur indirekt ergeben: 1. die Lade ist nicht mehr in Israel bzw. in Schilo; 2. die Lade ist bei einem Fremdvolk bzw. „Bedränger" in Gefangenschaft.

---

149   Sollte dieselbe Bedeutung wie in Ps 78 vorliegen und von einer (nicht näher ausgeführten) Aufgabe des Kampfs auf Seiten der Truppen Israels die Rede sein, wäre dies womöglich ein *missing link* zwischen 9 (Abwenden der ephraimitischen Bogenschützen, vgl. auch 57) und der Lade-Erzählung.

150   LEONARD, Traditions, 239–242, nennt als weitere Belege für (mögliche) Identifizierungen dieser Begrifflichkeit mit der Lade Ps 63,3 (vgl. 1. Sam 4,21–22!); 105,4 bzw. Jes 60,7; 64,10; Klgl 2,1.

151   Vgl. DAY, Ark, 263–264; WEBER, Asaph im Psalter, 357–358.

Das zu Beginn der Strophe 62–64 (BB) erscheinende Verb סגר *hi* „preisgeben, überliefern" fand bereits in 48 (Hagel) und 50 (Pest) Verwendung und wird hier im Zusammenhang mit dem den Tod bringenden Schwert erwähnt. Im Psalm ist Gott das handelnde Subjekt, in der Erzählung sind es die Philister, die bei Eben-Eser Israel grosse Verluste zufügen (1. Sam 4,2.10). Tod durch das Schwert (und Pest) wird im Fall, dass der Bund gebrochen wird, als Gottesgericht vorausgesagt (Lev 26,25; Dtn 32,25, auch Jer 21,7.9; Ez 5,17; Am 4,10). Wie zu Beginn der vorangehenden Strophe (59a, vgl. auch 21) ist in 62b von Gottes Ergrimmen die Rede, welches – parallel zu seinem Volk im a-Kolon – „seinen Erbteil" (נחלתו) trifft.[152] An Gottes Zornesäusserungen (58–59.62) schliesst in 63 die geläufige Wendung vom verzehrenden Feuer an (Num 11,1; Dtn 4,24; 32,22 u.ö., asaphitisch: Ps 50,3), auch wenn in 63–64 von der Syntax her für einmal nicht Gott als Subjekt des Gerichtshandelns erscheint. Es trifft Menschen in ihrer Blüte: die jungen, kriegstüchtigen (ledigen) Männer.[153] Die jungen (unverheirateten) Frauen sind mitbetroffen: Sie werden (angesichts ihrer Anmut?) nicht mehr gepriesen bzw. (im Brautlied?) besungen – weil sie unverheiratet bleiben müssen, da es an heiratsfähigen Männern mangelt? Erwähnung verdient mit Blick auf die Jungmannschaft beider Geschlechter das Mose-Lied. Dort finden in der Gerichtsansage angesichts von Abgötterei nicht nur Jüngling und Jungfrau, sondern auch das verzehrende Feuer (und im nachfolgenden Vers das Schwert) Erwähnung (Dtn 32,22.25). In dem Strophe wie Stanze abschliessenden Vers 64 wird eine weitere Männer- und Frauengruppe erwähnt, und auch diese sind mittels Possessivsuffixen („seine") – wie schon die Akkusativobjekte in 62 und die Subjekte in 63 – Gott zugeordnet (→ 4.4).[154] Priester fallen durchs Schwert, und Witwen (der getöteten Priester?) sind unfähig, den Tod ihrer getöteten Männer zu betrauern (vgl. Hi 27,15). Beides sind absonderliche Geschehnisse.[155]

Ein Vergleich der Lade-Erzählung mit der Strophe 62–64 (BB) ergibt, dass Lexem-Überschneidungen gegenüber der vorherigen Strophe noch spärlicher sind. Einzig

---

152   Die Rede vom Erbteil ist geläufig, bezeichnet hier (vgl. 62a) und anderswo das Volk (Dtn 4,20; 9,26.29; 32,9), aber auch den von Gott gewährten Besitz an Land (Num 33,54; 34,2; Dtn 4,21.38), dessen Verteilung übrigens im erwähnten Schilo vorgenommen wurde (Jos 18,1.8–10; 19,51).

153   In der Verbindung „die jungen Männer Israels" erscheinen die בחורים bereits in 31; dort ist Gottes Zorn gegen sie explizit. Hier ist vom Feuertod die Rede; zu denken ist an Jhwhs Theophanie im Sturmwetter (Blitz) (vgl. 2. Kön 1,10–14; Jes 30,30) oder ein Kriegsgeschehen mit Feuerpfeilen oder Brandlegung (vgl. Ri 9,20.49.52; Ps 46,10; 76,4; Klgl 4,11). Ob בחור von der Wurzel בחר „erwählen" abzuleiten ist (und damit allenfalls unterschwellige Verbindungen zwischen 31.63 und 67.68.70 vorliegen), bleibt fraglich (vgl. Huehnergard, Etymology).

154   Es liegt Mehrdeutigkeit betreffend die Personaldeixis vor: Die Possessivpronomina könnten sich auch auf „sein Volk" beziehen. Syntaktisch ebenfalls möglich, allerdings unwahrscheinlich, ist der Verweis der Suffixe bei den beiden Frauenkollektiven auf die jeweils zugeordneten Männer („deren").

155   Erwähnenswert sind zwei Hosea-Belege: In der erwähnten Stelle Hos 7,16 (→ 5.2.1), in der von Ephraim als „schlaffer/trügerischer Bogen" die Rede ist, fallen (als Folge davon?) ihre Notablen durchs Schwert. Und in Hos 14,1 büsst Samaria seine Widerspenstigkeit durch den Schwerttod (liegt in 64 eine versteckte Anspielung auf den Fall des Nordreichs vor? → 6.2).

„seine Priester“ (64a) lassen sich mit den Priestern am Heiligtum in Schilo, Eli und seinen beiden Söhnen, in Verbindung bringen. Im Zuge der Kampfhandlung (bei der Kaperung der Lade?) starben auch die beiden Eli-Söhne. Der Tod durch das „Schwert“ (vgl. auch 62a) bleibt unerwähnt, ist aber angesichts der Kriegshandlung eine naheliegende Todesart.[156] Findet sich zu 63 als Paraphrase des Schlachtgeschehens mit ihren Folgen kein *link*, ist ein solcher neben 64a auch für 64b gegeben: Die erwähnte grosse Zahl an Gefallenen hinterliess in Israel eine Vielzahl an Witwen, darunter auch die schwangere Frau des Priesters Pinehas. Als die Nachricht über Tod und Ladeverlust sie erreichte, kam es zur (vorzeitigen?) Geburt, an der sie danach starb. Möglicherweise waren ihre Worte zur Namensgebung ihres geborenen Kindes (I-Kabod) der Anlass für die Aussage, dass die Witwen nicht weinen konnten (64b). War es über den Tod ihrer Männer hinaus der Verlust der Lade und damit des „Gott-bei-ihnen“, der sie (und weitere Witwen) in einer Schockstarre hielt und die Totenklage verunmöglichte?

Ist in 59–61 der Ladeverlust und damit die Preisgabe Schilos als Heiligtum im Blick, so in 62–64 die Niederlage in der Schlacht (samt Ladeverlust) und deren Folgen. Auch hier ergeben sich kaum lexikalische Berührungen. Diese „Lücke“ wird aber durch einen analogen Ablauf der Ereignisse (formuliert mit anderen Worten) kompensiert. Dabei kommen Paraphrase und eine Theologisierung des Narrativs (Gott als Subjekt, Possessivsuffixe) zum Tragen (→ 4.4). Leonard bezeichnet diese Technik der Anspielung auf die Lade-Erzählung als „narrative tracking“: eine Nachahmung der Abfolge von Elementen bzw. Ereignissen des erzählten Geschehens im Text, der rezipiert wird.[157] Eine deutlichere Parallele hat 62–64 zu Jes 9,16–18 innerhalb der Gerichtsankündigung an Ephraim/Samaria.[158] Ohne Anhalt in 1. Sam 4 ist die Verbindung zur Götzenhuldigung, die Jhwh wahrnimmt und im Zorn darauf reagiert (59a) – ein Umstand, der die weiteren Geschehnisse bis zum Ende der Stanze V.1 (64) bestimmt. Die theologische „Leerstelle“ in der Lade-Erzählung ist die fehlende Erklärung für den Umstand, dass die erste und erst recht die zweite Schlacht – trotz der Präsenz der Lade – verloren gingen und darüber hinaus die Lade in die Hand der Philister fiel. Dieses Geschehen, das traumatisierte, benötigte eine Erklärung, zumal Gottesverständnis und Bundesverhältnis unmittelbar betroffen waren. Sieht man einmal vom vorausgesagten Gericht an den Eliden ab (vgl. 1. Sam 3,11–14), bleibt die Erzählung eine Erklärung schuldig; eine solche bietet aber nun – als Lösung eines Rätsels? (vgl. 2) – Ps 78 an. Sie geschieht im Sinn und Geist des Dtn und erkennt den Grund im Götzendienst bzw. im Bundesbruch des Volkes. Dies ruft Gottes Zorn hervor und führt zur Verwerfung Israels: Jhwh verlässt das Heiligtum in Schilo und geht ins Exil – erkennbar am Ladeverlust, der im Psalm als von Gott selbst initiiertes Handeln dargestellt wird (→ 4.4). Das von der Gegenwart der Lade ausgehende Geschehen in den Philisterstädten kann man der Ehre und Herrlichkeit Jhwhs zuschreiben, die Rückkehr nach Israel seiner Gnade und der Verheissung

---

156   Eli selber blieb in Schilo und starb indirekt an den Folgen der Geschehnisse, insbesondere des Ladeverlusts.

157   Vgl. Leonard, Subtle Allusions, 95–97.107–108. Er erwähnt weitere Beispiele zu Ps 78 (23–31/Num 11) und darüber hinaus (Ps 104/Gen 1; Mt 1–2/Ex 1–2).

158   Diese (Ps 78 vorgelagerte?) Stelle könnte wie die Hosea-Belege Hinweise auf die Deutung des Psalms geben (→ 6.2.2).

seiner Treue. Es fehlt noch eine Erklärung zum göttlich beschlossenen Transfer vom Heiligtum im ephraimitischen Schilo, welches damit seine Bedeutung verliert, in die neue Heimat im Stammesgebiet Judas und zuletzt in die Davidstadt Jerusalem. Will man zur Erklärung hierfür nicht spätere Geschehnisse im Nordreich ins Spiel bringen (vgl. Hos), sondern auf der Oberflächenstruktur der Textaussage bleiben, so gibt es dazu m.E. nur *eine* im Psalm selbst angelegte Interpretation: das Verhalten der Ephraimiten in der Schlacht (9). In der Ladeerzählung fehlt eine Erklärung, und im Psalm wird diese nicht direkt bzw. kausal mit dem Ladeverlust in Verbindung gebracht. Das militärische Fehlverhalten der „Söhne Ephraims" in der Schlacht wird jedoch – interpretiert durch Aussagen im Kriegsgesetz (Dtn 20,3–4)? – dem religiösen Fehlverhalten des Bundesbruchs zugeordnet (9–11, vgl. 57). Andererseits gibt Gott die Lade preis wegen des Bundesbruchs Israels *insgesamt* (56–61). Aufgrund der Schnittstelle der Bundesuntreue (die eine Vorgeschichte in der Wüstenzeit hat) von Israel insgesamt und den Ephraimiten im Besonderen erfolgt auf dem Hintergrund von 1. Sam 4 eine Hörerlenkung dahingehend, dass das Schlachtversagen ebenfalls in einen Zusammenhang mit dem Ladeverlust gesetzt wird. Das Versagen der ephraimitischen Bogenschützen als Elitetruppen in der Schlacht dürfte dieses eine Kampfgeschehen betreffen, das trotz der Präsenz der Lade verlorenging, grosse Truppenverluste mit sich brachte und zur Gefangennahme der Lade durch die Philister führte.

5.3 Gottes Eingreifen und Gottes Erwählen und Verwerfen (Psalm 78,65–72)

5.3.1 Psalm 78,65–66

Mit 65 setzt eine neue Strophe (CC) und zugleich die den Psalm abschliessende Stanze V.2 (65–72) ein. Jhwhs Gerichtshandeln ist mit 64 abgeschlossen; ab 65 wird ein neues, von Gott initiiertes Geschehen ausgeführt. Einzelne Begriffe und Aussagen der Strophe 65–66 schliessen freilich an die Kampfhandlungen zuvor an. Der Neueinsatz beginnt mit dem Erwachen des Herrn „wie ein Schlafender". Mit dem „Erwachen" wechselt Gottes Handeln von einem *zuungunsten* zu einem *zugunsten* von Israel.[159] Diese „Umkehr Gottes" vom Gericht zum Heil findet sich vorgebildet im Mose-Lied (Dtn 32,19–25 → 32,35–43). In 65b wird als zweiter Vergleich hinzugefügt: „wie ein Held, betäubt vom Wein". Der Vergleich verstärkt die Vorstellung zwischenzeitlicher Untätigkeit und bringt eine neue Kampfszenerie ins Bild: Ein im Kampf bewährter Held (גבור) verliert bei Betrunkenheit seine ihn auszeichnende Kriegstüchtigkeit. Heldenkampf und Trunkenheit sind unvereinbar.[160] Es gibt Hinweise, dass damit bezeichnete Kampfeliten zu den Bogenschützen gehören (könnten).[161] Insofern liegt

---

159   Eine Analogie hat die Aussage des Erwachens (יקץ) wie ein Schlafender (ישׁן) im Götterspott des Elia: Die Propheten der kanaanäischen Gottheit Ba'al heisst er lauter zu rufen, weil jener mit anderem beschäftigt sei, „vielleicht ist er schlafend, und dann wird er aufwachen" (1. Kön 18,27).

160   Aus einer Reihe von aus Gegensätzen bestehenden, prophetischen Wehe-Worten weist eines in diese Richtung: „Wehe denen, die Helden sind im Weintrinken …!" (Jes 5,22). Im ebenfalls mit einem הוי „Wehe!" beginnenden Gerichtswort in Jes 28,3 ist von den „Betrunkenen Ephraims" die Rede.

161   Vgl. 1. Sam 2,4; Jes 21,17; Jer 46,9; 51,56; Sach 9,13; 1. Chr 8,40; 2. Chr 14,7.

eine gewisse Nähe wie Gegensätzlichkeit zu den Aussagen in 9 und 57 vor, wo die Unfähigkeit oder -willigkeit der (ephraimitischen) Bogenschützen herausgestellt wird.[162] Gott weicht jedenfalls nicht zurück, sondern greift kämpfend ein, tut, was zu tun ist, und schlägt „seine Bedränger" zurück (66). Israels Feinde sind nun seine eigenen Feinde. Der Begriff צר erscheint hier ein drittes (und letztes) Mal: In 42 gewährte Gott Befreiung vom Bedränger (sg) in der Wüste (Amalek? Vgl. Ex 17,8–16), und in 61 gab er „seine Pracht" in die Hand des Bedrängers (sg). Nun schlägt er gegen diesen zurück. Die Textspur und der Hintergrund der Lade-Erzählung legen eine Identifizierung mit den Philistern nahe. Gottes Zurückschlagen und sein Bereiten von Schmach[163] manifestierte sich in den durch die Lade-Präsenz ausgelösten Vorkommnissen, die zur Rückführung der Lade nach Israel führten (1. Sam 5–6).[164]

In Fortsetzung der Vergleichsanlage zwischen Ps 78 und der Lade-Erzählung (mit → Ergänzungen) werden in der folgenden Tabelle die Aussagen zusammengestellt und ausgewertet.

Vers	Psalm 78	1. Samuel 4–6	Vers
65–66	→ 51: Er schlug (נכה hi) alle Erstgeburt in Ägypten ... in den Zelten Hams.	→ Ri 16,14.20: Simson erwachte (יקץ) aus seinem Schlaf.	
	Da erwachte (יקץ) wie ein Schlafender der Herr, / wie ein Held, betäubt vom Wein. // Er schlug (נכה hi) seine Bedränger zurück, / Schmach für immer bereitete er ihnen. //	... und Israel wurde geschlagen von den Philistern. Und sie erschlugen (נכה hi) in der Schlachtreihe auf dem Feld um 4'000 Mann.	4,2
		„Wehe uns! Wer wird uns retten aus der Hand dieses mächtigen Gottes?! Dies ist der Ägypten schlagende (מכה) Gott, mit allerlei Plagen (מכה) in der Wüste."	4,8
		... Israel wurde geschlagen, und sie flohen: jeder einzelne zu seinem Zelt. Und die Niederlage („Schlag") (מכה) war sehr gross ...	4,10
		[Jhwh] ... schlug (נכה hi) sie mit Geschwüren, Aschdod und sein Gebiet.	5,6
		[Jhwh] ... schlug (נכה hi) die Männer der Stadt [= Gath] ...	5,9

---

162   Interessant ist die zu Ps 78 teils gegenläufige Aussage in Sach 10,5–7, wo die Wiederherstellung des Hauses Judas *und* des Hauses Josephs ankündigt wird, die Siege erringen werden, und wo gesagt wird: „Und Ephraim wird sein wie ein Held ...".

163   Die Formulierung von 66b ist nahezu identisch mit der prophetischen Vorhersage in Jer 23,40, nur dass sie dort gegen das Gottesvolk gerichtet ist. Erwähnenswert sind zudem 1. Sam 17,10.25, wo die Schlachtreihen Israels durch die Philister verhöhnt werden, und Hos 12,15, wo erwähnt wird, dass Jhwh Ephraim dessen Schmähung zurückzahlt.

164   Es ist denkbar, dass eine Assoziation zwischen den Plagen gegen die Ägypter, die in Ps 78 aufgenommen werden (44–50), und den Plagen gegen die Philister (1. Sam 5) hergestellt werden soll.

Vers	Psalm 78	1. Samuel 4–6	Vers
		Und die Männer [aus Ekron] ... wurden geschlagen (נכה *ho*) mit Geschwüren ...	5,12
		[Jhwh] ... schlug (נכה *hi*) von den Männern von Beth-Schemesch, denn sie hatten angeschaut die Lade Jhwhs. Er erschlug vom Volk 70 Mann ... Da trauerte das Volk, weil Jhwh geschlagen hatte (נכה *hi*) das Volk mit einem schweren Schlag (מכה).	6,19
		→ 1. Sam 7,11: Und die Männer Israels ... jagten den Philistern nach und schlugen sie (נכה *hi*) ...	

Ein „paralleles" Geschehen zwischen der Lade-Erzählung und Ps 78 ist das Eingreifen Jhwhs zugunsten Israels (nach dem vollzogenen Gericht und einer Zeit der „Untätigkeit") und gegen die Bedränger bzw. Philister. Dieses äussert sich in Gerichtsschlägen gegen Letztere. Die Technik des „narrative tracking" wird also fortgesetzt (→ 5.2.2). Die gemeinsame Phraseologie haftet an der Wurzel נכה. Ps 78 verwendet dasjenige Verb (*hi*), das in der Erzählung prägnant erscheint und zusammen mit dem Nomen מכה „Schlag" Leitwort für Gottes Handeln ist. Traf der erste „Schlag" Israel (vgl. 62–64), so schlägt Jhwh nun – darauf spielt 66 an – die Philister zurück bzw. auf die Hinterseite.[165] Dies führt in den philistäischen Städten zu Geschwüren.[166] Der letzte, die Männer in Beth-Schemesch treffende „Schlag" ist nicht (mehr) im Blick des Psalms.[167] Von der Rückkehr der Lade in israelitisches Gebiet ist, in eigentümlicher Weise, erst in der nachfolgenden Strophe die Rede.

5.3.2 Psalm 78,67–72

Nach dem Zurückschlagen der Feinde (65–66) wandte Gott sich in der Folge dem eigenen Volk zu und traf Entscheidungen, welche die letzten beiden Strophen (67–69|70–72) bestimmen. Folgen wir der Lade-Erzählung, auf die sich der Psalm bezieht, dann endet die Strophe 65–66 (CC) damit, dass Gott den Philistern „Schläge" (Geschwüre) erteilt und zwar dort, wo sich die Lade aufhält. Dem Erzählfaden folgend ist nun die Rückkehr der Lade in israelitisches Gebiet zu erwarten. Wir parallelisieren ein letztes Mal die Aussagen von Ps 78 mit denjenigen aus den Samuelbüchern. Dort schliesst die mit 1. Sam 4,1 beginnende Erzählung nach der Rückkehr der Lade in

---

165 Die Interpretation von Hossfeld, Psalm 78, 439, dass in 66 die kriegerische Auseinandersetzung fehle, das Ereignis, auf das Bezug genommen werde, nach dem Untergang des Nordreichs anzusetzen und mit 701 v. Chr. zu verbinden sei, entfernt sich von der Textaussage (bzw. deutet sie m.E. unzutreffend).

166 Die Verbindung des Verbs mit אחור findet sich nur hier. Von Luther und weiteren Auslegern werden mit Blick auf 1. Sam 5,6.9 die Geschwüre als Hämorrhoiden eingestuft.

167 Dies wohl deshalb, weil er nicht in die Aussagelinie des Psalms passt. Männer aus dem judäischen Beth-Schemesch hatten sich offenbar der Lade vorwitzig bzw. ungebührlich genähert. Sie traf der Tod, und das Volk trauerte.

israelitisches (judäisches) Gebiet (Beth-Schemesch, dann Kirjat-Jearim) in 1. Sam
7,2 mit den Worten: „Von dem Tag an, da die Lade in Kirjat-Jearim blieb, verging
eine lange Zeit; es wurden zwanzig Jahre. Und das ganze Haus Israel folgte hinter
JHWH her."[168] Im Buch Samuel wird – nach einer textlich unsicheren Erwähnung in
1. Sam 14,18 – die Lade erst wieder in 2. Sam 6 thematisiert. David holte sie an ihrem
Standort (Haus Abinadabs, vgl. 1. Sam 7,1), um sie nach Jerusalem zu bringen.[169] Was
die Lade betrifft, wird demnach im Psalm eine längere Geschehensfolge, begin-
nend mit Samuels Richteramt bis und mit Saul und seiner Auseinandersetzung mit
David, übersprungen. Dabei muss sich zeigen, ob und inwiefern in Ps 78 die 2. Sam
6 vorausgehenden Geschehnisse von 2. Sam 5 (Königtum Davids über ganz Israel,
Eroberung Jerusalems und Siege über die Philister)[170] und die nachfolgenden von
2. Sam 7 (Dynastieverheissungen) mitbedacht sind. Entsprechend werden über die
Lade-Geschehnisse in 2. Sam 6 hinaus weitere Aussagen (→) in den Blick genommen.

Vers	Psalm 78	1. Samuel 6; 2. Samuel 6 (5–7)
67–69	Er verwarf das Zelt (אהל) Josephs, / den Stamm Ephraim erwählte er nicht. // Er erwählte (בחר) den Stamm Juda, / den Berg Zion (ציון), den er liebt/e. // Er baute (בנה) wie [Himmels-]Höhen sein Heiligtum (מקדש), / wie die Erde gründete er es für immer. //	→ 2. Sam 5,7: David nimmt die Burgfeste Zion (ציון) ein, das ist die Stadt Davids. 1. Sam 6 + 2. Sam 6: Lade kommt zurück in judäische Orte (Beth-Schemesch, Kirjat-Jearim, bei Obed-Edom), zuletzt nach Jerusalem/Zion. 2. Sam 6,17: Und sie brachten die Lade JHWHs und stellten sie hin an ihren Ort, in die Mitte des Zeltes (אהל), das David für sie aufgeschlagen hatte ... 2. Sam 6,21: Da sagte David zu Michal: „Vor JHWH, der mich erwählt hat (בחר) ... zum Fürsten über das Volk JHWHs, über Israel, ja, vor JHWH [= Lade] will ich tanzen."
		→ 2. Sam 7,2 [David zu Nathan]: „Sieh doch: Ich wohne in einem Haus aus Zedern[holz], aber die Lade Gottes wohnt inmitten der Zeltdecke." → 2. Sam 7,13 [JHWH an David, über Salomo]: „Er wird meinem Namen ein Haus bauen (בנה) ..." [→ 1. Chr 28,10 [David an Salomo]: „Sieh nun, dass JHWH dich erwählt hat (בחר), ein Haus zu bauen (בנה) als Heiligtum (מקדש) ..."]

---

168   Der Sinn des letzten Satzes ist aufgrund der fraglichen Bedeutung des Verbs unsicher. Hier wird von einem Verb נהה II *ni* „sich halten zu" o.ä. (*hapax legomenon*)
ausgegangen (KAHAL).
169   Entsprechend wird teils auch 2. Sam 6 zu einer ursprünglichen Lade-Erzählung
gerechnet.
170   Es gibt Anhaltspunkte für eine gegenläufige Entsprechung der beiden verlorenen
Schlachten gegen die Philister in 1. Sam 4 mit den beiden von David gewonnenen in
2. Sam 5. Man beachte im Zusammenhang mit Ps 78 den Umstand, dass in 1. Sam 4
die Philister die Lade Gottes gefangen wegführen, in 2. Sam 5 dagegen ihre eigenen
Götzen zurücklassen und diese von David und seinen Leuten mitgenommen („ent-
sorgt"?) werden. Im verkürzt-anspielenden Duktus von Ps 78 könnten Erzählzüge

Vers	Psalm 78	1. Samuel 6; 2. Samuel 6 (5–7)
70–72	Er erwählte (בחר) David (דוד), seinen Knecht, / holte ihn weg von den Hürden des Kleinviehs (צאן). // Hinter Mutterschafen nahm er ihn weg (לקח), / um zu weiden (רעה) Jakob, sein Volk (עם), / und Israel (ישראל), seinen Erbteil. // Er weidete sie (רעה) nach der Lauterkeit seines Herzens, / und mit dem/durch das Geschick seiner Hände leitete er sie/liess er sie leiten fernerhin. //	2. Sam 6,21: Da sagte David (דוד) zu Michal: „Vor Jнwн, der mich erwählt hat (בחר) … zum Fürsten über das Volk (עם) Jнwнs, über Israel (ישראל), ja, vor Jнwн [= Lade] will ich tanzen." → 2. Sam 7,7–8: „Habe ich [je] gesagt zu einem der Stämme Israels, dem ich geboten hatte, mein Volk (עם) Israel (ישראל) zu weiden (רעה) … | … Ich selbst habe dich genommen (לקח) von der Weide, weg vom Kleinvieh (צאן) …"

Ps 78 rezipiert und interpretiert das Lade-Geschehen als Transfer und nimmt den Gesamtbogen der Lade-Geschehnisse in den Blick. Insofern bleibt der Psalm beim bisherigen Rezeptionsmuster, modifiziert zum Schluss des Psalms dieses aber insofern, als eine stärker ausweitende und interpretierende Weise zum Tragen kommt. Dies betrifft auch den Textverlauf im Psalm selbst, denn mit dem Motiv des „Verwerfens" (מאס) wird, dieses mit dem konträren „Erwählen" (בחר) ergänzend, auf ein in 59 eingebrachtes Moment zurückgegriffen. Es wird zum Leitbegriff der Schlussaussagen (68.70). Auch das Nomen „Zelt" hat im Psalm eine Vorgeschichte (51.55.60). Wie in 55 (vgl. 51) ist die Wohnbehausung der Stämme Israels gemeint, nur dass in 67 eine Einengung auf „das Zelt Josephs"[171] bzw. „den Stamm Ephraim" vorgenommen wird. Gleichläufig dazu verhält es sich mit der Verwerfung: Zunächst ist die Rede von Israel insgesamt (59), dann lediglich von den Joseph-Stämmen bzw. Ephraim (67).[172] Die Rede vom „Zelt" dürfte auch seiner Verwendung als Wohnstätte Gottes bzw. der Lade geschuldet sein und unterschwellig darauf verweisen. Im Psalm kam diese Verwendung im Zusammenhang mit Schilo zum Tragen (60), in der Lade-Erzählung wird gesagt, dass die Lade in das in Jerusalem von David bereitete „Zelt" überführt wird (2. Sam 6,17). Die Verwendung des Begriffs „Zelt" in 67 könnte der „Vorlage" in 2. Sam 6,17 geschuldet sein. Jedenfalls ist auf diese Weise hintergründig der Gang der Lade vom Ursprungs- (Schilo) zum Zielort (Jerusalem/Zion) abgesteckt und abgeschlossen.

Nach Ps 78 führten Kulthöhen und Götzendienst zur Verwerfung des Stämmeverbands *insgesamt*, und dies manifestierte sich in der Preisgabe Schilos bzw. der Lade samt Verlusten im Kriege (56–64). Die Wiederherstellung vollzog sich im

---

von 1. Sam 6 und 2. Sam 5 verbunden sein (vgl. etwa die Verwendung von נכה auch in 2. Sam 5,20.24–25).

171 Man mag in der Wendung (auch) eine poetisch-altertümliche Redeweise, die in der (halb)nomadischen Lebensweise verhaftet ist, sehen, zumal in der frühen Zeit im Land neben festen Bauten auch Zeltwohnungen gebräuchlich gewesen sein dürften (vgl. Jos 22,4–8; Ri 4,11.17–21; 5,24; 19,9; 1. Sam 4,10).

172 Man beachte die identische Verseröffnung von 59b und 67a (וימאס).

Zurückschlagen des Bedrängers und verbindet sich nun mit Handlungen des Verwerfens und Erwählens *innerhalb* Israels. Und auch dies manifestiert sich an der Lade: Die Preisgabe von Schilo erweist sich als endgültig; die Lade kommt zwar zurück nach Israel, aber nicht mehr nach Schilo, und d.h. auf ephraimitisches Stammesgebiet.[173] Dieser Umstand wird in 67 theologisch so gedeutet, dass Gott Joseph bzw. Ephraim „verwarf“. Die Joseph-Stämme werden jedoch nicht *grundsätzlich* verworfen – sie bleiben dem Stämmeverband Israel und dem Gottesbund zugehörig –, aber mit dem Verlust des Heiligtums verlieren sie ihre Prärogative unter den Stämmen.

> Die Joseph-Stämme mit ihrem doppelten Erbe (vgl. Gen 37,3–8; 48; 49,22–26; Dtn 33,13–17; Jos 16–17; Ri 1,35; Hos 12,9) und insbesondere Ephraim als „Leitstamm“, dem auch Josua zugehörte, waren die führenden und damit auch verantwortlichen Stämme in der frühen Landnahmezeit (und später im Nordreich des geteilten Israel, vgl. namentlich die vielen Ephraim-Erwähnungen in Hos).[174] Ephraim und mit ihm die Joseph-Stämme beherbergten auf ihrem Stammesgebiet das Zeltheiligtum in Schilo und trugen damit dafür und für die dort befindliche Lade besondere Verantwortung.

Die Folgen des Ladeverlusts und insofern die Aufgabe Schilos als Stämmeheiligtum werden Ephraim angelastet, obwohl der Erzähltradition (und darüber hinaus) keine Hinweise zu entnehmen sind, dass Götzendienst und die Niederlagen gegen die Philister ausschließlich oder auch nur in besonderem Mass auf das Konto Ephraims gingen.[175] Es gibt über das von Gott bestimmte Faktum, dass die Lade nicht auf josephitisches Terrain zurückkam, jedoch einen Hinweis, der über die Erwähnung Ephraims läuft, auf 9(–11) zurückführt und der dort isoliert gebliebenen Aussage nun ihren Sinn zuweist: Bei der kriegerischen Auseinandersetzung – ergänze: gegen die Philister bei Eben-Eser – haben sich die ephraimitischen (Elite-)Bogenschützen in ungebührlicher Weise verhalten (feige Flucht?), die zur Niederlage und damit zum Verlust der Lade führte oder jedenfalls dazu beitrug. Diese beiden Momente, der Ort der Lade-Rückkehr und das Versagen in der Schlacht, erklären nach Ps 78 (und dtn Beurteilung nach Dtn 20,3–4), weshalb über die erste Aussage der Verwerfung Israels hinaus die zweite Ephraim allein trifft.

Der Verwerfung Ephraims steht in 68 die Erwählung (בחר) Judas gegenüber. Er wird der neue Leitstamm und der Berg Zion der Ort des Heiligtums. Er ist und

---

173   Schilo als Ort des (ersten) Heiligtums der Stämme Israels blieb noch lange Zeit in der kollektiven Erinnerung (vgl. über Ps 78 hinaus die Bezüge darauf in Jer 7 und 26), spielte aber nach dem Ladeverlust – nach Ausweis der biblischen Texte – kaum mehr eine Rolle (vgl. noch 1. Kön 14,2.4; Jer 41,5).

174   Die heftige Reaktion der Ephraimiten, die nicht bzw. erst später in Gideons Kampf gegen die Midianiter einbezogen wurden, könnte so verstanden werden, dass ihre besondere Stellung im Stämmeverbund nicht berücksichtigt wurde (vgl. Ri 7,23–8,3).

175   Die hinter dem Psalm stehende Trägergruppe hat profunde Kenntnisse früher, nordisraelitisch beheimateter Überlieferung. Diese zeigen sich im breiten Traditionsstrom, den Ps 78 aufnimmt. Darüber hinaus bringt das Label לאסף Ps 78 in Verbindung mit einen Kreis asaphitischer Psalmen (Ps 50; 73–83), der sich durch Kenntnis „mosaisch“-levitischer Stoffe und Interesse an den Nordstämmen auszeichnet, vgl. u.a. Ps 77,16.21; 80,2–3; 81,5–6; 83,6–13 (→ 6.3.2).

bleibt, wie zuvor Schilo, das Heiligtum für *alle* Stämme (auch der Joseph-Stämme!).[176] Derjenige Ort (המקום), den Gott erwählen wird, um seinen Namen dort wohnen zu lassen, wird in Dtn 12(ff.) bekanntlich offengehalten. Es muss freilich ein Ort innerhalb der „Stämme Israels" sein (Dtn 12,5). Markiert die Lade diese Gottespräsenz, so sind mit Schilo und dem „Berg Zion" die erwählten Orte genannt. Die dtn Heraushebung eines singulären Ortes verunmöglicht zwei zur gleichen Zeit erwählte Orte. Es bleibt die Möglichkeit einer Abfolge. Es ist von Dtn 12,5 her also denkbar, dass der Stamm Juda diesbezüglich Ephraim ablöst. Die Erwählung des Zions teilt 68 allein mit Ps 132,13, ansonsten ist von der Erwählung Jerusalems als Stadt die Rede (u.a. 1. Kön 11,13.32.36; 14,21 [aus allen Stämmen Israels erwählt!]; 2. Chr 6,6), die in Ps 78 nicht erwähnt wird. Wie bei der Verwerfung Ephraims wird die Bevorzugung von Juda „ablesbar" am Ort, wo die Lade ihren Ruheort findet.[177] Nach der Lade-Erzählung gelangte der herrenlose Wagen mit der Lade vom philistäischen in judäisches Gebiet: Beth-Schemesch, Kirjat-Jearim und dann – nach langer Zeit und mit einer Zwischenstation bei Obed-Edom – Jerusalem sind die Wegstationen. Auf dem Zielort liegt das Gewicht: Der Weg nach Juda und zum letzten Ruheort auf dem Berg Zion ist von Gott bestimmt. David, der die Burgfeste Zion einnahm (2. Sam 5,7), ist sein dazu erwähltes Werkzeug.

Zum Schluss der Strophe (69) ist nach dem Berg Zion von „seinem Heiligtum" (מקדשו) die Rede. Die entsprechende Aussage im Schilfmeerlied (Ex 15,17) dürfte dazu die Vorlage abgegeben haben.

Psalm 78,69	Exodus 15,17
וַיִּבֶן כְּמוֹ־רָמִים מִקְדָּשׁוֹ כְּאֶרֶץ יְסָדָהּ לְעוֹלָם׃	תְּבִאֵמוֹ וְתִטָּעֵמוֹ בְּהַר נַחֲלָתְךָ מָכוֹן לְשִׁבְתְּךָ פָּעַלְתָּ יְהוָה מִקְּדָשׁ אֲדֹנָי כּוֹנְנוּ יָדֶיךָ׃
Er baute wie [Himmels-]Höhen sein Heiligtum, / wie die Erde gründete er es für immer. //	Du wirst sie [= Volk] bringen und pflanzen auf den Berg deines Erbteils, / einen Ort zu deinem Wohnen hast du dir gemacht, JHWH, / ein Heiligtum, das bereitet/befestigt haben deine Hände.

Analog sind die Verbindungen von „Berg" (68) und „Heiligtum" (69, zum „Erbteil" 71, vgl. 55.62), und dass JHWH durchgehend der Handelnde ist (→ 4.4). Gottes „Machen" entspricht seinem „Bauen", und v.a. ist er der „Festigende" bzw. „Gründende" (zur Parallelität von כון *pol* und יסד mit Bezug auf Himmel und Erde vgl. Jes 51,13; Spr 3,19). Der Bau des irdischen wird mit dem himmlischen Heiligtum verglichen (vgl. ähnlich Jes 33,5) und derart Festigkeit und Beständigkeit ausgedrückt, wie der Vergleich mit der Gründung der Erde zeigt (Jes 48,13; 51,13.16; Ps 89,12). Dem entspricht ein permanenter Ruheort für die Lade. Wie in 60 (Schilo) und 2. Sam 6,17 kann auch in 69 ein Zelt gemeint sein. Die Beständigkeit haftet am Ort als ausgesondertem, heiligem

---

176   Liegt beim Jakob-Segen an Joseph/Ephraim angesichts dessen Kompetenz mit dem Kriegsbogen eine Anspielung *ad malam partem* vor (Gen 49,23–24), so ist bei dem an Juda eine solche *ad bonam partem* denkbar (Gen 49,8.10: Führerschaft, Zepter – zu Schilo im Juda-Spruch vgl. Knittel, Heiligtum, 179–187).

177   Vgl. Ps 114,2: Juda wurde sein Heiligtum, Israel sein Herrschaftsbereich.

Bereich und nicht an der Form der Behausung. Entsprechend ist wahrscheinlich (wie in Ex 15,17) kein (aus Steinen gebauter) Tempel im Fokus, zumal der Psalm mit David aufhört und Salomo als Tempelerbauer nicht in den Blick kommt. Parallel zum Berg Zion (vgl. 2. Kön 19,31; Jes 4,3; 10,12; 24,23) zielt die Rede vom Heiligtum auf Jerusalem als Ort hin (vgl. auch Ps 132,4–5.7–8.13–14).[178]

Bilanzierend ist mit Blick auf die Strophe 67–69 (DD) zu sagen: Auf der Oberflächenstruktur des Textes ist *kein* geteiltes Reich im Blick, zumal der Psalm mit David endet. Zudem ist weder in 67 vom Untergang des Nordreichs die Rede[179] noch tritt in 68 Juda als Südreich das Erbe der Zehnstämme an. Schliesslich: Alle Stämme, auch die Joseph-Stämme im Norden, bleiben im Gottesbund und haben Zugang zum Heiligtum mit der Lade, nun auf dem Zion.

In der Schlussstrophe (70–72) wird zur Erwählung Judas und des Berges Zion diejenige von David hinzufügt. Innerhalb dieser Trias ist seine Erwählung am stärksten ausgeführt und am Schluss des Psalms platziert – auf ihr liegt der Fokus. Gegenüber dem Duo Schilo/Ephraim bildet in der Trias Juda/Zion/David Letzterer denn auch das zusätzliche Moment: Sein Königtum hat keine vorangehende Entsprechung in den Joseph- bzw. Zehnstämmen.[180]

Gegen Schluss der Lade-Erzählung spricht David davon, dass JHWH ihn erwählt hat (2. Sam 6,21 = erster Beleg, ferner 1. Kön 8,16; 11,34; 2. Chr 6,6 u.a., öfters kombiniert mit der Erwählung Jerusalems). Im nachfolgenden Kapitel findet sich mehrfach, wie in 70, die Ehrenbezeichnung „Knecht" Gottes für David (2. Sam 7,5.8.26.29), dazu die Verbindung von Gotteshaus (Jerusalem/Zion) und Davidhaus (Dynastie) als Verheissung (2. Sam 7,8–16). Auch in Ps 78 (und Ps 132) sind diese drei Momente beieinander.[181] Insofern ergeben sich am Schluss des Psalms nochmals Bezüge zur letzten Etappe der Lade-Erzählung. Sie greifen nun aber darüber hinaus und beziehen das folgende Kapitel mit ein. Dazu gehört das Motiv „Hirte/Herde"[182] im Zusammenhang mit der David anvertrauten Führerschaft von Gottes Volk (vgl. 52). Geholt von der Weide als Kleinviehhirt, wird David beauftragt, Gottes Volk und Erbteil zu weiden (2. Sam 7,7–8, zur Erwählung Davids als Führer des Volkes vgl. auch 2. Sam 6,21; 1. Kön 8,16).[183]

---

178   Mit LEONARD, Traditions, 257–265.

179   So etwa KIM/VAN ROY, Reading III, 110. Dass das Zelt Josephs das „Northern sanctuary" meine, wie sie behaupten, wird nicht gesagt. Kommt dazu, dass im Nordreich bis 722 v. Chr. das Heiligtum längst nicht mehr in Schilo, sondern in Bethel (und Dan) war.

180   Vgl. auch die Zuordnungen in der Joseph-Geschichte (Gen 37–50): Joseph ist der Gesegnete, der Erstling mit doppeltem Anteil (Ephraim und Manasse), die Königshuldigung durch seine Brüder (und darüber hinaus) wird im abschliessenden Jakob-Segen jedoch Juda – und d.h. dann David und seinem Haus – zuteil (Gen 49,8–10). Zu den Joseph-Stämmen und Juda (Zepter!) vgl. auch Ps 60,9 = 108,9.

181   Gemäss Ps 2,6 wird der Gesalbte auf dem Zion inthronisiert.

182   Es findet sich bereits in 52 und hat zudem in den Asaph-Psalmen einen prominenten Platz, vgl. Ps 74,1; 77,21; 78,52.70–72; 79,13; 80,2.

183   Die Assoziierung Davids mit dem Hirte-Sein ist zweifach: Zum einen erfolgte seine Erwählung und Salbung, als er noch das Kleinvieh hütete (1. Sam 16,6–13.19; ferner 1. Sam 17,15.20.28.34; 2. Sam 7,8); zum andern wird im Alten Orient die Aufgabe des himmlischen (Gottheit) wie des irdischen Königs (Ez 34,11–16.23–24; Ps 23,1) als Hirtenamt beschrieben.

Es ist nicht ausgeschlossen, dass innerhalb von Ps 78, verbunden mit der im Hintergrund stehenden Erzähltradition, mit dem negativen Verhalten der ephraimitischen Bogenschützen in der (Philister-)Schlacht (9.57.60–61) – gegenläufig dazu – das positive (d.h. mutige und auf Gott vertrauende) Verhalten Davids in einer späteren Konfrontation mit den Philistern bzw. Goliat aufgerufen wird (1. Sam 17). Es fällt auf, dass Davids Tätigkeit als Kleinvieh-Hirte und sein Weggeholtwerden davon in 70b.71a erscheint und dieses Moment auch in 1. Sam 17,15.20.28.34–36 erwähnt wird. Kommt dazu, dass Gott in 66 zugunsten seines Volkes eingreift, die Bedränger „(zurück)schlägt" (נכה) und ihnen Schmach bereitet (חרפה). Diese Wurzeln tauchen in der Schilderung von Davids Kampf mit Goliat bzw. den Philistern wiederholt auf (1. Sam 17,9.25–27.35–36.46.49–50.57 bzw. 1. Sam 17,10.25–26.36.45) und stellen in diesen Texten ein bestimmendes Moment dar.

In 62 verweisen die Possessivpronomina in den Ausdrücken „sein Volk" (auch in 20.52, vgl. „mein Volk" in 1) und „seinen Erbteil" (ohne Suffix in 55) kaum auf David, sondern auf Gott (Verbalmorphem). Dies ergibt sich aus inhaltlichen Gründen (Erbteil und Volk sind Gottes) und aufgrund der theologischen Betonung, dass das Handeln und Bewirken von Jhwh ausgeht. Die für David bestimmte Tätigkeit des Weidens (inf cons) erscheint am Anfang des Schlussverses als finite Verbalaussage (wjjqtl) erneut. Damit geht eine im Duktus des Psalms auffällige Subjekt-Verschiebung einher: Das handelnde Subjekt ist nun David, zumal die Umstandsbestimmung „nach der Lauterkeit seines Herzens" (72a) auf ihn zu beziehen ist. Zwar hat Gott Juda erwählt (68), und David kommt aus Juda, aber er „weidet" (wie Gott) Jakob/Israel insgesamt. Eine Engführung im Sinne von Israel = Juda ist nicht gemeint. Insofern wird am Psalmschluss nochmals deutlich, dass die Verwerfungs-/Erwählungs-Topik nicht in grundsätzlichem, sondern in spezifischem und funktionalem Sinn zu verstehen ist: Israel wurde im Gottesgericht verworfen (59), bleibt aber umsorgt (71–72). Zu Israel gehören auch die Joseph-Stämme. Das heisst, die Verwerfung Ephraims (67) bezieht sich auf die Beherbergung der Lade (Schilo) und die Führerschaft über die anderen Stämme. Analoges gilt umgekehrt für die Trias Juda, Zion und David. Dass es diesbezüglich auch anders kommen kann, weiss die spätere, nicht mehr im Psalm greifbare Geschichte.

In der allerletzten Psalmzeile (72b) wird die Hirtenmetaphorik verlassen und „weiden" (רעה) mit dem bedeutungsähnlichen נחה „leiten" parallelisiert. Die göttliche Führung, die den Abschluss macht, ist ein zentrales Motiv dieses Psalms (vgl. 13–14.52–54).[184] Beim Begriff תבונות steht, auf die Hände bzw. Handflächen bezogen, wohl weniger der kognitive (Einsicht) als der handlungspraktische Aspekt der Regentschaft im Vordergrund. Er lässt sich mit „Geschick(lichkeit)" (Abstraktplural) wiedergeben.[185] Verben rahmen den letzten Vers, und das Morphem ינחם macht den Abschluss. Die hi-Form führt die Möglichkeit mit sich, dass die zwischen Gott und David wechselnden Er-Aussagen (70–72) am Ende oszillieren und David („Er leitete sie mit dem Geschick …") wie Jhwh („Er liess sie leiten durch das Geschick …")[186] Subjekt sein können (im zweiten

---

184   Vgl. SEILER, Text-Beziehungen, 125.
185   In Dtn 32,28 wird die Einsichtslosigkeit Israels gebrandmarkt.
186   Dafür ist eine kausative Verwendung nötig; die Bedeutungsdifferenz zwischen qal und hi ist allerdings nicht leicht zu bestimmen; die hi-Belege (so auch in 14.53) werden ohne Kausativierung verstanden bzw. lassen sich ohne Kausativierung

Fall ist David der Mittler, ähnlich wie Mose und Aaron in Ps 77,21). Aufgrund des Wechsels im Schlussvers von einer *wjjqtl*- zur finalen *jqtl*-Form wird die Königsherrschaft als anhaltend verstanden und auf die Gegenwart hin geöffnet (→ 4.5).[187] Das Wir-Kollektiv ist mit seiner Rede in der erzählten „Gegenwart“ der Frühzeit angekommen, und damit schliesst Ps 78.

Der in der Schilderung abgeschrittene Erzählbogen reicht von Zo'an nach Zion (Wortspiel!). Auf der syntakto-semantischen Ebene endet die Geschichte auf Zion und bei David. Getrennte Königreiche sind ebenso wenig im Blick wie der Untergang des Nord- und/oder des Südreichs. Auch von Geschehnissen aus der Perserzeit, der Auseinandersetzung von Judäern und Samaritanern oder der Makkabäer- und Hasmonäerzeit ist nichts zu hören. Nicht einmal David wird explizit als Gesalbter oder König bezeichnet.[188] Der erzählten Frühzeit im Land entsprechend steht Israel als Stämmeverband im Vordergrund. Ob und inwieweit sich „zwischen“ den Zeilen bzw. auf einer zweiten Ebene der Interpretation des Psalms als Parabel spätere Zeiten anzeigen, wird nun abschliessend zu bedenken sein.

6. Ertrag und Einordnung

6.1 Bilanz: zur Bedeutung von Psalm 78

Das in Ps 78 sprechende Wir hat im Rahmen der Psalmeröffnung anhand von Generationen-Konstellationen deutlich gemacht, wie essentiell die Traditionsweitergabe und damit die je neue Vergegenwärtigung der den Bund zwischen Gott und seinem Volk konstituierenden Heilsinterventionen und Verpflichtungen sind. Die Asymmetrie zwischen Gottes Heilswirken und der Untreue des Volkes wird in 8 erstmals in Worte gefasst und danach im Erzählgang durch die Geschehnisse der Frühzeit veranschaulicht. Zwar starb die Auszugsgeneration in der Wüste und durfte nicht ins verheissene Land (32–33), doch trotz des wiederholten Bundesversagens erwies sich Gott als barmherzig (38–39). Nach dem Einzug ins Land setzten die Israeliten die Verfehlungen jedoch fort. Sie werden als Bruch des Hauptgebots und Abfall von Gott charakterisiert und führten zum Gericht: Jhwh entzog sich seinem Volk, gab das Heiligtum (Lade) preis und überlieferte Volk und Priesterschaft dem Schwert (der Philister). Nach einem zeitlichen Verzug „erwachte“ Gott und bereitete seinen Bedrängern Schmach. Die Rückkehr der Lade führte im Stämmeverband Israel zu tiefgreifenden Einschnitten. Diese werden vorbereitet durch die auffällig platzierte Ephraim-Strophe (9–11). Die ganz Israel geltende, in die Preisgabe Schilos ausmündende „Verwerfung“ wird nach der Rückkehr Gottes zu seinem Volk neu akzentuiert

---

verstehen. In den beiden poetischen Mose-Stücken wird Gottes Leitung (נחה) besungen (Schilfmeerlied: Ex 15,13 *qal*) bzw. Gottes alleinige Führung (im Blick auf andere Gottheiten) herausgestellt (Mose-Lied: Dtn 32,12 *hi*).

187   So ähnlich auch Knittel, Heiligtum, 159: „Das Nebeneinander von *wayyiqtol* und *yiqtol* in V. 72b zeigt sowohl den Vergangenheitsbezug der Erwählung Davids als auch die fortwährende Gültigkeit von dessen Führungsrolle an.“ In den anderen beiden Vorkommen des Verbs in Ps 78 (14.53) werden *wjjqtl*-Formen verwendet.

188   Wie im Vorgängerpsalm bei Mose und Aaron (Ps 77,21) wird in 52–53.70–72 Hirtenmetaphorik verwendet, die im Alten Orient transparent für göttliches wie irdisches Königtum ist.

und differenziert: Joseph/Ephraim wird „verworfen" und Juda/Zion „erwählt". Das heisst nicht, dass das Israel der zehn Stämme auf Juda reduziert wird, wohl aber, dass Ephraim seine Vorzugs- und Führungsstellung unter den Stämmen an Juda verliert: JHWH kehrt nicht mehr in das ephraimitische Schilo zurück; die Lade kommt nach Juda und schliesslich auf den Berg Zion. Bezüglich der Führerschaft wechselt nicht nur der Stamm, sondern David wird (als König) „erwählt" und beauftragt, ganz Israel zu leiten.

Soweit die knappe Nachzeichnung des Textverlaufs von Ps 78, die zu David hinführt – aber nicht über ihn hinaus. Der Bogen der Heilsgeschichte spannt sich von Ägypten nach Jerusalem oder mit einem im Text greifbaren Wortspiel gesagt: Gott führt seine Zo'n (52.70) von den Gefilden Zo'ans (12.43) bis auf den Berg Zion (68). Eingelegt in diese „Wegstrecke" Israels von der Knechtschaft zum Heiligtum ist ein zweiter Geschehensbogen, der sich nach der Ankunft im Land abspielt. Er betrifft den Ort der Gottespräsenz und -führung *innerhalb* Israels und die Vorzugsstellung der Stämme. Darauf wird mittels einer Prolepse zu Beginn des ersten Erzählbogens hingewiesen und neben dem „Zo'an/Zion"-Rahmen (12.68) ein „Ephraim"-Rahmen (9.67) etabliert. Die Joseph-Stämme im Norden werden zwar nicht für die Vergehen des gesamten Volkes Israel haftbar gemacht, aber in die Nähe der sündigen Wüsten-Generation gestellt (10–11). Obwohl Ephraim die Führerschaft im Stämmeverbund anvertraut war, legte er kein positives Bundesverhalten an den Tag. Zudem trug er durch sein Versagen im Kampf massgeblich zum Ladeverlust bei, so dass Gott ihm die Führerschaft in Israel entzog. Das Alleinstellungsmerkmal kommt von Gott her nun David zu, der Jakobs Hirte wird. David ist, abgesehen von den Israel- und Stämme-Bezeichnungen (Söhne Jakobs), der einzige Eigenname, und auf ihm liegt der Fokus. Mose dagegen bleibt unerwähnt, auch wenn die dargebotene Heilsgeschichte und die Bundesverpflichtung ihn hintergründig stets präsent sein lassen. Ja, hinter dem sprechenden Wir-Kollektiv steht er in dtn Weise „as the authoritative speaker of the ancient traditions, rebuking, exhorting, promising"[189]. Die Joseph-Stämme mit den in ihren Landen beheimateten Leviten waren bisher die Träger der mit Mose verbundenen Überlieferung. Diese geht nicht verloren, hat ihren Ort aber (mit der Lade) künftig auf Zion, und ihr Hüter soll fortan David sein (anders noch Ps 77,16.21).

6.2 Entstehungs- und Verwendungszeit(en)

6.2.1 Vorüberlegungen

Die alttestamentliche Wissenschaft bearbeitet von ihrem historisch-kritischen Ansatz her vornehmlich (literar)historische Fragestellungen. Dabei wird den angenommenen Entstehungsumständen („Erzählzeit") eine bedeutungskonstituierende Rolle zugebilligt. Die damit verbundene Privilegierung einer rekonstruierten Genese gegenüber der Geltung der Texte ist aus kanonhermeneutischer und theologischer Sicht problematisch. Die fortgesetzte Verwendung, gemäss der im „kanonischen" Horizont die Texte ihr Wort immer neu zu sagen haben und vermögen, macht nämlich die Eigenheit der Schrift von Anbeginn aus. Bei den Psalmen als zeitlich

---

189 CLIFFORD, Zion, 130, unter Hinweis auf das „liturgical preaching" Moses im Zusammenhang mit dem Moab-Bund in Dtn 29–30.

weniger stark verhafteten „Wiederverwendungstexten" gilt dies in besonderem Mass. Entsprechend ist Ps 78 mit unterschiedlichen Zeitumständen kontextuierbar, wofür bereits die Forschungsgeschichte mit ihrer Bandbreite an vorgeschlagenen Datierungen ein beredtes Zeugnis abgibt.[190] Neuverwendungen werden durch linguistische Ambiguitäten (und Leerstellen) erleichtert, bringen es freilich mit sich, dass gewisse, zu jeweiligen Zeitumständen weniger passende Aussagen abgeblendet (*backgrounding*) oder metaphorisiert werden, während andere hervorgehoben (*foregrounding*) und akzentuiert werden. Dieses, bis zur heutigen Predigt biblischer Worte zu beobachtende Phänomen findet sich in der Tendenz schon in der historisch-kritischen Exegese selbst, wo je nach Datierung gewisse Aussagen des Psalms besser „untergebracht" und verstanden werden als andere. Mittels literarkritischer und redaktionsgeschichtlicher Annahmen, die von einer gestaffelten Entstehung ausgehen, wird dies dann teilweise „aufgefangen" bzw. abgemildert. Das bei Ps 78 „klassische" Beispiel für diese Problematik ist die „Ephraim"-Aussage von 9(–11) und ihre Verbindung mit 57 sowie der finalen Stanze (65–72). Der *terminus a quo* für die „Erzählzeit", ist bekanntlich die „erzählte Zeit", und diese endet, was die linguistische Oberflächenstruktur betrifft, in 70–72 mit David (Anfänge seiner Königszeit).

Im Gegensatz zu vielen Individualpsalmen mit ihrer formularischen Typik ist bei kollektiven Psalmen (zu denen unser „Geschichtspsalm" gehört) angesichts ihres „öffentlichen" Charakters die Suche nach dem Entstehungszusammenhang (Erstverwendung) etwas vielversprechender. Zur Erhebung der geschichtlichen Einbettung können Eigennamen und spezifische geopolitische Bezeichnungen bzw. an ihnen haftendes Geschehen beitragen. Mit „Ephraim", „Joseph", „Juda" und „David" sind Namen bereits angesprochen worden; es finden sich in Ps 78 weitere, z.B. die Ortsangaben Schilo und Zion.[191] Daneben werden in der Regel vermutete Textabhängigkeiten und insofern die Literargeschichte und andere Hinweise (Phraseologie, kulturelle und theologische Indizien, Denkströmungen etc.) zur Bestimmung der „erzählten Zeit" in Anspruch genommen.[192]

Damit kommen wir zurück zu den „Ephraim"-Aussagen, deren Ein- und Zuordnung – ob als primär oder sekundär beurteilt – bei der Datierung von Ps 78 (Grundpsalm oder Redaktionsschicht) eine entscheidende Rolle spielen. Diskutiert wird, ob und inwiefern Ephraim/Juda die beiden Königreiche, den Wechsel des Heiligtums von Schilo nach Jerusalem und den Untergang des Nordreichs (722 v. Chr.) anzeigt. Wird dies bejaht und der David-Schluss in Rechnung gestellt, ergibt sich (frühstens) eine königszeitliche Ansetzung. Demgegenüber gibt es Stimmen, die für eine (spät)nachexilische Datierung in persischer, hellenistischer oder sogar hasmonäischer Zeit plädieren. Sie stützen sich dabei auf das vorherrschende Paradigma ab. Diesem gemäss werden biblische Aussagen vermehrt als unhistorisch bzw. fiktiv beurteilt und einzelne Textstrata wie auch die Formierung der Bibelbücher spät(er)

---

190   Gegenüber einer rekonstruierten Erstverwendung sind in der alttestamentlichen Exegese auch frühe Wiederverwendungen (*relecture* – mit oder ohne Fortschreibung) ins Auge zu fassen, zumal mögliche Neuverwendungen bei anderen Auslegern als Erstverwendungen veranschlagt werden (können).

191   Allerdings können diese auch als Chiffren bzw. symbolisch interpretiert werden.

192   Dass dabei – methodisch nicht unproblematisch – Vorannahmen und eine zirkuläre Denkstruktur ins Spiel kommen, wurde eingangs angesprochen (→ 1.).

datiert. Im Fall von Ps 78 wird die Spätansetzung mit der Einstufung des Psalms als „deuteronomistisch" und den Bezugnahmen auf eine Vielzahl vorgelagerte Stoffe (Intertextualität) begründet (teils unter der Annahme, dass der Pentateuch dem Psalm bereits abgeschlossen vorlag).[193]

6.2.2 Von der Oberflächenstruktur (Frühzeit) über den Parabel- und Rätselcharakter zur Tiefenbedeutung (Untergang des Nordreichs)

Die Auslegung des ausdrücklich eine Deutung verlangenden Psalms (2) führt von der Analyse der Oberflächenstruktur hin zu einer Zweit- bzw. Tiefenebene, bei welcher Frühgeschichte mit zeitnahem Geschehen interpretiert wird.[194] Für diese geschichtshermeneutische „Unterweisung" (Tora) wird Prophetie und Weisheit in Anspruch genommen (1–2). Bei Otto Eissfeldt[195] fällt der linguistisch-literarische Oberflächenhorizont mit der Ebene der Interpretation bzw. Tiefenstruktur in eins: Er stellt – berechtigterweise – die Nähe zwischen Dtn 32,1–43 und Ps 78 heraus, datiert das Mose-Lied in die Mitte des 11. Jh.s v. Chr. (Richterzeit) und den Psalm ins 10. Jh. v. Chr. (vor der Reichsteilung um ca. 930 v. Chr.). Mit diesen Datierungen war Eissfeldt schon zu seiner Zeit ein Aussenseiter. In neuerer Zeit wird ein derart zeitnaher Anschluss der Erzählzeit an die erzählte Zeit für Ps 78 kaum noch vertreten.[196]

Mein Einwand gegen Eissfeldts Ansetzung hat ihren Grund nicht in seiner Datierung der in Ps 78 greifbaren Überlieferungen bzw. Textstrata, sondern beruht auf einem Fingerzeig im Psalm selbst: Das sprechende Ich gibt zu verstehen, dass es Worte „aus der Frühzeit" (מני־קדם) vorträgt (2) – und ihm damit selbst nicht zugehört. Die angesprochene, grundlegende Urzeit reicht von den Anfängen in Ägypten bis zu Gottes Wohnsitznahme auf dem Zion.[197] Der genannte Wortinhalt ist im gleichen Vers mit einer Wortverwendung verbunden: Das vergangene Geschehen ist Rätselrede, die Worte ergehen als Gleichnis bzw. Parabel. Die Frühzeit dient demnach als Verstehensgrundlage für eine andere, spätere Zeit. Von dieser besonders qualifizierten Zeit lässt sich kaum anders als mit einem gewissen Zeitabstand sprechen, und ein solcher ist für die Etablierung dieser Grundlagenzeit in ihrer zeitübergreifenden Bedeutung zu veranschlagen.[198] Die Regentschaften von David und Salomo (10. Jh. v. Chr.) kommen daher kaum in Frage, und für die Zeit des Nebeneinanders von Nord- und Südreich gibt es keine Anhaltspunkte.

Umgekehrt entspricht eine nach-königszeitliche Datierung ebenso wenig der auf David zulaufenden Textspur. Ps 78 endet damit, dass die Trias Juda, Zion (mit

---

193 Auf eine eingehende Darstellung der Forschungsgeschichte wird verzichtet, zumal diese bei der Erörterung des Psalms ohnehin fast jedesmal neu aufgerollt wird.

194 Vgl. den Titel meiner früheren Publikation: WEBER, Psalm 78: Geschichte mit Geschichte deuten.

195 Vgl. EISSFELDT, Lied.

196 Ausnahmen sind CAMPBELL, Psalm 78, und LEUCHTER, Reference, die beide Ps 78 ebenfalls ins 10. Jh. v. Chr. datieren.

197 In diesem Sinn auch KOCH, Qädäm, v.a. 260–268.

198 Aufgrund der im Psalmeingang erwähnte Abfolge von Generationen gelangt die Überlieferung von Heilstaten und Bundesverpflichtungen in die Gegenwart. Diese sind zu Zeugnis und Weisung geworden, und als auf die Gegenwart hin interpretiertes Wort ergehen sie in veränderten Zeiten neuerdings als Gottes Tora (1).

Lade) und David vorliegt, nicht dass sie verlustig gegangen ist. Entsprechend passt eine exilisch-nachexilische Datierung und damit Erstlesung schlecht.[199] Eine solche setzt die Metaphorisierung bzw. Symbolisierung der Aussagen voraus. Die angezielte Deutung des Untergangs des Nordreichs mit der Preisgabe Schilos (Ephraim-Konnex) und damit die Parabolik wird damit aufgelöst bzw. verdoppelt. Eine solche „Lesart" kann für spätere Neuverwendungen,[200] aber kaum für die Entstehung des Psalms in Anschlag gebracht werden.[201]

Mit Blick auf eine königszeitliche Ansetzung (nach dem Fall des Nordreichs) kommen vornehmlich die Regentschaften von Hiskia und Josia in Frage, unter denen religiöse Reformen und „Bemühungen" um die Anbindung der Nordstämme an Juda/ Jerusalem (trotz assyrischer Besetzung) vonstatten gingen. Die Zeit des Davididen Hiskia (um ca. 700 v. Chr.)[202] ist dabei nicht nur die frühestmögliche, sondern m.E. zugleich die wahrscheinlichste Annahme, weil in ihr Text- und Deutungsindizien am besten untergebracht werden.[203] Für eine hiskianische Ansetzung, in Verbindung mit Fluchtbewegungen und dem Transfer von Überlieferungen vom Norden in den Süden (v.a. nach Jerusalem)[204] aufgrund des Aufmarsches assyrischer Truppen ins Zehnstämme-Reich, lässt sich ein Bündel an Argumenten anführen, die ich anderswo vorgetragen habe und hier nicht zu wiederholen brauche.[205] Einige (weitere) Hinweise seien gleichwohl angeführt.

---

199   Auch eine Vertreibung aus dem Land sehe ich in Ps 78 nirgends angedeutet.

200   Solche „Fortschreibungen" sind innerhalb der Psalterstruktur angezeigt. Man denke etwa an den Nachfolgepsalm 79 sowie Ps 89 als geschichtliche bzw. geschichtstheologische Weiterführungen.

201   Diese sich vom Psalm *selbst* her nahelegende Einschätzung wurde unter dem Druck der vorherrschenden Spätdatierungen preisgegeben. Auf die literarhistorischen Rahmenbedingungen kann hier nicht eingegangen werden. Nur soviel: Der Schlüssel dazu liegt beim (dtr) Dtn, das m.E. zu spät und gemeinhin unter der Leselinse des Exils angesetzt wird (womit vom Dtn beeinflusste Literatur entsprechend nachgeordnet werden müsste).

202   Ob auch die wundersame Bewahrung Jerusalems vor den Assyrern (701 v. Chr.) in der Vergangenheit liegt und allenfalls in Ps 78 angedeutet ist, bleibt schwierig zu beantworten. Allenfalls könnte man die Aussage von 66 dafür anführen (vgl. 2. Kön 19,32–37). HENSEL, Narrative(s), setzt die Lade-Erzählung nach 701 v. Chr. an und sieht in den Philistern und ihrem „godnapping" die Assyrer und ihr Vorgehen gespiegelt (anti-assyrischer Impuls).

203   Die Ansetzung von Ps 78 in hiskianischer Zeit teile ich mit einer Anzahl weiterer Ausleger, vgl. u.a. FÜGLISTER, Lösung, 294–295; KIM/VAN ROY, Reading II, 477–479; CLIFFORD, Zion, 138; STERN, Dating; LEONARD, Traditions, 333–341; WEINGART, Juda, 452–452 (Grundpsalm nach 701 v. Chr.); ELLIOT, Northern Psalms, 113–120.

204   Dass Leute aus levitischen und anderen Führungskreisen der Zehnstämme während der Regentschaft Hiskias auch in Funktionen und Ämter an Tempel und Hof aufstiegen, ist wahrscheinlich. Es wird nicht nur eine Integrierung der Überlieferung und von Bevölkerungsteilen aus dem Norden, sondern sogar eine „Israelitisierung Judas" erwogen (vgl. dazu SCHÜTTE, Exil, 7–24.165–185).

205   Vgl. WEBER, Asaph im Psalter, 356–371 (mit Lit.). Der Beitrag findet sich als aufdatierte Neuveröffentlichung auch im vorliegenden Sammelband (III.5). Vgl. ferner COOK, Roots, 49–57, und zum historisch-archäologischen Forschungsstand der assyrischen Hegemonie in der südlichen Levante FAUST, Century; ZILBERG, Provinces, und FAUST/ASTER, Levant (samt weiteren Beiträgen in dem von ihnen

Was Berührungen von Aussagen von Ps 78 (datiert nach 722 v. Chr.) mit der (königs-zeitlichen) Prophetie betrifft, verdient zunächst Hos Erwähnung: Ähnlich wie in 10–11 (ferner 58) wird Ephraim[206] mit Götzendienst und Bundesbruch in Verbindung gebracht und dem Nordreich das Gottesgericht angekündigt.[207] Die exklusive Verbindung von 9.57(.67) mit Hos 7,15–16 (vgl. auch Gen 49,24) ist besonders augenfällig (→ 5.2.1).[208] In der späten Königszeit wird bei Jer in der Tempelrede nicht nur eine Analogie des Ergehens zwischen Schilo und dem Jerusalemer Tempel, sondern auch hinsichtlich der Verstossung (שלך hi) von Juda und Ephraim („alle eure Brüder, alle Nachkommen Ephraims") hergestellt (vgl. 60.67–68 mit Jer 7,1.14–15).[209] Dass dieses Gerichtshandeln für Ephraim (wie für Juda) jedoch zeitlich begrenzt ist, machen die Verheissungen der Wiederherstellung in Jer 30–31 deutlich (vgl. v.a. 31,9.15–20). Ähnliche Heilsaussagen ergehen in Hos 11,8–11; Jes 11,11–16 und aus dem babylonischen Exil in Ez 37,15–28; 47,21–48,7 (nachexilisch: Sach 9,13–17; 10,6–12). Der Intention von Ps 78 entsprechend soll gemäss Jer 31,6 Ephraim zum Zion (und nicht nach Dan, Bethel oder den Garizim) hinaufziehen (vgl. Jer 3,17–18), und nach Hos 3,3–5 (ähnlich Jer 30,9, ferner Ez 37,24–25) werden die Israeliten (aus dem Norden) nicht nur Jhwh, sondern auch David, „ihren König", in Jerusalem aufsuchen (vgl. Jer 3,14–15). Was Ps 78 am Ende im Rahmen seiner Parabelworte nur indirekt anzeigt, wird in den prophetischen Verheissungen ausgesprochen: Es gibt eine Zukunft (auch) für Ephraim unter den Stämmen Israels.[210] Dies geschieht jedoch nicht (mehr) durch ein eigenes Königshaus und/oder einen eigenen (samarisch-jahwistischen) Tempel, sondern im doppelten Anschluss an das Gotteshaus auf dem Zion und an das Davidhaus.[211] Ein derartiges Festhalten am Gottesbund mit allen Stämmen unter Ausrichtung auf Jerusalem musste gegenüber der assyrischen Hegemonialmacht provokativ wirken; zugleich war es glaubensmutig.

Eine kurze Durchsicht der Prophetie ergibt mit Blick auf Ephraim bzw. die Nordstämme eine inhaltliche wie zeitliche Nähe von Ps 78 zu Hosea. Ergeben sich zum Nordreich-propheten (und zu Jesaja[212]) Berührungen zu Gerichts- und Heilsworten, so sind es in

---

herausgegebenen Sammelband [2018] sowie zu Massendeportationen in HeBAI 11 Supplement [2022]), zur Beziehung zum Norden in der Königszeit Hiskias (und Josias) Knoppers, Jews, 71–101.

206 Bei der Verwendung von Ephraim sticht Hos hervor: In Hos 4–14 findet sich der Name 37mal.

207 Vgl. etwa Hos 5,9: „Ephraim wird verwüstet ...", zum Bundesbruch u.a. Hos 4,17; 5,3; 6,10; 8,11.

208 Vgl. dazu eingehend Weber, Asaph Meets Hosea, 589–601.

209 Die Schilo-Aussagen in Jer 7,12–15 und 26,6 dürften gegenüber Ps 78 nachzeitig sein.

210 Zum Namen Israel und seiner Verwendung für Gesamtisrael (12 Stämme), das Nordreich (10 Stämme) sowie das Südreich (Juda) vgl. eingehend Weingart, Stämmevolk; Dies., Israelite.

211 Vgl. Weber, Psalm 78: Geschichte, 244, ebenfalls Leonard, Traditions, 254: „The psalmist does not argue for the rejection of the northern tribes *per se*. Rather, it describes a rejection of the old order in pre-Davidic Israel and the establishment of a new era and order focused on David and Zion." Gemäss Clifford, Zion, 137, vermittelt der Psalm auch eine Warnung: „To continue to worship in the northern sanctuary is to repent falsely because God had definitively rejected the northern shrines in their destruction in the eighth century."

212 Vgl. Jes 9,7–10,4; 28,1–4 mit 11,11–16.

der späteren Schriftprophetie, im Nachgang zum Untergang des Zehnstämme-Reichs, namentlich Verheissungen (auch) für Ephraim, die übereinstimmend mit Ps 78, aber deutlicher eine Zukunft (auch) für Ephraim zum Ausdruck bringen. Wie Ps 78 andeutet, wird eine neue Gemeinsamkeit von Ephraim und Juda,[213] aber kein eigenes Königtum noch ein eigener, ephraimitischer/samarischer Kultort erwähnt und schon gar nicht legitimiert.

Eine wie Ps 78 ebenfalls vom Dtn geprägte, aber andere Akzentsetzung bietet der Bericht über den Untergang des Nordreichs und die daran anschliessende Zeit in 2. Kön 17.[214] Dabei geht der Schuldaufweis, der zum Fall des Nordreichs führte (Bundesbruch, Götzendienst), durchaus konform mit den in Ps 78 Israel bzw. den Ephraimiten angelasteten Vergehen (2. Kön 17,7–23).[215] Die für dieses Fehlverhalten verantwortlich gemachten Könige, die Kultorte und das Kultverhalten, die negative Beeinflussung Judas sowie das „Losreissen Israels vom Haus Davids“ (2. Kön 17,8–12.16–17.21–22) fügen sich zu der in Ps 78 greifbaren, Gericht und Heil verbindenden „Lösung“. Eine Zukunft Samarias und der Nordgebiete gibt es für die Bevölkerung (bzw. einen Rest aus ihr?), Königtum und Kult dagegen sind endgültig verloren. Die Unterschiede zu Ps 78 betreffen die jüngere Folgegeschichte: Wegen der Verbannung der Bevölkerung und der Umsiedlung entsteht eine Mischbevölkerung, und daraus resultiert Synkretismus (2. Kön 17,24–41). Im letzten, predigthaften Passus (2. Kön 17,34–41) wird an den Gottesbund erinnert und zur Umkehr aufgerufen. Zudem wird gesagt, dass „bis zum heutigen Tag“ nicht nach Gottes Satzungen gelebt, sondern am Götzendienst festgehalten, aber zugleich Jhwh gefürchtet werde. Unterschiede zwischen 2. Kön 17 und Ps 78 sind nicht in Abrede zu stellen; unvereinbar aber sind die Aussagen nicht, zumal sie zeitlich gestaffelt liegen können, ein anderes Genre und eine unterschiedliche Textpragmatik haben. Ein Teil der Unterschiede zwischen Ps 78 und 2. Kön 17 könnte auch auf unterschiedliche Verhaltensweisen unter der Bewohnerschaft im Gebiet des ehemaligen Nordreichs und von Juda zurückgehen.

Selbst wenn man 2. Kön 17 (spät)nachexilisch einordnet und historisch von einer Gleichzeitigkeit einer jüdisch-israelitischen und einer samarisch-israelitischen

---

213 Vgl. auch die in der Joseph-Erzählung (Gen 37–50) zum Ausdruck kommende Austarierung der Führungsansprüche und -funktionen zwischen Joseph und Juda, dazu die Hinweise von Hensel, Juda und Samaria, 183–187 (freilich mit Skepsis gegenüber seiner Auswertung als „Kompromissdokument“ zwischen Jehud/Jerusalem und Samaria/Garizim in Verbindung mit einer spätpersisch-frühhellenistischen Datierung).

214 Der komplexe, viel diskutierte und meist als inhaltlich wie zeitlich geschichtet aufgefasste Text hat auch im Zusammenhang mit der weiteren Geschichte der Bewohner in den Nordreich-Gebieten (Samarier) neue Beachtung erfahren. Vgl. dazu etwa Knoppers, Jews, 18–70, und Hensel, Juda und Samaria, 367–389; Ders., Jhwh-Heiligtum, 82–88; zur komplexen Textgeschichte (mit einer möglicherweise gegenüber MT älteren Textfassung) vgl. Schütte, Vetus Latina, und Schütte/Schneider, Adramelech; zum keilschriftlichen Befund bzw. assyrischen Darstellungen des Geschehens vgl. Weippert, Textbuch, 295–325; Radner, Tribes.

215 Vgl. dazu namentlich 10–11 und 56–58, zu den Begriffen etwa כעס hi (vgl. 58 mit 2. Kön 17,11, ferner Hos 12,15). Das „Verwerfen“ (מאס) bzw. „Nicht-Bewahren“ von Bund und Tora (wie „ihre Väter“) führte entsprechend zur „Verwerfung“ Israels bzw. der Joseph-Stämme (vgl. 10.59.67 mit 2. Kön 17,13–15).

Volks- und Kultgemeinschaft mit je einem Heiligtum auf dem Garizim bzw. in Jerusalem ausgehen darf, scheint mir eine Beurteilung dieses Textes (und der Chronik) als „anti-samaritanische Polemik" (Benedikt Hensel) nicht angebracht.[216] Die Ausgrabungen auf dem Garizim sowie Material- und Textfunde (Garizim, Insel Delos, Wadi ed-Daliyeh) lassen eine vom 6. (?) bis ins 2. Jh. v. Chr. reichende Gleichzeitigkeit von „jahwistischen" Tempeln auf dem Garizim und in Jerusalem (sowie zeitweise in den ägyptischen Orten Leontopolis und Elephantine) annehmen. Dabei tritt der Konflikt anscheinend erst ab dem 3./2. Jh. v. Chr. in den Vordergrund und kulminiert gegen Ende des 2. Jh.s v. Chr. in der Zerstörung des Heiligtums durch die Hasmonäer. Dies hat auch zu Neubeurteilungen und -datierungen von biblischen und anderen antik-jüdischen Texten geführt; sie betreffen die Folgegeschichte der Samarier nach 722 v. Chr. und die Relation der ethnischen und religiösen Verhältnisse zwischen Juda und Samaria.[217] Insofern tangiert die Fragestellung auch Ps 78 mit seinen Ephraim-Juda-Aussagen, insbesondere dann, wenn der Psalm nicht – wie hier vorgeschlagen – königszeitlich (Hiskia) angesetzt (für 722 v. Chr. bis zur Perserzeit sind die Quellen zu „Samaria" nach wie vor dürftig), sondern in die persische, hellenistische oder sogar hasmonäische Epoche datiert wird.

Ps 78 fügt sich nicht wirklich zu einem Harmonie- bzw. Nebeneinander-Modell von Kultgemeinden auf dem Garizim (Samarier/Samaritaner) und dem Zion (Juden) in persisch-(früh)hellenistischer Zeit. Aber auch ein Konflikt- oder Oppositions-Modell der Kultgemeinschaften in (spät)hellenistisch-hasmonäischer Zeit ergibt sich nicht aus dem Psalmtext. Nachexilische Ansetzungen von Ps 78 „nötigen" zur Abhebung von (mindestens) zwei Schichten, um sowohl den David-Schluss als auch die Ephraim-Erwähnungen unterbringen zu können. Die Grundschicht wird dann mit restaurativen Tendenzen verbunden, etwa im Sinn von (messianischen)

---

216 Abgesehen von kontroversen Auffassungen zur zeitlichen Ansetzung ist die direkte Korrelation von historisch-deskriptiven Sachverhalten und religiös-normierenden Aussagen heikel und nicht selten selbst ideologisch bestimmt (konfessions- bzw. religionspluralistische, Unterschiede tolerierende Einstellungen sind gegenwärtig *en vogue*, und entsprechend wird etwa die Lösung der Mischehen-Problematik in Esr-Neh weithin negativ charakterisiert). Dass ein Mit- und Nebeneinander „jahwistischer" Kultorte und -formen jedenfalls in persisch-frühhellenistischer Zeit gegeben war, ist kaum zu bestreiten und wird u.a. durch die Doppelkorrespondenzen aus Elephantine mit Jerusalem und Samaria angezeigt (vgl. v.a. TAD A4.7–9, dazu Hensel, Juda und Samaria, 163–170). Dass biblische Aussagen normative Glaubensvorstellungen und damit zwingend Abgrenzungen (wie das Hauptgebot des Dekalogs) einschliessen, ist ebenso gegeben. Im Blick auf die Beurteilung der Samarier/Samaritaner geht die Bibel bei allen Differenzierungen bis hin zu Jesus und den Evangelien dahingehend eins, dass – aufgrund der auch in Juda nicht unbekannten Gefahr des Synkretismus – kein separates Heiligtum toleriert werden kann. Dass der Gottesbund auch für die (angeblich) „verlorenen Stämme Israels" nicht preisgegeben wird und die Zehnstämme weiterhin zu Israel und Jhwh gehören, wird von der Mehrheit biblischer Stimmen gleichwohl festgehalten.

217 Vgl. dazu u.a. Knoppers, Jews; Weingart, Stämmevolk, 54–66, und in neuster Zeit v.a. Hensel, der die Thematik umfassend bearbeitete und seiner Habilitationsschrift (Juda und Samaria) einen Kranz von Aufsätzen nachfolgen liess (→ Bibliographie).

Hoffnungen auf eine Neuetablierung des davidischen Königtums.[218] Die Ephraim-Aussagen – jedenfalls 9(–11) – werden als sekundäre Ergänzungen aufgefasst und mit Auseinandersetzungen zwischen der samarischen/samaritanischen und der Jerusalemer Kultgemeinde in Verbindung gebracht.[219]

> Von den eindeutig nachexilischen Bibeltexten (Erzählliteratur) zu den Samariern gehören solche aus Esr-Neh zu den schroffsten. Sie vertreten ein Substitutionsmodell (Israel = jüdische Rückkehrer aus der Gola) oder kommen ihm jedenfalls nahe (vgl. aber Esr 6,16–17!) und stehen damit den Aussagen von Ps 78 ferne.[220] Von Ps 78 zur Chronik hin gibt es dagegen gemeinsame Linien: die Betonung von Gesamt- bzw. Ganzisrael (Inklusivismus betreffend Zehnstämme), die Reform Hiskias mit der Einladung an Joseph- und weitere Stämme zum Passa nach Jerusalem (2. Chr 30), die Bedeutung der Lade in Verbindung mit der Funktion der Leviten/Asaphiten (u.a. 1. Chr 16) und die generelle Herausstellung der (Sänger-)Leviten.[221] Mit dem unstrittigen Einbezug der Nordstämme und deren Ausrichtung auf Jerusalem (Tempel und Davidhaus) liegt die Chronik auf der Verstehensspur, die Ps 78 zeichnet (vgl. auch Ps 122,3–5). Trotz des Asaph-Konnexes von Ps 78 (sowie weiterer Asaph-Psalmen) und der chr Asaphiten sowie den genannten Ähnlichkeiten wird man Ps 78 zeitlich jedoch nicht ins Umfeld der Chronik einordnen können. Zwar gibt es Kontinuitäten im Sinne eines levitischen (asaphitischen) Trägerkreises, dessen Herkunft jedenfalls bis in die Königszeit (Nordreich) zurückreichen dürfte.[222]

---

218   GÄRTNER, Geschichtspsalmen, 134, sieht Ps 78 als Reflexionstext für die asaphitische Sammlung Ps 74–79 und datiert ihn in nachexilische Zeit (ohne präzisere Angabe). KLEIN, Geschichte, 124–126, verbindet den Grundpsalm mit davidischen Restaurationshoffnungen in nachexilischer Zeit, ähnlich HOSSFELD, Psalm 78, der die Restauration in spätexilisch-nachexilischer Zeit ansetzt, sowie SPIECKERMANN, Heilsgegenwart, 149. KNITTEL, Heiligtum, 168–172.177, begründet aufgrund dtr und priesterlicher (u.a. in der Plagen-Reihe) Rezeptionen eine spätnachexilische Ansetzung: Ps 78 thematisiere als Reflexionstext den Untergang von Nord- *und* Südreich wie auch die Restitution Jehuds in achämenidischer Zeit.

219   Eine Verbindung von Grundschicht und Fortschreibung vertritt etwa WITTE, Exodus, 140–144. Als *terminus ad quem* sieht er das ausgehende 3. Jh. v. Chr. und führt die Abhängigkeit von (spät)deuteronomistischen Paränesen und Geschichtstheologie sowie die Nähe zum chr Geschichtsverständnis und Davidbild an. Die „antiephraimitische Fortschreibung" (9–11) berührt s.E. mit Polemiken in Sir 47,21.23; 48,15; 50,25–26; Tob 1,4.

220   Vgl. z.B. Esr 4,1–5.6–21; 10,9–11; Neh 1,5–6; 2,10, zu Esr-Neh mit Blick auf Samaria vgl. WEINGART, Stämmevolk, 67–83; HENSEL, Juda und Samaria, 283–343 (beurteilt Esr 1–6* als Abgrenzungsstrategie gegenüber der Garizim-Gemeinde, frühstens ab dem 3. Jh. v. Chr.).

221   Vgl. WEBER, Asaph im Psalter, 364–373. KO, Singers, erachtet das babylonische Exil während/nach der Exilierung Jojachins für die Herausbildung der in der Chronik bedeutsamen „scholar-singers" als wesentlich. Zur Chronik mit Blick auf den Norden/Samaria vgl. ferner WEINGART, Stämmevolk, 99–154, die ebenfalls die Inklusivität (was Israel betrifft) herausstellt; anders HENSEL, Juda und Samaria, 345–366; DERS., Polemics, der (trotz Gesamtisrael-Betonung) auf dem Hintergrund des Garizim-Heiligtums die Samaria-Polemik als gewichtig herausstreicht und Chr hellenistisch einordnet.

222   In Ri 18,30–31 wird ein Oberpriester mit mosaisch-gerschonitischer Abstammung als Priester bei den Danitern erwähnt (parallel zum Heiligtum in Schilo, vgl.

Jedoch sind die Differenzen zwischen den Psalmisten, die weithin Gericht anzeigen und Katastrophen verarbeiten und deuten, und den chr „Psalmisten", die (nur) lobdanken und preisen, beträchtlich.[223]

Die „Schnittstelle" zwischen der Oberflächen- und Tiefenstruktur bzw. zwischen der Frühzeit als deutendem und der aktuellen Zeit als gedeutetem Geschehen bildet in Ps 78 der Weg vom einstigen Schilo zum (immer noch) gegenwärtigen Zion. Schilo wie der Zion werden *beide* – und nur sie – als *gesamtisraelitische* Kultorte angesehen.[224] Die mit der Lade verbundene Gottespräsenz unterstreicht dies, und ihr Transfer betont die (unumkehrbare) Abfolge: Ps 78 redet (im Duktus von Dtn 12) nur von *einem* Heiligtum der Stämme Israels im Sinne eines Nacheinanders und nicht eines Mit- oder Nebeneinanders. Der selbst verschuldete Verlust der Lade aus dem ephraimitischen Schilo ist Gleichnis für den selbst verschuldeten Verlust von Kult und staatlicher Existenz des Nordreichs nach 722 v. Chr. Jhwh (und nicht Fremdmächte) ist in Gericht und Wiederherstellung der Handelnde. Das Gericht trifft Israel als Stämmeverbund insgesamt, mit Blick auf das religiöse und politisch-militärische Verhalten im Land wird aber Ephraim eine besondere Verantwortung zugemessen bzw. ein besonderes Fehlverhalten zur Last gelegt. Dem wird mit der Antizipierung der Thematik in 9–11 vorgearbeitet. Der bundesreligiöse Verlust von einst wird mit dem zeitlich nahen Fall des Nordreichs politisch-militärisch eingeholt. Aus Ps 78 ergibt sich jedoch kein Verstehensmodell, in dem Israel (Nordreich) durch Juda (Südreich) „abgelöst" wird und Juda Name, Verheissungen und Insignien für Jakob/Israel allein bzw. insgesamt übernimmt.[225] Die Richtung Schilo → Zion ist jedoch unumkehrbar. Die Vorzugsstellung innerhalb des Stämmekollektivs geht von Joseph zu Juda über: In Juda ist das erwählte Heiligtum (vgl. Ps 114,2), und aus Juda kommt der erwählte König – für ganz Israel.[226]

LEUCHTER, Levites, 75–79). Einem levitischen Zweig der Gerschoniten wurden (in Schilo!) Städte innerhalb der Stammesgebiete von Issaschar, Asser, Naftali und dem Halbstamm Manasse zugeteilt (vgl. Jos 21,2–3.6; 1. Chr 6,47). Die Asaphiten wiederum sind gemäss der Chronik Nachkommen Gerschons (vgl. 1. Chr 6,24–28).

223 Vgl. WEBER, Asaph im Psalter, 371–373; DERS., Asaf, 242–258.

224 Weitere Kultorte (wie etwa Bethel) werden mit keinem Wort erwähnt.

225 Gegen HOSSFELD, Psalm 78, 440: „In V 67f. geht der Psalm zum theologischen Kommentar über (s.o.). Er vollzieht den Bruch mit der asafitischen Nord-reichüberlieferung und stellt die endgültige Verwerfung von Josef und Efraim fest. Die hiesige Aussage ist härter als 2 Kön 17,18 (...), weil Juda das aus der Geschichte Israels ausscheidende Nordreich beerbt bzw. substituiert." (ähnlich ebd., 427).

226 Die Joseph-Geschichte (Gen 37–50), in der die Führungsstellung der Leitfiguren Joseph (doppeltes Erbteil) und Juda „austariert" zur Geltung kommt, geht sachlich und zeitlich Ps 78 voraus. Im Jakob-Segen (Gen 49) wird Joseph (Gen 49,22–26) neben Fruchtbarkeit und Segen eine besondere Kriegstüchtigkeit zugesprochen (die er in Ps 78 nicht einlöst, vgl. 9); Juda (Gen 49,8–12) erhält die königlichen Prärogative (die in Ps 78,70–72 bestätigt werden), Zepter und Stab (vgl. auch Ps 60,9). Sie zeigt sich auch in der Huldigung der anderen Brüder/Stämme (und der Subordination der Nationen). Dass Juda mit Heiligtum und König auch dem Gottesgericht verfallen kann, kündigten die Propheten an (teils unter Verweis auf das Ergehen des Nordreichs) und zeigte die spätere Geschichte.

Eine Verbindung von dem Juda zukommenden Königtum und Schilo ergibt sich möglicherweise auch aus dem Juda-Spruch (Gen 49,10): „... bis dass er kommt/ kommen wird nach Schilo“. Dies liesse sich nicht nur mit gesamtisraelitischen Bestrebungen Josias (Erhard Blum), sondern bereits mit Hiskia in Verbindung bringen. Dabei stehen m.e. – jedenfalls im Licht von Ps 78 – weniger politische Ambitionen auf das Gebiet der Joseph-Stämme als der religiös-kultische Anspruch im Vordergrund: Juda kommt nach Schilo, dem Ort des einstigen Heiligtums aller Stämme Israels; entsprechend soll sich das Gottesvolk aus allen Stämmen vor JHWH in Juda/Jerusalem einfinden (vgl. Ps 122,3–5).[227]

6.3 Textpragmatik und Entstehungsmilieu

6.3.1 An den Norden: Adressierung und Textpragmatik des Psalms

Die Exegeten sind sich – auch bei unterschiedlicher Datierung – praktisch einig, dass hinter Ps 78 ein *judäischer* Verfasser- wie Adressatenkreis steht: Der Psalm laufe auf eine Legitimierung des Zions und des davidischen Königtums hinaus. Diese Annahme lässt sich vertreten, eine (primäre) Adressierung an die Direktbetroffenen scheint jedoch wahrscheinlicher.[228] Weder der Jerusalemer Tempel noch die David-Dynastie benötigen eine Eigenlegitimierung aus und für judäische(n) Kreise(n). Dagegen bedürfen angesichts traumatischer Geschehnisse ihre Volksgenossen aus den Joseph- bzw. Nordstämmen – seien sie in den assyrisch besetzten Gebieten verblieben, im Gebiet von Jerusalem/Juda oder in der Diaspora sich neu niederlassend[229] – Antworten auf theologisch wie politisch drängende Fragen: Gibt es für sie, Volk und Land der Zehnstämme, nach dem Untergang des Nordreichs noch eine heilvolle Zukunft? Wie sieht diese aus? Die Botschaft, die der Psalm diesen Entwurzelten vermittelt, fügt der Gerichtsdeutung eine Hoffnungsperspektive an. Diese lautet: Eine Zukunft (auch) für Ephraim und d.h. die Nordstämme gibt es, jedoch nur im Anschluss an Jerusalem und das Heiligtum auf dem Zion. JHWH führt Israels Stämme weiterhin, aber fortan – wie vor der Reichsteilung – unter Leitung des davidischen Königshauses.[230]

Für eine solche Deutung bedarf es autoritativer Überlieferung. Es ist denn auch „ihre“, im Norden bekannte und gepflegte Überlieferung, die zur Lösung des Rätsels gleichnishaft verwendet und zur theologischen Legitimation des Geschehens dient: Mose und die mit ihm verbundenen Traditionen und Texte sind von Beginn weg bis zum Heiligtum in Schilo hintergründig präsent. Und am Schluss bekommt David gleichsam den mosaischen Mantel umgelegt (vgl. 70–72 mit Ps 77,20–21). „Ihnen wird durch die Referenz auf Mose und seine Traditionen sowie deren Verbindung

---

227   Zur *crux interpretum* der Wendung in Gen 49,10 (עד כי־יבא שילה) und valablen Interpretationen, wozu die Lesung als Toponym gehört, vgl. FROLOV, Juda; JERICKE, Schilo; KNITTEL, Heiligtum, 179–187.

228   So auch ELLIOTT, Northern Psalms, zusammenfassend ebd., 121–122.

229   Zu den eher spärlichen Informationen über deportierte Israeliten im assyrischen Grossreich vgl. RADNER, Tribes.

230   Vgl. WEBER, Psalm 78: Geschichte, 244, dazu auch Hos 3,4–5. Ein Königtum in Samaria und Opfer an anderen Kultorten – ob in Bethel oder Dan (oder später auf dem Garizim) – dürften damit ausgeschlossen sein.

mit David und dem Zion in Jerusalem eine auch theologische Beheimatung ermöglicht.“[231]

6.3.2 Vom Norden in den Süden: die levitische Herkunft des Psalms

Ps 78 kommt nicht aus „Laienkreisen“. Die in ihm sich zeigende Überlieferungskenntnis, die Verbindung mit dtn Anliegen, die mehrsinnige, „hermeneutische“ Zielführung, Volksbelehrung (Tora) unter Einbezug von Weisheit und Prophetie (Gottesrede) – all diese Charakteristika sprechen für einen hochqualifizierten „Funktionärskreis“, dem sich der Psalm verdankt. Im Psalm selbst und am literarischen Umfeld lassen sich Parameter des Herkunftsmilieus erkennen.[232] Deutliche, bereits mehrfach erwähnte Textverweise führen zum Dtn, insbesondere zu Dtn 31–32 und den dort genannten (kult-)levitischen Trägerkreisen. Eine zweite Verbindungslinie ergibt sich über die paratextliche Einordnung לאסף „zugehörig Asaph“ (1) zu der Gruppe von Asaph-Psalmen (Ps 50; 73–83, dazu → 6.3.3).

Die kommunikationsanalytischen Ausführungen zu Ps 78 (→ 3.2) fanden über die Gottesstimme (1) hinaus als menschliche Sprechpersonen bzw. -gruppen ein Ich (2), das abgelöst wird durch ein Wir (3ff.). Die individuelle (und die Gottesrede einbringende) Sprechperson gehört zu einem Kollektiv und spricht in dessen Sinn. Die belehrende und deutende Funktion der Rede steht im Vordergrund, die weiteren Charakteristika und Redegenres wurden (mehrfach) genannt und brauchen hier nicht wiederholt zu werden. Der Erstverweis führt zum Mose-Lied (Dtn 32,1–43), dessen Eröffnung im Ps 78 „nachgebildet“ wird. Die Analogien setzen sich über den Höraufruf am Anfang hinaus in Gestalt und Gehalt fort: Beide poetisch geformten Stücke haben ein lehrhaftes Gepräge und eine vergleichbare Rhetorik mit geschichtlichem Aufweis von Gottes Handeln, dem Aufdecken von Israels Fehlverhalten, insbesondere der fehlenden Bundestreue und des Götzendienstes im Land, daraufhin als Folge die Ankündigung von Gottesgericht und Unheil und zum Schluss Gottes Vorgehen gegen die „Bedränger“ des Volks zu dessen Heil.[233] Ps 78 orientiert sich am Mose-Lied und greift es adaptierend für eine neue geschichtliche Situation auf. Lied (Abschied, Übergang/Zukunft im Land) wie Psalm (Untergang des Nordreichs, Zukunft im Anschluss an Juda, den Zion und David) wurden öffentlich (wiederholt) aufgeführt. Dass die Erstaufführung von Ps 78 im Kontext der Tora-Verlesung (mit Mose-Lied) an einem Laubhüttenfest (Sabbatjahr) geschah (Dtn 31,10–13), ist nicht zu beweisen, aber wahrscheinlich.

Über die wiederholten Verweise von Ps 78 auf das Mose-Lied hinaus führen die unmittelbar davor platzierten Hinweise zur mosaischen wie göttlichen Mandatierung der Leviten (Dtn 31,9–13.16–22.24–30). So soll die Tora-Verschriftung (inkl. des Lieds) als „Zeuge“ für künftige Zeiten (angesichts von Israels Abweichen vom Weg) dienen. Den Leviten wird die Überlieferung, ihr Vortragen und Geltendmachen

---

231 WEBER, Psalm 78: Geschichte, 244. Kommen die Überlieferung und die (ursprünglich) angezielte Hörerschaft aus dem Norden, wird man auch für die Vortragenden „Landsleute“ von dort anzunehmen haben (→ 6.3.2).

232 Ein Transgress von Literatur (impliziter Autor) zur Historie (realer Autor) ist zwar methodisch heikel, wird aber aufgrund der deutlichen Indizien gewagt.

233 Dazu → 3.3 sowie WEBER, Mose-Lied, 261–270.287–294.

in künftigen Zeiten – über Generationen hinweg (vgl. die Generationen-Abfolge-Thematik im Psalm) – anvertraut (vgl. auch Dtn 17,18; 18,6–7; 27,14; 33,8–10). Die Tora wird neben der Lade, deren Träger die Leviten sind (vgl. auch Dtn 10,8), platziert. Die Verbindung von Tora und Lade ist auch in Ps 78 aufgrund des unterschwelligen Bezugs in 60–69 zur Lade-Erzählung gegeben.[234] Die Bedeutung der Leviten wie ihre Verantwortung und Funktion für die Aufbewahrung und Vermittlung der mosaischen Tora ist im Dtn offenkundig.[235] An der Verpflichtung, diese an die späteren Generationen weiterzugeben, orientieren sich (auch) die für den Psalm verantwortlichen Kreise. Sie adaptieren dafür in ihrer Aktualisierung von Geschehen und Geboten der Frühzeit die pädagogisch-paränetische Weise der dtn Mose-Reden, wenn auch in einer Art, die ohne Direktadressierung auskommt.

Es legt sich nahe, dass es eine Verbindung zwischen den Leviten, die aus dem Norden kamen, sowie mosaische Überlieferungen und Funktionen in (früh)dtn Prägung mitbrachten, und Anliegen der Regentschaft Hiskias in Jerusalem gab.[236] Der hinter Ps 78 stehende, aus dem Norden in den Süden nach Jerusalem kommende Kreis erwies sich als legitimiert, den Landsleuten, die (ebenfalls) in Jerusalem/Juda Zuflucht fanden – sowie allenfalls auch solchen, die im Land unter assyrischer Provinzverwaltung verblieben, oder sonst wohin geflohen sind oder verschleppt wurden –, mit diesem Psalm Tora zu ihrer Neuausrichtung zu vermitteln.[237] Sie taten

---

234   Dazu LEUCHTER, Levites, 94: „The Ark Narrative contributes to a foundation myth for the Jerusalem cult as the inheritor of the Shiloh tradition“ (unter Hinweis auf Ps 99,6–8).

235   Die Differenzierung von HECKL, Mose, 213–214, zwischen Leviten-Priestern, welche die Tora verlesen (9–11), und (nichtpriesterlichen) Leviten, welche die Tora bei der Lade ablegen (25–26), überzeugt nicht. Beide Male wird auf die Leviten als Lade-Träger verwiesen, dazu setzt die „Zeuge“-Funktion der Tora (25–27) deren Verlesung voraus.

236   Ähnliche Parameter und Einordnungen finden sich bei SCHNIEDEWIND, Bible, 64–90 („Hezekiah and the Beginning of Biblical Literature“); COOK, Roots, 45–65 („The Flowering of Biblical Yahwism“), und LEUCHTER, Levites, 9–188 (vormonarchische Herkunft der muschitischen Leviten, Schilo, Nordprovenienz und Verbindung von Exodus-Tradition, Mose-Lied, hoseanischem Jahwismus und Dtn mit der josianischen Zeit). Zur „massiven Binnenmigration“ aus Samaria nach Juda vgl. auch HECKL, Mose, 266–268. Er schreibt: „Von daher ist die Vermutung gerechtfertigt, dass es vorrangig die Eliten des ehemaligen Nordreichs waren, die unter Hiskia zum Auf- und Ausbau Judas integriert wurden“ (267). Zwei kürzlich publizierte Inschriften aus Jerusalem (Siegel, Bulle) dürften auf Personen bzw. Abkömmlinge aus dem Nordreich hinweisen (vgl. MENDEL-GEBEROVICH/CHALAF/UZIEL, People, 164–165.174–175). SCHNIEDEWIND, Refugees, hat zudem am Beispiel der Siegelinschrift למנחם יובנה aufgrund der nordisraelitischen Schreibweise jw- für den Gottesnamen im Patronym (die Zuweisung ben- fehlt freilich) und der späteren Judaisierung des theophorischen Präfixes im Vaternamen die Integration von Flüchtlingen aus dem Nordreich in die jüdische Administration im späten 8. Jh. v. Chr. nachgezeichnet.

237   Die Immigration levitischer Kreise nach Jerusalem lässt sich mit der assyrischen Einnahme des Nordreichs um 732/722 v. Chr. in Verbindung bringen. Nicht auszuschliessen sind bereits frühere Wechsel in den Süden; so ist in 2. Chr 10,13–17 davon die Rede, dass bereits unter Jerobeam I. Priester und Leviten ihre Gebiete verliessen und nach Juda und Jerusalem zogen.

dies mit Stoffen, welche die Nordreich-Israeliten kannten, da diese dort (ursprünglich) beheimatet waren. Zu diesen mitgebrachten, weiter gepflegten levitisch-nordisraelitischen Überlieferungen gehörten auch Asaph-Psalmen; sie wurden im Süden ergänzt und bildeten später einen levitisch-asaphitischen Kleinpsalter.

Ein Blick auf die Gruppencharakteristika der Asaph-Psalmen (Ps 50; 73–83) zeigt, dass die beiden poetischen Mose-Stücke in Ex 15 und Dtn 32 nicht nur für Ps 78, sondern auch für andere Asaph-Psalmen eine wichtige Rolle spielten. Diese Psalmen zeichnen sich darüber hinaus durch eine profunde Kenntnis von Überlieferungen aus der Frühzeit, den Joseph- und Nordgebieten (vgl. Ps 77,16; 78,9.67; 80,2–3; 81,6; 83) und weiteren, mosaisch-levitischen Eigenheiten aus. Das asaphitische Gruppenkolorit lässt demnach einen aus dem Norden kommenden, ursprünglich landlevitischen Trägerkreis annehmen.[238] In Ps 78 verbinden sich nordstämmiger Levitismus (Mose-Überlieferung) und Zionsbetonung. Unter Einbezug weiterer Asaph-Psalmen ergibt sich die Annahme, dass im Zuge der assyrischen Bedrohung im 8. Jh. v. Chr. asaphitische Leviten zu den Immigranten gehörten, die dann (oder allenfalls schon zuvor) in den Süden kamen, ihre Überlieferungen in Jerusalem einbrachten, ergänzten und unter Hiskia in bedeutende Funktionen an Heiligtum und Hof aufstiegen.[239]

6.3.3 Von Psalm 77 zu 78: die asaphitische Verarbeitung des Nordreich-Untergangs

Auf eine Einzeichnung von Ps 78 in die Asaph-Gruppe und den weiteren Psalterkontext wird hier verzichtet.[240] Wir beschränken uns auf Hinweise zum Vorgängerpsalm 77, der nicht wenige Verbindungen zu Ps 78 aufweist, und beachten insbesondere die analoge Situierung des Geschehens in der Verarbeitung des Nordreich-Untergangs.[241]

Bereits ein Blick auf die von Ps 77 und 78 geteilten Lexeme und Motive[242] lässt vermuten, dass deren Nachbarschaft in der Abfolge Ps 77 → 78[243] nicht „zufällig" zustande kam.[244] Auch für Ps 77 ist eine hiskianische Ansetzung im Nachgang und in der Verarbeitung des Nordreichfalls am plausibelsten. Ps 77 dürfte freilich etwas älter als Ps 78 sein. Für eine grössere Nähe dieser „Mittlerklage" zu den Geschehnissen von 722 v. Chr. spricht die teils berichtende, teils als Gebet formulierte Verarbeitung

---

238 Zu Nordreich-Traditionen in Asaph-Psalmen vgl. NASUTI, History, 55–116.193–197; GOULDER, Psalms, 177–231.303–311; WEBER, Asaph-Psalter, 372–374.

239 Zu den Charakteristika der Asaph-Psalmen als Gruppe habe ich mich bereits mehrfach geäussert, so dass es bei dieser knappen Skizze bleiben kann. Vgl. dazu WEBER, Asaph-Psalter; DERS., Asaf; DERS., Asaph im Psalter; DERS., Mose-Lied, 265–268, ferner auch ZENGER, Psalm 82, 277–286; JACOBSON, Memories; PAVAN, He remembered, 75–124 (dazu die hilfreichen Appendices in ebd., 369–414).

240 Vgl. dazu WEBER, Asaph-Psalter, 133–136; DERS., Asaph im Psalter, 356–371, und DERS., Psalm 78 als Mitte; DERS., Moses, 207–210.

241 Zu den nachfolgenden Überlegungen vgl. WEBER, Psalm 77. Von der dort vorgenommenen exilischen Datierung (ebd., 250–252.264) bin ich abgekommen und halte inzwischen eine hiskianische Ansetzung, die damals ebenfalls erwogen wurde (ebd., 253–256), für plausibler, vgl. DERS., Wasser, 210–211.

242 Vgl. WEBER, Psalm 77, 286–290, ferner PAVAN, He remembered, 97–100.

243 Die Abfolge ist auch in der Qumranhandschrift 11Q6 bezeugt; Fragmente der beiden Psalmen finden sich auch in 4Q87.

244 Die Indizien sprechen nicht nur für eine diesbezügliche Möglichkeit (Rezeptionsästhetik), sondern für eine Absicht (Produktionsästhetik).

der Not. Ihr gegenüber weist Ps 78 in seiner lehrhaften Art eine stärkere Distanz und d.h. nicht dieselbe Unmittelbarkeit zum „Tag meiner Bedrängnis“ (77,3a) auf.[245]
Besonderes Augenmerk verdient das Trikolon 3abc, das mit den Worten schliesst: „... es weigerte sich trösten zu lassen (מאנה הנחם) meine Seele.“ Damit wird vieldeutig auf die Reaktion Jakobs auf die Überbringung der Nachricht des (vermeintlichen!) Todes seines Sohnes Joseph angespielt (vgl. Gen 37,35, ferner Jer 31,15). Jakob weist den auf die Beendigung der Totenklage um Joseph zielenden Trost durch seine Söhne und Töchter zurück. Was im Geschehensverlauf Jakob nicht weiss, wissen jedoch seine Söhne und mit ihnen die Hörer – die der Joseph-Geschichte wie diejenigen von Ps 77: Joseph ist nicht tot! Oder akzentuierter mit Hosea gesprochen: Ephraim ist tot (13,1), Samaria hat gebüsst (14,1), d.h. ist gefallen, aber Israel/Ephraim wird leben und neu erblühen (14,5–9).[246] Diese mehrschichtige Anspielung auf den Untergang der Joseph-Stämme und zugleich auf das Ringen um ihre Zukunft hat im hymnischen Teil gleichsam ein Pendant: In Ps 77,16 wird Gott gegenüber preisend bekannt: „Du hast erlöst mit [deinem] Arm / die Söhne Jakobs und Josephs (בני־יעקב ויוסף).“ Die Wendung ist singulär und mehrdeutig.[247] Wahrscheinlich ist die Formulierung wörtlich zu nehmen: Die *einzigen* Söhne, die *zugleich* als Söhne Jakobs *und* Josephs gelten, sind gemäss Gen 48,5–6.13–16 Ephraim und Manasse (vgl. auch Jos 16,4; 17,14.17–18).
Der Joseph-Hintergrund und mit ihm der Bezug auf das Nordreich und dessen Fall sind hinreichend deutlich geworden.[248] Der Niedergang der Joseph-Stämme bzw. des Nordreichs werden beklagt respektive eine Wiederherstellung in neuer Weise erhofft. Mit Ps 78 vergleichbar wird auf der Suche nach Antworten die Frühzeit bedacht, ja intensiv durchforscht (77,6–7/10). Eine theologische Antwort kommt im Scharniervers 77,11, der zwischen Klage und Hymnus „vermittelt“, in den Blick. Die hochgradig ambigue Aussage ist (mindestens) zweifach zu lesen: als Fazit aus der Klage („Da sprach ich: dass sich geändert hat die Rechte des Höchsten, ist, was mich krankmacht“) und als zum Hymnus hinführende, sich von Ex 34,6–7 her nährende Hoffnung („Da sprach ich: dass sich ändern/wiederholen möge die Rechte des Höchsten, [darauf] ist mein Besänftigen [gerichtet]“). Will heissen: Wie Gott sich abgewandt hat (Verhüllung), so zielt die Besänftigung des Zornes Gottes durch den (mosaisch-levitischen) Mittler darauf, dass Gott sich den Joseph-Söhnen wieder zuwenden (Enthüllung) und nach dem

---

245   Auch wenn die Fragenstaffel in Ps 77,8–10 annehmen lässt, dass seit dem Untergang des Nordreichs eine gewisse Zeit vergangen ist.

246   Auch von der seltenen, v.a. in (Toten-)Klagekontexten verwendeten Wurzel פוג „erschlaffen“ (Ps 77,3b) führt eine Spur zum Jakob/Joseph-Geschehen: In Gen 45,26 wird erwähnt, dass Jakobs Herz trotz der (späteren) Nachricht, dass sein Sohn noch am Leben sei, „erschlafft“, weil er seinen Söhnen nicht glaubt. Erst nach der Beibringung von Beweismitteln lebte der Geist Jakobs wieder auf.

247   Erwägbar sind die Optionen: 1. *totum/pars* (Jakob = ganz Israel und Joseph-Stämme bzw. Nordreich); 2. *pars/pars* (Jakob für Südreich; Joseph für Nordreich); 3. synonym bzw. tautologisch (Jakob = Joseph-Stämme = Nordreich). Vgl. dazu auch Obd 18(–21).

248   Vgl. WEBER, Psalm 77, 299–333 (mit weiteren Hinweisen zu diesem Milieu).

Bundesbruch sich nochmals barmherzig erweisen möge (zu Ex 32–34 als Hintergrund ähnlich Ps 78,37–39).[249]

Dieses alte wie neu erwartete Gotteseingreifen ist im zweiten Teil von Ps 77 (12–21) hymnisch vergegenwärtigt. Dies geschieht unter Abstellung auf geschichtliches wie mythisch-theophanes Gotteswirken. Gott möge im Donner (קוֹל) antwortend machtvoll gegen die Chaoswasser bzw. Feinde einschreiten (17–19) und die seufzende Klagestimme (קוֹל) des Mittlers erhören (2).[250] Das in 77,11 aufgenommene Motiv des Verhüllens und Enthüllens kommt in 77,20–21 nochmals zum Tragen: Wie einst beim Schilfmeer, so führt der Weg – Gottes Weg! – auch jetzt durch „grosse Wasser", aber wie einst, bleiben auch jetzt seine Fussspuren (angesichts der zurückkehrenden Wasser) unerkannt. Gott führt das Volk (vgl. Ps 78,52–53) – und zu ihm gehören die Zehnstämme – einst wie jetzt durch Mose und Aaron, d.h. wohl Leviten-Priester.

Ps 78 setzt in der Frage nach der Zukunft des Nordens (Joseph) nach dem Untergang neue Akzente: Er beginnt dort, wo Ps 77 aufhört: mit Mose, seiner Tora und seinem Lied(anfang), und führt davon ausgehend weiter bis zur Trias Juda, Zion und David als Signatur für Gottes Heilswirken und die Zukunft der Zehnstämme im Anschluss daran. Traditionsreflexion und -rezeption[251] finden sich in beiden Psalmen, und die poetischen Mose-Stücke in Ex 15 und Dtn 32 sind, ebenso wie Bundesbruch und -erneuerung (mit Ex 34,6–7), wichtige Bezugsgrössen. Die in Ps 77,8–10 geäusserten Fragen und Ängste werden in Ps 78 beantwortet: Nein, die Gnade ist noch nicht zu Ende, der von Generation zu Generation ergehende Heilsspruch hat nicht aufgehört. Und sie werden theologisch wie geschichtlich-politisch konkretisiert. Dabei dienen Verlust und Wiedergewinn der Lade und die Verschiebung der mit ihr verbundenen Gottespräsenz (Heiligtum) als Schlüssel zur Deutung: Der Weg führt nicht (mehr) vom Sinai nach Schilo, auch nicht nach Samaria (oder Bethel, Dan bzw. den Garizim). Er führt von Zo'an nach Zion, von Schilo nach Jerusalem, von Ephraim nach Juda. „David" als führender Hirt ist – auch für die Nordstämme – der „neue Mose". Joseph und seine Söhne bleiben in Gottes Bund und haben eine Zukunft, doch Jhwhs Heil gibt es für *alle* Israeliten aus allen Stämmen nur im Anschluss an das Jerusalemer Zionheiligtum und die davidische Königsherrschaft.[252]

Ps 78 ist das hermeneutische Zentrum der Trias Ps 77–79 und der Asaph-Gruppe insgesamt. Der nachfolgende Ps 79, der den Untergang auch von Juda (Südreich) verarbeitet, führt die beiden vorangehenden Psalmen geschichtstheologisch weiter – ebenso wie der das Teilbuch III beschliessende Ps 89, der den Verlust des gesalbten Davids beklagt, aber die Hoffnung auf die Wiedererrichtung des davidischen Königtums nicht preisgibt.

---

249 Mit weiteren Hinweisen zur Aufhellung dieses Hintergrunds vgl. Weber, Psalm 77, 94–111.221–229.

250 Vgl. zu diesem Abschnitt (77,17–20 im Kontext von 77,16–21) auch Weber, Wasser.

251 Hervorstechend in Ps 77 (4–13) ist das Lexem זכר mit seinen Synonymen und Antonymen; in Ps 78 dazu 7.11.35.39.42. Zum Motiv des Gedenkens im Zentrum der Asaph-Gruppe (Ps 77–79) und im Teilbuch III insgesamt vgl. Pavan, He remembered, 208–217.363–367.

252 Vgl. Weber, Wasser, 222.

Bibliographie

BARTELMUS, R., *HYH*. Bedeutung und Funktion eines hebräischen „Allerweltswortes" – zugleich ein Beitrag zur Frage des hebräischen Tempussystems (ATSAT 17), St. Ottilien 1982.

BOYD, S.L., The Rhetoric of Memory and the Formation of Identity in Psalm 78 and Deuteronomy 32, BR 66 (2021) 7–30.

BRAULIK, G., Horebbund und Moabbund. Ihre Einheit und Verschiedenheit nach Dtn 5,1–5 und 29,1–8, Bib. 102 (2021) 1–29.

–, Kollektive Schuld und gerechte Vergeltung. Zur „Ursünde" des Gottesvolks im Buch Deuteronomium, MThZ 72 (2021) 171–195.

CAMPBELL, A.F., Psalm 78: A Contribution to the Theology of Tenth Century Israel, CBQ 41 (1979) 51–79.

CLIFFORD, R.J., In Zion and David a New Beginning: An Interpretation of Psalm 78, in: B. Halpern / J.D. Levenson (eds.), Traditions in Transformation: Turning Points in Biblical Faith. FS F.M. Cross, Winona Lake, IN 1981, 121–141.

COOK, S.L., The Social Roots of Biblical Yahwism (StBl 8), Atlanta, GA 2004.

DAY, J., The Ark and the Cherubim in the Psalms, in: B. Becking / E. Peels (eds.), Psalms and Prayers: Papers Read at the Joint Meeting of the Society of Old Testament Study and Het Oudtestamentisch Werkgezelschap in Nederland en België (OTS 55), Leiden – Boston, MA 2007, 65–77.

EISSFELDT, O., Das Lied Moses Deuteronomium 32_{1-43} und das Lehrgedicht Asaphs Psalm 78 samt einer Analyse der Umgebung des Mose-Lieds (BVSAW.PH 104/5), Berlin 1958.

ELLIOTT, S.J., Northern Psalms in Southern Contexts: Defining a Historical Setting for the Psalms of Asaph (MA Thesis masch., Trinity Western University), Langley 2019.

ESTES, D.J., Psalm 78:1–8 as a Musical Intertext of Torah and Wisdom, BS 173 (2016) 297–314.

EULER, A.C., Den Mund zum Reden in Gleichnissen öffnen. Die atomistische Rezeption von Ps 78,2 in Mt 13,35 in ihrer Bedeutung für die Gleichnisrede und die Psalmenrezeption im Matthäusevangelium, BZ 67 (2023) 212–229.

FAUST, A., The Assyrian Century in the Southern Levant: An Overview of the Reality on the Ground, in: S.Z. Aster / A. Faust (eds.), The Southern Levant under Assyrian Domination, University Park, PA 2018, 20–55.

– / ASTER, S.Z., The Southern Levant under Assyrian Domination: An Introduction, in: S.Z. Aster / A. Faust (eds.), The Southern Levant under Assyrian Domination, University Park, PA 2018, 1–19.

FINKBEINER, R., Deixis und Anapher, in: F. Liedtke / A. Tuchen (Hg.), Handbuch Pragmatik, Stuttgart 2018, 186–197.

FINSTERBUSCH, K., Weisung für Israel. Studien zu religiösem Lehren und Lernen im Deuteronomium und in seinem Umfeld (FAT 44), Tübingen 2005.

FOKKELMAN, J.P., The Psalms in Form: The Hebrew Psalter in its Poetic Shape, Leiden 2002.

FRANZ, M., Wer die Wunder vergisst, wird auch die Gebote missachten. Das Rätsel des Psalms 78, ThBeitr 33 (2002) 155–163.

FROLOV, S., Juda Comes to Shiloh: Genesis 49:10bα One More Time, JBL 131 (2012) 417–422.

FÜGLISTER, N., Psalm LXXXVIII [sic! = Ps 78]: Der Rätsel Lösung?, in: J.A. Emerton (ed.), Congress Volume (VT.S 43), Leiden 1991, 264–297.

GÄRTNER, J., Die Geschichtspsalmen. Eine Studie zu den Psalmen 78, 105, 106, 135 und 136 als hermeneutische Schlüsseltexte im Psalter (FAT 84), Tübingen 2012.

GILLMAYR-BUCHER, S., How Does Food Shape History? Images of Food in the Historical Review of Ps 78, PZB 27 (2018) 85–95.

GOULDER, M.D., The Psalms of Asaph and the Pentateuch. Studies in the Psalter, III (JSOTS 233), Sheffield 1996.

GRUBER, M.I., Rashi's Commentary on Psalms (The Brill Reference Library of Judaism), Philadelphia, PA 2007 (2004).

HECKL, R., Mose und Aaron als Beamte des Gottes Israels. Die Entstehung des biblischen Konzepts der Leviten (VT.S 190), Leiden – Boston, MA 2022.

HENSEL, B., Samaritanische Identität in persisch-hellenistischer Zeit im Spiegel der biblischen Überlieferung (Esra-Nehemia) und der archäologisch-epigraphischen Befunde, in: M. Köszeghy / W. Zwickel (Hg.), Nationale Identität im Alten Testament (Kleine Arbeiten zum Alten und Neuen Testament 12), Kamen 2015, 67–114.

–, Juda und Samaria. Zum Verhältnis zweier nachexilischer Jahwismen (FAT 110), Tübingen 2016.

–, Das JHWH-Heiligtum am Garizim: ein archäologischer Befund und seine literar- und theologiegeschichtliche Einordnung, VT 68 (2018) 73–89.

–, The Chronicler's Polemics towards the Samarian YHWH-Worshippers: A Fresh Approach, in: J. Dušek (ed.), The Samaritans in Historical, Cultural and Linguistic Perspectives (SJ 110/StSam 11), Berlin – Boston, MA 2018, 35–47.

–, On the Relationship of Judah and Samaria in Post-exilic Times: A Farewell of the Conflict Paradigm, JSOT 44 (2019) 19–42.

–, The Ark Narrative(s) of 1 Sam *4:1b–7:1 / 2 Sam 6* between Philistia, Jerusalem, and Assyria: A New Approach for a Historical Contextualization and Literary-Historical Classification, in: F. Hagemeyer (ed.), Jerusalem and the Coastal Plain in the Iron Age and Persian Periods: New Studies on Jerusalem's Relations with the Southern Coastal Plain of Israel/Palestine (c. 1200–300 BCE). Research on Israel and Aram in Biblical Times IV (ORA 46), Tübingen 2022, 163–191.

HIEKE, T., „Weitergabe des Glaubens" (Ps 78,1–8). Versuch zu Syntax und Struktur von Ps 78, BN 78 (1995) 49–62.

HOSSFELD, F.-L., Psalm 78, in: F.-L. Hossfeld / E. Zenger, Psalmen 51–100 (HThKAT), Freiburg i.Br. 2000, 414–443.

HUEHNERGARD, J., The Etymology of Hebrew, in: C. Rollston / S. Garfein / N.H. Walls (eds.), Biblical and Ancient Near Eastern Studies. FS K. McCarter (Ancient Near East Monographs 27), Atlanta, GA 2022, 137–145.

JACOBSON, K.N., Memories of Asaph: Mnemohistory and the Psalms of Asaph, Minneapolis, MN 2017.

JERICKE, D., Art. „Schilo", in: Ortsangaben der Bibel (odb), 2017 (letzte Änderung: 14.02.2022): https://www.odb.bibelwissenschaft.de/ortsnamen/ortsname. php?n=162 (eingesehen am 21. März 2023).

KIM, Y. / VAN ROY, H.F., Reading Psalm 78 Multidimensionally [I]: The Textual Dimension, Scriptura 74 (2000) 285–298.

–/–, Reading Psalm 78 Multidimensionally [II]: The Authorial Dimension, Scriptura 84 (2003) 468–484.

–/–, Reading Psalm 78 Multidimensionally [III]: The Dimension of the Reader, Scriptura 88 (2005) 101–117.

KLEIN, A., Geschichte und Gebet. Die Rezeption der biblischen Geschichte in den Psalmen des Alten Testaments (FAT 94), Tübingen 2014.

KNITTEL, A.-K., Das erinnerte Heiligtum. Tradition und Geschichte der Kultstätte in Schilo (FRLANT 273), Göttingen 2019.

KNOPPERS, G.N., Jews and Samaritans: The Origins and History of Their Early Relations, Oxford – New York, NY 2013.

KO, M.H., The Levite Singers in Chronicles and Their Stabilising Role (LHB 657), London – New York, NY 2017.

KOCH, K., Qädäm. Heilsgeschichte als mythische Urzeit im Alten (und Neuen) Testament, in: J. Rohls / G. Wenz (Hg.), Vernunft des Glaubens. FS W. Pannenberg, Göttingen 1988, 253–288.

KUNTZ, M., Die Psalmen – in Strophen übersetzt, Stuttgart 2009.

LEONARD, J.M., Historical Traditions in Psalm 78 (PhD Diss. masch., Brandeis University), Waltham, MA 2006.

–, Identifying Inner-Biblical Allusions: Psalm 78 as a Test Case, JBL 127 (2008) 241–265.

–, Identifying Subtle Allusions: The Promise of Narrative Tracking, in: Z. Zevit (ed.), Subtle Citation, Allusion, and Translation in the Hebrew Bible, Sheffield – Bristol, CT 2017, 91–113.

LETTINGA, J.P. / VON SIEBENTHAL, H., Grammatik des biblischen Hebräisch, Giessen / Basel ²2016.

LEUCHTER, M., The Reference to Shiloh in Psalm 78, HUCA 77 (2006) 1–31.

–, The Levites and the Boundaries of Israelite Identity, New York, NY 2017.

MATHIAS, D., Die Geschichtstheologie der Geschichtssummarien in den Psalmen (BEAT 35), Frankfurt a.M. 1993.

MENDEL-GEBEROVICH, A. / CHALAF, O. / UZIEL, J., The People Behind the Stamps: A Newly-Found Group of Bullae and a Seal from the City of David, Jerusalem, BASOR 383 (2020) 159–182.

NASUTI, H.P., Tradition History and the Psalms of Asaph (SBLDS 88), Atlanta, GA 1988.

PAVAN, M., „He remembered that they were but flesh, a breath that passes and does not return" (Ps 78,39): The Theme of Memory and Forgetting in the Third Book of the Psalter (Pss 73–89) (ÖBS 44), Frankfurt a.M. 2014.

RADNER, K., The „Lost Tribes of Israel" in the Context of the Resettlement Programme of the Assyrian Empire, in: S. Hagewa / C. Levin / K. Radner (eds.), The Last Days of the Kingdom of Israel (BZAW 511), Leiden – Boston, MA 2018, 101–123.

RAY, D., Who Did What to Whom? Reassessing God's Activity in Psalm 78, Coll(A) 52 (2020) 65–84.

SCHMIDTKUNZ, P., Das Moselied des Deuteronomiums. Untersuchungen zu Text und Theologie von Dtn 32,1–43 (FAT II/124), Tübingen 2020.

SCHNIEDEWIND, W.M., How the Bible Became a Book: The Textualization of Ancient Israel, New York, NY 2005 (2004).

–, Northern Refugees in Jerusalem: The Case of Menaḥem, Son of Yawbana, in: V.D. Beiler & A.D. Rubin (eds.), Linguistic and Philological Studies of the Hebrew Bible and its Manuscripts. FS G.A. Rendsburg (SSN 75), Leiden – Boston, MA 2023, 262–269.

SCHÜTTE, W., Israels Exil in Juda. Untersuchungen zur Entstehung der Schriftprophetie (OBO 279), Fribourg – Göttingen 2016.

–, Die Vetus Latina und die Samuel-Könige-Bücher. Zum Miteinander von Textkritik und Exegese, BN 177 (2018) 25–43.

– / SCHNEIDER, T., „Adramelech, der Äthiopier" (2Kön 17,4 ANT). Eine neue Quelle zu den Beziehungen zwischen Hosea von Israel und der kuschitischen 25. Dynastie?, BN 182 (2019) 69–90.

SEILER, S., Text-Beziehungen. Zur intertextuellen Interpretation alttestamentlicher Texte am Beispiel ausgewählter Psalmen (BWANT 202), Stuttgart 2013.

SPIECKERMANN, H., Heilsgegenwart. Eine Theologie der Psalmen (FRLANT 148), Göttingen 1989.

–, What is the Place of Wisdom and Torah in the Psalter?, in: S.C. Jones / C. Roy Yoder (eds.), „When the Morning Stars Sang". FS C.L. Seow (BZAW 500), Berlin – Boston, MA 2018, 287–316.

STERN, P., The Eigth Century Dating of Psalm 78 Re-argued, HUCA 61 (1995) 41–65.

STOEBE, H.J., Das erste Buch Samuelis (KAT VIII/1), Gütersloh 1973.

TALSTRA, E., Fathers and Sons, Jacob and Israel in Psalm 78: Participant Tracking and Direct Translation, in: G.R. Kotzé / C.S. Locatell / J.A. Messara (eds.), Ancient Texts and Modern Readers: Studies in Ancient Hebrew Linguistics and Bible Translation (SSN 71), Leiden – Boston, MA 2019, 246–262.

TAMMUZ, O., Psalm 78: A Case Study in Redaction as Propaganda, CBQ 79 (2017) 205–221.

VAN DER LUGT, P., Cantos and Strophes in Biblical Hebrew Poetry II: Psalm 42–89 (OTS 57), Leiden – Boston, MA 2010.

VAN WIERINGEN, A.L.H.W., The Reader-Oriented Unity of the Book Isaiah (ACEBT.S 6), Vught 2006.

WAGNER, T., Recounting חידות מני־קדם in Psalm 78: What are the „Riddles" About?, JHS 14 (2021), 21 Seiten: https://doi.org/10.5508/jhs.2014.v14.a4.

WEBER, B., Psalm 77 und sein Umfeld. Eine poetologische Studie (BBB 103), Weinheim 1995 (digital: https://www.academia.edu/40122041 [eingesehen am 21. März 2023]).

–, Psalm 78: Geschichte mit Geschichte deuten, ThZ 56 (2000) 193–214; überarbeitete Neuausgabe in: Ders., „Wie ein Baum, eingepflanzt an Wasserrinnen“ (Psalm 1,3). Beiträge zur Poesie und Theologie von Psalmen und Psalter für Wissenschaft und Kirche (hg. von T. Uhlig; ABIG 41). Leipzig 2014, 223–246.

–, Der Asaph-Psalter – eine Skizze, in: B. Huwyler / H.-P. Mathys / B. Weber (Hg.), Prophetie und Psalmen. FS K. Seybold (AOAT 280), Münster 2001, 117–141; Neuausgabe in: Ders., „Wie ein Baum, eingepflanzt an Wasserrinnen“ (Psalm 1,3). Beiträge zur Poesie und Theologie von Psalmen und Psalter für Wissenschaft und Kirche (hg. von T. Uhlig; ABIG 41), Leipzig 2014, 363–391.

–, „Es sahen dich die Wasser – sie bebten ...“ (Ps 77:17b). Die Funktion mytho-poetischer Sprache im Kontext von Psalm 77, OTE 19 (2006) 261–280; Neuausgabe in: Ders., „Wie ein Baum, eingepflanzt an Wasserrinnen“ (Psalm 1,3). Beiträge zur Poesie und Theologie von Psalmen und Psalter für Wissenschaft und Kirche (hg. von T. Uhlig; ABIG 41), Leipzig 2014, 201–222.

–, Psalm 78 als „Mitte“ des Psalters? – ein Versuch, Bib. 88 (2007) 305–325; Neuausgabe in: Ders., „Wie ein Baum, eingepflanzt an Wasserrinnen“ (Psalm 1,3). Beiträge zur Poesie und Theologie von Psalmen und Psalter für Wissenschaft und Kirche (hg. von T. Uhlig; ABIG 41), Leipzig 2014, 392–411.

–, Asaf – ein Name, seine Träger und ihre Bedeutung in biblischen Zeiten, in: M. Witte / J.F. Diehl (Hg.), Orakel und Gebete. Interdisziplinäre Studien zur Sprache der Religion in Ägypten, Vorderasien und Griechenland in hellenistischer Zeit (FAT II/38), Tübingen 2009, 235–259.

–, Gottesrede in „Asaph-Texten“, OTE 25 (2012) 737–760.

–, „An dem Tag, als Jhwh ihn rettete aus der Hand aller seiner Feinde und aus der Hand Sauls“ (Ps 18,1). Erwägungen zur Anordnung der biographischen Angaben zu David im Psalter, VT 64 (2014) 284–304.

–, Werkbuch Psalmen II. Die Psalmen 73 bis 150, Stuttgart [2]2016 (2003).

–, Meint die Tora Jhwhs in Psalm 1,2 (auch) den Psalter? Erkundungen zur Reichweite des Tora-Begriffs, BN 178 (2018) 75–102.

–, Asaph im Psalter und in der Chronik. Erwägungen zu „Schnittstellen“, Trägerkreisen und Redaktionsprozessen, in: F. Hartenstein / T. Willi (Hg.), Psalmen und Chronik (FAT II/107), Tübingen 2019, 343–378.

–, „Asaph Meets Hosea“. Verbindungen zwischen Hosea-Schrift und Asaph-Psalmen, ausgehend von „Kriegsbogen“-Formulierungen, OTE 32 (2019) 578–605.

–, Moses, David and the Psalms: The Psalter in the Horizon of the „Canonical“ Books, RevBib 68 (2020) 187–212.

–, Mose-Lied (Dtn 32,1–43) und Asaph-Psalmen (Ps 50; 73–83). Untersuchungen zu ihrem Verhältnis, ZABR 27 (2021) 257–309.

–, „Please Open Your Ear, My people, to My Tora ...!“: What Psalm 78 Wants to Say to Whom, in: D. Davage / L.-S. Tiemeyer (eds.), Song, Prayer, Scripture: Aspects of the Use of the Book of Psalms from the Hebrew Bible to the 21st Century (LHB), London – New York, NY 2024, forthcoming.

WEINGART, K., Stämmevolk – Staatsvolk – Gottesvolk? Studien zur Verwendung des Israel-Namens im Alten Testament (FAT II/68), Tübingen 2014.

–, Juda als Sachverwalter Israels. Geschichtstheologie nach dem Ende des Nordreichs in Hos 13 und Ps 78, ZAW 127 (2015) 440–458.

–, What Makes an Israelite an Israelite? Judean Perspectives on the Samarians in the Persian Period, JSOT 42 (2017) 155–175.

WEIPPERT, M., Historisches Textbuch zum Alten Testament (GAT 10), Göttingen 2010.

WILDBERGER, H., Art. בחר *bḥr* erwählen, THAT I (^{3}1978) 275–300.

–, Art. מאס *mʾs* verwerfen, THAT I (^{3}1978) 879–892.

WITTE, M., Vom Exodus zu David – Geschichte und Geschichtsschreibung in Psalm 78, in: Von Ewigkeit zu Ewigkeit. Weisheit und Geschichte in den Psalmen (BThSt 146), Neukirchen-Vluyn 2014, 117–149 (engl. Erstfassung: From Exodus to David – History and Historiography in Psalm 78, in: N. Caldurch-Benages / J. Liesen [eds.], Yearbook 2006. History and Identity: How Israel's Later Authors Viewed Its Earlier History [DCL.Y], Berlin – New York, NY 2006, 21–42).

ZILBERG, P., The Assyrian Provinces of the Southern Levant: Sources, Administration, and Control, in: S.Z. Aster / A. Faust (eds.), The Southern Levant under Assyrian Domination, University Park, PA 2018, 56–88.

I.4 Psalm 81: Auf Jhwh hören![*]

Abstract: *This study of Psalm 81 focuses on its linguistic, poetological and rhetorical features, centred on the keyword for the covenant people of Israel to "listen". The psalm is structured in three sections, beginning with a festive event (Stanza I), followed by a speech to God (Stanzas II–III), which contains comments towards the end (vv. 16.17a). Verses 6c and 11c play a structuring role. They are two monocola (against MT) that open Stanzas II and III and function as hinges between the three parts. Their statements are ambiguous and enable multiple horizons of meaning. Thus, v. 11c can be associated with the prophet's or the people's reception of the word, as well as the filling of the mouth with God's word and bread for every day. The speaker in v. 6c is the prophetic mediator of God's speech. Like Moses, he refers to tradition and speech associated with Moses (especially from Deut 18; 31–32), but it is God's voice that calls the covenant people to listen. The historical recount alternates between the early days (the time of the desert) and the present Israel. Verses 9–11 stand out in that they are directly addressing the listeners as a rebellious people. Israel is warned against worshipping foreign gods and, if it listens to God again, it is promised satiation and deliverance from enemies. As a festival psalm, Ps 81 is close to Pss 50 and 95 (as well as 78), stemming from an oral-liturgical event and a Levitical group of adherents. The fact that it is anchored "in YHoseph" (v. 6) leads us to assume that the order of the feast comes from his tribal areas (Shiloh?) and that the psalm originates from the Northern Kingdom or circles that emigrated to Jerusalem (in Hezekiah's time). As an addendum, a comparison is made between Ps 81 and Papyrus Amherst 63, wherein one of the three Yaho Psalms has a similar festive event as Ps 81. In addition, both texts bear traces of a tradition which connects them back to the realm of the Ten Tribes.*

1. Vorbemerkungen

Psalmen als Rede- und Gebetstexte haben es mit je neu angestrebter und vollzogener „Gegenwärtigkeit" zu tun; sie vermögen Vergangenes in die Gegenwart zu heben und dieses „liturgisch" zeitgleich werden zu lassen.[1] Das hat mit ihrer poetischen Gestalt zu tun, die sich – anders als die Erzählung – nicht vorrangig an zeitlichen

---

* Bei diesem Beitrag handelt es sich um eine Erstveröffentlichung. Ich danke Pfr. Dr. Edgar Kellenberger für Hinweise und Korrekturlesung. Die Studie steht im Zusammenhang mit Status und Tätigkeit des Verfassers als „Research Associate" am Department of Ancient and Modern Languages and Cultures der Universität Pretoria, Pretoria, Südafrika. Eine Kurz- bzw. Teilfassung dieses Beitrags in englischer Sprache bietet Weber, Monocola.

1 Deutlich wird dies auch anhand der an signifikanten Stellen in die Erzählungen eingefügten Psalmen bzw. Hymnen, die bewirken, dass der Erzählfaden für Momente stillgestellt und das geschilderte Geschehen gleichsam in die Lesergegenwart gehoben wird. Zu einer diesbezüglichen Betrachtung des Schilfmeer-Lieds (Ex 15) vgl. Ballhorn, Mose.

und kausalen Abfolgen orientiert (Syntagmatik), sondern durch Äquivalenzen orga-
nisiert ist (Paradigmatik).[2] Ein Wechseln und Verbinden der Zeiten ist charakteristisch für Ps 81. Die verschriftete Form darf nicht darüber hinwegtäuschen, dass
die meisten Psalmen zunächst und vor allem „Lautgestalten" („mündliche Texte")
waren, die mündlich vorgetragen auf das „Hören" abzielten. Innerhalb dieses Psalms
als Rede kommt der vorgetragenen Gottesrede und darin dem Motiv des „Hörens"
mit Blick auf Israel besondere Bedeutung zu. Die spätere Konfigurierung in der
Asaphpsalmen-Gruppe und die Eingliederung in den Psalter führten zu neuen
Bedeutungsmomenten und verstärkten den Charakter der „Schriftlichkeit".[3]

In der vorliegenden Studie zu Ps 81 stehen linguistische, literarisch-poetologische
und kommunikativ-performative Fragestellungen im Vordergrund.[4] Was der Psalm
mit welchen Sprachmitteln sagen und bewirken will, interessiert besonders. Dies
zu beantworten gelingt bei Ps 81 nur, wenn man auch dessen *externe* „Dialogizi-
tät" einbezieht. Die dem Psalm zugrunde liegenden Überlieferungen und „(Hör-)
Texte" spielen für das Verstehen nämlich eine wesentliche Rolle und ermöglichen
die Wahrnehmung seiner Bedeutungstiefe.[5] Überlegungen zu seiner Herkunft und
Entstehung werden nachgeordnet behandelt.[6] Ein Vergleich von Ps 81 (Stanze I) mit
pAmh 63 ist als Nachtrag beigegeben.

2. Psalm 81: Übersetzung und poetische Struktur

2.1 Text und Übersetzung

Die Übersetzung[7] und die kolometrische wie strophisch-stanzische Gliederung nehmen Entscheidungen vorweg, die (teilweise) nachher erläutert werden.[8]

---

2 Vgl. dazu ausführlich in WEBER, Theory.
3 Zur Legitimation einer Einzel- *und* Buchlesung von Psalmen vgl. WEBER, HERRN,
   243–252.
4 Die Studie ergänzt und modifiziert bisherige, vom Verfasser vorgelegte kleinere Beiträge und Kommentierungen zu Ps 81, vgl. WEBER, Predigt; DERS., Werkbuch II, 68–72;
   DERS., Werkbuch III, 167–171, ferner DERS., Mose-Lied, 299–305.
5 Fragen nach dem *Sitz in der Literatur*, also Überlegungen zur Platzierung von Ps 81
   innerhalb des Psalters, bleiben in diesem Beitrag ausgeklammert.
6 Damit sollen „Vorabfestlegungen" und die Gefahr zirkulärer Argumentation mini-
   miert werden, d.h. die Textarbeit soll möglichst ergebnisoffen geschehen. Das geltende
   Forschungsparadigma und damit verbundene zeitliche, literarische und theologische
   Einschätzungen sowie angenommene Abhängigkeitsverhältnisse können Wahrneh-
   mungen am Text erleichtern, aber auch verstellen. So droht im Blick auf Ps 81 das
   Label „deuteronom(ist)isch" Beobachtungen zu kanalisieren bzw. engzuführen.
7 Gottesrede wird durch kursive Schrift, die direkte Adressierung innerhalb der bilanzierenden Rede (Redeverschachtelung) zusätzlich durch Fettschreibung angezeigt.
   Wiederholungen von Begriffen sind teilweise markiert. Grau hinterlegt werden
   Volks- bzw. Israel-Bezeichnungen; bei Ägypten(land) ist die Schriftauszeichnung
   grau. Übersetzungsvarianten werden mit Schrägstrich oder runden Klammern angezeigt; eckige Klammern markieren im Hebräischen nicht explizit vorkommende, aber
   sinngemässe Phraseologie. Die Übersetzung orientiert sich, z.T. bis in die Wortabfolge
   hinein, an der hebräischen Vorlage – unter Inkaufnahme einer grammatikalisch und
   stilistisch „holprigen" deutschen Übersetzung.
8 Auf Verse (1–17) bzw. Verszeilen (2a etc.), Strophen (A–F) und Stanzen (I–III) wird
   nachfolgend in der Regel allein mit der in der vorangestellten Übersetzung markierten

		1	לַמְנַצֵּחַ עַל־הַגִּתִּית לְאָסָף:	Dem Musikverantwortlichen – nach der Weise von Gath (oder: auf der Gittit) – zugehörig Asaph.
I	A	2 a	הַרְנִינוּ לֵאלֹהִים עוּזֵּנוּ	Lasst einstimmen in den Jubel für Gott, unsere Stärke/Zuflucht,
		2 b	הָרִיעוּ לֵאלֹהֵי יַעֲקֹב:	jauchzt zu dem Gott Jakobs!
		3 a	שְׂאוּ־זִמְרָה וּתְנוּ־תֹף	Hebt an den Gesang, und gebt Laut der Handpauke,
		3 b	כִּנּוֹר נָעִים עִם־נָבֶל:	der lieblichen Tragleier samt Standleier!
	B	4 a	תִּקְעוּ בַחֹדֶשׁ שׁוֹפָר	Stosst am Neumond ins Widderhorn,
		4 b	בַּכֶּסֶה לְיוֹם חַגֵּנוּ:	am Vollmond zum Tag unseres Festes!
		5 a	כִּי חֹק לְיִשְׂרָאֵל הוּא	Denn eine Satzung für Israel [ist] dies,
		5 b	מִשְׁפָּט לֵאלֹהֵי יַעֲקֹב:	ein Rechtsentscheid vom Gott Jakobs.
		6 a	עֵדוּת בִּיהוֹסֵף שָׂמוֹ	Als Zeugnis/Verordnung in Jhoseph bestimmte er es,
		6 b	בְּצֵאתוֹ עַל־אֶרֶץ מִצְרָיִם	bei seinem Ausziehen gegen das Land Ägypten.
II	C	6 c	שְׂפַת לֹא־יָדַעְתִּי אֶשְׁמָע:	Eine Lippe, die ich nicht kannte, höre ich:
		7 a	הֲסִירוֹתִי מִסֵּבֶל שִׁכְמוֹ	*Ich habe befreit von der Last seine Schulter,*
		7 b	כַּפָּיו מִדּוּד תַּעֲבֹרְנָה:	*seine Handflächen: vom Tragkorb sind sie losgekommen.*
		8 a	בַּצָּרָה קָרָאתָ וָאֲחַלְּצֶךָּ	*In der Bedrängnis hast du gerufen, da habe ich dich herausgerissen;*
		8 b	אֶעֶנְךָ בְּסֵתֶר רַעַם	*ich antwort(et)e dir durch ein Versteck des Donners (Donnergewölk);*
		8 c	אֶבְחָנְךָ עַל־מֵי מְרִיבָה סֶלָה:	*ich stell(t)e dich auf die Probe an den Wassern von Meriba. – Sela.*
	D	9 a	שְׁמַע עַמִּי וְאָעִידָה בָּךְ	***Höre, mein Volk, da ich als Zeuge auftreten will gegen dich!***
		9 b	יִשְׂרָאֵל אִם־תִּשְׁמַע־לִי:	***Israel, wenn du doch hören würdest auf mich!***

Angabe verwiesen (ohne V. o.ä.). Davon wird in der Regel nur dann abgewichen, wenn dies aufgrund von Mehrdeutigkeit nötig ist.

10 a   לֹא־יִהְיֶה בְךָ אֵל זָר   *Nicht wird/soll sein bei dir ein fremder <u>Gott</u>,*

10 b   וְלֹא תִשְׁתַּחֲוֶה לְאֵל נֵכָר׃   *und nicht wirst/sollst du niederfallen vor einem ausländischen <u>Gott</u>!*

11 a   אָנֹכִי יְהוָה אֱלֹהֶיךָ   *Ich, Jнwн, [allein][bin] dein Gott,*

11 b   הַמַּעַלְךָ מֵאֶרֶץ מִצְרָיִם   *der dich Hinaufführende aus dem* Land Ägypten.

III E   11 c   הַרְחֶב־פִּיךָ וַאֲמַלְאֵהוּ׃   ***Tue weit auf deinen Mund, da ich ihn füllen will!***

12 a   וְלֹא־שָׁמַע עַמִּי לְקוֹלִי   *Aber <u>nicht hörte</u> mein Volk auf meine Stimme,*

12 b   וְיִשְׂרָאֵל לֹא־אָבָה לִי׃   *ja, Israel erwies sich nicht willig mir.*

13 a   וָאֲשַׁלְּחֵהוּ בִּשְׁרִירוּת לִבָּם   *Da liess ich es ziehen in die Verstocktheit ihres Herzens:*

13 b   יֵלְכוּ בְּמוֹעֲצוֹתֵיהֶם׃   *„Sollen sie [doch] gehen in ihren eigenen Plänen!"*

14 a   לוּ עַמִּי שֹׁמֵעַ לִי   *Wenn doch nur mein Volk <u>hörend wäre</u> auf mich,*

14 b   יִשְׂרָאֵל בִּדְרָכַי יְהַלֵּכוּ׃   *Israel auf meinen Wegen umherginge!*

F   15 a   כִּמְעַט אוֹיְבֵיהֶם אַכְנִיעַ   *Wie leicht! Ihre Feinde würde ich demütigen*

15 b   וְעַל צָרֵיהֶם אָשִׁיב יָדִי׃   *und gegen ihre Bedränger wenden meine Hand.*

16 a   מְשַׂנְאֵי יְהוָה יְכַחֲשׁוּ־לוֹ   *Die Jнwн Hassenden müssten ihm schmeicheln;*

16 b   וִיהִי עִתָּם לְעוֹלָם׃   *ja, es soll [vorbei] gewesen sein ihre Zeit für immer!*

17 a   וַיַּאֲכִילֵהוּ מֵחֵלֶב חִטָּה   *Er(?) hatte es gespiesen/würde es speisen von erlesenstem Korn,*

17 b   וּמִצּוּר דְּבַשׁ אַשְׂבִּיעֶךָ׃   *und aus dem Felsen mit Honig würde ich dich sättigen.*

2.2 Notizen zu Kolometrie und Struktur

2.2.1 Die Beurteilung von 6c und 11c als strukturierende Monokola

Die Kolometrie folgt in der Regel dem MT.[9] Die Zeile 6c bildet zusammen mit 6ab allerdings kein Trikolon. In 6c erfolgt ein Wechsel von der einst festgelegten Festordnung (*qtl* – *inf cs*) zur Einführung einer aktuell ergehenden Gottesrede (*jqtl*). Auch

---

9   In MT werden drei Verse als Trikola (6abc, 8abc und 11abc), der Rest als Bikola segmentiert. Vgl. auch MasPs[a] mit kolometrischem (hemistichischem) Layout (zur Textgestalt dieser Handschrift im Vergleich mit dem weithin identischen MT[A] und alten griechischen Handschriften vgl. GENTRY/MEADE, Colometry).

die Option, 6c kolometrisch zu 7ab zu ziehen und 6c7ab als Trikolon zu lesen,[10] ist zu verwerfen. 7ab ist ein eigenständiges Bikolon mit synonymem Parallelismus in spiegelsymmetrischer Anordnung der Satzglieder (abc|c'b'a'). Menschliche Ich-Rede (6c) und göttliche Ich-Rede (7ab) sind versmässig voneinander abgesetzt. Die Zeile 6c gehört weder zum vorangehenden noch zum nachfolgenden Zweizeiler, sondern ist versstrukturell eigenständig und daher als ein (eher seltenes) Monokolon einzustufen. Es markiert im Psalmganzen eine Übergangs- oder Scharnierstelle.[11] Weil die kataphorische Ausrichtung etwas stärker akzentuiert ist, ziehen wir 6c an den Anfang der Stanze II.[12] Das im Psalm erstmals verwendete Verb שׁמע „hören" – in auffälliger Position am Zeilenende – bestimmt als Leitwort denn auch die nachfolgende Gottesrede.

Kolometrisch analog zu 6c ist 11c und ebenfalls als Monokolon einzustufen. Auch diese Zeile hebt sich von der vorangehenden (11ab: Selbstvorstellung) wie der nachfolgenden Verseinheit (12ab: Vergangenheitsschilderung) ab. 11c bildet strukturell ebenfalls eine Scharnierstelle und hat einen sich sowohl am Vor- wie am Nachtext ausrichtenden Charakter (Januskopf). Diese Eigenschaft ist bei 11c noch stärker ausgeprägt als bei 6c, entsprechend lässt sich makrostrukturell eine Einordnung am Ende von Stanze II oder am Anfang von Stanze III vertreten.

> Für die Zugehörigkeit zu II (Abschluss) spricht, dass 11c im Sprachmodus der direkten Adressierung wie 9–11b (mit imperativischem Rahmen um D) bleibt. Die beiden Monokola 6c und 11c bildeten dann eine *Inclusio* um Stanze II, die über die Kolometrie hinaus durch die Korrelation der beiden, ein geläufiges Wortpaar bildenden Begriffe שׂפה „Lippe" und פה „Mund"[13] gestützt würde. Für die Zugehörigkeit zu III (Eröffnung) spricht, dass die Bikola 6ab und 11ab mit der Referenz auf „das Land Ägypten" enden und diese Parallelität als Markierung für den Stanzenschluss mit 6b und 11b beurteilt werden kann (Abschlussfunktion). Die beiden Monokola mit dem eben genannten Wortpaar aus 6c und 11c würden dann je eine neue Stanze eröffnen. Zudem ist der inhaltliche Anschluss von 11c an 12ab enger als an 11ab (vgl. auch die Verbindungen zwischen שׂפה „Lippe" bzw. פה „Mund" und קול „Stimme"[14]). Auf 6c wie 11c folgen überdies Verweise auf die Geschichte. Schliesslich verstärkt sich die kataphorische Funktion durch den Adressatenbezug von 11c auf Israel (12) und die Mundfüllung mit Nahrung (17).

---

10   So FOKKELMAN, Psalms, 90, und VAN DER LUGT, Cantos II, 391. Sie beurteilen weder 6c noch 11c als Monokola und lesen 11abc wie MT als Trikolon.

11   Zu Gestalt und Funktion von Monokola bzw. Unikola vgl. WATSON, Poetry, 168–174.398; KORPEL/DE MOOR, Fundamentals, 19–23; DOBBS-ALLSOPP, Poetry, 84–89. Die Differenz zu den Handschriften betrifft nicht die kolometrische Gliederung, d.h. die Zeilenabgrenzung, sondern die Verbindung der Zeilen zu Verseinheiten (Handschriften: Trikola 6abc und 11abc; Lesung hier: je Bikolon + Monokolon: 6ab|6c und 11ab|11c). Weitere Beispiele von Monokola in den Psalmen (in Auswahl): 1,1a.3d.4a; 16,4a; 39,6c.12c (Refrain); 57,2a; 60,8a; 62,2a.12c; 90,1a; 92,9a; 93,1a; 103,22c; 115,12a; 150,6a.

12   Vgl. auch VESCO, Psautier I, 735–736. Anders noch in WEBER, Werkbuch II, 68.71; DERS., Werkbuch III, 169, wo ich 6c zwar als Monokolon lese, dieses aber als zur Strophe B gehörig und als Abschluss von Stanze I beurteile.

13   Vgl. u.a. Dtn 23,24; Jes 6,7; 11,4; 29,13; Mal 2,6–7; Ps 51,17; 59,8.13; Hi 16,5; Spr 4,24; 16,23.

14   Vgl. ähnlich Dtn 9,23; 1. Sam 12,14–15; Hi 37,2; Klgl 5,5; Esr 1,1 = 2. Chr 36,22.

Fazit: Die Monokola 6c und 11c haben eine Scharnierfunktion und pendeln auf beide
Seiten. Ist bei 6c der kataphorische Bezug stärker, so halten sich bei 11c die anaphorische und kataphorische Ausrichtung in etwa die Waage. Weil auf das Psalmende hin
ein stärkeres Umkippen von 11c auf den Folgetext hin zu konstatieren ist, wird das
Monokolon (wie 6c) als stanzeneröffnend beurteilt. Unbenommen der (etwas) stärkeren
Hinordnung der Monokola zum Folgetext (Stanzeneröffnung) kommt ihnen mit Blick
auf die Gesamtanlage eine strukturelle Funktion als Scharniere (A, B) zwischen den
drei Stanzen (x) zu (xAxBx-Struktur, → 4.3).

2.2.2 Die Gesamtanlage des Psalms

Ps 81 besteht aus achtzehn Versen: 6c und 11c sind Monokola, bei 8abc handelt es sich um
ein Trikolon, der Rest sind Bikola.[15] Die Zweiteilung der Mittelstanze (II) ist aufgrund
des Wechsels zur Direktadressierung in 9 offenkundig. Dazu kommt die Markierung
des Strophenabschlusses von C durch סלה. Die finale Stanze III, mit ähnlichem Umfang
wie II, ist ebenfalls zweigeteilt. Die Parallelen „mein Volk/Israel" (12ab.14ab, s. auch 9ab)
bilden (nach 11c) den Rahmen um E; in F sind das Feindmotiv und die Behebung des
Mangels durch Gottesspeisung bestimmend. Die etwas kürzere Eröffnungsstanze (I) ist
ebenfalls zweistrophig; die Strophen-Abgrenzung ist hier freilich weniger deutlich.
Dies, weil 4 zwischen 2–3 und 5–6ab „pendelt" (ähnlich wie 6c und v.a. 11c). Man kann
4 aufgrund des imperativischen Aufrufs zu 2–3 ziehen,[16] oder – wie hier vorgeschlagen – zu den begründenden Aussagen von 5–6ab rücken. Für letzteres spricht, dass das
Signalhorn (שופר) gegenüber den übrigen Instrumenten am Fest eine andere Funktion
hat (→ 5.2). An den Aufruf ist die Festverordnung begründend (כי) angeschlossen. Die
Nähe zum Sinai-Geschehen und damit zum dort erstmals ertönenden Widderhorn (vgl.
Ex 19,16.19; 20,18) fügt sich ebenfalls dazu.

Fazit: Ps 81 weist eine sechsstrophige Gesamtanlage auf (A–F), wobei je zwei
Strophen sich zu einer übergeordneten Gliederungseinheit verbinden (Stanzen I–
III). Die Stanzen II und III werden durch Monokola eröffnet, welche die drei Hauptteile (Stanzen) als Scharniere verbinden. Innerhalb der Gottesrede ist der direkt
adressierte, Fremdgötterverbot und Selbstvorstellung Jhwhs beinhaltende Passus
9–11b herausgehoben und betont.[17] Eine mittezentrierende Gesamtanlage vermag ich
(nur) insofern zu erkennen, als die vier Strophen, welche die Gottesrede beinhalten
(C–F), spiegelsymmetrisch (ABB'A') angeordnet sind: Die Innenstrophen (D und E)
sind verbunden durch das Motiv des „(Nicht-)Hörens" und gerahmt durch das Paar

---

15 FOKKELMAN, Psalms, 90, und VAN DER LUGT, Cantos II, 391–400, gehen von sechzehn
    Versen aus, da sie 6c und 11c nicht als Monokola beurteilen. Sie haben entsprechend
    drei Trikola (6c7ab, 8abc und 11abc). Was die Makrostruktur betrifft, gliedert Fok-
    kelman in sieben Strophen (2–4 und 9–11 mit drei Versen, die übrigen aus zwei
    Versen bestehend), und van der Lugt geht von zwei Stanzen zu je drei Strophen
    (2–4.5–6b.6c–8|9–11.12–13.14–15) und einer finalen Kurzstanze (16–17) aus. Er beur-
    teilt 9–15 als *zweite* Gottesrede und sieht die Hauptzensuren entsprechend nach 8c
    und 15b. VESCO, Psautier, 736, gliedert in zwei Hauptteile (2–6b|6c–17), wobei der
    zweite (= Gottesrede) nochmals unterteilt ist (6c–11.12–17).
16 So in WEBER, Werkbuch II, 68.
17 Zu 9–11 als strophischer (im Zentrum stehender) Einheit vgl. übereinstimmend
    auch VAN DER LUGT, Canto II, 391.399; FOKKELMAN, Psalms, 90; HOSSFELD, Psalm 81,
    468.472–473.

„mein Volk/Israel" (5ab.14ab, s. ferner 9ab). Die Verzahnung der Aussenstrophen (C und F) ist weniger distinktiv; Stichworte sind „Bedrängnis/Bedränger" (8a.15b) und damit verbunden die einstige und gegenwärtige Notlage sowie „Hand"-Lexeme (7b.15b).[18] Neben dem spiegelsymmetrischen deutet sich auch ein alternierendes Muster (ABA'B') an, insofern die heilsgeschichtlichen Referenzen in C und E, das mit dem Gottesnamen verbundene Wirken sowie die Verbindung von Mundöffnung und Speisung in D und F erscheinen. Stanze I bietet die Situation, in welche die nachfolgende Gottesrede ergeht. Sie ist strukturell weniger eingebunden (vgl. aber 6b mit 11b).

3. Kommunikationsanalytische Untersuchung

3.1 Tabellarische Zusammenstellung[19]

Verse	Sprechende	Angesprochene	Vektor	Redeformen, Inhalte und Satzfolgen
1	A^x	A^y	→	Paratext (aphrastisch)
2–6b	A^1 (sg/pl)	A$^{2(abc)}$ (pl = alle oder je Festgruppen)	→	Aufforderungen zu musikalisch-gottesdienstlichen Vollzügen (2–4: 5mal Impt) mit Rechtsbegründungen (5: NS, 6ab: *qtl* [oder Ptz] + Inf cs)
6c	A^3 (Ich = A^1?)	A^4 (sg/pl, = A^2?) [auch selbst-vergewis-sernd = A^3?]	→ [←?]	Bekanntgabe der Wahrnehmung einer (bisher) unbekannten (*qtl*) Sprachäusserung (*jqtl*)
7	A^5 (Ich = Jhwh)	A^4 (sg/pl, = A^2?)	↓	Reminiszierende Schilderung (es; seine → Volk [Israel]): Befreiung einst (*qtl*) mit anhaltender Folge/Wirkung (*jqtl*)
8	A^5 (Ich = Jhwh)	A^4 (sg/pl, = A^2?)	↓	Adressierende (identifizierende) Schilderung (du → Volk [Israel]): Anrufung und Rettung einst (8a: *qtl* + *wjjqtl*), Verlautbarung und Prüfung unabgeschlossen/wiederholt(?) (8bc: *jqtl*)
9–11b	Ich = Jhwh (s. 11a)	Mein Volk / Israel sg (Vokative) = A^4 = A^2?	↓	Adressierender Höraufruf (du) mit Zweckangabe (9: Impt + *w-jqtl* Koh + *jqtl* Juss), Verbot (10ab: *jqtl* Proh), Selbstvorstellung (11ab: NS + Ptz)

---

18 In sich sind die Strophen D und E chiastisch gebaut (ABA'); C und F dagegen dürften asymmetrisch strukturiert sein (ABB' respektive AA'B').

19 Abkürzungen: A = Anonyme(r): vorausgesetzte, aber nicht genannte Person (sg) oder Personengruppe (pl), Impt = Imperativ, Inf cs = Infinitiv constructus, Koh = Kohortativ, Proh = Prohibitiv, Juss = Jussiv, NS = Nominalsatz, Ptz = Partizip (aktiv). In eckigen Klammern sind sekundär mitschwingende Kommunikationsrichtungen notiert.

Verse	Sprechende	Angesprochene	Vektor	Redeformen, Inhalte und Satzfolgen
11c	Ich = Jhwh	Mein Volk / Israel sg = A⁴ = A²? [und/oder Ich von 6c = A⁵?]	↓	Aufforderung (du) mit Zweckangabe (Impt + w-jqtl Koh)
12–14	Jhwh	A⁴ (sg/pl, = A²?) Zitat (13b): Jhwh	↓ ↩ [↓]	Reminiszierende Schilderung (mein Volk/Israel = es; sie): Hörverweigerung einst (12ab: qtl) mit Konsequenz daraus (13a: wjjqtl), verbunden mit Selbstzitat (13b: jqtl = Juss); Wunsch jetzt (14: Ptz + jqtl = Juss)
15	Jhwh	A⁴ (pl)	↓	Zusage künftiger (optionaler) Rettung (sie/ihre pl = Israel) vor Feinden (jqtl = modal)
16	A⁶ (= A³? oder = Jhwh?)	A⁴ (pl)	↓	Kommentierende Zusage künftigen (optionalen) Feindergehens (jqtl Juss/modal)
17a	A⁶ (= A³ oder = Jhwh?)	A⁴ (pl)	→ [↓?]	Kommentierende(?) Zusage (es → Volk/Israel) künftiger (optionaler) Sättigung (es → Volk/ Israel; wjjqtl = vergangenheitlich oder futurisch-konjunktivisch)
17b	A⁵ (Ich = Jhwh)	A⁴ (pl)	↓	Adressierende Zusage (du → Volk/Israel) künftiger (optionaler) Sättigung (jqtl, futurisch-konjunktivisch)

3.2 Sprecher

Im Text werden die artikulierten Worte auf mindestens zwei Personen zurückge-führt: auf Gott (Jhwh) und ein (anonymes) menschliches Ich (A³). Dass ab 7 Jhwh spricht, wird aufgrund des Rückgriffs auf frühgeschichtliche Überlieferungen und der Anrede „*mein* Volk" (9a) deutlich, auch wenn der Sprecher sich explizit erst in 11a zu erkennen gibt (Selbstvorstellungsformel). Die Gottesrede umfasst den grössten Teil des Psalms und reicht von 7–15. In der Schlussstrophe (F) kommt es zu Stim-menwechseln: In 16 spricht eine menschliche Person (A⁶). Verzichtet man auf eine Emendation des Verbs in 17a,[20] ist davon auszugehen, dass dieselbe Person auch im ersten Kolon des Schlussverses spricht. Nach dieser kommentierenden Stimme kehrt die finale Zeile (17b) zur Gottesrede zurück, und diese beschliesst den Psalm. Was den Sprecher von 16ab und 17a angeht, legt sich die Annahme nahe, dass dieser mit dem in 6c sich äussernden menschlichen Ich identisch ist (A⁶ = A³). Insofern äussert sich das Ich durch eine einführende „Erklärung" und eine „Kommentierung" am (vorläufigen) Ende der Gottesrede (Rahmung).

---

20   Oft wird zu ואאכילהו „Ich hätte es gespiesen" konjiziert (z.B. Hossfeld, Psalm 81, 468–469). Auch im Apparat der BHS wird für diese (vereinfachende) Lesart votiert.

Das anonyme menschliche Ich von 6c (und 16ab.17a) ist wahrscheinlich auch diejenige Stimme, welche die Gottesrede übermittelt. Ob sie darüber hinaus auch hinter den Worten von 2–6b (Stanze I), den Aufforderungen und Begründungen zum Festkontext, steht (A¹ = A³?), ist schwieriger zu beurteilen. Da vorab kein Sprecher erwähnt wird, kann dies in Betracht gezogen werden. Dann würde die im Psalm sich artikulierende Person in liturgischem Kontext unterschiedliche Rollen und Funktionen wahrnehmen. Wahrscheinlicher jedoch ist die Annahme, dass hinter der Aufforderung zum Festbetrieb und ihrer Begründung eine oder mehrere (andere) Einzelpersonen oder Kollektive stehen (→ 3.3 und 5.).

Mit Blick auf die Sprecher sind zwei Sachverhalte hervorzuheben: 1. der auffällige und umfangreiche, für die Asaph-Psalmen freilich nicht untypische Anteil an Gottesrede;[21] 2. die dem menschlichen Ich zukommende Vermittlerrolle. Die Sprechhandlungen setzen bei dieser Person eine hohe Autorität und Traditionskenntnis voraus und konturieren sie als Funktionsträger in Kult und Prophetie (→ 7.2).

3.3 Angesprochene Personen

Im Psalmkorpus ist zwischen Personen(kreisen), an die Worte gerichtet werden, und solchen, über die berichtet wird, zu unterscheiden. Mit Stanze I (2–6b) wird das Setting eines JHWH- bzw. Bundesfestes evoziert und eine gottesdienstlich versammelte und mit dem „Gott Jakobs" (2b, vgl. 5b) verbundene Volksgemeinschaft vorausgesetzt. Mit den Imperativen wird diese Gemeinschaft insgesamt angesprochen (A²), oder – wahrscheinlicher – die Aufforderungen in 2–4 richten sich an unterschiedliche Funktionsträger (A²ᵃᵇᶜ = Sänger, Musiker, Signalhornbläser). Wie auch immer: Die Versammlung repräsentiert „Jakob/Israel", und das versammelte Volk steht in Kontinuität mit dem Ursprungsisrael, welches in Ägypten seinen Anfang nahm (6) und am Sinai seine Gesetzgebung erhielt (5).

Am Beginn von II erscheint die einzige menschliche Ich-Rede (6c) im Psalm. Der Adressat ist zwar nicht genannt (A⁴), aber dass es sich um die anwesende Gemeinde handelt, ist offensichtlich (A⁴ = A²). Sie ist ab 7, wo Gott spricht, die vorausgesetzte und in 9 die direkt angesprochene Hörerschaft. Die Beziehung zwischen JHWH und Israel ist begründet im Bundesverhältnis, das in vielfachen Äußerungen angezeigt wird und in den Exklusiv-Aussagen von 10–11 seine Spitze hat. „Israel" als Volksgemeinschaft, die angesprochen und über die gesprochen wird, ist also der Adressat der Gottesrede. Mittels Syntax (Verbalsystem)[22] und Personalpronomina werden dabei Differenzierungen wie Identifizierungen vorgenommen. So findet sich in C (6b–8) ein Wechsel von der Rede *über* Israel (7: „seine", „sie") zur direkten Rede *an* Israel (8: „du", „dich", „dir"). Dieses Changieren zwischen Frühgeschichte und Gegenwart, ja teils „Überblenden" beider Horizonte, ist charakteristisch für Ps 81. Dabei verbindet sich Erinnerung mit Identitätsstiftung und Argumente dienen zur Motivierung. Die heilsbringende Frühzeit, von der auch Weisung wie Warnung ausging, ist unmittelbar relevant für das gegenwärtige (und zukünftige) Israel.

---

21 Zu den Gottesreden in den Psalmen vgl. WEBER, Werkbuch III, 166–167, zu denjenigen in den Asaph-Psalmen DERS., Gottesrede, 737–748 (vgl. namentlich Ps 50).

22 Im Vordergrund steht der Wechsel von *qtl-* zu *jqtl-*Formen, welche die Unabgeschlossenheit des einstigen Geschehens betonen.

In D (9–11) wird das gegenwärtige Israel explizit und direkt angesprochen (Rede innerhalb der Gottesrede). Die ihm zuteil gewordene Befreiung gilt, die eingegangenen Verpflichtungen gelten ebenso. Der Rückbindung auf Rechtsbestimmungen in 5–6 wird eine heilsgeschichtliche Rückbesinnung zur Seite gestellt. In der E-Strophe spricht die Gottesstimme (wie in C) über Israel, und die Rede kehrt, was Volk und Redeinhalt betrifft, zum *früheren* Israel zurück (vgl. 7–8). Auf dem Hintergrund von C und D schillern allerdings auch hier die Worte zwischen dem einstigen und dem jetzt versammelten Volk. Höraufforderung und Hörwunsch (9)[23] werden rückblickend wie ausblickend akzentuiert (12a.14a).[24]

In der letzten Strophe (15–17) sind die Zeit- und Israel-Ebenen noch stärker verwoben. Die Syntax von 15a kann als optionale Zukunft der Vergangenheit („Ihre Feinde würde ich gedemütigt haben …") oder als konjunktivische Zukunft („Ihre Feinde würde ich demütigen …") interpretiert werden. 17 ist (bei Verzicht auf einen Texteingriff) kommunikativ zweiteilig (s.o.). Dabei ist die in 17a verwendete *wjjqtl*-Form inmitten optativisch-futurischer *jqtl*-Aussagen auffällig.[25] Ist diese Form analog zu den *jqtl*-Aussagen bzw. als *w-jqtl* aufzufassen? Oder soll – und dies halte ich für wahrscheinlicher – mit der Abfolge *wjjqtl* – *jqtl* im Schlussvers die Verschränkung von Vergangenheit und Gegenwart/Zukunft (verbunden mit dem Sprecherwechsel) nochmals auf den Punkt gebracht werden? Speisung mit Korn (Vergangenheit, Er-Schilderung) und Sättigung mit Honig (optionale Zukunft, zusprechende Gottesrede) gehörten dann zusammen und wären „wechselseitig" gültig: Korn *und* Honig hat Jhwh *einst* gegeben und verspricht er *künftig* zu geben – falls das Volk auf seine Stimme hört (→ 4.4.4). Jedenfalls ergänzt in der Parallelzeile 17b Jhwh selbst – unter Rückkehr zur „Du"-Rede (vgl. 9–11) – die Speisungsaussage von 17a.

Eine Bemerkung zum Präskript als Paratext: Es sind zwei Personen, die dort ins Blickfeld kommen: 1. der etwas kryptische „Musikverantwortliche", der mit der Aufführung des Psalms (Begleitung auf einem Saiteninstrument) betraut ist, und 2. der mit Inhalt, Überlieferung und Vortrag und/oder Edition verbundene „Asaph" bzw. der hinter diesem Eponym stehende Trägerkreis (→ 7.2).

4. Die Gottesrede

4.1 Die Rede-Wahrnehmung (6c)

Das Monokolon 6c markiert den Übergang zwischen der mit Freude verbundenen Festbegehung und der in ermahnendem Ton ergehenden Gottesrede. Der Hauptsatz – mit dem Verb in auffälliger Endstellung – enthält erstmals im Psalm eine *jqtl*-Formulierung und ein „Ich" als Sprechperson. In Erstposition erscheint das Satzobjekt in Gestalt einer indefiniten *Constructus*-Verbindung, in der das *Nomen rectum* durch einen negierten Relativsatz in *qtl*-Konjugation substituiert wird. Diese Nebenaussage ist gegenüber der *jqtl*-Hauptaussage vorzeitig und abgeschlossen. Das von

---

23   MasPs[a] liest am Ende von 9 קולי statt לי (vgl. 12a). Die Parallelität der Präpositionalfügungen am Ende der Zeilen 9a und 9b spricht für MT.

24   Die Formulierung mit Ptz und *jqtl* am Ende der Strophe (14) macht deutlich, dass nicht nur das vergangene und das (je) gegenwärtige Israel im Blick sind. Vielmehr ist Israels „Hören" auf Gott zeitübergreifend konstitutiv für die Bundesbeziehung.

25   Vgl. dazu Klein, Poetry, 93 (Fussnote).

der Sprechperson aktuell von einer (sich bewegenden, sprechenden) שפה „Lippe"[26]
Gehörte war ihr bisher nicht bekannt. 6c spricht von einer „Rede-Wahrnehmung"
(Hören) und ist insofern nicht das, was man unter einer „Rede-Einleitung" (Sprechen)
üblicherweise versteht. Allerdings lässt sich die Abfolge 6c → 7(ff.) kaum anders
verstehen, als dass das vom menschlichen Ich Vernommene nun als Ich-Rede Gottes
vorgetragen wird. Doch was oder wer war dem Übermittler des Gottesworts neu?[27]

> Verschiedene Möglichkeiten kommen in Betracht. Die Differenz zwischen vorher
> und jetzt kann bezogen sein a) auf die Lippe selbst bzw. auf denjenigen, der sich mit
> ihr äussert (Sprech*person*),[28] b) auf die Sprache bzw. die Sprachäusserung (Sprech-
> *weise* = Fremdsprache?)[29] oder c) auf die Aussage (Sprech*inhalt*).[30] Die Annahme b),
> dass Gott sich dem Ich gegenüber bisher in einer unverständlichen bzw. fremden,
> nun aber in einer verständlichen Sprache geäussert hat, fügt sich kaum in den
> vorliegenden Kontext. Es verbleiben als valable Varianten a) in dem Sinne, dass
> das sprechende Ich *erstmals* Gottes Reden vernimmt (Erstempfang), oder c) in dem
> Sinne, dass das sprechende Ich neue Inhalte oder Absichten zu hören bekommt
> (sei es in seiner prophetischen Funktion oder gegenüber der von ihm gekann-
> ten Überlieferung).[31] Nun fussen die mit 7 einsetzenden Gottesworte weithin auf
> bekannter, heilsgeschichtlicher Überlieferung. Insofern ist der Sachverhalt des
> Unbekannten kaum gegeben. Freilich kann man die Gottesrede aufgrund ihrer
> Zusammensetzung und Aktualisierung als neu einstufen. M.E. ist a) gegenüber
> c) zu favorisieren. Als Beispiel für ein erstmaliges Hören der Gottesstimme kann
> auf den jungen Samuel am Heiligtum in Schilo verwiesen werden (1. Sam 3,7).

Das sich äussernde Ich „kennt" wie die Mithörenden der Festgemeinde die auf Gottes
Wirken zurückgehende Gründungsgeschichte Israels aus der Überlieferung. Bisher
„nicht gekannt" und insofern neu ist die direkt an ihn für das Volk ergehende Stimme
Gottes, der er Gehör schenkt. Er gibt sie, als Ich-Rede Gottes formuliert, an das Volk
weiter (prophetische Mittlerschaft). Die Aussage von 6c ist über die Rede-Einführung
hinaus ein Legitimationsaufweis – insbesondere, wenn es sich, wie angenommen,
um eine Erstprophetie handelte. Das Verb שמע „hören" in 6c, das zum Leitwort der
Gottesrede wird, führt in die Thematik ein und zeigt an, dass der das Gotteswort
Übermittelnde als erster Hörer unter derselben Verpflichtung steht.

4.2 Das Leitmotiv des Hörens und die Hörverweigerung

Formen des Verbs שמע „hören" erscheinen in Ps 81 fünfmal: einmal in der Einleitung
zur Gottesrede (6c) und viermal in der Gottesrede selbst (9a.9b.12a.14a). Hören hat seinen
Ort in der Sprecher-Hörer-Konstellation; es geht um die Kommunikation (→ 3.) und

---

26   Als *pars pro toto* für den Mund als Sprechorgan bzw. metonymisch für das durch
     ihn Geäusserte (Sprache).
27   Eine Übersicht zu den Interpretationsmöglichkeiten bietet auch Tate, Psalms
     51–100, 319–320.
28   Vgl. Jes 30,27; Hab 3,16; Mal 2,6; Ps 12,5; Hi 11,2; 16,5.
29   Vgl. Gen 11,1.7.9; Dtn 28,49; Jes 28,11; 33,19; Jer 5,15; Ez 3,5–6.
30   Vgl. Dtn 23,24; Jes 19,18 (nach Lauber, JHWH, 370–371); 36,5; 59,3; Ps 12,3–4; 21,3;
     34,14; 63,4.6; Klgl 3,62.
31   So etwa Kraus, Psalmen 2, 731; Tate, Psalms 51–100, 323; Vesco, Psautier, 739 (eine
     göttliche Stimme, deren volle Tragweite der Hörende nicht begreift).

um das Bundesverhältnis zwischen Jнwн und seinem Volk Israel. Hören ist das vom
Bundesvolk erwartete und erwünschte Verhalten – nachdem Gott zuvor auf das Rufen
des Volkes in Bedrängnis gehört und es aus der Not „herausgerissen" hat.

Ableitungen der Wurzel שמע sind in der Bibel – mit über 1150 Belegen allein des
Verbs – weit verbreitet, mit Schwerpunkten in der erzählenden und weisheitlichen
Literatur. Überproportional häufig erscheint das Verb in den Büchern Dtn und Jer.
Man kann von einem „Schlüsselwort der dtn.-dtr. Schule und ihrer Erben"[32] sprechen,
zumal es in programmatischen Abschnitten (wie Dtn 4) gehäuft verwendet wird. Das
Hören auf Gott zielt auf das Halten seiner Gebote, kann aber auch den Akzent haben,
nur auf ihn und d.h. auf keine anderen Götter zu hören bzw. ihn zu lieben (Exklusivität der Jнwн-Anbetung bzw. Verbot der Fremdgötterverehrung, vgl. 10–11b).[33]
Das Nichthören lässt sich als Renitenz und Widerspenstigkeit charakterisieren. In
Ps 81 ist von Unwilligkeit, Verstocktheit und Handeln nach eigenen Plänen die Rede
(vgl. 12–13). Die Folgen von Hören und Gehorchen sind Segen in mancherlei Art;
das Nichthören dagegen zieht Nöte vielerlei Art nach sich. Die Belege in Ps 81 kann
man der genannten dtn-dtr Linie zurechnen: Die Einschärfung des Hörens ist denn
auch charakteristisch für das Dtn. Für die Psalmen dagegen ist diese Verwendung
untypisch, zumal in ihnen – in reziproker Sprecher-Hörer-Konstellation – meist der
Einzelne oder das Volk sich an Gott wendet und von ihm „(Er-)Hören" erwartet (vgl.
Ps 4,2.4; 17,1; 27,7 u.ö.) oder sein (Er-)Hören bezeugt (vgl. Ps 6,9; 18,7; 28,6 u.ö.).

Am Leitmotiv des „Hörens" (שמע) wird deutlich: Es hängt alles am qualifizierten,
Gehorsam verlangenden Hören auf Gott. Das beginnt beim sprechenden Ich, welches in die Fussstapfen eines „Propheten wie Mose" (vgl. Dtn 18,18) tritt, der für das
Volk Gottes Wort hört und es diesem unverfälscht weitergibt. Es kommt aus Gottes
„Lippe", wird in den „Mund" des Propheten und von diesem in den des Volks gelegt
(→ 4.3). Gottes Reden wird durch das prophetisch wirkende Ich vermittelt, und in
der Gottesrede selbst verweist Jнwн mehrfach auf sein Reden bzw. seine Stimme
(8ab.12a). Vor jeglichem Hör-Appell hat Jнwн Israels Rufen in der Not gehört, rettend
geantwortet und die Grundlage der Bundesbeziehung gelegt (vgl. 8ab und 11ab).
Das dreimalige Nebeneinander von שמע und עמי (in den b-Zeilen parallelisiert
durch „Israel") unterstreicht das Hörgefälle Jнwн ← Gottesvolk (9a.12a, dazu 14a
in umgekehrter Reihenfolge).[34] Dabei steht in 9a „mein Volk" im Vokativ und die
Gottesgemeinde wird direkt angesprochen (Imperativ).[35] Im b-Kolon erscheint unter
nochmaliger Verwendung des Verbs „hören" erstmals eine modale Syntax mit dem

---

32   SCHULT, שמע, THAT II, 975.
33   Vgl. ferner u.a. Dtn 11,13–17; 30,16–18; 31,12–13; Jer 9,12–15, dazu SCHULT, שמע, THAT
      II. Während die Reden Moses bzw. die Tora auf das Hören durch das Volk abzielen
      (Moab-Bund), ist deren Verschriftung an die Leviten adressiert, welche diese künftig
      dem Volk neuerlich zu Ohren bringen sollen, vgl. KILCHÖR, Moses.
34   In 9 wird die Verbindung durch eine viermalige Paarung von Guttural- und /m/-Laut
      lautlich unterstützt.
35   Eine besondere Nähe ergibt sich zwischen 9a und Ps 50,7 (je Gottesrede): Höraufruf
      + „mein Volk" (Vokativ) + „auftreten als Zeuge gegen dich" (ואעידה בך). Der an Israel
      gerichtete Imperativ (vgl. Vokativ in 9b), zu hören, findet sich im Dtn mehrfach (vgl.
      Dtn 4,1; 5,1; 6,4; 9,1; 20,3; 27,9).

Ausruf: „Israel, wenn du doch hören würdest auf mich!"[36] Die Formulierung hat die
Gestalt eines auf die Protasis reduzierten Konditionalgefüges ohne nachfolgende
Apodosis. Was das Hören bewirken würde, bleibt ungesagt bzw. die positiven Folgen
werden nicht genannt. In F (15–17) werden diese nachgetragen. Zuvor erscheint in
14a(b) eine ähnliche Formulierung wie in 9b.

Die letzten beiden Belege von „(nicht) hören/mein Volk" finden sich in den Rahmenversen von E (12–14). Mit dem Strophenwechsel wird die Direktadressierung
verlassen und zur Schilderung zurückgekehrt (vgl. 7–8). Auch bei der Kommunikationssituation ergeben sich Verschiebungen (→ 3.3): War in 9–11 das gegenwärtig
versammelte Israel im Blick, so in 12 das frühere (*qtl*). Die Verbalformen in 14 (Ptz
und *jqtl*) zeigen jedoch, dass die vergangene Zeit (neuerdings) auf die gegenwärtige Zeit hin geöffnet wird (Festversammlung). Zwischen den Worten zum Hören
finden sich im Zentrum von E (13) – in der Form einer Kommentierung durch Gott
(Selbstzitat) – solche des Gerichts: Jʜᴡʜ überlässt Israel sich selbst (Selbstversto-
ckung).[37] Seitenbelege des in 13a verwendeten Begriffs שרירות „Verstocktheit" bestätigen dessen Verbindung mit Hörverweigerung und Abtrünnigkeit.[38] Die Aussagen
im Zentrum der Strophen D (Verbot der Fremdgötterei) und E (Verstocktheit und
Abtrünnigkeit) sind nicht ohne Entsprechung. In 14 wird das implizit konditionale
Moment von 9b aufgenommen und verstärkt. Dabei steht 14b nicht nur parallel zu
14a (mit letztem Beleg von שמע), sondern auch gegenläufig zu 13b. Das dort beklagte
negative Verhalten („gehen in ihren eigenen Plänen") wird mit positivem („umherge-
hen auf meinen Wegen") kontrastiert. Angesichts der Modalität von 14b entspricht
dies weder damals noch jetzt der Realität, sondern ist das von Gott gewünschte
Verhalten seines Volkes.[39]

4.3 Monokola (6c und 11c), Mehrdeutigkeit und ein Prophet wie Mose[40]

Die Platzierung der Monokola 6c und 11c an Übergängen und ihre Scharnierfunktion
innerhalb der poetischen Architektur des Psalms wurde bereits notiert (→ 2.2.1).
Nachfolgend sind ihre Inhalte zu erheben. Dabei geht es nicht nur um die Semantik
und Pragmatik der beiden Zeilen je für sich. Vielmehr wird zu zeigen sein, dass –
ausgehend von Unbestimmtheit und Mehrdeutigkeit – aufgrund von intratextuellen

---

36   Nach Lᴇᴛᴛɪɴɢᴀ/Sɪᴇʙᴇɴᴛʜᴀʟ, Grammatik, 380, liegt in 9b ein als Ausruf formulier-
      ter Wunsch (mit optativischer Modalitätsnuance) vor.
37   Die Formulierung erinnert an das Geschehen in Ägypten, nur dass – wohl mit iro-
      nischem Unterton – die Handelnden umgekehrt dargestellt werden: Wurde damals
      mehrfach die Forderung erhoben, der Pharao solle Israel ziehen lassen, lässt Gott
      hier sein Volk (auf ihr Ansinnen hin) ziehen – aber nicht in die Freiheit, sondern
      in dessen Eigensinn. Damit wird das Handeln und Ergehen des Pharaos auf Israel
      übertragen (vgl. שלח *pi* Ex 3,20; 4,21.23; 5,1–2; 6,1.11 u.ö.; die in Ex verwendete Ver-
      stockungsbegrifflichkeit ist freilich eine andere).
38   Vgl. Dtn 29,17–18; Jer 7,23–28; 9,12–13; 11,8; 13,10–11; 16,12.
39   Mit Dtn 29,3 gesagt: „Aber noch nicht gegeben hat Jʜᴡʜ euch weder ein Herz, das
      versteht, noch Augen, die sehen, noch Ohren, die hören."
40   Vgl. dazu auch Wᴇʙᴇʀ, Monocola.

Bezügen (Äquivalenzen) sowie intertextuellen Relationen (Überlieferungsstoffe), die als Katalysatoren wirken, sich mehrere Sinnhorizonte eröffnen.

Die beiden Monokola sind an sich schon auffällig. Zugleich besteht zwischen ihnen eine Korrespondenz (zum Wortpaar „Lippe/Mund" s.o.), die eine auch inhaltliche Verklammerung der beiden Einzeiler anzielt. Dies wurde von einer Reihe Auslegern erkannt und führte zum literarkritischen Vorschlag, 11c umzuplatzieren, unmittelbar auf 6c folgen zu lassen und die beiden Zeilen als Glieder eines Bikolons aufzufassen.[41] So gesehen würde nach der menschlichen Redeeinleitung (6c) von der Gottesstimme zunächst die Aufforderung ergehen, den Mund für den prophetischen Wortempfang zu öffnen (11c), bevor danach der Inhalt näher ausgeführt wird (7ff.). Die In-Bezug-Setzung der beiden Zeilen macht Sinn und wird durch strukturelle wie inhaltliche Äquivalenz angestossen; eine Textumstellung ist dafür jedoch unnötig und abzulehnen.[42] Die poetischen Sprachmittel sind derart, dass eine unmittelbare Nachbarstellung der Zeilen nicht zwingend ist, sondern auch durch Überspringen von Zwischentext eine Sinnkonfiguration etabliert werden kann.[43] Ob man dabei terminologisch von einem AxB- oder Sandwich-Muster (innerhalb der xAxBx-Gesamtanlage) oder aber von einem „virtuellen" oder „aufgesplitteten Bikolon" sprechen will, ist von untergeordneter Bedeutung gegenüber der zustande gekommenen Sinndichte und Wirkung dieser poetischen Sprachfigur.[44] Dabei führt die Äquivalenz der Begriffe „Mund/Lippe" zwar zur Assoziierung der beiden Zeilen, doch entgegen der üblichen, synonymen Verwendung als Organe sprachlicher Artikulation[45] kommt hier eine Entsprechung von Output (Lippen) und Input (Mund) zum Tragen. Der Mund ist nicht das Rede-, sondern das Empfangsorgan der Worte: Gott will das Wort bei weit geöffnetem Mund gleichsam oral – nicht auditiv über die Ohren – verabreichen (als Nahrung).[46] Die Verbindung von 6c und 11c legt nahe, den Imperativ – zunächst – als an das sprechende Ich gerichtet zu interpretieren, will heissen: In 11c tut sich Gottes Stimme kund, die das übermittelnde Ich zur Bereitschaft (Mundöffnung) des Wortempfangs auffordert.[47]

Mit dieser Leseoption kommt das Prophetengesetz (Dtn 18,9–22) ins Spiel bzw. wird als Bezugstext aufgerufen. Wie in Ps 81 spielt das Verb שׁמע dort eine wichtige

---

41   Vgl. den im Apparat der BHS von den Bearbeitern der Psalmen gemachten Vorschlag, ferner auch einige Kommentatoren, z.B. Kraus, Psalmen 2, 727.731.

42   Für eine solche Umstellung liegt kein Textbeleg vor, und überdies tangiert diese literarkritische Annahme die Grundarchitektur der Gottesrede und verunklart die mit der vorliegenden Platzierung beabsichtigte Mehrdeutigkeit.

43   Zu den Grundlagen einer Poetologie der Psalmen (mit Beispielen) vgl. Weber, Theory.

44   Vgl. dazu Watson, Poetry, 161–165.169–174; Tsumura, Insertion. Ähnlich beurteilt auch Tate, Psalm 51–100, 317–323, die Rahmung von 6c und 11c um das Orakel. Allerdings generiert 11c mit seinem Textumfeld weitere Äquivalenzen und Verständnisweisen (s.u.), die über dieses Muster hinausführen.

45   Vgl. u.a. Dtn 23,24; Jes 6,7; 11,4; Mal 2,6–7; Ps 59,8.13.

46   Die Verbindung von רחב hi und פה ist selten und findet sich nur je zweimal in Jesaja und den Psalmen (vgl. Jes 5,14; 57,4; Ps 35,21; 81,11). Die Metaphorik zielt nicht auf das Einflössen von Flüssigkeit, sondern das Eingeben von fester Nahrung, vgl. Dtn 8,3; Jer 5,14; Ez 2,8; 3,2.

47   Zum Vollsein bzw. Füllen des Mundes (מלא ni/pi) mit Worten (des Lobes/Jubels u.ä.) vgl. Ps 71,8; 126,2; Hi 8,21.

Rolle (14.15.16.19). Weil das Volk Gottes Stimme nicht mehr direkt hören will, wird
Gott einen Propheten wie Mose aufstehen lassen: „Auf ihn sollt ihr hören (תשמעון)!"
(15). Parallel dazu wird dem Volk gesagt: „Ich werde legen meine Worte in seinen
Mund (בפיו), und er soll reden zu ihnen alles, was ich ihm auftragen werde." (18).
Die Verwandtschaft dieser Aussagen mit 11c und insbesondere die Verbindung der
Aufforderung, auf Gott zu hören, mit dem Legen von Gottes Wort in den Prophe-
tenmund, damit dieser sie dem Volk weitergebe (Dtn 18,15.18), bestätigt die Zeilen-
verbindung von 6c und 11c und setzt für diesen Bezug eine überlieferungskundige
Hörerschaft voraus. Zugleich ergibt sich durch den Rekurs auf das Prophetengesetz
ein Legitimationsausweis – ein Moment, das bedeutsam ist, insbesondere wenn
das Unbekannte in 6c sich auf die Gottesstimme bezieht, und hier eine erstmalige
Prophetie vorliegt (→ 4.1).
  Neben dem Prophetengesetz verdienen mit Blick auf 11c auch Dtn 31–32 Beachtung: Jнwн beauftragt Mose, dem Volk die Liedworte von Dtn 32 „in ihren Mund"
(בפיהם) zu legen – zum Zeugnis gegen Israel, sollte es von Gott abfallen (Dtn
31,19.21).[48] Die inhaltliche Abfolge in Dtn 31 und Ps 81 ist weithin analog: Gottesrede
→ involvierter Prophet → Überbringung („Mundfüllung") der (poetisch geformten)
Gottesbotschaft als Zeugnis an das Volk. Anders als in Dtn 18,18 wird in Dtn 31,19
das Wort von Gott nicht in des Propheten Mund gelegt, sondern es soll – von dessen
Mund ausgehend – von ihm nun in des Volkes Mund gelegt werden. Aufgrund der
fehlenden Adressierung von 11c (Leerstelle) ist auch diese Option, also die Adressierung der Gottesaufforderung an das Volk, valabel. Steht in Verbindung mit 6c in
11c der Wortempfang des Propheten im Vordergrund, so führt der Nahkontext (9.12)
zu einem *foregrounding* des Volks als angesprochener Grösse.[49] Zwei dtn Schlüssel-
passagen zur Vermittlung des Gotteswortes in den Zeiten nach Mose (Dtn 18; 31–32)
erweisen sich demnach als bedeutsam für das entsprechende Geschehen in Ps 81.
Sie grundieren und stützen die Leseoptionen von 11c im Sinne des prophetischen
Wortempfangs als auch der Wortweitergabe an das Volk.
  Damit der Mehrdeutigkeit nicht genug: Die Rede von der Mundöffnung und -fül-
lung in 11c lässt sich neben den genannten Leseoptionen noch anders interpretieren.
Denn Mehrdeutigkeit liegt nicht nur bezüglich der Adressaten, sondern auch der
Mundfüllung vor. Nicht nur das Gotteswort, sondern auch feste Nahrung kann
in den Mund gelegt werden. Letztere Deutung wird (das Volk betreffend) durch
die Äquivalenz zwischen 11c und 17 – also auf den Psalmschluss hin – aktiviert.
Und auch diese Lesart dürfte durch einen dtn Katalysator generiert oder jedenfalls
gestützt werden. Die Rede ist von Dtn 8,3, wo ein Bogen von der Nährung mit Alltagsbrot zu derjenigen mit Gotteswort geschlagen wird.

---

48   Zu Dtn 31,16–21 vgl. MARKL, Volk, 180–196.
49   Zu dem als Referenzgrösse und Verstehenshintergrund von Ps 81 wichtigen Mose-
     Lied (Dtn 32,1–43, vgl. WEBER, Mose-Lied, 299–305) führen nicht nur die genann-
     ten Aussagen im Liedvorspann, sondern auch solche im Lied selbst. So findet sich
     das Leitwort שמע „hören" (6c.9ab.12a.14a) samt seinem Synonym אזן *hi* „die Ohren
     spitzen" im eröffnenden, mit 9 vergleichbaren Höraufruf (Dtn 32,1, hier mit dem
     Ansprechen von Himmel und Erde, vgl. aber die Nennung des Volkes in Dtn 32,6).
     Auch der in 11c erwähnte Mund findet sich (hier auf Gott bezogen): „Spitzt die
     Ohren, ihr Himmel, so will ich reden! / Hören (שמע) möge die Erde die Worte meines
     Mundes (פי)."

„Er demütigte dich und liess dich hungern und speiste dich mit dem Manna, das du nicht kanntest und deine Väter nicht kannten, um dich erkennen zu lassen, dass der Mensch nicht vom Brot allein lebt. Vielmehr lebt der Mensch von allem aus dem Mund Jʜᴡʜs (פי־יהוה) Herausgehenden." (vgl. Ps 81,11c)

Anders als in Dtn 8,3 führt in Ps 81 die Abfolge vom Gotteswort – der Mund ist nicht Ausgangsort (Gott), sondern Empfangsort (Volk) – zur leiblichen Sättigung durch Gott. Doch erst durch die Verbindung von 11c mit dem Schlussvers erfolgt ein „Umkippen" zu dieser Bedeutung hin (→ 4.4.4).[50]

Fazit: Mit (6c und) 11c als Monokolon mit seinen Leerstellen verbindet sich ein hoher Grad an Ambiguität, aufgrund derer sich eine Verdichtung von Aussagen einstellt und multiple Sinnanreicherungen aufscheinen. Solches geschieht mit Hilfe textinterner Äquivalenzen und unter katalysierender Wirkung von Aussagen aus dem Überlieferungsgut. Die dadurch generierten Leseoptionen können je in den Vordergrund rücken und aspektiv nebeneinander bzw. gleichzeitig bestehen. Ihre Rezeption verlangt von der Zuhörerschaft freilich wiederholtes Memorieren und die Kenntnis der externen Bezüge, auf die angespielt wird. Für den Gottesappell von 11c haben wir folgende Bedeutungsvarianten erarbeitet: Der Wortempfang kann sich auf den Propheten oder auf das Volk beziehen (Adressatenvarianz), und die Mundfüllung kann mit Gotteswort und/oder mit Alltagsbrot geschehen (Inhaltsvarianz). Die abschliessende Skizze stellt die erörterten Leseoptionen zusammen und dient zur Veranschaulichung.

Text	Inhalt	Sprecher	Adressierter	
6c	Eine Lippe, die ich nicht kannte, höre ich:	Ich (= Prophet)		xAxBx-Muster
7–8	Israel-Aussagen (einst)	Jʜᴡʜ		
9–11b	Israel-Adressierungen (jetzt)	Jʜᴡʜ		
11c	*Tue weit auf deinen Mund, da ich ihn füllen will!*	Jʜᴡʜ	Prophet / Israel	
12–14	Israel-Aussagen (einst → jetzt)	Jʜᴡʜ		
15	Feind-Aussagen (einst/jetzt)	Jʜᴡʜ		
16		Mensch		
17a	Er würde es speisen von erlesenstem Korn,	(= Prophet?)		
17b	*und aus dem Felsen mit Honig würde ich dich sättigen.*	Jʜᴡʜ	Israel	

---

50   Ein ähnliches Phänomen findet sich im Zentrum des ebenfalls asaphitischen Psalms 77. Dort bildet 11 eine Scharnierstelle, die mit ana- und kataphorischer Ausrichtung je unterschiedliche Leseoptionen generiert, vgl. dazu Wᴇʙᴇʀ, Psalm 77, 95–111.179.

4.4 Zu weiteren Aspekten

4.4.1 Strophe C (6c–8)

Nach dem menschlichen (6c) meldet sich ab 7 das göttliche Ich zu Wort. Die Bedrückung in und Befreiung aus Ägypten bildet die Grunderfahrung, an die in unterschiedlicher Weise erinnert wird (6b.7ab.11b). In 7 geschieht dies mit Hilfe der exemplarischen Veranschaulichung eines israelitischen Fronarbeiters (in 7b erscheint der Plural = Volksbezug). Gott bezeugt, dass er ihn von seinen Traglasten befreite.[51] Damit ist das nachfolgende Rettungsgeschehen bereits impliziert (vgl. 8a und wohl auch 6b). Mit Blick auf die narrative Überlieferung hat die Ausssage die grösste Nähe zu Ex 6,6–7.[52] An beiden Stellen sind die Worte Teil einer Gottesrede. Was der „Prophet" hört und weitergibt, entspricht dem Gotteswort und Auftrag an Mose – mit dem Unterschied, dass die Befreiung in Ex 6 angekündigt, im Psalm als geschehen vergegenwärtigt wird.

Im Trikolon 8abc wird ein Bogen von Ägypten bis in die Wüste geschlagen. Die Formulierungen sind hinsichtlich angezielter Geschehnisse unbestimmter als in 7. Die erste Zeile (8a) verweist auf dasselbe Bedrückungsgeschehen wie in 7 und erwähnt das Schreien Israels in der Not (vgl. Ex 2,23–25; Dtn 26,7). Die Verwendung von חלץ pi „herausreissen, retten" ist der Erzählüberlieferung fremd und psalmentypisch.[53] Die Formulierung von 8a ist insofern offen, als weiteres (späteres) Not- und Rettungsgeschehen darunter subsumiert werden kann. Geläufig, aber im Pentateuch nicht bezeugt, ist die Korrespondenz zwischen קרא „rufen" (8a) und ענה „antworten" (8b). Da das „Herausreissen" aus Ägypten einem „Antworten" Gottes auf Israels Schreien aus der Not entspricht, wird in 8b gleichsam – und nicht ohne Bezug zum ersten – auf ein zweites „Antworten" Bezug genommen. Die Verlautbarung durch Donner im Gewittergewölk lässt an eine Theophanie Jhwhs denken.[54] Im Kontext der aufgespannten Frühgeschichte Israels führt die Spur zur Gottesoffenbarung am Sinai (vgl. Ex 19,9.16; Dtn 5,26), zumal eine Reihe der in Ex 19–20 erscheinenden Motive sich auch in Ps 81 findet.[55] Gottes „Antworten" hat angesichts der Höraufforderungen und damit des erhofften „Antwortens" des Volkes eine zusätzliche Sinnaufladung: Jhwh hat seinen Teil am Bund erfüllt. Dass sein Reden über das Gewitterphänomen hinaus auch Wortoffenbarung einschliesst, ist in der Sinai/Horeb-Erzählung evident und

---

51 Die Komponenten des Bikolons 7ab sind spiegelsymmetrisch angeordnet (abc|c'b'a'). Mit der am Versende platzierten *jqtl*-Verbform ist das anhaltende Moment der Befreiung mit ausgesagt.

52 Anstelle der im Psalm verwendeten einzelnen „Last" (סבל) steht dort (und in Ex 1,11; 2,11; 5,4–5) die wurzelidentische Sammelbezeichnung „Fronarbeit" (סבלות).

53 Alle drei in 8a verwendeten Begriffe finden sich kombiniert auch im asaphitischen Ps 50 (15) und in Ps 91,15 (zum asaphitischen Einfluss vgl. WEBER, Verbindungslinien, 106).

54 Die Wendung „Versteck des Donners" dürfte Offenbarung und Verhüllung Gottes zugleich anzeigen. Zu ähnlichen theophanen Formulierungen vgl. den asaphitischen Beleg Ps 77,18–19 sowie u.a. 1. Sam 2,10; 2. Sam 22,14 = Ps 18,14; 29,3; Hi 37,4–5.

55 Vgl. Gottesrede, Legitimierung von Mose bzw. des Propheten, Hörmotivik, Ertönen des Widderhorns, Anfang des Dekalogs (Selbstvorstellung, Herausführung aus Ägypten, erstes Gebot). Gottes Stimme im Gewitterdonner (8b) ist zeitlich nicht auf das Sinaigeschehen allein fixiert (*jqtl*-Konjugation).

zeigt sich auch im Psalm, wie v.a. 10–11 deutlich machen. Das Furcht einflössende Geschehen führte am Sinai zur Aussage des Volkes: נשמעה „wir wollen hören" (Ex 20,19) – aber nicht mehr auf Gottes Stimme direkt, sondern *vermittelt* durch Mose. Darauf basieren die in der Nachfolge des Mose-Amts stehenden Worte dieses Psalms.

Die Fortsetzung der *jqtl*-Form von 8b in 8c zeigt, dass das Versuchungsgeschehen nicht nur als einstig und abgeschlossen gilt, sondern für die Gegenwart relevant bleibt. Mit den „Wassern von Meriba"[56] wird ein spezifisches, möglicherweise zweifaches Geschehen aus der Wüstenüberlieferung angesprochen.[57] Das Verb בחן „läutern, prüfen, auf die Probe stellen" wird im Zusammenhang mit dem angesprochenen Geschehen im Pentateuch nicht verwendet, findet sich aber in Ps 95,9.[58] Mit dem synonymen Verb נסה *pi* „auf die Probe stellen, versuchen" wird das Geschehen von Massa/Meriba charakterisiert, bei dem Israel Jʜᴡʜ versuchte.[59] In 8c aber erscheint בחן „versuchen" mit umgekehrtem Vektor: Jʜᴡʜ stellt Israel auf die Probe. Von Gott als Subjekt des Prüfens ist unter Verweis auf Massa/Meriba lediglich hier die Rede sowie, mit Levi anstelle von Israel als Prüfobjekt, in Dtn 33,8. Beachtung verdienen auch zwei weitere Belege über Gott, der Israel prüft: Die Erststelle, Israel betreffend, in Ex 15,25, sowie Ex 20,2, wo die Verbindung mit der Dekalog-Kundgabe am Sinai ähnlich ist wie die Kontextuierung im Psalm (vgl. 8c mit 8b und 10).[60] Die in 8c gewählte Formulierung klingt an mehrere Aussagen an.

> Unmittelbar nach der Errettung am Schilfmeer führte der Weg in die Wüste, und dort ist von Wassermangel, dem Murren des Volkes wie auch von Gottes Hilfe die Rede (Ex 15,22–27). Nach dem Anrufen Gottes durch Mose und dem ins Wasser geworfenen Holz wird das Bitter- zu Süsswasser. In diesem Zusammenhang heisst es: „Dort bestimmte er (שם) Satzung (חק) und Recht (משפט),[61] und dort stellte er es auf die Probe (נסהו)[62] und sprach: „Wenn du aufmerksam hörst (אם־שמוע תשמע) auf die Stimme Jʜᴡʜs (לקול יהוה), deines Gottes (אלהיך) ..." (Ex 15,25–26).[63] Die Verflechtung der Begrifflichkeit mit derjenigen von Ps 81 fällt auf, auch wenn – anders als im Psalm – Mose das Subjekt des Satzes ist. Bei der zweiten Wüstenstation wiederholen sich Mangel, Murren und Hilfe Gottes, nur dass es diesmal um Nahrung

---

56   Vgl. Num 20,13.24; 27,14; Dtn 32,51; 33,8; Ps 106,32, ferner Ex 17,7; Ps 95,8.
57   In der Überlieferung wird *vor* und *nach* der Sinai-Offenbarung von einem ähnlichen Geschehen berichtet (vgl. Ex 17,1–7; Num 20,1–13, ferner Dtn 6,16; 9,22; 33,8–9; Ps 95,7–9).
58   Die Verwendung dieses Verbs für das Prüfen Gottes steht dem in Jer nahe (vgl. Jer 9,6; 11,20; 12,3; 17,10; 20,12). Das Verb taucht innerhalb des Pentateuchs lediglich in der Josephsgeschichte auf (Gen 42,15–16); in den Vorderen Propheten (Jos–Kön) fehlt es ganz.
59   Vgl. Ex 17,2.7; Dtn 6,16; Ps 95,8–9. Wie in 8–10 sind in Dtn 6,14–16 Prüfmotiv und Warnung vor Fremdgötterverehrung verbunden. Vgl. ferner, ohne explizite Erwähnung von Massa/Meriba, Num 14,22; Ps 78,18.41.56; 106,14. Die Parallelisierung der Verben in Verbindung mit Massa/Meriba findet sich in Ps 95,8–9 (ferner in Ps 26,2).
60   Ferner wird נסה mit Gott als Subjekt, ohne (expliziten) Massa/Meriba-Bezug, in Gen 22,1; Ex 16,4; Dtn 8,2.16; 13,14; Ps 16,2; 2. Chr 32,31 verwendet.
61   Zum Verb und den beiden Rechtstermini vgl. 5ab und 6a.
62   Zum Synonym vgl. 8c.
63   Zum Verb mit Konditionalpartikel vgl. 9b, zur „Stimme Jʜᴡʜs", „deines Gottes", vgl. 12a und 11a.

geht (vgl. Ex 16). Dabei ist von Jhwh als demjenigen die Rede, der das Volk auf die Probe stellt (Ex 16,4). Danach geht es in der dritten Wüstenstation (Massa/Meriba) wiederum um Wassermangel (Ex 17,1–7), und vom Prüfen (נסה) – mit dem Volk als Subjekt – ist zum dritten und vierten Mal die Rede (Ex 17.2.7). Daneben findet sich mit dem zweimal verwendeten Verb ריב „streiten, hadern" die der Ortsbezeichnung Meriba zugrunde liegende Wurzel (Ex 17,2). Das Hadern des Volkes mit Gott wird parallelisiert mit der Erprobung bzw. Versuchung Gottes durch Israel.

Es ist zu erwägen, ob in 8c in Verbindung mit der Gottesspeisung (17, vgl. 11c) nicht die in Ex 15–17 vorliegende, stets mit einer „Prüfung" verbundene Geschehensabfolge „Wasser – Nahrung – Wasser" *insgesamt* im Blick ist. Ägypten (Befreiung), Sinai (Gottesverlautbarung) und Wüste (Erprobung) sind jedenfalls Stationen der Gründungserfahrungen Israels, auf welche die Gottesrede eingeht und die sie vor der (impliziten) Hörerschaft (re)aktualisiert. In 8c wird zudem Israels Versagen angesprochen: Das Volk hat Gottes Test nicht bestanden, das Vertrauen in ihn und seine hilfreiche Gegenwart nicht durchgehalten (vgl. Ex 17,7).[64] Mit dem Stichwort מריבה „(Rechts-)Streit", der Chiffre für ein problematisches Geschehen, endet Strophe C.

4.4.2 Strophe D (9–11b)

Wesentliches zu 9–11b wurde bereits erörtert (→ 4.2). Die Strophe enthält die einzigen Worte, in der die als anwesend zu denkende Gottesgemeinde in *direkter Weise* auf ihr *eigenes* Verhalten – und nicht dasjenige von Israel in der Frühzeit – angesprochen wird. In Anschluss an den imperativischen Höraufruf (kohortativisches *w-jqtl*) erscheint ein Morphem des denominativen Verbs עוד *hi* in der Bedeutung „als Zeuge aufrufen/auftreten (gegen), (be)zeugen, ermahnen" (vgl. auch עדות „Zeugnis, Verordnung" in 6a). Der Hörappell wird damit in einen Rechtszusammenhang eingeordnet. Die Funktion eines עד „Zeugen" ist breiter gefasst als in unserem Rechtsverständnis. Dies zeigen der asaphitische Seitenbeleg Ps 50,7, die genannten Stellen in Dtn 31–32 (s.o.)[65] und weitere Belege. Das Aufrufen von (bestätigenden) Fremdzeugen oder das eigene Auftreten als Zeuge, der anklagt, warnt, richtet, kann damit verbunden sein.[66] Das den Leviten anvertraute Mose-Lied (vgl. Dtn 31,9–13) ist die Grundlage, auf der das „Zeugen" in Ps 81 (und Ps 50) basiert.[67] Das Behaften auf eine (früher) eingegangene Bundesverpflichtung schwingt ebenfalls mit (vgl. 10–11). Darüber hinaus tritt

---

64 Markl, Volk, 190, bezeichnet den Zweifel an der Präsenz Jhwhs als Grundsünde. In Num 14,24 tut Gott derjenigen Volksgeneration, die seine Wundertaten gesehen und ihn schon zehnmal erprobt/versucht und auf seine Stimme nicht gehört hat (vgl. Ps 81,12a), kund, dass er ihr den Einzug ins verheissene Land verwehrt. Die Weigerung zu hören und die Versuchung Gottes sind miteinander verbunden (vgl. ferner Dtn 4,34; 6,15; 8,2.16).

65 Die Zeugenschaft des Mose-Lieds (gegenüber Israel) wird auf die gesamte (Moab-) Tora übertragen, die neben die Lade zu liegen kommt (vgl. Dtn 31,26–29; 32,46, dazu Markl, Volk, 207–214).

66 Vgl. u.a. Dtn 4,26; 8,19; 31,28; 32,46; 1. Kön 21,10.13; 2. Kön 17,13.15; Jer 11,7; Neh 9,29.

67 Vgl. Weber, Mose-Lied, 271–276 (Ps 50) und 299–305 (Ps 81). Man beachte auch, dass der Untergang des Nordreichs und die Verbannung der Israeliten mit der Verwerfung des prophetischen Wortes in Zusammenhang gebracht werden (vgl. 2. Kön 17,13–17).

Gott als Sprechender in Ps 81 – mehr als gemeinhin üblich – stark argumentativ und werbend auf. Er ringt darum, dass sein Volk auf ihn hört, und stellt diesem seine Hilfe in Aussicht, wenn es sich ihm wieder zuwendet (vgl. F).[68]

Dass im Hintergrund der Gottesrede von Ps 81 das Mose-Lied steht, zeigt sich auch am Fremdgötterverbot und an Jhwhs Selbstvorstellung in 10–11.[69] Die Fremdgötter-Thematik und die Übertretung des Gebots der Alleinverehrung Jhwhs nehmen im Mose-Lied breiten Raum ein. Im Lied (Dtn 32,12) wie im Psalm (10) ist von einem אל נכר „ausländischen, fremdartigen Gott" die Rede. Die Exklusivität dieses Ausdrucks (sonst nur noch in Mal 2,11) spricht für die Abhängigkeit des Psalms von Dtn 32.[70] In der Gottesrede des Psalms wird ein von Gott selbst ergehendes Verbot (Prohibitiv) nach der Weise des Dekalogs formuliert (vgl. Dtn 5,7, ferner u.a. Ex 20,3; 34,14). Daran schliesst sich in 11 die Selbstbezeugung אנכי יהוה אלהיך „ich, Jhwh, [bin] dein Gott" (oder: „Ich [bin] Jhwh, dein Gott") an, die in identischer Weise zweimal im Dekalog erscheint (vgl. Ex 20,2.5; Dtn 5,6.9).[71] Eine solche legitimierende Selbstvorstellung ist im Psalter singulär. Der Bezug auf die Präambel des Dekalogs ist offenkundig, zumal in 11b die Heraufführung „aus dem Land Ägypten" daran angeschlossen ist.[72] Die partizipiale Formulierung erscheint ausser in 11b nur in Dtn 20,1.[73] Sie rückt nicht nur den Ausgangspunkt (Exodus), sondern implizit auch das Ziel in den Blick. Es könnte das verheissene Land gemeint sein, näher liegt aber wohl der Berg (Sinai), wie Bundeskontext und Dekalog-Anspielung nahelegen (vgl. Dtn 9,9). Die Formulierung „aus dem Land Ägypten" (Hinaufführung Gottes) variiert die Wendung „gegen das Land Ägypten" (Hinausziehen Gottes) in 6b (je am Strophenschluss).

Die Verse 10–11 rezipieren demnach Dtn 32,12.16, formulieren die Schilderung zu einem Gebot im Sinne des Dekalogs um (vgl. Dtn 5,7) und fügen die Dekalog-Präambel in Verbindung mit der zeitübergreifenden (partizipialen) Formulierung in Anlehnung an Dtn 20,1(-3) hinzu.[74] Die Schlüsselpassage 9–11b ruft also ihrerseits Schlüsseltexte wach und formt sie aktualisierend um. Vergegenwärtigung des Bundes und Aufruf zur Neuverpflichtung stellen wesentliche Momente von D und Ps 81 insgesamt dar.

4.4.3 Strophe E (11c–14)

Nach der Höraufforderung (9–11b) und 11c (→ 2.2 und 4.3) wechselt die Gottesrede zur Schilderung (qtl) der einstigen Hörverweigerung, welche E bestimmt. Entsprechend

---

68   Es sind Charakteristika, die man ansonsten aus der Prophetie des Hosea kennt. MARKL, Volk, 273, spricht im Vergleich mit Dtn 32,1–43 davon, dass Ps 81 „eine ‚gemassigtere' Sicht sowohl der Geschichte als auch Gottes" vermittle.

69   Vgl. dazu eingehend WEBER, Mose-Lied, 299–304.

70   Die Parallelbezeichnung זר אל „fremder Gott" (10, vgl. noch Ps 44,21) erscheint in זרים „Fremde" (im Sinne von Göttern) im Mose-Lied (16) ebenfalls gespiegelt.

71   Vgl. ausserdem Jes 51,15; Hos 12,10; 13,4.

72   Im Unterschied zur Dekalog-Präambel ist nicht vom Herausführen (יצא hi), sondern vom Heraufführen (עלה hi) die Rede.

73   Die Einleitung des Kriegsgesetzes (Dtn 20,1–4) weist weitere Verbindungen zu Ps 81 (und Dtn 31,6) auf, vgl. den Aufruf: „Höre, mein Volk/Israel" (Dtn 20,3; dazu 9, ferner 12.14) sowie das Eingreifen Jhwhs gegen die Feinde (vgl. 15).

74   Ferner sind, wie in 10–11, auch in Dtn 32,39 (zudem in Dtn 5,6–7) Selbstvorstellung und Fremdgötteraussagen verbunden.

wird von Israel in der 3. Person gesprochen (wie schon in 7). Das frühere Verhalten ist freilich transparent auf das *derzeitige* Verhalten Israels hin, wie die Syntax von 14 (Ptz + *jqtl*) deutlich macht. Mit 12–13 vergleichbares Reden Gottes findet sich in den Prophetenschriften.[75] Israels Weigerung zu hören führt zu Eigenwilligkeit und Verstocktheit. Diesbezüglich verdienen Jer 7,23–24 Erwähnung, da mehrere, nachfolgend markierte Aussagemomente sich mit Ps 81 berühren.

Jer 7,23: „<u>Hört auf meine Stimme</u>, dann werde ich sein für euch Gott, und ihr, ihr werdet sein für mich Volk. Und <u>ihr sollt gehen auf dem</u> ganzen <u>Weg</u>, den ich euch gebiete, damit es euch gut geht."
Jer 7,24: „Aber <u>sie haben nicht gehört</u> und nicht geneigt ihr Ohr, sondern sind <u>gegangen in Plänen</u> (וילכו במעצות), <u>in der Verstocktheit ihres</u> bösen <u>Herzens</u> (בשררות לבם) ..."

Die Gottesstimme in Ps 81 hat – über Jer hinausgehend – nicht bei diesem ernüchternden Fazit sein Bewenden. Konjunktivisch äussert Jhwh in 14 (vgl. 9b und Dtn 32,29), um sein Volk werbend, den Wunsch, es möge umkehren, hören und sich recht verhalten.

4.4.4 Strophe F (15–17)

In der letzten Strophe (ohne Hörmotiv) kommen Gott *und* eine kommentierende Stimme zu Wort (→ 3.). Zunächst wird die Gottesrede fortgeführt (15), dann durch eine menschliche Stimme ergänzt, bevor sie in der Schlusszeile 17b nochmals – nun mit Du-Adressierung – hörbar wird. Es geht darum, was Gott bei einer Umkehr Israels an Heil bewirken würde. Neu ist, dass Israels Feinde bzw. Bedränger angesprochen (15) und im Folgevers als „Jhwh Hassende" bezeichnet werden (16a). Die Folgen der Hörunwilligkeit entsprechen dtn Fluchäusserungen: Feindbedrängnis (vgl. u.a. Dtn 28,15.25.48–50.52) und wohl auch – hinter 17 aufscheinend – Ernteverlust und Hunger (vgl. u.a. Dtn 28,18.22.33.38.51.53–57).

Mit כמעט „wie wenig [bräuchte es], wie leicht, wie schnell!" eröffnet die letzte Strophe. 15a lässt sich als Nachsatz (Apodosis) zur konditionalen Formulierung von 14 (und 9b) lesen. Ginge das Volk auf die Bedingung von 14 ein, könnte es damit rechnen, dass Gott wie in F beschrieben handelt (vgl. Ex 23,22).[76] Die Behebung der Not, der Sieg über die Feinde Israels, wäre für Jhwh leicht zu bewerkstelligen. Die Formulierung lässt unter Rückkoppelung auf 8 an ein theophanes Eingreifen denken. Auf Israels „Hören" würde in dem Sinn Gottes „Antworten" erfolgen.[77] Auch hier liegt ein Changieren zwischen Frühzeit und Gegenwart vor. So lassen sich die (modalen) *jqtl*-Formen futurisch (so die Übersetzung) oder als perfektisches Futur (Futur II) verstehen. Insofern sind *derzeit mögliche* und *einst möglich gewesene* Zukunft verbunden.

---

75   Zu 12 vgl. Jes 30,9; 42,24; Ez 3,7; 20,8, ferner Lev 26,21; zu 13 vgl. Dtn 29,17–18; Jer 7,23–28; 9,12–13; 13,10–11.

76   Unter Verwendung von כנע „demütigen" vgl. etwa Dtn 9,3; Ri 3,30; 4,23; 8,28; 11,33; 1. Sam 7,13; Neh 9,24.

77   Vgl. den asaphitischen Beleg Ps 77,16–21, weiter Ex 14,24–25; Jos 10,10–11; Ri 5,4–5.20–22; 1. Sam 7,10; Jes 30,30.

Die Bezeichnung der Widersacher als „Jhwh-Hassende" weist Berührungen mit
dem Dekalog (vgl. Ex 20,6; Dtn 5,10) sowie mit Num 10,35 auf.[78] Das in 16a berichtete
Geschehen (die Feinde müssen Gott schmeicheln) ist gegenüber demjenigen von
15a reziprok (Gott demütigt die Feinde). Die Bedeutung von כחש *pi* ist nicht ganz
einfach zu bestimmen; hier wurde die Übersetzung „schmeicheln" gewählt, wobei
die Handlung als erzwungene zu denken ist (schmeicheln *müssen*).[79] Der Sinn der
jussivischen Aussage von 16b ist diskutierbar. Entweder soll die Zeit des Schmei-
chelns unaufhörlich sein („… und es soll sein ihre Zeit [sc. des Schmeichelns] für
immer") oder aber – hier favorisiert – sollen die Feinde ein Ende haben („… ja, es
soll gewesen sein [vorbei] ihre Zeit für immer"). Wiederum stehen Aussagen des
Mose-Lieds im Hintergrund: In Dtn 32,35 wird Gottes Ahnden mit der „Zeit", da die
Feinde straucheln, verbunden, und in Dtn 32,41 spricht Gott von der Vergeltung an
denen, die „mich hassen".
   Im Schlussvers wechselt die Szenerie vom Vorgehen gegen die Feinde (15–16) zur
Sättigung Israels (ähnlich Ps 147,14). Die Themen sind nicht ohne Zusammenhang,
denn es sind oft Feinde, die fruchtbares Land versehren bzw. dessen Ertrag „ver-
zehren" (אכל).[80] Das letzte Wort im Psalm ergeht dann nochmals aus Gottes Mund
(17b). Die Aufteilung auf zwei Stimmen in demselben Vers bei gleicher Thematik ist
ungewöhnlich, macht als Zusammenführung und Fokussierung am Psalmschluss
aber Sinn (→ 3.3).[81] Gott spricht von sich als „Sättigendem" (vgl. Dtn 31,20).[82] Aufgrund der Verbindung des Mundes mit der Speisung aktiviert diese Aussage am
Psalmende beim Monokolon 11c die Assoziierung der Mundöffnung und -füllung
mit der Speisung des Volkes durch Gott. Die strukturelle Verklammerung der Stanze
III durch 11c und 17 (*Inclusio*) trägt dazu bei, dass die Verse untereinander in einen
Bezug treten (→ 4.3). Die angeführten Speisen zeigen Üppigkeit und Fülle an. Diesbezüglich findet sich nochmals eine Anlehnung an das Mose-Lied (Dtn 32,13–14).[83]
Die Redewendung „von erlesenstem Korn", wörtlich „vom Fettmark an Weizen" (מחלב
חטה), findet sich ausser in Ps 147,14 ähnlich nur noch in Dtn 32,14. Danach wird der

---

78   Zu den „Jhwh-Hassenden" vgl. ferner Dtn 7,15; 30,7; 32,41; Ps 139,21.
79   Eine ähnliche, allerdings auf Israel als Objekt bezogene Formulierung findet sich
     in Dtn 33,29: „Gepriesen [bist] du, Israel! Wer [ist] wie du: ein Volk, gerettet durch
     Jhwh, [der] der Schild deiner Hilfe und der das Schwert deiner Hoheit [ist], so
     dass schmeicheln müssen deine Feinde dir, du aber, auf ihre Höhen trittst du!" Es
     ist dies das „letzte" (testamentarische) Wort, welches Mose im Pentateuch spricht
     (den Israel- und Stämme-Segen abschliessender Makarismus). Gottes Feinde sind
     auch Israels Feinde und umgekehrt, vgl. ähnlich 2. Sam 22,45 = Ps 18,45 (zu den
     „vorletzten" Worten Davids gehörend) und Ps 66,3.
80   Im Dtn wird für den Fall, dass das Volk nicht auf Gottes Stimme hört, der Verlust
     von Vieh und Ernteertrag angekündigt (vgl. Dtn 28,15.30–34), und nach Dtn 31,16–17
     führen Götzendienst und Bundesbruch dazu, dass Israel selbst von Gottes Zorn
     „verzehrt" und von Gott verlassen wird.
81   Ein Stimmenwechsel zwischen Gottesrede und Kommentierung liegt auch in Dtn
     32,1–43 vor; dazu Weber, Mose-Lied, 261–265.
82   Die beiden Verben von 17 finden sich auch in Dtn 11,15; 14,29.
83   Vgl. dazu Weber, Mose-Lied, 300.304–305.

„Honig (aus dem Felsen)" erwähnt.[84] Eine Verbindung der Lexeme דבש „Honig" und צור „Fels" findet sich im AT lediglich an diesen beiden Stellen.[85]

> Dtn 32,13: Er liess ihn einherfahren über die Höhen der Erde, / und es [= Gottes Volk] ass die Erträge des Feldes. // Honig aus dem Felsstück[86] liess er es saugen / und Öl aus Felsengestein. //
> Dtn 32,14: Rahm des Grossviehs und Milch des Kleinviehs, / samt Fett der Lämmer und Widder; // Zucht aus Baschan und Böcke / samt Fettmark des Weizens. // …

Das verheissene Land wird oftmals – unter Betonung der Fruchtbarkeit – als Land, wo „Milch und Honig fliesst" (זבת חלב ודבש), beschrieben.[87] In 17 erscheint in einer vergleichbaren Aussage zwar nur der *eine* Begriff (Honig), als zweiter aber mit חלב „Fett" einer mit identischem Konsonantenbestand (Homographie).[88] Die Sättigungszusagen sind wohl auch indirekte Hinweise auf einen Nahrungsmangel und passen überdies gut zur Einbettung des Psalms in den Herbstfestzyklus mit Erntedank (vgl. 2–4).

Schliesslich verdient die Beauftragung des Propheten Ezechiel Erwähnung, insbesondere die Vision von der Schriftrolle, die er sich einzuverleiben hat, und die daran anschliessende Sendung zum Haus Israel (Ez 2,8–3,11). Eine Reihe von Motiven haben die Gottesreden im Psalm und im Prophetenbuch gemeinsam: die Verbindung von Gotteswortempfang und Sättigung sowie die Betonung des Hörens (inkl. der Hörunwilligkeit des Gottesvolkes).[89] Nachfolgend sind einige Aussagen zusammengestellt und signifikante Übereinstimmungen markiert.[90]

> Ez 2,8: Du aber, Menschensohn, höre, was ich rede zu dir. Sei nicht widerspenstig, wie das Haus der Widerspenstigkeit! Öffne deinen Mund und iss, was ich dir gebe!
> Ez 3,2: Da öffnete ich meinen Mund, und er liess mich essen diese Rolle.
> Ez 3,3: … Da ass ich sie, und sie wurde in meinem Mund wie Honig, süss.

---

84 Die Rede vom „fremden Gott" (siehe 10) erscheint unmittelbar davor in Dtn 32,12.

85 Auch wenn man beim „Honig aus einem/dem Felsen" zunächst an den Fundort des süssen Bienenprodukts denkt (vgl. Dtn 32,13), so wird man – angesichts dessen, dass der Fels als Epitheton für Gott selbst gebraucht wird und er das Mose-Lied als Leitwort bestimmt – im „(Honig von dem) Felsen" Jhwh mithören.

86 Gegenüber 17b (צור) wird in Dtn 32,13 ein synonymer Begriff (סלע) verwendet.

87 Vgl. u.a. Ex 3,8.17; 13,5; Lev 20,24; Num 13,27; 14,8; Dtn 6,3; 11,9; 26,9.15; 27,3; 31,20. Eine Assoziation an diese geläufige Wendung ist nicht auszuschliessen – möglicherweise unter „Vermittlung" durch das Mose-Lied: In Dtn 32,13–14 erscheinen in der gleichen Aussage nicht nur die Begriffe „Honig" und „Milch", sondern auch „Milch" (einmal) und „Fett" (zweimal, davon einmal im Zusammenhang mit Tieren, einmal mit Weizen).

88 Loretz, Psalm 81, 231–245, nimmt für חלב aufgrund ugaritischer Belege die Bedeutung „Hügel" an und übersetzt 17 folgendermassen: „Ich werde dich speisen mit Weizen vom Hügel und mit Honig vom Berg/Felsen dich sättigen."

89 In den beiden konsultierten Ez-Kommentaren (Block, Ezechiel 1–24; Greenberg, Ezechiel 1–20) findet die diesbezügliche Nähe zur Gottesrede in Ps 81 (die m.E. älter ist als Ez) keine Erwähnung.

90 Im Hebräischen identische Begriffe sind unterstrichen, synonyme gestrichelt markiert.

Ez 3,4: Und er sprach zu mir: Menschensohn, auf, geh zum Haus Israel und rede mit meinen Worten zu ihnen.

Ez 3,5: Denn nicht zu einem Volk mit dunkler Sprache („Lippe") und schwerer Zunge bist du ein Gesandter – zum Haus Israel! –,

Ez 3,6: nicht zu vielen Völkern mit dunkler Sprache („Lippe") und schwerer Zunge, deren Worte du nicht verstehst („hörst"). Hätte ich dich zu ihnen gesandt, sie würden gewiss auf dich hören.

Ez 3,7: Das Haus Israel aber wird nicht wollen hören auf dich, denn nicht wollen sie hören auf mich. Denn das ganz Haus Israel hat eine harte Stirn, und sie haben ein verhärtetes Herz.

Ez 3,10: Und er sprach zu mir: Menschensohn, alle meine Worte, die ich rede zu dir: Nimm sie in dein Herz, und mit deinen Ohren höre!

Ez 3,17: ... Hörst du aus meinem Mund ein Wort, sollst du sie vor mir warnen.

5. Der Festzusammenhang

5.1 Die Aufrufe zur musikalischen Intonation (2–3)

In Stanze I (2–6b) manifestiert sich das Festgeschehen, in dem die Gottesrede an das Volk ergeht (II und III). Den Anfang machen Aufrufe zum Festjubel (2) sowie solche zur gesanglichen und instrumentalen Intonierung (3) der Lobdarbringung für Gott. Das suffigierte Personalpronomen im Ausdruck „Gott, unsere Stärke/Zuflucht", der in der Parallelzeile als „Gott Jakobs" bezeichnet wird (so auch 5b),[91] lässt eine liturgische Aufführung unter Anwesenheit einer feiernden Gemeinschaft annehmen. Die Mehrzahl der Funktionsträger bzw. -gruppen, die Festhinweise sowie die danach ergehende Gottesrede lassen an ein grösseres Fest in „nationalem" Rahmen denken.

Eine Stimme ruft zum Gotteslob auf. Wird in 2 die gesamte Festgemeinde oder allenfalls eine spezifisch mit dem liturgischen Jubel beauftragte Gruppe aufgerufen,[92] so dürften in 3 bei den musikalischen Beiträgen Dienstgruppen angesprochen sein: zunächst eine zum Gesang, danach drei Instrumentalgruppen: eine rhythmische (Handpauke/Tamburin) und zwei mit begleitenden Saiteninstrumenten (kleinere Trag- und grössere Standleier).[93] Die Verbindung von Gesang, Leierspiel und Tamburin findet sich noch in Ps 68,26; darüber hinaus sind hymnische Aufrufe dieser oder ähnlicher Art nicht aussergewöhnlich.[94] Die Rettungserfahrung Israels beim Auszug aus Ägypten gilt dabei als heilsgeschichtlich-mythisches Urdatum und das

---

91　In 5 erscheint der Ausdruck in Verbindung mit Israel als seinem Volk. Vom „Gott Jakobs" ist im Zusammenhang mit der Nennung der Vättergottheit (Ex 3,6.15; 4,5), ferner als Einzelwendung in 2. Sam 23,1; Jes 2,3; Mi 4,2 und v.a. in den Psalmen (Ps 20,2; 46,8.12; 75,10; 76,7; 81,2.5; 84,9; 94,7) die Rede.

92　Das „Anheben der Stimme, Anstimmen" lässt an Sänger oder einen Chor denken, vgl. zur Verwendung von נשא in diesem Zusammenhang v.a. Jes 24,14; Am 5,1 und insbesondere Hi 21,12.

93　Das Verb נתן, hier spezifisch verwendet für „den Laut erheben, das Instrument (an) schlagen", wird für das Schlagen auf die Handpauke wie das Anschlagen der Saiten verwendet.

94　Vgl. Jes 44,23; Zeph 3,14; Ps 33,1–3; 95,1–2; 98,4–6 u.ö.

Schilfmeerlied (Ex 15,1–18) als erster Hymnus des geretteten Volkes. Berührungen zwischen den Anfängen von Ps 81 und Ex 15 sind erkennbar (und markiert).

Ex 15,2: Meine Stärke/Zuflucht und Stärke(/Lied) [ist] Jᴴ (עָזִּי וְזִמְרָת יָהּ), und er wurde mir zur Rettung. // Dieser [ist] mein Gott, und ich will ihn preisen: / den Gott meines Vaters, ich will ihn erheben. //

Die übereinstimmende Formulierung von Jʜᴡʜ/Gott als „meine/unsere Stärke/ Zuflucht" fällt auf, dies um so mehr, als auch das seltene זמרה/ת oder (eher) sein homonymes Pendant erscheint.[95] Auch wenn 2–3 nicht dieselbe Nähe zu Ex 15,2 wie Jes 12,2 und Ps 118,14 aufweisen, so ist doch auffällig, dass es sich um die einzige weitere Stelle handelt, wo die Begriffe gemeinsam auftauchen.[96]

Neben dem v.a. hinter 2 anklingenden „mosaischen" Zusammenhang verdient im Blick v.a. auf 3 auch ein „davidischer" erwähnt zu werden: Die singuläre Bezeichnung der Leier als נעים „lieblich" – wohl auf den Klang verweisend – führt zu der mit David (ebenfalls) einzig verbundenen Bezeichnung נעים „Liebling" (2. Sam 23,1). Sie findet sich den „letzten Worten Davids" (2. Sam 23,1–7), wo dieser als mit Israels Gesängen verbundener Prophet dargestellt wird.[97]

5.2 Der Hornstoss und die rechtliche Verankerung des Festes (4–6b)

Anders als die zuvor genannten Instrumente, welche die liturgische Darbietung begleiten, ist שופר „Widderhorn" ein Signalinstrument. Sein Ertönen markiert den Anfang von festlichen wie auch bedrohlichen Geschehnissen oder ruft zur Aufmerksamkeit für Wichtiges, das danach kundgetan wird.[98] In der kanonischen Abfolge der überlieferten Geschichte Israels wird es erstmals am Sinai erwähnt (vgl. Ex 19,16.19; 20,18).[99] Die Hornstösse, zu denen in 4 aufgerufen wird, sind mit dem Festtag und der ihn begründenden Rechtsordnung (vgl. 5–6b) verbunden. Ein Zusammenhang mit der anschliessenden Gottesrede und – aufgrund der Worte in 5–6 – auch ein Bezug auf den Sinai sind gut möglich.

Dazu folgende Überlegungen: 1. Die initiale Gottesrede an Mose (zur Weitergabe an das Volk) betont – mit konditionaler Formulierung –, wie wichtig es ist, auf Gottes

---

95 Die Bedeutung beider Begriffe, die teils auf je unterschiedliche Lemmata zurückgeführt werden, kann hier nicht diskutiert werden. Das von זמר I abgeleitete, seltene Nomen kann wie das Verb a) eine vokale (Lied), b) eine instrumentale (Saitenspiel) oder c) eine kombinierte Intonierung (= instrumental begleiteter Gesang) bezeichnen. In 3a dürfte a) oder – in Verbindung mit 3b – c) gemeint sein. Im Schilfmeerlied ist eher nicht an „(instrumental begleitetes) Lied, Gesang", sondern an das homonyme „Kraft" o.ä. zu denken.

96 Eine Anspielung auf das Schilfmeerlied kommt nicht überraschend, zumal über das Fest hinaus weitere Aussagen in Ps 81 (v.a. 6b und 11b) und Indizien (vgl. die „Handpauke" in 3a/Ex 15,20 und die Synonyme im Blick auf das „Erheben" Gottes in Ex 15,12 und das „Anheben" von Saitenspiel in 3a) in diese Richtung weisen.

97 2. Sam 23,1: „... Ausspruch des Mannes, hochgestellt, Gesalbter des Gottes Jakobs und Liebling (נעים) der Lieder Israels (זמרות ישראל)."

98 Beispiele: Jos 6,4.8–9.13.16.20; Ri 3,27; Jes 18,3; Jer 4,5; 6,1; Ez 33,4–5.7; Hos 8,1; Joel 2,1.15; Am 3,6; Neh 4,12.

99 Im Pentateuch sonst nur noch in Lev 25,9 (Hornschall zum Versöhnungstag).

Stimme zu hören; dies ist das zentrale Thema der Gottesrede (vgl. 9.12.14 mit Ex
19,5). 2. Gottes Erscheinen im Gewitter am Sinai ist verbunden mit sehr starkem
Widderhornschall. Im zweiten Beleg wird vom Anschwellen des Schalls des Widderhorns gesprochen, und dass Gott (Mose) „antwortete" im Schall (קול) – wobei
in der Schwebe bleibt, ob damit der Schall des Widderhorns und/oder des Wol-
kendonners gemeint ist (Ex 19,16.19). In Ps 81 sind ausser dem Widderhorn (4a)
auch die Antwort Gottes im Donnergewölk (8b) und die Stimme Gottes erwähnt
(12a). 3. Anspielungen auf den Anfang des Dekalogs lassen ebenfalls an das erste
Ertönen am Sinai denken (vgl. 10–11 mit Ex 20,1–3; Dtn 5,6–7). 4. Am Ende der
Gottesoffenbarung am Sinai führt der Donner- und Widderhornschall dazu, dass
fortan Mose als prophetischer Mittler die Gottesrede überbringt und das Volk auf
ihn zu „hören" bereit ist. In Ps 81 finden sich ebenfalls Wortempfang und -wei-
tergabe, beides verbunden mit dem „Hören" bzw. „Nicht-Hören" des Volkes (vgl.
6c.9.12.14 mit Ex 20,18–19).

Der Auftrag, ins Widderhorn zu stossen, ist mit der Festverordnung begründet und
dürfte das Erscheinen bzw. Reden Gottes ankündigen. Das auf das Kollektiv verweisende Possessivsuffix „*unser* Fest" (4b) verbindet dieses mit dem „Gott *unserer*
Kraft/Zuflucht" (2a).[100] Doch auf welches Fest wird referiert? Die Angaben im Psalm
lassen keine eindeutige Antwort zu. Entsprechend werden seit alters her Indizien
für verschiedene Feste angeführt.[101]

Die ersten Belege von חג/חגג führen mit Blick auf Israel zu den Anfängen in Ägypten: als Begründung für einen Auszug in die Wüste (Ex 5,1; 10,9) und – signifikanter
noch – bei der Memorierung von Gottes Rettungstat (letzte Plage) im Festgeschehen
von Passa/ungesäuerte Brote (Ex 12,14; 13,6, vgl. 23,14–15).[102] Da das Fest in 5–6
unter Zuhilfenahme von drei Rechtsbegriffen mit einer Art „Fest-Tora" begründet und mit Gottes „Ausziehen gegen das Land Ägypten" (s.u.) verbunden wird
(5–6), ergeben sich Anhaltspunkte für die Verbindung mit dem Passa. Als Gegen-
indiz sind das in diesem Fest sonst nicht bezeugte Widderhorn-Blasen (4) und der
fehlende Bezug zum Neumond-Tag anzuführen (der Vollmond-Tag lässt sich mit
dem Passa verbinden). Das Blasen des Widderhorns ist innerhalb der biblischen
Überlieferung, was die bekannten (Jahres-)Feste betrifft, für den Versöhnungstag
bezeugt (vgl. Lev 25,1.9) – allerdings nicht für den „üblichen" (dazu Lev 23,23–32),
sondern als Signal für den „besonderen", nämlich für das am Versöhnungstag
beginnende, alle fünfzig Jahre stattfindende Jobel- bzw. Widder(horn)-Jahr (vgl.
v.a. Lev 25,8–24). Das Horn wurde wahrscheinlich auch am Neujahrstag in demselben, siebten Monat geblasen (vgl. Lev 23,24; Num 29,1).[103] Die in Ps 81 verwendeten

---

100   Personalpronomina der 1. Person plural erscheinen nur diese beiden Male (Wir-
      Rede überhaupt nicht).
101   Für das Passa argumentiert beispielsweise Delitzsch, Psalmen, 541–544, für Laub-
      hütten Hupfeld/Nowack, Psalmen 2, 296–297. Nach Hossfeld, Psalm 81, 471–472,
      lassen sich 2–5, die er für vorexilisch (und 6–17 für exilisch) hält, nicht einem
      bekannten Fest zuordnen. Er denkt an eine vorexilische, womöglich aus dem Nord-
      reich stammende Sonderüberlieferung. Zum Festkalender (v.a. von Lev 23) vgl.
      Weyde, Festivals.
102   Zum Fest von Passa und ungesäuerten Broten vgl. über Ex 12–13 hinaus Ex 34,18;
      Lev 23,4–8; Num 28,16–25; Dtn 16,1–8; Esr 6,19–22; 2. Chr 30.
103   Mit תרועה (Lev 23,24; Num 29,1) kann ein (Freuden-)Geschrei oder ein instru-
      mentaler Signalton gemeint sein. Da der Begriff auch anderswo für den Laut des

Datierungsangaben sind חדש „Monat, Neumond" und das änigmatische כסה (*hapax legomenon*), das in der Regel mit „Vollmond" (= כסא, vgl. Spr 7,20) übersetzt wird. In 4 scheint für „unser Fest" eine 14-tägige Zeitangabe zwischen Monatsbeginn (Neumond) und Monatsmitte (Vollmond) aufgespannt und mit einem wahrscheinlich doppelten Hornblasen verbunden zu sein.

Was die Festtage im siebten Monat mit Neujahr (1. = Neumond), Versöhnungstag (10.) und Laubhüttenfest (15.–21.) betrifft, lassen sich die Angaben von Ps 81 mit dem (ersten) Blasen am Neujahrstag recht gut verbinden. Ein allfälliges zweites Widderhorn-Blasen zu Vollmond könnte den Beginn von Laubhütten markieren, wofür aber Belege fehlen.[104] Auch eine Identifizierung von Laubhütten (Erntedank) und Neujahr in früheren Zeiten wird vertreten.[105] Gegenüber den Frühjahrsfesten (Passa, ungesäuerte Brote) passen beim Herbstzyklus (vgl. Lev 23,23–44; Dtn 29) die Mond-Angaben und das Hornblasen besser, der Ägypten-Bezug und damit 6b (mit Ex 11,4 als möglichem Hintergrund – dazu s.u.) dagegen schlechter. Sucht man unter Beizug der Gottesrede im Kontext von Ps 81 nach weiteren Indizien für einen Sitz im Leben, schiebt sich der Herbstfestzyklus aufgrund zweier Aspekte in den Vordergrund:

1. Nicht nur die Bedrängnis in Ägypten und der Auszug werden erwähnt, sondern ebenso die Geschehnisse am Sinai und in der Wüste (8). Ein Zusammenhang mit Neujahr/Laubhütten und insofern mit Erntedank (vgl. Lev 23,23–24.39–43) fügt sich zum Versprechen, zu sättigen (17), und der Gefahr der (mit Fruchtbarkeitskulten verbundenen) Fremdgötterei im Land (10, vgl. Lev 23,23–24.39–43).[106]
2. Das (zweite) Blasen ins Widderhorn dürfte eine Theophanie und/oder das Reden Gottes ankündigen. Am Sinai ist dies verankert und für den Versöhnungstag am Jobeljahr vorgesehen. Für das Sabbatjahr (Brachjahr, Erlassjahr) ist das Hornblasen nicht bezeugt, aber als Signal für die levitische Tora-Verlesung sowie die möglicherweise daran anschliessenden, prophetischen und/oder aktualisierenden Worte denkbar. Form und Inhalt der Gottesrede in Ps 81 und die Nähe zu Dtn 31–32 (s.o.) geben jedenfalls Anhaltspunkte für eine Verankerung dieses Psalms an einem (mit einer Bundeserneuerung einhergehenden) Laubhüttenfest in einem Erlass- oder Jobeljahr. Eine dezidiert auf das „Hören" des Volkes abstellende Verlesung der Tora (Dtn) fügt sich jedenfalls zu Ps 81 mit seiner

---

Widderhorns verwendet wird (Lev 25,9; Jos 6,5.20), hat diese Option einiges für sich. Die Deutung als Jubelgeschrei ist allerdings auch eine, wenn auch weniger wahrscheinliche Möglichkeit (vgl. u.a. 2. Sam 6,15; Jer 4,19; Am 2,2; Zeph 1,16). Der Aufruf zu Jubelgeschrei findet sich in Ps 81 unter Verwendung derselben Wurzel in 2b.

104 Der hymnische Eingang von Ps 81 würde zum fröhlichen Charakter von Laubhütten passen, vgl. Dtn 16,13–15; Ri 21,19–21; 1. Kön 8,2.65–66; Hos 2,13. Von *unserem* Fest ist nur hier in 4, ähnlich und ebenfalls auf Israel bezogen ist aber in Dtn 16,14 von *deinem* Fest die Rede.

105 So Mowinckel, Psalms I, 95, der dafür auf Ps 81 verweist, aber ohne weitere Belege anzuführen, ähnlich Loretz, Psalm 81, 227–229. Van der Toorn, New Year, 638–640, sieht dieses Verständnis aufgrund von pAmh XIII,1–10 bestätigt (→ 8.).

106 Gemäss Weyde, Festivals, 175–183, ist das Sukkot-Fest „the most probable background of Psalm 81" (176).

prophetisch-paränetischen Rede und ihren Inhalten (Anklänge an Auszug, Wüste, Sinai, Hauptgebot, Fruchtbarkeit).[107]

Fazit: Keines der bekannten Jahresfeste lässt sich mit den Angaben von Ps 81 problemlos verbinden. Für Passa wie Laubhütten gibt es Indizien. Insgesamt gesehen spricht mehr für den Herbstfestzyklus, vermutlich in einem Brach-, Erlass- oder Jobeljahr.[108]

In 5–6 werden die imperativischen Aufforderungen zum Festvollzug, insbesondere von 4, begründet (כי). Das Deiktikon הוא am Ende von 5a verweist zurück auf den „Tag unseres Festes" (4b). Dieser wird in rechtlich vorgegebenen Anordnungen verankert bzw. geschieht in Realisierung einer Gottesverordnung.[109] Das parallele Wortpaar חק „Satzung, Vorschrift" und משפט „Rechtsentscheid, -(an)spruch, Gesetz" findet sich in dieser Kombination im AT nur 5mal.[110] Für unseren Zusammenhang aufschlussreich ist die dem Erstbeleg (Ex 15,25) angefügte, konditionale Volksermahnung: „Wenn du aufmerksam hörst auf die Stimme Jhwhs, deines Gottes ..." (Ex 15,26). Es ist dies eine Aussage, die in der Gottesrede fast wörtlich erscheint (vgl. 9b.12a, ferner 14a).[111]

Das Morphem שמו am Ende des Kolons 6a lässt sich als suffigiertes Partizip (m sg) oder als qtl-Form (3 m sg) mit Objektsuffix (3 m sg) bestimmen. Das Personalsuffix verweist wie zuvor הוא (5a) auf das Fest (4b) oder aber – und dies ist nur bei partizipialer Lesung möglich – es steht für Gott. Syntaktisch naheliegender ist die Lesung als qtl-Form mit Gott als Subjekt und Bezug auf das Fest (Suffix).[112] Wird durch

---

107   Zu Zeugnis/Zeugenschaft vgl. 6a.9a mit Dtn 31,16, zur Tora-Verlesung Dtn 31,9–13; Neh 8–9 (man beachte auch Jos 24; 1. Kön 8). Vgl. dazu Markl, Volk, 136–140.164–174.207–214; Otto, Deuteronomium 12–34 II, 2116–2120 (nach ihm ersetzt die Tora-Verlesung den Erntedank und füllt damit die durch die Ackerbrache entstandene Lücke in der Festliturgie).

108   So kurz gefasst bereits in Weber, Werkbuch II, 69–70.

109   Dabei wird mit derselben Präposition zunächst der Empfänger (Israel), danach der Verordnende (Gott Jakobs, vgl. 2b) genannt.

110   Ex 15,25 (der erste Begriff findet sich zum ersten Mal in der Passa-Anordnung, Ex 12,24); Jos 24,25; 1. Sam 30,25; Esr 7,10 und – im Parallelismus – Ps 81,5. Lohfink fasst den Doppelausdruck als Rechtsbestimmung (חק), und zwar die, die auf eine in einer noch offenen oder unklaren Situation getroffene Entscheidung einer Autorität zurückgeht (ומשפט). Er übersetzt Ps 81,5 folgendermassen: „Denn eine Rechtsbestimmung für Israel ist dies, / eine Entscheidung vom Gott Jakobs." Dazu Lohfink, Noch einmal, 253. Das Wortpaar erscheint im Dtn öfters (teils auch mit dem Hören verbunden), allerdings stets im Plural (vgl. u.a. Dtn 4,1.5.8.14.45; 5,1.31).

111   Von den weiteren Belegen verdient derjenige im Zusammenhang mit dem Bundeschluss in Sichem (Jos 24,25) erwähnt zu werden. Eine Bundeserneuerung als Hintergrund ist auch für Ps 81 erwägbar. Zu den Gemeinsamkeiten gehört die Thematik der Fremdgötter und der Zeugenschaft.

112   Dazu der Hebraist Heinrich von Siebenthal (eMail-Kommunikation vom 13. Jan. 2018): qtl + Objektsuffix ist häufiger als Partizip + Suffix, deshalb grammatikalisch grundsätzlich dominierend. Die von Lohfink, noch einmal, 254, eingebrachte Option, 6a als Nominalsatz zu fassen und nach עדות einen Relativsatz (ohne Relativpartikel) anzunehmen, ist zumindest „ungelenk" und dazu unwahrscheinlich. Er liest 5.6a zusammen (als Trikolon?) und übersetzt: „Denn Rechtsbestimmung für Israel ist dies, / Entscheidung vom Gott Jakobs, / Mahnung, die er in Joseph gesetzt hat."

die Nominalsätze von 5 die Gegenwartsrelevanz der Anordnung herausgestellt, so betont 6a ihre Einsetzung in der Vergangenheit. Da die Partikel כי über 5 hinaus auch 6a(b) bestimmt, führt dies zu drei und insofern betonten Begründungen. Die Bedeutung von עדות ist vielschichtig und trägt dazu bei, dass 6a „so etwas wie eine Gelenkstelle der Gedankenführung"[113] darstellt. Analog zum Begriffspaar in 5 schiebt sich für עדות eine rechtsbegriffliche Bedeutung im Sinne einer „Verordnung" in den Vordergrund.[114] Da unter Verwendung derselben Wurzel (Verb עוד in 9a) im Fortgang des Psalms JHWH als Bezeugender, ja Anklagender dem Volk gegenübertritt, mag auch die in einem Rechtszusammenhang verankerte, aber stärker funktionale Bedeutung „Zeugnis, Bezeugung" mitschwingen. Ferner ist nicht ausgeschlossen, dass in 6ab noch ein weiteres Moment im Blick ist: Mit עדות wird im Pentateuch (aber nicht im Dtn) auf die Bundeslade bzw. ihre Inhalte referiert, denen eine Zeugnisfunktion gegenüber dem Volk zukommt.

> Der erste Beleg im Zusammenhang mit der Heilsgeschichte erscheint dafür auffälligerweise schon vor der Sinaigesetzgebung: Am Ende der Murr- und Speisungsepisoden in Ex 16,34 wird ein Behälter mit Manna vor „dem Zeugnis" zur Aufbewahrung niedergelegt (und setzt die Lade damit voraus). Aufschlussreich ist diese Zeugnisfunktion des Manna-Wunders im Blick auf Ps 81 aufgrund der bei Hören und Gehorchen in Aussicht gestellten – erneuten! – Gottesspeisung (vgl. 17, ferner 11c, dazu s.o.). Im Rahmen der Sinaigesetzgebung wird in der Anordnung zum Bau der Lade gesagt, dass zu dieser das „Zeugnis" gelegt werden solle (Ex 25,16.21–22). Damit ist auf den Dekalog, die „zwei Tafeln des Zeugnisses", verwiesen (vgl. Ex 32,15; 34,29; 40,20). Dieser Zusammenhang ist für Ps 81 insofern bedeutend, als über das Bezeugen (9a) hinaus Anklänge an den Anfang des Dekalogs (10–11) vorliegen (s.o.).

Diese Verordnung wurde „eingesetzt in" (ב שים) JHoseph.[115] Man wird die Erwähnung Josephs nicht einfach als Variante zu Israel (5a) auffassen können.[116] Israel und Joseph sind keine Synonyme, sondern ihr Verhältnis ist dasjenige von *totum* und *pars*. Allerdings steht dieses Moment hier nicht im Vordergrund, wie der Präpositionenwechsel

---

113 So LOHFINK, Noch einmal, 254.
114 Die drei inhaltlich ähnlichen Rechtsbegriffe finden sich, allerdings in anderer Reihung und alle im Plural, in Dtn 4,45 (wie in 6 im Exodus-Zusammenhang!); 6,20 (Kinderlehre); 1. Kön 2,3 (als Einzelvorschriften innerhalb der verschrifteten Mose-Tora).
115 Mit anderem Verb aber in ähnlicher Weise in Ps 78,5. Die Sonderform für Joseph dürfte auf eine Verbindung mit der Kurzform JH(WH) zurückzuführen sein. Um dies deutlich zu machen, wird hier die Schreibweise JHoseph verwendet (zur doppelten Ableitung des Namens vgl. Gen 23,23–24). Der Vorschlag von DE BOER, Psalm 81.6a, 77, dass die vorliegende Namensform die Alternativlesung „Jehudah instead of Joseph" anzeigt und von der judäischen Opposition gegenüber denen, die auf eine Restauration des Hauses Joseph hoffen, stammt, halte ich für abwegig.
116 In der gerne dafür ins Feld geführten asaphitischen Seitenreferenz Ps 80,2–3 sind Israel und Joseph zwar zunächst parallelisiert, aufgrund der nachfolgenden Erwähnung der Rahel-Stämme wird jedoch deutlich, dass diese bzw. das Nordreich im Fokus sind. Allenfalls lässt sich Obd 18 anführen; im ebenfalls asaphitischen Beleg Ps 77,16 dagegen dürften die beiden Joseph-Stämme im Blick sein.

anzeigt: Die Satzung ist *für* Israel (Bestimmung), der Rechtsentscheid ist *vom* Gott Jakobs (Bestimmender), die Verordnung ist *in* Joseph (Ort). Wie ist diese Lokalisierung zu verstehen? Da die Exodus-Überlieferung (und andere aus der Frühzeit Israels) ursprünglich in den Joseph-Stämmen beheimatet war, und das erste Zentralheiligtum in Ephraim lag (Schilo), lässt sich vermuten, dass die erste Deponierung des „Zeugnisses" bzw. die Anwendung der Festverordnung nach Ankunft im Land im Gebiet der Joseph-Stämme gemeint ist.

Neben Jhoseph liegt im Schlusskolon von Stanze I mit der singulären Formulierung von 6b eine weitere Auffälligkeit vor. Üblicherweise erscheint das Verb יצא mit der Präposition מן verbunden und bezeichnet das „Ausziehen" Israels (*qal*) *aus* Ägypten bzw. dessen „Herausführen" (*hi*) durch Gott.[117] Beim vorliegenden *Infinitivus constructus qal* ist Gott der Handelnde des Auszugs (Suffix), und dieser ist *gegen* (על) „das Land Ägypten" gerichtet (vgl. 11b mit anderer Formulierung). Offenkundig wird auf ein feindliches (militärisches, gerichtliches) Vorgehen gegen Ägypten Bezug genommen. Der Formulierung am nächsten kommt Ex 11,4.[118] Gäbe die dortige Aussage die Grundlage für 6b ab, wären die zehnte Gerichtsplage und das Passa gemeint (vgl. auch Ex 12,12.23).[119] Insofern hätte die Annahme von Passa/ungesäuerte Brote als Festhintergrund hierin eine Stütze (s.o.).[120] Als zweite Möglichkeit wäre an Gottes Rettung am Schilfmeer zu denken (vgl. Ex 14–15). Kontext und Terminologie in 6ab machen diesen Bezug jedoch weniger wahrscheinlich (vgl. aber 8a und 11b).[121] Schliesslich kann die Formulierung im Sinne eines *umbrella term* das Rettungshandeln Jhwhs in bzw. gegen Ägypten insgesamt umfassen.

Das Problem ist nun aber die Verbindung der beiden Zeilen des Verses: 6b bildet eine Näherbestimmung von 6a, und das Morphem (Präposition + *inf cs* + Suffix) בצאתו „bei seinem Ausziehen", „damals als er auszog" ist entsprechend mit der *qtl*-Aussage zu verbinden. Es wird also in beiden Zeilen eine ähnliche Zeit in der

---

117   Vgl. Ex 3,10–12; 6,6–7.13.26–27 u.ö.

118   Gott sagt zu Mose, dass er um Mitternacht „ausziehe mitten durch (בתוך) Ägypten". Vgl. auch den asaphitischen Seitenbeleg in Ps 78,51.

119   In diesem Sinn wohl Hirsch, Psalmen, 443–444, der 6b übersetzt „... als er über Mizrajims Land hinaustrat" und die Aussage auf die Passa-Nacht bezieht.

120   Zumal im Erzählkontext das anhaltende Gedenken und eine für immer geltende Verordnung zu Passa bzw. dem Fest der ungesäuerten Brote festgehalten wird (vgl. Ex 12,14–20.24–27; 13,5–10).

121   Der Vorschlag von de Boer, Psalm 81.6a, 72–74, das Suffix in der *constructus*-Verbindung „bei seinem Ausziehen" auf Joseph zu beziehen, die Aussage mit der Erhebung Josephs zum zweiten Mann im Reich zu verbinden (vgl. Gen 41,45) und zu übersetzen „his rising over the land of Egypt" (73), vermag nicht zu überzeugen. Der Bezug des Suffixes in 6a auf Joseph ist möglich, und die Formulierungen in Gen 41,45 und 6b sind ähnlich; allerdings ist in 5–6 durchgehend „der Gott Jakobs" das handelnde Subjekt, und der Zusammenhang mit 5–6a ist bei dieser Lesart nicht mehr gegeben (Verordnung, Festzusammenhang, vgl. zudem 11b). Ein Bezug auf die Erhebung Josephs in Ägypten wird durch den vorliegenden Kontext nicht angezielt; bestenfalls kann man in Verbindung mit 6a und auf dem Hintergrund von Gen 41,45 in 6b eine sekundäre Legitimierung Josephs (Ephraims) als Depositarstamm der Festverordnung angedeutet sehen.

Vergangenheit anvisiert.[122] Man kann festhalten, dass Joseph, seine Geschichte, sein Aufstieg und damit auch seine Bedeutung unter den Stämmen in Ägypten seinen Anfang nahm. Insofern ist er besonders mit Ägypten verbunden, und im Land angekommen wird ihm ein doppelter Anteil an Land zuteil und kommt ihm – jedenfalls in der Anfangszeit – die Führungsrolle zu.[123] Gleichwohl bleibt das Verhältnis der beiden Aussagen des Gotteshandelns in den Zeilen von 6 – die (Fest-)Verordnung in Joseph und das Ausziehen gegen Ägypten – in der Schwebe. Deutlich ist jedoch die markierte Orts- und Zeitspanne: von Ägypten nach Joseph bzw. von Gottes Eingreifen zu Israels Heil (vgl. 7–8) hin zur aktuellen Festbegehung auf josephitischem Stammesgebiet (vgl. 2–4).

Fazit: Die starke Betonung des Rechtscharakters des Festes in Strophe B fällt auf. Mit Blick auf die (impliziten) Adressaten war die Herausstellung des rechten Vollzugs offenbar von Wichtigkeit. Die Aufrufe zum Fest sowie dessen Begründung und Verankerung sind erfolgt, damit kann das Fest gleichsam beginnen – der Vollzug der ergangenen Aufforderungen vorausgesetzt. Die daraufhin einsetzende Gottesrede verleiht dem Festgeschehen – und mit ihm Ps 81 – freilich einen ganz eigenen Charakter.

6. Ertrag

Ps 81 ist kein Gebet. Es wird zwar zum Lobpreis Gottes aufgerufen (2–3/4), aber der Vollzug ist im Psalm selbst nicht (mehr) greifbar. Ps 81 hat seinen (ursprünglichen) Ort in einem Jahresfest, das auf Anordnung Gottes hin gefeiert wird (vermutlich Neujahr/Laubhütten in einem Brach-, Erlass- oder Jobeljahr). Werden in Hymnen die Taten Gottes von der Gemeinde als preiswürdig genannt, so ist es hier Jhwh, welcher der versammelten Festgemeinde sein Heilswirken in Erinnerung ruft und neuerliches Heilshandeln in Aussicht stellt. Das Ziel ist (noch) nicht der Lobpreis, sondern die Hörbereitschaft, der Gehorsam auf Seiten von Israel. Die Leitmotivik der Gottesrede macht klar: Es fehlt(e) am gehorsamen Hören, das auf Gottes Erlösungshandeln baut und die Bundesverpflichtungen befolgt.

Im Vordergrund steht das einstige Rettungsgeschehen auf dem Weg Israels von Ägypten in die Wüste, der mit der nicht bestandenen Probe an den Wassern von Meriba endete (C). Daran anknüpfend wird das gegenwärtige Israel in direkter Weise adressiert, indem Gott als Zeuge und Ankläger auftritt (D). Die Weigerung zu hören ist auch hier und jetzt (immer noch) das Problem. Darin ist das Israel von einst und jetzt verbunden. Auf Grundlegendes der Beziehung zwischen Gott und seinem Volk (Fremdgötterverbot, Selbstvorstellung, Heraufführung aus Ägypten) nimmt die Gottesstimme dann Bezug.

---

122   Es sei denn, man interpretiere 5ab6a als Trikolon und 6bc als Bikolon. Dieser Auffassung widerraten jedoch die aufgewiesene Struktur mit den beiden Monokola (s.o.) und die Syntax von 6ab als Bikolon. Zudem würde man sich damit ein anderes Verstehensproblem einhandeln, nämlich die (zeitliche und logische) Verbindung zwischen Jhwhs Vorgehen gegen Ägypten und dem prophetischen Hören.

123   Allein Jakobs und Josephs Gebeine werden im verheissenen Land beigesetzt. Joseph (mit seinen Söhnen Ephraim und Manasse) bekommt das doppelte Erbe/Erstgeburtsrecht, vgl. die Josephserzählung in Gen 37–50, ferner Ex 1,5; Ez 47,13; 1. Chr 5,2.

Die an den Scharnierstellen der drei Stanzen platzierten Einzeiler 6c und 11c sind mehrdeutig und führen zu unterschiedlichen Aussagen, je nachdem mit welchen Versen im Psalm sie verbunden werden und welcher dtn Traditionshintergrund als Katalysator mitwirkt. Die Mehrdeutigkeit von 11c lässt eine Doppelung hinsichtlich der Adressierung (Prophet, Volk) wie der Füllung des Mundes (Gotteswort, Menschenbrot) zu. Im Anschluss an das Monokolon wechselt E zum schildernden Modus und kehrt gleichsam zu C zurück, die Direktadressierung von D rahmend. Zugleich wird das in den beiden vorangehenden Strophen Gesagte vorausgesetzt, insofern das nun gezogene Fazit des Bundesversagens so formuliert ist, dass nicht nur das einstige Israel gemeint ist, sondern auch das gegenwärtige Israel darin eingeschlossen wird. Israel hörte nicht, war unwillig und wurde von Gott seiner Eigenwilligkeit preisgegeben. Die Strophe endet mit dem Wunsch Gottes, dass sein Volk auf ihn hören und auf seinen Wegen gehen möge.

Die letzte Strophe (F) zeichnet eine von Gott geschenkte Zukunft, die auf der Umkehr zu Gott und dem Bund basiert, will heissen: dem Hören auf sein Wort und dem Gehen auf seinen Wegen. Im Wechsel von Gottesrede und kommentierender Prophetenrede werden zwei Hoffnungsszenarien aufgespannt: Die (neuerliche) Befreiung von der Bedrückung durch Feindmächte und die (neuerliche) Speisung mit gutem Korn und süssem Honig, so dass es den Menschen im Land gut geht. Mit zugleich mahnenden wie lockenden Worten schliesst die Gottesrede und der Psalm. Die Reaktion des Volkes darauf wird im Psalm nicht mehr gegeben; sie würde im Hören auf das Gotteswort bestehen und im Einstimmen in den Festjubel, wozu am Anfang aufgerufen wird, enden.

7. Erwägungen zu Herkunft und Situierung des Psalms

7.1 Zu Gattung und Aufführung

In die üblichen Psalmen-Gattungen fügt sich Ps 81 nicht ein. Labels wie „prophetische Liturgie" oder „Festpsalm" treffen Richtiges, sind aber keine eigentlichen Gattungsbezeichnungen. Weiterführend ist die Beobachtung, dass in der Verbindung von nationalem Setting und prophetischer Rede Ps 81 mit dem ebenfalls asaphitischen Ps 50 und dem „deutero-asaphitischen" Ps 95 Seitengänger hat.[124] Mit diesen beiden Psalmen bestehen auch inhaltliche Übereinstimmungen.[125] Sie dürften auf einen gemeinsamen Überlieferungs- und Trägerkreis zurückzuführen sein (→ 7.2). Darüber hinaus finden sich Berührungen mit dem in Dtn 31–32 geschilderten Festsetting (vgl. ferner Jos 24; Neh 8–9) und insofern auch zum ebenfalls asaphitischen Ps 78.[126]

Vom Festgeschehen und der darin enthaltenen Gottesrede her legen sich Überlegungen zur Aufführung von Ps 81 nahe. Für eine ursprünglich mündliche

---

124 Vgl. etwa Jeremias, Kultprophetie, 125–127. Als „deutero-asaphitisch" werden Psalmen (aus Teilbuch IV) bezeichnet, die keine Asaph-Zuschreibung aber Ähnlichkeiten zu den Asaph-Psalmen aufweisen bzw. von ihnen beeinflusst sind.

125 Vgl. insbesondere Ps 81,8–9 mit 50,7.15 (dazu Kilchör/Weber, Gott, 1084–1111) und Ps 81,2–3.8 mit 95,1–2.8–9 (dazu Weber, Verbindungslinien, 102–109, auch Klein, Poetry).

126 Vgl. dazu Weber, Mose-Lied, 265–270.287–294.299–307, sowie den Beitrag zu Ps 78 in diesem Sammelband (I.3).

Vortragsweise und ein liturgisches Setting ergeben sich folgende Indizien:[127] 1. Das Festgeschehen vermittelt (im Jahreszyklus) einen spezifischen Raum-Zeit-Rahmen, der soziales und rituelles Geschehen mitbestimmt und die mitgeführten Inhalte grundiert. 2. Die Aufrufe zu instrumentaler und choraler Mitwirkung (2–4) sind Hinweise auf den liturgischen und performativen Charakter des Psalms. Mit den aufgeführten Instrumenten verbinden sich strukturierende (Widderhorn) und begleitende Funktionen (Leiern).[128] 3. Die Gottesreden sind auf kommunikative, die Zuhörerschaft anzielende Interaktionen angelegt und mit einer Rhetorik des Überzeugens, Warnens und Werbens verbunden. 4. Der Psalm stellt inhaltlich auf das Sprechen und Hören ab: Die Gottesstimme wird „hörbar", und im Blick auf das frühere Israel wie die aktuellen Adressaten sind der Tadel für das Nicht-Hören und der Aufruf zum Hören essentiell. 5. Der Psalm involviert und aktiviert „kollektives" (M. Halbwachs) bzw. „kulturelles Gedächtnis" (J. Assmann). Es beruht auf sozio-theologischen Grundlagen der Volksidentität und der Gottesbeziehung (Bundes-verhältnis). Dabei werden Partizipation, Transformation und (Neu-)Verpflichtung anzielt. 6. Der Psalm bezieht sich massgeblich auf das Mose-Lied, einen ebenfalls ursprünglich mündlich vorgetragenen, poetischen Text, der in einem analogen Festgeschehen verortet ist und Gottesrede enthält. Ps 81 beruht auf dessen Neuver-wendung (vgl. Dtn 31,21.28; 32,44–47) und partizipiert am prophetisch-lehrhaften Charakter dieses Lieds.[129]

Ob es sich bei der Gottesrede effektiv um (kult)prophetische Rede oder eine imi-tierende Stilform, etwa eine (deuteronomistische, levitische) „Predigt" oder eine literarisch-imaginierte Fiktion, handelt, ist aufgrund des Textes allein nicht zu entscheiden. Die Antwort wird mitbestimmt von einer Reihe sozio-historischer und theologischer Einschätzungen.[130] Obige Überlegungen zur Performanz geben Anlass zur Annahme, dass zunächst von einer Hörerschaft und einem liturgischen Geschehen – gegenüber einer von Beginn weg literarischen Form – auszugehen ist. In Ps 81 empfängt der die Rede übermittelnde Sprecher die Botschaft hörend (vgl. 6c, ferner 11c), und es wird zwischen göttlicher und kommentierender Eigen-rede (16ab.17a) unterschieden. Auch solche Momente kann man imaginieren, aber sie weisen einen realen, kultprophetischen Vorgang auf.[131] Prophetie und profunde

---

127 Vgl. dazu auch Hinweise und Überlegungen bei GILES/DOAN, Songs, u.a. 5–16.75–84.105–111.

128 Zur Aufführung von Ps 81 im Wochenzyklus des Opferbetriebs am Tempel vgl. mTam 7,4.

129 Vgl. dazu eingehend WEBER, Mose-Lied, 299–307.

130 HILBER, Prophecy, 128–161, referiert diesbezügliche Thesen zu den Gottesreden in den Asaph-Psalmen im Allgemeinen und zu Ps 81 im Speziellen. Er nimmt aufgrund des Vergleichs mit assyrischer Kultprophetie an, dass (auch) in Ps 81 Kultprophetie vorliege (ebd., 150–161). BOOIJ, Background, 465–475, spricht vom Hintergrund des Orakels in Ps 81 als einem „pattern of remembrances" (ebd., 466). Die Gottesrede beurteilt er ebenfalls als echte, dem Dtn nahestehende (spätvor-exilische) Prophetie. KLEIN, Poetry, beurteilt dagegen Ps 81 (und 95) als „scribal theology" (100).

131 Vgl. ähnlich in weiteren Asaph-Psalmen (anders gelagert sind Asaph[iten]-Worte in Esr-Neh und Chr), dazu WEBER, Gottesrede, 737–760, mit dem Fazit (747): „Es ist hinreichend deutlich geworden, dass die aufgeführten und diskutierten Belege

Kenntnis der Überlieferung sind typisch für die Asaph-Psalmen und müssen nicht gegen ein liturgisch-kultprophetisches Verständnis sprechen.[132] Das im Psalm nicht näher entfaltete, aber auf eine Gottesverordnung zurückgeführte Festgeschehen (5–6) gehört wahrscheinlich in den Herbstfestzyklus (mit Tora-Verlesung im Sabbat- bzw. Brachjahr) und ist mit einer Bundeserneuerung verbunden (vgl. Dtn 31–32, dazu → 5.2).[133]

7.2 Zum Kompositions- und Trägerkreis

Nationaler Festkontext, Rekurs auf Überlieferungen, verbunden mit der Autorität, Gottesrede zu vermitteln, und anderes mehr machen deutlich, dass hinter dem Psalm Kreise stehen, die mit derartigen Aufgaben ver- und betraut sind. In Ps 81 finden sich diesbezüglich keine direkten Hinweise – abgesehen von der paratextlichen Angabe לאסף „zugehörig Asaph" (Präskript). In der Forschung hat sich die Erkenntnis durchgesetzt, dass dieses „Asaph-Label" nicht beliebig ist, sondern eine Sammlung von Psalmen mit formalen, funktionalen und inhaltlichen Gemeinsamkeiten verbindet. Mit Ausnahme des Solitärs Ps 50 erscheinen diese zudem als Gruppe (Ps 73–83). Die Gruppencharakteristik ist mehrfach erörtert worden, ebenso die literarische, im Psalter greifbare Konfiguration dieser Psalmen, so dass darauf verwiesen werden kann.[134] Die Nähe von Ps 81 zu Ps 50 wurde erwähnt (→ 5.1), und Ähnlichkeiten zu weiteren (deutero-)asaphitischen Psalmen kommen hinzu.[135] Die Annahme eines Trägerkreises, der für das Komponieren und die Überlieferung dieser Psalmen sowie wahrscheinlich auch für deren Gruppierung zuständig ist, legt sich nahe. Er dürfte über eine längere Zeit hinweg gewirkt haben, wobei die Asaphiten mit hoher

---

aus den Asaph-Psalmen Kultprophetie bezeugen, diese literarisch aufnehmen und in der Gestalt von Psalmen liturgisch überliefern. Die Gottesreden werden als authentisch und nicht als imaginiert eingestuft."

132 Gegenteiliger Meinung ist Klein, Poetry, 97–100. Auch die von Hossfeld, Psalm 81, 475, übernommene Ansicht, dass die eigentümliche Redeeinleitung (6c) nicht zur Kultprophetie passe, ist nicht überzeugend (auch wenn die Redeeinleitung in der Tat „nicht üblich" ist).

133 Die Art und Weise der Verbindung von aufgerufener Überlieferung und reflektierender wie aktualisierender Darbietung mag „predigthaft" wirken; die Differenzierung zwischen Prophetie und „Predigt" ist im AT allerdings nicht derart strikt. So finden sich bei Mosereden oder in der Schriftprophetie – wie überwiegend in den Gottesreden der Psalmen – wiederholt nicht markierte Wechsel zwischen Gottes- und (kommentierender) Propheten-Rede bzw. menschlicher Sprechstimme, vgl. etwa Dtn 29,1–8; 32,1–43, dazu Markl, Volk, 96–98.233–242, sowie Jer 6,9–15; 7,1–8,3, dazu Meier, Speaking, v.a. 23–57.

134 Vgl. u.a. Nasuti, Tradition History; Weber, Asaph-Psalter, 118–126; Süssenbach, Psalter, 299–325; Pavan, He remembered, 111–115.124–131 (strukturelle Parallelität von Ps 75 und 81), sowie unter Heranziehung der deutero-asaphitischen Psalmen bzw. von Teilbuch IV (Ps 90–106) Weber, Verbindungslinien, v.a. 98–105.122–128, ferner Ders., Mose-Lied, 265–268.

135 Vgl. Ps 50,7.15; 75,10; 77,16.18; 78,4–5.10.12.21.25–29.43.51.67.71; 80,1.2.9; 83,3 sowie Ps 92,2–4; 93,5; 94,7; 95,1–2.8–9; 98,4–6; 100,1–2; 104,27–28; 105,4.10; 106,32.42.

Wahrscheinlichkeit auf (frühes) Levitentum unter den Zehnstämmen zurückgehen bzw. mit einer levitischen (Seiten-)Linie identisch sind.[136]

Über die Asaph-Zuschreibung hinaus gibt es weitere Indizien, Ps 81 mit levitischen Kreisen in Verbindung zu bringen. Dazu gehört namentlich die Referenz auf „(Massa-)Meriba" (8). Nicht die Erzählüberlieferung selbst, aber der Levi-Segen (Dtn 33,8[–11]) bringt Ort und Geschehen mit Leviten in Verbindung (→ 4.4.1).[137] Gemäss diesem „Sondergut" sind die Leviten die einzigen, welche die Probe (Läuterung) bestanden haben und als treu erfunden wurden. Dies erklärt mit Blick auf Ps 81,8 ein Doppeltes: 1. Die Subjekt-Objekt-Umkehrung gegenüber der Erzählüberlieferung – JHWH testet bzw. erprobt Israel bzw. Levi – ist beiden Texten gemeinsam und die Aussage auf dem Hintergrund des Levi-Segens entsprechend (besser) erklärbar.[138] 2. Ist die sprechende (kultprophetische) Stimme eine levitische, bekommt die Phraseologie von 8c (mit zeitoffener *jqtl*-Form) zusätzlichen Sinn: Die Leviten haben die Autorität JHWHs (und Moses) nicht in Frage gestellt und das Vertrauen auf seine Führungspräsenz durchgehalten (vgl. auch Ex 32,25–29). Auf diesem Hintergrund kann die Leerstelle des Ausgangs des göttlichen Testverfahrens durch die Adressaten unter Kenntnis der Überlieferung zweifach gefüllt werden: Levi hat die Gottesprobe bestanden, das übrige Israel nicht.[139] Wer sonst ausser den Leviten ist autorisiert und legitimiert, darüber zu sprechen?![140] Mit der im Levi-Segen angesprochenen Unterweisung von Jakob in Gottes Recht (Dtn 33,10) ergibt sich mit Blick auf Ps 81 eine Übereinstimmung mit 5. Der in Form und Inhalt verwandte „Festpsalm" 95 (→ 7.1) verweist übrigens ebenfalls auf das Prüfen des Volkes durch Gott in Massa/Meriba (vgl. 8c mit Ps 95,8–9). Mit seiner Bundesthematik, der mosaischen Überlieferung und Aktualisierung fügt sich der Psalm insgesamt in das Bild levitischer Beauftragung (s.o.). Mose wird von Levi hergeleitet, und die Leviten treten in seine Nachfolge insofern, als die verschriftete Tora samt Mose-Lied ihnen anvertraut wird. Sie werden zu Wächtern, Zeugen (mit der Tora) und dazu bestimmt, in kommenden Zeiten das anvertraute Wort dem Volk in Erinnerung zu rufen (vgl. Dtn 31,9–13.19–22.24–27, dazu das Mose-Lied).[141] Die Annahme einer levitischen Verantwortung für Ps 81 manifestiert sich auch in der Rezeption des Mose-Lieds und darüber hinaus in einer Nähe zum Dtn, das den Leviten anvertraut und von ihnen verantwortet sein dürfte.

---

136 Den Versuch, eine levitisch-asaphitische Literar- und Wirkungsgeschichte aufzuweisen, bietet WEBER, Asaph im Psalter. Eine weitergreifende Rekonstruktion der Leviten und ihrer Geschichte hat LEUCHTER, Levites, vorgelegt. Frühe ägyptische Einflüsse auf den Namen „Levi(t)" vermutet HOFFMEIER, Reflections, 180–182.

137 Nach LEUCHTER, Levites, 86–90, der Schlüsseltext des levitischen Selbstverständnisses.

138 Nicht nur in Ex 17,7; Num 20,13; Ps 95,8; 106,32, sondern auch in Dtn (6,16, ferner 9,22–23; 32,15–52) ist Israel das Subjekt, das mit Gott streitet bzw. ihn versucht.

139 Nach dem Bericht in Num 20 (mit weiteren Stellen) werden selbst Mose und Aaron aufgrund ihres Fehlverhaltens getadelt und dürfen zur Strafe nicht ins verheissene Land.

140 Ähnlich erwiesen die Leviten sich beim in Ex 32 geschilderten Bundesbruch als Mose-loyal und JHWH-zugehörig und vollzogen das Gottesgericht (vgl. Ex 32,26–29, dazu Dtn 33,9).

141 Vgl. dazu LEUCHTER, Levites, 180–188.

7.3 Zu Herkunft und Entstehung des Psalms

Namen sind in den Psalmen – abgesehen von solchen in den Präskripten – eher
selten. Entsprechend kommt ihnen eine besondere Signifikanz zu und ermöglichen
nicht selten sozio-historische Einordnungen. Legte zuvor der Verweis auf „Meriba"
(8) eine Verbindung zu den Leviten nahe (s.o.), so ist die Erwähnung von „JHoseph"
(6) noch bedeutungsvoller. Die Erwähnung des Jakob-Sohns lässt sich nicht als Parallelismus zu „Israel" bzw. „Jakob" (5) und d.h. als Synonym für das Volk insgesamt
auffassen. Die Erwähnung von Joseph im Psalter ist selten und damit auffällig; sie
findet sich nur in asaphitischen Psalmen sowie im deutero-asaphitischen Ps 105.[142]
Joseph bzw. seine Söhne Ephraim und Manasse – aufgrund ihrer Gewichtigkeit
und weil sie einen doppelten Landanteil erhalten – stehen für die mittelpalästini-
schen Stämme.[143] Nach der Reichsteilung kann „(das Haus) Joseph(s)" – wenn auch
selten – die mit ihm verbundenen Stämme (Zehnstämme) bzw. das Nordreich Israel
(im Gegenüber zu Juda) bezeichnen.[144] Die Verankerung der Festverordnung „in
JHoseph" (5–6) lässt Herkunft und/oder Aufführung des Festes in josephitischem
Stammesgebiet annehmen (→ 5.2). Als einstiger Depositort legt sich das Zentralheiligtum des Stämmeverbundes im ephraimitischen Schilo nahe.[145] Für eine Verortung
des Psalms oder jedenfalls der Festtradition im Raum der Joseph-Stämme sprechen
auch die im Psalm als bekannt vorausgesetzten frühgeschichtlichen Überlieferungen
(Exodus, Wüste), die zunächst im Nordreich beheimatet waren, sowie ein Seitenblick
auf pAmh 63 (→ 8.2–4).

Die Herkunft der Festaussagen von Ps 81 (I) aus dem Zehnstämme-Reich hat in
der Forschung weithin Zustimmung gefunden. Strittig dagegen sind die Einordnung
des übrigen Psalms (Gottesreden in II und III) und die Beurteilung der Verbindung
der Teile als ursprünglich oder sekundär. Festkontext (2–5/6) und Gottesrede (6/7–17)
werden denn auch von einigen Auslegern literarkritisch unterschieden, und in der
Regel wird mit einer späteren Hinzufügung des zweiten Teils zum ersten gerechnet.
So geht F.-L. Hossfeld von einem vorexilischen (nordisraelitischen?) Kern (Lobauffor-
derungen) aus, der im Exil von den Asaphiten zum vorliegenden Psalm ausgebaut
worden sei.[146]

---

142   Ausser in Ps 81,6 (Sonderform) in der üblichen Schreibweise noch in Ps 77,16; 78,67;
      80,2; 105,17. Dazu kommen Belege für die Joseph-Söhne (und zugleich Jakob-Söhne!)
      Ephraim und Manasse, wiederum mit Schwerpunkt in den Asaph-Psalmen (beide
      in Ps 60,7; 80,3; 108,9 sowie implizit in 77,16, Ephraim allein in Ps 78,9.67).
143   So vermutlich Ri 1,22–23.35; 2. Sam 19,21; 1. Kön 11,28.
144   Vgl. Ez 37,16; 47,13.19; Am 5,15; 6,6; Sach 10,6, Ps 78,67 (Deutung der Parabel); 80,2.
      Häufiger ist (auch) im Blick auf die Zehnstämme von „Ephraim" (als Führungs-
      stamm) die Rede (vgl. Jes 7,2.5.9.17; 17,3; 28,1.3; Jer 7,15; 31,18.20; Ez 37,16.19, Hos
      5,3.5.9.11–14; 6,4 u.ö.).
145   Vgl. zu Joseph/Ephraim und Schilo Ps 78,9.57.60.67 und den Beitrag zu Ps 78 in
      diesem Sammelband (I.3).
146   Vgl. Hossfeld, Psalm 81, 471–472. Etwas anders Loretz, Psalm 81, 228–229.245,
      der von einer Verbindung von vorexilischen (Ps 81,2–4.11c.17: Reste eines Liedes
      zum Neujahrs- und Thronbesteigungsfest) und nachexilischen Teilen ausgeht, die
      in einem Psalm für das nachexilische Neujahrs- und Laubhüttenfest resultieren.
      Nochmals anders (und komplexer) Klein, Geschichte, 161–166, die von einem Pri-
      märpsalm 81,1–6b.9–11.14.17a (Gesetzesparänese) und gestaffelten Erweiterungen

Formkritisch ist eine Abhebung der beiden Teile (I und II–III) nachvollziehbar und eine Komposition des Psalms aus zwei Teilen denkbar.[147] Allerdings liegt mit 2–6b keine vollständige Liturgie, sondern lediglich ein Fest- bzw. Psalmfragment vor. Auch gibt es Verbindungen zwischen den beiden Teilen (vgl. „ausziehen gegen/ herausführen aus Ägypten" 6b.11b und die Ableitungen der Wurzel עוד „zeugen" in 6a.9a). Diese kann man freilich auch einer die Teile zusammenführenden Redaktion zuweisen. Angesichts des Umstands, dass 2–6b isoliert ein Torso bleiben, und die Gottesrede ohne die – gut dazu passende! – Festeinbettung in der Luft hängt, sprengt eine redaktionsgeschichtliche Lösung den Gesamtzusammenhang (→ 7.1–2), und der Psalm wird zu einem literarischen Konstrukt. Eine Entstehung in zwei, zeitlich weit auseinander liegenden Phasen ist wenig wahrscheinlich – woher und mit welcher Motivation soll in exilisch/nachexilischer Zeit ein rund 150 Jahre zurückliegendes Traditionsstück aus dem Norden bezogen und einem Gottesorakel vorangestellt worden sein?

Unter der berechtigten Annahme, dass der Festvorspann aus dem Norden (Joseph-Stämme) kommt, sind m.E. zwei Möglichkeiten denkbar: 1. Der Psalm ist einheitlich und an einem Kultort im (ehemaligen) Nordreich, im Gebiet der Joseph-Stämme, vor 722 v. Chr. entstanden. Seinen Eingang in den Psalter verdankt er dem Umstand, dass er (nach 722 v. Chr.) nach Jerusalem gelangte und dort weiterverwendet und überliefert wurde. 2. Ps 81 wird ebenfalls von Leviten aus den Joseph-Stämmen verantwortet, allerdings von solchen, die vor oder nach 722 v. Chr. mit weiteren Bevölkerungsgruppen nach Jerusalem flohen, ihre (Fest-)Überlieferungen mitbrachten und in verantwortliche Chargen an Tempel und Hof aufstiegen. Dafür ist ein Jerusalemer König, der ein Anliegen für die „Brüder" aus den Zehnstämmen und damit die Zusammengehörigkeit zum einen Israel hatte, Voraussetzung.[148] Aufgrund der zeitlichen Nähe ist Hiskia wahrscheinlicher als Josia. Die Verwendung einer alten, in den Joseph-Stämmen verwurzelten Festagenda auch in Juda/Jerusalem scheint mir denkbar.

Zur Evaluation der beiden Optionen folgende Überlegungen: Eine Verbindung von ursprünglich im Norden beheimateter Überlieferung mit Aussagen aus Jerusalem (Zion), allenfalls mit Anpassungen, ist auch für andere Asaph-Psalmen erwägbar.[149] Insofern wäre ein vergleichbarer Hintergrund bei Ps 81 nicht ohne Analogie. Allerdings weist die Gottesrede keine eindeutige Verbindung zum Zion auf. Für den Norden können die frühgeschichtlichen Traditionen angeführt und eine Verbindung zu jahwistisch-hoseanischen Kreisen erwogen werden. Die warnende Ermahnung, auf die Weisung Jhwhs zu hören und ihn allein zu verehren, ist als Vermächtnis nach dem Fall des Nordreichs, gerichtet an die Landsleute aus dem Norden wie die von Juda/Jerusalem, ebenfalls ein plausibles Szenario. Ob die Nähe zum Mose-Lied

---

durch 8.17b (Pentateuchaufriss), 7.12–13 (Sündenthematik) und 15–16 (Feindthematik) ausgeht.

147   Vgl. dazu auch 2–6 mit pAmh 63 XII,1–10 (→ 8.3–4).

148   Diesbezüglich aufschlussreich sind die chr Berichte zu Hiskia und Josia, deren Regentschaften durch den Einbezug von Verbliebenen aus den Zehnstämmen in den Jerusalemer Kult gekennzeichnet sind (vgl. 2. Chr 30,1–31,1; 35,1–19). Die Frage ist freilich, ob und inwieweit man ihnen Quellenwert für die Königszeit zubilligt oder sie (lediglich) als nachexilische Interpretamente versteht.

149   Die Psalmen 50; 74; 76; 78 kommen dafür in Frage.

und dtn/dtr Aussagen eher in den Norden oder den Süden weisen, hängt an (literar-) geschichtlichen Einordnungen. Das derzeitige Forschungsparadigma zum Dtn (mit vorexilisch-josianischem Grundstock und dtr-nachexilischen sowie teils weiteren Bearbeitungen) und den daraus sich ergebenden Textabhängigkeiten lässt weder Option 1. noch 2. zu, sondern legt eine perserzeitliche Entstehung von Ps 81 am Tempel in Jehud nahe. Die Annahme, dass dort und zu dieser Zeit „samarisches", des Synkretismus verdächtigtes, rund dreihundert Jahre zurückliegendes Traditionsgut ausgerechnet in einem das Fremdgötterverbot betonenden Psalm aufgenommen wurde, erschliesst sich mir freilich nicht. Eher bin ich geneigt, die zeitlichen „Festlegungen" des mit dem Dtn verbundenen Stoffes zu hinterfragen (und dieses deutlich früher anzusetzen).[150]

Fazit: Eine Entstehung von Ps 81 im Nordreich ist denkbar, ebenfalls eine Aufführung von in den Süden immigrierten Leviten aus den Joseph-Stämmen in Jerusalem (unter König Hiskia). Gegenüber meinem früheren Votum für die erste Option[151] scheinen mir die Argumente zugunsten einer Entscheidung für die eine oder andere Entstehungsannahme derzeit nicht hinreichend. Die zweite Option ist also ebenfalls valabel.[152] Eine exilisch-nachexilische Datierung des Psalms halte ich dagegen für unwahrscheinlich.

8. Nachtrag: Papyrus Amherst 63 und Psalm 81

8.1 Zum Papyrus Amherst 63 und seiner Erforschung

Der hybride, in aramäischer Sprache, aber demotischer Schrift verfasste Papyrus Amherst 63 (pAmh 63), der schwierig zu dechiffrieren und dessen Interpretation entsprechend mit Unsicherheiten belastet ist, enthält eine Sammlung von mehrheitlich poetisch geformten religiösen Texten.[153] Der Papyrus stammt aus Ägypten (Fundort unbekannt) und wird perserzeitlich angesetzt (4. Jh. v. Chr.), wobei Texte und Inhalte eine längere Vorgeschichte haben (könnten). Die dahinterstehenden Trägergruppen sind ethnisch und religiös unterschiedlicher Herkunft und kamen wohl geraume Zeit vor der Datierung der Handschrift aus dem bisher nicht sicher identifizierten (Kult-) Ort „Rasch", wo diese zuvor Zuflucht fanden (XI,8–13; XVI,6–7), nach Ägypten. Eine Beziehung zu den jüdischen Militärkolonien in Elephantine und Syene (bei Assuan)

---

150 Mehr als eine Problemanzeige ist hier nicht möglich, zumal die zeitliche Einordnung des Dtn mit seinen vor- und nachexilischen Gestalten im vorherrschenden Forschungsparadigma stark verankert ist.

151 Vgl. Weber, Werkbuch II, 70.

152 Auch pAmh 63 XIII,1–10 könnte dafür beigebracht werden, insofern dort ein vergleichbares Fest erscheint, aber anders kontextuiert wird (→ 8.2–3).

153 Steiner/Nimes, Text, bieten eine digitale Fassung mit Transliteration und englischer Übersetzung (eine frühere, beträchtlich abweichende englische Übersetzung von Steiner findet sich unter COS 1.99). Weitere Editionen (mit Transliterationen, englischer Übersetzung und Erörterungen) liegen mit van der Toorn, Papyrus Amherst 63, und Holm, Texts, vor. Einen Überblick über einzelne Subtexte und Inhalte der Anthologie bietet Holm, Praise, 307–308; Dies., Papyrus Amherst 63, 331–332; Dies., Sacrifice, 137–138; Dies., Bethel.

und den aramäischen, wie pAmh 63 perserzeitlich datierten Elephantine-Papyri (TAD),[154] wird angenommen.

Das Verständnis von pAmh 63 insgesamt wie das der einzelnen Texte, deren Zueinander und die Verbindungen zu Elephantine, sind derzeit im Fluss und die Einschätzungen teils kontrovers. Angesichts der besonderen Gestalt, der oft schwer zu bestimmenden Begrifflichkeit sowie des Umstands, dass vollständige Editionen der gesamten Handschrift erst seit 2017 vorliegen, ist dies nicht verwunderlich. Von künftigen Studien sind Klärungen von offenen Fragen zu erwarten.

8.2　Zu den „Jʜw/Jaho-Psalmen" und deren Hintergrund

Die in pAmh 63 gefasste Sammlung enthält neben anderen (Sub-)Texten drei aufeinanderfolgende „Psalmen" bzw. Hymnen (XII,11–19; XIII,1–10; XIII,11–17), die aufgrund des Gottesnamens Jʜw/Jaho (und Adonaj)[155] auf eine israelitisch-jüdische Herkunft weisen und mit einer entsprechenden ethnischen Trägergruppe verbunden sein dürften.[156] Darüber hinaus findet sich an anderer Stelle ein Selbstzeugnis von einer Gruppe aus dem Gebiet des ehemaligen Nordreichs („Samarier") mit zwei Einzelpersonen aus Juda/Jerusalem. Der besagte Text (XVII,1–6) lautet in der englischen Übersetzung von Karel van der Toorn:[157]

> [1] They [came (?)] toward the evening watch.
> Broken men during [the mor]ning watch.
> [With] my own eyes I saw
> [2] A troop of men co[mi]ng up.
> The Samarians made their way

154　Eine Ausgabe in englischer Übersetzung bieten Porten et al., Papyri.

155　Der Gottesname Jʜw/Jaho findet sich in XII.11.14*bis*.15*bis*.17; XIII,6.7.11.12.13.14.16*bis*.17 und über die genannten drei Hymnen hinaus noch in VIII,7 („Thron von Jʜw/Jaho", vgl. Jer 3,17 mit Bezug auf Jerusalem; Holm, Sacrifice, 143, erwägt die Referenz auf einen Altar im Gebiet Negev/Sinai, hält aber Elephantine für die wahrscheinlichste Option). Zu einer möglichen Identifizierung von Jaho und Bethel vgl. Holm, Bethel.

156　Ob und inwieweit die den drei Hymnen vorangehende Klage über eine Stadt und deren Bevölkerung (XII,1–11) ebenfalls zu diesen Psalmen gehört und der Untergang einer Stadt in Israel (Samaria?) beklagt wird, wird diskutiert. Für eine ursprüngliche Herkunft (von I,1–XVII,4) aus Bethel (nach dem Fall Samarias?) votieren (mit Verweis auf 1. Kön 12,32) Steiner/Nimes, Text, 4.48.67. Für einen Zusammenhang mit der Eroberung Samarias (722/20 v. Chr.) spricht sich van der Toorn, Jews, 71–73, aus; dagegen votiert Becking, Elegy, 141–147, der aufgrund der fehlenden Endmarkierung nach XI und inhaltlicher Gründe (z.B. das Vorkommen des Nomens für „Stadt") XII,1–11 noch zum syrischen Teil (VI–XI) rechnet und hinter der ungenannten Stadt Karkemisch vermutet.

157　Vgl. van der Toorn, Papyrus Amherst 63, 203–205, ferner auch Holm, Praise, 318–320. Steiner/Nimes, Text, 63–64 (geben als Kolumne XVI,1–6 an), rekonstruieren/übersetzen teils anders (Samarians, Samaria, Judah, Jerusalem werden aber identisch gelesen). Es handelt sich um den einzigen Beleg in pAmh 63, wo Leute explizit mit israelitischer und judäischer Herkunft in Verbindung gebracht werden. Von Flucht und Deportation sprechen innerhalb der Sammlung weitere Texte, die Jʜw (und Samarier) nicht erwähnen (VI,5; X,16.23; XI,7.15.20; XIII,13.15).

To my Lord the King.
³ – from where are you, young man?
From where are the [pe]ople of your dialect?
– I have come from [J]udah,
My brothers have been brou[ght]
⁴ From Samaria.
And now a man is bringing
My sister from Jerusalem.
– Come in, you, young man,
We will give you ⁵ shelter.
Take a qab-measure of wheat
On your shoulder, boy.
We will know your people as a banner.
⁶ On your table
There will be put bowls.
And from every pitcher
Wine will be gulped down.
And from every vessel
There will be a plentiful measure.

Angenommen, es liegt eine Verbindung zwischen den Jaho-Hymnen und diesen Angaben vor, vermittelt der Bericht Einblick in Herkunft und Ergehen der hinter den Hymnen stehenden „samarischen" Gruppe. Ob sich Flucht und Schutzgewährung auf Rasch – so Karel van der Toorn, der den Bericht auf ca. 700 v. Chr. (nach Nordreich-Fall) datiert und Rasch mit Palmyra identifiziert – oder auf die Ankunft in Ägypten (7./6. Jh. v. Chr.?) beziehen – so Tawny Holm –, ist strittig.¹⁵⁸ Wie auch immer: Es ist sehr wahrscheinlich, dass die den Gott Jhw/Jaho verehrende Gemeinschaft ethnisch-religiös aus Nachfahren aus den einstigen Königreichen Juda und v.a. Israel bestand. Die Rede von „Brüdern" zeigt deren Verbundenheit untereinander. Der Umstand, dass es in Elephantine einen Tempel zur Jaho-Verehrung gab (vgl. u.a. TAD A3.3,1; A4.8,5.7.14; B2.2,4; B3.5,10; B3.12,3) und von dort aus Schriftverkehr mit Jerusalem und Samaria gepflegt wurde (vgl. A4.7,1.18–19.29; A4.8,18.28), unterstützt eine solche Verbindung. K. van der Toorn sieht in der in pAmh 63 belegten (jüdisch-)samarischen Gemeinschaft denn auch Vorfahren der Juden/Samarier von Elephantine.¹⁵⁹ Mit Blick auf pAmh 63 liegt das Schwergewicht auf Nachfahren aus dem Nordreich Israel: Der Immigranten-Text spricht in XVII,2–4 von einer Truppe Samarier und einem einzelnen Juden (und dessen Schwester aus Jerusalem), der vermutlich der Kommandant dieser Einheit war.

Die früheste und grösste Beachtung hat die erste der drei Hymnen erfahren (XII,11–19). Das hängt damit zusammen, dass darin ein Seitengänger zum biblischen

---

158   Vgl. VAN DER TOORN, Papyrus Amherst 63, 203–205; DERS., Jews, 69–88; HOLMS, Praise, 318–320. Nach NAʾAMAN, Papyrus Amherst 63, 255–256, fehlen schlüssige Hinweise für eine geschichtliche Einordnung. Darüber hinaus ist seiner Meinung nach Rasch nicht irdisch zu lokalisieren, sondern „always refers to the heavenly abode of the gods" (ebd., 257); HOLM, Bethel, 36: „Wherever it may have physically been located, ‚Rash' seems to have conceptually become a generic ‚home of the gods' to the community that produced this papyrus, even while their associations with other localities are not forgotten".

159   Vgl. VAN DER TOORN, Jews, 73.

Ps 20 erkannt wurde. Seit den 1980er Jahren sind eine Vielzahl von Vergleichsstudien zwischen der (samarisch-)aramäischen und der biblisch-hebräischen Fassung des Psalms erschienen. Was die Überlieferung angeht, werden die Priorität des biblischen, des aramäischen Textes oder deren Herkunft von einer gemeinsamen Vorlage vertreten, wobei die letzten beiden Annahmen favorisiert werden.[160] Als die Ähnlichkeit der beiden Fassungen erkannt wurde, befeuerte dies historische, religionsgeschichtliche wie (kanon)theologische Untersuchungen. Dabei wurden auch die beiden anderen „samarischen" Hymnen aus pAmh 63 und Vergleiche mit weiteren biblischen (Psalmen-)Aussagen vermehrt in den Blick genommen. Eine Textüberschneidung in einem Umfang, wie er in XII,11–19/Ps 20 vorliegt, der von einer Parallelfassung zu sprechen erlaubt, liegt aber sonst nicht vor. M. Rösel hat für das mittlere Lied (XIII,1–10) Ps 75,8–10 als Parallelfassung zwar ins Spiel gebracht.[161] Grad und Umfang der Übereinstimmung sind jedoch deutlich geringer, so dass die Forschung ihm nicht gefolgt ist und zu Recht keine Doppelfassung wie bei Ps 20 gelten lässt. Das bedeutet aber nicht, dass keinerlei motivische oder traditionsgeschichtliche Verbindungen zu Ps 75 und weiteren biblischen Passagen vorliegen. Solcher Art sind auch die Gemeinsamkeiten zwischen eben diesem Hymnus und dem Festzusammenhang von Ps 81.

8.3 Ein Vergleich von Papyrus Amherst 63 XIII,1–10 und Psalm 81

Es war K. van der Toorn, der im Rahmen einer Studie zu den drei „extrabiblical Psalms" in pAmh 63 auf Analogien zwischen XIII,1–10 und Ps 81 hingewiesen hat.[162] Eine englische Übersetzung und Hinweise zu ähnlichen Aussagen in Ps 81 sowie Textberührungen zu weiteren biblischen Passagen sind nachfolgend zusammengestellt.[163]

---

160 Zu Vergleich und Auswertung von Ps 20 und pAmh 63 XII,11–19 vgl. u.a. KOTT-SIEPER, Anmerkungen; RÖSEL, Psalmen; HECKL, Canon; VAN DER TOORN, Psalm 20; SALO, Königsideologie, 54–96; KISTER, Psalm 20; SOMMER, Transformation. SCHNIE-DEWIND, Adaptation, 224–229, erwähnt über Ps 20,5 und pAmh XII,14–15 hinaus auch KA 3,9 (Kuntillet Ajrud-Inschriften, Pithos B).
161 Vgl. RÖSEL, Psalmen, 93–96.
162 Vgl. VAN DER TOORN, New Year, 637–645.
163 Bei der Übersetzung handelt es sich nicht um diejenige aus dem genannten Aufsatz (VAN DER TOORN, New Year, 638), sondern um die modifizierte in der etwas später erschienenen Gesamtedition (DERS., Papyrus Amherst 63, 169–170). Zum Text vgl. auch STEINER/NIMES, Text, 46–48 (dort XII,1–10), zu XIII,4–8 HOLM, Papyrus Amherst 63, 339–340; DIES., Sacrifice, 148–149 (mit Überlegungen zum Opfer- und Festbetrieb); RÖSEL, Psalmen, 93–94, bietet eine deutsche Übersetzung von XIII,1–10 (= TUAT II, 933–934).

pAmh 63 XIII,1–10	Ps 81 (und andere biblische Stellen)
¹ Hear me, our God!	
Fine lambs (and) sh[ee]p	
² We will sacrifice for you among the Gods.	(Ps 16,3)
Our banquet is for you	
Among the Mighty Ones of the people,	
³ Adonay, for you,	
Among the Mighty Ones of the people.	
⁴ Adonay, the people will bless you.	(1. Sam 20,6.29)
Your annual offerings we will perform.	**Ps 81,5–6(?)**
⁵ From the pitcher, saturate yourself, my God!	
Let it be announced forever:	
The Merciful One ⁶ exalts the great,	
Yaho humiliates the lowly one.	(Ps 75,8)
They have mixed the wine in our jar,	
⁷ In our jar, at our New Moon festival!	(1. Sam 20,18.24.27.34)
Drink, Yaho,	(Ps 75,9?)
From the bounty of a thousand bowls!	**Ps 81,4**
⁸ Be satiated, Adonay,	
From the bounty of the people!	
Singers wait upon the Lord,	(1. Sam 10,5)
The player of the harp, ⁹ the player of the lyre:	(Ps 75,10)
„We will play for you	**Ps 81,2–3**
The song of the Sidonian lyre,	
¹⁰ And our flutes resoundingly,	(1. Sam 10,5)
At the banquets of humankind."	
End.	

Mit Blick auf Ps 81 sind zwei Fragestellungen zu erörtern: der Festhintergrund und eine traditionsgeschichtliche Linie zu israelitisch-samarischer Überlieferung. Beide Texte verbinden das in Worte gefasste Geschehen mit einem Fest. Der Hymnus verweist auf den „Neumond" (XIII,7)[164], und eben dies tut – unter Verwendung des entsprechenden hebräischen Begriffs – auch der biblische Psalm (4a), wobei in der Parallelzeile auch noch der „Vollmond" erscheint und damit vermutlich die zeitliche Erstreckung „unseres Festes" angezeigt wird. Ähnlichkeiten betreffen auch die gesangliche und instrumentale Aufführung, und zwar in berichtender bzw. dazu aufrufender Weise. Dabei werden für die Leier-Arten mit *nbl* und *knr* die in beiden Sprachen analogen Begriffe verwendet (vgl. 3 mit XIII,8–9).[165] Die Formulierung „your annual offerings", wörtlich „the regular offerings of your year" (XIII,4 – das Possessivsuffix bezieht sich auf Gott), enthält den Begriff *sdrh* „(An-)Ordnung, Reihenfolge" und kommt der in Ps 81 mit Rechtsbegriffen vorgenommen Verankerung des Festgeschehens nahe (5). Der fröhliche Charakter und der (reichlich dargebotene)

---

164   Steiner/Nimes, Text, 48, bieten eine andere Lesung („silver").
165   Vgl. auch VI,10 und XVII,11. Van der Toorn, Papyrus Amherst 63, 170.261, übersetzt *nbl* mit „harp" (im Glossar aber mit „lyre").

Wein als Opfergabe lassen an ein Herbstfest (nach der Traubenernte) denken.[166] Falls *šntk* „dein Jahr" (XIII,4) sich auf die Jahreswende bezieht (vgl. Ex 34,22; 2. Chr 24,23, ähnlich 1. Sam 1,20),[167] könnte damit auf das Neujahrsfest verwiesen sein und dies als weiteres Indiz für den Herbstzyklus gewertet werden. K. van der Toorn sieht in allen drei Jaho-Psalmen Festpsalmen zum Neujahr, die einst in Israel gefeierte Feste in der ägyptischen Diaspora wachhielten.[168] Weitere Anzeichen könnten der (Mond-)Bogen am Himmel (XII,12–13) und eventuell der Ausdruck „from the very beginning" (XIII,12) als Anzeige für den Beginn des neuen Jahres sein.[169] Darüber hinaus wird erwogen, dass die hymnischen Teile in pAmh 63 (I–XVII) insgesamt mit der Feier des Neujahrs in Zusammenhang stehen. Der Festkontext wäre dann gleichsam das einende Band um die Texte der unterschiedlichen ethnisch-religiösen Gemeinschaften aus der Levante und Mesopotamien.[170] Der Vergleich erhärtet die Vermutung, dass (auch) die in Ps 81 erwähnten Zeiten (Neumond/Vollmond) mit dem Herbstfestzyklus zu verbinden sind (→ 5.2). Die Analogie zwischen dem aramäischen Hymnus und dem biblischen Psalm beschränkt sich freilich auf Stanze I von Ps 81. Die Gottesrede (in II und III) mit heilsgeschichtlicher Verankerung und Fremdgötterverbot fügt sich dagegen kaum zum „synkretistischen" Charakter von XIII,1–10.

Die zweite Fragestellung nach einem Bezug zum ehemaligen Nordreich (Samaria) ist komplexer, da grössere Zusammenhänge in den Blick zu nehmen sind und strittige Einschätzungen mit Blick auf pAmh 63 (und Ps 81) vorliegen. Der deutlichste Hinweis auf eine diesbezügliche Trägerschaft der Jʜw-Hymnen ergibt sich aufgrund des oben angeführten Berichts (XVII,1–6) von Immigranten, denen Schutz gewährt wird (→ 8.2). Ob sich die Ausführungen dabei auf eine frühere Aufnahme in Rasch (wo immer das ist) oder die Ankunft in Ägypten beziehen, ist für unsere Fragestellung von nachrangiger Bedeutung. Wesentlich dagegen ist die vornehmlich israelitisch/samarische Herkunft dieser Leute. Die Frage stellt sich, ob sich in den drei Hymnen – insoweit Bezüge und Überlieferungen zwischen den beiden (ehemaligen) Königreichen überhaupt differenzierbar sind – über den Herbstfest-Bezug und der in Ps 81 erwähnten Verwurzelung der Festverordnung in Jʜoseph (6)[171] hinaus weitere Überlieferungen aus den Zehnstämmen spiegeln. Was die beiden anderen Hymnen betrifft, weisen Stichworte wie „Zaphon", „Gott als Stier", Gottheit „Bethel" bzw.

---

166   Fülle und Sättigung sind auch Motive, die im Schlussteil von Ps 81 erscheinen (11c.17), allerdings tauschen Gebende und Empfangende die Rollen; zudem ist dort nicht Getränk, sondern feste Nahrung im Blick.

167   Van der Toorn, New Year, 639, beurteilt dies als *eine* Verstehensoption.

168   Vgl. van der Toorn, New Year.

169   Vgl. dazu van der Toorn, Papyrus Amherst 63, 173.

170   Vgl. van der Toorn, Papyrus Amherst 63, 25–26, ähnlich – unter Berufung auf R. Steiner – auch Holm, Praise, 306–315; Dies., Sacrifice. Neujahr wird übrigens explizit in V,8 erwähnt, musikalische Aufführungen finden sich zudem in I,11–14; V,9–10; VI,10; VIII,10–11; XVII,8–11. Steiner/Nimes, Text, 4, überschreiben die Kollektion insgesamt mit „A New Year's liturgy imported from Bethel to Egypt by Exils from Rash".

171   Auch die „sidonische Leier" (XIII,9) weist eher in den Norden (Nachbarschaft zu Phönizien) als nach Juda.

„Baal Schamajin" in XII,11–19[172] sowie „Baal von Zaphon" und der „himmlische Rat" in XIII,11–17 jedenfalls in diese Richtung.[173]

Beide Fragen sind also vorsichtig positiv zu beantworten: der gemeinsame Herbstfest-Hintergrund und die Herkunft der Überlieferung aus dem Nordreich. Darüber hinaus vermittelt pAmh 63 einen, wenn auch beschränkten, Einblick in das Ergehen von Nachkommen aus den Zehnstämmen nach dem Untergang des Nordreichs. Insofern werden die spärlichen biblischen Angaben sowie die noch dürftigeren aus assyrischen Quellen, welche Karen Radner gesichtet hat, ergänzt.[174] In letzteren werden v.a. militärische Einheiten (Streitwagentruppen) erwähnt. Diesbezüglich ergibt sich eine Analogie zu pAmh XVII,3.5 (samarische Truppen)[175] und dem Umstand, dass es sich in Elephantine und Syene um militärische Stützpunkte handelte, wo Nachfahren von Israel-Juda von den ägyptischen Herrschern entsprechend ihrem „Handwerk" zu Kriegs- und Sicherheitszwecken (Grenzschutz) eingesetzt wurden.[176]

Ob sich aus pAmh 63 weitere Hinweise zur Herkunft von samarisch-jüdischen Leuten und deren mitgebrachter Überlieferung vor deren Eintreffen in Ägypten entnehmen lassen? K. van der Toorn zeichnet ein (mögliches) Szenario, für das er sich freilich auf teils ungesicherte Annahmen abstützen muss, und das dementsprechend nicht unwidersprochen geblieben ist.[177] Nach ihm reflektieren die Texte von pAmh 63 nicht die Zeit in Ägypten, vielmehr liefert die Sammlung Vermächtnis und Erfahrungen dieser ethnischen Gruppen in neuassyrischer Zeit: Auf der Flucht fanden sie um 700 v. Chr. in der Oasenstadt Palmyra (= Rasch) Schutz. Die Nordreich-Israeliten kamen nach dem Fall Samarias zunächst nach Juda; angesichts der gegen Jerusalem anrückenden Truppen Sanheribs flohen sie dann – wie andere ethnische Gruppen auch – nach Rasch. Rund 100 Jahre danach machte sich das Völkergemisch (mit ihren Überlieferungen) angesichts der neubabylonischen Vorherrschaft auf den Weg nach Ägypten. Später, im perserzeitlichen Elephantine, wurden (auch) die Samarier unter den Begriff der „Jehudaj" (Judäer bzw. Juden) gefasst.

8.4 Vorläufiges Fazit

Die Jhw/Jaho-Hymnen sowie der Bericht von immigrierenden Samariern (nach Rasch bzw. Ägypten) vermitteln das Bild einer Gruppe von Nordreich-Israeliten, die – wohl ausgelöst durch die Geschehnisse von 722 v. Chr. (und evtl. 701 v. Chr.) – flohen und anderswo Schutz fanden. Die Anthologie pAmh 63 bezeugt

---

172   Im Verbund mit den anderen Bezeichnungen in diesem Stück passt „Zaphon" – trotz Ps 48,2–3 – nicht als Transposition zum Zionsberg.

173   Dazu auch van der Toorn, Jews, 69–71.

174   Vgl. dazu Radner, Tribes, 113–117.

175   Insofern gys „Truppe" (XVII,1) und ns „Banner" im Sinne einer militärischen Einheit (vgl. van der Toorn, Papyrus Amherst 63, 203–204) zutreffend wiedergegeben sind.

176   Zu Elephantine als Militärkolonie vgl. van der Toorn, Jews, 89–95.

177   Seine Ausführungen dazu finden sich in van der Toorn, Papyrus Amherst 63, 8–11.18–20.35–39; Ders., Jews, 15–18.39–41.58–60 und v.a. 61–88.115–124. Zur Kritik vgl. Becking, Elegy (mit Blick auf XII,1–7) und v.a. Holm, Review; Dies., Praise, 320 (Identifikation von Rasch mit Palmyra nicht überzeugend; Immigranten-Text verweist auf Ankunft in Ägypten, nicht in Rasch); Dies., Sacrifice, 140–142.

eine Schicksalsgemeinschaft von bedrängten, migrierenden Volksgruppen (insofern deren Texte in *einem* Dokument zusammengestellt wurden). Darin tritt ein ethnisch-religiöser Pluralismus zutage, der über die Tatsache der Sammlung hinaus insbesondere in einem Text mit Segenwünschen aller Gottheiten greifbar wird (VIII,1–7/23).[178] Er dürfte sich eben dieser Schicksalsgemeinschaft verdanken, die eine längere gemeinsame Geschichte verbindet. Dabei bildet offenbar das von allen begangene, wenn auch je unterschiedlich akzentuierte Neujahrsfest den gemeinsamen Nenner.

Die uns besonders interessierende Gruppe der Samarier brachte „Psalmen" (Hymnen) aus ihrer alten Heimat in die Sammlung ein. Die Ähnlichkeit zwischen XIII,1–10 und dem biblischen Ps 20 lässt eine gemeinsame, frühe Herkunft (Vorlage) aus den Zehnstämmen annehmen (8./7. Jh. v. Chr.). Dies legt sich aufgrund der Gabelung der Überlieferung hin zu den beiden Textgestalten nahe. Diese ging wahrscheinlich in den Jahren nach dem Untergang des Nordreichs in Jerusalem vonstatten.[179] Die Israel-Gruppe nahm beim Verlassen ihrer Heimat eine (hebräische) Gestalt der Psalmen mit, pflegte diese Überlieferung, übersetzte sie ins Aramäische und brachte sie in die gemeinsame Sammlung ein. Zugleich blieb der Psalm in Juda/Jerusalem als Erbgut der Zehnstämme-Überlieferung bekannt, wurde vorexilisch zu einem judäisch geprägten Königspsalm umgeformt und gelangte schliesslich – ob mit oder ohne nachexilische Bearbeitung – in den Psalter.

Die Geschichte von Ps 81 verlief anders. Zwar gehörte er insgesamt oder das von Stanze I repräsentierte Traditionsstück ebenfalls zum Überlieferungsgut, das nach dem Fall des Nordreichs nach Jerusalem gelangte. Doch eine Gestalt dieses Psalms ist in pAmh 63 nicht greifbar, und entsprechend wissen wir nicht, ob er in der Israel-Diaspora bekannt war. Zumindest die sich in Ps 81 abzeichnende Festtradition ist bei den Diaspora-Samariern, wie XIII,1–10 zeigt, bekannt geblieben. Für den Eingang des Psalms in die spätere Bibel war der Weg nach Jerusalem und die dortige Weiterüberlieferung und Autorisierung (sowie allenfalls Modifizierung/Erweiterung) Bedingung.

Alle drei Jaho-Hymnen verweisen auf eine Entstehung – jedenfalls des Grundbestands – zur Zeit der von der neuassyrischen Vorherrschaft ausgehenden Bedrängnis der Königreiche Israel und Juda. Dass Berührungen der Jaho-Hymnen nicht nur zu Ps 81, sondern auch zu weiteren asaphitischen Psalmen bestehen,[180] fügt sich ins gezeichnete Bild. Die Asaph-Psalmen weisen nämlich ein starkes nordisraelitisches (josephitisches) Kolorit auf und dürften einen mit Ps 81 vergleichbaren Überlieferungsweg gegangen sein (verantwortet durch eine levitisch-asaphitische Trägergruppe).[181]

---

178 Vgl. auch HOLM, Papyrus Amherst 63, 323–326, die von einem Konzept einer „unified diversity" (323) spricht.

179 Die Annahme einer späteren Zeit und eines anderen Ortes ist angesichts der je unterschiedlichen zeitlichen und örtlichen Entwicklungen der beiden Fassungen zwar nicht ausgeschlossen, aber unwahrscheinlich.

180 Über den bereits erwähnten Ps 75 hinaus (s.o.) ist etwa an den Festzusammenhang von Ps 50 und 78 und die Thronrat-Vorstellung von Ps 82 zu denken.

181 Vgl. dazu WEBER, Asaph-Psalter; DERS., Asaph im Psalter.

Zuletzt: Nach der Herausstellung von Gemeinsamkeiten mit Blick auf Überlieferungen aus dem (einstmaligen) Nordreich zwischen den Hymnen von pAmh 63 und den biblischen Psalmen ist auch die beträchtliche, ebenfalls Ps 81 betreffende Differenz nicht zu übersehen. Die Anthologie von pAmh 63 insgesamt ist religionspluralistisch geprägt (nicht unähnlich mit der in 2. Kön 17,29–40 beschriebenen Situation in „Samarien"). Was die Gottesvorstellung der Jʜw/Jaho-Hymnen angeht, finden sich henotheistische (XIII,2.11–12) wie synkretistische Aussagen (XII,17–18; XIII,15–16). Demgegenüber schliesst Ps 81 fremde Gottheiten für Israel als Bundesvolk kategorisch aus (10). Der Verweis auf das Hauptgebot (Fremdgötterverbot) im Zentrum der Gottesrede macht dies deutlich. Der Vergleich zwischen XII,11–19 und Ps 20 zeigt eine vergleichbare Differenz. Dies ist überlieferungsgeschichtlich damit zu erklären, dass lediglich psalmische Stücke aus den Zehnstämmen, die nach Jerusalem gelangten und dort „akzeptiert", allenfalls modifiziert, jedenfalls autorisiert wurden, später in den Psalter gelangten. Nordreich-Traditionen, die wie im Fall von pAmh 63 über andere Trägerschaften überliefert wurden, waren dagegen „heterodox" und fanden keinen Eingang in die judäisch-königszeitliche und antik-jüdische Psalmenüberlieferung und damit in den biblischen Psalter.

Bibliographie

Bᴀʟʟʜᴏʀɴ, E., Mose der Psalmist. Das Siegeslied am Schilfmeer (Ex 15) und seine Kontextbedeutung für das Exodusbuch, in: E. Ballhorn / G. Steins (Hg.), Der Bibelkanon in der Bibelauslegung. Methodenreflexionen und Beispielexegesen, Stuttgart 2007, 130–151.

Bᴇᴄᴋɪɴɢ, B., An Elegy for a Conquered City. Or: Does Papyrus Amherst 63 xii 1–11 Reflect the Fall of Samaria?, WO 51 (2021) 136–149.

Bʟᴏᴄᴋ, D.I., The Book of Ezekiel: Chapters 1–24 (NICOT), Grand Rapids, MI – Cambridge, UK 1997.

Bᴏᴏɪᴊ, T., The Background of the Oracle in Psalm 81, Bib. 65 (1984) 465–475.

Dᴇ Bᴏᴇʀ, P.A.H., Psalm 81.6a: Observations on Translation and Meaning of One Hebrew Line, in: W.B. Barrick / J.R. Spencer (eds.), In the Shelter of Elyon: Essays on Ancient Palestinian Life and Literature. FS G.W. Ahlström (JSOTS 31), Sheffield 1984, 67–80.

Dᴇʟɪᴛᴢsᴄʜ, F., Die Psalmen, Giessen – Basel 2005 (= Nachdruck ⁵1894).

Dᴏʙʙs-Aʟʟsᴏᴘᴘ, F.W., On Biblical Poetry, Oxford – New York, NY 2015.

Fᴏᴋᴋᴇʟᴍᴀɴ, J.P., The Psalms in Form: The Hebrew Psalter in its Poetic Shape, Leiden 2002.

Gᴇɴᴛʀʏ, P.J. / Mᴇᴀᴅᴇ, J.D., MasPsᵃ and the Early History of the Hebrew Psalter, in: A. Aejmelaeus / D. Longacre / N. Mirotadze (eds.), From Scribal Error to Rewriting: How Ancient Texts Could and Could Not Be Changed (De Septuaginta Investigationes 12), Göttingen 2020, 113–145.

Gɪʟᴇs, T. / Dᴏᴀɴ, W.J., Twice Used Songs: Performance Criticism of the Songs of Ancient Israel, Peabody, MA 2009.

Gʀᴇᴇɴʙᴇʀɢ, M., Ezechiel 1–20 (HThKAT), Freiburg i.Br. 2001.

HECKL, R., Inside the Canon and Out: The Relationship Between Psalm 20 and Papyrus Amherst 63, Sem. 56 (2014) 359–379.

HILBER, J.W., Cultic Prophecy in the Psalms (BZAW 352), Berlin – New York, NY 2005.

HIRSCH, S.R., Psalmen, Basel – Zürich 1995.

HOFFMEIER, J.K., Further Reflections on Egyptian Influences on the Early Hebrews – Priestly Matters, in: V.D. Beiler / A.D. Rubin (eds.), Linguistic and Philological Studies of the Hebrew Bible and its Manuscripts. FS G.A. Rendsburg (SSN 75), Leiden – Boston, MA 2023, 167–195.

HOLM, T., In Praise of Gods & Goddesses in Aramean Egypt: Papyrus Amherst 63, in: L. Bricault / M.A. Stadler (Hg.), Hymnen und Aretalogien im antiken Mittelmeerraum. Von Inana bis Isis (Philippika 154), Wiesbaden 2021, 303–327.

–, Review of: Karel van der Toorn, Becoming Diaspora Jews (New Haven, CT 2019), The Journal of the Association of Jewish Studies 45 (2021) 179–182.

–, Sacrifice and Feasting in Papyrus Amherst 63, in: R. Da Riva / A. Arroyo / C. Debourse (eds.), Ceremonies, Feasts and Festivities in Ancient Mesopotamia and the Mediterranean World: Performance and Participation. Proceedings of the 11th Melammu Workshop, Barcelona, 29–31 January 2020 (Melammu Workshops and Monographs 7), Münster 2022, 135–169.

–, Papyrus Amherst 63 and the Aramaens of Egypt: A Landscape of Cultural Nostalgia, in: R.G. Kratz / B.U. Schipper (eds.), Elephantine in Context: Studies on the History, Religion and Literature of the Judeans in Persian Period Egypt (FAT 155), Tübingen 2022, 323–351.

–, Bethel and Yahō: A Tale of Two Gods in Egypt, JANER 23 (2023) 25–55.

–, Aramaic Literary Texts (WAW), Atlanta, GA, forthcoming.

HOSSFELD, F.-L., Psalm 81, in: F.-L. Hossfeld / E. Zenger, Psalmen 51–100 (HThKAT), Freiburg i.Br. 2000, 467–478.

HUPFELD, H. / NOWACK, W., Die Psalmen. Zweiter Band, Gotha ³1888.

JEREMIAS, J., Kultprophetie und Gerichtsverkündigung in der späten Königszeit Israels (WMANT 35), Neukirchen-Vluyn 1970.

KILCHÖR, B., „Then Moses Wrote This Torah" (Deut 31:9): The Relationship of Oral and Written Torah in Deuteronomy, in: J.U. Ro / B.D. Giffone (eds.), Inscribe It in a Book: Scribal Practice, Cultural Memory, and the Making of the Hebrew Scriptures (FAT II/139), Tübingen 2022, 125–137.

– / WEBER, B., „Unser Gott kommt ...!" (Ps 50,3). Psalm 50 und sein Setting im Lichte aufgenommener Überlieferungen, OTE 27 (2014) 1084–1111.

KISTER, M., Psalm 20 and Papyrus Amherst 63: A Window to the Dynamic Nature of Poetic Texts, VT 70 (2020) 426–457.

KLEIN, A., Geschichte und Gebet. Die Rezeption der biblischen Geschichte in den Psalmen des Alten Testaments (FAT 94), Tübingen 2014.

–, Poetry, Prophecy and History: Divine Speech in Psalms 81 and 95, in: L.-S. Tiemeyer (ed.), Prophecy and Its Cultic Dimensions (JAJSup 31), Göttingen 2019, 89–100.

Korpel, M.C.A. / de Moor, J.C., Fundamentals of Ugaritic and Hebrew Poetry, in: W. van der Meer / J.C. de Moor (eds.), The Structural Analysis of Biblical and Canaanite Poetry (JSOTS 74), Sheffield 1988, 1–61.

Kottsieper, I., Anmerkungen zu Pap. Amherst 63. I: 12,11–19 – Eine aramäische Version von Ps 20, ZAW 100 (1988) 217–244.

Kraus, H.-J., Psalmen. 2. Teilband: Psalmen 60–150 (BKAT XV/2), Neukirchen-Vluyn ⁵1978.

Lauber, S., „Jhwh wird sich Ägypten zu erkennen geben, und die Ägypter werden an jenem Tag Jhwh erkennen" (Jes 19,21). Universalismus und Heilszuversicht in Jes 19,16–25, ZAW 123 (2011) 368–390.

Lettinga, J.P. / von Siebenthal, H., Grammatik des biblischen Hebräisch, Giessen / Basel ²2016.

Leuchter, M., The Levites and the Boundaries of Israelite Identity, New York, NY 2017.

Lohfink, N., Noch einmal ḥōq ûmišpāṭ (zu Ps 81,5f), Bib. 73 (1992) 253–254.

Loretz, O., Psalm 81. Neujahrs- und Laubhüttenfest mit Exodus, in: A. Lange / H. Lichtenberger / D. Römheld (Hg.), Mythos im Alten Testament und seiner Umwelt. FS H.-P. Müller (BZAW 278), Berlin – New York, NY 1999, 127–143; Neuausgabe in: Ders., Psalmstudien. Kolometrie, Strophik und Theologie ausgewählter Psalmen (BZAW 309), Berlin – New York, NY 2002, 215–250.

Markl, D., Gottes Volk im Deuteronomium (BZABR 18), Wiesbaden 2012.

Meier, S.A., Speaking of Speaking: Marking Direct Discourse in the Hebrew Bible (VT.S 46), Leiden – New York, NY 1992.

Mowinckel, S., The Psalms in Israel's Worship I/II (BiSe 14), Sheffield 1967 (1962).

Na'aman, N., Papyrus Amherst 63: Shifting between the Heavenly and Earthly Spheres, TA 49 (2022) 250–266.

Nasuti, H.P., Tradition History and the Psalms of Asaph (SBLDS 88), Atlanta, GA 1988.

Otto, E., Deuteronomium 12–34. Zweiter Teilband: 23,16–34,12 (HThKAT), Freiburg i.Br. 2017 (1771–2300).

Pavan, M., „He remembered that they were but flesh, a breath that passes and does not return" (Ps 78,39): The Theme of Memory and Forgetting in the Third Book of the Psalter (Pss 73–89) (ÖBS 44), Frankfurt a.M. 2014.

Porten, B., et al., The Elephantine Papyri in English: Three Millenia of Cross-Cultural Continuity and Change (DMOA 22), Atlanta, GA ²2011.

Radner, K., The „Lost Tribes of Israel" in the Context of the Resettlement Programme of the Assyrian Empire, in: S. Hagewa / C. Levin / K. Radner (eds.), The Last Days of the Kingdom of Israel (BZAW 511), Leiden – Boston, MA 2018, 101–123.

Rösel, M., Israels Psalmen in Ägypten? Papyrus Amherst 63 und die Psalmen 20 und 75, VT 50 (2000) 81–99.

Salo, R.S., Die judäische Königsideologie im Kontext der Nachbarkulturen. Untersuchungen zu den Königspsalmen 2, 18, 20, 45 und 72 (ORA 25), Tübingen 2017.

SCHNIEDEWIND, W.M., Adaptation in Scribal Curriculum: Examples from the Letter Writing Genre, in: E. Eshel / M. Langlois (eds.), The Scribe in the Biblical World (BZAW 547), Berlin – Boston, MA 2023, 203–232.

SCHULT, H., Art. שמע *šmᶜ* hören, THAT II (²1979) 974–982.

SOMMER, B.D., Transformation and Continuity in Liturgical Poetry: The Case of Psalm 20, in: V.D. Beiler / A.D. Rubin (eds.), Linguistic and Philological Studies of the Hebrew Bible and its Manuscripts. FS G.A. Rendsburg (SSN 75), Leiden – Boston, MA 2023, 270–306.

STEINER, R.C., The Aramaic Text in Demotic Script (1.99), in: COS I (Leiden – Boston, MA 2003) 309–327.

– / NIMES, C.F., The Aramaic Text in Demotic Script: Text, Translation, and Notes, 2017: https://www.academia.edu/44014332 (eingesehen am 22. März 2023).

SÜSSENBACH, C., Der elohistische Psalter. Untersuchungen zu Komposition und Theologie von Ps 42–83 (FAT II/ 7), Tübingen 2005.

TATE, M.E., Psalm 51–100 (WBC 20), Dallas, TX 1990.

TSUMURA, D.T., Literary Insertion (AXB Pattern) in Biblical Hebrew, VT 33 (1983) 468–482.

VAN DER LUGT, P., Cantos and Strophes in Biblical Hebrew Poetry II: Psalm 42–89 (OTS 57), Leiden – Boston, MA 2010.

VAN DER TOORN, K., Psalm 20 and Papyrus Amherst 63, XII, 11–19: A Case Study of a Text in Transit, in: F.E. Greenspahn / G.A. Rendsburg (eds.), Le-ma'an Ziony. FS Z. Zevit, Eugene, OR 2016, 244–257.

–, Celebrating the New Year with the Israelites: Three Extrabiblical Psalms from Papyrus Amherst 63, Bib. 136 (2017) 633–649.

–, Becoming Diaspora Jews: Behind the Story of Elephantine (AYBRL), New Haven, CT – London 2019.

– (ed.), Papyrus Amherst 63 (AOAT 448), Münster 2018.

VESCO, J.-L., Le Psautier de David traduit et commenté I (LeDiv 210), Paris 2008.

WAGNER, T., Recounting מני־קדם חידות in Psalm 78: What are the „Riddles" About?, JHS 14 (2021): https://doi.org/10.5508/jhs.2014.v14.a4 (eingesehen am 21. März 2023).

WATSON, W.G.E., Classical Hebrew Poetry: A Guide to its Techniques (JSOTS 26), Sheffield 1986 (1984).

WEBER, B., Psalm 77 und sein Umfeld. Eine poetologische Studie (BBB 103), Weinheim 1995 (digital: https://www.academia.edu/40122041 [eingesehen am 21. März 2023]).

–, Der Asaph-Psalter – eine Skizze, in: B. Huwyler / H.-P. Mathys / B. Weber (Hg.), Prophetie und Psalmen. FS K. Seybold (AOAT 280), Münster 2001, 117–141; Neuausgabe in: Ders., „Wie ein Baum, eingepflanzt an Wasserrinnen" (Psalm 1,3). Beiträge zur Poesie und Theologie von Psalmen und Psalter für Wissenschaft und Kirche (hg. von T. Uhlig; ABIG 41), Leipzig 2014, 363–391.

–, Prophetische Predigt im Asaph-Psalm 81, JETh 17 (2003) 35–44; überarbeitete Neuausgabe in: Ders., „Wie ein Baum, eingepflanzt an Wasserrinnen" (Psalm 1,3). Beiträge zur Poesie und Theologie von Psalmen und Psalter für Wissenschaft und Kirche (hg. von T. Uhlig; ABIG 41), Leipzig 2014, 247–257.

–, Werkbuch Psalmen III. Theologie und Spiritualität des Psalters und seiner Psalmen, Stuttgart 2010.

–, Gottesrede in „Asaph-Texten", OTE 25 (2012) 737–760.

–, Toward a Theory of the Poetry of the Hebrew Bible: The Poetry of the Psalms as a Test Case, BBR 22 (2012) 157–188.

–, Werkbuch Psalmen II. Die Psalmen 73 bis 150, Stuttgart ²2016 (2003).

–, Verbindungslinien von den Psalmen Asaphs (Ps 50; 73–83) zu den Psalmen des Psalterteilbuchs IV (Ps 90–106). Erwägungen zu einem asaphitischen Trägerkreis, in: F.-L. Hossfeld / J. Bremer / T.M. Steiner (Hg.), Trägerkreise in den Psalmen (BBB 178), Göttingen 2017, 97–131.

–, Asaph im Psalter und in der Chronik. Erwägungen zu „Schnittstellen", Trägerkreisen und Redaktionsprozessen, in: F. Hartenstein / T. Willi (Hg.), Psalmen und Chronik (FAT II/107), Tübingen 2019, 343–378.

–, „Ich will den HERRN preisen zu jeder Zeit …" (Ps 34,2). Die Psalmen 25–34 als Kleinkomposition in Verbindung mit hermeneutisch-methodischen Überlegungen zur „Psalterexegese", in: G. Barbiero / M. Pavan / J. Schnocks (eds.), The Formation of the Hebrew Psalter: The Book of Psalms Between Ancient Versions, Material Transmission and Canonical Exegesis (FAT 151), Tübingen 2021, 243–288.

–, Mose-Lied (Dtn 32,1–43) und Asaph-Psalmen (Ps 50; 73–83). Untersuchungen zu ihrem Verhältnis, ZABR 27 (2021) 257–309.

–, Monocola, Ambiguity and Propositional Density: Poetic Art, Technique and Rhetoric in Psalm 81, JNSL 51.1 (2025) forthcoming.

WEYDE, K.W., The Appointed Festivals of YHWH: The Festival Calendar in Leviticus 23 and the *sukkot* Festival in Other Biblical Texts (FAT II/4), Tübingen 2004.

II. Charakteristika der Asaph-Psalmen

II.1 Asaph – ein Name, seine Träger und ihre Bedeutung in biblischen Zeiten[*]

Abstract: *This article considers the meaning of the name "Asaph" by examining the inscriptional and Biblical evidence for bearers of this name. The main focus is on those bearers of the name Asaph (and his descendants, the Asaphites) who are mentioned in the superscripts of twelve psalms (Ps 50; 73–83) and in the books of Ezra-Nehemiah and Chronicles. Characteristics associated with Asaph and the Asaphites will be presented by means of the aforementioned Biblical books. This article will then present two current scholarly paradigms for explaining the history of the Asaphites. According to the first model, the Asaphites are, on the whole, an exilic and postexilic guild of Levitical singers. This guild was responsible for the collective songs of lament sung after the downfall of Jerusalem in 587 B.C. and continued this role until the time of Chronicles (probably the late Persian period). The second model suggests a longer history of tradents. There are indications in some of the Asaph psalms that suggest a dating back to the northern kingdom of Israel and that these psalms were also concerned with lamenting its downfall around 722 B.C. Their transmitters brought them (along with other northern traditions) to Judah. The Levitical group behind these Asaphite psalms seems to have gained influence at the royal court and/or the temple, presumably during the time of Hezekiah. Through a process of reinterpretation and by adding a new song (Ps 79), these psalms came to serve as a similar function in relation to the downfall of the southern kingdom. Later, the Asaphites were significantly involved in the worship of the postexilic temple. In conclusion, this article will express a preference for the second model.*

1. Asaph: Name und Namensträger

1.1 Der Name

„Asaph" (אסף *ʾāsāp*) ist ein hebräischer (maskuliner) Eigenname. Über die Bibel hinaus findet er sich auch inschriftlich belegt (s.u.). Ähnliche Namensbildungen liegen auch in anderen (nordwest)semitischen Sprachen vor (vgl. etwa der phönizisch belegte weibliche Name *ʾspt* = Ασεπτ).[1]

---

[*] Erstveröffentlichung (wird hier überarbeitet und aktualisiert): Beat WEBER, Asaf – ein Name, seine Träger und ihre Bedeutung in biblischen Zeiten, in: Markus Witte / Johannes F. Diehl (Hg.), Orakel und Gebete. Interdisziplinäre Studien zur Sprache der Religion in Ägypten, Vorderasien und Griechenland in hellenistischer Zeit (Forschungen zum Alten Testamen II/38), Tübingen: Mohr Siebeck 2009, 235–259. Eine digitale Kurzfassung des Ursprungsbeitrags liegt mit WEBER, Asaf/Asafiten/ Asafpsalmen, vor.

1 Zur phönizisch-griechische Bilingue aus Piräus vgl. KAI 59; KRAHMALKOV, Dictionary, 66–67.

Die Etymologie ist nicht ganz sicher. Naheliegend ist es, von der auch in anderen semitischen Sprachen (ugaritisch, phönizisch; akkadisch: *esēpu*) belegten hebräischen Wurzel אסף „(ein)sammeln, aufnehmen, wegnehmen" auszugehen.[2] Dabei ist der Name Asaph als Hypokoristikon von: Gottesname + *qtl*-Form 3 m sg von אסף (*'asapja(h)u* [inschriftlich belegt, s.u.]) zu interpretieren.[3] Die präzise Bedeutung ist gleichwohl strittig, wie die unterschiedlichen Interpretationsvorschläge zeigen: „[JHWH] sammelte [mich]"[4], „[JHWH] nimmt sich [meiner] an"[5], „[JHWH] hat [die Schmach bzw. den Makel der Kinderlosigkeit] weggenommen, getilgt"[6] oder „[JHWH] hat [die durch den Tod eines ihrer Glieder verminderte Familie wieder] gesammelt"[7]. Nicht auszuschliessen ist, dass Überblendungen und Verschleifungen mit der lautähnlichen Wurzel יסף „hinzufügen" vorliegen.[8] In diese Richtung könnten 1. Chr 25,9, das Schwanken in der Handschriften-Überlieferung beim Namen אֲבִיסָף (Ex 6,24) bzw. 1) אֶבְיָסָף. Chr 6,8.22; 9,19, vgl. 26,1)[9] sowie die Doppelableitung des Namens „Joseph" (Gen 30,23–24)[10] deuten.

Für Asaph (und Joseph) wird auch die Herleitung von einer ursprünglich sumerischen, aus dem Akkadischen (*[w]āšipu[m]*)[11] entlehnten Wurzel אסף II (aramäisch = אשף)[12] in der Bedeutung „beschwören, exorzieren" o.ä. (vgl. Dan 2,10.17 u.a.) vertreten.[13] Dabei wird von einer Verbindung der prophetischen und musikalischen Funktion der Asaphiten (s.u.) mit Einflüssen des babylonischen Exorzismus ausgegangen, die aus der Exilszeit herrühren. Diese Annahme, die Asaph nicht als Eigenname, sondern als Amtsbezeichnung versteht, konnte sich allerdings nicht durchsetzen.[14]

1.2 Die Namensträger

1.2.1 Inschriften[15]

Neben dem schon lange bekannten Grabungsfund eines Stempelsiegels in Megiddo (*Tell el-Mutesellim*) (1.) ist in jüngerer Zeit weiteres epigraphisches Material auf Siegeln und Bullen aufgetaucht, das den Namen „Asaph" enthält. Diese Inschriften (2.–8.) stammen allerdings nicht aus archäologischen Grabungen, sondern vom

---

2 Vgl. dazu auch das wortspielartige „Nachklingen" des Namens durch das entsprechende Verb in 2. Chr 29,13–15.
3 Vgl. ZADOK, Anthroponymy, 95.
4 DEUTSCH, Messages, 103.
5 Mit Verweis auf Martin Noth WANKE, Asaph/Asaphiten, 171.
6 RENZ/RÖLLIG, Handbuch II/2, 158, vgl. Gen 30,23.
7 STAMM, Beiträge, 74.79.
8 Von dieser Wurzel ist der Eigenname Eljasaph (Num 1,14 u.a.) abzuleiten sowie wohl auch der keilschriftlich bezeugte phönizische Name des Königs von Byblos *Milki-ašapa* (vgl. FRAHM, Milki-ašapa, 750–751).
9 Dazu ZADOK, Anthroponymy, 23–24.
10 Vgl. GARSIEL, Names, 172–174.
11 Vgl. AHw III, 1487.
12 Vgl. HALAT, 1675–1676.
13 Vgl. MAC LAURIN, Joseph.
14 Die einschlägigen Lexika verzeichnen entsprechend auch kein Lemma אסף II.
15 Für Hinweise und Bemerkungen danke ich Stefan Münger, Silvia Schroer und Rick Hess (eMail-Korrespondenzen).

Antikenmarkt bzw. aus Privatsammlungen. Entsprechend fehlt ihnen eine Lokalisierung (und teils auch Datierung), zudem ist die Echtheit von Fall zu Fall zu überprüfen bzw. das Verdikt einer Fälschung meist nicht (ganz) auszuschliessen.[16] Die Grabstele aus Kition (Zypern) mit patronymischer Asaph(jahu)-Erwähnung (9.) entstammt wie das Megiddo-Siegel einer archäologischen Grabung.[17]

Im Einzelnen sind bislang – soweit mir bekannt – folgende Asaph (Asapha/Asaphi)-Inschriften[18] publiziert worden:

1. *l'sp* „zugehörig Asaph". Althebräische Besitzerinschrift im unteren Register eines Skaraboids aus Lapislazuli (s. Abb. 1) aus Megiddo (*Tell el-Mutesellim*; Grabungsfund 1905, auf Nordmauer des Torhauses 1567). Das Bildmotiv des Greifen mit Doppelkrone ist ägyptisch beeinflusst, dürfte aber aus phönizischer Produktion stammen. Datierung: 8. Jh. v. Chr.[19]

Abb. 1: Asaph-Siegel (aus Megiddo, 8. Jh. v. Chr.)

2. *l'sp / jw* „zugehörig Asaphjau". Stempelsiegel (Skarabäus), aus Steatit. Büste der ägyptische Löwengöttin Sachmet. Inschrift mit Erweiterung des Namens Asaph

---

16 Zur Problemlage mit grundsätzlichen Überlegungen und Echtheitseinschätzungen vgl. MYKYTIUK, Persons; DERS., Corrections; UEHLINGER, Spurensicherung.

17 Auf diesen, in der Erstpublikation noch nicht erwähnten Beleg hat mich freundlicherweise Lawrence Mykytiuk (eMail-Korrespondenz Januar 2022) hingewiesen.

18 Unsicherheiten liegen allerdings da und dort aufgrund schlecht lesbarer Buchstaben vor.

19 Vgl. GUTHE/ERMAN/KAUTZSCH, Siegelstein; WATZINGER, Tell el-Mutesellim II, 64–67; USSISHKIN, Gate 1567, 419–423; AVIGAD/SASS, Corpus, Nr. 85.; RENZ/RÖLLIG, Handbuch II/2, Nr. 1.123; MYKYTIUK, Persons, 134–136.139.226–227.

durch theophores Element, das auf (nord)israelitische Herkunft schliessen lässt.
Datierung: 8. Jh. v. Chr.[20]

3. *l'spjhw / 'ḥmlk* • „zugehörig Asaphjahu, [Sohn des] Achimelek". Tonbulle mit
   Inschrift in den unteren beiden von drei Registern. Im obersten Register Pflanze,
   flankiert von zwei einander zugewandten Falken. Datierung: nicht beigegeben.[21]

4. *lmšlm / 'sp(j?)* „zugehörig Meschullam, [Sohn des] Asaph(i?)". Stempelsiegel (Ska-
   raboid) aus Knochen. Der Name Asaph erscheint als Patronym. Datierung: 8./7.
   Jh. v. Chr.[22]

5. *l'mrjhw / [b]n 'sp* „zugehörig Amarjahu, Sohn des Asaph". Tonbulle mit drei Registern (zuoberst vierflüglige Kobra [Uräus]). Der Name Asaph erscheint als Patronym. Zum (gekürzten) Besitzernamen vgl. u.a. Esr 10,42; Neh 10,4; 1. Chr 5,33;
   2. Chr 31,15. Datierung: 7. Jh. v. Chr.[23]

6. *ljqmj / hw bn 'sp* „zugehörig Jeqamjahu, Sohn des Asaph". Tonbulle mit zwei
   Registern (zuoberst vierflüglige Kobra [Uräus]). Der Name Asaph erscheint als
   Patronym. Zum (gekürzten) Besitzernamen vgl. 1. Chr 2,41; 3,18. Datierung: 7. Jh.
   v. Chr.[24]

7. *[lj]hwḥ •'/(s)p • 'bd 'ḥz* „[zugehörig Je]hoach, [Sohn des] A(sa)ph, Knecht (‚Minister')
   des Achas". Tonbulle mit drei Registern (im mittleren zwei weidende, einander
   zugewandte Rehkühe) (s. Abb. 2). Der Name Asaph (Lesung wahrscheinlich)
   erscheint als Patronym. Der Besitzer ist möglicherweise mit dem gleichnamigen

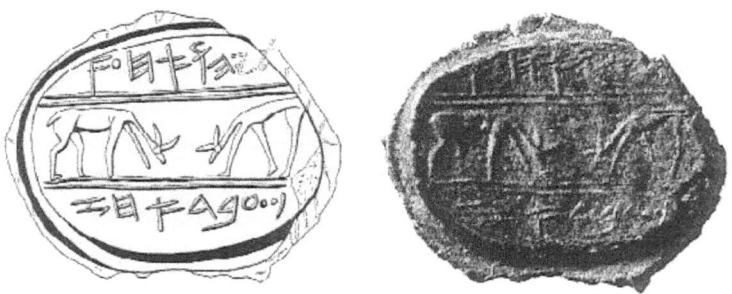

Abb. 2: Jehoach [ben-]Asaph-Bulle (Fundort und Datierung nicht angegeben)

20 Vgl. Deutsch/Lemaire, Seals, Nr. 2; Heltzer, Stamp Seals, 199–201; Renz/Röllig,
    Handbuch II/2, Nr. 1.125.
21 Vgl. Deutsch, Bullae, Nr. 108.
22 Vgl. Avigad/Sass, Corpus, Nr. 253; Renz/Röllig, Handbuch II/2, Nr. 13.81. Das letzte
    Zeichen der ersten wie der zweiten Zeile ist unsicher; Bordreuil/Lemaire, Sceaux,
    31–32 (Planche VI.14), präferieren im zweiten Fall ein *j*, wodurch sich eine (mögli-
    cherweise mit „Asaph" verwandte) Namensform „Asaphi" (oder „Asaphaj") ergäbe
    (dazu Zadok, Anthroponymy, 97.176).
23 Vgl. Deutsch, Messages, Nr. 35; Renz/Röllig, Handbuch II/2, Nr. 1.120 (mit der
    m.E. weniger wahrscheinlichen Lesung *l'mrjh / l'sp*).
24 Vgl. Deutsch, Messages, Nr. 53; Renz/Röllig, Handbuch II/2, Nr. 10.67.

hochrangigen Beamten (מזכיר) in 2. Kön 18,18 identisch (s.u.). Datierung: nicht beigegeben.[25]

8. *l'sp'* / *nbl* • „zugehörig Asapha, [Sohn des] Nabal". Siegel aus Bronze (aus dem Gebiet Judas?). Vorderseite, oberstes Register: vierbeiniges Tier; Rückseite: oberes Register zwei vierbeinige Tiere, unteres Register drei vogelköpfige Figuren in Reihe. Datierung: 7. Jh. v. Chr.[26]

9. *lšlm bn 'spjhw* „zugehörig Schallum, Sohn des Asaphjahu". Phönizische Inschrift auf der Basis einer Grabstele aus Marmor, ausgegraben *in situ* in Kition (Larnaka, Zypern). Der Name ist aufgrund des theophoren Elements im Patronym (vgl. Inschriften 2. und 3.) als hebräischer (jüdischer) identifizierbar. Datierung: 4. Jh. v. Chr. (achämenidische Zeit).[27]

Abb. 3: Schallum ben-Asaphjahu-Grabstele (aus Kition, 4. Jh. v. Chr.)

1.2.2 Altes Testament

Unterschiedliche Individuen tragen in der Bibel den Namen Asaph. In 1. Chr 26,1 dürfte der Name (Patronym für den zu den Türhütern gehörenden Qore) gekürzt oder verschrieben für den Qorachiter Abiasaph (oder Ebjasaph) stehen bzw. mit ihm identisch sein (vgl. Ex 6,24; 1. Chr 6,8.22; 9,19). In Mt 1,7–8 ist Ἀσάφ trotz guter handschriftlicher Bezeugung wohl Verschreibung bzw. Variante für (König) Ασα (LXX; MT: אסא), vgl. 1. Kön 15,8–9.[28]

Es verbleiben die folgenden drei alttestamentlichen Personen mit dem Namen Asaph (davon die erste als Patronym):

---

25 Vgl. DEUTSCH, Bullae, Nr. 9; MYKYTIUK, Persons, 227. Bei UEHLINGER, Spurensicherung, 92–103, ist die Bulle nicht in der Liste „Siegelbesitzer und in der Bibel genannte Personen" aufgeführt.

26 Vgl. DEUTSCH/LEMAIRE, Seals, Nr. 36; HELTZER, Stamp Seals, 203; RENZ/RÖLLIG, Handbuch II/2, Nr. 1.124.

27 Vgl. HADJISAVVAS/DUPONT-SOMMER/LOZACHMEUR, Stèles (Nr. 4); HELTZER, Evidence (Nr. 1).

28 Will man nicht schon aufgrund textkritischer Überlegungen die Lesung Asa (Ασα) favorisieren und Asaph als Verschreibung beurteilen, wird man angesichts des Kontextes dennoch nicht umhinkommen, im Namen Asaph eine Variante für (den König) Asa zu sehen. Ob Variante oder Verschreibung, die Laut- und Schriftähnlichkeit zwischen den beiden Namen dürfte die Ursache sein.

1.	2. Kön 18,18.[26.]37 = Jes 36,3.[11.]22: Vater von Joach (Joach ben-Asaph), einem
hohen Hofbeamten des Königs Hiskia (8./7. Jh. v. Chr.), der das Amt des 2. Sam
8,16 erstmals erwähnten מזכיר innehatte.[29] Er gehörte zusammen mit dem Palast-
vorsteher und dem Schreiber zu den hohen Beamten, die bei der Belagerung
Jerusalems durch die Assyrer dem Heerführer Rab-schake gegenübertraten. Möglicherweise ist die Person identisch mit dem unter den inschriftlichen Belegen
(7.) genannten Siegelbesitzer (s.o.).

> In diesem Fall hätte Joach ben-Asaph sein Amt bereits unter Hiskias Vater und
> Thronvorgänger Ahas ausgeübt. Zugleich sind zwei Abdrücke eines unlokali-
> sierten, aber datierbaren (letztes Drittel des 8. Jh.s v. Chr.) Siegels (mit fünf Regis-
> tern, im zentralen mit der Ikonographie einer vierflügligen Uräus-Schlange) mit
> der Inschrift l[j]rmjhw / hm/zkr / ʿbd • ʾhz „zugehörig Jirmijahu, dem ‚Sekretär‘,
> Knecht (‚Minister‘) des Achas" überliefert.[30] Aufgrund der Artikelsetzung (=
> המזכיר) ist an ein spezifisches, nur von einer Person versehenes Amt zu denken.)
> Im Falle der Identität zwischen inschriftlichem und biblischem Beleg ist davon
> auszugehen, dass in der Regentschaft von Ahas zunächst Jirmijahu, dann Joach
> dieses Amt innehatte, letzterer dann auch noch unter König Hiskia.

Möglicherweise ist der Asaph-Sohn/Nachfahre Joach aus 2. Kön 18 mit dem im
Zusammenhang der Tempelsanierung unter Hiskia genannten gleichnamigen Leviten (2. Chr 29,12) identisch.

> Damit lägen Hinweise vor, dass in der levitisch-asaphitischen Genealogie (vgl.
> 1. Chr 6,1.5–6 mit 6,24–28) eine Linie mit Funktionsträgern am Hof sowie eine
> zweite – mit dieser verbunden? – mit Sängern am Tempel (s.u., [3]) vorliegt.
> Sollte es sich so verhalten, könnte dies neues Licht auf das Verständnis der
> Asaph-Psalmen (s.u.) werfen. Denn in ihnen sind Begriff und Motiv des „Erin-
> nerns" (זכר) bedeutsam, und die Psalmen weisen eine prägnante Verbindung
> von politisch-juristischen und religiösen Komponenten sowie einen nationa-
> len, gesamtisraelitischen (unter Einbezug des [ehemaligen] Nordreichs) Hori-
> zont auf.[31]

2.	Neh 2,8 (vgl. Josephus, AJ 11,167–168 [Addaios = Asaph?]): Forstaufseher des Per-
serkönigs Arthasasta (Artaxerxes I.) im 5. Jh. v. Chr. Er soll Nehemia Holz liefern
zur Instandstellung Jerusalems. Über den Standort der königlichen Forstdomäne
(Transeufratene, in judäischem Gebiet?) und der (Namens-)Herkunft des königlichen Forstaufsehers (Judäer?) ist nichts weiter bekannt.
3.	Rund vierzig Belege (Präskripte Ps 50; 73–83, dazu wenige Mss 108; Esr 2,41; 3,10;
Neh 7,44; 11,17.22; 12,35.46, übrige in Chr): Levit aus dem Geschlecht Gerschom,
neben Heman und Etan Gesangsmeister Davids am Heiligtum (1. Chr 6,16–32).
Von ihm als Ahnherrn (Eponym) leitet sich eine Gilde von Tempelsängern

---

29	מזכיר, wörtlich: „Erinnerer, Bekanntmacher"; zu denken ist an einen Hofbericht-
erstatter, Herold, Sekretär o.ä., möglicherweise auch an eine Art „Generalstaatsan-
walt". Die genaue Bedeutung der vermutlich ägyptisch beeinflussten Amtsfunktion
ist unsicher.
30	Vgl. Deutsch, Bullae, Nr. 10a–b. Aus ähnlicher Zeit ist ein moabitisches Siegel mit
einer mazkîr-Inschrift gefunden worden, vgl. Abu Taleb, Seal.
31	Vgl. Weber, Psalm 77, 296–298.

bzw. -musikern („Söhne/Nachfahren Asaphs") ab (Esr 2,41; 3,10 u.ö.). Die Zuschreibung לאסף „zugehörig Asaph" in den Präskripten von zwölf Psalmen innerhalb des Psalters lässt an dieselbe Person denken.

Die weiteren Ausführungen konzentrieren sich auf den unter 3. genannten Asaph, seine Nachfahren (Asaphiten) sowie die ihm zugeschriebenen poetischen Stücke (Asaph-Psalmen).

2. Asaph und die Asaphiten in Esra-Nehemia

Entstehungsgeschichtlich handelt es sich bei den Asaph-Belegen in Esr-Neh wohl um die ältesten innerhalb der nachexilischen Schriften Esr-Neh und Chr.[32] In der Heimkehrerliste Esr 2,1–70 = Neh 7,6–72 (Priorität strittig) erscheinen die Sänger nach den Priestern und den Leviten und vor den Torhütern als eigene Gruppe. Sie besteht einzig aus Asaphiten („Söhne/Nachkommen Asaphs") und umfasst 128 Männer an Zahl gemäss Esr 2,41, respektive 148 gemäss Neh 7,44. In dieser frühnachexilischen Liste sind die (Tempel-)Sänger (noch) eine von den Leviten gesonderte Gruppe und werden als einzige mit dieser Funktion genannt.

In Esr 3,10, bei der Fundamentlegung des neuen Tempels in Jerusalem, treten zwei Gruppen von Amtsträgern in Erscheinung: die Priester (mit Trompeten) und die Leviten, die als Asaphiten näher bestimmt werden (mit Zimbeln) – mit der Funktion, „Jhwh zu lobpreisen nach der Anweisung Davids, des Königs von Israel". Damit sind die asaphitischen Tempelsänger nicht nur (als Untergruppe) den Leviten beigeordnet, sondern ihre Dienstfunktion wird zugleich – in Übereinstimmung mit 1. Chr 25,1–2 (vgl. 1. Chr 6,16–28; 15,14–19) – auf König David zurückgeführt.

Auch in der Einwohnerliste Jerusalems und Judas (5. Jh. v. Chr.?) in Neh 11,1–36 (vgl. 1. Chr 9,1–34) tauchen Asaph-Nachfahren unter den Leviten auf. Mattanja erscheint als „Leiter des Lobpreises", der beim (Bitt-)Gebet den Lobdank anstimmt (Neh 11,17). Einige Verse später (Neh 11,22) wird Usi – aus der gleichen Asaph-Linie abstammend – als Vorsteher bzw. Aufseher der Leviten bezeichnet und die Funktion der Asaphiten als „die Sänger hinsichtlich des (Gottes-)Dienstes am Hause Gottes" beschrieben. Damit ist einerseits die Zuordnung zum Jerusalemer Tempel explizit gemacht, andererseits die gottesdienstliche Funktion im Bereich der Musik, genauer noch: beim gesanglich artikulierten Lobpreis und Dank an Jhwh, umschrieben.

Die letzten beiden Asaph-Stellen in Esr-Neh finden sich im Zusammenhang mit der Mauereinweihung Jerusalems. Ein Abkömmling der Linie Asaph-Mattanja erscheint unter den mit Trompeten ausgerüsteten „Priestersöhnen" (Neh 12,35) – möglich, dass sich hier eine Priesterrekrutierung aus Sänger-Leviten anzeigt. In Neh 12,46 schliesslich wird (ähnlich wie in Esr 3,10) darauf hingewiesen, dass es seit der Gründungszeit („von alters her") „in den Tagen von David und Asaph" „Häupter der Sänger sowie Lobpreis-Lied und Lobdank für Gott" gab. Die Weise des gesanglich vorgetragenen Gebets wird – wie in Chr auch – übereinstimmend mit den Verbalwurzeln הלל *pi* „lobpreisen" und ידה *hi* „bekennen, lobdanken" angezeigt.

---

32 Je nach Datierung der auf Asaph verweisenden Psalmenpräskripte (s.u.) handelt es sich um die ältesten biblischen Belege überhaupt.

3. Asaph und die Asaphiten in der Chronik

Die Chronikbücher bilden die Hauptquelle, die uns über Asaph als Sänger und den von ihm sich ableitenden Nachfahren (Asaphiten) Bescheid gibt. Ihnen gemäss gehört Asaph an den Anfang des von König David begründeten und autorisierten gottesdienstlich-musikalischen Ritus; er und seine Nachfahren sind – zusammen mit anderen Musikhäuptern und ihren Gilden – mit dem Vortrag von „heiligen Liedern" in Begleitung und Verbindung mit Instrumenten am vorexilischen Tempel in Jerusalem betraut.[33]

> Gebete (meist von Königen vorgetragen) und Psalmen (überwiegend von Leviten[gruppen] aufgeführt) sind in der Chronik mehrfach erwähnt oder sogar angeführt.[34] Jerusalem ist der Ort der Gebete und Lieder Israels. Tempelmusik spielt in der Chronik – anders als in den Büchern Samuel und Könige – eine prominente Rolle. In der Forschung ist die Annahme geläufig, dass sich hinter den Schilderungen aus der Königszeit Gegebenheiten des Gottesdienstes am zweiten Tempel in der Zeit des Chronisten (4. Jh. v. Chr.?) abschatieren.[35] Umstritten ist dagegen, ob und inwieweit die in nachexilischer Zeit („Erzählzeit") gemachten Aussagen über Ordnung und Gottesdienst am Tempel und die Funktionen der Asaphiten bzw. der Tempelsänger am vorexilischen Tempel bis zurück in die Gründungszeit unter David und Salomo („erzählte Zeit") historisch auswertbar bzw. zuverlässig oder aber als Fiktionen bzw. idealisierte Retrojektionen o.ä. einzustufen sind.[36] Die Einschätzung der Chronik als „Geschichtschreibung" und/oder „Schriftauslegung" respektive die Verhältnisbestimmung der beiden Parameter hat wesentlichen Einfluss auf die historische Bewertung von Asaph und den Asaphiten.

3.1 Asaph

Erstmals taucht der Name Asaph in 1. Chr 6,24 im Rahmen der grossen Eingangsgenealogie auf, und zwar im Zusammenhang mit der Nennung der Nachfahren der Levi-Söhne Gerschom, Kehat und Merari (1. Chr 6,1–66). Von diesen Levi-Söhnen wird je ein Nachkomme von David für eine besondere Dienstfunktion „mit/beim Gesang" am Zelt (mit der Lade) und nachher am Tempel bestellt: der Kehatiter Heman, der Gerschomiter Asaph und der Merariter Etan (1. Chr 6,16–32). Hinter diesen wenigen Hinweisen wird eine Dienstordnung und eine personell wie funktionell geregelte Organisation ansichtig.[37]

---

33 Vgl. KLEINIG, Song.
34 Zusammengestellt bei BEENTJES, Psalms, 10–11
35 STEINS, Chronik, 421–422, rechnet allerdings verstärkt mit Fiktionen.
36 Diese von einer Vielzahl von Parametern und deren Einschätzung sowie Einordnung bestimmte Diskussion kann hier nicht geführt werden. Gegenüber den „klassischen" Gegensatzpositionen ist m.E. die „Sowohl-als-auch-Option" zu erwägen, wonach dem/den Chronisten über die uns bekannten Bücher hinaus weitere Überlieferungen vorlagen, welche mit geschichtlichen und theologischen Anliegen jener Zeit verbunden oder sogar amalgamiert wurden.
37 Zu der die Genealogie beschliessenden Bewohnerliste in 1. Chr 9,1–34 vgl. Neh 11,1–36 (s.o.).

Im Bericht der von David veranlassten Überführung der Lade nach Jerusalem in 1. Chr 15–16 wird (nochmals) die Bestellung der levitischen Tempelsänger, die hier ihren Anlass und Ort hat, geschildert. Dabei findet sich der explizite Hinweis, dass David an diesem Tag erstmals den Auftrag erteilt, Jhwh zu lobdanken, und zwar „durch (die Hand von) Asaph und seine Brüdern" (1. Chr 16,7). Asaph wirkt dabei als Zimbalist. Es folgt ein lobpreisender Psalm (1. Chr 16,8–36) – der erste und längste in der Chronik und zugleich der einzige längere verspoetische Abschnitt des Buchs. Er besteht aus einem Neuarrangement (Collage) von Teilen aus drei Psalmen, die sich innerhalb des Teilbuchs IV des Psalters finden (Ps 105; 96; 106). Diese mit „Lobdankt Jhwh …" einsetzenden Worte werden wahrscheinlich von den Tempelsängern um Asaph in Ausführung des von David bekommen Auftrags vorgetragen. Zum Schluss quittiert das gesamte, gottesdienstlich versammelte Volk den Aufruf mit „Amen" und vollzieht den Lobpreis. Danach wird in 1. Chr 16,37 auf 1. Chr 16,7, den Psalm rahmend, Bezug genommen. Die Initiation im Blick auf Asaph und seine Brüder wird in eine beständige Ordnung im Dienst vor der Lade überführt.[38]

Die nächsten Erwähnungen von Asaph finden sich in 1. Chr 25, wo die Organisation der Sänger und ihrer Dienste detailliert zusammengestellt erscheint. Die Aussonderung zum Dienst als „Musiker-Propheten"[39] wird von David gemeinsam mit den Oberen des Heeres vorgenommen. Die Nennung der „Söhne Asaphs" erscheint zuerst – Asaph fällt bei der Diensteinteilung auch das erste Los zu (1. Chr 25,8) – vor derjenigen der Nachkommen Jedutuns und Hemans (1. Chr 25,1–7). Von Asaph wird dabei gesagt, dass er unter der Anleitung des Königs „prophezeite" (1. Chr 25,2). Damit wird sein Sängerdienst inhaltlich mit prophetischem Reden in Zusammenhang gebracht.[40]

Seinen letzten Auftritt in den Chronikbüchern hat Asaph selbst – im Verbund mit Heman und Jedutun und ihren jeweiligen Söhnen und Brüdern – bei der Tempelweihe unter König Salomo in 2. Chr 5. Dabei wird die Lade von den Leviten hinaufgebracht. Als die Musiker, festlich gekleidet (Byssus), den Jhwh-Lobpreis mit Zimbeln, Standleiern und Tragleiern darbrachten, erfüllte die Herrlichkeit Gottes den Tempel (Konsekration).

3.2 Asaphs Nachfahren

Bereits aus den Ausführungen zu den Sängerabteilungen und ihrer Organisation in 1. Chr 25 wird deutlich, dass der Tempelsängerdienst sich nicht auf die Person des Asaph beschränkt, sondern seine Funktion genealogisch-dynastisch auf seine Nachfahren übergeht. So wird er zum Ahnherrn und Eponymen einer Gilde von Tempelsängern bzw. -musikern. Die Asaphiten (bzw. ein Repräsentant derselben) erscheinen in den Regentschaften der Könige Josaphat (2. Chr 20), Hiskia (2. Chr 29) und Josia (2. Chr 35). Wie bereits bei Asaph unter David und Salomo geschieht dies bei bedeutenden Königen und wichtigen, vom Chronisten hervorgehobenen

---

38 Vgl. dazu Weber, Verknotung, 20–23.

39 Die Bezeichnung „die Propheten" ist entweder auf die Gründungsväter Asaph, Heman und Jedutun oder (auch) auf deren Nachfahren zu beziehen.

40 Ähnliche Formulierungen finden sich anschliessend auch im Blick auf Jedutun und Heman.

gottesdienstlichen Anlässen. Als levitischem Dienstpersonal kommt ihnen dabei
eine wichtige Funktion zu.

Josaphat: Angesichts der Bedrohung durch die Moabiter und Ammoniter versammelt sich das Volk am Tempel. Nach dem Gebet Josaphats kommt Jнwнs Geist
auf den Asaphiten Jahasiël. Dieser richtet daraufhin ein prophetisches Wort an das
gottesdienstlich versammelte Volk sowie an König Josaphat und sagt Jнwнs Mitsein
im Kampf zu (2. Chr 20,14–17). Vor den Kampfreihen Judas ziehen die Sänger, Jнwн
lobpreisend, einher, und Gott erwirkt den Sieg. Die Schilderung zeigt, wie ein Repräsentant der asaphitischen Tempelsänger in den Status eines Propheten aufrückt und
wie Tempelgesang und Prophetie symbiotisch verbunden werden („Kultprophetie").

Hiskia: Im Zusammenhang mit der baulichen Renovation und kultischen Restauration des Jerusalemer Tempels sowie dessen Neueinweihung kommt den Leviten und
Sängern, unter ihnen den Asaphiten Secharja und Mattanja (2. Chr 29,13), eine bedeutende Rolle zu. Der musikalische Dienst der Leviten wird von Hiskia auf eine dreifache
Autorisierung durch König David, dessen Seher Gad und den Propheten Nathan, ja
zuletzt auf eine Anordnung von Jнwн selbst zurückgeführt (2. Chr 29,25). Die Einsetzung der Tempelmusik geht auf David zurück. Das Dekret von König Hiskia, „Jнwн
mit den Worten Davids und des Sehers Asaph zu lobpreisen" (2. Chr 29,30), zeigt die
Autorisierung von „Worten", die David respektive Asaph zugeschrieben werden. Damit
liegt ein Hinweis auf die „Kanonisierung" einer Sammlung von David- und Asaph-
Psalmen zur Verwendung im Tempelkult (zum bzw. nach dem Brandopfer) vor.[41] Mit der
Bezeichnung „Seher" wird zudem neuerlich die prophetische Funktion von Asaph – und
mit ihm verbunden seiner „Worte" – herausgestellt.

Josia: Der letzte explizite Chronik-Beleg zu Asaph findet sich im Kontext der Feier
des Passas unter König Josia (2. Chr 35,1–19). Es macht den Anschein, dass die Asaphiten
unter den Tempelsängern allein im Dienst bzw. an dem ihnen zugewiesenen Standort
sind. Die Ausführung richtet sich – das wird einmal mehr betont – nach den gegebenen
Anordnungen, und diese werden auf eine Kette von Autoritäten zurückgeführt: „... nach
der Anordnung Davids und Asaphs und Hemans und Jedutuns, des Sehers des Königs"
(2. Chr 35,15).

4. Asaph im Psalter

Der Name Asaph wird im Corpus der Psalmen nicht erwähnt. Er findet sich jedoch in
den paratextlichen Registratur- und Verwendungshinweisen (Präskripte)[42] von zwölf
Psalmen innerhalb des masoretischen Psalters.

---

41 Vgl. KLEINIG, Song, 61–62.68–69. Es lässt sich erwägen, ob hier eine Frühform der
    später in den „Elohistischen Psalter" (Ps 42–83*) eingegangenen David-Asaph-
    Sammlung (Ps 50–83*) vorliegt (s.u.).
42 Datierung, Bedeutung und Funktion der Überschriftvermerke und damit ihre Aus-
    sagekraft im Blick auf die Erhellung der Verbindung von Überschrift und Psalm
    sind in der Forschung strittig. Entsprechend wird auch die Frage, was לאסף zum
    Verständnis dieser Psalmen beiträgt, unterschiedlich beantwortet.

4.1 Asaph in den Präskripten der Psalmen 50 und 73–83

In den Präskripten zu Ps 50 und den elf Psalmen der Reihe Ps 73–83 steht die Angabe לאסף (le'āsāp). Sie erscheint innerhalb der Überschriftvermerke an zweiter (Ps 50; 73–74; 78–79; 82), dritter (Ps 77; 81; 83) oder vierter Stelle (Ps 75–76; 80). Die mit dem Namen verbundene Präposition ist (zunächst) analog zu den inschriftlichen Belegen (s.o.) zu verstehen und der Ausdruck mit „zugehörig Asaph" wiederzugeben.[43] Damit ist die Zuschreibung des nachfolgenden Psalms zur Person Asaphs ausgedrückt, ohne dass die Art und Weise der Relation näher präzisiert wird. In Frage kommen Autorschaft, Autorisierung, Eponymie, Dedikation, Verwendung. Wie die Wirkungsgeschichte (insbesondere bei den „David" zugeschriebenen Psalmen) zeigt, schiebt sich die Interpretation im Sinne der Verfasserschaft in den Vordergrund.

Die „Sängergilden"-Psalmen לבני־קרח „zugehörig den Söhnen Qorachs" (Ps 42[– 43]; 44–49; 84–85; 87–88)[44] werden patronym einem Kollektiv (Qorachiten) zugeordnet. Bei den Asaph-Psalmen dagegen erfolgt die Zuschreibung – analog zu den „David"-Psalmen – zum Ahnherrn selbst (vgl. 2. Chr 29,30). Die Annahme liegt nahe, dass der in den Psalmenüberschriften genannte Asaph identisch ist mit dem in Esr-Neh und Chr genannten Stammvater der bedeutenden Tempelsängergilde, deren Anfang auf die Einführung des Gottesdienstes zur Zeit der Könige David und Salomo zurückgeführt wird.

Da die Aufführung von Teilen der Psalmen 96; 105 und 106 in 1. Chr 16,8–36 mit Asaph (vgl. 1. Chr 16,4–7.37–38) in Verbindung gebracht wird (s.o.), werden diese drei, im MT ohne Präskript vorliegenden Psalmen aus dem Psalterteilbuch IV (Ps 90–106) auch als „deutero-asaphitisch" bezeichnet.[45] Überdies bieten einige Handschriften für den kompositen, aus Ps 57 und 60 zusammengesetzten Ps 108 eine Zuschreibung an Asaph. Mit dem im Präskript von Ps 77 vor Asaph genannten Jedutun[46] dürfte dagegen kein kompositorisches, sondern ein performatives Moment (Aufführungsweise, vgl. Ps 62,1) verbunden sein.

4.2 Gestalt und Gehalt der Asaph-Psalmen

Die en-bloc-Platzierung der Psalmen 73–83[47] – als letzte Gruppe im „Elohistischen Psalter", Ps 42–83 – verdankt sich der gemeinsamen Asaph-Zuschreibung. Dieser editorische Ausdruck von Zusammengehörigkeit wird durch formale und inhaltliche

---

43 Zum *lamed ascriptionis* bzw. *inscriptionis* vgl. JENNI, Präpositionen 3, 54–71; zur Psalmen- bzw. Asaph-Präskribierung WEBER, Psalm 77, 269–277.

44 Auch inschriftlich belegt auf dem Arad Ostrakon 49 (8. Jh. v. Chr.) und dem Lachisch Ostrakon 31 (7./6. Jh. v. Chr., Lesung unsicher); dazu RENZ/RÖLLIG, Handbuch I, 153–154.313.

45 Vgl. NASUTI, History, 175; ZENGER, Psalm 82, 278. Zu Verbindungen der asaphitischen mit deutero-asaphitischen Psalmen vgl. WEBER, Verbindungslinien.

46 Vgl. Ps 39,1; 62,2 und – unter der Annahme der Identität von Jedutun und Etan – auch Ps 88–89.

47 Die „Ausklinkung" von Ps 50 und seine Platzierung als singulärer Asaph-Psalm an der Schnittstelle zwischen der ersten Qorachpsalmen-Gruppe (Ps 42–49) und dem zweiten David-Psalter (Ps 51–70/72) dürfte mit psaltereditorischen Überlegungen in Zusammenhang stehen.

Gemeinsamkeiten bestätigt.[48] Entsprechend liegt ein gruppenspezifisches Gepräge der Asaph-Psalmen vor, welches – zumindest in Umrissen – Anliegen, Funktion und Theologie eines mit diesen Psalmen verbundenen Verfasser- und Überlieferungskreises erkennbar werden lässt. Einige Merkmale sollen nachfolgend skizziert werden.[49]

4.2.1 Form- und adressatenspezifische Charakteristika

Sämtliche zwölf Asaph-Psalmen weisen einen überindividuellen bzw. nationalen Hintergrund auf.[50] Dies zeigt sich u.a. an den unter diesen Psalmen vertretenen Textsorten. Die Gattung „Klagelieder des Volkes", zu der Ps 74; 79; 80 (und 83) gerechnet werden, macht ein Viertel der Asaph-Psalmen und mehr als die Hälfte aller Volksklagen des Psalters insgesamt aus.[51] Kollektive Prägung wie Adressierung haben auch die „Festpsalmen" 50 und 81, ebenso wie der oft als „Geschichtspsalm" apostrophierte Ps 78. Auch Ps 75–76 und der eigentümliche Ps 82 sind überindividueller Art. Selbst Ps 73 und 77 sind keine eigentlichen Individualgebete; die „Ich"-Formulierungen schildern nicht (nur) persönliches Ergehen, sondern bringen vielmehr Repräsentanz (Ps 77: „Mittlerklage"[52], ähnlich Ps 83) respektive Paradigmatik (Ps 73[53]) zum Ausdruck. Ein Gott-Volk-Zusammenhang spricht sich auch im „Hirte-Herde"-Motiv (Ps 74,1; 77,21; 78,52.70–72; 79,13; 80,12) aus, welches man mit Fug und Recht als „asaphitisches Lieblingsmotiv"[54] bzw. „Monogramm"[55] bezeichnen kann.

In einigen Asaph-Psalmen finden sich Hinweise darauf, dass mit dem Gottesvolk das Zehnstämmereich Israel (mit)gemeint ist (vgl. namentlich Ps 77,16; 78,9.67; 80,2–3; 81,6). Die genaue Ein- und Zuordnung der „ephraimitischen" Akzente ist allerdings strittig, zumal auch Jerusalemer Anliegen und (Zions-)Theologie greifbar werden (vgl. Ps 74,2; 76,2–4; 78,68–72; 79,1–3).[56]

---

48   Dies hat eine Reihe vergleichender Studien zu den Asaph-Psalmen erhärtet, vgl. namentlich SCHELLING, Asaphspsalmen; NASUTI, History; WEBER, Psalm 77, 273–296; DERS., Asaph-Psalter; GOULDER, Psalms; ZENGER, Psalm 82; JACOBSON, Memories; RAY, Conflict, zur LXX-Fassung vgl. CORDES, Asaph-Psalmen.

49   Vgl. dazu detaillierter und mit mehr Belegen WEBER, Asaph-Psalter.

50   SEYBOLD, Wir, 144, bezeichnet „zehn der zwölf Asaph-Texte" als „‚kollektive' Psalmen". Zur Begründung, dass die von ihm ausgenommenen Ps 73 und 77 auch dazu zu rechnen sind, s.u.

51   Die Gattungszuweisungen werden nicht von allen gleich vorgenommen und sind auch nicht in allen Fällen gleich deutlich. Zu den „Klageliedern" des Volkes können im Psalter ausser den aufgeführten Asaph-Psalmen Ps 44 und 60 (108) sowie allenfalls und mit Einschränkungen auch Ps 85; 89; 137 gerechnet werden.

52   Dazu WEBER, Psalm 77, 193–198.

53   Vgl. WEBER, Werkbuch II, 17–18.

54   WEBER, Psalm 77, 282.

55   WEBER, Wasser, 274.

56   Dabei spielt – obwohl nicht immer genannt – die mit einem angenommenen Nordreich-Hintergrund von Asaph-Psalmen verbundene frühe Datierung auch eine Rolle. Zur zeitlichen Ansetzung der Asaph-Psalmen s.u.

4.2.2 Traditionsgeschichtliche und thematische Charakteristika

Die hinter den Asaph-Psalmen stehenden Trägerkreise zeichnen sich durch eine profunde Kenntnis von Überlieferungen sowie ein breites theologisches Spektrum aus. Insbesondere frühgeschichtliche Traditionen (Exodus u.a.) werden aufgegriffen, aktualisiert und in die Psalmenrede eingebracht. Dazu gehören auch die beiden mit Mose verbundenen Lieder in Ex 15 (Schilfmeerlied) und Dtn 32 (Moselied).[57] Ein besonders eindrückliches Beispiel der Rezeption und narrativ-poetischen Präsentation von Mose-Überlieferungen ist Ps 78. Mit dem asaphitischen Geschichts(theologie) bewusstsein verbunden ist Thema und Vorgehensweise der Erinnerung bzw. Vergegenwärtigung (Anamnese).[58] Sie ist teils verknüpft mit weisheitlich-lehrhafter Einfärbung, wie die Darbietung des Stoffs als מָשָׁל „Spruch, Gleichnis" (Ps 78,2) und damit die Paradigmatisierung der Geschichte, d.h. ihr Öffnen für das Verstehen und Deuten von Gegenwart und Zukunft, in Ps 78 deutlich macht.[59]

Das sämtliche Asaph-Psalmen prägende Thema ist dasjenige des Gerichts Gottes, nämlich als Volks-, Völker- und/oder Göttergericht. Der juridische Aspekt mit seiner Motivik und Begrifflichkeit zeigt sich in zwei Hauptrichtungen: als (meist in Form der Volks- oder Mittlerklage) zum Ausdruck gebrachte Verarbeitung von geschehenem Gerichtshandeln (Ps 74; 77–80; 83) und als warnende Ansage kommenden Gerichts (Ps 50; 73; 75–76; 81–82). Signifikant für diese Psalmengruppe sind auch die Einschübe prophetischer Rede[60] sowie von Theophanien (in Ps 50; 75–77; 81–82).

Der Anamnese zur Seite gestellt und mit dem prophetischen Aspekt verbunden äussert sich in den Asaph-Psalmen eine Form von „Namens-Theologie". Gottes-Name(n) und -bezeichnungen begegnen in prägnanter Vielzahl, Dichte und Variantenbreite. Bereits die Eröffnung des ersten Asaphpsalms mit der Triplette אֵל אֱלֹהִים יְהוָה (Ps 50,1) ist ein beredtes Beispiel dafür. Mehr als ein Drittel der Gesamtbelege im Psalter für die Bezeichnungen עֶלְיוֹן und אֱלֹהֵי יַעֲקֹב finden sich in den Asaph-Psalmen. Diese asaphitische Namenstheologie ist Kennzeichen für die Wichtigkeit und Präsenz des Gottes Israels, seiner Anrufung und Bezeugung.

4.2.3 Linguistische und poetologische Charakteristika

Die Asaph-Psalmen zeichnen sich durch linguistische wie poetologisch ausgefeilte Techniken und profilierte Dichtkunst aus.[61] Sie weist – wie die profunde Kenntnis an Überlieferungen und das breite theologische Spektrum (s.o.) – als Kompetenzhintergrund auf eine mit hohen Ressourcen ausgestattete und nationalen Aufgaben betraute „Gilde". Diese ist kaum ohne eine (wie auch immer geartete) Anbindung

---

57 Vgl. die Zusammenstellung in WEBER, Asaph-Psalter, 125–126, und detailliert aufgewiesen an einem bestimmten Asaph-Psalm DERS., Psalm 77, 207–233. Zu Verbindungen von Asaph-Psalmen mit dem Moselied vgl. eingehend DERS., Mose-Lied.

58 Dies zeigt bereits ein Blick auf die Verwendung von זכר „gedenken" und seines Antonyms שכח „vergessen" in den Ps 74; 77–78 (dazu Ps 79,8; 83,5). Vgl. dazu detailliert PAVAN, He remembered, 77–131.269–293.363–367.

59 Vgl. WEBER, Geschichte.

60 Zugleich finden sich Hinweise auf ein Defizit an Prophetie (vgl. Ps 74,9; 77,9; 83,2). Zur prophetischen Rede in den Asaph-Psalmen vgl. WEBER, Gottesrede.

61 Vgl. als ein Beispiel WEBER, Muster.

an Heiligtum und/oder Königshof zu denken. Die Annahme von Erich Zenger, dass „hinter der Asaph-*Sammlung* ein ‚hochqualifizierter' Kreis von Dichter-Theologen steht"[62], ist begründet.

4.2.4 Gruppenkompositionelle Charakteristika

Die Konfiguration Ps 73–83 weist ein absichtsvolles Arrangement auf.[63] Dieses wird unterschiedlich bestimmt, wobei die folgenden Grundmodelle zur Diskussion stehen:[64]

1. Festliturgische Anordnung (Herbstfest in Bethel): Vor dem Fest (Ps 50 Aufruf; Ps 73–74 Einleitung durch Volksklagen) → Festeröffnung (Ps 75–76 Lobpsalmen) → Vigil (Ps 77 Meditation angesichts einer Krise; Ps 78 Lehre aus dem Geschichtswirken Gottes) → Tage der Bitten (Ps 79–80) → Neujahrsfeier als Festhöhepunkt (Ps 81–82 JHWHs Triumph; Ps 83 Feindschaft der Völker als Realität).[65]
2. Formkritisch bestimmte Anordnung mit den zwei parallelen Kompositionsbögen Ps 73–77 und Ps 78–83. Die Abfolge geschieht nach dem Schema: weisheitliche Reflexion bzw. Lehre (Ps 73/78) → (Volks-)Klage (Ps 74/79–80) → Gericht (mit Gottesorakel) (Ps 75–76/81–82) → Klage (Ps 77/83).[66]
3. Thematisch bzw. (geschichts)theologisch bestimmte Anordnung mit den drei Sequenzen Ps 74–76 (Gerichtsklagebitte → Gerichtsansage → Vollzug des Gerichts [Menschen]), Ps 77–79 (Gerichtsklage [Untergang Nordreich] → Geschichtsdeutung [hermeneutisch-theologische Mitte] → Gerichtsklage [Untergang Südreich]) und Ps 80–82 (Gerichtsklagebitte → Gerichtsermahnung → Vollzug des Gerichts [Götter]). Darum gelegt sind die Eckpsalmen Ps 73 (Status der Anfechtung) und 83 (Klagebitte um umfassende Herrschaft JHWHs). Der zentralen Kleingruppe Ps 77–79 und darin besonders Ps 78 kommt die interpretativ relevante Mitteposition zu (konzentrische Anlage).[67]

Wie immer man das Arrangement der Asaph-Psalmen – liturgisch oder buchredaktionell – beurteilen mag, im asaphitischen Kleinpsalter Ps 73–83 nimmt Ps 78[68] eine hervorgehobene Stellung ein. Es handelt sich nicht nur um den mit Abstand umfangreichsten Asaphpsalm und zugleich um den nach Ps 119 zweitlängsten Psalm im (später gewordenen) Psalter. Ihm kommt als „asaphitischer Zentralpsalm"[69] in

---

62 ZENGER, Psalm 82, 279–280.
63 Ob die Anordnung Ps 73–83 auf einen mit dieser Gruppe verbundenen asaphitischen Trägerkreis zurückgeht oder aber mit anderen, mit Redaktion und Edition des Psalters betrauten Grössen in Zusammenhang steht, lässt sich nicht sicher sagen.
64 Vgl. auch die Darstellung der Lösungsvorschläge samt eigener Option bei BURGER, Psalm 76, 121–128.
65 So GOULDER, Psalms of Asaph, 37–187.
66 So HOLTMANN, Asaph-Psalmen 1, 45–46; MILLARD, Mitte, 255–256, sowie mit Abweichungen im Einzelnen auch ZENGER, Psalm 82, 283–286; BURGER, Psalm 76, 125–128; LEUENBERGER, Konzeptionen, 115; LIPPKE, Schritte, 338–341.
67 So in leichter Modifizierung von WEBER, Asaph-Psalter, 133–139 (vgl. auch das frühere Schema in DERS., Psalm 77, 290–296).
68 Zu diesem Psalm vgl. FÜGLISTER, Rätsel; WEBER, Geschichte; WITTE, Exodus.
69 WEBER, Psalm 77, 293.

der Elferreihe neben der positionellen auch eine hermeneutische bzw. theologische „Mitte" innerhalb der Asaph-Psalmengruppe zu. Darüber hinaus markiert er möglicherweise auf der Endstufe des fünfteiligen Psalters in nochmals neuer Weise eine „Mitte" – diesmal im Blick auf das gesamte Buch und die darin eingeschriebene Botschaft.[70]

5. Asaph(-Psalmen) in Qumran und im Neuen Testament

Dass um die Zeitenwende neben die Prophetisierung auch die Davidisierung des Psalters tritt,[71] zeigt sich in einem eschatologischen Midrasch aus Qumran. Dort wird ein Zitat aus (dem Asaph zugeschriebenen) Ps 82 als Schriftwort aus den „Liedern Davids" eingeführt (11QMelch II,9–11).

In der handschriftlichen Überlieferung des Neuen Testaments erscheint der Name Asaph lediglich in Mt 1,7–8 (s.o.). Am Ende der Gleichnisrede (Mt 13,3–33) wird Jesu Reden in Gleichnissen mit einem Wort aus dem Asaph zugeschriebenen Ps 78 (Erfüllungszitat) als Ausspruch „durch den Propheten" respektive „durch Jesaja, den Propheten" (Mt 13,35) eingeführt.[72] Für beide Lesarten[73] lassen sich gewichtige Handschriften anführen.[74] Bei der angeführten Schriftstelle handelt es sich unzweifelhaft um Ps 78,2. Von daher ist der Lesart „durch den Propheten" der Vorzug zu geben und als Indiz dafür zu nehmen, dass Asaph und seinem Psalm prophetische Autorität eingeräumt wird (vgl. 1. Chr 25,2; 2. Chr 29,30).[75]

6. Asaph und die Asaphiten im biblischen Gesamtbild und geschichtlichen Kontext

6.1 Geschichte und Bedeutung der Asaphiten in nachexilischer Zeit anhand Esra-Nehemia und Chronik

Im Verzeichnis der unter Serubbabel aus dem Exil Heimkehrenden werden die Asaphiten nach der Erwähnung der Priester und der Leviten als *einzige* Gruppe der „Sänger" aufgeführt (Esr 2,41, vgl. Neh 7,44). Unter der Annahme, dass diese Angabe historisch zutreffend ist, ergibt sich ein Doppeltes:

1. Die Asaphiten haben eine Geschichte, die ins babylonische Exil und die Zeit davor zurückreicht (vgl. Esr 2,1–2). Dass sie bereits vor dem Exil eine Funktion am Heiligtum oder Königshof innehatten, ist wahrscheinlich. Für die vorexilische Zeit

---

70 Vgl. MILLARD, Mitte; WEBER, Mitte.

71 Vgl. FÜGLISTER, Verwendung, 365–371.

72 Vgl. dazu ausführlich EULER, Mund.

73 Hieronymus erwähnt noch eine (sonst nicht bezeugte) Lesart „durch Asaph", die aber als Anpassung an das alttestamentliche Zitat zu werten ist.

74 Vgl. METZGER, Commentary, 33.

75 Passagen aus Asaph zugeschriebene Psalmen werden – zieht man den Anhang der Nestle-Aland-Ausgabe zu Rate – dreimal zitiert (Ps 78,2 in Mt 13,35; Ps 78,24 in Joh 6,31; Ps 82,6 in Joh 10,34), ohne dass dabei der Name Asaph fällt. Zur Rezeption des Psalters im NT vgl. RÜSEN-WEINHOLD, Septuagintapsalter.

sind jedenfalls Sänger und Musiker in bzw. aus Jerusalem sowohl in biblischen
als auch in neuassyrischen Überlieferungen bezeugt.

Von „Sängern und Sängerinnen" am Königshof Davids ist in 2. Sam 19,36 die
Rede. In den Annalen von Sanheribs drittem Feldzug (701 v. Chr.) wird in der
Liste der Huldigungsgeschenke Hiskias erwähnt, dass auch „Sänger und Sängerinnen nach Ninive" (III,46–47) gebracht wurden.[76] Zudem findet sich auf einem
Relief des Palastes von Sanherib in Ninive die Abbildung dreier Leierspieler.[77]
Othmar Keel identifiziert diese aufgrund der Kopftracht mit (deportierten) Judäern[78] und schreibt dazu: „Die jüd. Musikkultur musste schon um 700a einen
gewissen Bekanntheitsgrad haben, denn es ist völlig außergewöhnlich, dass
sich Deportierte musikalisch betätigen"[79].

Eine Identifizierung mit den Asaphiten ist damit allerdings nicht gegeben, und den
Büchern Samuel und Könige ist über Asaph bzw. die Asaphiten als (Tempel-)Musiker
nichts zu entnehmen. Allein die Chronik schildert den auf David-Salomo zurück-
gehenden Dienst von Asaph und seinen Nachfahren am vorexilischen Tempel. Der
diesbezügliche Quellenwert der Chronik und damit die Frage, ob und inwiefern diese
historisch zutreffenden Angaben nicht nur für die Erzählzeit des *zweiten* Tempels,
sondern auch für die erzählte Zeit des *ersten* Tempels enthält, ist bekanntlich umstritten (s.o.). Weder lässt sich aufgrund der derzeitigen Quellenlage eine Kontinuität der
Funktionen der Asaphiten vom ersten zum zweiten Tempel ausschliessen noch eine
Diskontinuität behaupten. Die wichtige Funktion, welche die Asaphiten bereits ab
frühnachexilischer Zeit einnehmen, lässt aber nach deren Autorisierung fragen. Der
Umstand, dass – nach Sichtweise der Chronik – Asaph und die Asaphiten bereits bei
der Konstituierung des Tempelgottesdienstes am *ersten* Tempel eine herausragende,
mit dem Dienst vor der Lade verbundene Rolle einnehmen, würde jedenfalls (auch)
deren Legitimierung für den Dienst am nachexilischen Tempel ausweisen.[80] Dass
Erfahrungen im babylonischen Exil zu ihrer Bedeutung in nachexilischer Zeit (mit)
beitrugen, ist gut möglich, aber schwierig abzuschätzen.[81]

---

76   TUAT I/4, 390.
77   ANEP, Abb. 205.
78   Vgl. KEEL, Geschichte, Abb. 497 und 327–329.
79   KEEL, Geschichte, 734, vgl. auch DERS., Welt, 323–325 (mit Abb. 470).
80   GILLINGHAM, Singers, geht davon aus, dass levitische Sänger (in persischer und hel-
     lenistischer Zeit) die wesentlichen Triebkräfte für die Sammlung von Psalmen und
     die Komposition des Psalters waren; anders LEUENBERGER, Jhwh-König-Theologie,
     der für den (literarischen) Psalter schriftgelehrt-chasidische Kreise (Asidäer) in
     Anschlag bringt.
81   KO, Singers, geht davon aus, dass Kontakte mit mesopotamischen Funktionsträgern
     wesentlich zur Herausbildung der in der Chronik greifbaren „scholar-singers" bei-
     trugen. Deren theologische Reflexion, Adaption und Aufarbeitung der israelitischen
     Überlieferung setzt er während und nach der Zeit von König Jojachin im Exil an
     (vgl. 2. Kön 24,8–16). Die levitische Gemeinschaft im babylonischen Exil, aus der
     die scholar-singers hervorgingen, bildete die spätere Elite am zweiten Tempel und
     war auch massgeblich für die Ausgestaltung des Psalters (der eine enge Berührung
     mit Chronik aufweist) verantwortlich.

2. Die in frühnachexilischer Zeit zurückgekehrten Asaphiten hatten am Jerusalemer Tempel zweifellos wichtige Funktionen als Kultpersonal inne. Diese kamen ihnen bereits in der Anfangszeit des neu erbauten Tempels zu, wie der Auftritt der den Leviten zugerechneten Asaphiten bei der Fundamentlegung des Tempels (Esr 3,10) deutlich macht. Anders als in Esr-Neh, wo – mit Ausnahme eines Jedutun-Nachfahren in Neh 11,19 – allein die Asaphiten als Tempelsänger und -musiker Dienst tun, differenziert sich dieses Bild in Chronika insofern, als neben Asaph und seinen Nachfahren weitere Sängerhäupter erwähnt werden. Das Buch der Chronik reflektiert damit einen Zeitraum, in dem (funktional) unterschiedliche Sängergilden am Tempel zur Geltung kommen.

> Einflussreich erwies sich ein Aufsatz von Hartmut Gese, in dem dieser eine Entwicklungsgeschichte der Kultsänger am zweiten Tempel skizzierte.[82] Gemäss seinem Phasen-Modell sind im ersten Stadium (gegen Ende des 6. Jh. v. Chr.) die Asaphiten die einzigen Kultsänger. Im zweiten Stadium (Mitte des 5. Jh. v. Chr.) findet sich eine zweite Linie, die sich auf Jedutun zurückführt, wobei die Sänger(gruppen) nun unter dem Oberbegriff „Leviten" geführt bzw. mit ihnen vereinigt werden. Im dritten Stadium werden drei Sängergruppen nebeneinander erwähnt, wobei eine ältere Tradition (III.A.) die Abfolge Asaph → Heman → Jedutun (zweite Hälfte 4. Jh. v. Chr., chronistisch) und eine jüngere (III.B.) Heman → Asaph → Etan (Wende 4./3 Jh. v. Chr., nachchronistisch) bietet. Geses traditionsgeschichtliche Skizze wird in der neueren Forschung häufig diskutiert, teils modifiziert, aber selten gänzlich bestritten. So stimmt Joachim Schaper Gese weithin zu, setzt aber dessen zweites Stadium später an (erste Hälfte 4. Jh. v. Chr.).[83] Modifizierungen nimmt auch Antti Laato insofern vor, als er u.a. III.B. (mit Hugh Williamson) noch in die Zeit des Chronisten selbst datiert. Zudem nimmt er an, dass das erste Stadium eine (sehr) alte, vorexilische Tradition reflektiere.[84] Nach Georg Steins lassen sich nur zwei Entwicklungsstufen differenzieren: Zunächst ist Asaph einziges Musikerhaupt, später wird – unter Rückgriff auf die Psalmenüberschriften – die (fiktive) Konzeption mit drei Musikergilden (mit Variationen bei der Nennung und Reihenfolge) entwickelt.[85]

Konsens ist, dass die Asaphiten zunächst die einzige Musikergilde waren, später aber eingebunden wurden in eine Kooperation (oder „Konkurrenz") mit weiteren levitischen Dienstgruppen am Tempel. Kam ihnen dabei zunächst noch der Primat zu (Dienst an der Lade), deutet sich im Laufe der Zeit eine Bedeutungsabnahme ihres Status an. Als Leviten nahmen die Asaphiten neben instrumentierter Aufführung und gesanglichem Lobpreis (seit Esra) auch Aufgaben der Tradierung, der Unterweisung und der prophetisch akzentuierten Schriftaktualisierung („Kultprophetie") wahr.

---

82 Vgl. GESE, Geschichte.
83 Vgl. SCHAPER, Priester, 280–302.
84 Vgl. LAATO, Genealogies, 83–92.
85 Vgl. STEINS, Chronik, 271–282; DERS., *šîr*.

6.2 Verhältnisbestimmung zwischen den Asaph-Psalmen und den Schilderungen in Esra-Nehemia und Chronik

Inhaltliche wie gruppenspezifische Gemeinsamkeiten lassen nach der historischen Zuordnung zwischen den beiden Korpora und ihren Asaph-Aussagen fragen. In der Forschung werden zwei Basismodelle zur Erklärung vertreten, die aufgrund unterschiedlicher Gewichtung von Textaussagen und Datierungen[86] zustande kommen:

1. *Exilisch-nachexilisches („synchrones") Verstehensparadigma:* Die Asaph-Psalmen sind als zeitnahe mit den Schilderungen über Asaph und die Asaphiten von Esra-Nehemia und v.a. Chronik (zweiter Tempel) einzustufen.[87] Für dieses Modell werden Gemeinsamkeiten wie der kollektive (nationale) Horizont, die gottesdienstlichen (kultischen) Bezüge, prophetische und schriftaktualisierende Aspekte sowie die Verbindung von musikalisch vorgetragener Psalmdichtung und Theologie ins Feld geführt. Die „Volksklagen" werden mit der Zerstörung Jerusalems und des Tempels (587 v. Chr.) in Zusammenhang gebracht und zeitlich etwas früher (exilisch-frühnachexilisch) angesetzt. Die übrigen Asaph-Psalmen werden, was deren Inhalt betrifft, weithin deuteronomistischen (Ps 78) bzw. chronistischen Traditionslinien zugeordnet und funktional mit nachexilischer „Kultprophetie"[88] oder aber mit spätbiblischer (weisheitlich-reflektierender) „Rollendichtung" (frühjüdische Gebete) verbunden.[89]

2. *Vorexilisch-nachexilisches („diachrones") Verstehensparadigma:* Die Asaph-Psalmen sind (in ihrer Mehrzahl) vorexilisch; entsprechend ist eine zeitliche Absetzung und inhaltliche Differenz zwischen den Asaph-Psalmen einerseits und dem Asaph(iten)-Bild in Esr-Neh und Chr anzunehmen.[90] Bei diesem Modell werden gegenüber den Gemeinsamkeiten (s.o.) die Differenzen zwischen den Korpora stärker gewichtet. Sie geben den Ausschlag für Ansetzungen in zeitverschiedenen Kontexten. Dazu gehören Unterschiede zwischen den von Klagen und Gerichtsansagen bestimmten Asaph-Psalmen einerseits und den chronistischen

---

86 Ps 78 kann als eine Art „Leittext" für die Einordnung der Asaph-Psalmen-Gruppe gelten. An seiner Interpretation zeigt sich der Stellenwert eines historischen und theologischen Gesamtrahmens deutlich. So stehen sich gegenwärtig die Annahmen einer (früh)vorexilischen Einordnung (bes. z.Zt. der Regentschaft Hiskias) und einer (spät)nachexilischen Datierung im Blick auf die geäusserten Einschätzungen in der Forschung gegenüber (tendenziell wird im deutschsprachigen Raum die zweite, im angelsächsischen die erste Ansetzung präferiert).

87 Vgl. Schelling, Asaphspsalmen; Tournier, Voir; van Oorschot, Strukturen. Witte, Exodus, 37–39, geht von spät-deuteronomistischen Einflüssen aus und setzt den *terminus ad quem* der Grundschicht von Ps 78 sogar erst auf das Ende des 3. Jh. v. Chr. an.

88 Anders Hilber, Prophecy, 128–185, der mit vorexilischer Kultprophetie (für Ps 81, möglicherweise auch Ps 50) rechnet.

89 Vgl. van Oorschot, Strukturen, 33: „Die Sammlung exilischer Volksklagen in Ps 74*; 79*; 80* und 83 ... wird nachexilisch um die Trias der Psalmen 76–78 ergänzt" (die Asaph-Überschriften sowie die Psalmen 50*; 81–82 kommen nach ihm in einer noch späteren Entwicklungsstufe hinzu, vgl. ebd., 35–36).

90 Vgl. Buss, Psalms; Nasuti, History; Goulder, History; Ders., Psalms of Asaph; Weber, Asaph-Psalter; Elliott, Northern Psalms.

Asaphiten, die durchgängig Lobpreis darbringen, andererseits. Dieses Asaph-bild fügt sich eher zu den Psalmen aus den Teilbüchern IV–V, die gegenüber den Asaph-Psalmen aus Teilbuch III einer späteren Wachstumsstufe des Psalters angehören.[91] Dies zeigt nicht nur ein Vergleich der Gattungen und des einschlägigen Vokabulars,[92] sondern auch die Aufführung von Ps 96 und 105–106 in 1. Chr 16,8–36 durch Asaph.[93] Das „Label" „zugehörig Asaph" tragen diese drei Psalmen nicht (mehr) – wahrscheinlich war der Editionsprozess der Gruppe der Asaph-Psalmen bzw. des „Elohistischen Psalters" zu dieser Zeit bereits abgeschlossen.[94] Wesentlich zur Einschätzung der vorexilischen Herkunft eines Teils der Asaph-Psalmen trägt das sich mehrfach zeigende Nordreich-Kolorit (verbunden mit Exodus-Traditionen) bei (s.o.). Werden diese Phänomene im Rahmen des „synchronen" Modells als Ausdruck eines gesamtisraelitischen (ideales Israel) oder universalen Horizonts interpretiert bzw. einer chronistischen Perspektive (Samaritaner-Schisma) zugeordnet,[95] so wird im „diachronen" Modell davon ausgegangen, dass ein Teil der Asaph-Psalmen aus dem Nordreich (Ephraim) stammt. Nach dessen Fall wurden die hinter den Psalmen stehenden (proto- oder frühdeuteronomischen bzw. levitischen) Trägerkreise im Südreich unter Hiskia neu beheimatet.[96] Die Asaph-Psalmen halten die bleibende Zugehörigkeit der Nordstämme zu Israel unter Führung Jerusalems wach (vgl. dazu den asaphitischen „Schlüsselpsalm" 78[97]). Zum Chronisten fügt sich diese Interpretation dann, wenn man seinen Berichten zu Hiskia (und Josia) (zumindest partiell) historische Glaubwürdigkeit zubilligt.

Für dieses m.E. zu favorisierende „diachrone" Erklärungsmodell ergibt sich im Blick auf die Asaph-Psalmen ungefähr das folgende grobe Raster:[98]

---

91 Dazu fügt sich, dass in der Chronik nur Psalmen(abschnitte) aus den Büchern IV und V rezitiert werden, nämlich Ps 96; 105; 106; 132, dazu der (refrainartige) Lobaufruf „Lobpreiset Jhwh, denn gut ist er; denn für immer währet seine Gnade!" in Ps 106,1; 107,1; 118,1.29; 136,1 (vgl. Beentjes, Psalms, 11). Erwähnenswert ist ferner, dass im Zusammenhang mit der Rezeption der Passagen aus den genannten vier Psalmen in 1. Chr 16,8–36 und 2. Chr 6,40–42 die Lade eine wichtige Rolle spielt (vgl. 1. Chr 16,1–6.37–43; 2. Chr 5,4–14; 6,41 = Ps 132,8–9) und eine Verbindung zwischen der Autorität Moses und Davids/Salomos herstellt.

92 Die Tätigkeiten der Tempelsänger in Esr–Neh und Chr werden oft mit den Verben הלל und ידה beschrieben (s.o.) – ein Umstand, der sich kaum zu den Asaph-Psalmen (und den Psalterteilbüchern I–III generell), wohl aber zu den vielen Lobpsalmen in den Teilbüchern IV–V fügt.

93 So aufgrund der üblicherweise angenommene Abhängigkeitslage. Anders Kratz, Tora, 15–16.21–28, der von einer literarischen Priorität von Chr ausgeht.

94 Rösel, Redaktion, 71–91.214–217, rechnet mit der Formierung des „Elohistischen Psalters" (Ps 42–83*) in exilisch-frühnachexilischer Zeit (die David-Asaph-Sammlung Ps 50–83* geht diesem zeitlich voran). Für den „messianischen Psalter" (Ps 2–89*) nimmt er als *terminus a quo* 515 v. Chr. (Tempeleinweihung) an.

95 Vgl. Bae, Suche, besonders 162ff.

96 Zu einer bereits früheren priesterlich-levitischen Umorientierung vom Norden nach Jerusalem vgl. 2. Chr 11,13–17.

97 Vgl. Weber, Geschichte; Ders., Asaph-Psalter, 127ff.

98 Vgl. dazu ausführlich Weber, Asaph im Psalter.

1. Eine bedeutende Zahl der Asaph-Psalmen lag bereits um ca. 700 v. Chr. in Jerusalem (Hiskia-Zeit) vor.[99] Die Sammlung bestand aus alten Nordreichpsalmen
   (prophetische Gerichtspsalmen) und (Volksklage-)Psalmen, die den Fall des Nordreichs verarbeitet.[100] Die mitgebrachten, ursprünglich im Nordreich beheimateten
   Überlieferungen wurden mit solchen aus Jerusalem verbunden.[101] Bei einem Teil
   der Asaph-Psalmen verbinden sich denn auch Nordreich-Kolorit mit Jerusalemer-
   bzw. Zion-Akzenten.[102] Die hinter den Asaph-Psalmen stehenden Trägerkreise
   dürften in der Regentschaft Hiskias eine bedeutende Stellung gehabt haben[103] und
   mitverantwortlich für die Einbringung eines gesamtisraelitischen Horizonts[104]
   gewesen sein.[105] Aufgrund der häufigen und vielfältigen Rezeption und Adaption
   frühgeschichtlicher Israel-Überlieferungen, die in den Asaph-Psalmen greifbar
   werden, besteht eine grosse Wahrscheinlichkeit, dass die hinter ihnen stehenden
   Trägerkreise in der vorexilischen Königszeit über diese Psalmen hinaus auch mit
   Sammlung, Überlieferung und Edierung weiterer (nationaler) Stoffe in Zusammenhang zu bringen sind.[106]
2. Aufgrund der Analogie der Geschehnisse von 587 v. Chr. (Fall des Südreichs) mit
   722 v. Chr. (Fall des Nordreichs) kam es zur Neuverwendung und Aktualisierung
   bestehender Asaph-Psalmen, der Fortschreibung der Gruppe durch Ps 79[107] und
   damit zur Herausbildung des „Asaphpsalters" in exilisch-frühnachexilischer
   Zeit.[108] Das frühe und markante Auftreten der Asaphiten nach dem Exil erklärt

---

99   Vgl. dazu die Ehrenbezeichnung Asaphs als „Seher" des Königs und die Autorisie-
      rung von ihm zugeschriebenen Psalmen durch König Hiskia in 2. Chr 29,30 (s.o.).
100   Zum Plädoyer für eine Interpretation von Ps 74 – der (zusammen mit Ps 79) fast
      unisono auf das Geschehen von 587 v. Chr. bezogen wird – auf dem Hintergrund
      des Falls des Nordreichs (722 v. Chr.) vgl. WEBER, Datierung, 521–528.
101   Damit wurden jedenfalls seit Hiskia die Umrisse eines gesamtisraelitischen
      Bewusstseins ansichtig, vgl. FINKELSTEIN/SILBERMAN, Temple.
102   Vgl. Ps 76; 78, wohl auch Ps 50; 74. Die Verbindungen können Ausdruck von Inte-
      grationsbemühungen sein oder auf nachträgliche Adaptierung an Jerusalemer
      Theologie zurückgehen. Für die zweite Annahme plädiert GOULDER, Psalms of
      Asaph, 24–36.
103   Falls sich die vorexilischen Asaphsiegel (s.o.) in einen Zusammenhang mit den
      Trägerkreisen hinter den Asaph-Psalmen bringen lassen, so könnten die Siegel
      darauf hinweisen, dass Asaphiten bzw. eine asaphitische Seitenlinie hohe Ämter
      (מזכיר?) am Königshof innehatten.
104   Vgl. FINKELSTEIN/SILBERMAN, Temple. Anders NA<AMAN, Jerusalem, 28–40.46–48.
105   Eine erste, vorläufige Gruppe der Asaph-Psalmen wurde möglicherweise bereits
      vorexilisch konfiguriert und in die Abfolge eine theologische (WEBER, Asaph-
      Psalter, 127–136), allenfalls liturgische Programmatik (GOULDER, *History*; DERS.,
      Psalms of Asaph; STEYMANS, Traces) eingeschrieben.
106   Vgl. GOULDER, Psalms of Asaph, 190–327. Auch wenn man Goulders teils kühnen
      Thesen nicht zustimmen kann, sind seine Versuche, einen Zusammenhang zwi-
      schen den asaphitischen Trägerkreisen und der Überlieferung und Formierung
      pentateuchischer Stoffe herzustellen, weiterer Überlegungen wert.
107   Dazu WEBER, Datierung, 528–532.
108   Vgl. MILLARD, Komposition, 89–103; RÖSEL, Redaktion, 82–85; WEBER, Asaph-
      Psalter, 136–138.

sich durch ihre vorexilische Herkunft sowie ihre Kompetenz der theologischen Verarbeitung der Exilskatastrophe(n).

3. Am zweiten Jerusalemer Tempel bleiben die Asaphiten, deren Kleinpsalter praktisch abgeschlossen war und bereits in grössere Editionen („Elohistischer Psalter" Ps 42–83*; „messianischer Psalter" Ps 2–89*) eingefügt wurde, über längere Zeit eine bestimmende Gruppe.[109] In frühnachexilischer Zeit allein verantwortlich für die Tempelmusik, teilen die Asaphiten diese Aufgabe später mit anderen Gilden. In spätbiblischer Zeit scheint ihre Bedeutung – aus nicht geklärten Gründen – abzunehmen. Die nachbiblische Zeit und spätere Quellen nehmen zwar Bezug auf Psalmen, die Asaph zugeschrieben sind, und erwähnen Leviten und Tempelsänger,[110] aber die Spur der Nachfahren Asaphs verliert sich.

7. Zur Wirkungsgeschichte

Aufgrund des Umstandes, dass – soweit ich sehe – in nachbiblischer Zeit praktisch keine (neuen) Informationen über Asaph und die Asaphiten zu finden sind, ist eine Wirkungsgeschichte im engeren Sinn nicht (be)schreibbar. In einem weiteren Sinn wirkt Asaph als Urbild und Typus des Dichters, Sängers und Musikers geistlicher Lieder nach. Das zeigt sich etwa auf dem Epitaph für den bekannten lutherischen Dichterpfarrer Paul Gerhardt (1607–1676) im brandenburgischen Lübben. Das lateinische Epigramm lautet übersetzt: *Wie lebendig siehst Du hier / Paul Gerhardts teures Bild, / Der ganz vom Glaube, Lieb und Hoffnung / War erfüllt. / In Tönen voller Kraft, / gleich Asaphs Harfenklängen / Erhob er Christi Lob / Mit himmlischen Gesängen. / Sing seine Lieder oft, o Christ, in heil'ger Lust, / so dringet Gottes Geist / durch sie in deine Brust.*

Bibliographie

Abu Taleb, M., The Seal of *plṭy bn mʾš* the *mazkīr*, ZDPV 101 (1985) 21–29.

Avigad, N. / Sass, B., Corpus of West Semitic Stamp Seals, Jerusalem 1997.

Bae, H.-S., Vereinte Suche nach Jhwh. Die Hiskianische und Josianische Reform in der Chronik (BZAW 355), Berlin – New York, NY 2005.

Beentjes, P. C., Psalms and Prayers in the Book of Chronicles, in: B. Becking / E. Peels (eds.), Psalms and Prayers. Papers Read at the Joint Meeting of the Society of Old Testament Study and Het Oudstestamentisch Werkgezelschap in Nederland en België, Apeldoorn August 2006 (OTS 55), Leiden – Boston, MA 2007, 9–44.

Bordreuil, P. / Lemaire, A., Nouveaux sceaux hébreux et araméens (Planches V–VI), Sem. 32 (1982) 21–34.

---

109 Einflüsse von ihnen auf die Psalterredaktion (v.a. im Blick auf die Teilbücher III und IV) wie auch auf die Abfassung der Chronik, in welcher der Jerusalemer Kult, seine Musik und die Tempelsänger einen gewichtigen Platz einnehmen, ist zu vermuten (die Zuordnung bzw. Abfolge von Asaph und Qorach ist im Arrangement von deren Psalmen innerhalb des Psalters und möglicherweise in der Schilderung von 2. Chr 20 reflektiert).

110 Vgl. die Hinweise in Safrai, Wallfahrt.

BURGER, M., Psalm 76. Zionslied und Asaphpsalm, Zürich 2002.

BUSS, M.J., The Psalms of Asaph and Korah, JBL 82 (1963) 382–392.

CORDES, A., Die Asaph-Psalmen in der Septuaginta. Der griechische Psalter als Übersetzung und theologisches Zeugnis (HBS 41), Freiburg i.Br. 2004.

DEUTSCH, R., Messages from the Past: Hebrew Bullae from the Time of Isaiah through the Destruction of the First Temple, Tel Aviv 1999.

–, Biblical Period Hebrew Bullae: The Joseph Chaim Kaufmann Collection, Tel Aviv 2003.

– / LEMAIRE, A., Biblical Period Personal Seals in the Shlomo Moussaieff Collection, Tel Aviv 2000.

ELLIOTT, S.J., Northern Psalms in Southern Contexts: Defining a Historical Setting for the Psalms of Asaph (MA Thesis masch., Trinity Western University), Langley 2019.

EULER, A.C., Den Mund zum Reden in Gleichnissen öffnen. Die atomistische Rezeption von Ps 78,2 in Mt 13,35 in ihrer Bedeutung für die Gleichnisrede und die Psalmenrezeption im Matthäusevangelium, BZ 67 (2023) 212–229.

FINKELSTEIN, I. / SILBERMAN, N.A., Temple and Dynasty: Hezekiah, the Remaking of Judah and the Rise of the Pan-Israelite Ideology, JSOT 30 (2006) 259–285.

FRAHM, E., Art. Milki-ašapa, in: H.D. Baker (ed.), The Prosopography of the Neo-Assyrian Empire: Vol. 2, Part I: Ḫ–K, Helsinki 2000, 750–751.

FÜGLISTER, N., Die Verwendung und das Verständnis der Psalmen und des Psalters um die Zeitenwende, in: J. Schreiner (Hg.), Beiträge zur Psalmenforschung. Psalm 2 und 22 (FzB 60), Würzburg 1988, 319–384.

–, Psalm LXXXVIII [sic! = Ps 78]: Der Rätsel Lösung?, in: J.A. Emerton (ed.), Congress Volume (VT.S 43), Leiden 1991, 264–297.

GARSIEL, M., Biblical Names: A Literary Study of Midrashic Derivations and Puns, Ramat Gan 1991.

GESE, H., Zur Geschichte der Kultsänger am zweiten Tempel, in: Ders., Vom Sinai zum Zion. Alttestamentliche Beiträge zur biblischen Theologie (BEvTh 64), München 1984, 147–158 (Erstveröffentlichung 1963).

GILLINGHAM, S.E., The Levitical Singers and the Compilation of the Psalter, in: F.-L. Hossfeld / J. Bremer / T.M. Steiner (Hg.), Trägerkreise in den Psalmen (BBB 178), Göttingen 2017, 35–59.

GOULDER, M.D., Asaph's History of Israel (Elohist Press, Bethel, 725 BCE), JSOT 65 (1995) 71–81.

–, The Psalms of Asaph and the Pentateuch. Studies in the Psalter, III (JSOTS 233), Sheffield 1996.

GUTHE, H. / ERMAN, A. / KAUTZSCH, E., Ein Siegelstein mit hebräischer Unterschrift vom Tell el-Mutesellim, MNDPV 5 (1906) 33–35.

HADJISAVVAS, S. / DUPONT-SOMMER, A. / LOZACHMEUR, H., Cinques stèles funéraires découvertes sur le site d'Ayios Georghios, à Larnaca-Kition, en 1979, RDAC 1984, 101–119.

Heltzer, M., Epigraphic Evidence Concerning a Jewish Settlement in Kition (Larnaca, Cyprus) in the Achaemenid Period (IV cent. B.C.E.), AuOr 7 (1989) 189–206,

–, The Recently Published West Semitic Inscribed Stamp Seals, UF 31 (1999) 199–224.

Hilber, J.W., Cultic Prophecy in the Psalms (BZAW 352), Berlin – New York, NY 2005.

Holtmann, S., Die Asafpsalmen als Spiegel der Geschichte Israels. Überlegungen zur Komposition von Ps 73–83. *Teil 1*, BN 122 (2004) 45–79 / *Teil 2*, BN 123 (2004) 49–63.

Jacobson, K.N., Memories of Asaph: Mnemohistory and the Psalms of Asaph, Minneapolis, MN 2017.

Jenni, E., Die hebräischen Präpositionen. Band 3: Die Präposition Lamed, Stuttgart 2000.

Keel, O., Die Welt der altorientalischen Bildsymbolik und das Alte Testament. Am Beispiel der Psalmen, Göttingen ⁵1996 (1972).

–, Die Geschichte Jerusalems und die Entstehung des Monotheismus (OLB IV,1+2), Göttingen 2007.

Kleinig, J.W., The Lord's Song. The Basis, Function and Significance of Choral Music in Chronicles (JSOTS 156), Sheffield 1993.

Ko, M.H., The Levite Singers in Chronicles and Their Stabilizing Role (LHB 657), London – New York, NY 2017 (2019).

Krahmalkov, C.R., Phoenician-Punic Dictionary (OLA 90 / StPhoe 15), Leuven 2000.

Kratz, R.G., Die Tora Davids. Psalm 1 und die doxologische Fünfteilung des Psalters, ZThK 93 (1996) 1–34.

Laato, A., The Levitical Genealogies in 1 Chronicles 5–6 and the Formation of Levitical Ideology in Post-Exilic Juda, JSOT 62 (1994) 77–99.

Leuenberger, M., Konzeptionen des Königtums Gottes im Psalter. Untersuchungen zu Komposition und Redaktion der theokratischen Bücher IV–V im Psalter (AThANT 83), Zürich 2004.

–, Die Jhwh-König-Theologie der formativen Psalter-Redaktion und ihre Trägerkreise, in: F.-L. Hossfeld / J. Bremer / T.M. Steiner (Hg.), Trägerkreise in den Psalmen (BBB 178), Göttingen 2017, 61–95.

Lippke, F., „Erhebe deine Schritte ..." (Ps 74,3). Studien zur Motiv-, Religions- und Motivgeschichte von Psalm 74, Diss. theol. masch., Universität Tübingen 2020 [erscheint publiziert in der Reihe FAT I, Tübingen 2024].

Mac Laurin, E.C.B., Joseph and Asaph, VT 25 (1975) 27–45.

Metzger, B.M., Textual Commentary on the Greek New Testament: A Companion Volume to the United Bible Societies' Greek New Testament (Third Edition), London – New York, NY 1975.

Millard, M., Die Komposition des Psalters. Ein formgeschichtlicher Ansatz (FAT 9), Tübingen 1994.

–, Die „Mitte des Psalters". Ein möglicher Ansatz einer Theologie der Hebräischen Bibel, in: E. Ballhorn / G. Steins (Hg.), Der Bibelkanon in der Bibelauslegung. Methodenreflexionen und Beispielexegesen, Stuttgart 2007, 252–260.

Mykytiuk, L.J., Identifying Biblical Persons in Northwest Semitic Inscriptions of 1200–539 B.C.E. (AcBib 12), Atlanta, GA 2004.

–, Corrections and Updates to „Identifying Biblical Persons in Northwest Semitic Inscriptions of 1200–539 B.C.E.", Maarav 16 (2009) 49–132.

NA'AMAN, N., When and How Did Jerusalem Become a Great City? The Rise of Jerusalem as Judah's Premier City in the Eighth–Seventh Centuries B.C.E., BASOR 347 (2007) 21–56.

NASUTI, H.P., Tradition History and the Psalms of Asaph (SBLDS 88), Atlanta, GA 1988.

PAVAN, M., „He remembered that they were but flesh, a breath that passes and does not return" (Ps 78,39): The Theme of Memory and Forgetting in the Third Book of the Psalter (Pss 73–89) (ÖBS 44), Frankfurt a.M. 2014.

RAY, D.C., Conflict and Enmity in the Asaph Psalms (FAT II/145), Tübingen 2023.

RENZ, J. / RÖLLIG, W., Handbuch der althebräischen Epigraphik (4 Bände), Darmstadt 1995–2003.

RÖSEL, C., Die messianische Redaktion des Psalters. Studien zu Entstehung und Theologie der Sammlung Ps 2–89* (CThM.BW 19), Stuttgart 1999.

RÜSEN-WEINHOLD, U., Der Septuagintapsalter im Neuen Testament. Eine textgeschichtliche Untersuchung, Neukirchen-Vluyn 2004.

SAFRAI, S., Die Wallfahrt im Zeitalter des Zweiten Tempels (FJCD 3), Neukirchen-Vluyn 1981.

SCHAPER, J., Priester und Leviten im achämenidischen Juda. Studien zur Kult- und Sozialgeschichte Israels in persischer Zeit (FAT 31), Tübingen 2000.

SCHELLING, P., De Asaphspsalmen hun sammenhang en achterground (DNL.T), Kampen 1985.

SEYBOLD, K., Das „Wir" in den Asaph-Psalmen. Spezifische Probleme einer Psalmgruppe, in: K. Seybold / E. Zenger (Hg.), Neue Wege der Psalmenforschung. FS W. Beyerlin (HBS 1), Freiburg i.Br. 1994, 143–155.

STAMM, J.J., Beiträge zur hebräischen und altorientalischen Namenskunde (hg. von E. Jenni / M.A. Klopfenstein; OBO 30), Fribourg / Göttingen 1980.

STEINS, G., Die Chronik als kanonisches Abschlußphänomen. Studien zur Entstehung und Theologie von 1 / 2 Chronik (BBB 93), Weinheim 1995.

–, Art. שׁיר šîr II.5.b), ThWAT VII (1993) 1278–1282.

STEYMANS, H.U., Traces of Liturgies in the Psalter: The Communal Laments. Psalms 79, 80, 83, 89 in Context, in: D.J. Human / C.J.A. Vos (eds.), Psalms and Liturgy (JSOTS 410), London – New York, NY 2004, 168–234.

TOURNIER, R.J., Voir et entendre Dieu avec les Psaumes ou la liturgie prophétique du second temple à Jérusalem (CRB 24), Paris 1988 (englische Fassung: Seeing and Hearing God with the Psalms: The Prophetic Liturgy of the Second Temple in Jerusalem [JSOTS 118], Sheffield 1991).

UEHLINGER, C., Spurensicherung: alte und neue Siegel und Bullen und das Problem ihrer historischen Kontextualisierung, in: S. Lubs et al. (Hg.), Behutsames Lesen. Alttestamentliche Exegese im interdisziplinären Methodendiskurs. FS C. Hardmeier (ABIG 28), Leipzig 2007, 89–137.

Ussishkin, D., Gate 1567 at Megiddo and the Seal of Shema, Servant of Jerobeam, in: M.D. Coogan / J.C. Exum / L.E. Stager (eds.), Scripture and Other Artifacts. FS P.J. King, Louisville, KY 1994, 410–428.

Van Oorschot, J., Strukturen des Gebetes, in: R. Egger-Wenzel / J. Corley (eds.), Yearbook 2004. Prayer from Tobit to Qumran: Inaugural Conference of the ISDCL at Salzburg, Austria 5–9 July 2003 (DCL.Y), Berlin – New York, NY 2004, 17–39.

Wanke, G., Art. Asaph/Asaphiten, TRE 4 (1979) 171–173.

Watzinger, C., Tell el-Mutesellim. II. Band: Die Funde, Leipzig 1929.

Weber, B., Psalm 77 und sein Umfeld. Eine poetologische Studie (BBB 103), Weinheim 1995 (digital: https://www.academia.edu/40122041 [eingesehen am 21. März 2023]).

–, Psalm 78: Geschichte mit Geschichte deuten, ThZ 56 (2000) 193–214; überarbeitete und aktualisierte Neuausgabe in: Ders., „Wie ein Baum, eingepflanzt an Wasserrinnen" (Psalm 1,3). Beiträge zur Poesie und Theologie von Psalmen und Psalter für Wissenschaft und Kirche (hg. von T. Uhlig; ABIG 41), Leipzig 2014, 223–246.

–, Zur Datierung der Asaph-Psalmen 74 und 79, Bib. 81 (2000) 521–532.

–, Der Asaph-Psalter – eine Skizze, in: B. Huwyler / H.-P. Mathys / B. Weber (Hg.), Prophetie und Psalmen. FS K. Seybold (AOAT 280), Münster 2001, 117–141.

–, Akrostichische Muster in den Asaph-Psalmen, BN 113 (2002) 79–94.

–, Werkbuch Psalmen II. Die Psalmen 73 bis 150, Stuttgart [2]2016 (2003).

–, „Es sahen dich die Wasser – sie bebten …" (Ps 77:17b). Die Funktion mythopoetischer Sprache im Kontext von Psalm 77, OTE 19 (2006) 261–280.

–, Psalm 78 als „Mitte" des Psalters? – ein Versuch, Bib. 88 (2007) 305–325.

–, Art. Asaf / Asafiten / Asafpsalmen, in: Das wissenschaftliche Bibellexikon im Internet (www.wibilex.de), 2008: https://www.bibelwissenschaft.de/stichwort/13961/ (eingesehen am 21. März 2023).

–, Gottesrede in „Asaph-Texten", OTE 25 (2012) 737–760.

–, Die doppelte Verknotung des Psalters. Kanonhermeneutische Erwägungen zu den „Schnittstellen" Psalm 18 // 2 Samuel 22 und Psalm 96; 105; 106 // 1 Chronik 16, BZ 60 (2016) 14–27.

–, Verbindungslinien von den Psalmen Asaphs (Ps 50; 73–83) zu den Psalmen des Psalterteilbuchs IV (Ps 90–106). Erwägungen zu einem asaphitischen Trägerkreis, in: F.-L. Hossfeld / J. Bremer / T.M. Steiner (Hg.), Trägerkreise in den Psalmen (BBB 178), Göttingen 2017, 97–131.

–, Asaph im Psalter und in der Chronik. Erwägungen zu „Schnittstellen", Trägerkreisen und Redaktionsprozessen, in: F. Hartenstein / T. Willi (Hg.), Psalmen und Chronik (FAT II/107), Tübingen 2019, 343–378.

–, Mose-Lied (Dtn 32,1–43) und Asaph-Psalmen (Ps 50; 73–83). Untersuchungen zu ihrem Verhältnis, ZABR 27 (2021) 257–309.

Witte, M., From Exodus to David – History and Historiography in Psalm 78, in: N. Caldurch-Benages / J. Liesen (eds.), Yearbook 2006. History and Identity: How Israel's Later Authors Viewed Its Earlier History (DCL.Y), Berlin – New York, NY 2006, 21–42 (deutsche Fassung: Vom Exodus zu David – Geschichte und

Geschichtsschreibung in Psalm 78, in: Ders., Von Ewigkeit zu Ewigkeit. Weisheit und Geschichte in den Psalmen [BThSt 146], Neukirchen-Vluyn 2014, 117–149).

Zadok, R., The Pre-Hellenistic Israelite Anthroponymy and Prosopography (OLA 28), Leuven 1988.

Zenger, E., Psalm 82 im Kontext der Asaph-Sammlung. Religionsgeschichtliche Implikationen, in: B. Janowski / M. Köckert (Hg.), Religionsgeschichte Israels. Formale und materiale Aspekte (VWGTh 15), Gütersloh 1999, 272–292.

Abbildungsverzeichnis

II.2 Akrostichische Muster in den Asaph-Psalmen[*]

Abstract: *"Acrostic" refers to a particular manner of composing the beginnings of poetic lines (cola) and/or verses. Such patterns can be found among the Asaph Psalms (Pss 50 and 73–83). This article will first propose a classification of these acrostic patterns and then analyse the twelve psalms of Asaph in terms of them. In addition to assessing the significance of these patterns for our understanding of both the individual psalms as well as the collection as a whole, suggestions will be made concerning the function and effect of the stylistic device itself.*

1. Vorüberlegungen

In der gegenwärtigen Forschung gilt als gesichert, dass die mit לאסף „zugehörig Asaph" präskribierten Psalmen (Ps 50; 73–83) eine Reihe von Gemeinsamkeiten sprachlicher, formkritischer, motivlich-inhaltlicher und traditionsgeschichtlicher Art aufweisen, so dass von einer Asaph-Sammlung oder gar von einem Asaph-Psalter gesprochen werden kann, zumal diese Psalmen – mit Ausnahme des „externen" Ps 50 – auch als zusammengestellte Gruppe im Psalmenbuch überliefert worden sind. Dies gilt, auch wenn hinsichtlich der Träger- und Verfasserkreise dieser Psalmen, deren zeitlichen und örtlichen Entstehung und des mit der Anordnung dieser Psalmengruppe angezielten Aussage verschiedene Verstehensmodelle teils konvergieren, teils konkurrieren.[1]

Im Zusammenhang mit meiner Dissertation über Ps 77 habe ich geschrieben: „Faktoren wie die Kenntnis israelitischer Ursprungsüberlieferungen, die Fähigkeit, diese auslegend zu aktualisieren und theologisch zu interpretieren, sowie die Beherrschung poetischer Kunstfertigkeit machen also deutlich, dass der Psalmisten (*sic!*) einer wissenssoziologischen Elite, einer Trägergruppe des ‚kollektiven Gedächtnisses' zugehören muss."[2] Diese im Blick auf Ps 77 gemachte Aussage kann im Wesentlichen auf sämtliche Asaph-Psalmen ausgedehnt werden, zumal alle – mit einer gewissen Einschränkung, was Ps 73 betrifft[3] – ein kollektives Gepräge aufweisen. Zu einem ähnlichen Schluss kommt Erich Zenger, der meint, „dass hinter der Asaf-*Sammlung* ein ‚hochqualifizierter' Kreis von Dichter-Theologen steht"[4].

---

[*] Erstveröffentlichung (wird hier überarbeitet und aktualisiert): Beat WEBER, Akrostichische Muster in den Asaph-Psalmen, Biblische Notizen 113 (2002) 79–94.

1   Vgl. im Wesentlichen MILLARD, Komposition, 43–44.89–103; GOULDER, Psalms; ZENGER, Psalm 82, 277–290; HOSSFELD/ZENGER, Psalmen 51–100, 330ff.; WEBER, Asaph-Psalter.

2   WEBER, Psalm 77, 196.

3   Der in Ps 73 ersichtlichen Auseinandersetzung zwischen dem Gerechten und den Frevlern kommt paradigmatische Qualität als Abbild sozio-religiöser und wohl auch ökonomischer Probleme zu (vgl. auch den „Israel"-Hinweis in Vers 1).

4   ZENGER, Psalm 82, 279–280.

Nun ist in den bisherigen Studien über die Asaph-Psalmen als Sammlung der dichterischen Eigenart und Qualität als solche wenig Beachtung geschenkt worden. Es stellt sich zumindest die Frage, ob sich an dieser Psalmgruppe neben den verschiedenen Gemeinsamkeiten sprachlicher und inhaltlicher Natur auch poetologische Spezifika festmachen lassen.[5] Bei meiner Arbeit an den Asaph-Psalmen im Rahmen des „Werkbuch Psalmen II"[6] ist mir aufgefallen, dass die Gruppe der Asaph-Psalmen zwar nicht durchgehend, aber doch in recht grossem Ausmass akrostichische Phänomene aufweist. Mit „Akrostichie" beschreibe ich zunächst allgemein den Befund, dass Anfänge von Verszeilen oder Versen (oder Strophen oder Stanzen) sich durch Formen von Musterung, Wiederholung oder Reimung auszeichnen.[7] Klaus Seybold hat gezeigt, dass in den Psalmen neben dem bekannten Phänomen der alphabetischen Akrostichie auch mit weiteren akrostichischen Strukturen zu rechnen ist.[8] Es lassen sich folgende Spielarten von Akrostichie unterscheiden.[9]

- *Alphabetische Akrostichie:* Pro Zeile (Kolon), Vers oder Versgruppe steht jeweils ein Konsonant in der Abfolge des hebräischen Alphabets am Anfang (22, manchmal mit Sonderzeile auch 23 Konsonanten).[10]
- *Alphabetisierende Akrostichie:* In Nachbildung der alphabetischen Akrostichie entspricht die Zahl der Zeilen, Verse oder Versgruppen insgesamt der Zahl der Konsonanten des hebräischen Alphabets (22), jedoch ohne dass der Formzwang der Eröffnung in der Reihenfolge des Alphabets vorliegt.[11]
- *Anaphorische Akrostichie:* Zwei oder mehr (meist benachbarte) Verse oder Verszeilen eröffnen mit der gleichen Begrifflichkeit (Wort, Wortfügung, Satz[teil] bzw. Vers[teil]).
- *Alliterative Akrostichie:* Zwei oder mehr (benachbarte) Verse oder Verszeilen eröffnen mit dem gleichen Konsonanten(paar) oder mit der gleichen Silbe (bzw. dem gleichen Silbenpaar).

Diese Hauptformen können noch durch zwei weitere Charakteristika ergänzt werden:

- *Emphatische Akrostichie:* (Anaphorische) Akrosticha können sich zusätzlich dadurch auszeichnen, dass der Zeilen-, Vers-, Strophen- und/oder Stanzenanfang betont bzw. auffällig gestaltet ist (über eigentliche Begriffwiederholungen hinaus z.B. durch emphatische Partikel, betonte Personalpronomina u.ä.)

---

5   Zu einer Poetologie (der Psalmen) vgl. die „Handbücher" WATSON, Poetry (zur Akrostichie 163–164.190–200); ALONSO SCHÖKEL, Manual (zur Akrostichie 190–191); BÜHLMANN/SCHERER, Stilfiguren (zur Akrostichie 48–49); SEYBOLD, Poetik (zur Akrostichie u.a. 76–77.152–153.237–238); DOBB-ALLSOPP, Poetry (zur Akrostichie u.a. 15–16.100–101.170–173; 204–205.304–305), und die Beiträge von SEYBOLD, Poesie (zur Akrostichie 744); DERS., Akrostichie, und WEBER, Theory.

6   Vgl. WEBER, Werkbuch II.

7   Als Gegenstück dazu wäre die „Telestichie", also die Formen von Musterung, Wiederholung und Reimung an Zeilen- und Versenden, zu nennen.

8   Vgl. SEYBOLD, Akrostichie. Bei den von ihm aufgeführten Beispielen sind allerdings keine Asaph-Psalmen dabei. Er behandelt die Psalmen 40; 63; 66; 72; 103; 121.

9   Vgl. dazu auch WATSON, Techniques, 431–434, ferner 89–91.

10   Vgl. die Psalmen 9/10; 25; 34; 37; 111; 112; 119; 145.

11   Vgl. etwa die Psalmen 11; 33; 38; 49; 58; 72.

- *Strukturelle Akrostichie:* Die (anaphorischen) Akrosticha zeichnen sich (zusätzlich) dadurch aus, dass sie an makrostrukturellen Scharnierstellen erscheinen (z.B. am Anfang oder Ende von Strophen, Stanzen oder dem Psalm insgesamt).

Nachfolgend werden die Asaph-Psalmen zunächst nach akrostichischen Mustern gesichtet.[12] Damit verbunden sind kolometrische Bestimmungen und Überlegungen zur strophischen bzw. stanzischen Gliederung des Psalms, die hier vorausgesetzt und nicht näher erörtert werden.[13] Ein erstes Fazit im Blick auf die Bedeutung der Akrostichie wird jedem Psalm beigefügt. Im Schlusskapitel sollen die Funktionen der für uns relevanten Formen der Akrostichie ausgelotet, der Befund bei den Asaph-Psalmen ausgewertet und überlegt werden, ob und inwiefern mit den Phänomenen ein Charakteristikum des „Dichter-Kreises" (Zenger) der Asaph-Psalmen umrissen werden kann.

2. Zusammenstellung akrostichischer Muster in den Asaph-Psalmen

2.1 Psalm 50[14]

- *Anfangsreime zwischen den Verszeilen eines Verses:* 1c2a (מ/מם, mit *i*-Vokal), vgl. 9b (ממ); 16abc (ו/מ/ו); 17ab (ו/ו); 21abc (א/ד/א).
- *Anfangsreime zwischen den a-Zeilen benachbarter Verse:* 3a ‖ 4a (י/י); 8a ‖ 9a (לא/לא), vgl. 7c (אל); 16a ‖ 17a (ו/ו).
- *Anfangsreime zwischen b-Zeilen benachbarter Verse:* 13b ‖ 14 b (ו/ו); 17b ‖ 18b ‖ 19b (ו/ו/ו), vgl. dazu auch die ו-Anfänge in 4b.8b.11b.16c.23b.
- *Diverses:* כי-Zeileneröffnungen in 6b (Stanzenschluss), 10a (Stropheneröffnung), 12b (Strophenschluss). אם-Verseröffnung in 12a (Strophenschluss).18a (Stropheneröffnung), vgl. ferner die Zeileneröffnungen auf א bzw. אל in 1a (אל אלהים).3b.5a.7c (אלהים אלהיך). 15b.21a.21c.

Fazit: Die sich in Ps 50 einstellenden Muster sind insgesamt beachtenswert, wenn auch nicht sehr auffällig. Dem dreimal am Zeilenanfang erscheinenden Partikel כי (ähnlich auch אם) kommt eine strukturierende Funktion zu (Eröffnung, Abschluss). Der doppelten Negation לא in 8a.9a der Ausführungen der vorangehenden Strophe II A (7–9) entspricht offenbar die doppelte Begründung כי (10a.12b) in der Strophe II B (10–12). Die doch recht häufigen א-Eröffnungen (z.T. ausgeweitet zu לא [und אל] oder durch Alliterationen im Vers weitergeführt [vgl. etwa 1ab.7c.12a]) könnten zur Unterstreichung bzw. als Echo auf die Gottesbezeichnungen אל und v.a. אלהים

---

12   Strenggenommen können nicht nur durch lautidentische, sondern auch durch laut-ähnliche Vers- und Zeilenanfänge reimende bzw. anaphorische Klangeffekte erzielt werden, doch wird auf deren Einbeziehung in diese Studie (weitgehend) verzichtet.

13   Dass Psalmen nicht nur eine Mikrostruktur (Verszeilen, Verse), sondern auch eine Makrostruktur (Strophen, Stanzen) aufweisen, wird vorausgesetzt. Vgl. dazu Weber, Werkbuch I, 28–31.228–232, sowie im Einzelnen Ders., Werkbuch II, 15–84 (jeweils die Übersetzungen und die Ausführungen im Abschnitt „Struktur und Poesie").

14   Vgl. Weber, Werkbuch I, 228–232, und Beitrag I.1 in diesem Band.

dienen (vgl. auch das prägnante Eröffnungskolon des Psalms, das gleich zu Beginn der Asaph-Psalmen deren typische Gottesnamen-Theologie ins Spiel bringt).

2.2 Psalm 73

- *Anfangsreime sowohl zwischen den a- wie den b-Zeilen benachbarter Verse (abab-Muster):* 7a ‖ 8a und 7b ‖ 8b (ע/י/ע/י).
- *Anfangsreim zwischen den a-Zeilen benachbarter Verse:* 3a ‖ 4a (כי/כי), vgl. 21a.27a (je כי); 18a ‖ 19a (איך/אך), vgl. 1a.13a (je אך); 20a ‖ 21 a (כ/כ), vgl. auch 21b (וכ); 22a ‖ 22b (ואני/ואני), vgl. 2a.28a (je ואני).
- *Anfangsreime zwischen b-Zeilen benachbarter Verse:* 9b ‖ 10b (*u/u*); 11b ‖ 12b ‖ 13b ‖ 14b (ו/ו/ו/ו), vgl. auch noch 5b.21b.24b.25b (je ו).
- *Anfangsreime zwischen aufeinanderfolgenden Zeilen benachbarter Verse:* 2b ‖ 3a (כ); 6b ‖ 7a (י/י); 16b ‖ 17a (ע/ע); 17b ‖ 18a (א/א).
- *Diverses:* Emphatische oder begründende Partikel sowie betonte Personalpronomina (mit adversativem ו) stehen nicht nur am Anfang von Versen, sondern eröffnen oder – seltener – schliessen auch Strophen und Stanzen: Die Stanzen I, III und IV (noch verstärkt) eröffnen mit emphatischem אך „fürwahr!" (1a.13a.18a); לכן „deswegen" eröffnet den Schlussvers von Stanze I (6a) und den Anfangsvers von Strophe II B (10a); mit כי „denn, wenn" schliesst Strophe I A (3a) und eröffnen die Strophen I B (4a), IV B (21a) und V B (27a); mit הנה „siehe" eröffnet der zweite Vers des Psalms (2a), der Schlussvers von Stanze II (12a) und das b-Kolon im Anfangsvers von Strophe III B (15b); ואני „doch ich, ich aber" steht am Anfang des zweitletzten und letzten Verses der Stanze IV (22a.23a) und des Schlussverses von Stanze V bzw. des gesamten Psalms (28a). Diese Partikel beginnen und schliessen auch die ersten und letzten beiden Verse des Psalms und bilden so einen Rahmen: 1a (אך) und 2a (ואני) / 27a (כי־הנה) und 28a (ואני).– Die Mittelstanze III (13–17) ist charakterisiert durch eine Häufung von Guttural-Lauten an den Versanfängen (עד־/ואח־/אמ/ואה/אך), dagegen weist Stanze IV (18–23) ein spiegelsymmetrisch-akrostichisches Schema auf mit Anfängen auf א in den Rahmen- und solchen auf כ in den Mittelversen (ואני/ואני/כי/כח/איך/אך).[15]

Fazit: Akrostichische Muster sind in Ps 73, der die Gruppe der Asaph-Psalmen eröffnet, besonders signifikant. Auffällig sind die Verspaare mit gleichem Anfang (emphatische Akrostichie, 3–4.18–19.22–23, vgl. ferner auch das alternierende ע/י-Muster in 7ab.8ab, womit inhaltlich das Aussehen und die Herzensgedanken mit entsprechendem Rede-Verhalten verbunden wird). Beachtlich ist auch die Serie von vier mit ו eröffnenden b-Zeilen (11–14), obwohl die Eröffnung der Zweitzeile mit der Konjunktion naheliegend ist.

Einen noch grösseren Stellenwert dürfte die strukturelle Akrostichie einnehmen. Mit der Setzung von Emphatica, anderen Partikeln oder betonten Personalpronomina werden die poetischen Bausteine (Strophen, Stanzen) markiert bzw. eingegrenzt. Zugleich werden dadurch Gedanken und Aussagen hervorgehoben (הנה/ואני/אך) bzw. Begründungen angezeigt (לכן/כי) und im Psalmganzen in ein

---

15   Vgl. auch Stanze I (1–6), wo die ersten vier Verse analoge Anfänge wie Stanze IV aufweisen.

Beziehungsnetz gebracht. So wird mit der emphatischen Partikel אַךְ dreimal ein wesentlicher Abschnitt des Psalms eingeführt, in dem je eine andere personale Grösse in den Fokus tritt: in Stanze I (1a) die weisheitliche Israel-Aussage, in Stanze III (13a) die (fehlgeleiteten) Überlegungen des angefochtenen Ichs und in Stanze IV (18a, verstärkt durch 19a: אֵיךְ) die Schilderung des Endes der Frevler. Die im Verbund erscheinenden כִּי- und אֲנִי-Zeilen folgen auf die emphatischen Abschnitts-Eröffnungen und entfalten die Aussage: So wird mit וַאֲנִי in 2a die notvolle Kontrast-erfahrung (nach der Tun-Ergehen-Regel von 1ab) eingeführt. Danach werden mit den כִּי in 3a (Ich) und 4a (Frevler) die die Stanzen I (1–6) und II (7–12) bestimmen-den Begründungszusammenhänge eingeleitet. Aus denen werden zweimal mit לָכֵן (6a.10a) Folgerungen gezogen. Am Schluss steht eine Bilanz, die mit dem Aufmerk-samkeitsmarker הִנֵּה (12a) eingeleitet wird. Bei den von der geschenkten Einsicht (vgl. III [13–17]) bestimmten Überlegungen von IV (18–23) und V (24–28) ist die Zahl und die Platzierung der כִּי- und אֲנִי-Zeilen gegenüber vorher (2a–4a: כִּי/כִּי/וַאֲנִי) invertiert (21a–23a: וַאֲנִי/אֲנִי/כִּי): Es wird zunächst die falsche Sichtweise in einem „wenn"-Satz eingeführt (21: כִּי), worauf in den אֲנִי-Versen zunächst eine falsche (22), dann eine richtige (23) Folgerung gezogen wird. Den Psalmschluss markiert nochmals ein וַאֲנִי/כִּי-Verspaar (27a.28a), mit dem in der Form des doppelten Ausgangs bezeugend bilanziert wird. Mit כִּי־הִנֵּה wird die Aussage über das Ergehen der Frevler,[16] mit וַאֲנִי diejenige über das sich an Gott haltende Ich eingeleitet.

2.3 Psalm 74

- *Anfangsreime zwischen den Verszeilen eines Verses:* 4ab (שׂ/שׁ, mit *a*-Anlautung und *u*-Auslautung); 9abc (וְלֹא־א/א/א); 15ab (אַתָּה/אַתָּה), vgl. auch 11ab (מְ/לָמָה) und 14ab (תת/אַתָּה).
- *Anfangsreime zwischen den a-Zeilen benachbarter Verse:* 8a ‖ 9a (א/א); 13a ‖ 14a ‖ 15a (אַתָּה/אַתָּה/אַתָּה), vgl. auch 17a (אַתָּה).
- *Anfangsreime zwischen den b-Zeilen benachbarter Verse:* 5b ‖ 6b (ב/ב); 15b ‖ 16b (אַתָּה/אַתָּה).
- *Anfangsreime zwischen den a-Zeilen der übernächsten Verse:* 19a ‖ 21a ‖ 23a (Veti-tive: אַל־/אַל־/אַל־).
- *Diverses:* Es liegen Wiederholungen von Fragepartikeln, betonten Personalprono-mina und (negierten) Imperativen an strukturell hervorgehobenen Stellen vor: לָמָה „warum?" 1a.11a (Eröffnung Stanze I, Abschluss Stanze II bzw. Rahmung Stanzen I/II), dazu עַד־מָתַי „bis wann?" 10a;[17] זְכֹר „gedenke!" 2a.18a.22b (Eröffnung Stanze IV und Inclusio Gesamtpsalm); 6mal אַתָּה „du" am Zeilenanfang innerhalb von Stanze III (12–17), dazu das lautähnliche וְעַת „und jetzt" (6a) als Eröffnungswort von Stanze II (6–11).

Fazit: Wie in Ps 73 ist auch in Ps 74 von einer bewusst strukturierend eingesetzten Akrostichie auszugehen. Signifikant ist insbesondere die akrostichische Gestaltung

---

16 הִנֵּה erscheint am Ende des von der neuen Einsicht her gestalteten Abschnitts (IV/V), ähnlich wie zuvor am Ende der anfechtungsvollen Schilderung des eigenen Schlechtergehens und des Wohllebens der Frevler (I/II).

17 Vgl. ferner עַד־מָה „wie lange noch?" in Schlussposition von 9 (Laut- und Sinn-Kontiguierung 9b.10a).

der Stanze III (12–17). In ihr klingt das initiale ואלהים „dennoch Gott …" in den 6mal in Anfangsposition gesetzten Personalpronomina אתה „du" nach (vgl. auch das 16a eröffnende לך „dein") und beschwört die Präsenz des in der Schöpfung wirksam gewesenen Gottes gleichsam herauf (asaphitische Namenstheologie). Die abschliessende Stanze IV (18–23) ist geprägt durch die zweimalige Spitzenstellung des Imperativs זכר „gedenke!" (18a.22b) und drei Vetitive (19a.21a.23a). Mit den Bitten des „Gedenkens" bzw. „Nicht-Vergessens" wird die Dringlichkeit von Gottes Eingreifen unterstrichen (es ist denkbar, dass durch die אל-Silbe ein Echo von אלהים nachhallt).

Schliesslich wird die klagende (1a: למה) wie bittende (2a: זכר) Psalmeröffnung an pointierten Stellen aufgenommen, nämlich im Endvers von Stanze II (11a: למה, noch verstärkt durch 10a: עד־מתי), am Anfang von Stanze IV (18a: זכר) und gegen Ende derselben Stanze bzw. des Psalms (22b: זכר, Inclusio mit 2a).[18] Damit wird Wichtiges für das Verständnis des Psalms angezeigt bzw. unterstrichen.

2.4 Psalm 75

- *Anfangsreime zwischen den Verszeilen eines Verses:* 9abc (וי/וי|כי), vgl. auch 10ab (וא/א).
- *Anfangsreime zwischen den a-Zeilen benachbarter Verse:* 5a ‖ 6a (א/א); 7a ‖ 8a ‖ 9a (כי/כי/כי), vgl. 3a (כי).
- *Anfangsreime zwischen aufeinanderfolgenden Zeilen benachbarter Verse:* 4b ‖ 5a (א/א).
- *Anfangsreime zwischen den b-Zeilen benachbarter Verse:* 3b ‖ 4b (אני/אנכי).
- *Diverses:* Emphatisch gesetzte Partikel und betonte Personalpronomina am Zeilen- bzw. Versanfang: כי „gewiss!" 3a.7a.8a.9a und אני/אנכי „ich selbst (aber)" 3b.4b.10a.

Fazit: In Ps 75 spielt die alliterative Akrostichie als Stilfigur eine untergeordnete Rolle. Anders ist die emphatisch-strukturierende Akrostichie zu beurteilen, die prägnant eingesetzt wird: Der Strophe I B und das Gottes-Orakel eröffnende Vers 3 enthält an seinen beiden Zeilenanfängen zwei emphatisch wirkende Stichwörter, die auch im Fortgang des Psalms aufgenommen und bewusst plaziert werden: כי unterstreicht die Gewissheit der prophetischen Aussage, אני die Gottes-Autorisierung. Innerhalb der Stanze I bzw. der ersten Gottesrede (3–6) wird Letzteres durch die Langform אנכי (4b) nicht nur aufgenommen, sondern es klingt zudem in den א-Anlauten (je mit a-Vokal) von 5a und 6a nach.

In Stanze II (7–11) ist am Schluss (11) ein zweites Gotteswort (Gericht mit doppeltem Ausgang) aufgenommen, ansonsten wird von menschlicher Seite her Gottes Auftreten als Richter geschildert. Gegen Schluss erscheint nochmals das diesmal adversativ akzentuierte ואני (10a), das hier aber nicht auf Gott verweist, sondern die hymnische Verkündigung des „Gottes Jakobs" (durch den menschlichen Zeugen) unterstreicht. Andererseits eröffnen die ersten drei Zeilen mit der emphatischen Partikel כי und heben damit die nun von menschlicher Seite geschilderte Gerichtsszenerie hervor. Das dreifache כי wird – unter Beibehaltung des כ-Lautes – gleichsam fortgeführt durch das emphatische אך „fürwahr!" am Anfang von 9de sowie den Totalitätmarker וכל־ „ja, alle …" zu Beginn des Schlussverses 11ab. Die Akrosticha

---

18   Auch die Verbindung von ועת 6a und אתה 17a könnte strukturell bedingt sein (Rahmung der Mittestanzen II und III).

mit ihren Anfangsbetonungen haben die Funktion, der (in notvoller Zeit ergehenden) Aussage des Gerichtshandelns Jhwhs und damit verbunden der Beendigung der Notstände Nachdruck zu verleihen.

2.5 Psalm 76[19]

- *Anfangsreime zwischen aufeinanderfolgenden Zeilen benachbarter Verse:* 5b ‖ 6a (א/א).
- *Anfangsreime zwischen den b-Zeilen benachbarter Verse:* 6b ‖ 7b (נ/נ).
- *Diverses:* Signifikante Laut- und Sinnparallelen mit Variations- und Steigerungseffekt (Amplifikatio/Gradatio) bei der Eröffnung der ersten drei von insgesamt vier Strophen: נודע „bekannt (ist)" 2a (I A) → נאור אתה „glanzvoll (bist) du" 5a (I B) → אתה נורא אתה „du, Ehrfurcht gebietend (bist) du" 8a (II A). In der Schluss-Stanze erscheint der entsprechende Begriff nicht am Anfang, sondern eröffnet die Schlusszeile: נורא „Ehrfurcht gebietend" 13b (II B).

Fazit: Dass in Ps 76 ein akrostichisches Muster eine strukturierende Funktion hat, ist evident: Die um die Stanzen III (8a) und IV (13b) gelegten Formen נורא (vgl. auch das Verb ירא in 9b und das schillernde מורא am Ende von 12b) werden durch lautähnliche Partizipien im hymnischen Stil am Anfang der vorangehenden Stanzen I (2a: נודע) und II (5a: נאור) gleichsam vorbereitet. Dabei wird durch die Einfügung des betonten Personalpronomens im Aufbau von I A zu II B ein Steigerungseffekt erzielt: I A (2a): ø → I B (5a): אתה → II A (8a): אתה ... אתה. Die alliterative נ-Akrostichie wird durch drei weitere Zeilenanfänge auf נ verstärkt (6b.7b.12a); bei den letzten beiden liegt zusätzlich eine Paronomasie vor (vgl. 7b: נרדם mit 12a: נדרו).

Diese partizipial-akrostichisch akzentuierte Hymnik dient über die Strukturierung hinaus der Vernetzung der verschiedenen Aussagen, die über Gott (Elohim) gemacht werden: Der „Bekannte" bzw. „Anerkannte" in Juda/Israel (geschichtliche Dimension) erscheint „glanzvoll", d.h. in einer Licht-Theophanie, und bestürzt seine Gegner. Beides zusammen führt zum Lobpreis über ihn als „Ehrfucht Gebietender", als der er sich im Weltgericht erweist. Die in der zweiten Psalmhälfte viermal auftauchenden Ableitungen von ירא zeigen die Dominanz dieser Wurzel und damit ihre Bedeutung in Ps 76.

2.6 Psalm 77[20]

- *Anfangsreime zwischen den Verszeilen eines Verses:* 2ab (קולי אל־אלהים/קולי אל־ אלהים); 4ab (אש/אז); 17abc (אף/ראות מים/ראוך מים).
- *Anfangsreime zwischen den a-Zeilen benachbarter Verse:* 4a ‖ 5a (א/א); 8a ‖ 9a ‖ 10a (ה/ה/ה); 14a ‖ 15a (א/א), vgl. auch 11a ‖ 12a (וא/א).
- *Anfangsreime zwischen (aufeinanderfolgenden) Zeilen benachbarter Verse:* 4b ‖ 5a (א/א); 17c ‖ 18 c (אף/אף); 18b ‖ 19a (קול/קול).
- *Diverses:* Akrostichische Parallelisierungen (an den Strophenenden) zwischen אזכרה (4a), 7) אזכרה) und אזכיר (12a, vgl. auch 12b: כי־אזכרה) und in der Psalmen-Rahmung durch das doppelte קולי (2ab) und das doppelte קול (18b.19a).

---

19   Vgl. Weber, Werkbuch II, 35–39, und Beitrag I.2 in diesem Band.
20   Vgl. Weber, Psalm 77, insbesondere 183–184.

Fazit: Zunächst ist auf die ה-Anlautung (alliterative Akrostichie) der Verse von Strophe I C (8–10) hinzuweisen. Mittels der die Strophe prägenden Fragepartikel werden die drängenden theologischen Fragen benannt.

Als Zweites ist auf die anaphorische Akrostichie im Zusammenhang mit den „Treppen(stufen)"-Parallelismen (*staircase*) von 2ab und 17ab(c) aufmerksam zu machen (vgl. auch die Verknüpfung der Trikola 17–19 durch die emphatische Akrostichie der אף-Eröffnungen in 17c.18c und die anaphorische Akrostichie mit dem doppelten קול in 18b.19a).

Als Drittes ist die Akrostichie an einem Muster (mit)beteiligt, das nicht nur die ersten vier Strophen strukturiert (Eröffnung mit Formen von זכר „gedenken" oder dem Antonym שכח „vergessen" je im Schlussvers der Strophe), sondern mit dem auch der inhaltliche Aufbau des Psalms gestaltet wird. Mit den jeweiligen Wiederholungen von זכר und seinen Synonymen[21] ist zudem eine Steigerung verbunden (Amplificatio/Gradatio). Anhand des „Gedenkens" vollzieht sich in Ps 77 der Wandel von der Klage zum Lobpreis.[22]

Schliesslich ist die קול-Akrostichie anzuführen: Im repetitiven Parallelismus von 2ab erhebt sich angesichts der Not die Stimme des Mittlers (vgl. die Suffigierung) klagend zu Gott. Mit den akrostichisch gesetzten קול (18b.19a) im Rahmen der Theophanie-Passage antwortet Gott machtvoll im Donner und stiftet so Zuversicht.[23]

2.7 Psalm 78[24]

- *Anfangsreime zwischen den Verszeilen eines Verses bei einer Versgruppe:* 1ab (ה/ה, mit *a*-Vokal); 2a ‖ 2b ‖ 3a ‖ 3b (וא/א/א/א); 4ab (ל/ל).
- *Anfangsreime zwischen den Zeilen zweier benachbarter Verse (abba-Muster):* 8a ‖ 8d und 8b ‖ 8c (ולא/דור/דור/ולא).
- *Anfangsreime zwischen den a-Zeilen benachbarter Verse:* 7b ‖ 8a (ולא/ולא), dazu 8d (ולא); 16a–19a (4mal וי), dazu 14a (וי) und 15a (י); 20a ‖ 20d (ה/ה); 27a–29a (3mal וי); 35a–39a (וי/וי/ולא/וה/וה/וי); 51a–58a (8mal וי, davon 4mal mit dem Konsonanten ס in der Verbform), davor 44a–50a (ישלח/וי/וי/י/ישלח/וי/ישלח/י); 60a–62a (3mal וי); 65a–70a (6mal וי, davon 3mal hintereinander ויב).
- *Anfangsreime zwischen aufeinanderfolgenden Zeilen benachbarter Verse:* 12b ‖ 13a (ב/ב).
- *Anfangsreime zwischen den b- (und c-)Zeilen benachbarter Verse:* 23b ‖ 24b (וד/וד); 62b ‖ 63b (*u*+ב/*u*+ב); 71c ‖ 72b (*u*+ב/*u*+ב).
- *Diverses:* Vers- oder Zeilanfänge auf לא/ולא in 4a.7b.8a.8d.10a.22b.30a.32b.37b. 38d.42a.

---

21   Vgl. insbesondere das synonyme אשיחה, das positionell-kolometrisch zwischen Akrostichie (4b) und Telestichie (7b.13b) pendelt.
22   Vgl. WEBER, Psalm 77, v.a. 116–119.
23   Vgl. WEBER, Psalm 77, 181–182.
24   Bei diesem Gross-Psalm (mit 72 Versen) verzichte ich auf eine vollständige Auflistung aller akrostichischen Phänomene und beschränke mich auf besonders auffallende Muster. Zu Struktur und Aussage des Psalms vgl. WEBER, Werkbuch II, 46–56.

Fazit: Die Eigenart von Ps 78 besteht in seiner narrativen Poetik. Von daher erstaunt die Häufigkeit der Vers- und Zeileneröffnungen, insbesondere mit ו‍י (insgesamt 51mal), nicht. Gleichwohl entfalten die akrostichischen Cluster aufgrund der Zeilenrhythmik eine gewisse Wirkung. Signifikant ist die alliterative Akrostichie der Zeilenpaare in den ersten vier Versen sowie das Spiegelsymmetrie-Muster beim Verspaar 8ab und 8cd. Insgesamt findet sich in Ps 78, dem weitaus längsten Psalm der Asaph-Gruppe, nur die (nicht überall sehr signifikante) alliterative Akrostichie; es fehlen weithin anaphorische, emphatische und strukturelle Muster.

2.8 Psalm 79

* *Anfangsreime zwischen den Verszeilen eines Verses:* 6ab.cd (ש‍/אשר/ו‍/אשר); 9ab.cd (ע‍/ע‍/ל‍/ל‍)[25]; 13ab (ו‍).
* *Anfangsreime zwischen den a-Zeilen benachbarter Verse:* 12a ‖ 13a (וא‍/וה).

Fazit: Ps 79 weist kaum Akrostichie auf, die signifikant ist.

2.9 Psalm 80

* *Anfangsreime zwischen den Verszeilen eines Verses:* 10abc (ות‍/ו‍/פ); 15c16ab (וע‍/וכ‍/ופ)[26].
* *Anfangsreime zwischen den b-Zeilen benachbarter Verse:* 3b ‖ 4b (ו‍/ו‍); 6b ‖ 7b ‖ 8b (ו‍/ו‍/ו‍); 12b ‖ 13b ‖ 14b (וא‍/וא‍/וז).
* *Anfangsreime zwischen aufeinanderfolgenden Zeilen benachbarter Verse:* 6b ‖ 7a (תש‍/ותש); 7b ‖ 8a (וא‍/א).
* *Diverses:* Mit dem Refrain 4.8.12, der Refrain-Modifikation 15–16 sowie des die Stanze II beginnenden Verses (5) liegen fünf Verse vor, die mit Gottesnamen bzw. -bezeichnungen eröffnen (abccb-Schema): אלהים (4a) – יהוה אלהים צבאות (5a) – אלהים צבאות (8a) – יהוה אלהים צבאות (15a) – וה‍/ה (20a). Mit וה‍/ה eröffnen jeweils die b-Kola des Refrains: והאר (4b) – והאר (8b) – הבט (15b) – האר (20b).

Fazit: Akrostichie zeigt in Ps 80 neben einigen alliterativen Formen im Wesentlichen am Refrain, ist also anaphorischer und struktureller Art. Sie hilft mit, die Gottesbezeichnungen plerophor und vielfältig zum Klingen zu bringen und unterstreicht die Dringlichkeit der Bitten um erneute Gottespräsenz.

2.10 Psalm 81

* *Anfangsreime zwischen den Verszeilen eines Verses:* 2ab (הר‍/הר, mit *a*-Vokal); 8abc (ב‍/א‍/א); 10ab (ולא‍/לא), vgl. auch 12a (ולא); 12ab (ו‍/ו), vgl. ferner 9ab (ש‍/יש).

25　Die je vier Zeilen der Bikola in 6 und 9 gehören eng zusammen, falls man nicht sogar damit rechnet, dass Tetrakola vorliegen.

26　Möglicherweise handelt es sich ursprünglich um ein Bikolon (falls 16b sekundär ist). Überdies ist die Eröffnung von 15c nicht konsonantisch, vielmehr liegt eine *mater lectionis* für den *u*-Laut vor.

- *Anfangsreime zwischen den b-Zeilen benachbarter Verse:* 13b ‖ 14 b (י/י), vgl. auch 12b (וי); 15b ‖ 16b (ו/ו).
- *Anfangsreime zwischen aufeinanderfolgenden Zeilen benachbarter Verse:* 11b ‖ 11c[27] (ה/ה, mit *a*- und nachfolgendem *i*-Vokal); 12ab ‖ 13a (ו/ו/ו); 16b ‖ 17a (וי/וי).
- *Diverses:* Drei b-Zeilen des Psalms (9b.12b.14b) eröffnen mit ישראל(ו) „(und) Israel" – je im Versparallelismus gepaart mit der Wendung עמי „mein Volk", die seinerseits mit Formen des Verbes שמע „hören" verbunden ist (9a.12a.14a). „Israel" steht jeweils am Anfang und/oder Ende der Strophen II B (9–11) respektive III A (12–14), wodurch eine Rahmen-Figur um III A gebildet wird, respektive II B und III A verklammert werden.

Fazit: Von einigem Gewicht ist die anaphorische „Israel"-Akrostichie (9b.12b.14b), die den Adressaten der prophetischen Paränese herausstreicht. Sie ist insofern auch strukturell, als sie am Strophenanfang oder -schluss auftaucht und teilhat an einem auch die a-Kola einbeziehenden Aussagegefälle, welches die drei Verse variierend und steigernd untereinander verbindet (9 = Aufruf, 12 = Negierung, 14 = emphatische Ausdrucksweise). Daneben verdient die alliterative, die Intonation des Festjubels anzeigende Form im Eröffnungsvers Erwähnung (vgl. auch die לא(ו)-Eröffnungen [10ab, vgl. 12a]).

2.11 Psalm 82

- *Anfangsreime zwischen den a-Zeilen benachbarter Verse:* 6a ‖ 6b (א/א, je mit *a*-Vokal und נ-Konsonant im Anfangswort).
- *Anfangsreime zwischen den b-Zeilen benachbarter Verse:* 6b ‖ 7b (*u*+ב/*u*+כ), vgl. auch die angrenzenden b-Kola 5b (ב) und 8b (כ).

Fazit: Ps 82 ist hinsichtlich Akrostichie nicht auffällig.

2.12 Psalm 83[28]

- *Anfangsreime zwischen den Verszeilen eines Verses:* 2ab (אל/אל)[29]; 13ab (א/א)[30], ähnlich 15ab (וכ/כ).
- *Anfangsreime zwischen den a-Zeilen benachbarter Verse:* 8a ‖ 9a (ג/ג); 12a ‖ 13a (א/א); 15a ‖ 16 a (כ/כ).
- *Anfangsreime zwischen den b-Zeilen benachbarter Verse:* 4b ‖ 5b (ו/ו), ähnlich auch 14b ‖ 15b (וכ/כ).
- *Anfangsreime zwischen aufeinanderfolgenden Zeilen benachbarter Verse:* 13b ‖ 14a (א/א), 14b ‖ 15a (כ/כ), ähnlich auch 15b ‖ 16a (*u*+כ/כ).
- *Diverses:* Stanze III (10–13) hat in ihren vier Versen ein ש an erster oder zweiter Stelle (אשר/שיתמו/נשמדו/עשה).

---

27   11c gehört m.E. kolometrisch nicht zu 11ab, sondern ist – wie auch 6c – ein eigener Vers (Monokolon)

28   Vgl. WEBER, Werkbuch II, 78–84.

29   Die Silbe אל erscheint in 2 insgesamt fünfmal.

30   In 13 ist die א-Anaphorik durch Alliteration noch gesteigert: אשר אמרו ... את נאות אלהים.

Fazit: Beachtenswert sind die drei alliterativen א-Zeilen 13a.13b.14a (vgl. ferner
2a.2b.5a.7a), die durch die vier (*u*+)כ-Zeilen 14b.15a.15b.16a (vgl. ferner 3a.10b.12b)
abgelöst werden. Die א-Alliterationen dürften – v.a. im Blick auf 2.13–14[31] – אלהים
anklingen lassen, die כ-Reihung die Vergleiche koordinieren. Strukturell gesehen
ist die vokativisch-anaphorische אלהים/ס-Akrostichie (2a.14a) am Anfang der – aufgrund der spiegelsymmetrischen Gesamtanlage (ABB'A') – aufeinander bezogenen
Stanzen I (2–5) und IV (14–19) auffällig. Die je mit der Anrufung Gottes eröffnenden
Abschnitte mit Bitten in 2 und 14(ff.) sollen als miteinander verbunden aufgefasst
werden. Ähnliches ist im Blick auf die א/ר-Akrostichie אמרו (5a) und אשר אמרו
(13a) am Ende der Stanzen I (2–5) und III (10–13) zu sagen.[32] Beide Male wird ein
Feindvölker-Zitat eingeführt; zu deren Parallelisierung trägt die Akrostichie bei.

3. Auswertung

3.1 Zu Wirkung und Funktion von akrostichischen Mustern[33]

Zunächst ist festzuhalten, dass keiner der Asaph-Psalmen ein Muster aufweist, das
man herkömmlich mit dem Begriff der Akrostichie verbindet: Weder findet sich
unter den Asaph-Psalmen ein alphabetisches Akrostichon noch eine davon abgeleitete alphabetisierende Form. Fasst man den Akrostichie-Begriff jedoch – wie im
Eingangskapitel erörtert – weiter und subsumiert darunter alle Formen, die mit der
Spitzenstellung in Verszeile oder Vers in Zusammenhang stehen (positionelle Parallelität), also Formen von identischen, sinn- und/oder lautähnlichen Wiederholungen
und Anfangsreimen, dann wird man bei den Asaph-Psalmen sehr wohl fündig.

Nicht alle von mir tabellierten Muster sind von gleicher Hörer- bzw. Leserwirkung
und damit poetologisch bedeutsam. Wie stark sie sind, hängt wesentlich auch von
den Faktoren Umfang, Nähe und Häufigkeit ab. Mit anderen Worten: Sind ganze
Wörter oder gar Wortfügungen wiederholt, so ist ein solches Muster auffälliger und
hat auch in räumlich-zeitlich distanzierterer Form (also über mehrere Verse hinweg)
noch Wirkeffekte. Dies gilt umso mehr, wenn eine Platzierung vor oder nach einer
grösseren poetischen Zäsur (Strophen, Stanzen- oder Psalmabgrenzungen) vorliegt.
Aber auch lediglich konsonantische oder silbische Wiederholung am Zeilenanfang
kann eine Wirkung entfalten, wenn sie durch Nähe (z.B. aufeinanderfolgende Verse
bzw. Verszeilen) und/oder Häufigkeit (z.B. ein Cluster von mehreren Zeilen- oder
Versanfängen mit demselben Konsonanten oder derselben Silbe) verstärkt wird.
Im Besonderen gilt dies bei der Eröffnung von Versen und Verzeilen mit ו/י, da
aufgrund der hebräischen Morphologie und Syntax solche Zeilenanfänge auch in
poetischen Texten häufig und damit wenig distinktiv sind. Damit ein Muster mit
einer solchen Anfangskonstellation auffällig und damit bedeutsam wird, bedarf es
der Wiederholung.

Was die Entwicklungsgeschichte der hebräischen Akrostichie im Umfeld der
übrigen semitischen Sprachen betrifft, hat Wilfred Watson die Vermutung geäussert,

---

31 Vgl. auch den Zeilenschluss in 13 auf אלהים.
32 Vgl. auch die Lautähnlichkeit in der Eröffnung des Schlussverses von Stanze III
    (10–13): אשר אמרו.
33 Vgl. dazu Seybold, Akrostichie, v.a. 172–173.180–182; Watson, Techniques, v.a. 89–90.

dass der anaphorische Typus am Anfang stand. Daraus sei die alliterative Form der Akrostichie entstanden, die später zur alphabetischen Akrostichie ausgebaut wurde, als deren Nachahmung schliesslich die alphabetisierende Akrostichie resultierte.[34]

Allen akrostichischen Typen gemeinsam ist neben dem Effekt der Parallelisierung die Lenkung der Aufmerksamkeit auf die Eröffnung der Zeile, des Verses, der Strophe. Damit verbindet sich eine die rhythmischen Einheiten von Verszeile, Vers etc. gliedernde bzw. abgrenzende Funktion. Was die einzelnen Typen der Akrostichie betrifft, wird man spezielle Funktionen differenzieren müssen. Für die alphabetische Akrostichie denkt man meist weniger an eine orale als an eine graphische Funktion, die mit Gliederung und Ordnung(sstiftung) verbunden ist und Totalität vermittelt. Anaphorische bzw. emphatische Akrostichie betont den Zeilenanfang und die dort vorliegende Begrifflichkeit.[35] Wo die Akrostichie zusätzlich segmentierende Funktion mit Bezug auf die Makrostruktur (Strophe und grössere Einheiten) hat, spreche ich von strukturierender Akrostichie. Bei der anaphorischen Akrostichie werden durch die Wiederholung der Begriffe und der mit ihnen gemachten Aussagen Verbindungen angezeigt bzw. unterstrichen. Die alliterative Akrostichie hat eine klangliche Komponente (Anfangsreim) und einen Zeilen-gruppierenden Effekt.

3.2 Die Auswertung der Akrostichie im Blick auf die Asaph-Psalmen

Die beiden Asaph-Psalmen 79 und 82 sind im Blick auf akrostichische Muster wenig distinktiv und weisen lediglich spärliche alliterative Akrostichie auf, so dass diesbezüglich nicht von einem formgebenden Gestaltungsmuster gesprochen werden kann. Bei den übrigen zehn Asaph-Psalmen ist zumindest *eine* Form von Akrostichie soweit vorhanden, dass diesem poetischen Stilmuster eine gewisse Bedeutung zukommt. Am wenigsten ausgeprägt ist dies bei Ps 78 der Fall, weil in diesem Psalm lediglich die wohl schwächste Form, die alliterative Akrostichie, greifbar ist.

Die übrigen neun Asaph-Psalmen – und dies scheint die Besonderheit der asaphitischen Poetik auszumachen – haben Formen der strukturellen Akrostichie. Sie kommt mit Hilfe von (emphatischen) Partikeln bzw. Funktionswörtern (הנה, אך, איד, כי, למה, לכן, auch אל und לא [Negationspartikel], ה, אם [Fragepartikel]), Personalpronomina (אני/אנכי, אתה) oder Morphemen lexikalischer Begriffe (אלהים/אל in Ps 50; 80; 83, אור in Ps 80, זכר in Ps 74; 77, ישראל in Ps 81, נורא/ירא und klangverwandte Begriffe in Ps 76, קול in Ps 77) zustande und bewirkt bzw. unterstreicht die Segmentierung in Strophen und/oder Stanzen. Diese strukturelle Akrostichie, die mit anaphorischer und/oder emphatischer Akrostichie verbunden ist, findet sich insgesamt recht ausgeprägt und besonders stark in den Psalmen 73–75 und 77.

Im Weiteren dürfte auch in mehreren Asaph-Psalmen die alliterative א-Akrostichie als Echo auf die Gottesbezeichnung אלהים, die teils den Gottesnamen substituiert

---

34   Vgl. WATSON, Techniques, 90.
35   Die anaphorische Akrostichie ist auch Teil eines spezifischen Versmusters, des Treppen(stufen)-Parallelismus (*staircase*), vgl. dazu WATSON, Poetry, 150–156. Seine Funktionen sind (nach Watson): Sprecheröffnung, Öffnen oder Schliessen eines Abschnitts.

(„Elohistischer Psalter"), wirken und damit die für die Asaph-Psalmen charakteristische „Gottesnamen-Theologie"[36] unterstützen.

Eine Einschränkung ist am Schluss dieser Untersuchung zu machen: Es liegt derzeit keine hinreichende poetologische Untersuchung vor, die es erlauben würde, die hier tabellierten und ausgewerteten Phänomene im Rahmen eines Vergleichs einzuschätzen und so das Mass der Übereinstimmung bzw. Abweichung der akrostichischen Phänomene der Asaph-Psalmen im Vergleich mit den alttestamentlichen Psalmen insgesamt zu erheben. Um die Art, Ausprägung und Kunst der *Dichter* der Psalmen insgesamt bzw. ihrer Teilsammlungen besser erfassen zu können, bedarf es weiterer Forschung. Die akrostichischen Formen sind dabei nur ein Teilphänomen einer poetischen Ganzheit, die weit mehr als stilistische Ausschmückung ist, sondern den Gehalt und damit die Aussagen der Psalmen mitbestimmt.

Bibliographie

ALONSO SCHÖKEL, L., A Manual of Hebrew Poetics (SubBi 11), Rom 1988.

BÜHLMANN W. / SCHERER K., Sprachliche Stilfiguren der Bibel. Von Assonanz bis Zahlenspruch. Ein Nachschlagewerk, Giessen ²1994.

DOBBS-ALLSOPP, F.W., On Biblical Poetry, Oxford – New York, NY 2015.

GOULDER, M.D., The Psalms of Asaph and the Pentateuch. Studies in the Psalter, III (JSOTS 233), Sheffield 1996.

HOSSFELD, F.-L. / ZENGER E., Psalmen 51–100 (HThKAT), Freiburg i.Br. 2000.

MILLARD, M., Die Komposition des Psalters. Ein formgeschichtlicher Ansatz (FAT 9), Tübingen 1994.

SEYBOLD, K., Art. „Poesie, I. Altes Testament", TRE 26 (1996) 743–748.

–, Akrostichie im Psalter, ThZ 57 (2001) 172–183 (= Sonderheft: Alttestamentliche Forschung in der Schweiz. Festheft der Theologischen Zeitschrift zum XVII. Kongress der International Organization for the Study of the Old Testament 2001 in Basel).

–, Poetik der Psalmen (Poetologische Studien zum Alten Testament 1), Stuttgart 2003.

WATSON, W.G.E., Classical Hebrew Poetry: A Guide to Its Techniques (JSOTS 26), Sheffield ²1986 (1984).

–, Traditional Techniques in Classical Hebrew Verse (JSOTS 170), Sheffield 1994.

WEBER, B., Psalm 77 und sein Umfeld. Eine poetologische Studie (BBB 103), Weinheim 1995 (digital: https://www.academia.edu/40122041 [eingesehen am 21. März 2023]).

–, Der Asaph-Psalter – eine Skizze, in: B. Huwyler / H.-P. Mathys / B. Weber (Hg.), Prophetie und Psalmen. FS K. Seybold (AOAT 280), Münster 2001, 117–141; Neuausgabe in: Ders., „Wie ein Baum, eingepflanzt an Wasserrinnen" (Psalm 1,3). Beiträge zur Poesie und Theologie von Psalmen und Psalter für Wissenschaft und Kirche (hg. von T. Uhlig; ABIG 41), Leipzig 2014, 363–391.

---

36 Vgl. die Häufigkeit und Varianz der Gottesbezeichnungen, ferner auch die Rede von dem bzw. deinem „Namen" und der Gebrauch des Personalpronomens „du"; dazu WEBER, Asaph-Psalter, 124.

–, Toward a Theory of the Poetry of the Hebrew Bible: The Poetry of the Psalms as a Test Case, BBR 22 (2012) 157–188.

–, Werkbuch Psalmen I. Die Psalmen 1 bis 72, Stuttgart ²2016 (2001).

–, Werkbuch Psalmen II. Die Psalmen 73 bis 150, Stuttgart ²2016 (2003).

ZENGER, E., Psalm 82 im Kontext der Asaf-Sammlung. Religionsgeschichtliche Implikationen, in: B. Janowski / M. Köckert (Hg.), Religionsgeschichte Israels. Formale und materiale Aspekte, Gütersloh 1999, 272–292.

II.3 Gottesrede in „Asaph-Texten"[*]

Abstract: *The monograph by William Schniedewind, "Word of God in Transition", compares the books of Samuel and Kings with Chronicles and proposes that the office of a Prophet was transformed into that of an Exegete in the Second Temple Period. This article tests the hypothesis using "Asaph-texts" found in the Psalter and Chronicles. Four corpora of texts are demarcated: Asaph Psalms, "deutero-Asaphite" Psalms in the group Pss 90–106* and sections of Ezra-Nehemiah and Chronicles. The characteristics, relative extent and significance of divine oracles in these corpora are investigated. The effect of divine pronouncements concerning prophecy is also considered. An Asaphite continuum of prophetic speech is identified, which could not have existed without the involvement of a circle of tradents over a long time. At the same time, it becomes clear how the divine oracles were transformed into genuine cultic prophecy over time, and from that to prophetic exegesis of Scripture. Schniedewind's thesis is thus both confirmed and substantiated by testing his central proposition on the Asaphite traditions by way of close reading.*

1. Einleitung

Mit *The Word of God in Transition: From Prophet to Exegete in the Second Temple Period* hat William M. Schniedewind im Titel das Ergebnis seiner Studie benannt.[1] Nach ihm wird in der Chronik eine Transformation prophetischer Funktion und Rede in nachexilischer Zeit greifbar. Den Ertrag seiner Untersuchungen fasst er folgendermassen zusammen:

> „I have shown that the Chronicler distinguished between ‚prophets' and ‚inspired messengers,' and between the prophetic office and that of divine inspiration. This distinction was accompanied by the transition from oral prophecy to ‚scribal' prophecy, that is, the inspired interpretations of texts. This transformation is consistent with a decline in the prophetic office and the rise in alternative prophetic activities (inspired interpreters, apocalyptic) in the Second Temple period."[2]

Die neue Weise der „Prophetie" zeige sich nicht zuletzt an den levitischen Sängern und ihrer Tätigkeit in der Chronik. Die von David eingesetzten Häupter der Sänger werden als חֹזֶה „Seher (des Königs)" (2. Chr 29,30; 35,15, vgl. 1. Chr 25,6) bezeichnet. Schniedewind spricht von einem „inspired royal musician"[3]. Diese Amtsbezeichnung bleibt den Sängerhäuptern vorbehalten; die „kultprophetische" Aktivität ihrer Gilden ist gleichwohl prophetisch inspiriert und verbunden mit musikalischem und

---

[*]   Erstveröffentlichung (wird hier überarbeitet und aktualisiert): Beat WEBER, Gottesrede in „Asaph-Texten", Old Testament Essays 25 (2012) 737–760.
1   SCHNIEDEWIND, Word.
2   SCHNIEDEWIND, Word, 231.
3   SCHNIEDEWIND, Word, 173.

gesanglichem Vortrag. „In the act of worship prophetic and poetic inspiration came together."[4]

Der vorliegende Beitrag knüpft an diese Beobachtungen einer Transformation prophetischen Redens hin zu geistbegabter Schriftauslegung in nachexilischer Zeit an. Modifiziert wird der Textbereich: Erarbeitete Schniedewind seine Einsichten anhand eines Vergleichs der Bücher Samuel und Könige einerseits und Chronik andererseits, so ist diese Studie ausgerichtet auf mit „Asaph" (und den Sängerleviten) verbundene Texte, Inhalte und Funktionen. Mit der Umschreibung „Asaph-Texte" sind vier Korpora im Blick (Abfolge gemäss der angenommenen Datierung): 1. Asaph-Psalmen (Ps 50; 73–83) → 2. „deuteroasaphitische"[5] Psalmen im Psalterteilbuch IV (Ps 90–106*) → 3. Asaph(iten) in Esra-Nehemia → 4. Asaph(iten) in Chronik.

Gegenüber Schniedewinds Versuchsanlage mit durchgängig „geschichtlichen" Büchern (Sam, Kön, Chr) ist die hier gewählte durch den Einbezug poetischer Texte (Genre-Differenz) komplexer. Auch die Entstehungszeiten der verglichenen Textkorpora und mögliche Textabhängigkeiten bergen Diskussionsstoff. Entsprechend sollen in gebotener Kürze einige zugrunde gelegte Annahmen und Eckdaten thesenartig offengelegt werden. Für eine vertiefte Begründung sei auf meine weiteren Studien verwiesen.[6]

1. Es wird davon ausgegangen, dass der Eigenname אסף in den Psalmen, in Esra-Nehemia und der Chronik *denselben* Eponymen einer (levitischen) Sängergilde bezeichnet. Über die Genre-Differenz hinaus wird ein funktionaler mit einem inhaltlichen „Asaph"-Horizont verknüpft: In Psalm-Texten selbst bleibt sein Name ungenannt, wohl aber werden zwölf Psalmen im Präskript Asaph zugewiesen. Eine zweite Psalmengruppe aus dem Psalterteilbuch IV wird aufgrund von Ähnlichkeiten in den Textvergleich einbezogen (s.u.). Esra-Nehemia wie die Chronik bieten inhaltliche Aussagen über Asaph (und seine Nachfahren).[7]

2. Das Präskript לאסף „zugehörig Asaph" (Ps 50; 73–83) ist nicht beliebig, sondern verbindet eine Gruppe von Psalmen, die sich durch spezifische Eigenheiten charakterisiert. Einer Ellipse vergleichbar kreisen diese um die Brennpunkte „Gerichtswarnung" (*ante factum*) und „Gerichtsverarbeitung" (*post factum*). Wahrscheinlich gab es einen asaphitischen Trägerkreis, der sie verfasst, überliefert, gesammelt und zusammenstellt hat (Asaph-Komposition als Kleinpsalter).

3. Psalmen aus dem Psalterteilbuch IV (Ps 90–106*) weisen Übereinstimmungen mit den genuinen Asaph-Psalmen auf. Diese reichen von asaphitischer Imprägnierung (Milieuverwandtschaft) bis zu direkter Abhängigkeit.[8] Da diese Psalmen das Präskript לאסף nicht (mehr) haben, werden sie als „deutero-asaphitisch" apostrophiert. Ihr Asaph-Bezug gründet im Wesentlichen auf folgenden Momenten:

4　SCHNIEDEWIND, Word, 187 (Zitatausschnitt aus BLENKINSOPP, History, 254).
5　Zum Begriff vgl. NASUTI, History, 62.175.190. Zur inhaltlichen Füllung nachfolgend.
6　Vgl. dazu WEBER, Asaph-Psalter; DERS., Asaf; DERS., Asaf und Jesaja; DERS., Werkbuch III, 166–171.195–197.223–227; DERS., Asaph im Psalter; DERS., Verbindungslinien.
7　Inwieweit diese Passagen oder sogar die gesamten Bücher auf (asaphitische) Sängerleviten zurückgehen, ist nochmals eine andere Frage, die uns hier aber nicht zu beschäftigen braucht.
8　Vgl. dazu im Detail WEBER, Verbindungslinien.

- Die „Festpsalmen" 50 und 81 haben in Ps 95 einen Fortläufer. Zudem sind in Ps 91 programmatische (Gottes-)Worte aus Ps 50 aufgenommen worden. Der „Geschichtspsalm" 78 wird in Art und Akzentuierung in den „Geschichtspsalmen" 105 und 106 fortgeführt (vgl. auch Geschichtsmotivik in Ps 81; 95; 99).
- Die Gerichtsthematik, welche die Asaph-Psalmen nachhaltig bestimmt (s.o.), zeigt sich in modifizierter Weise (Ausweitung auf Gott als Weltenrichter, Einschluss der Vergänglichkeitsthematik) auch in Ps 90–106* (vgl. v.a. Ps 90,7ff.; 92,8ff.; 94; 95,8–11; 96,10.13; 97; 98,9; 99,4.8; 101,8; 102,10–12.27; 103,14.16; 104,7.29.35; 106,16ff.).
- Asaph trägt in 1. Chr 16 ein Psalmen-Medley vor, das sich aus (Teilen von) Ps 96; 105 und 106 zusammensetzt. Falls die aufgenommen Psalmen nicht auch von ihm verfasst wurden, so wird jedenfalls vorausgesetzt, dass sie ihm zur Verfügung standen (in 2. Chr 29,30 wird das Vorliegen von David- und Asaph-Psalmen erwähnt).
- Mose als Gestalt und mit ihm verbundene Überlieferungen und Funktionen treten im Kernbereich des Asaph-Kleinpsalters (Ps 77–78, Namenserwähnung: Ps 77,21) innerhalb des Psalters erstmals in den Vordergrund. Diese Momente bestimmen einzelne Psalmen aus Teilbuch IV wie insgesamt (vgl. v.a. Präskript zu Ps 90 und Rahmenbildung mit Ps 105–106) und sind auf asaphitischen Einfluss zurückzuführen.
4. Das oben genannte Zeitschema gilt *cum grano salis* und bezieht sich weniger auf einzelne Texte (Psalmen) als die Asaph-Konfiguration. Die Abhängigkeitslage der vier Textgruppen (Asaph-Psalmen, „deutero-asaphitische" Psalmen, Asaph-Texte in Esr-Neh und Chr) ergibt sich namentlich anhand von Ps 105–106, die Ps 78 voraussetzen und ihrerseits in 1. Chr 16 rezipiert werden.

Dass sowohl die Asaph-Psalmen als auch Asaph und die Asaphiten in der Chronik mit prophetischen Inhalten und Funktionen in Verbindung standen bzw. gebracht wurden, ist hinlänglich bekannt.[9] Nachfolgend geht es darum zu fragen, inwiefern sich bei diesen Gemeinsamkeiten auch Unterschiede zeigen und ob sich diese mit der von Schniedewind erhobenen „Transition" in Übereinstimmung bringen lassen.[10] Nach dieser Einleitung (1.) werden in einer Übersichtstafel „Gottesreden" und Hinweise über Prophetie innerhalb der „Asaph-Korpora" (für 1./2. Chr mit Beschränkung auf genuin asaphitische Belege) zusammengestellt (2.). Danach werden Texte und Textkorpora mit Blick auf Gottesreden und Prophetie einzeln erörtert und Differenzen herausgearbeitet (3.). Den Abschluss machen Darstellung und Auswertung des Gesamtbefundes (4.).

---

9   Funktionale Bestimmungen, namentlich die Charakterisierung als Kultprophetie, und zeitliche Ansetzungen sind freilich strittig.

10 Die hier vorgetragenen Überlegungen stehen im Kontext eines grösseren Fragekomplexes zu „Asaph-Schnittstellen" zwischen Psalter und Chronik einerseits und einem asaphitischen Trägerkreis sowie mit ihm verbundenen Überlieferungen und Funktionen andererseits.

2. Prophetie in „Asaph-Texten" im Überblick

Textkorpus	Gottesrede	Über Prophetie	Bemerkungen
Ps 50; 73–83		Ps 50,1–2	Theophanie
	Ps 50,5.7–13/15.16–23		Kult und Ethik
		Ps 74,9	Prophetenverlust
	Ps 75,3–4/6.11		Frevler-Gericht
		Ps 77,9	Prophetieverlust
	Ps 78,1(–2?)		Höraufruf
	Ps 81,7–15/17		Volksermahnung
	Ps 82,2–7		Götterschelte
		Ps 83,2?[11]	Prophetieverlust?
Ps 90–106	Ps 90,3		Vergänglichkeit
	Ps 91,14–16		Rettungszusage
	Ps 95,8/9–11		Warnrede
		Ps 99,6?	Samuel = Prophet?
		Ps 102,19?	Prophetenschrift?
	Ps 105,11.15		Zusage/Warnung
		Ps 105,19?	Prophetenwort?
		Ps 106,24–25?	Prophetenworte?
Esr-Neh[12]	Esr 9,11(–12)		Warnung/Verbot
	Neh 1,8–9		Umkehrruf
		Neh 6,7.12–14	Falschprophetie
		Neh 9,30.32	Frühere Propheten
1./2. Chr	2. Chr 20,15–17[13]		Heilswort

---

11   Tournay, Voir, 152, vermutet bei Ps 83 zudem „implizite Orakel", da er auf zahlreiche Orakel von früheren Völkerprophetien antwortet (Belege nennt er nicht).

12   Die Bezeichnung „Asaph-Texte" ist für Esr-Neh im strengen Sinn nicht angebracht, da keiner explizit auf Asaph(iten) Bezug nimmt. Da sie über die prophetische Praxis in (früh)nachexilischer Zeit gewisse Aufschlüsse zu geben vermögen, werden sie hier gleichwohl angeführt.

13   Es handelt sich um den einzigen Beleg in der Chronik, wo Gottesrede (an den König) von einem Asaphiten, Sänger oder Leviten übermittelt wird. Direkte Gottesreden (als Ich-Rede Gottes) oder prophetisch vermittelte Gottesbescheide sind in der Chronik jedoch zahlreich. Eine Durchsicht ergab folgende Belegstellen (ein Teil davon ist chronistisches Sondergut): 1. Chr 14,10.14–15; 17,4–14; 21,10.12.15; (22,8–10; 28,3.6–7); 2. Chr 1,7.11–12; (6,5–6.8–9.16); 7,12–22; 11,3–4; 12,5.7–8; 15,2–7; 16,7–9; 18,10–11.14.16.18–22.24; 19,2–3; 20,37; 21,12–15; 24,20; 25,7–8.15–16; 28,9–11; 34,23–28. Auffällig ist, dass von den hervorgehobenen Königen („Big Five": David, Salomo, Josaphat, Hiskia, Josia) einzig bei Hiskia (2. Chr 29–32) *kein* Prophetenwort erwähnt wird (einen knappen Priesterbescheid bietet 2. Chr 31,10; eine Gebetsrede des Königs findet sich „indirekt" in 2. Chr 30,18–19). Die Könige-Bücher dagegen haben prophetische, an Hiskia gerichtete Reden Jesajas in 2. Kön 19,6–7.20–34; 20,1.5–6.16–18, vgl. Jes 37,6–7.22–35; 38,1.5–8; 39,6–7 (und Gebetsworte Hiskias in 2. Kön 20,3, vgl. Jes 37,16–20; 38,3.10–20). In der Chronik ist Hiskia primär als Handelnder (Kultreformen) dargestellt, und seine (predigthaften!) Reden/Briefe sind

Textkorpus	Gottesrede	Über Prophetie	Bemerkungen
		1. Chr 25,1–2[14]	Asaph = הנבא
		2. Chr 20,14	Asaphit: רוח יהוה
		2. Chr 29,30; 35,15?[15]	Asaph = החזה

Die tabellarische Übersicht bietet eine erste Annäherung an Gottesreden sowie Erwähnungen bzw. Reflexionen über das Phänomen vorliegender oder ausbleibender Prophetie. Anzumerken ist, dass die gelisteten Gottesreden aufgrund teils fehlender Markierung (Einleitungsformeln) weder stets eindeutig eruiert noch in ihrem Umfang exakt von anderer Rede abgegrenzt werden können.[16] Zudem sind unter die Bezeichnung „Gottesrede" unterschiedlich vermittelte (primäre und sekundäre) Redeformen gefasst; auch ist neben einer (kult)prophetischen eine priesterliche Vermittlung erwägbar. Ferner ist zu überlegen (oft verbunden mit Datierungen), ob ergangene Rede aufbewahrt wird oder es sich um eine literarische Nachbildung von Prophetie handelt, die ihren Sitz im Leben von vornherein in der Textwelt hat.[17] Zuletzt steht da und dort hinter einer Referenz ein Fragezeichen, will heissen: Das Vorliegen (prophetischer) Gottesrede ist unsicher.[18]

---

14   an Kultpersonal (2. Chr 29,5–11.31), Israel (2. Chr 30,6–9.18–19) und Militärkader (2. Chr 32,7–8) adressiert.

14   Über Asaph (und seine Nachfahren) hinaus werden auch andere Sängerhäupter (und deren Nachfahren) mit prophetisch-musikalischer Tätigkeit in Verbindung gebracht bzw. als „Seher" bezeichnet (vgl. 1. Chr 25,2–6; 2. Chr 35,15). Aufgrund der Substituierung von „Propheten" durch „Leviten" in 2. Kön 23,2 → 2. Chr 34,30 ist denkbar, dass in der Zeit der Chronik Leviten generell (kult)prophetische Funktionen wahrnahmen. Freilich erwähnt die Chronik auch eine Reihe „klassischer" Seher und Propheten (vgl. u.a. 1. Chr 9,22; 12,19; 17,1ff.; 21,9ff.; 2. Chr 15,1.8; 16,7; 18,5ff.; 24,19ff.). Schliesslich werden דברים von Königen häufig in solchen von Propheten verankert (vgl. 1. Chr 29,29; 2. Chr 9,29; 12,15; 13,22; 26,22; 32,32) und damit Geschichtsschreibung und Prophetie verbunden.

15   Ob der Singular חוזה המלך „der Seher des Königs" sich nur auf den letztgenannten Jedutun oder auf alle drei Sängerhäupter – und damit auch auf Asaph – bezieht, ist unsicher. Letzteres ist anzunehmen. Zwei hebräische Handschriften, die Übersetzungen und 3. Esr 1,15 lesen denn auch pluralisch „die Seher des Königs".

16   Das Phänomen der unmarkierten Übergänge zwischen Psalm- bzw. Prophetenrede einerseits und direkter Gottesrede andererseits (mit teils mehrfachem Wechsel) ist über die Asaph-Psalmen hinaus zu beobachten, z.B. in Jes 51,1–8, dazu UHLIG, Theme, 237–239. Es wäre in einer separaten Studie genauer zu untersuchen. Zu vermuten ist eine enge Verknüpfung der beiden Redeweisen und damit eine hohe Autorisierung prophetischen Redens.

17   Die Fragestellung hat sich in der Auseinandersetzung zwischen dem kultischen Ansatz von Sigmund Mowinckel und dem frömmigkeitlichen Verständnis von Hermann Gunkel akzentuiert und wird in der Psalmenforschung seither debattiert, ohne dass sich die eine Sicht vollends durchzusetzen vermocht hätte. Mit Blick auf die Asaph-Psalmen vgl. JEREMIAS, Kultprophetie, 117–127, und HILBER, Prophecy, 128–185, der die Diskussion aufrollt und (unter Hinzuziehung assyrischer Analogien) für genuine Kultprophetie optiert; ferner WEBER, Werkbuch III, 167–171.

18   Diese Stellen bleiben – mit Ausnahme von Ps 78,1(–2) – in der anschliessenden Auswertung unberücksichtigt.

Im Fokus unserer Untersuchung steht die als Prophetie ergehende bzw. mit (kult)
prophetischen Vermittlern verbundene Gottesrede, in die Asaphiten bzw. Sänger-
Leviten involviert sind oder sein können. Derartige Gottesworte sind gerichtet an
Götter, die Völker und v.a. an das (gottesdienstlich versammelte) Volk Israel – inkl.
Gruppen oder Repräsentanten (König) desselben. Dabei interessiert namentlich die
Art des Gotteswortes und ihre Vermittlung: Ist von genuiner Prophetie, von exege-
tischer Homilie oder von etwas dazwischen auszugehen?

3. Diskussion der Belege im Einzelnen

3.1 Gottesrede/Prophetie in den Asaph-Psalmen

In fünf der zwölf Asaph-Psalmen[19] liegt Gottesrede vor.[20] Die längsten Passagen
finden sich in den „Festpsalmen" 50 und 81. Diese übermitteln bzw. bewahren Gottesworte im Kontext von Gottesdiensten (Herbstfestzyklus). Als Ort ist an ein Heiligtum
zu denken.[21] Die Ich-Reden Gottes sind als solche nur teilweise markiert und nicht
mit den üblichen prophetischen Formeln ein- oder ausgeleitet. Gleichwohl sind sie
in ihrem Charakter als „prophetisch" anzusprechen, nämlich als Kultprophetie.
In beiden Psalmen werden Beurteilungen u.a. anhand von Ge- und Verboten des
Dekalogs vorgenommen. Der Ton ist warnend, teils auch werbend.

In Ps 50[22] sind mehrere, unterschiedlich adressierte Gottesreden eingestellt. Nach
der Eröffnung durch solar- und gewittertheophane Erscheinungen[23] – Gottes Kommen geschieht (wie einst vom Sinaï nun) „vom Zion her" (V. 2) – kommt es zu einer
Gerichtsverhandlung, in der Gott – wie Mose in Dtn 31,28ff. – Himmel und Erde
aufruft, sein Volk zu richten.[24] Gottes Stimme wird erstmals hörbar in der Aufforderung, „meine Begnadeten" zu versammeln, die „meinen Bund schlossen über dem
Schlachtopfer" (Ps 50,5). Nach der Beglaubigung Gottes als Richter durch die Himmel (V. 6) setzt in V. 7 die an das Volk gerichtete Gottesrede mit einem Höraufruf
und einer Selbstvorstellung ein (vgl. Ps 81,9). Sie reicht bis V. 13 und hat in V. 15 ein
nachklappendes Element. Ihr Duktus von Argumentation und Überzeugungsrhe-
torik lässt an eine ursprünglich mündliche Rede denken. In V. 14–15 ruft Gott zum
Dank(opfer) und zum Bittgebet in der Not auf.

Auch die Gottesrede V. 16–23 wird eingeleitet und ist damit markiert. Die Anrede
wird von „meinem Volk" (V. 7ff.) auf den/die „Frevler" (רשע) verengt. Ging es zuvor

---

19   Zur exegetischen Erarbeitung dieser Psalmen vgl. die entsprechenden Abschnitte in
       WEBER, Werkbuch I/II, zur prophetischen Charakteristik NASUTI, History, 127–149.

20   Gegenüber der Erörterung in WEBER, Werkbuch III, 166–171, ergeben sich gering-
       fügige Modifikationen.

21   Die Erstaufführung von Ps 81 könnte im Nordreich (vor 722 v. Chr.) stattgefunden
       haben (vgl. V. 6: „JHoseph"). In Ps 50 geschieht die Theophanie „vom Zion her" (V.
       2), doch Gottes Herkunft (Sonnenaufgang) muss nicht zwingend auch der Auffüh-
       rungsort sein.

22   Vgl. dazu ausführlich: KILCHÖR/WEBER, Gott (→ I.1 in diesem Band).

23   Vgl. Dtn 33,2; Hos 6,3.5 (mit Gerichtskontext), dazu LEUENBERGER, Gott, 34–71.

24   Die für Asaph-Psalmen typische Anlehnung an das Moselied (Dtn 32,1–43) ist deut-
       lich (vgl. Ps 50,4 mit Dtn 32,1.36, ferner Ps 50,22–23 mit Dtn 32,39); dazu WEBER,
       Mose-Lied.

um rechtes und falsches Opfern, so jetzt um unethisches Verhalten im Bereich der zweiten Tafel des Dekalogs (Abkehr von Gottes Weisungen, Vergemeinschaftung mit Gesetzesübertretern, Zungensünden). Der Ton ist schärfer: Die Vergehen werden als Gottvergessenheit gebrandmarkt und Bestrafung angedroht (V. 22). Der Schluss (V. 23) kehrt zum Dankopfer zurück und hat seine Parallele im Ende der vorherigen Rede (V. 14–15). Ps 50 vermittelt den Eindruck, dass in ihm gerichtlich zugespitzte kultprophetische Rede vorliegt.

Ps 81[25], mit vergleichbarem Bundesfestcharakter wie Ps 50, entfaltet seine Gottesrede, die mit V. 7 einsetzt und verschachtelt dargeboten wird (V. 9–11: Prophetie in der Prophetie, ähnlich V. 13b), in Rückgriff auf mosaische Überlieferungen (in V. 16.17a ist die direkte Gottesrede unterbrochen; sie wird aber in der Schlusszeile V. 17b nochmals aufgenommen). Dass die in V. 6c eingeführten Fremdworte von Gott selbst sind, wird durch die Selbstvorstellung in V. 11 evident. Angesprochen ist das gottesdienstlich versammelte Israel als „mein Volk" (V. 9.12.14), dessen mangelnder Wille zu hören (V. 15: „Verstocktheit ihres Herzens") angeklagt wird. Inhaltlich werden Exodus- und Wüstenerfahrung, Bundesbeziehung und aktueller Nahrungsmangel miteinander verbunden. Parallelen zu V. 7–8 sind über die levitisch beheimateten „Meriba"-Überlieferungen (vgl. Dtn 33,8) hinaus Gen 49,15; Ex 2,23–25. Hinter V. 10–11 scheint das erste Gebot bzw. Verbot des Dekalogs durch (vgl. Ex 20,2–5; Dtn 5,6–10; 6,4ff.). Die Wendung „Verstocktheit des Herzens" teilt V. 13 mit Dtn 29,18 und jeremianischen Stellen. Der Aufweis einer heilvollen Zukunft durch Gott selber am Schluss (V. 15–17) ist kaum ohne Reflex auf Dtn 32,12–14 zu denken, zumal die „Sättigung aus dem Felsen" doppelsinnig das in Ex 17,7 berichtete Geschehen wie die im Moselied sich verdichtenden „Fels"-Bezeichnungen für Gott (Dtn 32,4.13.15.18.30–31.37) in Erinnerung ruft.[26] Ähnlich wie Ps 50 lässt auch Ps 81 an Kultprophetie denken.

Ps 82[27] besteht, abgesehen von den Rahmenversen (V. 1.8), aus einer Gottesrede (V. 2–7). Diese ist insofern von besonderer Art, als sie in einer (himmlischen) Ratsversammlung an die Gottwesen ergeht. Gott brandmarkt darin Unrecht und ruft zur Durchsetzung von Recht auf Erden auf. Das über die Gottwesen ausgesprochene Gericht (V. 7) hat ihre Depotenzierung und Sterblichkeit zum Inhalt. Im Hintergrund der Gottesrede steht Dtn 32,8–9; die Völkergerichtsbarkeit wird den Gottwesen entzogen (vgl. auch V. 8).

In *Ps 75* werden – ähnlich wie in der Schlussrede von Ps 50 – Gottlose im Volk angesprochen; Gerichtskontext und warnender Ton sind mit Ps 50 vergleichbar. Der Umfang der (unmarkierten) Gottesrede(n) ist umstritten.[28] Nach dem gottesdienstlichen Lobpreis (V. 2) ergeht ein nicht näher adressiertes Gotteswort (V. 3–4). Darin

---

25 Vgl. zu Ps 81 auch den Beitrag I.4 in diesem Band.

26 Zu den deutlichen Bezügen zwischen Ps 81 und Dtn 32,1–43 (in seinem Kontext) vgl. WEBER, Mose-Lied, 299–305.

27 Die meisten Ausleger datieren – meist aufgrund der religionsgeschichtlichen Entwicklungsstufe (Monotheismus) – Ps 82 (und teils Dtn 32) nachexilisch, z.B. LORETZ, Psalmstudien, 268–274; SCHMID, Traditionsliteratur, 129–130.136–138. Ich halte diese Einschätzung nicht für zwingend und favorisiere eine (auch zeitliche) Nähe von Ps 82 zu den anderen asaphitischen Gerichtspsalmen (8./7. Jh. v. Chr.).

28 Neben dem Schlussvers 11 sind V. 3–4 unstrittig; denkbar ist, dass die Rede von V. 3–4 bis V. 6 oder 7 weitergeht.

kündet Gott gerechtes Richten an und weist sich als Weltsicherer und Chaosmächti-
ger aus. Entweder konkretisiert nun eine menschliche Autorität die Gottesansage für
die Frevler,[29] oder – wahrscheinlicher und hier angenommen – die Gottesrede setzt
sich in V. 5–6 (ohne V. 7) konkretisierend fort. Sie ist nun zugespitzt auf „Verblendete"
(הוללים) bzw. „Frevler" (רשעים); diese werden aufgefordert, von ihrer Hybris zu lassen. Im Fortgang (V. 7–9) werden mit dreimaligem כי „denn, gewiss" und abschlies-
sendem אך „fürwahr" in menschlicher Rede Folgerungen und Vergewisserungen
angeschlossen. V. 10 kehrt zum Lobpreis an Gott zurück (ein Ich aus der Wir-Gruppe
von V. 2). Mit V. 11 erscheint ein vergewisserndes Wort von Gott zum Schluss: Das
Hörnerbild von V. 5–6 wird aufgenommen und die dortige Gerichtswarnung in eine
Gerichtsansage überführt.[30] Die Gottesrede V. 3–6 lässt an Kultprophetie in einem
gottesdienstlichen Setting und damit an ähnliche Zusammenhänge wie Ps 50 und
81 denken. Berührungen mit dem Hanna-Lied (1. Sam 2,1–10) sind gegeben;[31] dabei
dürfte Ps 75 älter sein. Möglich ist, dass – weniger bei der Gottesrede als beim liturgischen Rahmen und den Adaptionen innerhalb der Menschenrede – Bezüge zu den
poetischen Mose-Stücken vorliegen.[32]

Die Eröffnung von *Ps 78*[33] ist aufgrund der Anrede עמי „mein Volk" (vgl. die asaphitischen Belege Ps 50,7; 81,9.12.14, ferner Ex 6,7; Dtn 4,10; Jes 10,24; 51,4; 2. Chr 7,14)
sowie der Angabe תורתי „meine Weisung" kaum mit einer menschlichen Person als
Redner zu vereinbaren.[34] Der Vorschlag, als Sprecherin von Ps 78,1–2 die personifizierte Weisheit anzunehmen,[35] hat für sich, dass *beide* Eröffnungsverse mit *einer*
Sprechstimme verbunden werden können und dass sich dies zum weisheitlichen
Kolorit von V. 2 fügt. Der Höraufruf V. 1, der an den Anfang des Moseliedes erinnert
(vgl. Dtn 32,1, ferner 31,28), die asaphitischen Seitenbelege mit Gottesreden (vgl. Ps
50,7; 81,9.12.14) sowie die nachfolgende Geschichtsdeutung lassen freilich eher an
einen Propheten in der Nachfolge Moses denken (vgl. Dtn 18,15–18). Ps 78,2 ist entweder – auf der Mose-Spur bleibend – mit Blick auf Num 12,8 gleichfalls als Stimme
Gottes oder aber als die eines Weisheitslehrers einzustufen (vgl. Ps 49,4–5). Ps 78
bietet jedenfalls eine Verbindung von Prophetie, Weisheit und Geschichtsdeutung
(vgl. Num 22,38ff.). Als Sitz im Leben ist – vergleichbar mit Ps 81 (und Ps 50) – ein
Fest (Herbstfest, Bundeserneuerung) anzunehmen (vgl. Dtn 31,9–30).

Fazit: Es ist hinreichend deutlich geworden, dass die aufgeführten und diskutierten Belege aus den Asaph-Psalmen Kultprophetie bezeugen, diese literarisch
aufnehmen und in der Gestalt von Psalmen liturgisch überliefern. Die Gottesreden

---

29   So Hossfeld, Psalm 75, 375–376.
30   Es lässt sich diskutieren, ob diese abschliessende Gottesrede nicht als gesanglicher
     Vollzug bzw. Einlösung von V. 10 (Lobversprechen) zu verstehen ist: Liedinhalt
     oder -anfang einer Liedstrophe, die Gott als Sprecher hat („vertonte Prophetie").
31   Dazu Hossfeld, Psalm 75, 380–381.
32   Vgl. V. 2.4.10 mit Ex 15,2.11.15 und V. 8–9.11 mit Dtn 32,14.36ff. Zu Berührungen
     zwischen Ps (20; 81 sowie) 75 und Papyrus Amherst 63 vgl. Rösel, Psalmen, sowie
     van der Toorn, New Year, 637–643.
33   Vgl. zu Ps 78 auch den Beitrag I.3 in diesem Band.
34   Gegen Hossfeld, Psalm 78, 419.
35   So Spieckermann, Heilsgegenwart, 140.

werden als authentisch und nicht als imaginiert eingestuft.[36] Die kollektiv-nationale Ausrichtung dieser (m.E. vorexilischen) Psalmen und ihr gottesdienstliches Setting weisen ebenfalls in diese Richtung.[37] Die Reden Gottes, welche durchwegs warnenden und richtenden Charakter haben, aktualisieren (v.a.) „levitisch-mosaische" Überlieferungen. Teils weisen sie – wie Ps 81 – eine Nähe zur prophetischen (Leviten-)Predigt auf, ohne dass man allerdings bereits von Schriftauslegung im engeren Sinn reden darf und ohne dass Collagen bereits autorisierter Gottesworte vorliegen.[38] Adressat ist mehrheitlich Israel insgesamt, als versammelte Gemeinde, oder frevlerische Gruppen, die zu ihr gehören. Singulär ist Ps 82, wo Gottwesen als für die ungerechten und chaotischen Zustände verantwortlich angesprochen werden. Die Gottesreden werden unterschiedlich eingeführt und legitimiert. Manchmal erscheinen sie so unvermittelt wie selbstverständlich und in Redemischung mit menschlichen Sprechern. Dann wieder erhält man den Eindruck, dass die Autorisierung des Sprechers oder Übermittlers des Gottesworts eng an dieses selbst angeschlossen wird. In Ps 50,1–3 geht der Gottesrede eine dreifache Anrufung Gottes und eine Sonnen- und Gewittertheophanie voraus (zu asaphitischen Seitenbelegen für Theophanien vgl. Ps 76,5–7; 77,17–19/20; 80,2–3; 83,14–16).

Um die Asaph-Psalmen ist mit Ps 50,1–3 und 83,1–2/5.19 ein Rahmen gelegt, der bezeichnenderweise das Reden/Kommen Gottes einerseits und sein (prophetisches) Schweigen und Nichteingreifen andererseits aufeinander bezieht und beides mit einer dezidierten „Namenstheologie" verbindet (vgl. Ps 50,1 mit 83,19).[39] Mit den Asaph-Psalmen verbinden sich zwei gegenläufige Phänomene: Mehr als in jeder anderen Psalmengruppe finden sich in ihr Worte Gottes und wird in ihr seine Präsenz evoziert (Vielfalt und Häufigkeit von Gottesanrufungen, Theophanien). Zugleich ringen diese Psalmen angesichts katastrophaler Zustände – zu denken ist an 722 v. Chr. und dann an 587 v. Chr. – mit der Abwesenheit Gottes und seines (heilsamen) Wortes (vgl. Ps 74,9; 77,8–10; 83,2, ferner Ps 73,10–12; 78,60–65; 79,5.10;

---

36 HOSSFELD, Das Prophetische, trägt die verschiedenen Forschungsansätze zur Verbindung von Prophetie und den (Asaph-)Psalmen zusammen (zu ergänzen sind die seit der Erstveröffentlichung seiner Studie erschienenen Monographien von DOEKER, Funktion, und HILBER, Prophecy; vgl. ferner WEBER, Werkbuch III, 166–171, mit einer Zusammenstellung aller Belege im Psalter und knappen Ausführungen zum prophetischen Charakter der Asaph-Psalmen). Gemäss HOSSFELD, Das Prophetische, betätigen die Asaphiten sich zwar kultisch, sind aber keine Kultpropheten (mehr); vielmehr treten sie das Erbe der vorexilisch-exilischen Prophetie „als Theologen mit eigenständigem Bemühen um Prophetie und Geschichte" (ebd., 175) an.

37 Zur Datierung vgl. WEBER, Asaph-Psalter, 127–133. Entgegen der hier vertretenen Auffassung werden die genannten Psalmen heute öfters nachexilisch angesetzt. Damit wäre an den zweiten Tempel zu denken und das Phänomen der Kultprophetie anders einzuschätzen; so z.B. TOURNIER, Voir, 3–28.39–48.125–146.

38 KOENEN, Gottesworte, unterscheidet zwischen in die aktuelle Situation des Psalmisten gesprochene Gottesworte (dazu zählt er die asaphitischen Psalmen 50; 75; 81; ferner u.a. Ps 91; 95) einerseits und Worten, die Gott einst gesprochen hat und die jetzt vom Psalmisten zitiert werden. Allerdings kann auch mit Hilfe von Schriftwort aktuelles Gotteswort ergehen.

39 Vgl. WEBER, Psalm 83, 75–82. Ob mit Ps 50–83* eine David-Asaph-Sammlung, wie sie in 2. Chr 29,30 reflektiert erscheint, als Vorstufe des „Elohistischen Psalters" vorliegt?

80,8.15.20). Hinter den Psalmen ist ein Trägerkreis anzunehmen, der Funktionen bei gottesdienstlichen Zusammenkünften innehat und darüber hinaus über eine grosse Kenntnis nationaler, insbesondere (einst) im Nordreich gepflegter „mosaischer" Traditionen verfügt.

3.2 Gottesrede/Prophetie in „deutero-asaphitischen" Psalmen

Im Psalterteilbuch IV (Ps 90–106) zeigen – wie oben angezeigt – einige Psalmen sowie die Buchkomposition asaphitische Beeinflussung.[40] Weil diese Kolorierung nicht durch Präskripte לאסף „zugehörig Asaph" ausgewiesen bzw. offengelegt wird, verwenden wir das Label „deutero-asaphitisch". Auch ohne den Grad der Asaphizität der Psalmen im Einzelnen zu erheben, lässt sich anhand des Überblicks erkennen, dass der Umfang der Gottesreden gegenüber den genuinen Asaph-Psalmen geringer ist.

Mit Ps 95 erscheint – nach den asaphitischen „Festpsalmen" in Teilbuch II (Ps 50) und Teilbuch III (Ps 81) – in Teilbuch IV ein dritter Psalm dieses Typs, der deutliche Verwandtschaft mit seinen beiden Vorgängern zeigt. Nach Aufrufen und Bekenntnissen (V. 1–7), die eine gottesdienstliche Verankerung aufweisen, geht der Psalm recht unvermittelt in Gottesrede über und wechselt atmosphärisch vom Gotteslob zur Gotteswarnung (Scheltrede). Nach dem mit היום „heute" aktualisierend einsetzenden Aufruf in 7d (vgl. Dtn 5,1; 9,1; 11,2.13; Jer 3,25; 11,7; Neh 1,6), fängt mit V. 8 (als Apodosis) die Gottesrede wahrscheinlich an und reicht bis zum Schluss des Psalms.[41] Als Negativbeispiel der Herzensverhärtung (ähnlich Ps 81,13, ferner Neh 9,16–17.29; 2. Chr 30,7–8) und Gottversuchung wird, vergleichbar mit Ps 81,8 (Gott als Prüfender), das Verhalten der Väter in der Wüstenzeit angeführt (zu Meriba/Massa vgl. Ex 17,[1–]7; Dtn 6,16; 33,8; Ps 106,32). Als Reaktion darauf spricht Gott in V. 10 von anhaltendem „Empfinden von Ekel" (קוט) – nur hier erscheint das seltene Verb mit Gott als Subjekt. Aufgrund der Verwendung der Bezeichnung in Ez 6,9; 20,43; 36,31 sowie der Wendung עם תעי לבב „ein Volk irrenden Herzens" (vgl. Jes 63,17–18; Jer 50,6; Ez 14,11; Mi 3,5, ferner 2. Chr 36,13) ist zu vermuten, dass Exilserfahrung mitverarbeitet ist. In V. 10, und 11 wird innerhalb der Gottesrede je ein Gotteswort eingeleitet und zitierend angeführt (Verschachtelungstechnik): Das Nicht-Anerkennen von Gottes Wegen in V. 10, vgl. Dtn 8,2. V. 11 (Entbrennen von Gottes Zorn) dürfte auf Num 32,10–15 (vgl. Num 14,30–35) verweisen, das Nichteingehen in Gottes מנוחה „Ruhe(stätte)" auf Dtn 12,9–10 (vgl. auch Dtn 3,20; Jos 1,13.15; Jes 63,14–15, ferner Ps 132,8.14; 1. Chr 22,9.18; 23,25). John Hilber beurteilt die Gottesrede aufgrund des aktualisierenden „Heute" als „,live' prophetic performance"[42] und nicht als poetische Fiktion. Allerdings ist zu konstatieren (was auch Hilber tut), dass gegenüber den Gottesreden in den Asaph-Psalmen (Ps 50; 81, auch 75) Veränderungen vorliegen und die Kultprophetie in Ps 95 sich gleichsam auf dem Weg in Richtung homiletisch-levitischer Rede befindet (zu der die „Heute"-Einleitung ebenfalls passt). Die Gottesrede ist weniger spezifisch, und es fehlen Selbstvorstellungsaussagen wie in Ps 50 und 81, ebenso Ansagen göttlicher

---

40   Der Grad asaphitischer Tingierung ist unterschiedlich; vgl. dazu im Detail WEBER, Verbindungslinien.

41   Die Alternative besteht darin, die Apodosis noch der menschlichen Stimme zuzuweisen und die Gottesrede mit V. 9 beginnen zu lassen (so mein Vorschlag in WEBER, Werkbuch II, 140–141).

42   HILBER, Prophecy, 182.

Intervention und Rettung (auch Theophanie). Zudem zeigt sich – namentlich in den Zitaten innerhalb der Gottesrede – eine neue Auslegungsweise, die ferne und nahe Zeit aktualisierend verschleift (die beiden Zitate werden der Frühzeit zugewiesen, repräsentieren aber eher die Gegenwart). Die Einschätzung der Passage als (kult)prophetische Imitierung und damit als rein literarisches Phänomen ist andererseits auch nicht überzeugend, so dass hier wohl ein Beispiel von (noch) Kultprophetie im Übergang zu exegetisch-prophetischer Predigt vorliegt. Eine gottesdienstliche Versammlung und ein Opferaltar, aber nicht zwingend ein Tempel, sind vorausgesetzt. Eine spätvorexilische Ansetzung ist möglich, eine frühnachexilische aufgrund der prophetischen Parallelen (v.a. Ezechiel) als Hintergrund der beiden Zitate und einer zu vermutenden Analogie von Landnahmeverweigerung und Exilserfahrung wahrscheinlich.[43]

Von den drei Psalmen, die in 1. Chr 16,8–36 auf Anordnung Davids von „Asaph und seinen Brüdern" (teilweise) vorgetragen werden (Ps 96; 105; 106), beinhaltet nur *Ps 105* Gottesrede (sie befindet sich in dem Teil des Psalms, der in 1. Chr 16 aufgenommen wird). In dem von narrativer Lyrik bestimmten Ps 105 werden in V. 11 und 15 je eine kurze, eingeführte Gottesrede zur Unterstreichung der zuvor gemachten Aussagen zitatartig eingespielt. Bei der Rede in V. 11, die einst an Jakob bzw. die Erzväter erging, handelt es sich um ein Misch- oder *ad-hoc*-Zitat. Die Landverheissung findet sich gehäuft, so dass eine Bezugsstelle nicht sicher auszumachen ist (vielleicht Gen 12,7, vgl. auch 13,15; 17,8; 24,7; 35,12). Der zweite Teil mit dem Ausdruck חבל נחלתכם „Mass eures Erbes" führt zu Ps 78,55 und Dtn 32,9 (vgl. auch Ps 105,44). Das Gotteswort in V. 15 bietet eine Ermahnung an Fremdkönige, die im Erzählkontext in der Erzväterzeit situiert wird. Aufgrund des Inhalts setzt sie wohl – trotz Gen 17,6; 20,7; Ps 47,10 – Königtum und Prophetie voraus (vgl. Neh 9,32). Sie hat Ähnlichkeiten mit der Metapher in Sach 2,12 und lautet: „Tastet nicht an meine Gesalbten, und meinen Propheten tut nicht übel!" Es wird deutlich: Beide Male kann von „Gottesrede" nur mit Einschränkungen gesprochen werden; jedenfalls liegt hier keine aktuell ergehende (Kult-)Prophetie vor, und der Psalm gibt keinen deutlichen Hinweise auf eine liturgische Situation. Die Worte werden als *einst* ergangen vorgestellt und eingespielt („sekundär-prophetisch") und dienen der Bekräftigung. Dabei wird auf autorisierte Überlieferung zurückgegriffen und diese umgeprägt. Eigentliche Schriftzitierung liegt freilich nicht vor. Diese knappen, neu geprägten Gottesreden verdanken sich einem theologisch-homiletischen Anliegen.

Die kurze Gottesrede in *Ps 90,3* im Kontext der Vergänglichkeitsaussagen zeigt eine Rückkehr *aus* dem Leben an. Sie wird als einst (uranfänglich?) ergangen gefasst und lässt sich als Adaption des Gerichtswortes bzw. Gottesbescheides an Adam in Gen 3,19 (vgl. auch Hi 10,9; 34,15) verstehen – nur dass an Stelle des geläufigen עפר „Staub" das seltene und „massivere" דכא „Zermalmtes" Verwendung findet (um Vergänglichkeits- und Exilserfahrung zu verbinden? Vgl. Ps 94,5). Vergleichbar mit Ps 105,11.15 ist nicht von einem aktuell-prophetischen Wort, sondern einem „schöpferischen Zitat" zur Aussagebestärkung auszugehen.

Ps 91, ein Vertrauenspsalm, in dem es um Schutzsuche und -gewährung bei Gott (im Heiligtum) geht, ist mit seinen Sprechwechseln kommunikativ komplex.

---

43   Ähnlich die Einschätzung von HOSSFELD, Psalm 95, 662 (in WEBER, Werkbuch II, 141, habe ich eine spätvorexilische Ansetzung präferiert).

V. 14–16 beinhalten eine betont den Schluss bildende Gottesrede, die unvermittelt und ohne Abgrenzung auf eine Zusage von Gotteshilfe (V. 10–13) folgt. Während V. 14 auf zuvor ergangene Bekenntnisaussagen zurückgreift (vgl. V. 2.9) und diese positiv beantwortet, sind V. 15–16 unter Aufnahme von Ps 50,15.23 formuliert – an beiden Orten handelt es sich um Gottesrede, die (teils) in betonter Schlussstellung im Psalm figuriert. Anders als in Ps 50 ist diese hier freilich nicht an ein Kollektiv, sondern an ein Individuum gerichtet. Falls nicht der König im Blick ist – wofür es keine expliziten Hinweise gibt – wird man weniger an Kultprophetie als an ein priesterliches Heilswort zu denken haben, was für unsere Fragestellung weniger relevant ist. Abgesehen davon lässt sich aufgrund des unmarkierten Übergangs zur Gottesrede und der adaptierenden Entlehnung aus Ps 50 fragen, ob wir in Ps 91 Teil eines kultisch-liturgischen Rituals (das ist wahrscheinlicher) oder eine literarische Nachbildung desselben vorliegen haben.[44]

Fazit: Mit Blick auf die Gottesreden innerhalb des asaphitisch (mit)geprägten Psalterteilbuchs IV (Ps 90–106) sind im Vergleich mit denjenigen in den genuinen Asaph-Psalmen Veränderungen zu konstatieren, welche die vermutete spätere Ansetzung erhärten. Gegenüber den Asaph-Psalmen sind Ausmass, Umfang und Bedeutung der Gottesreden abnehmend. Handelt es sich bei den asaphitischen Gottesreden durchgängig um Warnung und Gerichtsansage in gottesdienstlichem Geschehen, so ist in den betreffenden Psalmen aus Teilbuch IV eine „atmosphärische Aufhellung" wahrzunehmen und eine Diversifizierung hinsichtlich Form und Art der Gottesreden festzustellen. Der Kultprophetie der Asaph-Psalmen am nächsten steht die Gottesrede in Ps 95. Der Vergleich mit Ps 81 (und Ps 50) lässt eine kultprophetische Spätform erkennen, die sich auf dem Weg zu einer stärker exegetisch-homiletischen Aktualisierung autorisierter Überlieferung befindet. Gleichwohl versteht sich diese als „deutend" und damit als „prophetisch", eine Wandlung im Verständnis von Prophetie anbahnend. Bei den knappen Einspielungen von Gottesreden in Ps 90 und 105 ist von Kultprophetie dann nicht mehr zu reden. Gottesreden werden vielmehr literarisch zur Bekräftigung von Aussagen im Rückgriff auf Überlieferungen eingesetzt (innerbiblische Exegese). Da Ps 91 in seiner Gottesrede explizit auf Ausschnitte der Gottesreden in Ps 50 zurückgreift, lässt sich eine asaphitisch-deuteroasaphitische Entwicklung aufweisen: Die national-kollektiv ausgerichtete Kultprophetie aus Ps 50 wird in Ps 91 aufgegriffen und im Rahmen dieser Sekundärverwendung in ein individuell ergehendes Heilswort umgeprägt. Ein Heiligtum ist beide Male vorauszusetzen; das Setting freilich verschiebt sich von der Kultprophetie zum Priesterbescheid.

3.3 Gottesrede/Prophetie in Esra-Nehemia

In Esr-Neh sind Gottesreden sehr selten, und auch die Hinweise zur Prophetie sind nicht zahlreich. Das liegt im „dokumentierenden" Genre begründet. In Esr-Neh ist bei keiner *expliziten* Asaph(iten)-Erwähnung eine prophetische oder schriftauslegende Tätigkeit angeführt. Die Asaphiten sind vielmehr involviert in Instrumentenspiel und Gesang zu gottesdienstlichem Lobpreis (vgl. Esr 3,10; Neh 11,17.22; 12,35.45–46). Dies scheint – in deutlicher Abhebung gegenüber den Gerichtskontexten der

---

44   Es könnte sich auch um Ausdrucksweisen im Übergang handeln. Vgl. dazu auch die Überlegungen von HILBER, Prophecy, 203–209; ZENGER, Psalm 91.

Asaph-Psalmen – nachexilischer „Konsens" zu sein. Die Aufgaben decken sich mit denen von Asaph und seinen Nachfahren in der Chronik, und auch die wohl etwas früher anzusetzenden deutero-asaphitischen Psalmen aus Teilbuch IV spiegeln bereits ein Abrücken vom Gerichtskontext. Am deutlichsten – und darin mit dem deutero-asaphitischen Ps 106 (wie in geringerem Masse mit dem asaphitischen Ps 78) vergleichbar – kommt im Bussgebet der Leviten in Neh 9,6–37 prophetisch-homiletische Aktualisierung der Schrift zum Tragen.[45] Dass Asaphiten mitwirkten, ist möglich, ja sogar wahrscheinlich; allerdings bleibt der Text eine explizite Erwähnung der Asaphiten schuldig und ist daher nur bedingt auswertbar. Wenn wir die Gottesreden und Prophetenaussagen in Esr-Neh auch ohne expliziten Asaphiten-Bezug kurz streifen, dann deshalb, weil zum einen die Asaphiten wie die (anderen) Leviten in der nachexilischen Zeit eine bedeutende Rolle spielten, und wir zum anderen die prophetische Charakteristik in einem einigermassen bestimmbaren Zeitrahmen (5./4. Jh. v. Chr.)[46] erfassen und ein *missing link* zwischen den (deutero) asaphitischen Psalmen und den Asaph-Erwähnungen in der Chronik gewinnen können.

Das Gebet in *Esr 9,6–15*, welches Esra in der Ich-Form beginnt und das dann in ein kollektives Wir (im Sinne von Esr 9,1: Das Volk Israel und die Priester und die Leviten) übergeht, enthält eine eingeführte Gottesrede, die sicher V. 11, möglicherweise auch V. 12, umfasst. Ein früher an „deine Knechte, die Propheten" (vgl. u.a. 2. Kön 9,7; 17,13.23; 21,10; Jer 7,25; 25,4) ergangenes Gotteswort wird aktualisiert. Ein direktes Schriftwort ist nicht greifbar, vielmehr werden (vornehmlich) deuteronomische Aussagen adaptierend zusammengestellt (vgl. Lev 18,26–30; Dtn 1,38–39; 6,11; 7,1.3.25–26; 11,8; 18,9). Dieser Technik prophetisch-akzentuierter Schriftauslegung sind wir bereits bei deutero-asaphitischen Psalmen begegnet.

Eine zweite Gottesrede findet sich innerhalb des Nehemia-Gebets *Neh 1,5–11* in V. 8–9. Eingeführt wird sie als ein Wort an „Mose, deinen Knecht", an das Gott nun gedenken möge. Es ergeht eine Warnung vor der Zerstreuung unter die Nationen, ein Aufruf zur Umkehr, um gegenläufig Gottes Sammeln aus den Völker zu bewirken, und ein Hinweis auf den von Gott erwählten Ort. All dies ist aus deuteronomischen Passagen zusammengefügt (vgl. Dtn 4,27; 12,5.11.18; 28,64; 30,2–49). Es sind dort Mose-, aber keine Gottesreden, was als indirekter Hinweis für deren autoritativ gewordenen Status zu werten ist (Tora Moses ist Tora Jhwhs). Ansonsten gilt für die Gottesrede im Nehemia-Gebet das, was bereits zum Esra-Gebet gesagt wurde. Neh 6,7.12–14 geben Einblick in die Virulenz von käuflicher bzw. falscher Prophetie in frühnachexilischer Zeit. Neh 9,30.32 erwähnt im Bussgebet Gottes Reden (Zeugen) „durch deinen Geist mittels deiner Propheten" (ברוחך ביד־נביאיך). Auf dieses wurde nicht gehört. Anschliessend wird Gott aufgerufen, gnädig die Mühsal, die alle – von den Königen bis zum ganzen Volk – getroffen hat, zu beachten. In die Aufzählung werden „unsere Propheten" eingeschlossen.

Fazit: Genuine (kult)prophetische Rede ist in Esr-Neh nicht (mehr) greifbar. Die kurzen Gottesreden innerhalb der Gebete greifen auf keine explizit ergangenen

---

45   Eine Synoptik der Pentateuch-Themen u.a. in Ps 78; 105; 106; Neh 9,6–37 findet sich
        bei Bautch, Developments, 112.

46   Vgl. Williamson, Ezra, xxxv–xxxvi.

Gottesworte zurück, sondern mischen und adaptieren (dtn) Schriftworte mit der Funktion der Unterstreichung und Bestärkung.

3.4 Gottesrede/Prophetie in der Chronik

Gottesrede und Prophetie in der Chronik, samt ihrer Art und Verwendung, stellt eine breite Thematik dar, die zu entfalten hier nicht der Platz ist.[47] Wir beschränken uns auf Stellen, wo Asaph als Sänger- bzw. Musikerhaupt oder aber seine Nachfahren mit Gottesrede oder prophetischen Funktionen in Zusammenhang gebracht werden. Im Fokus steht das Josaphat-Kapitel *2. Chr 20*, welches – abgesehen von den Asaph-Psalmen – die einzige Gottesrede enthält (V. 15–17), die explizit mit Asaph bzw. einem Nachfahren von ihm in Verbindung gebracht wird. In den Könige-Büchern ist der Regentschaft von Josaphat (ca. 868–847 v. Chr.) wenig Raum gewidmet (1. Kön 22,41–51); allerdings taucht er darüber hinaus in Berichten von Nordreich-Königen (Ahab, Joram) auf (1. Kön 22,2–18.29–33; 2. Kön 3,7–27; 12,19). Die Berichterstattung zu König Josaphat in der Chronik ist umfangreicher und geschieht in einem Block (2. Chr 17–20, vgl. noch 2. Chr 21,12; 22,9).[48] 2. Chr 20,1–30, wo die Gottesrede sich befindet (V. 15–17), wird als chronistisches Sondergut[49] beurteilt, dessen Herkunft im Dunkeln liegt und dessen Quellenwert strittig ist.[50] Der hier interessierende Abschnitt 2. Chr 20,14–19 sowie v.a. die Gottesrede in dessen Mitte (V. 15–17) weisen Doppelungen und eine insgesamt chiastische Struktur auf.[51]

Angesichts einer anrückenden Feindkoalition ruft Josaphat ein Fasten aus; Juda versammelt sich, um Jнwн zu befragen.[52] Im Tempel richtet der König ein Gebet an Gott (2. Chr 20,6–13). Daraufhin kommt der Geist Jнwнs inmitten der versammelten Gemeinde (קהל) auf den asaphitischen Leviten Jahasiël (= „der Gott schaut") (V. 14). Analoge Formulierungen für den Empfang prophetischer Rede (היה/צלח-x על רוח יהוה) finden sich bei Richtern (Ri 3,10 [Otniël]; 11,29 [Jeftah]; 14,6.19; 15,14 [Simson]) sowie bei Saul (1. Sam 10,6.10; 11,6; 19,25 – seinen Boten: 1. Sam 19,20)[53] und David (1. Sam 16,13). Sie bezeichnen eine zeitweilige Bevollmächtigung durch Gott für bestimmte Aufgaben. In der Chronik selbst gibt es Analogien – beide Male mit anschliessender Gottesrede wie hier – in 2. Chr 15,1 (Asarja → Asa) und 24,20

---

47 Vgl. dazu die genannte Studie von SCHNIEDEWIND, Word.

48 Die Schilderung übertrifft im Umfang diejenige von Josia (2. Chr 34–35), reicht nahe an die über Hiskia heran (2. Chr 29–32) und wird nur von derjenigen zu den Königen David (1. Chr 11–29) und Salomo (2. Chr 1–9) deutlich übertroffen.

49 2. Chr 20,1–30 weisen allerdings Berührungen zu 2. Kön 3,4–27 auf (Kampf gegen Moab, prophetisches Rettungsorakel, Sieg, vgl. ferner 2. Kön 3,23 mit 2. Chr 20,23), die fragen lassen, ob bzw. inwiefern das dort berichtete Geschehen hier zugrunde liegt (und stark modifiziert wird – auch aufgrund von Dtn 2,9.18–19?).

50 Die Frage, ob das Berichtete eine historiographische Überlieferung aus der Königszeit, eine Spiegelung der chronistischen Gegenwartszeit (Fiktion) oder allenfalls ein Amalgam von beidem darstellt, ist für die Beurteilung der Gottesrede in 2. Chr 20,15–17 nicht ohne Einfluss.

51 Vgl. dazu JAPHET, 2 Chronik, 252–255.

52 Eine Gottesbefragung via Propheten ist von Josaphat mehrfach bezeugt, vgl. 1. Kön 22,5–10 = 2. Chr 18,4–9; 2. Kön 3,11–19.

53 Zum Weichen des Geistes Jнwнs von ihm bzw. zum „bösen Geist Jнwнs," der über ihn gerät, vgl. 1. Sam 16,14–16.23; 18,10; 19,9 (ferner 1. Kön 22,24 = 2. Chr 18,23).

(Secharja →Volk/Joasch). Ausserhalb der Chronik liegt nur noch bei Saul (und seinen Boten) eine Verbindung von Geistempfang und prophetischem Reden vor (vgl. 1. Sam 10,6.10–12; 19,20–24).[54] Der initiale Aufmerksamkeitsruf an „ganz Juda und die Bewohner Jerusalems und du, König Josaphat" hat seinen Ort in der Prophetie (vgl. u.a. Jes 10,30; 28,23; 51,4; Hos 5,1), ebenso wie die anschliessende Botenformel. Die rahmend um die Gottesrede gelegte Formulierung (V. 15.17): „Fürchtet euch nicht und seid nicht niedergeschlagen ...!" findet sich (nahezu) wörtlich in Dtn 1,21; 31,8; Jos 8,1; 10,25 und wird in der Chronik mehrfach aufgenommen (ausser hier noch in 1. Chr 22,13; 28,20; 2. Chr 32,7). Sie ergeht ursprünglich im Kontext der Landnahme, ist Ermutigung angesichts (über)mächtiger Feinde (gegenläufig 1. Sam 17,11) und fügt sich hier entsprechend gut in die Gottesrede. „Diese grosse (Kriegs-) Menge" (ההמון הרב הזה V. 15, vgl. V. 2.12.24) hat als auffälligste Parallele Jes 16,14, eine prophetische Reaktualisierung im Anschluss an den Völkerspruch über Moab (Jes 15–16). Ein Rückbezug ist wahrscheinlich (vgl. auch 1. Kön 20,13.28 [anonymer Prophet an Ahab] und 2. Chr 32,7 [Hiskia an das Volk], ferner Num 22,3). Dass der Kampf nicht des Volkes, sondern Gottes Sache ist (V. 15.17), verweist auf Ex 14,14.25 bzw. Jhwh als איש מלחמה „Kriegsmann" (Ex 15,3, ferner Jes 42,13). Auch die mit der Landnahme verbundene Wiederaufnahme dieses Motivs (Dtn 1,30; 3,22; 20,4; Jos 10,14.25.42; 23,3.10) dürfte im Fokus sein – besonders deutlich Dtn 3,22: „Fürchtet sie nicht! Denn Jhwh, euer Gott, er ist der Kämpfende für euch!" In V. 16 folgen taktische Anweisungen, verbunden mit detaillierten Ortsangaben. Interessant ist die Erwähnung der „Anhöhe/Steige von Ziz" (auf die eine feindliche Koalition heraufsteigt), weil im Moab-Orakel in Jer 48,9 ebenfalls ציץ vorkommt. Die Bedeutung (= ציון „Stein-, Grabmal"?) ist dort unsicher,[55] dennoch ist es wahrscheinlich, dass der Völkerspruch als bekannt vorausgesetzt wird, zumal weitere Momente daraus (Wüste, Flucht, Vernichtung) auftauchen.[56] V. 17 lehnt sich – wie schon V. 15, nur noch stärker – an die Schilfmeerrettung insofern an, als Moses Worte in Ex 14,13–14 (vgl. Ex 14,30–31) aufgegriffen werden. Josaphat und das Volk „anworten" auf die durch Jahasiël vermittelte Gottesrede mit Anbetung und levitischem Lobpreis. Die Anweisungen werden strikt befolgt und „Sänger für Jhwh" vor die Kampflinien gestellt. Ein Hinterhalt führt zum Sieg Gottes über die Feinde.

Die asaphitische Prophetenrede in 2. Chr 20,15–17 macht zunächst den Anschein einer genuinen Prophetie. Merkmale wie Aufmerksamkeitsruf und Botenformel tragen zu diesem Eindruck bei. Auffallend ist allerdings, dass kein herkömmlicher Prophet (wie sonst in der Chronik), sondern ein levitisch-asaphitischer Sänger die Aufgabe übernimmt. Sänger sind zwar prominent in der Chronik vertreten, und ihren Häuptern werden musikalische wie prophetische Funktionen zugeschrieben, gleichwohl ist die vorliegende Übermittlung einer Gottesrede singulär. Hat die durch

---

54 Mit Blick auf die hier zu analysierende Stelle, in der einer aus der asaphitischen Sänger- und Musikergilde prophetisch redet, mag der Hinweis interessant sein, dass Elisa vor Josaphat zur prophetischen Inspiration der Musik (Saitenspiel) bedarf (2. Kön 3,15) und dass umgekehrt das Saitenspiel vor Saul den bösen Geist dämpft bzw. dessen Auswirkungen lindert (1. Sam 16,16–19.23; 18,10; 19,9).

55 Zu den diskutierten Möglichkeiten und Konjekturen vgl. Huwyler, Jeremia, 162.

56 Möglich ist, dass bei der ungewöhnlichen Angabe סוף הנחל „Ende/Ausgang des Tales" die moabitische(?) Ortslage סופה/סוף (vgl. Dtn 1,1; Num 21,14) durchscheint.

Musik ausgelöste Prophetie Elisas anlässlich des Feldzugs von Joram und Josaphat (!) gegen eine Moabiter-Koalition (!) in 2. Kön 3,14–19 zur Ausrichtung der Gottesrede durch einen asaphitischen Sänger-Leviten geführt? Unabhängig von der Beurteilung, ob in 2. Chr 20 historisch zutreffende Überlieferung vorliegt, lassen sich im Bericht Spuren der nachexilischen Entstehung und der Interessenlage der Chronik erkennen. Dazu gehören der aus der Versammlung heraus ergehende Geistempfang und das gottesdienstliche Setting inmitten des Krieges. Die Analyse hat jedenfalls deutlich gemacht, dass die gesamte Gottesrede Anleihen macht bei relevanten Stoffen und Themen (Exodusrettung, Landnahme, Moaborakel) und aus unterschiedlichen Stücken collagiert ist. Die deutlichste Bezugsnahme liegt zu Ex 14,13–14 vor. Mit derartiger Referenz auf mosaische Stoffe und Reden erweist sich Jahasiël – nach Ausweis der Asaph-Psalmen – als wahrer Asaphit. Josaphats nachfolgendes Wort an das Volk, Gott und „seinen Propheten" zu vertrauen und so Gelingen zu erfahren (2. Chr 20,20), weist nicht nur auf Jes 7,9, sondern ebenfalls auf die Schilfmeerrettung: Ex 14,31 wird gesagt, dass das Volk „JHWH und Mose, seinem Knecht vertraute". Ob der prophezeiende Asaphit damit Gottes נביאים „Propheten" zugerechnet wird, obgleich er nicht mit dieser Amtsbezeichnung eingeführt wurde, lässt sich fragen. Ausgeschlossen ist es nicht, allerdings halte ich es für näherliegender, dass die Chronik mit den Worten Josaphats hier einen Hinweis auf autorisiertes Schrifttum einfliessen lässt. Dann wären darunter weniger Jahasiël als zeitweilig prophetisch-schriftanwendend wie gottesdienstlich-aktualisierend wirkender Sänger-Levit gefasst als die Gestalten, deren Gotteswort er aufgreift – allen voran Mose.[57] Falls Mattanja, auf den Jahasiël zurückgeführt wird, mit demjenigen, der in Esr-Neh mehrfach auftaucht (vgl. u.a. Neh 11,17.22; 12,8.25.35), identisch sein sollte, wäre dies ein (zusätzlicher) Hinweis auf nachexilische Verhältnisse.

Erwähnt seien noch kurz Hinweise *über* Prophetie im Zusammenhang mit Asaph und seinen Nachfahren. In 2. Chr 29,30 und möglicherweise in 2. Chr 35,15 wird Asaph als החזה „der Seher (des Königs)" tituliert (ähnlich auch die Sängerhäupter Heman und Etan/Jedutun). Diese Dienstbezeichnung mit enger Anbindung an König David bleibt ihm vorbehalten; für seine Nachfahren wird diese Bezeichnung nicht verwendet. In 1. Chr 25,1 werden im Zusammenhang der Einsetzung der levitischen Sänger und Musikanten durch David die Nachfahren Asaphs als erste derer genannt, die „prophezeiten", und zwar unter Zuhilfenahme von Musikinstrumenten. Im nachfolgenden V. 2 wird dies näher ausgeführt und (nochmals) zurückgeführt auf Asaph selbst, der „nach der Anordnung des Königs prophezeite" (נבא *ni*). Es wird deutlich, dass Prophetie und (lobpreisende) Psalmodie eng verbunden sind. „The levitical singers' ‚prophetic' activity involved composing and performing music in the temple ... By divine inspiration, they ‚prophesied' in music"[58].

Fazit: 2. Chr 20,15–17 machen deutlich, dass keine genuine Gottesrede wie in den Asaph-Psalmen vorliegt, sondern gleichsam von sekundärer Kultprophetie zu sprechen ist. „Sekundär" ist allerdings nicht abwertend gemeint, zumal die Chronik die Sänger-Leviten ja ausgesprochen würdigt. Der Begriff ist hier zeitlich verwendet im Sinne einer diachronen Entwicklung asaphitischen Wirkens in vorexilischer Zeit

---

57 Soweit ich sehe, wird Mose in der Chronik freilich weniger als Prophet denn als Gesetzgeber gezeichnet.

58 Schniedewind, Word, 187–188.

(Asaph-Psalmen in ihrer Mehrheit) respektive am zweiten Tempel (Chronik). Wenn Schniedewind den Gotteswortgebrauch in der Chronik als „in Transition", nämlich „from Prophet to Exegete", bestimmt, ist ihm grundsätzlich Recht zu geben. Da allerdings der Prophet stets auch Ausleger von autoritativen Überlieferungen ist, liegt das Problem in der Bestimmung des Masses und in der Art. Deutlich stärker als in den Asaph-Psalmen greifen Asaph in 1. Chr 16 und sein Nachkomme in 2. Chr 20 auslegend und adaptierend auf eigene wie fremde, bereits autorisierte und verschriftete Texte zurück. Die Belege reihen sich in den (früh)nachexilischen Befund der deutero-asaphitischen Psalmen und der Gottesreden in Esr-Neh ein und verstärken diesen noch.

4. Bilanz

Der von William Schniedewind aus einem Vergleich prophetischer Stoffe und Aussagen in den Büchern Chronik bzw. Samuel und Könige erhobene Befund einer Entwicklung von der genuinen Prophetie in vorexilischer Zeit hin zu einer auslegenden Prophetie – im Sinne von Geschichts- wie Schriftdeutung – am nachexilischen Tempel konnte mit dieser Studie gestützt und in ihrem Anwendungsbereich erweitert werden. Mit Asaph explizit und implizit verbundene Stücke im Psalter sowie sänger-levitische Texte und Aussagen in Esr-Neh und Chronik, die mit diesem Ahnherrn (oder verwandten Kreisen) verbunden sind, lassen eine vergleichbare diachrone Entwicklung erkennen. Wie diese im Einzelnen anzusetzen ist, wurde in den vorangestellten Detailanalysen und Fazits erörtert und bedarf hier keiner Wiederholung. Neben der Differenz ist freilich auch die Gemeinsamkeit zu gewichten: Alle Texte bzw. Textausschnitte, die explizit oder implizit („deutero-asaphitisch") sich auf Asaph bzw. Asaphiten berufen oder aber diese erwähnen, lassen durchgängig Kenntnisse von Überlieferungen oder bereits autorisierter Schrift hervortreten. Sie vermitteln ein Bild, in dem die Asaphiten mit prophetischer Qualität und Autorität auftreten und sprechen. Da prophetische Rede nicht *ab ovo* geschieht und sich auf autoritative Überlieferung abstützt, sind diese und die prophetisch-akzentuierte Schriftauslegung nicht als sich ausschliessende Gegensätze einzustufen.

Die Sache an sich ist schon lange bekannt: Das Aufhören von (genuiner) Prophetie bzw. der Umstand, dass Gott sich danach anderer Formen und Kanäle seines Redens bedient, wird schon von den Rabbinen konstatiert und diskutiert.[59] Mit der Christusoffenbarung und den Schriften des Neuen Testaments hat der Sachverhalt eine neue Wende genommen. Mit dieser Studie konnte anhand von Textgruppen, die in der einen oder andern Weise mit einem asaphitischen Trägerkreis in Verbindung stehen dürften, eine Entwicklung asaphitisch-levitischer Gottesrede an Kultorten in vorexilischer Zeit bis hin zu aktualisierender Geschichtsdeutung, prophetischer Schriftgelehrsamkeit und musikalischer *performance* im nachexilischen Jerusalem und seinem Tempel aufgezeigt werden. Die Diachronie der Abfolge Asaph-Psalmen → deutero-asaphitische Psalmen (→ Gottesrede in Esra-Nehemia) → chronistische Asaphiten hat sich dabei erhärtet.[60]

---

59   Vgl. tSota 13,2–3, dazu SCHNIEDEWIND, Word, 14–15.
60   Vgl. dazu WEBER, Asaph im Psalter, 348–355.371–373.

Bibliographie

BAUTCH, R.J., Developments in Genre between Post-Exilic Penitential Prayers and the Psalms of Communal Lament (SBLAB 7), Atlanta, GA 2003.

BLENKINSOPP, J., A History of Prophecy in Israel: From the Settlement in the Land to the Hellenistic Period, Philadelphia, PA 1983.

DOECKER, A., Die Funktion der Gottesrede in den Psalmen. Eine poetologische Untersuchung (BBB 135), Berlin – Wien 2002.

HILBER, J.W., Cultic Prophecy in the Psalms (BZAW 352), Berlin – New York, NY 2005.

HOSSFELD, F.-L., Das Prophetische in den Psalmen. Zur Gottesrede der Asafpsalmen im Vergleich mit der des ersten und zweiten Davidpsalters, in: F.-L. Hossfeld / E. Zenger, „Neigt euer Ohr den Worten meines Mundes" (Ps 78,1). Studien zu Psalmen und Psalter (hg. von C. Dohmen / T. Hieke), Stuttgart 2015, 161–175 (Erstveröffentlichung 1998).

–, Psalm 75, in: F.-L. Hossfeld / E. Zenger, Psalmen 51–100 (HThKAT), Freiburg i.Br. 2000, 372–382.

–, Psalm 78, in: F.-L. Hossfeld / E. Zenger, Psalmen 51–100 (HThKAT), Freiburg i.Br. 2000, 414–443.

–, Psalm 95, in: F.-L. Hossfeld / E. Zenger, Psalmen 51–100 (HThKAT), Freiburg i.Br. 2000, 658–665.

HUWYLER, B., Jeremia und die Völker. Untersuchungen zu den Völkersprüchen in Jeremia 46–49 (FAT 20), Tübingen 1997.

JAPHET, S., 2 Chronik (HThKAT), Freiburg i.Br. 2003.

JEREMIAS, J., Kultprophetie und Gerichtsverkündigung in der späten Königszeit Israels (WMANT 35), Neukirchen-Vluyn 1970.

KILCHÖR, B. / WEBER, B., „Unser Gott kommt ...!" (Ps 50,3). Psalm 50 und sein Setting im Licht aufgenommener Überlieferungen, OTE 27 (2014) 1084–1111.

KOENEN, K., Gottesworte in den Psalmen. Eine formgeschichtliche Untersuchung (BThSt 30), Neukirchen-Vluyn 1996.

LEUENBERGER, M., Gott in Bewegung. Religions- und theologiegeschichtliche Beiträge zu Gottesvorstellungen im alten Israel (FAT 76), Tübingen 2011.

LORETZ, O., Psalmstudien. Kolometrie, Strophik und Theologie ausgewählter Psalmen (BZAW 309), Berlin – New York, NY 2002.

NASUTI, H.P., Tradition History and the Psalms of Asaph (SBLDS 88), Atlanta, GA 1988.

RÖSEL, M., Israels Psalmen in Ägypten? Papyrus Amherst 63 und die Psalmen XX und LXXV, VT 50 (2000) 81–99.

SCHMID, K., Schriftgelehrte Traditionsliteratur. Fallstudien zur innerbiblischen Schriftauslegung im Alten Testament (FAT 77), Tübingen 2011.

SCHNIEDEWIND, W.M., Word of God in Transition: From Prophet to Exegete in the Second Temple Period (LHB 197), Sheffield 1995.

SPIECKERMANN, H., Heilsgegenwart. Eine Theologie der Psalmen (FRLANT 148), Göttingen 1989.

TOURNAY, R.J., Voir et entendre Dieu avec les Psaumes ou la liturgie prophétique du second temple à Jerusalem (CRB 24), Paris 1988.

UHLIG, T., The Theme of Hardening in the Book of Isaiah: An Analysis of Communicative Action (FAT II/39), Tübingen 2009.

VAN DER TOORN, K., Celebrating the New Year with the Israelites: Three Extrabiblical Psalms from Papyrus Amherst 63, JBL 136 (2017) 633–649.

WEBER, B., Psalm 83 als Einzelpsalm und als Abschluss der Asaph-Psalmen, BN 103 (2000) 64–84.

–, Der Asaph-Psalter – eine Skizze, in: B. Huwyler / H.-P. Mathys / B. Weber (Hg.), Prophetie und Psalmen. FS K. Seybold (AOAT 280), Münster 2001, 117–141.

–, Werkbuch Psalmen I. Die Psalmen 1 bis 72, Stuttgart 2001.

–. Werkbuch Psalmen II. Die Psalmen 73 bis 150, Stuttgart 2003.

–, Asaf – ein Name, seine Träger und ihre Bedeutung in biblischen Zeiten, in: M. Witte / J.F. Diehl (Hg.), Orakel und Gebete. Interdisziplinäre Studien zur Sprache der Religionen in Ägypten, Vorderasien und Griechenland in hellenistischer Zeit (FAT II/38), Tübingen 2009, 235–259.

–. „Asaf und „Jesaja". Eine komparatistische Studie zur These von Tempelsängern als für Jesaja 40–66 verantwortlicher Trägerkreis, OTE 22 (2009) 456–487.

–, Werkbuch Psalmen III. Theologie und Spiritualitat des Psalters und seiner Psalmen, Stuttgart 2010.

–, Werkbuch Psalmen I. Die Psalmen 1 bis 72, Stuttgart ^{2}2016 (2001).

–. Werkbuch Psalmen II. Die Psalmen 73 bis 150, Stuttgart ^{2}2016 (2003).

–, Verbindungslinien von den Psalmen Asaphs (Ps 50; 73–83) zu den Psalmen des Psalterteilbuchs IV (Ps 90–106). Erwägungen zu einem asaphitischen Trägerkreis, in: F.-L. Hossfeld / J. Bremer / T.M. Steiner (Hg.), Trägerkreise in den Psalmen (BBB 178), Göttingen 2017, 97–131.

–, Asaph im Psalter und in der Chronik. Erwägungen zu „Schnittstellen", Trägerkreisen und Redaktionsprozessen, in: F. Hartenstein / T. Willi (Hg.), Psalmen und Chronik (FAT II/107), Tübingen 2019, 343–378.

–, Mose-Lied (Dtn 32,1–43) und Asaph-Palmen (Ps 50; 73–83). Untersuchungen zu ihrem Verhältnis, ZABR 27 (2021) 257–309.

WILLIAMSON, H.G.M., Ezra, Nehemia (WBC 16), Nashville, TN 1985.

ZENGER, E., Psalm 91, in: F.-L. Hossfeld / E. Zenger, Psalmen 51–100 (HThKAT), Freiburg i.Br. 2000, 615–626.

III. Verbindungen der Asaph-Psalmen

III.1 Verbindungslinien von den Psalmen Asaphs (Ps 50; 73–83) zu den Psalmen des Psalterteilbuchs IV (Ps 90–106). Erwägungen zu einem asaphitischen Trägerkreis*

Abstract: *The relationship between the Asaph Psalms and Book IV of the Psalter remains an open research question. This study approaches the question by considering the nature of a Circle of Transmitters (CT), which might have infused an Asaphite tradition into later psalms. In addition to defining five characteristics of a CT, four characteristics of psalms attributed to Asaph (Pss 50; 73–83) are also summarised, which provide the basis for determining the extent to which tradition might have been transmitted. The central argument is that the Asaph Psalms provide sufficient evidence of the quintessential characteristics of a CT to verify the existence of an Asaphite CT. Attention is drawn to the apparent similarities between the Asaphite psalms and the constituent psalms of Book IV of the Psalter (Pss 90–106). These observations are then tested by closely comparing the headings, form, function, concepts and motifs of the psalms in Book IV. The study finds that the Asaphite imprinting upon the psalms of Book IV occurs gradually and in increments. Of the 17 psalms of this Book IV, there is a clear Asaphite influence in 8 psalms, most of which have a direct dependence on the Asaph Psalms, and possible traces in a further 6 psalms. It is remarkable that both psalms in Book IV ascribed to David (Ps 101 and 103) show almost no Asaphite influence. Possible implications are discussed, leaving an open question and a possible direction for future research.*

Mit der hier vorliegenden Untersuchung knüpfe ich an meinen Beitrag bei der vorausgegangenen Münchner Tagung zu „Psalmen und Chronik" an: Dort habe ich den Versuch unternommen, einen levitisch-asaphitischen Trägerkreis mit einer langen Wirkungszeit aufzuweisen und mit Texten aus einem Zeitraum von König Hiskia bis in die Zeit der Chronik zu verbinden.[1] Der vorliegende Beitrag, dem ein Referat an einem im gleichen Jahr 2012 an der Universität Bonn stattfindenden

---

* Erstveröffentlichung (wird hier überarbeitet und aktualisiert): Beat WEBER, Verbindungslinien von den Psalmen Asaphs (Ps 50; 73–83) zu den Psalmen des Psalterteilbuchs IV (Ps 90–105). Erwägungen zu einem asaphitischen Trägerkreis, in: Frank-Lothar Hossfeld / Johannes Bremer / Till Magnus Steiner (Hg.), Trägerkreise in den Psalmen (Bonner Biblische Beiträge 178), Göttingen: V&R unipress / Bonn University Press 2017, 97–131.

1 Das am 21. Aug. 2012 gehaltene Münchner Referat liegt seit 2019 publiziert vor, vgl. WEBER, Asaph im Psalter (in vorliegendem Band als Beitrag III.5 neu herausgegeben). Wenn auch ohne Zuspitzung auf Asaphiten kommt CHRISTIAN, Authorship, 236,

Forschungskolloquium[2] zugrunde liegt, ist weniger ambitiös: Er verbleibt im Textbereich des Psalters und beschränkt sich auf einen Teil des im Münchner Vortrag
aufgespannten Zeitspektrums. Bezüge zwischen den mit „Asaph" verbundenen
Psalmen (Ps 50; 73–83) und den Psalmen aus Teilbuch IV (Ps 90–106) wurden bisher
nicht eingehend untersucht. Mein Beitrag fragt nach dem Einfluss, der von Asaph-
Psalmen bzw. von einem hinter ihnen stehenden und sie überliefernden Trägerkreis (TK) bei der Gestaltung der in Teilbuch IV gesammelten Psalmen ausging.
Sollte sich ein substantieller Einfluss zeigen, könnte dies ein *missing link* zwischen
den Asaph-Psalmen und den chronistischen Asaphiten sein. Zudem wäre damit
innerhalb des Psalters ein TK greifbar, der mit der Entstehung, Überlieferung und
Edierung von Psalmen betraut ist. Ein derartiger Befund wäre überdies anschlussfähig für weiterführende Überlegungen hinsichtlich der Buchwerdung des Psalters
einerseits und der Konturierung der Asaphiten andererseits – weithin auch dann,
wenn man meine Datierung und Kontextuierung der Asaph-Psalmen nicht teilt.[3]

1. Prolegomena: Definitionen, Methoden, Kriterien, Vorgehensweise

Diese Tagung beschäftigt sich mit der Frage nach „Trägerkreisen" (TK). Der damit
angezielte Versuch, Literatur sozio-historisch zu verankern, ist zu begrüssen.[4] Für
eine Zuordnung von Texten zu geschichtlichen und institutionellen Gegebenheiten
fehlt es freilich oft an hinreichenden Informationen, so dass wir uns weithin im
Bereich von Annäherungen und Plausibilitäten bewegen. Im Sinne einer methodischen Abstützung nenne ich fünf Parameter, die im altisraelitischen Kontext ein
Kollektiv als „Trägerkreis" (oder „Trägergruppe")[5] auszeichnen:

    ähnlich zu „a consistent picture of the Levites' involvement in the preservation and
    transmission of Israelite traditions in sundry contexts for at least half a millenium".

2   Dieses fand vom 11.–13. Oktober 2012 statt und stand unter der Thematik „Träger-
    kreise in den Psalmen". Beim vorliegenden Beitrag handelt es sich um die leicht
    überarbeitete Fassung meines Referats vom 11. Okt. (zur Erstveröffentlichung siehe
    die Angaben in der Fussnote *).

3   Die von mir nicht geteilte Mehrheitsmeinung (in der kontinentaleuropäischen For-
    schung) lässt sich mit Blick auf die Asaph-Psalmen wie folgt skizzieren (vgl. WEBER,
    Asaf, 254–258): Die Asaph-Psalmen greifen vereinzelt frühe Überlieferungen auf,
    sind aber – jedenfalls in ihrer Mehrheit – exilisch-nachexilisch entstanden, u.a. als
    Exilsklagen, Rollendichtungen (VAN OORSCHOT, Strukturen), nachexilische Kult-
    prophetie (TOURNAY, Voir) bzw. geschichtstheologische Schriftauslegung (WITTE,
    Exodus). Entsprechend stehen diese Psalmen und ihre Kreise in zeitlich ähnlichem
    Vor- oder Umfeld zur Erwähnung der Asaphiten in Esr-Neh und Chr (vgl. SCHELLING,
    Asafspsalmen).

4   Ähnliche, sozialgeschichtlich wie literatursoziologisch verankerte Bemühungen sind
    bei VAN DER TOORN, Culture, und SCHMID, Literaturgeschichte, greifbar. Damit ver-
    bunden ist die Problematisierung eines vergeistigenden Zuges im Zusammenhang
    literarischer Phänomene (die Rede von „Deuteronomisten" ist oft nicht mehr als eine
    Etikettierung, die ohne Zuordnung zu historisch greifbaren Gruppierungen bleibt
    und damit gleichsam in der Luft hängt).

5   Vgl. SEIDEL, Trägergruppen.

1. *Beauftragung:* Ein TK kann sich auf eine initiale und/oder wiederholte Beauftragung stützen und verfügt damit über Autorität. Nicht selten beruft sich ein TK auf eine Ursprungsgestalt (Eponym).
2. *Funktionsgruppe:* Ein TK umfasst eine Gemeinschaft von Leuten, die durch ihre Tätigkeit funktional und allenfalls zugleich genealogisch untereinander verbunden sind und sich mit bestimmten Aufgaben identifizieren. Häufig ist die Gruppe institutionell und teils auch örtlich verankert.
3. *Traditionspflege:* Ein TK hat und vermittelt Kenntnisse und Kompetenzen, die mit seinen Aufgaben in Zusammenhang stehen. Er ist in der Regel mit Entstehung, Pflege und Weitergabe von mündlichen und schriftlichen Überlieferungen betraut. Bei Bedarf werden im Prozess des Tradierens Stoffe ediert, modifiziert, fortgeschrieben oder neu verfasst.
4. *Kontinuität:* Ein TK nimmt Funktionen über einen längeren Zeitraum hinweg wahr. Er garantiert damit Kontinuität, übermittelt von ihm gepflegte Traditionen in veränderte Zeiten und „aktualisiert" sie allein schon dadurch.[6] Angestossen durch interne oder externe Momente kann ein TK über die Zeit hinweg Grösse, Zugehörigkeit und Funktion ebenso wie Umfang und Art der Textpflege verändern. Ein TK kann sich ganz auflösen oder sich mit anderen Gruppierungen vermischen bzw. in ihnen aufgehen.
5. *Vernetzung:* Ein TK steht in Verbindung mit Institutionen, deren Trägern sowie dem Volk. In solchen Kontexten und Interaktionen nimmt er spezifische Funktionen wahr und ist in Prozesse des Legitimierens und Autorisierens involviert.[7]

Über diese Charakteristika hinaus scheint mir folgende Differenzierung relevant: In der Tagungsausschreibung ist die Rede von einem TK *in* den Psalmen. Diese Fragestellung verbleibt auf der literarischen Ebene und sucht in den Texten nach Hinweisen auf einen TK. Sprechen wir dagegen von einen TK *hinter* den Psalmen oder einem TK *der* Psalmen, überführen wir textliche Indizien in Folgerungen über sozio-historische Realitäten. Ein derartiger Übergang von der Textebene zur aussertextlichen Wirklichkeit wird oft angestrebt. Methodologisch ist er freilich nicht unproblematisch, weil damit ein Kategorienwechsel einhergeht. Hinzu kommt, dass ein ganzes Bündel von Verknüpfungen zwischen Texten und einem mit ihnen verbundenen TK denkbar ist: von Verfasserschaft über Aufgaben der mündlichen und schriftlichen Überlieferung bis hin zum Komponieren und/oder Edieren kleinerer oder grösserer Textkomplexe.[8]

---

6   Vom Kollektiv eines TK würde ich Verfasser und Editoren dahingehend unterscheiden, als letztere sich lediglich kurzzeitig etablieren und nicht über einen längeren Zeitraum hinweg agieren.
7   SEIDEL, Trägergruppen, 377–386, nennt und diskutiert für das alte Israel verschiedene mögliche TK wie Priester, Leviten, Propheten (inkl. Prophetenschüler und Kultpropheten), Hofpersonal (Schreiber, Beamte, Minister) und Kultmusiker. VAN DER TOORN, Culture, 118, rechnet mit einer „close association between cult singers and scribes". Die von MAEIR, Priests, vorgenommene Erkundung von archäologischer Evidenz für Priester und Leviten im eisenzeitlichen Israel und Juda brachte nur bescheidene Ergebnisse.
8   Zu den Tradenten- und Trägerkreisen der Psalmen und des (werdenden) Psalters vgl. auch die Überlegungen von GRUND-WITTENBERG, Psalter.

Diese Studie geht so vor, dass zunächst Charakteristika der Asaph-Psalmen zusammengestellt und die Konturen eines TK in und hinter ihnen gezeichnet werden. Anhand dieser werden danach die Psalmen im Bereich von Teilbuch IV – mit Blick auf Gattung/Funktion, Begrifflichkeit und Motivik – rasterartig auf ihre „Asaphizität" durchgesehen und ausgewertet. Den Schluss bildet eine Auswertung des Befunds samt weiterführenden Überlegungen.

2. Die Asaph-Psalmen (Ps 50; 73–83) und ihr Trägerkreis

Hinweise auf einen TK in den Asaph-Psalmen vermittelt zunächst das Präskript. Es nennt einen (als bekannt vorausgesetzten) Asaph, wohl Ahnherr einer Gruppe. Mit ihm werden zwölf Psalmen verbunden: die aneinander gereihten Psalmen 73–83 (in Teilbuch III) und vorab der asaphitische Solitär Ps 50[9] (in Teilbuch II).[10] Dem Corpus dieser Psalmen ist über Asaph direkt nichts zu entnehmen.[11] Doch lässt sich anhand der Zuschreibung לאסף „zugehörig zu Asaph" ein Corpus von Psalmen sachgerecht herausschälen.[12] Dieses weist gemeinsame Konturen auf, lässt Zusammengehörigkeit annehmen und Zugehörigkeit zu einem spezifischen TK vermuten.[13] Die Asaph-Psalmen zeichnen sich insbesondere durch vier Charakteristika aus, die knapp zu skizzieren sind:

1. *Gerichtsbezug:* Warnungen vor und Verarbeitungen von Gottesgericht (*ante et post factum*)[14] bilden den Hauptmodus asaphitischer Psalmenartikulation. Damit verbunden finden sich (prophetisch vermittelte) Gottesrede[15] und Belehrung[16].

---

9   Zu diesem Psalm vgl. KILCHÖR/WEBER, Gott.
10 Ob לאסף die Entstehung der entsprechenden Psalmen markiert oder erst im Zuge der (späteren) Verwendung als Signatur dazugekommen ist, kann hier offenbleiben.
11 Die nachexilischen Bücher Chronik und – in geringerem Mass – Esra-Nehemia schildern ihn als von David beauftragten Dichter und Vortragender von Psalmen in der Gründungszeit des ersten Tempels und als Haupt einer am nachexilischen Tempel wirkenden levitischen Gilde von Sängern und Musikern (vgl. 1. Chr 15,17–19; 16,5–7.37; 25,2.6; 2. Chr 5,12–13; 29,25–30; 35,15; Esr 2,41; 3,10; Neh 7,44; 12,46).
12 Dies ist weithin Konsens in der Psalmenforschung. Vgl. dazu u.a. BUSS, Psalms; SARNA, Superscriptions; SCHELLING, Asafspsalmen; NASUTI, History; SEYBOLD, Wir; GOULDER, Psalms; JACOBSON, Memories; PAVAN, He remembered, v.a. 77–131; WEBER, Psalm 77, 265–309; DERS., Asaph-Psalter; DERS., Asaf.
13 Vgl. WEBER, Asaph im Psalter. Das in Esr-Neh und Chr erkenntliche Funktionsspektrum von Asaph und den Asaphiten fügt sich freilich nur partiell in dasjenigen der Asaph-Psalmen: Gesangliche und instrumentale Psalmenaufführung zum Gotteslobpreis stehen, anders als in der Chronik, nicht im Fokus. Hinweise zu Musik (und Lobpreis) finden sich in Präskript-Angaben (vgl. namentlich Ps 75,1; 76,1; 80,1; 81,1, ausserdem Ps 50,1; 73,1; 77,1; 79,1; 82,1; 83,1) und (nur) vereinzelt in den Psalmenkorpora (vgl. Ps 75,2.10; 77,7; 79,13; 81,2–4). Dies ist mit ein Grund für die Annahme, dass die Asaph-Psalmen gegenüber den nachexilischen Asaphiten (Esr-Neh; Chr) vorzeitig sind.
14 Gerichtsaussagen bzw. -warnungen: Ps 50; 75; 76; 81; 82, indirekt auch Ps 73; 78 – Gerichtsverarbeitung (Volks- oder Mittlerklagen): Ps 74; 77; 79; 80; 83.
15 Vgl. Ps 50,5.7–13/15.16–23; 75,3–4/6.11; 81,7–15/17; 82,2–7. Dieses Charakteristikum hat auch Anhaltspunkte im chronistischen Asaph-Bild (vgl. 2. Chr 20,15–17, ferner 1. Chr 25,1–2; 2. Chr 29,30; 35,15[?]). Dazu insgesamt vgl. WEBER, Gottesrede.
16 Vgl. namentlich Ps 78 als Geschichtsbelehrung in Parabelform, ferner auch Ps 50,7ff.; 73; 74,1.

2. *Gottesbezug:* Die Häufigkeit direkter Gottesrede ist auffallend, und auch Theophanien[17] finden sich mehrfach. Signifikanter Ausdruck der Präsenz Gottes
sind zudem Dichte und Varianz seiner Namen.[18] Die Art und Weise, wie Jhwh
bezeichnet, angesprochen und aufgerufen wird, lässt eine bestimmte Form von
Offenbarungstheologie erkennen.[19]

3. *Volksbezug:* Die Sammlung besteht durchwegs aus Kollektivpsalmen. Selbst dort,
wo kein Volks- oder Gruppen-„Wir", sondern ein „Ich" spricht, äussert dieses seine
Worte mit oder für eine Gemeinschaft: so in Ps 77 (Mittlerpsalm)[20] oder in Ps 73
(Paradigmapsalm)[21]. Die in den Asaph-Psalmen Sprechenden handeln nicht selten
in Gottesdiensten gegenüber dem Gottesvolk[22] bzw. in dessen Interesse, und zwar
selbst dann, wenn sie dem Volk insgesamt oder den Frevlern unter ihm Gericht
ankündigen müssen.

4. *Traditionsbezug:* Klaus Seybold notiert, „daß eine Mehrzahl der Asaph-Psalmen
sich explizit auf vorgegebene Texte oder Überlieferungen bezieht"[23]. Tatsächlich
zeichnen sich diese Psalmen durch eine profunde Kenntnis und Aktualisierung
(alt)israelitischer Überlieferungen aus. Die beiden poetischen Mose-Stücke im
Pentateuch, die grundlegend auf Rettung (Ex 15) und Gericht (Dtn 32) verweisen, geniessen dabei besondere Dignität.[24] Darüber hinaus spielen weitere, mit
Mose verbundene Stoffe und Funktionen (Prophet, Mittler, Volksführer) in diesen
Psalmen eine Rolle[25] – auch wenn dessen Name *expressis verbis* nur einmal fällt
(Ps 77,21). Dass mit Ps 78 der erste sog. „Geschichtspsalm" im Psalter innerhalb
der Asaph-Gruppe vorliegt, verdient ebenso Beachtung wie die Erwähnungen
der mythischen Urzeit und der Frühgeschichte: vom Exodus bis zum Zion und zu

---

17   Vgl. Ps 50,2–3; 77,17–20; 83,14–16, ferner Ps 74,13–15.

18   Vgl. die Zusammenstellung bei Weber, Psalm 77, 282.

19   Hervorzuheben ist die Dreifach-Anrufung *El, Elohim, Jhwh!* als Eröffnung des ersten
Asaph-Psalms (Ps 50,1), ebenso wie das Ende des letzten (Ps 83,19): *Und sie sollen (an)
erkennen, dass du selbst – dein Name [ist] Jhwh –, du allein [der] Eljon (Höchste) über
die ganze Erde [bist]*.

20   Vgl. dazu im Detail Weber, Psalm 77, 191–198; Ders., Werkbuch II, 42–44.

21   Der Volks- und Gemeinschaftsbezug wird in den Versen 1 und 15 angezeigt. Mehr
zu diesem Psalm in Weber, Werkbuch II, 15–23.

22   Besonders beliebt ist die Rede vom Hirten und seiner Herde (vgl. Ps 74,1; 77,21;
78,52–53.70–72; 79,13; 80,2). Hinter Begriffen wie „meine Begnadeten, die den Bund
schliessen über dem Opfer" (Ps 50,5), „deine Armen" (Ps 74,19, vgl. auch V. 21 sowie
Ps 79,8; 82,3–4), „Söhne/Kinder des Todes" = Todgeweihte (Ps 79,11) sind möglicherweise Selbstbezeichnungen der Gruppe bzw. des TK zu vermuten. „Wir"- bzw.
„Uns"-Formulierungen finden sich in Ps 50,3; 74,9; 75,1; 78,3–5; 79,4.8–10.12–13; 80,3–
4.7–8.19–20.

23   Seybold, Wir, 144. Ähnlich Goulder, Psalms, 10: „The Asaph psalms contain, as no
other body of psalms does, the elements of a continuous outline of Israelite history,
beginning from the oppression in Egypt, and going on at least as far as the Davidic-
Solomonic empire."

24   Zur Zusammenstellung der (möglichen) Anklänge an die beiden Stücke vgl. Weber,
Asaph-Psalter, 125; zur Relation zwischen Mose-Lied (Dtn 32) und Asaph-Psalmen
vgl. Weber, Mose-Lied.

25   Vgl. Weber, Asaph-Psalter, 125–126.

David hin.[26] Der überindividuelle Horizont wie der Zugriff auf ein breites Überlieferungsgut lässt hinter diesen Psalmen Funktionsträger annehmen, die mit
„nationalen", vielleicht an einem Heiligtum verankerten Aufgaben betraut waren.

Wendet man im Sinne einer Kriteriologie die vier angeführten Merkmale auf die
Asaph-Psalmen und ihre Charakteristika an, so lässt sich festhalten: Alle Momente,
die einen TK konstituieren, sind erfüllt. Die Psalmen לאסף sind Asaph in dem Sinn
„zugeordnet"[27] als sie ihn als ihren Verfasser ausweisen oder aber – aufgrund ihrer
funktionalen, thematischen und zeitlichen Spannbreite wahrscheinlicher[28] – auf ihn
als Ahnherrn verweisen und mit einer von ihm her ihre Autorität und Legitimität
beziehenden Gilde in Verbindung zu bringen sind. Von daher darf ein hinter diesen Psalmen stehender und mit ihnen verbundener asaphitischer TK angenommen
werden. Durch ihre Dichtkunst und den übermittelten Inhalt wird eine bedeutsame
Gruppe ansichtig, die Führungsverantwortung in Israel wahrnahm.[29]

3. Asaphitische Einflüsse im Psalterteilbuch IV (Ps 90–106)

3.1 Vorbemerkungen und Versuchsanlage

Bereits im Rahmen meiner 1995 publizierten Basler Dissertation bin ich auf Verbindungslinien von Asaph-Psalmen zu solchen aus dem Psalterteilbuch IV gestossen[30]
und habe dazu notiert:

> „Das Psalter-Buch IV ist von den Inhalten der Asaph-Psalmen bzw. Buch III wesent-
> lich (mit)geprägt (gleicher Psalmenbestand), hat aber verstärkt eine in die Zukunft
> gerichtete Perspektive und wird in der Zeit zwischen dem Tempelneubau und dem
> chronistischen Werk anzusetzen sein (5./4. Jh. v. Chr.?). Eine Redigierung und
> teilweise wohl auch Verfassung der Psalmen dieses IV. Buches durch asaphitische

---

26   Vgl. u.a. Ps 74,2.12–17; 75,4; 76,3–7; 77,14–21; 80,9–12; 81,6–8.11; 83,10–13.
27   Zur Präposition *lamed* und ihren Verstehensoptionen in diesem Zusammenhang
      vgl. JENNI, Präpositionen 3, 71; WEBER, Psalm 77, 274–276.
28   Das Spektrum schliesst die Bereiche Recht/Gericht, Katastrophenverarbeitung,
      Kultprophetie und Weisheit ebenso wie Geschichtsaktualisierung und Gottesdienst
      mit ein.
29   Eine Näherbestimmung dieses TK kann an dieser Stelle nicht vorgenommen wer-
      den. Deutlich ist jedenfalls, dass der TK ein Interesse an Gesamtisrael unter auf-
      fallendem Einbezug der Nordreichstämme zeigt, aber auch eine Verbindung zu
      Jerusalem aufweist. Ich halte einen levitischen TK aus dem Nordreich, der unter
      Hiskia an der Integration beider Reichsteile massgeblich beteiligt war und sowohl
      den Untergang des Nord- wie des Südreichs (720 respektive 587 v. Chr. – zur Datie-
      rung vgl. YOUNG, Hezekiah, 12–24) klage- und geschichtstheologisch verarbeitete,
      für wahrscheinlich. Mehr dazu in WEBER, Asaph im Psalter.
30   Doppelungen und ähnliche Phänomene innerhalb des Psalters lassen Entwicklun-
      gen und Beeinflussungen im Prozess der Psalterwerdung erkennen oder jedenfalls
      vermuten. Als evidente Beispiele seien die weithin identischen Psalmen 14 und
      53 erwähnt, die in die David-Sammlungen I und II eingestellt wurden, ferner die
      Komposition von Ps 108 aus Teilen der Psalmen 57 und 60 und schliesslich die
      Neuverarbeitung von Ps 18 (der in 2. Sam 22 eine psalterexterne Parallele hat) in
      Ps 144.

Tempelsänger ist wahrscheinlich. Der Lobpreis Asaphs angesichts der Ladeüber-führung nach Jerusalem in I Chr 16, der vom Chronisten anhand von Teilen dreier Psalmen aus Buch IV (Ps 105; 96; 106) gestaltet wurde, könnte ein Hinweis darauf sein, dass dieses Psalter-Buch mit den (nachexilischen) Asaphiten in Verbindung zu bringen ist und mit dem Jerusalemer Tempel(neubau) in Zusammenhang steht."[31]

Weitere Studien haben diese Überlegungen bestätigt. Sie führten zur Hypothese eines asaphitischen Trägerkreises, auf dessen Einfluss auch psalterexterne Stücke wie Neh 9 und Einflüsse in Jes 40–66, namentlich Jes 63,7–64,11, zurückzuführen sein dürften.[32] Ich beschränke mich hier auf den Psalter und nenne *prima vista* Beobachtungen, die auch von anderen Forschern gemacht wurden und als anerkannt gelten können:[33]

1. *Festpsalmen:* Die sogenannten „Festpsalmen" 50 und 81 haben in Ps 95 einen Nach-läufer. Über das gottesdienstliche Setting mit Volksparänese hinaus verbinden Ps 81 und 95 die Aufnahme von Wüstentradition mit der Erwähnung von Meriba.
2. *Geschichtspsalmen:* Ps 78 hat im Psalmenpaar 105 und 106 ein (späteres) Pendant.[34] Volksgeschichte aus der Gründungszeit wird zudem in weiteren Psalmen innerhalb der beiden, von Kollektivpsalmen beherrschten Psalmenkorpora aufgegriffen.
3. *Mose-Überlieferungen und -Funktionen:* Über die Geschichtspsalmen hinaus spielt Mose[35] als Gestalt sowie mit ihm verbundene Funktionen und Überlieferungen in den Asaph-Psalmen wie in einer beträchtlichen Zahl von Psalmen aus Teilbuch IV – inkl. dessen „mosaischer Rahmen" Ps 90(–92); 105–106 – eine prägnante Rolle.[36]
4. *Gottesgericht:* Die Gerichtsthematik, welche die Asaph-Psalmen stark bestimmt, zeigt sich modifiziert – in Ausweitung auf Gott als Weltenrichter und unter Einschluss der Vergänglichkeitsthematik – auch im Psalterteilbuch IV.
5. *Asaph trägt Psalmen aus Teilbuch IV vor:* In 1. Chr 16 trägt Asaph als Sängerhaupt ein Psalmen-Medley vor, das sich aus Teilen von Ps 96; 105 und 106 speist. Selbst wenn diese Psalmen nicht ihm selbst zuzuschreiben sind – in Psalterteilbuch IV

---

31 WEBER, Psalm 77, 295–296.
32 Vgl. WEBER, Asaf und Jesaja, ferner DERS., Asaph im Psalter; ZENGER, Psalm 82, 278 (mit Erwähnung weiterer Texte wie Mi 7,14–20; Dtn 32 und Ex 15).
33 Vgl. WEBER, Gottesrede, 740–741.
34 Zu diesen drei Psalmen (sowie Ps 135–136) vgl. GÄRTNER, Geschichtspsalmen. Ihrem Befund, dass zwischen Ps 78 einerseits und Ps 105–106 andererseits „so gut wie keine erkennbaren Beziehungen im Wortlaut vorliegen" (ebd., 136, vgl. auch 388), kann ich freilich nicht zustimmen, wie die nachfolgenden Analysen zeigen werden.
35 Mose wird im Psalter explizit erstmals im Asaph-Psalm 77 erwähnt (V. 21); alle weiteren Belege finden sich im Psalterteilbuch IV (Ps 90,1 [Präskript]; 99,6; 103,7; 105,26; 106,16.23.32). Vergleichbares lässt sich von Aaron sagen – erstmals im Psalter Ps 77,21, im Buch IV in Ps 99,6; 105,26; 106,16 –, nur dass auch Buch V Aaron-Belege hat (Ps 115,10.12; 118,3; 133,2; 135,19).
36 Ähnlich wie bei zahlreichen Asaph-Psalmen bilden auch bei Psalmen aus Teilbuch IV die poetisch geformten ersten (Ex 15) und letzten (Dtn 32–33) Mosereden einen wichtigen Referenzrahmen (vgl. WALLACE, Effect, 19–20.23–25.29–30.35.37–39.42–43.46.61.73.79.81–82.88.90). Zu Mose im Psalter vgl. WEBER, Moses.

sind sie nicht als solche ausgewiesen –, so stehen sie gemäss der Chronik jedenfalls ihm zur Disposition.[37] Von daher werden sie auch als „deutero-asaphitisch"
bezeichnet.[38]

In der nachfolgenden Untersuchung geht es darum, die genannten Phänomene zu
validieren und weitere Übereinstimmungen zwischen den Asaph-Psalmen und den
Psalmen aus Teilbuch IV zusammenzutragen. Dazu werden sämtliche Psalmen
zwischen Ps 90 und 106 gesichtet und nach asaphitischen Merkmalen abgesucht.
Gemeint sind Ähnlichkeiten in den Präskripten als auch der Gattung und ihrer
Formen, sowie begriffliche und motivliche Übereinstimmungen. Um die Aufgabe im
Rahmen eines Essays handhabbar zu machen, wurden folgende Einschränkungen
gemacht:

1. Die Studie beschränkt sich auf gewichtigere Übereinstimmungen und eine
    summarisch-tabellarische Zusammenstellung.
2. Weithin unberücksichtigt bleibt der Umstand, dass die Psalmen aus Teilbuch
    IV weitere Überlieferungen und Texte aufgreifen – um nur etwa die Rezeption
    von Pentateuchstoffen in den Psalmen 105 und 106 zu nennen. Zwar werden in
    der Rubrik „Übrige Belege" weitere Bezugsstellen angeführt, aber dies geschieht
    selektiv und ohne den Anspruch, alle wichtigen Belege zusammengetragen zu
    haben.[39]

Schliesslich ist darauf hinzuweisen, dass der Fokus auf dem Aufweis von Asaphizität
im Sinne einer „Milieuverwandtschaft", verstanden als Setting sprachlich beobacht-
barer Phänomene, liegt. Eine solche kann dann als Ausdruck eines gemeinsamen
TK gewertet werden. Die Vergleichsparameter sind daher weiter gefasst als bei einer
Untersuchung, die ausschliesslich auf *direkte* Textabhängigkeit (mit der Eruierung
von Spender- und Empfängertexten) abstellt.[40]

---

37 Vgl. auch 2. Chr 29,30, wo die Rede ist von David- und Asaph-Psalmen.
38 Vgl. Nasuti, Tradition History, 175; Zenger, Psalm 82, 278; Gosse, Isaïe, 43ff. (unter
    Einschluss von Ex 15). Das Label lässt sich aufgrund ihrer Verwandtschaft mit
    Asaph-Psalmen auf weitere Psalmen aus Teilbuch IV, allenfalls sogar auf die Grup-
    penredaktion, ausweiten (vgl. Weber, Asaf und Jesaja, 458–459).
39 Auch die Möglichkeit, dass im Vorfeld der Asaph-Gruppe Ps 73–83 – z.B. in der
    Qorach-Gruppe I (vgl. etwa Ähnlichkeiten zwischen Ps 44 und 74 sowie den Anfän-
    gen von Ps 49 und 78) oder im David-Psalter II (vgl. dazu Zenger, Buch, 445–446,
    dem namentlich Ps 58 und 60 als „asaphitisch" gelten) – oder in deren Nachfeld –,
    z.B. in Ps 89 (dazu Weber, Psalm 77, 197.245–246.295) oder im Teilbuch V – weitere
    Psalmen asaphitischer Prägung vorliegen könnten, bleibt unberücksichtigt.
40 Insgesamt besteht – auch aufgrund des Textbefunds aus Qumran – weithin Konsens
    darüber, dass die Psaltervorstufe Ps 2–89* („messianischer Psalter") und damit erst
    recht der darin eingebettete kleine Asaph-Psalter (Ps 73–83) als älter zu beurteilen
    sind als die länger fluid gebliebenen Psalterteilbücher IV und V (vgl. u.a. Wilson,
    Editing, 155ff.; Leuenberger, Konzeptionen, 85–92). Dies kann *cum grano salis* auch
    für die eingebetteten Einzelpsalmen gelten, schliesst freilich nicht aus, dass vor-
    exilische Psalmen (so üblicherweise die Einschätzung etwa von Ps 93) den Weg
    ins Teilbuch IV und späte Psalmen (dazu rechnet die Mehrheit etwa Ps 73) in den
    Asaph-Bestand gefunden haben.

Mit dieser limitierten Versuchsanlage lässt sich nur ein eingegrenzter Befund testen. Dafür ist sie offengehalten, und entsprechend dürfte ihr Ergebnis für unterschiedliche Sichtweisen und Datierungen anschlussfähig sein. Dies gilt sowohl für die Profilierung der Psalmen aus Teilbuch IV als auch für Einsichten zur Buchwerdung des Psalters.[41]

3.2 Die Erhebung asaphitischer Prägung in den Psalmen aus Teilbuch IV (Tabelle)[42]

3.2.1 Psalm 90

	Psalm 90 [17 Verse]	Asaph-Psalmen (Ps 50; 73–83)	Übrige Belege (Auswahl)
Präskript	תפלה Zugehörig Mose, dem Mann Gottes	– (77,21) –	Ps 17; 86; 102 (Ps 99,6; 103,7; 105,26; 106,16.23.32) (Dtn 33,1; Esr 3,2; 1. Chr 23,14; 2. Chr 30,16, vgl. auch Dtn 32)
Form + Funktion	Vergänglichkeitsklage Weisheitl. Imprägnierung, paradigmatische Rede	– (73) (73)	
Begriffe + Motive	4.9–10.15: Tage + Jahre 7: „(er)schrecken" (בהל) 7.9: Vergänglichkeit, Zorn 10: „Unheil, Mühsal" (עמל) 11: Zorn 13: Rück-/Umkehrbitte 13: Gott: „bis wann?" 16: „dein Tun" (פעל)	77,6; 78,33 83,16.18 78,33.38 73,5.16 78,21 80,15 (vgl. 77,8–11) 74,10; 80,5 (82,2) 77,13 (74,12)	Gen 47,8–9.28; Dtn 32,7! Ps 2,5; 6,4.11; 104,29 Ex 32,12–13 Ps 94,3 Ps 92,5 (Dtn 32,4; 33,11)

---

41 Zum Psalterteilbuch IV bzw. zu gewichtigen Psalmen desselben liegen eine Reihe von Studien vor, wie GOULDER, Fourth Book; ZENGER, Weltenkönigtum; KOENEN, Jahwe; BRUNERT, Psalm 102; HOWARD, Structure; CREACH, Shape; GOSSE, Quatrième livre; HOSSFELD, Ps 89; SCHNOCKS, Vergänglichkeit; DERS., Bund; BALLHORN, Telos, 62–146; LEUENBERGER, Konzeptionen, 125–264; DAHMEN, Gepriesen; WALLACE, Effect; GELSTON, Arrangement; MCKELVEY, Moses; WILSON, Psalm 103–106; GÄRTNER, Geschichtspsalmen, 135–290.

42 Die Abstufung an „Nähe" wird folgendermassen notiert: Normalschrift = Ähnlichkeit, Milieuverwandtschaft; in Klammern = Teilübereinstimmung bzw. geringere Nähe; „!" = auffallende Ähnlichkeit, direkte Abhängigkeit zu vermuten; Fettdruck = mit hoher Wahrscheinlichkeit direkte Abhängigkeit.

	Psalm 90 [17 Verse]	Asaph-Psalmen (Ps 50; 73–83)	Übrige Belege (Auswahl)
FAZIT	*Die Berührungen konzentrieren sich auf Zeit-, Zornes- und Gerichtsaussagen. Mose wird nach dem asaphitischen Erstbeleg im Psalter, Ps 77,21, hier zum zweiten Mal erwähnt (Präskript). Mit Mose verbundene Traditionen und Geschehnisse liegen in Asaph-Psalmen wie Buch IV und seinem Frontpsalm 90 vor (vgl. die Omnipräsenz von mit Mose verbundener Überlieferungen in Ps 78, der unmittelbar an Ps 77,21 anschliesst). Sowohl Ps 90 wie der Kern der Asaph-Gruppe, Ps 77–78, greifen Ex 32–34* (Bundesbruch und -erneuerung) auf. Freilich wird in den Asaph-Psalmen der Israel-Bezug beibehalten, hier in Ps 90 aber eine Ausweitung auf menschliche Sündenverfallenheit und Vergänglichkeit allgemein vollzogen.*[43]		

3.2.2 Psalm 91

	Psalm 91 [16 Verse]	Asaph-Psalmen (Ps 50; 73–83)	Übrige Belege (Auswahl)
Präskript	–		
Form + Funktion	Vertrauenspsalm (Tempel)	(73)	
Begriffe + Motive	1.9: עליון 2.9: Zufluchtsbekenntnis 15–16: Anrufung → Antwort (Gottesrede)	50,14; 73,11; 77,11; 78,17.35.56; 82,6; 83,19 (73,28) **50,15.23**	Ps 97,9; 107,11
FAZIT	*Die finale Gottesrede (14–16) ist wahrscheinlich unter Kenntnisnahme von Ps 50 formuliert worden (die Abhängigkeitsrichtung Ps 50 → Ps 91 ist aufgrund der vereinfachenden Rezeption der Schlussaussagen beider Gottesreden aus Ps 50 naheliegend). Aussagen zum Opferkult und zum Gericht sind nicht aufgenommen, vielmehr ist in diesem individuellen Zufluchtspsalm die (priesterlich übermittelte?) Schutzvergewisserung wesentlich.*		

3.2.3 Psalm 92

	Psalm 92 [16 Verse]	Asaph-Psalmen (Ps 50; 73–83)	Übrige Belege (Auswahl)
Präskript	שיר+ מזמור Für den Tag des Sabbats	75–76 (83)	Ps 30; 67–68; 87–88; 92 (48; 66; 108) (Neh 13,21–22; 2. Chr 31,2–3)
Form + Funktion	Lobdank mit weisheitlicher Einfärbung	73	

---

43   Vgl. mit Blick auf Ps 90 SCHNOCKS, Vergänglichkeit, 176.185–191, zu Ps 77 WEBER, Psalm 77, 221–229, zu Ps 78 DERS., Psalm 78: Geschichte, 234–235 (204); DERS., Werkbuch III, 196–197.

	Psalm 92 [16 Verse]	Asaph-Psalmen (Ps 50; 73–83)	Übrige Belege (Auswahl)
Begriffe + Motive	2–4: Lob mit Gesang/Musik 7–8: Erkenntnis + Frevlergericht 11: Erhöhung des Horns 16: „(mein) Fels" (von Gott)	81,2–3 73,(16–19.)22 75,5–6.11 73,26; 78,(15.20.)35	Dtn 32,4!13.15.18.30–31.37; Ps 18,3.32.47
FAZIT	*Berührungen mit asaphitischem Kolorit sind gering (am ehesten mit Ps 73). Der nachexilische Psalm dürfte vielmehr – wie sein Präskript nahelegt – Konvergenzen mit Aussagen zu den Leviten in Esr-Neh und Chr aufweisen.*		

3.2.4 Psalm 93

	Psalm 93 [5 Verse]	Asaph-Psalmen (Ps 50; 73–83)	Übrige Belege (Auswahl)
Präskript	–		
Form + Funktion	Jhwh-König-Hymnus	74,12ff. (innerhalb Volksklage)	Ex 15,18 (Dtn 33,5); Ps 29; 47; 95–99
Begriffe + Motive	1–2: König + Erdengründung 3–4: Herr über (Chaos-)Wassermächte 5: „(deine) Zeugnisse" 5: Haus (Gottes), Heiligkeit	74,12.17 74,13–14; 77,17 78,5.56; 80,1; 81,6 (50,7; 81,9) 79,1	Ps 99,7; Neh 9,34; 1. Chr 29,19; 2. Chr 34,3
FAZIT	*Teilübereinstimmungen zwischen Ps 93 und Ps 74 liegen vor, sind aber weniger als direkte Entlehnung denn als beidseitiger Rückgriff auf hymnische Gottkönigtraditionen einzustufen. Festzuhalten ist jedenfalls, dass die in Ps 93ff. stark zum Tragen kommende Hymnik von Gott als König im Psalter vorher nicht nur in Ps 29 erscheint, sondern auch im Kreis der Asaph-Psalmen bekannt war (vgl. zudem Ex 15,18).*		

3.2.5 Psalm 94

	Psalm 94 [23 Verse]	Asaph-Psalmen (Ps 50; 73–83)	Übrige Belege (Auswahl)
Präskript	–		
Form + Funktion	Gerichtsklage, weisheitlich-belehrender Einschub (8–15)	50; 73; 75–76; 81–82	

	Psalm 94 [23 Verse]	Asaph-Psalmen (Ps 50; 73–83)	Übrige Belege (Auswahl)
Begriffe + Motive	1: Bitte an JHWH, „aufzuscheinen" (יפע hi) 1.21: Vergeltung für vergossenes Blut 2: Gott als Richter der Erde 3: „Bis wann (noch)?" 3ff.: Charakterisierung der Frevler 4: „Freches reden" 5.14: Volk // Erbteil 6: Tod/Gerechtigkeit für *personae* *miserae* 7: „Gott Jakobs" 8: Aufruf zur Einsicht 13: stille sein, Ruhe verschaffen (שקט) 20: „Unheil, Mühsal" (עמל) 22: Gott als „Fels (meiner Zuflucht)" 23: „vernichten" (צמת hi)	50,2!; 80,2! (nur 3mal in Pss!) 79,3.10 50,6; 75,8; 82,8 74,10!; 80,5; 82,2 73,3(ff.) 75,6 (74,2); 78,(55.)71 82,3 75,10; 76,7; 81,2.5 50,22 76,9; 83,2 (50,3.21) 73,5.16 (73,26; 78,35) 73,27	Dtn 33,2! Ps 149,7 Ps 96,13; Dtn 32,40–43 Ps 90,13; 6,4 Ps 31,19 Dtn 32,37; Ps 18,3; 62,8
FAZIT	*Asaphitische Phraseologie wird in Ps 94 greifbar, konzentriert sich jedoch v.a. auf die Gerichtsklage (1–7). Asaphitische Stoffe (Gerichtsaussagen) werden in freier Weise und unter Ausgriff auf verschiedene Stücke umgearbeitet und aktualisiert. Die Psalmeröffnung lehnt sich nicht nur an die Anfänge der wohl älteren Ps 50 und 80 an, sondern ruft damit Gott als Richter (gegenüber den Frevlern) und Retter (gegenüber seinem Volk, den Bedürftigen) auf. Daneben dürfte Ps 94 auch mit Ps 73; 79; 75 und 82 interagieren, wobei die Art der Verarbeitung die Nachzeitigkeit von Ps 94 wahrscheinlich macht. Als „deutero-asaphitisch" ist v.a. erste Psalmteil einzustufen (vgl. darüber hinaus auch Berührungen von 20–23 mit Ps 73).*		

3.2.6 Psalm 95

	Psalm 95 [11 Verse]	Asaph-Psalmen (Ps 50; 73–83)	Übrige Belege (Auswahl)
Präskript	–		
Form + Funktion	„Festpsalm" (Hymnik, mit Warn- + Scheltrede als Gotteswort – Kontext: Herbstfest?)	81 (50)	

	Psalm 95 [11 Verse]	Asaph-Psalmen (Ps 50; 73–83)	Übrige Belege (Auswahl)
Begriffe + Motive	1(–2): Eröffnender Aufruf zum Lobpreis (רנן *hi* // רוע *hi*)	81,2	Ps 98,4; Jes 44,23; Zeph 3,14
	1: Jʜᴡʜ/Gott als „Fels (unseres Heils)"	(73,26; 78,35)	Dtn 32,15; Ps 18,47; 89,27 (94,22)
	2: „(instrumental begleiteter) Gesang" (זמרה pl)	81,3 (sg)	Ps 98,5; Ex 15,2; Ps 118,14
	3: „grosser Gott" (אל גדול)	77,14	Dtn 7,21 (nur 3mal im AT!)
	7: Herde-Metaphorik (Gottesvolk)	74,1; 79,13 (77,21; 78,52.70–72; 80,2)	Ps 100,3; Ez 34,31
	8: „Meriba(/Massa)"	81,8! (nur 3mal in Pss!)	Ps 106,32; Ex 17,7; Dtn 33,8
	8: „(nicht) verhärten" (קשה)	(81,13)	Neh 9,16–17.29; 2. Chr 30,8
	9: „versuchen" (נסה)	78,18.41.56	Ps 106,14; 26,2; Ex 17,2.7
	9: „prüfen" (בחן)	81,8	Ps 26,2
FAZIT	*Die als Gotteswort ergehende Warn- und Scheltrede (Ps 95,7b–11) lässt Ähnlichkeiten mit asaphitischen Stücken annehmen. Vor allem die Analogie zu Ps 81 sticht hervor (Setting, hymnische Eröffnung, Meriba: Wüstengeneration als Negativ-Beispiel). Der Verfasser von Ps 95 hat wahrscheinlich Ps 81 gekannt. Dass Ps 95 jünger ist, zeigt sich auch an der grösseren Nähe dieses Psalms zu Neh 9 (Busspredigt), der Chronik (gesteigerte Hymnik, „Ruhe"-Thema) und späten Psalmen („ekeln", V. 10).*		

3.2.7 Psalm 96

	Psalm 96 [13 Verse]	Asaph-Psalmen (Ps 50; 73–83)	Übrige Belege (Auswahl)
Präskript	–		
Form + Funktion	Gottesdienstliche Hymnik (Kollektivpsalm)		**1. Chr 16,23–33** Ps 29
Begriffe + Motive	3: „(Gottes) Wundertaten"	75,2 (77,12.15); 78,4.11(– 12).32	Ps 98,1; 105,2.5; 106,7.22
	4: „furchterheischend" (נורא)	76,8.13	Ps 99,3; Ex 15,11
	7–8: „darbringen, geben" (יהב)		Ps 99,1–2
	8: Gabendarbringung an Gott	76,12 (50,8–15)	
	10: Gottkönigtum + Weltengründung	74,12.16–17 (75,4)	
	10: „(richten in) Geradheit" (מישרים)	75,3	
	13: Gott kommt als Weltenrichter	50,3(–4); 75,3; 82,8	Ps 9,9; 98,9 (99,4) Ps 98,9 (94,2)

| FAZIT | Trotz der Aufführung von (u.a.) Ps 96 durch Asaph in 1. Chr 16 sind die Berührungen mit Asaph-Psalmen bescheiden und beschränken sich auf wenige Begriffe/Motive und den Psalmschluss. Der Psalm mit seiner Hymnik und seinem universalistischen Zug steht dem chronistischen Milieu (und darin dem asaphitischen Gottesdienst in nachexilischer Zeit) näher als demjenigen der Asaph-Psalmen. Bei den geringen Abweichungen (Austausch von Begriffen) der chronistischen Rezeption von Ps 96 gegenüber der Fassung im Psalter (vgl. Ps 96,6.11–13 mit 1. Chr 16,27.32–33, dazu auch das Präskript Ps 96,1 LXX) steht letzteren den Asaph-Psalmen näher (dazu gehört auch die Abmilderung des Gerichtsaspekts am Ende in der chronistischen Version). |

3.2.8 Psalm 97

	Psalm 97 [12 Verse]	Asaph-Psalmen (Ps 50; 73–83)	Übrige Belege (Auswahl)
Präskript	–		
Form + Funktion	JHWH-König-Hymnus, mit Theophanie (2–7)	(74,12ff.) 77,17–19	Ex 15,18; Ps 29; 47; 95–99
Begriffe + Motive	2: Gewölk (als Ort Gottes)	77,18 (78,14)	Dtn 4,11; 5,22; Ps 18,12–13 (99,7; 105,39)
	3: Verzehrendes Feuer (Gottesgericht)	50,3(–4); 83,15	Ps 104,4; 106,18
	4: Blitze erleuchten die Erde	**77,19**	Hab 3,10
	5: Berge schmelzen wie Wachs		Mi 1,4 (Ps 68,3)
	6: Himmel verkünden Gottes Gerechtigkeit	**50,6** (nur diese beiden Stellen!)	
	7: „zuschanden werden" (בוש)	83,18	
	9: Anrede Gottes (JHWHs) als „Höchster"	**83,19** (50,14; 77,11; 78,17.35.56; 82,6)	
	10: Entreissen aus der Hand der Gottlosen	**82,4** (in Pss nur diese 2mal!)	
FAZIT	Ps 97 erweist sich als signifikant von asaphitischem Milieu geprägt. Mehr noch: Kenntnis und adaptierende Rezeption ganzer Verszeilen aus asaphitischen Psalmen (50; 77; 82–83) sind evident. Das jüngere Alter von Ps 97 ist aufgrund der Mehrfachaufnahmen, des Stils (alte Trikola-Formen werden zu Bikola) und inhaltlicher Modifikationen (Abmilderung der Gerichtsaussagen, Nähe zu Jes 40ff., Götterkritik: Ps 97,7.9 hat möglicherweise Ps 82 als Hintergrund) deutlich erkennbar.		

3.2.9 Psalm 98

	Psalm 98 [9 Verse]	Asaph-Psalmen (Ps 50; 73–83)	Übrige Belege (Auswahl)
Präskript	מזמור	50; 73; 75–77; 79–80; 82–83	Ps 92; 100–101
Form + Funktion	Jhwh-König-Hymnus	(74,12ff.)	Ps 96; Ex 15 (Jes 40ff.)
Begriffe + Motive	1: „Singt Jhwh ein neues Lied" 1: „Er (Gott) hat Wunder getan" 1: „(erhobene/r) Rechte/Arm"	(75,1.10) 77,15; 78,4.12 77,11.16 (74,11; 78,54; 79,11; 80,16)	Ps 96,1; Jes 42,10 Ps 105,5; Ex 15,11 Ex 15,6.12.16; Ps 44,4; 89,14; Jes 63,12
	3: „Er hat (an sein Volk) gedacht" 3: „das Heil (unseres) Gottes sehen" 4–6: Aufrufe zum musik. Lobpreis 7: רעם (Brausen des Meeres)	74,2.18.22; 78,39; 79,8 (77,8–10) 50,23 81,3–4 (75,10) (77,19; 81,8 je Getöse des Donners)	Ps 105,8.42; 106,45 Jes 52,10 Ps 29,3; 96,11 (104,7)
	9: Jhwh kommt als Weltenrichter 9: „(richten in) Geradheit" (מישרים)	50,3–4; 75,3.8–9; 82,8 75,3	Ps 96,13 Ps 9,9; 96,10 (99,4)
FAZIT	Eine Milieu-Verwandtschaft von Ps 98 mit den Asaph-Psalmen im Sinne einer Vertrautheit mit Begrifflichkeit und Motivik liegt vor (zu Jhwh als Weltenrichter vgl. z.B. V. 9 mit Ps 75,3.8–9). Eine direkte Abhängigkeit ist dagegen kaum zu erweisen. Einmal mehr zeigt sich eine gegenüber den genuinen Asaph-Psalmen verstärkte Hymnik und gemilderte Gerichtsszenerie (die im Psalter nur hier in V. 6 erwähnten „Trompeten" finden sich gehäuft in der Chronik und sind in der Regel den Priestern vorbehalten, vgl. Num 10,8–10; 31,6; 1. Chr 15,24.28 u.ö.). Der Psalm dürfte zeitlich zwischen den Asaph-Psalmen und den Asaphiten der Chronik einzuordnen sein.		

3.2.10 Psalm 99

	Psalm 99 [9 Verse]	Asaph-Psalmen (Ps 50; 73–83)	Übrige Belege (Auswahl)
Präskript	–		
Form + Funktion	Jhwh-König-Hymnus, mit Bezug auf Recht (1–5) + Heilsgeschichte (6–9)	(74,12ff.)	Ps 93; 97
Begriffe + Motive	1: Jhwh/Gott als „Kerubenthroner" 1: Erbeben der Völker/Wanken der Erde 2: Zion 2.5.9: „erheben" (רום = Leitwort) 2–3: gross/furchterheischend/ heilig 4: Rechtsordnung (מישרים + כון) 4: „in Jakob" (ביעקב) 5: „Schemel seiner (deiner) Füsse" 6: Mose + Aaron (+ Samuel) 7: „(nicht) bewahren seiner Zeugnisse" 8: Gott wegtragend/ vergebend + rächend	**80,2** (nur diese 2 Stellen in Pss!) 77,(17.)19; 82,5 (מוט statt נוט) 50,2 (74,2; 76,3; 78,68) 75,5–8.11 (רום = Leitwort) (76,2; 77,14/76,8– 9.13/78,41) 75,3–4 78,5.21.71 77,21 (Erstbeleg in Pss!) 78,(10.)56 (81,5–6) (77,10; 78,38)	1. Sam 4,4; 2. Kön 19,15 Ex 15,14; Ps 18,8 Ps 97,8; 102,22; Jes 12,6 Ex 15,2; Neh 9,5 Ps 89,8; 96,4 Ps 96,10 Ps 59,14 Ps 110,1; 132,7; Jes 66,1; 1. Chr 28,2 Ps 105,26; 106,16; 1. Sam 12,6–8 Dtn 6,17; Ps 132,12 Ex 34,6–7
FAZIT	Eine asaphitische Imprägnierung von Ps 99 ist offensichtlich: Begrifflichkeit und Motivik markieren dies zu Beginn deutlich (Lade-Bezug – bezeichnend für asaphitische Theologie – und Theophanie), ziehen sich aber nahezu durch den ganzen Psalm. Für die Eröffnung dürften asaphitische Passagen Pate gestanden haben (Amalgamat aus Ps 77,10; 80,2; 82,5). Die Schilderung von Gottes Erhabenheit und seiner Rechtsordnung weist Berührungen mit Ps 75 auf, die Erwähnung von Mose und Aaron als Fürbitter- und Führungsgestalten nimmt ihren Ausgang (auch) bei Ps 77 (selbst ein Mittlerpsalm). Auch der in Ps 99,8 durchscheinende Bezug auf Ex 34,6–7 hat asaphitische Vorläufer. Allerdings verändert der Psalm das asaphitische Kolorit; dies weist auf ein anderes bzw. späteres Milieu hin (Charakterisierung von Mose und Aaron als Priester, „heilig"-Prädizierungen [dazu Jes 6,3] etc.).		

3.2.11 Psalm 100

	Psalm 100 [5 Verse]	Asaph-Psalmen (Ps 50; 73–83)	Übrige Belege (Auswahl)
Präskript	מזמור לתודה	50; 73; 75–77; 79–80; 82–83 (50,14.23)	Ps 92; 98; 101 (Ps 92,2; 100,4)
Form + Funktion	Hymnus bzw. Lobdank(opferlied) (= Präskript)		(Ps 93/95–99)
Begriffe + Motive	1–2: „Jauchzt" (רוע) Jhwh/Gott 3: „Herde seiner Weide" (צאן מרעתו) 4–5: Tempeleinzug, Lobpreis und Gottes anhaltende Gnade	81,2 74,1; 79,13! (nur 4mal in Pss!)	Ps 90,14; 95,1–2; 98,4.6 Ps 95,7; Jer 23,1; Ez 34,31 Ps 24,7.9; 89,21–22; 103,17; 136; Esr 3,10–11 (Asaph!)
FAZIT	Das Hirte-Herde-Motiv („asaphitisches Monogramm") bildet den deutlichsten Bezug zu den Asaph-Psalmen. Die Aussage ähnelt dem Schlussvers von Ps 79. Ansonsten sind die Bezüge schwach; der Psalm weist Berührungen mit gottesdienstlich-levitischen Passagen in Esr-Neh und Chr (sowie qorachitischer Phraseologie) auf.		

3.2.12 Psalm 101

	Psalm 101 [8 Verse]	Asaph-Psalmen (Ps 50; 73–83)	Übrige Belege (Auswahl)
Präskript	לדוד מזמור	50; 73; 75–77; 79–80; 82–83	Ps 86; 103 Ps 92; 98; 101
Form + Funktion	„Königsinvestitur, -gelübde" (?) mit weisheitlicher Kolorierung		(Ps 93/95–99)
Begriffe + Motive	1: Singen und spielen 2: „Redlichkeit meines Herzens" 5.8: צמת („vernichten" oder „zum Schweigen bringen") 6: „dienen" (שרת)	78,72 (nur 2mal in Pss!) 73,27	Ps 104,33; 105,2; Ri 5,3 Gen 20,5–6; 1. Kön 9,4 Ps 94,23 Ps 103,21; 104,4; 1. Chr 16,4.37 (Asaph!)
FAZIT	Die erste Zuweisung eines Psalms an David innerhalb des Psalterteilbuchs IV lässt nicht an Asaph denken. Das bestätigt sich aufgrund des Inhalts: Asaphitische Prägung ist kaum erkennbar. Eine Ausnahme macht die seltene Wendung „Redlichkeit meines Herzens". Sie wird auffälligerweise in Ps 78 wie 101 mit David respektive dem (sprechenden) König in Verbindung gebracht (vgl. auch 1. Kön 9,4).		

3.2.13 Psalm 102

	Psalm 102 [29 Verse]	Asaph-Psalmen (Ps 50; 73–83)	Übrige Belege (Auswahl)
Präskript	תפלה לעני כי־יעטף	(80,5) (74,19.21; 82,3) (77,4!)	Ps 17; 86; 90 (Ps 86,1)
Form + Funktion	Klagebitte, mit kollektivem Teil (Zion)	(77)	
Begriffe + Motive	3: „Tag meiner Bedrängnis" 2–3: schreien → hören (Ohr), antworten 4: „Vergehen der Tage" / „Rauch" 5.10: „Brot/Speise essen" 9: „(Feinde/Bedränger) schmähen" 9: „Spottende/Tobende" (הלל Partizip) 10: „vermischen" (מסך) 10: Brot essen + Tränen (trinken) 11: Gottes Zorn (זעם) 13–15: Gedenken + Zion (Zerstörung und Wiederherstellung) 14: „(Gottes) Zeitpunkt" (מועד) 15: Steine + Schutt (Tempelzerstörung) 15: „deine Knechte" 16: „Könige der Erde" → Gottesfurcht 19: „künftige Generation" (דור אחרון) 20: „herabschauen" (נבט) vom Himmel 21: „Stöhnen des/der Gefangenen" + „Söhne/Kinder des Todes" 22: verlautbaren (ספר) Gottes Lobpreis 23: „Königreiche" (ממלכות) 26: Gott gründete (יסד) die Erde 28: „(nicht) ein Ende nehmen" (תמם)	50,15; 77,3 (78,42; 81,8) 77,2 78,33 / (74,1; 80,5) 78,25; 80,6 74,10.18(.22) (78,66; 79,4.12) 75,5 75,9! („Mischtrank, Würze") 80,6! 78,49 74,2–3 75,3 (74,3; 79,1) 79,2.10 76,13! 78,4.6! (nur 4mal im AT!) 80,15! (nur 2mal in Pss!) **79,11** 78,4; 79,13 79,6 78,69 73,19	Ps 86,7 Ps 86,7; 99,6 Ps 90,9 / Ps 18,9 (104,32) Ps 89,52 Ps 104,19 Neh 3,34 Ps 89,51; 90,13.16 (105,25) (Jes 59,19; Ps 47,3) Ps 48,14 Jes 63,15 Jes 43,21; Ps 9,15 Jes 60,12; Ps 105,13 Jes 48,13; Ps 104,5 (98,12) Ps 10,35

| FAZIT | Aufgrund der Zionsaussagen (und einer gewissen Nähe zu den Gebeten in Neh 1 und 9 sowie Aussagen in Jes 40ff.) ist eine (früh)nachexilische Datierung von Ps 102 gegeben. Ebenso deutlich erkennbar ist eine asaphitische Ausdrucksweise. Der Zionsteil (13–23) greift namentlich auf asaphitische Volksklagen und Ps 78 zurück, wobei zumindest von der Exilsklage Ps 79 eine direkte Abhängigkeit anzunehmen ist (Ps 75–76; 78 und 80 kommen ebenfalls in Frage). Aufgrund seiner Verbindung von „Ich"-Rede und nationalem Horizont (Zion) hat Ps 102 (vgl. auch dessen Präskript!) überdies eine gewisse Nähe zu Ps 77 (Mittlerklage). |

3.2.14 Psalm 103

	Psalm 103 [22 Verse]	Asaph-Psalmen (Ps 50; 73–83)	Übrige Belege (Auswahl)
Präskript	לדוד		Ps 86; 101
Form + Funktion	Verbindung von „Lobdank" (תודה) und „Lobpreis" (תהלה),wohl mit liturgischem Ort (nachexilischer Tempel)		(Ps 100)
Begriffe + Motive	2: (nicht) vergessen Gottes Wohltaten	(78,7.11)	Ps 106,13(.22)
	4: „erlösen" (גאל)	(74,2; 77,16; 78,35)	Ps 106,10
	6: „unterdrücken" (עשק)	(73,8)	Ps 105,14
	7: Mose (kundtun) / „Taten" (עלילות)	77,13.20–21 (78,7)	Ex 16,6; Ps 90,1; 99,6.8; 105,1.26; 106,16.23.32
	8: Jhwh: barmherzig und gütig	(77,9–10; 78,38)	Ex 34,6!; Ps 86,15; 2. Chr 30,9
	9: „einen Rechtsstreit führen" (ריב)	(74,22)	
	14: Gedenken der Vergänglichkeit	(78,39)	
	18: „den Bund (Gottes) (nicht) bewahren"	78,10	
	21: Gottes Heerscharen	(80,5.8.15.20)	Ps 89,9
FAZIT	Im Vergleich zu dem ebenfalls David zugeschriebenen Ps 101 ist Ps 103 hinsichtlich asaphitischer Imprägnierung noch schwächer. Der gnadentheologisch dichte Psalm steht der (levitischen) Gottesdiensttheologie im nachexilischen Schrifttum (Esr-Neh und Chr) ungleich näher.		

3.2.15 Psalm 104

	Psalm 104 [35 Verse]	Asaph-Psalmen (Ps 50; 73–83)	Übrige Belege (Auswahl)
Präskript	–		
Form + Funktion	Weisheitliche Orientierung an der Welterfahrung (Kosmo-theologie)		
Begriffe + Motive	2–4 (Theophanie): Wolken, Wagen, Wind	(77,17–19; 83,14–16)	Ps 18,10–13
	4: „Feuer + Flamme" (אש+ להט)	83,15	Ps 97,3; 106,18
	5: (immerwährende) Gründung (יסד) der Erde	78,69	Ps 89,12; 102,26
	5: (nicht) Wanken (מוט) der Erde	82,5	Jes 24,19; 1. Chr 16,30
	6: „Urflut + Wasser" (תהום + מים)	(77,17)	
	7: Gottes „Schelten/Drohen" (גערה/גער)	76,7; 80,17	Ps 18,16; 106,9
	7: „Stimme deines Donners" (קול רעמך)	77,19 (nur 2mal im AT!)	Hi 37,4
	9: „Grenze(n)" (גבול) setzen/ festlegen	74,17	Ps 147,14
	10: „Quelle(n) + Bach(täler)" (נחל + מעין)	74,10 (78,16)	Jo 4,18
	10ff.: Tränkung und Sättigung (durch Gott)	(78,15–16.20.23–29; 81,11.17)	
	11.13: Gottes „Tränken" (שקה)	78,13 (80,6)	Gen 1,20.26.28; 2,19–20
	12: „Vögel des Himmels" (-עוף השמים)	79,2 (nur 2mal in Pss!)	Ps 18,14
	12: „Stimme erschallen" (נתן קול)	77,18	
	13–15.16.27–28: „Brot/Speise" (לחם) als Gottesgabe / „Sättigung" (שבע)	78,(20.)25 (80,6) / 78,25(.29; 81,17)	Gen 14,18; Ps 102,5.10; 105,16.40 / 90,14; 103,5; 105,40
	15: „Wein" (יין) – Gottesfreude	(75,9 – Gottesgericht; 78,65)	
	16: „Zedern" (Libanons/Gottes)	(80,11)	Ps 92,13
	19.22: Untergehen und Aufgehen der Sonne	50,1	
	20: „alle Tiere des Waldes" (כל-חיתו-יער)	50,10 (nur 2mal im AT!)	Jes 56,9
	26: „Leviathan"	74,14! (nur 2mal in Pss!)	Jes 27,1; Hi 3,8; 40,25
	29: „erschrecken" (בהל), zum Tode führend	83,16.18	Ps 2,5; 30,8; 90,7
	32: Theophanie: Erde erbebt + Berge rauchen	(77,19)	Ex 19,18

| FAZIT | *Ps 104 verrät – eher überraschend – eine beträchtliche Vertrautheit mit asaphitischen Stoffen. Rezipiert werden namentlich Theophanie-Motivik, Aussagen zur Tränkung und Speisung (Israel in der Wüste) sowie die Erwähnungen von Tieren im Zusammenhang mit der Opferdiskussion (schwergewichtig aus Ps 50; 74; 77–78). Bemerkenswert ist auch die Transformation dieser Stoffe (sie dürfte dazu geführt haben, dass die Asaphizität der Tradition bisher kaum erkannt wurde): Unter Beibehaltung, ja Verstärkung der theologischen Fokussierung (JHWH als Handelnder in allem!) wird sein Eingreifen abgemildert und das Moment seines Richtens weitgehend getilgt (der Leviathan wird zu Gottes „Spielzeug"). Zudem wird auf Israels Frühgeschichte (v.a. die Wüstenzeit) zurückgegriffen und diese „Schöpfer-theologisch" umgestaltet (Fruchtbarkeit, Sättigung). Israel ist nicht (mehr) im Blick; die Heilsgeschichte wird mit diesem Ps 104 gleichsam protologisch unterlegt und damit universalisiert. Eine zeitliche Nähe zu nachexilischem Milieu (Chronik) ist zu vermuten.* |

3.2.16 Psalm 105

	Psalm 105 [45 Verse]	Asaph-Psalmen (Ps 50; 73–83)	Übrige Belege (Auswahl)
Präskript	–		
Form + Funktion	Narrative Lyrik über Israels Gründungs- und Frühgeschichte (Wunderwirken Gottes)	78 (77)	Ps 106; 135–136; 1–15: **1. Chr 16,8–22**
Begriffe + Motive	1: (Gottes Taten) „kundtun unter den Völkern"	**77,13.15** (78,11; 79,6.10)	Jes 12,4; Ps 98,2
	2: „(Seine) Wundertaten" (נפלאות)	75,2 (77,12.15); 78,4.11(–12).32	Ps 96,3; 98,1; 106,7.22
	4: „(Gottes) Stärke" (עז)	77,15; 81,2 (74,13; 78,61)	Ps 93,1; 96,6–7
	5: Gottes Wunder(taten) „gedenken" (זכר)	77,12.15!	Ps 106,7; Neh 9,17
	5.27: Gottes „Wunderzeichen" (מפתים)	78,43	Ex 7,3; Neh 9,10
	6: „Söhne Jakobs"	77,16! (nur 2mal in Pss!)	
	8–10: „Bund" (+ Satzung [חק])	50,(5.)16 (74,20; 78,10.37)	Gen 17,7; Dtn 7,9–10; Ps 89,4; 103,18; 106,45
	10: „Satzung (חק) für Israel (// Jakob)"	81,5! (78,5)	
	11: „zugemessenes Erbteil" (חבל נחלה)	**78,55** (im AT nur 3mal!)	Dtn 32,9; Ps 16,16

	Psalm 105 [45 Verse]	Asaph-Psalmen (Ps 50; 73–83)	Übrige Belege (Auswahl)
	13: „Völker // Königreiche" (ממלכה // גוי)	(79,6 sg)	Ps 46,7
	17(ff.): Joseph	(77,16; 78,67; 80,2)	
	23: Ägypten // Ham	78,51 (im AT nur 3mal!)	Ps 106,21–22
	26: Mose/Aaron	77,21! (Paar nur 4mal in Pss!)	Ps 99,6; 106,16
	27: „Zeichen + Wunder" (מופת + אות)	78,43 (nur 3mal in Pss!)	Jer 32,20–21; Neh 9,10
	28–36: Sieben Plagen (9-1-2-4+3-7-8-10)	78,44–51! (1-4-2-8-7-5-10)	Ex 7–12 (Plagen 1–10)
	33: „ihren Weinstock (schlagen)" (גפנם)	78,47 (80,9.15)	(≠ Ex!)
	36: „Erstlinge (all ihrer) Zeugungskraft"	78,51 (nur 4mal im AT!)	(≠ Ex; Gen 49,3)
	37: (Gottes/Israels) „Stämme" (שבט)	78,55 (74,2; 78,67–68)	
	39: Wolke + Feuer (Führung Gottes)	78,14!	Ex 13,21–22; Neh 9,12.19
	40: Wachteln	(78,20: „Fleisch")	Ex 16,13; Num 11,31–32
	40: „Himmels-Brot/Speise" (Sättigung)	(78,24–25: „Himmels-Getreide")	Ex 16,4; Neh 9,15
	41: Wasser „flossen" (זוב) aus „Felsen" (צור)	78,15–16; 78,20	Ex 17,6 (≠ זוב); Jes 48,21
	44: Landnahme	(78,54–55; 80,9)	Neh 9,23–24
	45: „Satzungen und Weisungen (bewahren)"	(50,16; 78,1.5.10; 81,5)	Neh 9,13–14; 2. Chr 33,8
FAZIT	*Asaphitisches Milieu ist gegeben, Kenntnis und Rezipierung von Ps 77–78 mit Blick auf Genre und Inhalte (lyrische wie selektive Reaktualisierung von Israels Frühgeschichte) liegen vor (von Ps 77 sind die hymnischen Verse 12–16.21, von Ps 78 die Schilderung von Gottes Heilswirken, u.a. die Plagen-Reihe, aufgenommen). Die Asaph-Psalmen erweisen sich gegenüber Ps 105 als Spender-, jedenfalls Vorgängertexte (allein schon die Plagenreihe in Ps 78 ist urtümlicher und eigenwilliger). Ps 105 vereinfacht bzw. korrigiert nach dem Ex-Bericht hin, hat aber zugleich asaphitisches „Sondergut", das in Ex fehlt. Ps 105 ist insofern von besonderem Interesse, als er ein „Zwischenstadium" repräsentiert: Er verweist auf Quellentexte zurück (Ex; Ps 77–78) und ist zugleich Spendertext (1. Chr 16: gegenüber Ps 96 wird Ps 105 mit deutlich geringeren Eingriffen übernommen). Ihm zeitlich nahe steht das levitische Bussgebet in Neh 9, wobei Ps 105 auf Wiederherstellung und neuerliche Landnahme hin transparent ist und vermutlich etwas früher entstanden ist.*		

3.2.17 Psalm 106

	Psalm 106 [48 Verse]	Asaph-Psalmen (Ps 50; 73–83)	Übrige Belege (Auswahl)
Präskript	–		
Form + Funktion	Narrative Lyrik über Israels Gründungs- und Frühgeschichte (Freveltaten des Volkes)	78	Ps 106; Jes 63–64; Neh 9,1.47–48: **1. Chr 16,34–36**
Begriffe + Motive	1: „Lobdankt JHWH, denn er ist gut"		Ps 100,4–5; 107,1; 136
	2.8: (Gottes) „Heldentat" (גבורה) (zur Rettung)	80,3	
	2(.12.47): (Gottes) Ruhmestat (תהלה)	78,4; 79,13	Ps 100,4; 102,22
	3: Recht bewahren + Gerechtigkeit tun		Jes 56,1; Ps 103,6
	4: „auf-, heimsuchen" (פקד) (zur Rettung)	80,15	Ps 8,5
	6ff.: Sündenbekenntnis („wir", mit Vätern)	(78,8ff.17ff.30ff.56ff.)	Neh 9,2ff.33
	7: „(nicht) gedenken" (זכר) Gottes Wundertaten	77,12; 78,11	Ps 105,5; Neh 9,17
	7.(43): „widerspenstig sein" (מרה) (vom Volk)	78,8.17.40.56	Ps 105,28; Neh 9,26.28
	8: „retten" (ישע) ... um (Gottes) Namens willen	79,9	
	13.21: „vergessen" (שכח) Gott(es Taten)	(50,22; 78,7.11)	Ps 103,2; Am 8,7
	14: „gieren/Begierde" (תאוה/אוה)	78,29–30	Num 11,4
	14: „Wüste // Einöde" / „Gott versuchen" (נסה אל)	**78,40–41** (78,18.56)	Ps 107,4
	16(.23.33): Mose + Aaron / „Lager" (מחנה)	(77,21/78,28: 3mal in Pss!)	Ps 99,6; 105,26 (103,7)
	16: „eifersüchtig sein, sich ereifern" (קנא)	(73,3; 78,58: 4mal in Pss!)	
	18: „Feuer brennt + Flamme verzehrt"	**83,5**	Jo 1,19 (Ps 97,3; 104,4)
	21–22: Ägypten + Ham	**78,51** (im AT nur 3mal!)	Ps 105,23
	23(.5): erwählen/Erwählter (Mose)	(78,70)	Ps 89,4.20 (David); 105,26 (Aaron)

	Psalm 106 [48 Verse]	Asaph-Psalmen (Ps 50; 73–83)	Übrige Belege (Auswahl)
	23: „abwenden (Gottes) Grimm vom Verderben"	**78,38** (nur hier im AT!)	
	24: „(Land) verwerfen, verschmähen" (מאס)	(78,59.87)	Ps 89,39; Jer 3,19
	24(.12): „(nicht) vertrauen" (Gott[es Wort])	78,8.22!32.37	
	29: „Sie reizten (ihn) zum Zorn ..." (כעס)	78,58	Dtn 32,16.21
	32: „an den Wassern von Meriba" (על־מי מריבה)	81,8! (nur 3mal im AT!)	Dtn 33,8
	37: „den Dämonen opfern"		Dtn 32,17!
	38: „(unschuldiges) Blut vergiessen" (שפך דם)	79,3.10 (nur 3mal in Pss!)	Jer 7,6
	39: „(sich) verunreinigen" (טמא)	79,1 (nur 2mal in Pss!)	Ez 23,30; Hos 5,3
	39: „huren, treulos sein/ werden" (זנה)	73,27 (nur 2mal in Pss!)	Dtn 31,16; Ez 23,3ff.
	40: „Zorn + entbrennen/Glut" (חרה/חרון + אף)	78,49–50 (74,1; 78,21.31.38)	Ex 32,10–11; Dtn 31,17
	40(.5): „(Gottes) Erbteil" (נחלה)	74,2; 78,55.62.71; 79,1	Ps 94,5.14; 105,11
	42: „(Feinde/Bedränger) beugen" (כנע)	**81,15** (nur 3mal in Pss!)	Ps 107,12; 1. Chr 17,10
	45–46: (Gottes) Gnade und Erbarmen	(78,38)	Ex 34,6–7; 2. Chr 30,9
FAZIT	*Gegenüber dem komplementären Ps 105 ist für Ps 106 mit seiner deuteronomischen Prägung ein Zweifaches festzuhalten: 1. Ps 106 verweist häufiger und mit stärkeren Textbezügen als Ps 105 in (früh)nachexilisches Milieu (v.a. Bussgebete). 2. Ps 106 ist gegenüber Ps 105 etwas weniger stark asaphitisch und d.h. von Ps 78 geprägt. Zwar kennt und benutzt er Ps 78 (und wohl weitere Asaph-Psalmen) – am deutlichsten V. 38–42 –, im Vergleich mit Ps 105 aber tendenziell weniger und freier. Zudem orientiert er sich stärker an anderen Überlieferungen und Texten (deren Umfang zu erhellen nicht Ziel dieser Studie ist). Das Label „deutero-asaphitisch" wird man ihm gleichwohl zubilligen dürfen. Chronistisch-asaphitisch ist er aufgrund der eher marginalen Rezeption in 1 Chr 16 (die im Zentrum stehende Sündengeschichte wird umschifft) nur bedingt. Er ist (wie Ps 105) als „Nachgeschichte" von Ps 78 einzuschätzen, sachlich in die Nähe von Busspsalmen wie Neh 9 und Jes 63–64 zu rücken und damit zeitlich zwischen den genuinen Asaph-Psalmen und der Chronik mit „ihren" Asaphiten anzusetzen.*		

3.3 Die Listung der „Schnittstellen", sortiert anhand der Asaph-Psalmen

Werden die erhobenen und aufgeführten Verbindungen der Psalmen 90–106 den Asaph-Psalmen entlang sortiert, so ergibt sich der folgende, approximative Befund:

Asaph-Psalm [Anzahl Verse]	Präskript	Form + Funktion	Versangaben: Begriffe und Motive [Häufigkeit an Belegen][44]
Psalm 50 [23 Verse]	Ps 98; 100–101	Ps 94	1 – 2!2 – 3.3.3 – 4 – 6.**6** – **10** – 14 – **15**.15 – 16 – 22 – 23.23 [17mal, ≠ in Ps 90; 92–93; 95; 100; 103; 106]
Psalm 73 [28 Verse]	Ps 98; 100–101	Ps 92	3 – 11 – 19 – 22 – 26 – 27.27 [7mal, ≠ in Ps 90; 93; 95–100; 103–105]
Psalm 74 [23 Verse]		Ps 93	1.1 – 2.2.2 – 3 – 10.10!10.**10** – 12.12 – 13 – 14.14! – 16 – 17.17.17 – 18.18 – 22 [22mal, ≠ in Ps 90–92; 97; 99; 101; 103; 105]
Psalm 75 [11 Verse]	Ps 92; 98; 100–101	Ps 94	2.2 – 3.3.3.3.3.3 – 4 – 5.5ff.5 – 6.6 – 8 – 9! – 10 – 11.11 [19mal, ≠ in Ps 90–91; 93; 95; 97; 100–101; 103–104; 106]
Psalm 76 [13 Verse]	Ps 92; 98; 100–101	Ps 94	7.7 – 8 – 9 – 12 – 13.13! [7mal, ≠ in Ps 90–93; 95; 97–101; 103; 105–106]
Psalm 77 [21 Verse]	Ps 98; 100–101	Ps 97	2 – 3 – (4!) – 6 – 11.11 – 12.12 – 13.13.**13** – 14 – **15**.15.15! – 16.16! – 17 – 18.18 – **19**.19.**19** – 20 – 21.21! [26mal, ≠ in Ps 92; 94; 96; 100–101]
Psalm 78 [72 Verse]		Ps 105–106	4.4.4.4.4.4 – 5.5 – 6! – 8.8 – 10 – 11.11.11 – 12 – 13 – 14! – 15–16 – 17.17 – 18 – **20** – 21.21 – 22! – 25.25.25 – 29–30 – 32.32.32 – 33.33.33 –35.35 – 37 – 38.**38** – 39 – 40 – **40–41** – 41 – 43.43 – 44ff.! – **47** – 49.49–50 – **51.51.51** – 55.55.55 – 56.56.56.56 – 58 – 62 – 69.69 – 71.71.71 – 72 [69mal, ≠ in Ps 97; 100]
Psalm 79 [13 Verse]	Ps 98; 100–101		1.1.1 – 2.2 – 3.3 – 6 – 8 – 9 – 10.10.10 – **11** – 13.13!13.13 [18mal, ≠ in Ps 90–92; 96–97; 99; 101; 103; 105]
Psalm 80 [20 Verse]	Ps 98; 100–101		1 – 2!2 – 3 – 5.5 – 6.6! – **15**.15!15 – 17 [12mal, ≠ in Ps 91–92; 95–98; 100–101; 103; 105]
Psalm 81 [17 Verse]		Ps 94–95	2–3.2.2.2.2 – 3.3–4 – 5.5! – 6 – 8.8.8! – **15** [14mal, ≠ in Ps 90–91; 96–97; 99; 101–103]
Psalm 82 [8 Verse]	Ps 94; 98; 100–101		2.2 – 3 – **4** – 5 – 6 – 8!8.8 [9mal, ≠ in Ps 90; 92–93; 95; 99–103; 105–106]
Psalm 83 [19 Verse]	Ps 98; 100–101		2 – **5** – 15.15 –16.16 – 18.18 – 19.**19** [10mal, ≠ in Ps 92–93; 95–96; 98–103; 105]

---

44 Die Belege (Versangaben) zeigen, wie oft auf den entsprechenden Asaph-Psalm innerhalb Ps 90–106 Bezug genommen wird (Normalschrift = Ähnlichkeit, Milieuverwandtschaft; „!" = auffallende Ähnlichkeit, direkte Abhängigkeit zu vermuten; Fettdruck = mit hoher Wahrscheinlichkeit direkte Abhängigkeit – die eingeklammerten [weniger deutlichen] Belege werden nicht aufgeführt). Eine (statistische) Auswertung hat über die aufgeführte Anzahl hinaus (Genre und Präskript sind nicht mitgezählt) den Umfang des Psalms zu berücksichtigen.

FAZIT	Die Tabelle macht deutlich, dass zu Ps 78 als „asaphitischem Zentralpsalm" – auch unter Berücksichtigung seines grossen Umfangs – viele Parallelen vorliegen. Sie führen – mit Ausnahme von Ps 97; 100 – zu allen Psalmen innerhalb des Teilbuchs IV. Dabei liegen freilich beträchtliche Unterschiede vor, und die (späteren) „Geschichtspsalmen" 105 und 106 haben besondere Affinitäten zu ihm. Auf der anderen Seite des Spektrums liegt Ps 73, der proportional zu seiner Grösse am wenigsten Schnittstellen zu den Psalmen aus Teilbuch IV aufweist (bei ihm lässt sich auch keine direkte Abhängigkeit erweisen). Ob und inwiefern sich aus der Auswahl der Texte oder Passagen aus den Asaph-Psalmen Schlüssel ziehen lassen, wäre eigens zu untersuchen.

4. Auswertung, offene Fragen und Forschungsdesiderata

4.1 Tabellarische Zusammenstellung der Asaphizität

Eine Auswertung des Grades der „Asaphizität" der Psalmen 90–106 ergibt folgendes Bild:[45]

A Keine bis geringe Asaphizität [3mal]	B Geringe bis mittlere Asaphizität [6mal]	C Mittlere bis starke Asaphizität [6mal]	D Starke bis sehr starke Asaphizität [2mal]
	Psalm 90 (למשה) **0** 0!		
	Psalm 91 (–) **1** (Ps 50) 0!		
Psalm 92 (–) **0** 0!			
	Psalm 93 (–) **0** 0!		
		Psalm 94 (–) **0** 3! (Ps 50; 74; 80)	
		Psalm 95 (–) **0** 1! (Ps 81)	

---

45   In der Tabelle sind lediglich die Belege mit „!" (= auffallende Ähnlichkeit, direkte Abhängigkeit zu vermuten) und Fettdruck (= mit hoher Wahrscheinlichkeit direkte Abhängigkeit) aufgeführt.

A Keine bis geringe Asaphizität [3mal]	B Geringe bis mittlere Asaphizität [6mal]	C Mittlere bis starke Asaphizität [6mal]	D Starke bis sehr starke Asaphizität [2mal]
	Psalm 96 (–) (zitiert in 1. Chr 16) **0** 0!		
			Psalm 97 (–) **4** (Ps 50; 77; 82; 83) 0!
	Psalm 98 (–) **0** 0!		
		Psalm 99 (–) **1** (Ps 80) 0!	
	Psalm 100 (–) **0** 1! (Ps 79)		
Psalm 101 (לדוד) **0** 0!			
		Psalm 102 (–) **1** (Ps 79) 5! (Ps 75; 76; 78; 80*bis*)	
Psalm 103 (לדוד) **0** 0!			
		Psalm 104 (–) **3** (Ps 50; 74; 77) 1! (Ps 74)	
			Psalm 105 (–) (teilweise zitiert in 1. Chr 16) **6** (Ps 77; 78*quinquies*) 6! (Ps 77*ter*; 78*bis*; 81)
		Psalm 106 (–) (teilweise zitiert in 1. Chr 16) **5** (Ps 78*ter*; 81; 83) 1! (Ps 81)	

4.2 Auswertung

Aufgrund des erhobenen Gesamtbefunds soll eine präliminarische Auswertung vorgenommen werden. Sie wird thesenartig dargeboten und mit offenen Fragen, weiterführenden Erwägungen und Desiderata verbunden.

4.2.1 Zu Methodologie und Fehlertoleranz

Die Beeinflussung von Textkorpora generell und ihres Grades im Speziellen lässt sich nur annähernd eruieren.[46] Dies gilt bei poetischen (lyrischen) Texten aufgrund ihrer Kürze und Komplexität noch verstärkt.[47] Diese Einschränkung bezieht sich auch auf die vorgelegten form-, motiv- und traditionsgeschichtlichen Untersuchungen: Zunächst wurde analytisch bei jedem Einzelpsalm aus Teilbuch IV anhand mehrerer Gesichtspunkte eine mögliche Milieuverwandtschaft zu Asaph-Psalmen eruiert und graduell eingestuft. Anschliessend wurden die Einzelergebnisse synthetisch im obigen Vergleichsraster präsentiert und in eine Staffelung von vier Graden (A–D) an Asaphizität überführt. Eine vertiefte Überprüfung und Verfeinerung des hier erhobenen Befunds ist wünschenswert. Darüber hinaus ist eine überlieferungs- und traditionsgeschichtliche Gesamtanalyse anzustreben, in deren Rahmen das Mass des Einflusses asaphitischer Psalmen mit anderem Traditionsgut abzugleichen ist und derart ein Gesamtbild deutlicher zutage tritt. Aufgrund der genannten Beschränkungen ist bei der tabellarisch dargestellten Gesamteinschätzung eine Abweichung von *einer* Stufe (A bis D) als Toleranzbereich in Rechnung zu stellen.

4.2.2 Der tabellarische Befund im Überblick

Die „Schnittmengen" zwischen den Psalmen aus Teilbuch IV und dem Korpus der Asaph-Psalmen haben die Existenz von „Verbindungslinien" (so der Titel dieses Beitrags) bestätigt. Bei vierzehn der insgesamt siebzehn Psalmen kann eine asaphitische Beeinflussung vermutet, bei acht (d.h. knapp der Hälfte) darf eine solche angenommen werden. Ein Forschungsdesiderat wäre die Ausweitung der vorliegenden Untersuchung auf weitere Texte im Psalter (u.a. die Teilbuch IV flankierenden Psalmen 89 und 107) sowie auf Bereiche der Prophetie (v.a. Jes[48]) und des Pentateuchs[49].

---

46   Vgl. dazu den Versuch von LANGE/WEIGOLD, Quotations, objektivierbare Ergebnisse zu erzielen. Sie haben unter Zuhilfenahme digitaler Ressourcen und Werkzeuge (Accordance) Zitate und Anspielungen innerhalb der Bibel und frühjüdischer Literatur tabellarisch zusammengestellt (zur Vorgehensweise und Methodologie vgl. ebd., 15ff.). Eine Durchsicht ihrer Belege zu Ps 50; 73–83 einerseits und Ps 90–106 andererseits ergab keinen einzigen Listeneintrag für eine intertextuelle Referenz zwischen den beiden Psalmgruppen. Das muss freilich noch nichts heissen, da die Autoren lediglich mechanische Operationen durchführten und nicht wie hier jeden Text sorgsam einsahen. Zudem gaben sie als Erfordernis zur Anerkennung einer „impliziten Anspielung" mindestens drei identische Wörter vor (schwächere Bezugnahmen, welche die Autoren „Referenzen" und „Reminiszenzen" nennen, werden aufgrund der Schwierigkeit ihrer digitalen Eruierung nicht gelistet).
47   Vgl. dazu die Erwägungen in WEBER, Psalm 77, 203–206.
48   Namentlich zwischen den Psalmen aus Teilbuch IV und Jes 40(ff.) sind Konvergenzen zu erwarten, vgl. dazu CREACH, Shape; WEBER, Asaf und Jesaja; GOSSE, Usage; DERS., Ps 93–94; DERS., Isaïe.
49   Nach Ausweis der Asaph-Psalmen sind namentlich in Mose-Überlieferungen, die herkömmlich mit den Sigla E und D bezeichnet werden bzw. wurden, Berührungen zu diesen Psalmen auszumachen. Darüber hinaus liegen wiederholt Bezüge zu den poetischen Texten (Ex 15 und Dtn 32[–33]) vor. Die Überlegungen von GOULDER, Psalms, 189ff., verdienen – trotz ihrer Überspitzungen – neu bedacht zu werden.

4.2.3 Abhängigkeitslage

Bei sieben Psalmen aus Teilbuch IV ist über eine Milieuverwandtschaft hinaus *direkte* Abhängigkeit von Asaph-Psalmen mit hoher Wahrscheinlichkeit anzunehmen (Anzeige durch Fettdruck). Bei zehn Psalmen (Anzeige durch Fettdruck und/oder „!") ist eine solche zumindest zu vermuten. Die Detailanalyse hat zudem nahegelegt, dass praktisch durchwegs von den Asaph-Psalmen als Quellen- bzw. Spendertexten auszugehen ist. Die damit etablierte relative Chronologie sagt nichts über die jeweiligen absoluten Datierungen und die zeitlichen Abstände zwischen ihnen aus. Sie fügt sich aber zum Sachverhalt, dass psalteeditorisch die Teilbücher I–III („messianischer Psalter" Ps 2–89) gegenüber den Teilbüchern IV–V („theokratischer Psalter") ein früheres Stadium repräsentieren. Auf der Stufe der Einzeltexte ist zumindest für die sieben bzw. zehn Psalmen aus Teilbuch IV mit direkten Entlehnungen eine entsprechende Abhängigkeitslage ebenfalls anzunehmen.

4.2.4 Differenzierungen hinsichtlich der Asaphizität

Hinsichtlich des Grades der Asaphizität in den Psalmen aus Teilbuch IV ergeben sich u.a. folgende Einsichten:

1. Bei einer Dreiteilung von Teilbuch IV[50] in die Gruppen Ps 90–92, 93–100 und 101–106[51] fallen Unterschiede der asaphitischen Tingierung auf: In der ersten Teilgruppe bewegt sie sich im geringen bis mittleren und in der Kerngruppe der Jhwh-Königs-Psalmen (Ps 93–100) im mittleren bis starken Bereich. Die Schlussgruppe Ps 101 bis 106 ist diesbezüglich uneinheitlich und weist starke Ausschläge auf, wobei das Spektrum von keiner bis zu sehr starker asaphitischer Beeinflussung reicht.[52]
2. Mit Blick auf Ps 104 ist die Rezeption asaphitischer Stoffe, die freilich stark umgeprägt wurden, überraschend. Umgekehrt fällt auf, dass die David zugeschriebenen Psalmen 101 und 103 (zusammen mit Ps 92) keine oder nur geringe Milieuverwandtschaft zu den Asaph-Psalmen aufweisen. *Prima vista* sieht es danach aus, dass mit der Zuschreibung an David ein unterschiedliches Traditionsmilieu verbunden ist, hinter dem ein anderer TK steht.[53] Ein solcher Befund spricht

---

50 So auch Leuenberger, Konzeptionen, 129ff.172ff. Dahmen, Gepriesen, 10–25, problematisiert die Buchgrenze zwischen Teilbuch IV und V und postuliert die Existenz einer Psalmenkomposition Ps 105–118* (mit Schwerpunkt im Exodusgeschehen).

51 Diese Schlussgruppe (zu der teils auch Ps 107 gerechnet wird) wirkt am uneinheitlichsten. Entsprechend sind verschiedene, synchron wie diachron motivierte Subgliederungen vorgeschlagen worden (vgl. u.a. Zenger, Weltenkönigtum, 171–178; Brunert, Psalm 102, 255–262; Schnocks, Vergänglichkeit, 252–278; Ballhorn, Telos, 111–141; Leuenberger, Konzeptionen, 242–264; McKelvey, Moses, 253–277; Gärtner, Geschichtspsalmen, 244–290), die hier aber ausser Acht bleiben können.

52 Die Schlusstriade Ps 104–106 hat freilich eine mittlere bis (sehr) starke asaphitische Einfärbung. Wenham, Palms, 125–126, spricht von Einleitung (Ps 103) und „three pentateuchal psalms" (Ps 104–106), die von einem Zitat aus Ex 34 gerahmt werden und damit zum Ausdruck bringen, dass die Hoffnung auf Gottes Charakter ruht.

53 Dies ist mit Blick auf Ps 103 insofern überraschend, als dieser Psalm nicht nur Mose erwähnt, sondern darüber hinaus besonders dicht die Offenbarungsformel Ex 34,6 aufnimmt und vermutlich auch den Gesamthintergrund von Ex 32–34 im

dafür, dass die Zuschreibungen an David nicht als zufällig einzustufen sind.[54]
Auch 2. Chr 29,30 (vgl. Neh 12,46) kennt eine Differenzierung zwischen David-
und Asaph-Psalmen. Dass mit ihrer Pflege und Weitergabe unterschiedliche Tradenten betraut waren, ist naheliegend.[55]

3. Das Label „deutero-asaphitisch" verdankt sich dem Umstand, dass Teile von drei
   Psalmen ohne Präskirpt aus Teilbuch IV vom Sänger- und Musikerhaupt Asaph
   bei der Ladeüberführung in 1. Chr 16 vorgetragen wurden. Die vorgenommene
   Analyse hat, gemessen an den Asaph-Psalmen, unterschiedliche Grade an Asaphizität für die Psalmen 96; 105 und 106 zutage gefördert.[56] Ps 105 weist eine starke
   asaphitische Prägung auf. Ps 106 kommt ihm darin nahe; freilich ist er in 1. Chr
   16 mit Anfang und Schluss nur geringfügig aufgenommen. Die rezipierten Verse
   sind zudem nicht asaphitisch tingiert. Ps 96 dagegen hat lediglich eine geringe
   bis mittlere Asaphizität.[57] Man kann sich fragen, ob und inwieweit die Psalmen-
   Collage in 1. Chr 16 als Zusammenspiel oder „Kompromiss" unterschiedlicher
   Trägerkreise einzuschätzen ist.[58]

Blick hat – Phänomene, bei denen Konvergenzen sich nicht nur zu anderen Psalmen
aus Teilbuch IV, sondern auch zum Kern des kleinen Asaph-Psalters (Ps 77 und
78) ergeben (vgl. dazu die Ausführungen in WEBER, Werkbuch III, 151–154, ferner
SCHNOCKS, Vergänglichkeit, 185–191; WENHAM, Calf).

54 Untersuchungen zur Davidizität der Psalmen in Teilbuch IV (und V) mit Blick auf
    mögliche Beeinflussungen und Trägerkreise sowie deren Verhältnis zu den David-
    Psalmen in den Teilbüchern I und II sind ein wissenschaftliches Desiderat. Vgl. bis-
    her v.a. KLEER, Sänger. WALLACE, Effect, 67.82–83.91–94, sieht in Teilbuch IV weniger
    einen „new David" als einen „fellow sufferer". Gemäss ihm nimmt der Status von
    David gegenüber Mose ab. „David agrees that Moses is the authority, and David no
    longer rules. YHWH reigns!" (ebd., 94).

55 Die aufgrund von Stichwortverknüpfungen von BRUNERT, Psalm 102, 255–262, und
    KLEER, Sänger, 121–122, gezogene Folgerung, dass Ps 101–104 insgesamt redaktionell
    als davidisch zu betrachten sind, ist aufgrund des hier erarbeiteten Befunds zu
    überdenken.

56 Über Vermutungen kommt man aufgrund des fehlenden Labels לאסף als Präskript in
    Teilbuch IV und einer e silentio-Argumentation kaum hinaus. Eine mögliche Erklä-
    rung liegt darin, dass der Asaph-Psalter innerhalb der Umrisse des „Elohistischen
    Psalters" (Ps 42–83) bzw. der Psaltervorstufe der Teilbücher I–III bereits autorisiert
    war und als abgeschlossen galt. Entsprechend wurden später komponierte Psal-
    men desselben Trägerkreises nicht mehr Asaph zugeschrieben. Dazu beigetragen
    haben mag auch eine veränderte bzw. reduzierte Präskribierungsweise in Teil-
    buch IV(–V) gegenüber Teilbuch (I–)III. Buch IV hat mit einer Mose- (Ps 90) und
    zwei David-Zuschreibungen (Ps 101; 103) eine auffällige Kargheit an eponymischen
    Präskript-Angaben.

57 Ein Vergleich der beiden Fassungen im Psalter und in 1. Chr 16 ergibt, dass Ps
    96 den Asaph-Psalmen nähersteht als sein Pendant in der Chronik (vgl. etwa die
    Abmilderung des Gerichtsaspekts).

58 Dies lässt sich sowohl auf der Textebene (Vortragende sind Asaph und seine Brüder,
    vgl. 1. Chr 16,7) als auch auf der Verfasserebene (Aufnahme von Traditionen unter-
    schiedlicher levitischer und anderer Überlieferungen und Anliegen) diskutieren.

4.2.5 Einsichten mit Blick auf das Teilbuch IV

Die Annahme eines TK hinter der Formung und Überlieferung der zwölf Psalmen לאסף konnte als plausibel erwiesen werden. Es bleibt zu fragen, inwiefern dieser auch für die Entstehung der Psalmen aus Teilbuch IV respektive deren Zusammenstellung und Anordnung zutrifft. Folgende Überlegungen seien zur Diskussion gestellt:

1. Die Psalmen aus Teilbuch IV zeigen gegenüber den Asaph-Psalmen ein späteres Stadium. Unterschiede zwischen den Psalmgruppen hinsichtlich Gattung, Formulierung und Akzentuierung dürften einer veränderten Zeitlage und ihren Erfordernissen zuzuschreiben sein. Unabhängig von der Datierung der Asaph-Psalmen hat die Analyse für die Psalmen aus Teilbuch IV eine grössere Nähe zu exilisch-(früh)nachexilischer Literatur ergeben. Zu erwähnen sind Berührungen mit Jes 40–55/66, den „Busspsalmen" (z.B. Neh 9), aber auch eine Nähe zur Lobpreis-Theologie der Chronik, die gegenüber dem genuin-asaphitischen Gerichtskontext eine deutlich „hellere" Sichtweise hat (Doxologisierungstendenz).

2. In Reaktion auf den in Ps 89 repräsentierten Zerbruch des davidischen Zionkönigtums greifen die Psalmen aus Teilbuch IV auf mit Mose verbundene Überlieferungen, Theologumena und Funktionen zurück und heben JHWHs Königtum hervor. Namentlich für den Rückgriff auf „Mose"-Überlieferungen und -Themen[59] in der Gestaltung von Teilbuch IV sind Einflüsse des Asaph-Kreises und seiner Psalmen anzunehmen.

3. Der Grad asaphitischer Beeinflussung der Psalmen 90–106 ist unterschiedlich, so dass bei der Entstehung eines Teils dieser Psalmen eine Beteiligung oder jedenfalls der Einfluss eines asaphitischen TK, der für Bewahrung, Überlieferung und Aktualisierung der explizit Asaph zugeschriebenen Psalmen verantwortlich zeichnet, einiges für sich hat. Dies gilt allerdings nicht für alle siebzehn Psalmen. Darüber hinaus ist wahrscheinlich, dass für die Gestaltwerdung der Komposition von Teilbuch IV ein asaphitischer TK (mit)verantwortlich zeichnet, zumal die asaphitisch zu veranschlagende „Mose"-Rezeption nicht nur auf der Ebene der Einzelpsalmen dieses Teilbuchs, sondern darüber hinaus in ihrer Konfiguration eine Rolle spielt. Die Bedeutung der nachexilischen Asaphiten, wie sie in Esr-Neh und Chr erkennbar ist, ist ein weiteres Indiz für den Einfluss dieser Überlieferungs- und Trägergruppe.[60] In die Teilbuch-Komposition sind freilich auch

---

59   Zu denken ist an die Tradierung geformter Basistexte wie Ex 15 und v.a. Dtn 32(–33), lyrische Geschichtsaktualisierung (Ps [77–]78), Bundesbruch und -erneuerung (Ex 32–34) samt mosaischer Mittlerschaft und zentraler Gnadenformel Ex 34,6(–7) – man kann bei letzterem gleichsam von einer nach dem Abfall (und der Exilskatastrophe?) Gott abgerungenen und mosaisch vermittelten „zweiten Gnade" sprechen. Auch die Betonung des Königtums JHWHs (vgl. Ps 74,12ff., ferner Ex 15,18) ist nicht ohne Anhalt in der Gruppe der Asaph-Psalmen, insbesondere wenn man die Hirte/Herde-Metaphorik (vgl. Ps 74,1; 77,21; 78,72; 79,13; 80,2) und die Präsentation Gottes als Richter (vgl. u.a. Ps 50,4–7; 74,11; 75,3–9.11; 76,4.9–11; 78,65–66; 82,1.8) in die Überlegungen einbezieht.

60   Literatur- und theologiegeschichtlich repräsentiert das asaphitisch (mit)geprägte Teilbuch IV ein Stadium zwischen den genuinen Asaph-Psalmen und den Asaphiten, wie sie in Esr-Neh und Chr zutage treten.

nicht-asaphitisch geprägte Psalmen, wie etwa die David zugeschriebenen, aufgenommen worden.[61] Das Verhältnis zwischen dem vorherrschenden Mose-Bezug
und dem David-Anteil in Teilbuch IV ist nicht hinreichend geklärt und bedarf
weiterer Überlegungen.[62] Auf den chronistischen Hinweis (vgl. 2. Chr 29,30), dass
Leviten „Worte" (Psalmen) von David und des Sehers Asaph zum Lobpreis Jhwhs
vortrugen, wurde bereits hingewiesen. Damit werden zwei Psalmengruppen
gemeinsam genannt und verwendet, aber zugleich differenziert anhand der als
Dedikationen (oder Verfasserangaben) zu verstehenden Zuweisungen an David
und Asaph. Der Chronist bringt dies mit der Zeit König Hiskias in Verbindung.
Wie bereits notiert, bringt Asaph immer wieder mit „Mose" Verbundenes ein. Nun
ist auch die Verbindung von Mose und David nicht ohne Anhalt im asaphitischen
TK. Mose-David-Verbindungen finden sich nämlich nicht nur in der Chronik,
sondern auch im Psalter und dort insbesondere im Teilbuch IV.[63] Dass diese ihr
Vorbild in der ersten Mose-David-Verlinkung im Psalter, nämlich im Kernbereich
des Asaph-Psalters (Ps 77–78),[64] hatte, ist gut möglich.

Bibliographie

Ballhorn, E., Zur Pragmatik des Psalters als eschatologisches Lehrbuch und Identitätsbuch Israels, in: A. Gerhards / A. Doeker / P. Ebenbauer (Hg.), Identität
durch Gebet. Zur gemeinschaftsbildenden Funktion institutionalisierten Betens
in Judentum und Christentum (Studien zu Judentum und Christentum), Paderborn 2003, 241–259.

Ballhorn, E., Zum Telos des Psalters. Der Textzusammenhang des Vierten und
Fünften Psalmenbuchs (Ps 90–150) (BBB 138), Berlin – Wien 2004.

Brunert, G., Psalm 102 im Kontext des Vierten Psalmenbuches (SBB 30), Stuttgart 1996.

Buss, M., The Psalms of Asaph and Korah, JBL 82 (1963) 382–392.

Christian, M.A., Revisiting Levitical Authorship: What Would Moses Think?, ZABR
13 (2007) 194–236.

Creach, J., The Shape of Book Four of the Psalter and the Shape of Second Isaiah,
JSOT 80 (1998) 63–76.

Dahmen, U., „Gepriesen sei der Herr, der Gott Israels, vom Anfang bis ans Ende der
Zeiten" (Ps 106,48). Beobachtungen zur Entstehungsgeschichte des Psalters im
vierten und fünften Psalmenbuch, BZ 49 (2005) 1–25.

---

61   Aufgrund der vorliegenden Untersuchung ist meine, in Weber, Asaf und Jesaja,
      459.478–479, geäusserte Vermutung einer asaphitischen Verantwortlichkeit für die
      Gesamtgestalt von Teilbuch IV zu modifizieren.
62   Vgl. dazu u.a. Brunert, Psalm 102, 276–285; Ballhorn, Telos, 108–109.138–141;
      Leuenberger, Konzeptionen, 172–174; Schnocks, Vergänglichkeit, 272–276; Wal-
      lace, Effect, 51–94.
63   Vgl. Weber, Moses, v.a. 187–188.205–210.
64   Vgl. die Erwähnung Moses am Ende von Ps 77 (V. 21) und v.a. Ps 78, der mosaisch
      eröffnet und am Schluss zu David hinführt, dazu Weber, Psalm 78 als Mitte, 321–
      323. Auch der Umstand, dass der David-Psalter II (Ps 51–72) asaphitisch (mosaisch)
      gerahmt ist (Ps 50|73–83), kann angeführt werden.

GÄRTNER, J., Die Geschichtspsalmen. Eine Studie zu den Psalmen 78, 105, 106, 135 und 136 als hermeneutische Schlüsseltexte im Psalter (FAT 84), Tübingen 2012.

GELSTON, A., Editorial Arrangement in Book IV of the Psalter, in: K.J. Dell / G. Davies / Y. von Koh (eds.), Genesis, Isaiah and Psalms. FS. J. Emerton (VT.S 135), Leiden – Boston, MA 2010, 165–176.

GOSSE, B., Le quatrième livre du Psautier, Psaumes 90–106, comme réponse à l'échec de la royauté davidique, BZ 46 (2002) 239–252.

–, L'usage des Psaumes d'Asaph dans la présentation du retour de l'exil en Isaïe 40–52, OTE 23 (2010) 66–81.

–, Isaïe: Le livre de la contestation (TrEu.S 17), Pendé 2012.

–, Les Ps 93–94 et le livre d'Isaïe, RB 119 (2012) 161–172.

GOULDER, M.D., The Fourth Book of the Psalter, JThS 26 (1975) 269–289.

–, The Psalms of Asaph and the Pentateuch. Studies in the Psalter, III (JSOTS 233), Sheffield 1996.

GRUND-WITTENBERG, A., Wer schrieb und wer las den Psalter? Gebrauch und Trägerkreise der Psalmen im Lichte antiker Quellen, BZ 67 (2023) 186–211.

HOSSFELD, F.-L., Ps 89 und das vierte Psalmenbuch (Ps 90–106), in: E. Otto / E. Zenger (Hg.), „Mein Sohn bist du" (Ps 2,7). Studien zu den Königspsalmen (SBS 192), Stuttgart 2002, 173–183.

HOWARD, D.M., The Structure of Psalms 93–100 (Biblical and Judaic Studies 5), Winona Lake, IN 1996.

JACOBSON, K.N., Memories of Asaph: Mnemohistory and the Psalms of Asaph, Minneapolis, MN 2017.

JENNI, E., Die hebräischen Präpositionen. Band 3: Die Präposition Lamed, Stuttgart 2000.

KILCHÖR, B. / WEBER, B., „Unser Gott kommt ...!": Psalm 50 und sein Setting im Lichte aufgenommener Überlieferungen, OTE 27 (2014) 1084–1111.

KLEER, M., „Der liebliche Sänger der Psalmen Israels". Untersuchungen zu David als Dichter und Beter der Psalmen (BBB 108), Bodenheim 1996.

KOENEN, K., Jahwe wird kommen, zu herrschen über die Erde. Ps 90–110 als Komposition (BBB 101), Weinheim 1995.

LANGE, A. / WEIGOLD, M., Biblical Quotations and Allusions in Second Temple Jewish Literature (JAJSup 5), Göttingen 2011.

LEUENBERGER, M., Konzeptionen des Königtums Gottes im Psalter. Untersuchungen zu Komposition und Redaktion der theokratischen Bücher IV–V im Psalter (AThANT 83), Zürich 2004.

MAEIR, A.M., „The priests, the Levites, and all the tribe of Levi, shall have no part nor inheritance with Israel" (Deut 18:1): Is there Archaeological Evidence of Priests and Priesthood in Iron Age Israel and Judah?, in: J.K. Hoffmeier et al. (eds.), „Now These Records are Ancient": Studies in Ancient Near Eastern and Biblical History, Language and Culture. FS K.L. Younger (ÄAT 114), Münster 2022, 359–369.

MᴄKᴇʟᴠᴇʏ, M.G., Moses, David and the High Kingship of Yahweh: A Canonical Study of Book IV of the Psalter (Gorgias Dissertations in Biblical Studies 55), Piscataway, NJ 2010.

Nᴀsᴜᴛɪ, H.P., Tradition History and the Psalms of Asaph (SBLDS 88), Atlanta, GA 1988.

Pᴀᴠᴀɴ, M., „He remembered that they were but flesh, a breath that passes and does not return" (Ps 78,39): The Theme of Memory and Forgetting in the Third Book of the Psalter (Pss 73–89) (ÖBS 44), Frankfurt a.M. 2014.

Sᴀʀɴᴀ, N.M., The Psalm Superscriptions and the Guilds, in: S. Stein / R. Loewe (eds.), Studies in Jewish Religious and Intellectual History. FS A. Altmann, Tuscaloosa, AL 1979, 281–300.

Sᴄʜᴇʟʟɪɴɢ, P., De Asafspsalmen hun samenhang en achtergrond (DNL.T), Kampen 1985.

Sᴄʜᴍɪᴅ, K., Literaturgeschichte des Alten Testaments. Eine Einführung, Darmstadt 2008.

Sᴄʜɴᴏᴄᴋs, J., Vergänglichkeit und Gottesherrschaft. Studien zu Psalm 90 und dem vierten Psalmenbuch (BBB 140), Berlin – Wien 2002.

–, „Verworfen hast du den Bund mit deinem Knecht" (Ps 89,40). Die Diskussion um den Bund in Ps 89 und dem vierten Psalmenbuch, in: C. Dohmen / C. Frevel (Hg.), Für immer verbündet. Studien zur Bundestheologie der Bibel. FS F.-L. Hossfeld (SBS 211), Stuttgart 2007, 195–202.

Sᴇɪᴅᴇʟ, H., Die Trägergruppen alttestamentlicher Überlieferung, in: H.M. Niemann / M. Augustin / W.H. Schmidt (Hg.), Nachdenken über Israel, Bibel und Theologie. FS K.-D. Schunck (BEAT 37), Frankfurt a.M. 1994, 375–386.

Sᴇʏʙᴏʟᴅ, K., Das „Wir" in den Asaph-Psalmen. Spezifische Probleme einer Psalmengruppe, in: K. Seybold / E. Zenger (Hg.), Neue Wege der Psalmenforschung (HBS 1), Freiburg i.Br. 1994, 143–155.

Tᴏᴜʀɴᴀʏ, R.J., Voir et entendre Dieu avec les Psaumes ou la liturgie prophétique du second temple à Jérusalem (CRB 24), Paris 1988.

Vᴀɴ ᴅᴇʀ Tᴏᴏʀɴ, K., Scribal Culture and the Making of the Hebrew Bible, Cambridge, MA – London 2007.

Vᴀɴ Oᴏʀsᴄʜᴏᴛ, J., Strukturen des Gebets, in: R. Egger-Wenzel / J. Corley (eds.), Prayer from Tobit to Qumran: Inaugural Conference of the ISDCL at Salzburg, Austria, 5–9 July 2003 (DCLY), Berlin – New York, NY 2004, 17–39.

Wᴀʟʟᴀᴄᴇ, R.E., The Narrative Effect of Book IV of the Hebrew Psalter (SBLit 112), New York, NY 2007.

Wᴇʙᴇʀ, B., Psalm 77 und sein Umfeld. Eine poetologische Studie (BBB 103), Weinheim 1995 (digital: https://www.academia.edu/40122041 [eingesehen am 21. März 2023]).

–, Psalm 78: Geschichte mit Geschichte deuten, ThZ 56 (2000) 193–214; überarbeitete Neuausgabe in: Ders., „Wie ein Baum, eingepflanzt an Wasserrinnen" (Psalm 1,3). Beiträge zu Poesie und Theologie von Psalmen und Psalter für Wissenschaft und Kirche (hg. von T. Uhlig; ABIG 41), Leipzig 2014, 223–246.

–, Der Asaph-Psalter – eine Skizze, in: B. Huwyler / H.-P. Mathys / B. Weber (Hg.), Prophetie und Psalmen. FS K. Seybold (AOAT 280), Münster 2001, 117–141.

–, Werkbuch Psalmen II. Die Psalmen 73 bis 150, Stuttgart ²2016 (2003).

–, Psalm 78 als „Mitte" des Psalters? – ein Versuch, Bib. 88 (2007) 305–325.

–, Asaf – ein Name, seine Träger und ihre Bedeutung in biblischen Zeiten, in: M. Witte / J.F. Diehl (Hg.), Orakel und Gebete. Interdisziplinäre Studien zur Sprache der Religion in Ägypten, Vorderasien und Griechenland in hellenistischer Zeit (FAT II/38), Tübingen 2009, 235–259.

–, „Asaf" und „Jesaja". Eine komparatistische Studie zur These von Tempelsängern als für Jesaja 40–66 verantwortlichem Trägerkreis, OTE 22 (2009) 456–487.

–, Werkbuch Psalmen III. Theologie und Spiritualität des Psalters und seiner Psalmen, Stuttgart 2010.

–, Gottesrede in „Asaph-Texten", OTE 25 (2012) 737–760.

–, Asaph im Psalter und in der Chronik. Erwägungen zu „Schnittstellen", Trägerkreisen und Redaktionsprozessen, in: F. Hartenstein / T. Willi (Hg.), Psalmen und Chronik (FAT II/107), Tübingen 2019, 343–378.

–, Moses, David and the Psalms: The Psalter in the Horizon of the „Canonical" Books, RivBib 68 (2020) 187–212.

–, Mose-Lied (Dtn 32,1–43) und Asaph-Psalmen (Ps 50; 73–83). Untersuchungen zu ihrem Verhältnis, ZABR 27 (2021) 257–309.

Wenham, G.J., The Golden Calf in the Psalms, in: J.A. Grant / A. Lo / G.J. Wenham (eds.), A God of Faithfulness. FS J.G. McConville (LHB 538), New York, NY – London 2011, 169–181.

–, Psalms as Torah. Reading Biblical Song Ethically (Studies in Theological Interpretation), Grand Rapids, MI 2012.

Wilson, G.H., The Editing of the Hebrew Psalter (SBLDS 76), Chico, CA 1985.

Wilson, L., On Psalm 103–106 as a Closure to Book IV of the Psalter, in: E. Zenger (ed.), The Composition of the Book of Psalms (BETL 238), Leuven 2010, 755–766.

Witte, M., From Exodus to David – History and Historiography in Psalm 78, in: N. Calduch-Benages / J. Liesen (eds.), History and Identity: How Israel's Later Authors Viewed Its Earlier History (DCLY), Berlin – New York, NY 2006, 21–42.

Young, R.A., Hezkiah in History and Tradition (VT.S 155), Leiden – Boston, MA 2012.

Zenger, E., Das Weltenkönigtum des Gottes Israels (Ps 90–106), in: N. Lohfink / E. Zenger, Der Gott Israels und die Völker. Untersuchungen zum Jesajabuch und zu den Psalmen (SBS 154), Stuttgart 1994, 151–178.

–, Psalm 82 im Kontext der Asaf-Sammlung. Religionsgeschichtliche Implikationen, in: B. Janowski / M. Köckert (Hg.), Religionsgeschichte Israels. Formale und materiale Aspekte, Gütersloh 1999, 272–292.

–, Das Buch der Psalmen, in: Ders. et al., Einleitung in das Alte Testament (hg. von C. Frevel; KStTh 1,1), Stuttgart ⁸2012, 428–452.

III.2 Mose-Lied (Dtn 32,1–43) und Asaph-Psalmen (Ps 50; 73–83). Untersuchungen zu ihrem Verhältnis[*]

Abstract: *This paper re-examines the question of dependence between the Song of Moses (SM) and the Asaph Psalms (APss). The SM (Deut 32) is generally held to be an essential reference text of the APss (50; 73–83). Eckart Otto, on the other hand, claims that the SM is not the starting point and reference text for the APss, but rather it draws on them – in conjunction with other psalms and prophetic texts – and is in this respect a final text. The study presented here examines both views on the basis of detailed comparisons between the SM and six of the twelve APss (50; 74; 77–79; 81). On the basis of the textual indications, the central question as to whether there is sufficient evidence of dependence between the texts is considered, as well as the direction of dependence, based on relative literary-historical chronology. This study finds a high probability for the dependency vector SM → APss, without any dating or further conclusions being drawn concerning the comparative texts. Apart from questions of historical dependence, the biblical-canonical embedding and reading direction bears its own weight: The SM is a prophetically-hortatory word for Israel's time in the land, justifying the sequential reading direction SM → APss.*

1. Vorbemerkungen

1.1 Anlass und Hintergrund der Studie

Eckart Otto hat sich, in einem Aufsatz und im Rahmen seiner Kommentierung des Deuteronomiums, für eine sehr späte Ansetzung des Mose-Lieds (ML) ausgesprochen.[1] Er weist dieses zusammen mit seinem narrativen Rahmen finalen Redaktionsvorgängen bei der Entstehung des Pentateuchs zu.[2] Das ML greife eine Vielzahl an Aussagen aus Prophetie und Psalmen, darunter solche der Asaph-Psalmen (APss), als Subtexte zur Unterlegung einer heilstheologischen Sicht auf (Amphibolie):

> „Dem Text als Amphibolie, *(sic!)* wird ein Subtext aus Zitaten und Anspielungen auf Psalmen, insbesondere die asaphitischen Psalmen, und auf prophetische Schriften,

---

[*] Erstveröffentlichung (wird hier überarbeitet, aktualisiert und erweitert): Beat WEBER, Mose-Lied (Dtn 32,1–43) und Asaph-Psalmen (Ps 50; 73–83). Untersuchung zu ihrem Verhältnis, Zeitschrift für Altorientalische und Biblische Rechtsgeschichte 27 (2021) 257–309.

[1] Vgl. OTTO, Abschiedslied; DERS., HThKAT, 2130–2196.

[2] Nach OTTO, HThKAT, 2171, sind es „postredaktionelle Autoren", die „das Moselied verfassen und in die nachexilischen Fortschreibungen des Deuteronomiums durch Hexateuch- und Pentateuchredaktion einfügen". Anders etwa FINSTERBUSCH, Song, 632, die betreffend Dtn 31–32 davon ausgeht, dass „redactors inserted the Song of Moses into an independent edition of Deuteronomy in the late exilic or early postexilic period and reshaped the narrative."

insbesondere Deuterojesajas und Jeremias unterlegt, der schon dort, wo Mose und JHWH noch Unheil für Israel verkünden, bereits auf das Heil für Israel hinweist. Das Moselied begründet die Wende vom Unheil zu Heil für Israel mit den Schriften des ‚Kanons‘, die das Lied rezipiert. Ratifiziert JHWH in Dtn 31,16–21 in der Theophanie Moses Unheilsprophetie, so übernehmen im Moselied die Schriften der Hebräischen Bibel insgesamt die Funktion des Gotteswortes als Bestätigung der Heilsprophetie für Israel. Der ‚Kanon‘ der Schriften der Hebräischen Bibel insgesamt verbürgt das Heil für Israel."[3]

In Studien zu den Asaph-Psalmen (APss) hat sich mir eine andere Sicht nahegelegt: Die in den Pentateuch eingestellten Lieder Ex 15,1–18 und Dtn 32,1–43 sind älter als die Asaph zugeschriebenen Psalmen Ps 50; 73–83, und die Psalmen beziehen sich öfters auf eines oder beide der poetischen „Mose-Stücke".[4]

Wenn auch die Ansetzung der Texte und die Abhängigkeitsrichtung unterschiedlich bestimmt werden, so ist kaum bestritten, dass zahlreiche Verbindungen vom ML zu anderen Texten vorliegen und die APss mit zu diesen gehören.[5] Die gegenüber Otto geäusserte Absicht, das Verhältnis zwischen ML und den APss neu zu überprüfen, wird mit dieser Studie realisiert.[6] Aufgrund meines Forschungsschwerpunkts richtet sich die Perspektive – gegenläufig zu derjenigen von Otto – von den APss her auf das ML hin.

1.2 Voraussetzungen und Vorgehensweise

Die vorliegende Untersuchung ist mit Herausforderungen betreffend Vorannahmen und Methodik konfrontiert. Bei der Bestimmung von Abhängigkeitsrichtungen ist von einer Wechselwirkung zwischen Textvergleich und angenommenem Forschungsparadigma auszugehen. Entsprechend wirken Annahmen über Entstehung sowie religions-, literar- und sprachgeschichtliche Einordnungen steuernd und vorstrukturierend mit Blick auf die Erhebung des Abhängigkeitsvektors bei Text-Text-Relationen. Die Gefahr der Verwicklung in zirkuläres Argumentieren ist beträchtlich.[7] Um die Sachverhalte möglichst ergebnisoffen prüfen zu können,

---

3   Otto, HThKAT, 2201.

4   Vgl. meine Basler Dissertation: WEBER, Psalm 77, v.a. 207–211.234–236, ferner DERS., Asaph-Psalter, 372–374 (125–126); DERS., Asaph im Psalter, 364–371.373; weitere Publikationen unter WEBER, List. Zu analogen Schlüssen kommt ZENGER, Psalm 82, 279, der als „Lieblingstexte", auf welche APss anspielen, u.a. Ex 15; Ex 34,6; Num 6,25–27; Dtn 6,4–5 und Dtn 32 anführt.

5   MARKL, Volk, 231–281, hat die Vielzahl der Textverbindungen des ML zusammengestellt und bedacht. Zu Gemeinsamkeiten und Verbindungen zwischen ML und APss vgl. auch GOULDER, Psalms, 108.125.158.251–252.275; SEYBOLD, Krise, 172.177.186 (62.68.76); MARKL, Volk, 272–274.279; OTTO, HThKAT, 2166–2167; SCHMIDTKUNZ, Moselied, 273–277.284–289.

6   Eckart Otto hatte mir freundlicherweise angeboten, meine Untersuchung im Rahmen der „Zeitschrift für Altorientalische und Biblische Rechtsgeschichte" zu publizieren. Dafür sei ihm herzlich gedankt. Meine Fragestellung betrifft nur einen Ausschnitt des von Otto dargestellten Sachverhalte und Textbezüge, die er in einem grösseren Horizont, der Kommentierung des Deuteronomiums, zu bedenken hatte.

7   Aufschlussreich ist diesbezüglich die von SANDERS, Provenance, 1–98, breit dokumentierte Forschungsgeschichte zum ML mit den vorgenommenen historischen

wurden die genannten geschichtlichen Einordnungen – und damit auch die Datierung der untersuchten Texte – zurückgestellt.[8] Wir konzentrieren uns beim Vergleich daher (primär) auf Textbeobachtungen.[9]

Was die Intertextualität betrifft, wird von einem produktionsorientierten Ansatz ausgegangen. Leitfragen sind, ob eine intentionale Aufnahme aufgewiesen werden kann und welche Abhängigkeitsrichtung vorliegt. Hierbei stellt sich mit der Unschärfeproblematik eine weitere Herausforderung. Auch bei einer saubereren Methodenabstützung bleibt ein Ermessensspielraum, der sich aufgrund fehlender, mit der Abständigkeit der Texte verbundener Parameter und des Wesens von Literatur generell ergibt.[10] Dabei ist Text*ähnlichkeit* nicht mit Text*abhängigkeit* gleichzusetzen; liegt letztere vor, stellt sich die Frage der *Abhängigkeitsrichtung*.[11] Zur (biblischen) Intertextualität liegt eine Fülle an Veröffentlichungen, Methodik wie Anwendung betreffend, vor. Darin finden sich auch Kriterienkataloge mit Blick auf die Plausibilisierung *direkter* (intendierter) Abhängigkeit.[12] Von den diskutierten Regeln haben m.E. drei besonderes Gewicht, wobei die dritte die Bestimmung der *Richtung* der Abhängigkeit betrifft:

1. *Übereinstimmung:* Je grösser der Grad der Similarität betreffend Umfang (Zahl, Reichweite) sowie Textgehalt und -gestalt (Semantik, Syntax, Gattung, Reihenfolge,

---

Ansetzungen und Einordnungen. In neuerer Zeit setzt sich Vergleichbares fort, wenn auch mit verstärktem Trend zur Spätdatierung, vgl. OTTO, Abschiedslied, 641–650.

8 Sinn und Möglichkeit einer solchen Beschränkung werden unterschiedlich beurteilt. Dazu jüngst STIPP, Erkennbarkeit, 132: Intentionale Intertextualität setze „zwangsläufig immer zumindest relative Datierungshypothesen voraus". Das Problem der Kanalisierung von Beobachtungen und Fragestellungen erachte ich demgegenüber als gravierender als den Nutzen bei einem vorab vorgenommenen Einbezug historischer Überlegungen. Sich mit Blick auf das Verhältnis zwischen dem ML und seinem erzählenden Rahmen (inkl. allfälligen Redaktionen) nicht festzulegen, stellt eine besondere Herausforderung dar, da mehrere APss Bezüge zum Lied *und* seinem Rahmen aufweisen. Eine knappe Übersicht über die unterschiedlichen Auffassungen zu den komplexen Sachverhalten, Dtn 31–32 betreffend, bietet SCHMIDTKUNZ, Moselied, 314–316 (sie selbst geht von einer nachträglichen Integration des ML in den älteren Erzählzusammenhang von Dtn 31–32* aus, vgl. ebd., 317–358).

9 Zusätzliche Einschränkungen: Auf Verbindungen des ML zu vergleichbaren Aussagen im Dtn (und weiteren Texten) wird – mit Ausnahme des Erzählrahmens – nur beschränkt eingegangen. Auch redaktionsgeschichtliche Überlegungen bleiben ausgeklammert (für eine zeitlich gestaffelte Entstehung des ML plädierte zuletzt SCHMIDTKUNZ, Moselied, 17–30.48–94.314–358).

10 Darstellung und Diskussion der Problematik würden zu weit führen – nur soviel: Oft ist nicht hinreichend klar, welche Kreise auf Absender- und Adressatenseite vorauszusetzen sind und inwieweit in einer oral-auditiven Kultur die Verschriftung der Texte eine Rolle spielt. Mehr bei STIPP, Erkennbarkeit, 127–135.154–155.

11 Ähnlichkeit kann auch auf geprägte Motive, gemeinsame Traditionen, Gattungen und Funktionen bzw. auf eine Milieuverwandtschaft zurückzuführen sein und muss nicht auf einer *direkten* Text-Text-Beziehung basieren. Vgl. mit Blick auf die Psalmen WEBER, Psalm 77, 203–206.

12 Vgl. zuletzt STIPP, Erkennbarkeit, weiter u.a. KILCHÖR, Mosetora, 31–41, unter Einbezug von Verspoesie (Psalmen) BRODERSEN, End, 22–27, ferner WEBER, Asaph Meets Hosea, 579–581 (in allen erwähnten Studien Hinweise auf weitere Literatur).

poetische Muster) ist, desto wahrscheinlicher kann von einer direkten Abhängigkeit ausgegangen werden.
2. *Seltenheit:* Je exklusiver und spezieller gemeinsam verwendete Begriffe und ihre
Kombinationen bzw. Aussagen sind, desto wahrscheinlicher liegt direkte Abhängigkeit vor.
3. *Erklärbarkeit:* Für die Unterscheidung von Spender- und Empfängertext ist
massgebend, dass beim Empfängertext Art, Zweck und Ziel der Rezeption plausibilisiert werden können.[13] Als Umkehrschluss ist die gegenläufige Abhängigkeitsrichtung – aufgrund von Textsignalen und nicht textfremden Annahmen – als
unwahrscheinlich(er) einzustufen.

Die Studie unternimmt eine Neuevaluierung der zwischen dem ML und den APss
vorliegenden Beziehungen. Angestrebt ist eine Erhebung der Vor- bzw. Nachzeitigkeit der Vergleichstexte. Ein Überblick sowie synoptische Detailvergleiche dienen
dazu, die Beurteilungen nachvollziehen und validieren zu können. Darüber hinaus
soll dem Vergleichsmaterial ein heuristischer Wert auch bei abweichenden Beurteilungen und für künftige Studien zukommen.

1.3 Aufbau

Nach den Vorbemerkungen (1.) richtet sich der Blick zunächst auf das ML: Es werden
Beobachtungen und Einschätzungen zu Struktur und Aussageablauf geboten (2.). Es
folgt eine Skizzierung der Gruppencharakteristik der APss unter Berücksichtigung
von Ähnlichkeiten mit dem ML (3.). Danach wird eine tabellarische Übersicht über
Berührungen unterschiedlicher Signifikanz zwischen dem ML und den zwölf APss
dargeboten (4.). Es folgen im Hauptteil detaillierte Textvergleiche zwischen dem
ML und ausgewählten APss (5.). Zum Schluss werden die Ergebnisse gebündelt und
weiterführende Überlegungen angestellt (6.).

2. Das Mose-Lied[14]

2.1 Die Struktur von Deuteronomium 32,1–43[15]

---

13 CARR, Method, 123–126, nennt Formen der Erweiterung und der Kombination als
    Anzeichen zur Erkennung von Rezeptionsvorgängen. BEN-PORAT, Poetics, 107–112,
    spricht von „markers" als „built-in directional signals", welche literarische Anspie-
    lungen aktivieren. Inwieweit dies nötig (und realisiert) ist, hängt am Mass der
    zwischen Autor und Rezipienten geteilten Vertrautheit mit dem Referenztext ab,
    vgl. dazu WEINGART, Erkennst du auch, 150–151.
14 Im Anhang zu diesem Beitrag (→ 7.) findet sich der hebräische Text von Dtn 32,1–43
    (MT und Varianten aus 4Q37 und 4Q44). Die nachfolgend kurz erörterten poetischen
    Strukturen sind ebenso beigegeben wie eine sich nahe an der hebräischen Vorlage
    orientierende deutsche Übersetzung.
15 Verwendete Abkürzungen: Fe = Feinde; Fr = Frage; G = Gott; Impt = Imperativ;
    Juss = Jussiv; R(-E) = Rede(-Einleitung); ReN = Renominalisierung; Sj-W = Subjekt-
    Wechsel; V = Volk (Israel); [...] = Textvarianten aus Qumran-Handschriften; →
    von ... zu, an; ↓ = Gott als sprechendes Ich; ↔ = wechselseitig, kontrovers; grau
    unterlegt = Gottesrede.

Cantos	Stanzen	Strophen	Verse	Strukturmarker (Anfänge/Enden)	Kommunikationen und Inhalte	Kolometrie
I	*1*	*2*	*6*			*12 Kola*
		A	1a–2d	A: „Hört!" (Impt → Himmel; Juss: Erde)	A: Ich (Mose) → Himmel; Erde: Lehre (Tau/Regen)	3 Bikola
		B	3a–4d	B: 'כ „Fürwahr"	B: Ich → Lobaufruf (unser Gott); Fels: Treuer G	3 Bikola
II	*3*	*7*	*18*			*36 Kola*
	II.1	C	5a–6d	C: Sj-W + 2mal Fr	C: Törichtes V ↔ Schöpfer-Vater	3 Bikola
		D	7a–7d	D: „Gedenke!" (Impt)	D: Gs Wirken Ur-/Frühzeit	2 Bikola
	II.2	E	8a–9b	E: Sj-W (Er-Schilderung)	E: Erbbesitz: Scheidung Nationen + Wahl Israels	3 Bikola
		F	10a–10d	F: –	F: Behüten in Wüstenzeit	2 Bikola
		G	11a–11d	G: „Wie ein"	G: Adler/Geier-Vergleich	2 Bikola
	II.3	H	12a–13d	H: „JHWH allein" (ReN)	H: G allein/kein fremder G; Landertrag (Fels)	3 Bikola
		I	14a–14 f	I: Aufzählung	I: Tierertrag + Tranksame	3 Bikola
III	*3*	*8*	*18*			*37 Kola*
	III.1	K	15a–16b	K: Sj-W (Er → Du-Anrede)	K: Israels Abfall von G	2 Bikola
		L	16a–17d	L: Sj-W	L: Götzenhuldigung	3 Bikola
		M	18ab	M: Sj-W „Fels" → Du-Anrede	M: Fels gebar ↔ G-Vergessen; Verschmähung	1 Bikolon
	III.2	N	19a–20b	N: „Da sah JHWH … sprach" (Sj-W, R-E)	N: ↓ Gottesrede(n): 20–25.26–27.28–29	2 Bikola
		O	20c–21d	O: 'כ „Fürwahr"	O: Eifersüchtig-machen: G ↔ V	3 Bikola

III.3	P	22a–22d	P: 'כ „Fürwahr", Sj-W → Feuer	P: Fressendes Feuer (Zorn)	2 Bikola
	Q	23a–24e	Q: Sj-W → Ich (G)	Q: Unheil (Gericht)	2 Bikola + 1 Trikolon
	R	25d	R: Sj-W → Schwert	R: Todesfolgen → Generationen	2 Bikola
IV		7	19		39 Kola
IV.1	S	26a–27d	S: „Ich [G] sprach: ..." (R-E; R in R)	S: Vorbehalt (Potentialis)	3 Bikola
	T	28a–29c	T: 'כ „Fürwahr"	T: Törichtes V (Wehklage)	1 Bikolon + 1 Trikolon
IV.2	U	30a–31b	U: אם „Wie?" (Fr)	U: Fels gibt preis; ihr ↔ unser Fels	3 Bikola
	V	32a–33b	V: 'כ „Fürwahr"	V: ↓ Gottesrede: 32–33(?).34–35 Weinstock	3 Bikola
	W	34a–35d	W: „Ist er nicht?" (Fr, G-R)	W: Rache an Fe	3 Bikola
IV.3	X	36a–36d	X: 'כ „Fürwahr"	X: Heilszusage für V/Knechte	2 Bikola
	Y	37a–38d	Y: „Dann wird er sagen: Wo?" (R-E, Fr)	Y: ↓ Gottesrede: 37–42 Hilflose Götter	3 Bikola
V		3	9 [10]		22 [24] Kola
V.1	Z	39a–40b	Z: „Seht!" (Impt)	Z: G allein-mächtig zu Gericht + Heil	2 Trikola + 1 Bikolon
	AA	41a–41d	AA: „Wenn ich" (Schwur → Gericht)	AA: Ahndung → Fe (Vorbereitung)	2 Bikola
	BB	42a–42d	BB: –	BB: Ahndung → Fe (Durchführung)	2 Bikola
V.2	CC	43a–43d/f	CC: „Bringt zum Jubeln!" (Impt → Nationen/[Himmel])	CC: Huldigung (V) + Rache (Fe)	2 [3] Bikola

Um Textvergleiche und -abhängigkeiten einschätzen zu können, sind über den Einzelpassus hinaus die Gesamttexte in den Blick zu nehmen. Das ML gehört zu den anspruchsvollsten verspoetischen Texten der Bibel. Entsprechend kann hier nur eine knappe Gesamteinschätzung gegeben werden. Die präsentierte Strukturanalyse geht von fünf Hauptteilen aus (Cantos I–V): Drei Innen-Cantos (II–IV) werden von zwei Halb-Cantos gerahmt (I und V).[16] Das Lied selbst wie sein Rahmen sind durch vielschichtige Kommunikations- und Zeitebenen geprägt. Dazu gehört der Wechsel zwischen menschlicher (mosaischer) und göttlicher Ich-Rede. Letztere charakterisiert den zweiten Liedteil und beinhaltet mehrere Redegänge.[17]

2.2 Die Textspur

Nach einem an die Himmel adressierten Höraufruf – er wird über die Erde vermittelt und setzt das versammelte Gottesvolk als Mitadressat der „Lehre" voraus (vgl. 3) – wird zur Huldigung Jhwhs aufgerufen. Dieser wird als „der Fels" in seinem Handeln und Sein in Treue und Gerechtigkeit prädiziert (Canto I).

Canto II (5–14) beginnt mit einem Kontrast zur erfolgten Vorstellung Jhwhs: Verwerfliches Handeln einer verdrehten Generation wird als vergangenes Geschehen angeprangert (*qtl*). Die damit verbundenen Fragen und Appelle zeigen die Unhaltbarkeit solchen Verhaltens. Es wird zum Gedenken an das Geschichtshandeln Jhwhs mit seinem Volk aufgerufen (II.1). In der ersten Schilderung ist von der Gebietszuweisung an die Nationen und der Erwählung Israels als Jhwhs Erbteil die Rede. Danach richtet sich der Blick auf die Bewahrung in der Wüste und das Umsorgtwerden durch Jhwh (II.2). Zuletzt wird die Alleinverantwortlichkeit Jhwhs und die Versorgung im Land durch Nahrungserträge erwähnt (II.3).

Canto III (15–25) schildert den schändlichen Abfall des Volks von seinem Gott. Vorgeworfen wird Götzendienst. Das störrische Volk hat den Erzeuger missachtet und Gott vergessen (vgl. III.1).[18] Im strukturellen Zentrum von III und damit des ML hören wir, wie Jhwh das ihn kränkende Handeln seines Volkes wahrnimmt. Danach ergreift er selbst das Wort und tut seine Einschätzung ihres Handelns und

---

16   Ich gehe von einer regelmässigen Strophik bei verspoetischen Gebilden aus; zu den Grundlagen einer bibelhebräischen Poetik vgl. Weber, Entwurf. Die Gliederung des ML ist strittig; während gewisse Zäsuren deutlich sind (14|15 und 25|26), liegen namentlich für den Eingangs- und Schlussbereich unterschiedliche Vorschläge vor, vgl. Irsigler, Proömium; Sanders, Provenance, 258–294; Lundbom, Deuteronomy, 868–871; Markl, Volk, 232–238; Ders., Trauma, 677–689 (beurteilt die Fragen in 6.20.34.37 als strukturbildend); Sklarz, Ha'azinu (Gliederung: 1–6.7–12.13–18||19–25.26–33.34–43). Pieter van der Lugt danke ich für die Zusendung seines unveröffentlichten Scripts zur Struktur des ML.

17   Ich gehe von drei Redegängen aus (mit teils eingelegten Reden) und beurteile 28–29 als noch zur ersten Gottesrede gehörig. Gegenüber der üblichen Annahme umfasst die zweite m.E. nicht nur 34–35, sondern eröffnet bereits mit 32 (der Rückverweis zu Beginn von 34 [והו] auf 33 [Wein] verbindet 32–33 mit 34–35 und lässt auf eine identische Redestimme schliessen). Zu den Gottesreden, ihrem Umfang und ihrer Pragmatik vgl. Sonnet, Voix; Markl, Volk, 232–238; Ders., Trauma.

18   Vgl. die Du-Adressierung im Rahmen (15.18). Dieses, auf die Vergangenheit bezogene Geschehen wird auf die Gegenwart hin transparent.

seine Reaktion darauf kund.[19] Gott verhüllt sich und wird das sich dadurch ein-
stellende Ergehen Israels wahrnehmen. Als Reaktion auf die Kränkung durch sein
Volk wird er sich einem Nicht-Volk begünstigend zuwenden, um sein Volk eifer-
süchtig zu machen (III.2). Es schliesst sich die Selbstaussage an, dass sein Zornes-
feuer entbrannt sei (*qtl – wjjqtl*) und er Unheil über sein Volk kommenlassen werde
(*jqtl*): Hunger, Seuche, Wildtierattacken, Kriegsgeschehen; Jung und Alt sind davon
betroffen (III.3).

Canto IV (26–38) beginnt mit einer neuerlichen Redeeinleitung (*qtl*), die eine Gottesrede innerhalb der Gottesrede anzeigt (Selbstzitierung). JHWH gibt zu verstehen,
dass er an die Auslöschung Israels dachte, aber von seinem Entschluss Abstand
nahm: Die Feinde Israels würden in ihrer Hybris den „Erfolg" falsch interpretieren.[20]
Es folgt zum Schluss von Stanze IV.1 eine (m.E. noch zur Gottesrede gehörende)
Wehklage über Israel. Das Verhalten Israels wird in den Konturen eines Fremdvolks gezeichnet.[21] Stanze IV.2 eröffnet mit einem weisheitlichen Kommentar einer
menschlichen Stimme (30–31): In Frageform, dann bilanzierend wird herausgestellt,
dass die Feinde Israels ihren Erfolg JHWHs Preisgabe seines Volkes verdanken. Auch
hier liegt eine Überblendung des abtrünnigen Israel durch ein Feindvolk vor. Mit der
dreimaligen Erwähnung des „Felsen" werden Gottes- und Götzenmacht, verbunden
mit Volks- und Feindbezug, einander gegenübergestellt. Was folgt ist – vermutlich
bereits ab 32 in Gestalt einer Gottesrede – auf die Feinde Israels und Gottes gemünzt.
Die Feinde sind „Nachfahren" der von Gott einst gerichteten Städte Sodom und
Gomorra. Die Weinbeere ist giftig und wirkt tödlich. Die Stanze (und die Gottesrede) wird beschlossen mit einer rhetorischen Frage (das Gift kommt von Gott).
Gott bezeichnet sich als für die Vergeltung verantwortlich und zeigt die Nähe des
Untergangs der Feinde an.[22] Die Stanze IV.3 wird durch eine menschliche Stimme
eröffnet. Sie kündigt Gottes Mitleid mit seinem darbenden Volk an (36),[23] bevor die
dritte Gottesrede – analog zu 20, aber nun auf die Zukunft bezogen (*wqtl*) – eingeleitet wird (37).[24] Gleich zu Beginn fragt JHWH, wo die Götter, denen Israel sich
anvertraut und die es mit Opfern gefüttert und getränkt hat, geblieben sind; sie
sollen nun helfen.

---

19   Die Gottesrede wird durch die Rede-Einleitung (*wjjqtl*) als Vergangenheitsrede mar-
      kiert.

20   Die Umkehrung, nämlich die Falschinterpretation des Wirkens JHWHs aufseiten
      Israels, findet sich in Dtn 8,11–9,6. Falsche und richtige Einschätzung werden hier
      als „Zitate" dargeboten (27cd).

21   So mit SCHMIDTKUNZ, Moselied, 69–73. Die Gottesworte von 22–25 und 28–29 rah-
      men die Rede zweiten Grades von 26–27 (analog dazu die Kommentierung in 30–31).
      In 28–29 äussert sich JHWH in seinem emotionalen Ringen um sein Volk (vgl. 20–21,
      ähnlich auch Ps 81,14). Weder ist von einer menschlichen (reflektierenden) Stimme
      auszugehen noch von einem Fremdvolk die Rede.

22   Die Bildaussagen vom Weinstock/Traubengift (32–34) werden in 35 abgeschlossen;
      sie sind auf die Feinde zu beziehen. JHWHs Volk kommt in 36 wieder in den Blick.

23   Anknüpfend an das angekündigte Ende der Feinde Israels (die als Gerichtswerkzeug
      Gottes gegenüber Israel dienten), kommt damit – nach der befürchteten Falschein-
      schätzung durch die Feinde – eine zweite Motivation zur Sprache.

24   Vgl. die Verbindung von Gottes Wahrnehmen („sehen") und Sich-Äussern („spre-
      chen") in 9–10 und 36–37 (in 39 wird die Zuhörerschaft zum „Sehen" aufgerufen).

Die Rede setzt sich im finalen Canto V (39–43) fort: Gottes Volk wird nach dem Sehen Jhwhs seinerseits zum (vertieften) „Sehen" aufgerufen. Es soll sehen, dass Gott der Alleinige ist, Herr über Leben und Tod, und es ausser ihm keinen Retter gibt. Mit einem Schwur wird die Aussage besiegelt. Danach tut Jhwh kund, wie er das Vorgehen gegen Israels Feinde, die nun seine Feinde sind, vorbereitet und durchführt. Das ML schliesst – unter Rückkehr in die Gegenwart – mit einem Aufruf, das Lob anstimmen zu lassen. Dieser ist verbunden mit der neuerlichen Versicherung, die Bedränger zu besiegen, deren Tun an Israel zu rächen und Land und Volk „entsühnend" wiederherzustellen.

In der dem ML vorangehenden Erzählung wird die Verschriftung des Lieds, sein Zeugnis-Charakter und die Belehrung Israels erwähnt (Dtn 31,19.22).[25] Es wird eingeführt mit den Worten (31,30): „Dann sprach (*wjjqtl*) Mose in die Ohren der gesamten Versammlung Israels." Es folgt der mündliche Vortrag des in Dtn 32,1–43 verschrifteten Liedes. So ist es gegenwärtig und soll je gegenwärtig werden. Nach dem Liedvortrag wird zur Erzählform zurückgekehrt. Die Darbietung wird quittiert (32,44–45) und das Geschehen mit einer bekräftigenden Ermahnung durch Mose abgeschlossen (32,46–47).

3. Der Gruppenhorizont der Asaph-Psalmen und das Mose-Lied

Die Zuschreibung לאסף „zugehörig Asaph" bei zwölf Psalmen innerhalb des Psalters und die Blockbildung Ps 73–83 sind nicht zufällig. Vielmehr sind den APss bei aller Individualität im Einzelnen eine Reihe von Charakteristika gemeinsam. Diese Einsicht hat sich in der Psalmenforschung gefestigt und wird hier vorausgesetzt.[26] Bei der Skizzierung ihres Gruppenhorizonts richtet sich der Fokus insbesondere auf Eigenheiten, bei denen Verbindungen zum ML vorliegen.

3.1 Das Gottesvolk, seine Geschichte und die Bedeutung der Anamnese

Beim ML ist der Bezug auf (Ganz-)Israel offenkundig. Bei den APss liegt ebenfalls ein kollektiver, „nationaler" Bezug vor, und zwar bei sämtlichen APss.[27] Anders als beim ML sind in den APss aber auch Fragmentierungen und Gruppierungen erkennbar.[28] Mit dem Bundesverhältnis zwischen Jhwh und seinem Volk ist das zeitübergreifende Gotteshandelns zu Gunsten Israels verbunden. Heilsgeschichtliches Geschehen wird vergegenwärtigt, das Fehlverhalten des Volks aufgedeckt und

---

25 Vgl. dazu Sonnet, Fifth Book, 212–213.
26 Vgl. dazu u.a. Nasuti, History, 55–197; Weber, Asaph-Psalter; Zenger, Psalm 82, 278–286; Jacobson, Memories.
27 Er ist auch dort zu veranschlagen, wo eine Einzelstimme sich äussert oder ein Einzelner im Blick ist. Es geht in diesen Fällen um Mittlerschaft (Ps 77 und 83) bzw. paradigmatische Typik (Ps 73).
28 Dies wird etwa an den unterschiedlichen Adressaten der Gottesreden in Ps 50 oder den Geschehnissen in und mit Joseph/Ephraim bzw. Juda im Schlussteil von Ps 78 deutlich.

gebrandmarkt.[29] Erinnerte „Gottesgeschichte" ist im ML wie den APss von grosser Bedeutung.[30] So ist das ML als „Erinnerungslied" (auch) ein Wort wider das Gott-Vergessen. Vergleichbares gilt von den APss, wenn auch in unterschiedlicher Dichte und Ausgestaltung.[31] Vom „Gedenken" Gottes und seiner heilvollen Gegenwart lebt Israel. Anamnese widerfährt dem Volk von Gott, und es soll im Gegenzug seiner über die Generationen hinweg gedenken. Mit dem Begriff זכר „(be)nennen, erinnern, vergegenwärtigen", seinen Synonymen und dem Antonym שכח „vergessen" wird dies im ML und noch mehr in den APss zum Ausdruck gebracht.[32]

Erwähnenswert ist auch, auf *welches* Heils- und Unheilsgeschehen referiert wird. Im ML wird der Akzent auf Uranfängliches (Zeugung/Erwählung/Führung) und danach auf die Erträge des Landes und deren Ausbleiben aufgrund von Götzendienst gelegt.[33] Die Führung durch Gott hat in den APss (ebenfalls) einen hohen Stellenwert; oft wird diese mit Hilfe der Hirte-Herde-Metaphorik ausgedrückt.[34] In den APss insgesamt findet sich ein gegenüber dem ML breiterer Bezug auf Israels Geschichte (vgl. namentlich Ps 78). Im ML sind der Auszug aus Ägypten und die im Pentateuch mit einem eigenen Lied (Ex 15,1–18.21) bedachte Rettung am Meer nicht erwähnt; in einem beträchtlichen Teil der APss wird dieses bedeutsame Heilsgeschehen dagegen aufgenommen.[35] Auch wenn Mose in den APss nur einmal (Ps 77,21) genannt wird, spielen in ihnen frühgeschichtliche, ihm und seiner Zeit zugeordnete Stoffe eine bedeutsame Rolle.[36]

29　Darüber hinaus wird, namentlich im ML, Geschichte in die Zukunft verlängert; vgl. die aktualisierend dargebotene, der Vergangenheit zugewiesene erste Gottesrede (20) und die die Zukunft betreffende letzte Gottesrede (37).

30　JACOBSON, Memories, 189, spricht zutreffend von „the most concentrated collection of historical referents in the Psalter".

31　Übertretung des Hauptgebots, verbunden mit (untreuem) Vergessen des Heilswirkens Gottes und Unwilligkeit zu hören, samt deren Folgen sind namentlich in Ps 78 und 81 erwähnt (vgl. Ps 78,7–8.32.56–58.59–64.67; 81,9–17).

32　Vgl. v.a. Dtn 32,7.18.26; Ps 74,2.18.22; 77,4.6–7.12–13; 78,35.39.42; 79,8; 83,5. Marco Pavan beurteilt die Thematik von „Memory and Forgetting" als grundlegend für das Psalterteilbuch III (Ps 73–89), das wesentlich von den APss und deren Zentralpsalm 78 bestimmt ist, vgl. PAVAN, He remembered, v.a. 31–74.363–367; zur mnemohistorischen Begrifflichkeit und Charakteristik vgl. auch JACOBSON, Memories, v.a. 75–114.

33　Vgl. Dtn 32,6–12.18 sowie 32,13–15.22–24.32–34.

34　Vgl. Ps 73,24; 77,20–21; 78,14.52–54.71–72; 80,2; 81,11 (vgl. auch 74,1; 79,13).

35　Eine Zusammenstellung der erwähnten Geschehnisse (in Ps 77–78; 80–81) bietet JACOBSON, Memories, 66.127.143–144.

36　Das kollektive wie anamnetische Gepräge wirft auch ein Schlaglicht auf die Verfasser und Überlieferer. Es muss sich um Kreise mit hoher Verantwortlichkeit für die religiöse Führung des Volks handeln. Vom Rahmen des ML her legen sich Leviten nahe. Für einen Teil der APss gibt es Indizien, dass diese (einst) im Zehnstämme-Reich bzw. in den Joseph-Stämmen beheimatet waren oder jedenfalls dort gepflegte Überlieferungen gekannt und aufgenommen haben, vgl. Ps 77,3.16; 78,9.56–64; 80,2–3.11–12; 81,6; 83,7.10–13, dazu NASUTI, History, 55–116, der „Ephraimite tradition" in neun der zwölf APss herausarbeitet. Auch beim ML gibt es – freilich weniger explizite – Indizien und Überlegungen für eine Herkunft aus dem Norden, vgl. SANDERS, Provenance, 231–233.431–436.

3.2 Gottesrede, Gottesgericht und weisheitlich-paränetische Momente

Prophetische Gottesrede ist ein Charakteristikum vom ML wie den APss. Im ML nehmen die Ich-Reden Jhwhs ihren Anfang im Zentrum und bestimmen die zweite Liedhälfte. In den APss sind namentlich die „Festpsalmen" 50 und 81 davon bestimmt.[37] Wie im ML wechseln sich Gottesworte mit solchen von menschlichen Sprechern ab.[38] Zum hohen Stellenwert von Gottesoffenbarung gesellt sich in den APss eine signifikante Theologie des Namens und der Bezeichnungen Gottes.[39] Der erste Asaph-Psalm eröffnet auffällig mit אל אלהים יהוה (Ps 50,1, vgl. Jos 22,22); zwei- und dreigliedrige Bezeichnungen finden sich gehäuft. Benennungen und Epitheta sind reichhaltig, und der Schluss der APss in 83,19 ist ähnlich auffallend wie ihr Anfang. Das ML kennt ebenfalls eine Bandbreite an Gottesbezeichnungen und -metaphern.[40] Im ML sind sie verbunden mit Gottes Ringen mit seinem Volk angesichts dessen Fremdgötterverehrung – ein Moment, das in den APss nicht derart im Vordergrund steht, aber ebenfalls erscheint (vgl. Ps 81–82).

Das Volk wird weithin in einem weisheitlich-paränetischen und juridischen Duktus angesprochen (vgl. 1–2.6–7.20–21.28–29.35).[41] In diesem Zusammenhang verdienen die Lexeme der Wurzel עוד II hi „als Zeuge anrufen, (be)zeugen" Erwähnung, zumal sich mit ihnen die Aspekte des Ermahnens und (Ver-)Warnens verbinden und der עד „Zeuge" auch zum „Ankläger" wird. Die Wurzel erscheint im ML selbst nicht, doch von der Sache her werden gleich zu Beginn die Himmel zum Hören im Sinn von Zeugen aufgerufen. Der Zeugen- und Warncharakter zieht sich durch das Lied hindurch und wird durch Belege im Rahmen bestätigt.[42] Die asaphitischen „Festpsalmen" haben – unter Verwendung derselben Wurzel – ein vergleichbares Gepräge (Ps 50,7; 81,9). Die Nominalbildung עדות in der Bedeutung eines zur Verordnung verfestigten (verschrifteten) „Zeugnisses"

---

37 Vgl. Ps 50,5.7–13.15.16b–21.23 sowie 81,7–15.17b. Darüber hinaus findet sich Gottesrede noch in den APss 75,3–4/6.11; 78,1(–2?) und 82,2–7; vgl. Weber, Gottesrede. In den Psalmen ist dieses Phänomen nicht allzu häufig, vgl. Ders., Werkbuch III, 166–171.

38 Was die reziproke Kommunikation betrifft, enthält das ML keine an Jhwh gerichteten Worte (Gebet). In den fünf APss mit Gottesreden sind Gebetsworte spärlich. Sie finden sich in Ps 75,2; 82,8 (und evtl. in Ps 50,1a), nicht in Ps 78 und 81 (alle weiteren APss enthalten in grösserem Umfang Gebetsworte).

39 Eine Zusammenstellung der Namen und Bezeichnungen für Gott bieten Goulder, Psalms, 17; Weber, Psalm 77, 282, und Jacobson, Memories, 178. Man beachte dabei, dass die APss Teil des sog. „Elohistischen Psalters" (Ps 42–83) sind.

40 Die im ML als Leitbegriff dienende Gottesmetapher צור „Fels" (dazu und zu den Gottesbildern insgesamt vgl. Wüste, Fels) ist in den APss selten, aber nicht unbekannt: Ps 78,35 ist der deutlichste Beleg für den Bezug auf Jhwh; Ps 73,26 kommt in die Nähe dieser Verwendung, und bei Ps 81,17 könnte diese Gottesmetaphorik im Hintergrund mitschwingen.

41 Unter den APss gelten Ps 73 und 78 als weisheitlich. Ps 78 berührt sich mit der Verpflichtung zur Erinnerung, Weitergabe und Bewahrung von Gottes Heilstaten und Geboten über die Generationen hinweg sowie seiner Geschichtstheologie ohnehin mit dem ML. Vgl. über die beiden Psalmen hinaus noch Ps 50,17.22; 77,7–10.

42 Vgl. Dtn 31,19.21.26.28; 32,46, ferner 4,26; 30,19, dazu Sonnet, Book, 148–153.163–167.174–180.

erscheint überdies in Ps 81,6 sowie in Ps 78,5.56 (dazu im Präskript von Ps 80). Die APss 50; 78; 81 weisen insofern Ähnlichkeiten zum Zeugen- und Warncharakter des ML auf. Die Rechts- und Gerichtsthematik ist für das ML wie die APss bestimmend.[43] Die Diskrepanz zwischen der Treue Gottes und der Untreue Israels, mit den sich daraus ergebenden Folgen für das Volk, durchzieht das ML. Unter den APss umfasst ein Teil Gerichtswarnungen und -ansagen (*ante eventum*), ein anderer Volks- und Mittler-klagen bzw. Verarbeitungen des Gerichts (*post eventum*).[44] Eckart Otto schreibt: „Die Asaph-Psalmen als Klagepsalmen verbindet mit Dtn 32 der Ausgangspunkt in tiefer Notsituation und ihre Überwindung."[45] Damit hat er die zweite, nicht aber die erste, dem ML gattungsmässig näherstehende Gruppe im Blick.[46] Der *ante*- wie der *post*-Aspekt findet sich freilich auch im ML: In eigentümlicher Verbindung kommen sowohl zurückliegendes frevlerisches Handeln des Volks und daraus resultierendes Gericht als auch künftiges Richten und Retten zur Sprache. Im ML ist das Fehlver-halten – prononcierter als in den APss – als Abfall von Gott und Verehrung von Fremdgottheiten akzentuiert.

4. Verbindungen zwischen dem Mose-Lied und den zwölf Asaph-Psalmen im Überblick

In der nachfolgenden Tabelle werden vorausschickend formale und inhaltliche „Berührungen" zwischen dem ML und sämtlichen APss zusammengestellt. Grad und Umfang der Übereinstimmungen sind unterschiedlich stark. Im Sinn einer ersten Einschätzung wird zwischen stärkeren und schwächeren Kontakten (in Klammern) unterschieden.[47] Ob aufgrund der Schnittmenge eine textliche Abhängigkeit vorliegt, ist in jedem Einzelfall zu prüfen.[48]

---

43 Das ML wird öfters als im Bundeskontext anzusetzender „Rechtsstreit" (*lawsuit*; ריב-*pattern*) eingestuft, vgl. dazu SANDERS, Provenance, 86–98. Die Wurzel erscheint im ML und seinem näheren Kontext jedoch nicht, dafür in Dtn 33,8 (Levi-Spruch) und in Ps 74,22 (vgl. auch 81,8).

44 Zur ersten Kategorie gehören Ps 74; 77; 79; 80; 83 und in Parabelform auch Ps 78, zur zweiten Ps 50; 75; 76; 81; 82; einen Spezialfall stellt Ps 73 dar.

45 OTTO, Abschiedslied, 660.

46 Im ML ist auch von „Feinden" die Rede (zu איב vgl. Dtn 32,27.31.42 und Ps 74,3.10.18; 78,53; 80,7; 81,15; 83,5). Es beschreibt jedoch keine Katastrophe (Niederlage, Verwüs-tung) in gleicher Unmittelbarkeit und Konkretheit wie die APss.

47 In der Kopfzeile wird beim ML und den APss in Klammern die Verszahl angegeben, damit der jeweilige Umfang im Blick ist. Eckige Klammern betreffen Textvarianten zum MT (4Q44).

48 In ähnlicher Weise wurden auch Beziehungen zwischen den APss und Aussagen in den Büchern Hosea (vgl. WEBER, Asaph Meets Hosea) und Jesaja (vgl. DERS., Asaf und Jesaja) untersucht.

Dtn 32 (43)	Ps 50 (23)	Ps 73 (28)	Ps 74 (23)	Ps 75 (11)	Ps 76 (13)	Ps 77 (21)	Ps 78 (72)	Ps 79 (13)	Ps 80 (20)	Ps 81 (17)	Ps 82 (8)	Ps 83 (19)
1	(1).4.(6).7			9		(2)	1.(2.4)		(2)	(6).9.(11–12.14)		
2							(2.16.24.27)					
3	(1.3)					(14)		(6)	(19)			(19)
4			(3)			(13–14.20)	(35)			(5)	(2.8)	
5							(5–)8					
6			(2).18.(22)									
7	(22)		(2)			(4).6–7.(11).12(–13)	(3–)7.11.35.42	(13)				
8			(2).17				(54–55)	(1)			8	(19)
9		(26)	2			(16)	55.(62).71	(1)				
10							(15.19.40.52)					
11												
12		(24–25)				20–21	14.52–53.72		(2)	10		(19)
13							(15–16.58)		(14)	17		
14	(9.13)			(9)						17		
15		(7.26)	18.(22)				(22.29–31.56–57.60)			(12–13)		
16							58			10		
17							(57–58)				(1.6–7)	
18	(22)					(10)	7.11.35					
19			(10.18)			(17)	58					
20		(17)				(9.17)	8.(22.32.37.57)					
21			18.(22)				57–58	(5)		(10)	(6–7)	
22	(3)			(9)		(10)	21.(31.38.46.49–50.62–63)	5	(17)		(5)	15
23						(18–19)	(49)					
24					(4)		(48.50)					
25					(4)		(31).62–64					
26						(4.7.12)	(39)					5
27			(10.12)			(13)	(58)					

Dtn 32 (43)	Ps 50 (23)	Ps 73 (28)	Ps 74 (23)	Ps 75 (11)	Ps 76 (13)	Ps 77 (21)	Ps 78 (72)	Ps 79 (13)	Ps 80 (20)	Ps 81 (17)	Ps 82 (8)	Ps 83 (19)
28	(22)	(16–17. 24.27)					(72)		(17)	(13)		
29		17								(14)	(5.7)	(16)
30							(35.48).50. 62					
31							(35)					
32							(47)		(9. 15)			
33			(9)									
34												
35		(2)						(10)			(5.7)	
36	4			(8)	(9–10)	(9)	(38.70)	(2.10)			(2–3. 8)	
37								10			(1.7)	(6–7)
38	13			(8)				(9)		(17)	(5)	
39	(7. 22–23)						50	(9.11)	(11–12. 19)		(4. 6–7)	(19)
40								(19)				
41			(11)		(4. 10)	(18–19)	(42.62.64)	(10. 12)		15 (–16)		(3. 18)
42					(4)	(18–19)	(62–63)	2.(3. 7.10)				(3)
43							38	(2–3) 9–10. (12)		(2. 15–16)	[1.6]	

5. Detaillierte Textvergleiche zwischen dem Mose-Lied und einzelnen Asaph-Psalmen

Die nachfolgenden Untersuchungen beschränken sich aus praktischen Gründen (Umfang) auf sechs der zwölf APss (50; 74; 77–79 und 81). Die mit Blick auf Text-Relationen zum ML häufig angeführten APss 78 und 81 (und teils 74) sind berücksichtigt. Der APs 82 wurde mit Absicht weggelassen, da die Religionsgeschichte und Monotheismus-Thematik diesbezüglich den Textvergleich (zu) stark überlagern.[49]

---

49   Vgl. etwa SCHMID, Reste. Er vertritt eine perserzeitliche Ansetzung von Dtn 32,8–9 und APs 82 (monotheistische Theologie). Von anderen werden, oft verbunden mit einer Frühdatierung des ML (und teils von Ps 82), altkanaanäische Einflüsse (Ugarit) angenommen, vgl. dazu SANDERS, Provenance, 69–81.155–158.363–374. Ohnehin hat Ps 82 viel Beachtung gefunden, und nicht selten wurde auch ein Vergleich mit dem ML (8–9) angestellt; vgl. etwa JÜNGLING, Tod, 39–41.80.95–99.107 (Abhängigkeits-richtung: ML → APs 82).

5.1 Das Mose-Lied und Psalm 50

Dtn 31,1–30; 32,44–47	Dtn 32,1–43		Ps 50,1–23	
Ohren/Hören: 31,11–13.28.30; 32,44 / Himmel+Erde: 31,28 / Zeugenschaft: 31,19.21.26.28; 32,46	1ab	Spitzt die Ohren (הַאֲזִינוּ), ihr Himmel (הַשָּׁמַיִם), so will ich reden (וַאֲדַבֵּרָה)! / Hören möge (וְתִשְׁמַע) die Erde (הָאָרֶץ) die Worte meines Mundes. //	Jes 1,2	Hört (שִׁמְעוּ), ihr Himmel (שָׁמַיִם), und spitze die Ohren (וְהַאֲזִינִי), du Erde (אֶרֶץ)! / Denn Jhwh hat geredet (דִבֵּר). //
			1abc	Gott, Gott, Jhwh (אֵל אֱלֹהִים יְהוָה)! / Geredet hat er (דִבֵּר) / (auf)gerufen die Erde (וַיִּקְרָא־אָרֶץ) / ... //
			3a	Es kommt unser Gott (אֱלֹהֵינוּ) ...
			4ab	Er ruft (יִקְרָא) zu den Himmeln (הַשָּׁמַיִם) von oben her / und zur Erde (הָאָרֶץ), um zu richten sein Volk. //
			6a	Es verkündeten die Himmel (הַשָּׁמַיִם) seine Gerechtigkeit ...
	3ab	Fürwahr: Den Namen Jhwh rufe ich aus (אֶקְרָא)! / Gebt Grösse unserem Gott (לֵאלֹהֵינוּ)! //	7abc	Höre bitte (שִׁמְעָה), mein Volk, so will ich reden (וַאֲדַבֵּרָה) / Israel, so will ich zeugen gegen dich: / Gott (אֱלֹהִים), dein Gott (אֱלֹהֶיךָ), bin ich! //
Erinnern/ Nicht-Vergessen: 31(6.8).21	7ab	Gedenke (זְכֹר) der uralten Tage, / bedenkt (בִּינוּ) die Jahre von Generation zu Generation! //	22a	Bedenkt doch (בִּינוּ־נָא) dies, ihr Gott-Vergessende (שֹׁכְחֵי אֱלוֹהַּ) ...!
	18ab	Den Felsen, der dich zeugte/gebar, hast du missachtet, / vergassest Gott (אֵל מְחֹלְלֶךָ), der dich unter Wehen hervorbrachte. //		
	29ab	Ach, dass sie doch weise geworden wären! / Dann würden sie verstehen dies, würden achten (יָבִינוּ) auf ihr Ende. //		

Dtn 31,1–30; 32,44–47	Dtn 32,1–43		Ps 50,1–23	
Essen Landertrag: 31,20 Fressendes Feuer: 31,(17.)22	13b	Es ass (ויאכל) die Erträge des Feldes (שדי) ...	8a	Nicht wegen deiner Schlachtopfer (זבחיך) rüge ich dich ...
	14c	Zucht aus Baschan und Böcke (עתודים) ...	9b	(Nicht nehme ich) ... aus deinen Pferchen die Böcke (עתודים).
	14f	... Du trankst (תשתה) frischen Wein.	11b	... und die Grille des Feldes (שדי) ist bei mir.
	17a	Sie opferten (יזבחו) den Dämonen, die Nicht-Gott sind ...	13ab	Sollte ich etwa essen das Fleisch (בשר אכל) von Stieren / und das Blut von Böcken (עתודים) trinken (אשתה)?! //
	24a	Entkräftet vom Hunger (רעב זי) ... (werden sie sein).	12a	Falls ich hungerte (אם־ארעב), müsste ich es dir nicht sagen ...
	38ab	Sie, die das Fett ihrer Opfer (זבחימו) essen (יאכלו), trinken (ישתו) den Wein ihrer Trankopfer. //	14a 23a	Opfere (זבח) Gott Lobdank ... (Vgl. 23) Wer opfert (זבח) Lobdank(opfer), ehrt mich ...
	22a 22c	Fürwahr: Ein Feuer (אש) hat sich entzündet in meiner Nase/im Zorn ... Es frisst (ותאכל) das Land und seinen Ertrag ...	3bc	Feuer (אש) frisst (תאכל) vor seinem Angesicht her, / und ringsum stürmt es gewaltig. //
	42b	... und mein Schwert soll Fleisch fressen (תאכל בשר).		
	36a	Fürwahr: Recht schaffen (ידין) wird JHWH seinem Volk (לעמו) ...	4b	(Er rief ...) und zur Erde, um zu richten sein Volk (לדין עמו).
	39abc 39f	Seht (ראו) jetzt! / Fürwahr: Ich, ich bin es (אני אני הוא), / und es gibt keinen Gott ausser mir (עמדי אלהים אין). // ... und es gibt keinen, der aus meiner Hand rettet (מציל מידי אין).	7c 22ab 23b	... Gott, dein Gott bin ich (אלהים אלהיך אנכי)! Bedenkt doch dies, ihr Gott-Vergessende, / damit ich nicht zerreisse, und es gibt keinen Retter (מציל ואין). // ... und wer den Weg bahnt, den lasse ich sehen (אראנו) das Heil Gottes.

Bezüge zwischen ML und Ps 50 fanden bisher beschränkte Beachtung.[50] Der Gott-Volk-Zusammenhang (Bundesbeziehung) bestimmt beide Stücke, und dabei lässt JHWH sich vor versammeltem Volk verlauten (Gottesreden). Im Rahmen eines Festgeschehens geht es um die Aufdeckung von Fehlverhalten, Rüge und Warnung vor bevorstehendem Gericht. Ist im Fokus des ML die exklusive Beziehung zwischen Gott und seinem Volk sowie deren Preisgabe (Götzendienst), so werden in Ps 50 Opferkult und Rechtsordnung (Applikation von Dekalog-Geboten) angesprochen.[51]

Über diese Analogien hinaus konzentrieren sich die textlichen Schnittstellen weithin auf die Anfänge (ML: 1–7; APs 50: 1–6/7) und die Schlüsse (ML: 36–39/42; APs 50: 22–23). Formulierungen aus dem Eröffnungsvers (und 3) des ML finden sich in Ps 50 auf mehrere Verse verteilt. Das ML setzt mit einem Höraufruf an die Himmel ein (Vokativ); Ps 50 richtet sich zu Beginn der ersten der beiden längeren Gottesreden direkt an „mein Volk" (7a, vgl. 4b: „sein Volk"). Im ML (3) wie in Ps 50 (3) liegt mit der suffigierten Bezeichnung אלהינו „unser Gott" der erste Beleg dafür vor, dass ein Kollektiv liturgisch zugegen ist. Im Psalm ist die *Aktion* Gottes (Reden, danach theophanes Aufstrahlen), im Lied die *Reaktion* der Adressierten im Fokus. In Ps 50 liegt das erwähnte Reden und Erscheinen Gottes in der Vergangenheit,[52] bevor der Redevollzug ab 4 in die Gegenwart wechselt;[53] im ML soll das Hören aktuell geschehen (Imperative/Jussive). Die paarweise Erwähnung von Himmel und Erde, in der üblichen Reihenfolge mit JHWH als handelndem Subjekt, ist ML (1) und APs 50 (4) gemeinsam.[54] In Ps 50 werden die Himmel dazu aufgefordert, Gottes Gerechtigkeit und – zusammen mit der Erde – Gottes Volk zu richten (4.6). Eine juridische „Zeugen"-Funktion kommt im ML mit Blick auf die Himmel zum Tragen und wird im narrativen Vorspann explizit gemacht (Dtn 31,21*bis*.28; 32,46, vgl. ferner 4,26; 30,19). Mit dem Verb עוד II wird in Ps 50 das von den Himmeln her, ja von Gott selbst kommende Reden als „zeugen gegen dich" akzentuiert und gegenüber dem Volk

---

50 SANDERS, Provenance, 354.416–418, erwähnt Ps 50,4 im Zusammenhang mit Dtn 32,1 und Ps 50,12–13 im Zusammenhang mit Dtn 32,38. SEYBOLD, Krise, 177.186 (68.76), sieht die Analogie zwischen ML und Ps 50 im Charakter als Gerichtsrede (ריב). SCHMIDTKUNZ, Moselied, 104–107, weist als Parallele zum Liedauftakt neben Jes 1,2 auf Ps 50,4 hin. OTTO, Abschiedslied, 658.660 (Fussnoten), nimmt für Dtn 32,1.18.22 Anspielungen auf Ps 50,4.7.18.22 an.

51 Ps 50 beinhaltet drei Gottesreden: einen kurzen Versammlungsaufruf (5) und zwei längere Reden, an das Volk insgesamt (7–15) und an Frevler bzw. Gottvergessende (16–23) gerichtet. Vgl. zu diesem Psalm KILCHÖR/WEBER, Gott.

52 Im Eingangsbereich von Ps 50 wird die Vergangenheit durch das Anrufen und Bekennen des *Deus praesens* zweimal auf die Gegenwart hin geöffnet, so in 1a (als dreifacher Vokativ, nicht als Satzsubjekt von 1b beurteilt) und 3a (zitierende, bestätigende Rede). Der Vergangenheit zugehörig sind die Konstatierung der Rede und das geschehene Aufrufen der Erde (1[a]bc) sowie die Lichtglanz- (2ab[3a]) und die Gewittertheophanie (3bc).

53 Die *jqtl*-Form in 4 wird präsentisch aufgefasst. Zwischen 4–5 und 7 ist mit 6a letztmals eine Vergangenheitsaussage eingeschoben, die in ein, auf die Gegenwart hin offenes Bekenntnis zu Gott als Richter ausmündet (6b, ähnlich wie 3a).

54 Ein Vermittlungsgefälle von oben (Gott/Himmel) nach unten (Erde/Volk) zeigt sich in Ps 50,1.4.6–7. Im ML ist es weniger signifikant, in 1–2 aber durch die Differenzierung zwischen direkter (Vokativ) und indirekter Anrede sowie die auf die Erde folgende und mit ihr verbundene Fruchtbarkeitsmetaphorik (Lehre) angedeutet.

angezeigt (6–7). In Dtn 31–32 wie in Ps 50 werden in bundesrechtlichem Kontext die
zur Anklage nötigen zwei bzw. drei Zeugen aufgeboten. Es sind dies die autorisierten
Worte des Lieds bzw. Psalms, dazu der Himmel (und die Erde).[55]
Ein Zwischenfazit ist angezeigt: Die Eingangsbereiche sind durch sprachliche,
semantisch-pragmatische und liturgische Gemeinsamkeiten untereinander verbunden. Die Szenerie für das Nachfolgende wird vorbereitet, in Ps 50 gegenüber dem ML
ausführlicher, differenzierter, abstellend auf früheres Gotteserscheinen und -reden.
Die Texte sind durch keinen hervorstechenden (seltenen) Begriff miteinander verbunden. Die Gemeinsamkeiten hinsichtlich Phraseologie und Redefunktion (Zeugnis-
Charakter) sowie das analoge Festsetting machen einen intendierten Text-Text-Bezug
gleichwohl wahrscheinlich. Dabei ist die Annahme, dass das ML Aussagen aus verschiedenen Versen des Psalms exzerpiert und zusammenzieht, weniger schlüssig als
die Annahme, es verhalte sich umgekehrt: Ps 50 macht durch die Verbindung von
Vergangenheits- und Gegenwartsgeschehen deutlich, dass an Analoges angeknüpft
wird. Er schliesst sich an das als bekannt vorausgesetzte ML an, macht dies durch
Verbindungen evident und stellt die aktuelle Zusammenkunft so in einen fundieren-
den und legitimierenden Zusammenhang. Jhwhs (neuerliches) Kommen wird evoziert
und angezeigt, dass Gott (auch) jetzt „kommt" – diesmal vom Zion her – und „nicht
schweigt" (3a). Es handelt sich um eine Neudarbietung des warnenden Gotteszeugnisses
angesichts veränderter Zeitumstände. Die Annahme des Abhängigkeitsvektors ML →
APs 50 wird durch den Umstand gestützt, dass der Psalm über das ML hinaus auch
dessen narrativen Vorspann (Dtn 31) kennt und rezipiert: die „Zeugnis"-Begrifflichkeit
(19.21) unter Einbezug von Himmel und Erde (28).[56] Wer davon ausgeht, dass Dtn 32 von
Ps 50 abhängt, muss erklären können, wie Motive aus Ps 50 teils mit dem ML, teils mit
dessen narrativem Rahmen übereinstimmen.

Im ML richtet sich der Höraufruf (Imperativ) streng genommen nur an die Himmel
(Vokativ), während die Erde (Subjekt) zum Vernehmen aufgefordert wird (Jussiv).
In Jes 1,2 erscheint die Hörbegrifflichkeit in der üblicheren Abfolge (selteneres Verb
in Zweitposition). Durch Änderung der Syntax werden die Aussagen analogisiert,
vereinfacht und Himmel und Erde parallel gefasst (Merismus, vgl. Dtn 4,46; 30,19).[57]
Mit der Tilgung der Artikel und der Umstellung des Verbs wird eine Allitera-
tion (Paare /שמע/ und /א/) erzielt. Vereinfachung wie poetische Prägnanz – eine
Auflösung der Alliteration ist unwahrscheinlich – sprechen für die Priorität des

---

55 Vgl. Dtn 17,6–7; 19,15, dazu SONNET, Book, 152.
56 Gemeinsam ist den beiden Texten zudem eine Theophanie. Gegenüber dem Wol-
    kenphänomen in Dtn 31,15–21 sind Ps 50,2–3 freilich anders akzentuiert; dafür hat
    3 mit Blick auf das „fressende Feuer" eine Verbindung zum ML (22). Der Frage nach
    einer Abhängigkeit zwischen Ps 50 und dem Mose-Segen (Dtn 33) – gemeinsam sind
    Lichtglanztheophanie und das Moment der Volksversammlung (vgl. Dtn 33,1–3 mit
    Ps 50,2–5) – wird hier nicht nachgegangen. Zu den Parallelen von ML, Mose-Segen
    und Ps 50 vgl. OTTO, HThKAT, 2240–2243, der von der Abfolge Ps 50 → Dtn 32 →
    Dtn 33 ausgeht.
57 Die „Erde" wechselt vom Subjekt zum Vokativ und das zweite Verb vom Jussiv zum
    Imperativ. In Jes 1 ergeht der Höraufruf *nach* dem Reden Jhwhs (*qtl*), im ML geht
    er dem Reden Gottes voran bzw. will für dieses empfänglich machen (Kohortativ).

ML gegenüber Jes 1.[58] Anders als Jes 1,2 behält Ps 50 für Himmel und Erde die unterschiedlichen Funktionen des ML bei, konfiguriert sie jedoch neu. In Ps 50,4 werden Himmel und Erde aktuell von Gott an- bzw. aufgerufen – gleichsam in Einlösung des Höraufrufs des ML –, um den Auftrag zur Weitergabe des Gehörten auszurichten. In Jes 1,2 fehlt eine (ver)mittelnde Funktion. Fazit: Ps 50 und Jes 1 sind eigene Wege der ML-Rezeption gegangen.[59]

Wenden wir uns den weiteren Texten zu. Hinsichtlich der Gottesrede in Ps 50,7–15 gibt es Berührungen mit dem ML, was die Thematik des Opfers (inkl. Opfermahlzeit und [Opfer-]Tiere) betrifft.[60] Nachdem von der Gottesstimme ein Zeugen gegen Israel angekündigt wurde (7), stellt sich die Frage, was gerügt wird: Soll Blutopfer durch Wortopfer abgelöst werden (Metaphorisierung, vgl. Ps 51,17–19; 69,31–32), weil Jhwh ohnehin alles gehört und er keiner Opfertiere bedarf? Das ist möglich. Das ML als Hintergrund sowie der verwandte Ps 81 (10–11) öffnen den Blick aber für einen götzenpolemischen Hintergrund. Im ML wird mit ähnlichen Begriffen einerseits der von Gott gewährte Ertrag von Feld, Vieh und anderem mehr als Nahrung herausgestellt (13–14), andererseits das Darbringen von Opfern für Fremdgötter und der Verzehr von Speis- und Trankopfer durch diese gebrandmarkt (17.38). Götzen verbrauchen Nahrungsressourcen und sind gleichwohl nutzlos (vgl. 37–38). Wenn Jhwh etwas „frisst", dann im Gericht an seinem Volk den Ertrag des Landes (22) und im Gericht an den Feinden Israels deren „Fleisch" (42) – jedoch nicht das „Fleisch von Stieren" (Ps 50,13). Der auffällige Psalmeingang mit der Verbindung von Heils- und Gerichtstheophanie sowie dem „Feuer", das „frisst" (aber nicht das Opferfleisch!), dürfte diesen Zusammenhang bestätigen.[61]

Nun noch zu den Schlüssen beider Texte: In Dtn 32,36 äussert sich, nach dem Ende der zweiten Gottesrede, eine Stimme, die nach den Worten über Israels Abfall von

---

58 Zum Verhältnis vom ML zu Jes 1,2 und zum Buch insgesamt vgl. Fisch, Poetry, 64–74; Markl, Volk, 260–264.

59 Schmidtkunz, Moselied, 104–109.341, ortet textpragmatische Differenzen zwischen ML und Ps 50 einerseits (Dtn 32,1: explizite Adressierung von Himmel und Erde = alle Hörenden, „implizit" in Ps 50,4; das ML rechne nicht mit einer Instanz zwischen Jhwh und dem Volk) und narrativem Rahmen andererseits (31,28, vgl. 4,26; 30,19; 32,46: Himmel und Erde sind nicht die eigentlichen Adressaten, sondern haben als Zeugen eine Stellvertreterfunktion für das Volk). Da Jes 1,2–9 als Synthese jesajanischer Formulierungen einzuschätzen sei, erscheine die Aufnahme von Jes 1,2 in Dtn 32,1 plausibel; das ML wird als nachahmende Dichtung eingestuft. Ihrer Argumentation für die Abhängigkeitsrichtung Jes 1 → ML (so auch Otto, jedoch aus anderen Gründen) kann ich nicht folgen, wie aus obigen Ausführungen hervorgeht.

60 Jhwh ist der Geber der Erträge von Land und Vieh, u.a. von „Böcken" (Dtn 32,14). Diese gehören ohnehin ihm; er bedarf keiner Opfer, u.a. „Böcke" (Ps 50,9.13). „Hunger" (רעב) gefährdet Israel, nicht Jhwh (vgl. Dtn 32,24 mit Ps 50,12). Die Übereinstimmung von עתודים (Dtn 32,14; Ps 50,9.13) mag nicht distinktiv erscheinen, allerdings ist die Spärlichkeit der Belege in Rechnung zu stellen (in Dtn nur hier, in den Psalmen über Ps 50 hinaus lediglich noch in Ps 66,15). Noch rarer ist die seltene (poetische) Form שדי für „Feld", die im AT nur 13mal, davon im Pentateuch nur zweimal (Dtn 32,13) und zweimal in den APss (50,11; 80,14) auftritt.

61 Obwohl ich daraus keine Folgerungen zu ziehen vermag, sei die Polysemie zwischen dem nur im ML belegten Verb שער III „anerkennen(?), fürchten(?)" (17) und dem seltenen שער II „stürmen" (ni) in Ps 50,3 notiert.

Jнwн und den daraus resultierenden Folgen eine neue Zuwendung Gottes ankündigt (*jqtl*). Nach den Aussagen über Gottes Wesen und Verhalten in 4 erscheint mit דין erneut ein Rechtsbegriff.[62] דין kann den Sinn von „(ver)urteilen" (*ad malam partem*) oder von „Recht verschaffen" (*ad bonam partem*) haben.[63] Im ML ist von der zweiten Bedeutung, dem Einstehen Jнwнs zugunsten Israels und gegen deren Bedränger, auszugehen.[64] Anschliessend wird gesagt, dass die Götzen nutzlos sind, Jнwн allein Gott ist und sein Gericht Israels Bedränger treffe. Im APs 50 erscheint der Begriff am Anfang: Himmel und Erde werden dazu aufgerufen, „zu richten/Recht zu sprechen" (דין) sein(em) Volk (4). Anders als im ML ist das Moment des (Ver-)Urteilens im Fokus. Danach wird Gott nämlich als „Richter" (שפט) bezeichnet (6), und dieser qualifiziert sein Reden als „zeugen gegen, verwarnen" (עוד II *hi*) bzw. „(nicht) rügen" (יכח *hi*) (7–8). Die Verwendung von דין mit Gott als Subjekt bzw. Initiant für das Beurteilen seines Volks verknüpft die beiden Belege und findet sich sonst selten.[65] Ps 50 spielt auf Dtn 32,36 an und verbindet die Rezeption von דין mit einer Umakzentuierung. Zu Beginn der ersten Hauptrede tut Gott kund, dass er verurteilende bzw. warnende Worte an Israel richtet (7–8). Gegen Schluss der Gottesreden in 15.23 werden dagegen Heilsaussagen gemacht – insofern strukturell ähnlich wie im ML, wenn auch mit anderer Begrifflichkeit. Im ML folgt auf die angekündigte Heilszuwendung (36) der Aufruf zu einer bilanzierenden Wahrnehmung, verbunden mit der emphatischen Aussage: „Ich, ich bin es, und es gibt keinen Gott ausser mir!" (39, vgl. 12). Wenn ich recht sehe, greift Ps 50 ebenfalls auf diese Aussage zurück, und zwar mit der Selbstvorstellung: „Gott (= Jнwн), dein Gott bin ich!" (7c).[66] Die exklusive Beziehung zwischen Jнwн und seinem (Bundes-)Volk ist im ML wie im APs 50 betont. Dass es keinen Gott gibt ausser ihm wird indirekt, über die Opfer-Aussagen im ML, aufgenommen. Die Formulierung, dass es keinen Retter gibt (ואין מציל), findet sich ebenfalls in beiden Stücken (vgl. auch Jes 43,13). Im Psalm ist diese Aussage nicht wie die Selbstvorstellung am Anfang platziert, sondern – als an Gottvergessende gerichteter Aufruf zum Bedenken – am Schluss (22).[67] Ähnlich wie zuvor beim Eingang zum ML beobachtet, rezipiert der Psalmist Aussagen aus dem Schluss des Lieds, verteilt diese im Psalm und akzentuiert sie teils neu. Vom warnenden, aber zugleich heilsvergewissernden Psalmende (22–23) her ergibt sich, unter Einbezug des ML, nochmals ein Hinweis auf die erwähnte Opfer- und Götzenthematik. Ein ironischer Unterton ist dabei kaum zu überhören: Können die Götzen „fressen", aber nicht „retten" (vgl. Dtn 32,37–8), so ist es bei Jнwн umgekehrt: Er bedarf weder Speis noch Trank (Opfer), dafür vermag er zu retten (vgl. Ps 50,12–13.15). Gibt es keinen, der aus seiner Hand rettet (vgl. Dtn 32,39), so gibt der Psalm – gerade an die Adresse derjenigen, die Gott vergessen – zu bedenken, dass es ausser Gott überhaupt keinen Retter gibt (22). Wer

---

62   Er ist mit Ausnahme von Dtn 17,8, wo es um Rechtsangelegenheiten geht, im Dtn singulär.

63   Dazu Liedke, richten, 447, mit Belegen.

64   Vom Kontext und der b-Zeile her schiebt sich diese Bedeutung in den Vordergrund (vgl. auch Ps 135,14).

65   Vgl. noch Ps 135,14 (als Königsmandat in Ps 72,2), mit Blick auf die Nationen vgl. Jes 3,13; Ps 7,9; 96,10; Hi 36,31.

66   Daran schliesst sich eine Rüge an (vgl. Ps 81,11).

67   Man beachte hierzu die mit identischen Verben des Erinnerns, Verstehens bzw. Vergessens gemachten Aufrufe und Aussagen in Dtn 32,7.18.29 und Ps 50,22.

„sieht", dass Gott es ist, den lässt Gott seine Hilfe „sehen" (vgl. Dtn 32,39 mit Ps 50,23). Der Fokus auf die Darbringung der Toda als wahres Opfer, Zielpunkt der Gottesreden in Ps 50 (14–15.23), ist nachvollziehbar: Da die Toda mit *erhörter* Gottesbitte und -rettung zusammenhängt, ist es dasjenige Opfer, das von einer Infizierung durch Fremdgötter gefeit ist; jene können ja nicht retten (und erhalten damit keine Toda). Am Schluss des Psalms (22–23) laufen also unterschiedliche Fäden von Aussagen des ML (vgl. 7.17–18.29.38–39) zusammen.

Fazit: Die Verbindungen von ML und APs 50 gehen über eine Milieuverwandtschaft hinaus. Angesichts der erörterten Sachverhalte ist es sehr wahrscheinlich, dass Ps 50 vom ML abhängt.

5.2 Das Mose-Lied und Psalm 74

Dtn 31,1–30; 32,44–47	Dtn 32,1–43		Ps 74,1–23	
	Dtn 4,6	… (Die Völker werden sagen:) Gewiss, ein weises und verständiges Volk (עם־חכם ונבון) ist diese grosse Nation!	18ab	Gedenke dies: Der Feind hat gehöhnt, Jhwh, / und ein törichtes Volk (ועם נבל) hat geschmäht deinen Namen. //
	6ab	Wollt ihr Jhwh dies erweisen, / du törichtes und unweises Volk (עם נבל ולא חכם). //		
	15cd	Er gab preis Gott, der ihn gemacht hatte, / hielt für töricht (וינבל) den Felsen seines Heils. //	22ab	Steh bitte auf, Gott, führe bitte deinen Rechtsstreit; / gedenke deiner Verhöhnung vom Toren (מני־נבל) den ganzen Tag! //
	21cd	Doch ich, ich will sie eifersüchtig machen durch ein Nicht-Volk (בלא־עם), / durch eine törichte Nation (בגוי נבל) will ich sie zornig machen. //		
Erbbesitz (Land): 31,7	6cd	Ist nicht er dein Vater, der dich erworben hat (קנך)? / Er, er hat dich gemacht und dich bereitet. //	2abc	Gedenke an deine Gemeinde, die du erworben hast (קנית) vorzeiten, / die du erlöst hast als Stamm deines Erbbesitzes (נחלתך) / des Berges Zion, auf dem du Wohnung genommen hast! //

Dtn 31,1–30; 32,44–47	Dtn 32,1–43		Ps 74,1–23	
	8ab 8cd 9ab	Als <u>zum Erbbesitz gab</u> (בהנחל) der Höchste die Nationen, / als er schied die Menschenkinder, // da <u>legte er fest die Grenzen</u> (יצב גבלת) der Völker / nach der Zahl der Kinder Israels [der Söhne Gottes]. // Jedoch: Der Anteil Jʜwʜs ist sein Volk; / Jakob ist das Mass <u>seines Erbbesitzes</u> (בנחלתו). //	17ab	Du, <u>du legtest fest alle Grenzen</u> (הצבת כל־גבולות) der Erde, / Sommer und Winter: Du, du hast sie gebildet. //
Erinnern/ Nicht-Vergessen (Lied): 31,21	7a	<u>Gedenke</u> (זכר) der uralten Tage …!	2a	<u>Gedenke</u> (זכר) an deine Gemeinde …!
	18b	… <u>du vergassest</u> (ותשכח) Gott, der dich unter Wehen hervorbrachte.	18a	<u>Gedenke</u> (זכר) dies: Der Feind hat gehöhnt Jʜwʜ …
			19b	… das Leben deiner Elenden <u>vergiss nicht</u> (אל־תשכח) auf Dauer!
	26b	… ich will tilgen aus den Menschen <u>ihr Gedenken</u> (זכרם).	22b	(Gott, …) <u>gedenke</u> (זכר) deiner Verhöhnung …
			23a	<u>Vergiss nicht</u> (אל־תשכח) das Geschrei deiner Bedränger …!
Schmähung: 31,20	19ab	Da sah [es] Jʜwʜ <u>und verschmähte</u> (וינאץ) [sie], / wegen der Kränkung ihrer Söhne und Töchter. //	10ab	Bis wann, Gott, darf höhnen der <u>Bedränger</u>, / <u>darf schmähen</u> (ינאץ) <u>der Feind</u> (אויב) deinen Namen auf Dauer? //
	27ab 27cd	Wenn nicht Kränkung durch <u>den Feind</u> (אויב) ich fürchten müsste, / damit nicht falsch verstünden <u>ihre Bedränger</u> (צרימו), // damit sie nicht sagen könnten: „Unsere Hand war hoch erhaben!", / und nicht: „Jʜwʜ <u>hat bewirkt</u> (פעל) all dies!" //	12ab	Dennoch ist Gott mein König von Urzeit her, / <u>bewirkend</u> (פעל) Rettungen inmitten der Erde/des Landes. //
			18ab	Gedenke dies: <u>Der Feind</u> (אויב) hat gehöhnt, Jʜwʜ, / und ein törichtes Volk <u>hat geschmäht</u> (נאצו) deinen Namen. // (Vgl. 22)
Zorn Gottes: 31,17.27	22a	Fürwahr: Feuer hat sich entzündet <u>in meiner Nase/ im Zorn</u> (באפי) …	1b	(Warum …) raucht ständig <u>dein Zorn</u> (אפך) gegen die Schafe deines Weidens?

Dtn 31,1–30; 32,44–47	Dtn 32,1–43		Ps 74,1–23	
	23b	... meine Pfeile will ich aufbrauchen gegen sie (אכלה־בם).	10ab 11ab	Bis wann, Gott, darf höhnen der Bedränger (צר) / darf schmähen der Feind deinen Namen auf Dauer? // Warum ziehst du zurück deine Hand (תשיב ידך), ja deine Rechte? / Mitten aus deinem Gewandbausch [strecke sie]: Mache ein Ende (כלה)! //
	41ab 41cd	Wenn ich geschärft habe die blitzende Klinge meines Schwerts, / und es ergreift [es] zum Gericht meine Hand (ידי), // dann werde ich erstatten (אשיב) Rache an meinen Bedrängern (לצרי), / und meinen Hassern werde ich es vergelten. //		
	43c[d] [43e]	Und Rache wird er erstatten (ישיב) an seinen Bedrängern (לצריו) ... [und seinen Hassern wird er es vergelten.]		
	33a	Drachen (תנינם)-Gift ist ihr Wein ...	13b	... du hast zerschmettert die Häupter der [Meeres-]Drachen (תנינים) über den Wassern.
Aufstehen (für Götter) 31,16	38c	Sie [= die Götter] mögen sich erheben (יקומו), um euch zu helfen ...	22b	Stehe bitte auf (קומה), Gott, führe bitte deinen Rechtsstreit ...!

Ps 74[68] hat Schnittstellen zu *beiden* Mose-Liedern im Pentateuch (Ex 15; Dtn 32).[69] Verbindungen zwischen ML und APs 74 werden öfters notiert.[70] Ein Cluster von Ähnlichkeiten ergibt sich mit Blick auf das ML in 6–9. Die erste Stichwortverbindung ist die negative Anrede Israels als עם נבל „törichtes (und unweises) Volk" (6b, Vokativ).[71] Diese Bezeichnung steht im Gegensatz zu dem zuvor von Gott Ausgesagten (4, mit „Fels"-Prädizierung) und wirkt als erste Charakterisierung Israels überschriftartig. Mit zwei weiteren Belegen der Wurzel (נבל *pi* „[den Felsen] für töricht halten", 15d; גוי נבל „törichte Nation", 21d) ist dieser Begriff im ML bedeutsam und bezieht sich auf Israel (6), Jнwн (15) und ein (Gott-fernes) Fremdvolk (21). Dabei kommt ein vom „töricht" gehaltenen Gott initiiertes „Wechselspiel" zwischen עם נבל „törichtem Volk"

---

68 Dieser Psalm liegt seit kurzem monographisch bearbeitet vor, vgl. LIPPKE, Schritte.
69 Berührungen zum Schilfmeerlied bestehen zwischen Ps 74,2.11–12(ff). und Ex 15,6.12–13.16–18.
70 Vgl. SANDERS, Provenance, 360.362.368–369.371.399; MARKL, Volk, 274.279; OTTO, Abschiedslied, 642.659–660; DERS., HThKAT, 2166.
71 Das positive Gegen- bzw. Vorbild stellt Israel (nach Aussage der Fremdvölker!) als עם־חכם ונבון „weises und einsichtiges Volk" in Dtn 4,6 dar; vgl. dazu auch Dtn 32,29 (bezogen auf Joseph und Salomo in Gen 41,33.39; 1. Kön 3,12, auf eine Mehrzahl von Stammesführern in Dtn 1,13).

(Israel) und גוי נבל „törichter Nation"[72] für die Charakterisierung Israels in 28 zum Tragen: Aufgrund seiner Abtrünnigkeit und Einsichtslosigkeit wird es von Gottes „Volk" (9, עם) zu einer „Nation" (28, גוי), die im Verhalten einem Nicht-Gottesvolk bzw. Fremdvolk entspricht (21).[73]

An dieser Stelle kommt Ps 74 mit zwei Nominalbelegen von נבל (18.22) ins Spiel. Da die Wendung עם נבל sowohl im ML (6, vgl. 21) als auch im APs 74 (18) erscheint – und zwar nur an diesen beiden Stellen im AT –, hat aufgrund der Signifikanz wie der Exklusivität die Annahme einer direkten Abhängigkeit einen starken Anhalt. In Ps 74 ist das „törichte Volk" der höhnende Feind, der Jhwhs Namen schmäht.[74] Im ML bleibt der Ausdruck „törichtes *Volk*" dagegen Israel vorbehalten; das Fremdvolk wird als „törichte *Nation*" bezeichnet. Allerdings wird in 28(–29) Israel auch als גוי apostrophiert – wenn auch ohne die Beifügung „töricht" –, weil es sich im Verhalten wie ein Fremdvolk aufführt. Die Verwendungsweise des ML ist in sich konsequent; die Erwähnung des Ausdrucks in Ps 74,18 ist dagegen auffällig. Zur Bezeichnung einer Feindnation würde man eher den Ausdruck גוי נבל erwarten.[75] Geht man vom Abhängigkeitsvektor APs 74 → ML aus, hat das ML den Begriff aus dem Psalm mit theologisch-argumentativer Absicht zur geschilderten Analogiebildung ausgebaut und den Begriff „umsortiert": Die Wendung wird nun – wie es näher liegt – für Israel verwendet, während für das Fremdvolk die Bezeichnung „törichte Nation" neu gebildet wird.[76] Allerdings ist zu erwägen, ob die Wendung „törichtes und unweises Volk"

---

72   Die Wendung findet sich nur hier. Dass die Varianz in 21 sich poetischer Gepflogenheit (Vermeidung der Doppelung von עם) verdankt, synonym zu verstehen ist und keine Differenzierung beinhaltet, erscheint mir aufgrund des Sinnspiels mit den beiden Begriffen keine hinreichende Erklärung. Der Ausdruck wird verwendet, um anzuzeigen, dass Israel das Verhalten eines (törichten) Fremdvolks übernimmt.

73   Zu den Gründen für die Referenz auf Israel vgl. SCHMIDTKUNZ, Moselied, 69–72. OTTO, HThKAT, 2187, bezieht „Nation" mit weniger überzeugenden Gründen auf ein Fremd- bzw. Feindvolk.

74   Im Liedrahmen (Dtn 31,20) wird unter Verwendung desselben Verbs (נאץ) Israels Verhalten (Götzendienst, Bundesbruch) angekündigt.

75   ML (und Rahmen) differenzieren zwischen עם als Gottes Bundesvolk (6.8.9.21.36.43, vgl. 31,7.12.16; 32,44) und der Bezeichnung גוי für ein törichtes (Fremd-)Volk bzw. im Plural für Fremdvölker (8.21.43, vgl. 31,3). Lediglich in 8 wird, abweichend davon, bei den Gebieten/Grenzen der Nationen עמים und in 28 – wie erwähnt – für Israel die Bezeichnung גוי verwendet (mit der Absicht, Israels Verhalten als „heidnisch" zu charakterisieren). In Ps 74 erscheint die Begrifflichkeit „Volk/Nation" nur hier (und allenfalls in 14). Von Israel wird sonst mit anderen Begriffen gesprochen (vgl. 1–2). In den APss wird in der Regel das Nomen עם für Israel reserviert (im Plural für Fremdvölker in 77,15), bei Fremdvölkern dagegen ist von גוים die Rede (ausser im Singular für Israel in 83,5). Man beachte auch die Differenzierung v.a. im mit Ps 74 verwandten Ps 79 (1.6.10: „Nationen", 13: „dein Volk").

76   OTTO, HThKAT, 2166, sieht den Anfang der Berührungen ebenfalls in Dtn 32,6, wo die Treulosigkeit des Volkes (5) an das Motiv des „törichten Volks" in Ps 74,18 anknüpfe, womit die Aussage einen hintergründigen Bezug erhalte, der auf die nachfolgenden Aussagen im ML vorausweise: „Ps 74 handelt vom Feindvolk, das Jhwh schmäht, und an dem Jhwh, um seines Volkes willen, das Gericht vollziehen wird ... Durch die Bezüge zu Ps 74 ist Moses Unheilsprophetie in Dtn 32 amphibolisch gelesen auf die Zerstörung des Jerusalemer Tempels bezogen, ist doch Kern dieses Gemeindegebets die Tempelklage in Ps 74,1–11 ..."

in Dtn 32,6 nicht als Kontrastformulierung zu Dtn 4,6 („weises und verständiges Volk") gebildet wird (auch der Vektor Dtn 32,6 → Dtn 4,6 ist nicht auszuschliessen).[77] Die Abhängigkeit ML → APs 74 ist jedenfalls stringenter: Der Psalm hat die Vielschichtigkeit des ML vereinfacht und die Bezeichnung Israels als „törichtes Volk" absichtsvoll in eine Feindvolk-Referenz umgeprägt. Die Rede vom „törichten Volk" in Ps 74 wurde gewählt und damit ein Bezug zum ML eingestiftet, weil eine Verbindung mit der (einstigen) Torheit Israels bei den Hörenden evoziert werden soll. Dies kann als implizites Eingeständnis, selbst ein solch törichtes Volk gewesen zu sein (Identifizierung), verstanden werden.[78] Im Kontext der Verwendung in 18 (vgl. 10.22) ist es aber wahrscheinlicher, dass damit – auf dem Hintergrund des ML – ein Appell zu einer „Rückübertragung" verbunden ist: Das „törichte Volk" ist nun der Jнwн schmähende und ihn verhöhnende Feind. Der im ML befürchtete Fall der Hybris der Widersacher ist eingetreten (vgl. Dtn 32,27). Entsprechend verdienen die Feinde nun ihrerseits Jнwнs Gericht (vgl. 11, dazu Dtn 32,39–43).[79] Das von ihm erwählte Volk, die „Schafe deines Weidens"[80], haben lange genug gelitten. Es ist an der Zeit, dass das gotteslästerliche Verhalten der Feinde bzw. das Geschrei „deiner Bedränger" geahndet wird und Gottes Volk Mitleid und Rettung erfährt (vgl. 1–2.22–23).[81] Die Gebetsstruktur des Psalms folgt weithin dem Geschehen und Gotteshandeln im ML. Da das darin für Israel angekündigte Gericht eingetroffen ist und den Hintergrund der Volksklage bildet, orientiert sich der Psalm namentlich an Aussagen aus den letzten beiden Cantos (26–43).[82] Die Heilsaussagen (12–17) entnimmt er dabei weniger dem ersten Teil des ML, sondern greift auf andere, schöpfungsmythische und frühgeschichtliche Ressourcen zurück.

Die in der Rezeption des ML durch den APs 74 greifbare „Technik" ist, wie schon beim „törichten Volk", die der Transformierung und Umadressierung.[83] Der Vektor des „Erinnerns" (זכר) wird umgedreht: Wurde im Lied das Volk zum Gedenken an

---

77 Zu Formulierungen unter Verwendung von בין vgl. auch Dtn 32,7.29. Отто, HThKAT, 2175, setzt ML später an als Dtn 4. Schmidtkunz, Moselied, 263–264, die Dtn 4,6 mit Blick auf 32,6 nicht erwähnt, aber weitere Parallelen aus Dtn 4 anführt, geht ebenfalls von Dtn 4 → ML aus.

78 Man beachte, dass die im gleichen Psalmvers verwendeten Schmäh-Begriffe im Lied-Rahmen erscheinen und mit Israel und der künftigen Aufführung des Lieds in Verbindung gebracht werden (Dtn 31,19–21). Ein (dtr) Schuldgeständnis bietet der Psalm, (älteren) Volksklagen entsprechend, allerdings nicht (anders APs 79).

79 Es gibt weitere Anknüpfungsmomente an das ML: Jнwн hat kundgetan, dass er nach erfahrener Kränkung sein eigenes (törichtes) Volk durch eine „törichte Nation" kränken (כעס) bzw. zur Eifersucht reizen will (vgl. 16.19.21bis.27, vgl. auch 31,29). Dass dies zu Not und Bedrängnis durch ein Feindvolk führt, wird im ML ebenfalls gesagt.

80 Zum Ausdruck vgl. Lippke, Schritte, 79–80.

81 Man beachte auch die Ähnlichkeit der „Feind"-Begrifflichkeit: Neben dem אויב (Dtn 32,27.31.42; Ps 74,3.10.18) ist auch vom צר (Dtn 32,27.41.43; Ps 74,10, ähnlich das von der gleichen Wurzel צרר abgeleitete Partizip in Ps 74,4.23) die Rede, mehrfach in suffigierter Weise („deinen/seinen Bedrängern/Feinden").

82 Vgl. Finsterbusch, Song, 639: „The song gives the reason why God let Israel survive the catastrophe: because of his mercy and his devotion to his people."

83 Ähnliche Wechselaussagen finden sich auch im ML, in der Abfolge vom ersten zum zweiten Bikolon in 21 und dann nochmals in 30–31.

heilvolles Gotteswirken in der Ur- und Frühzeit aufgerufen (7), so wird im Psalm Gott zum (heilvollen) Gedenken aufgerufen. Erinnern und Nicht-Vergessen werden zu Schlüsselbegriffen: Die Gebetsimperative betreffen *ad bonam partem* „deine Gemeinde" (2),[84] „das Leben deiner Armen" (19), *ad malam partem* die Verhöhnung[85] durch Feind bzw. Narr (18.22)[86] sowie „das Geschrei deiner Bedränger" (23). Ist im Erzählrahmen das Volk „aufgestanden" (קום), um den fremden Göttern des Landes nachzuhuren (Dtn 31,16), und werden im ML die Götter aufgerufen, doch „aufzustehen", um Israels Hilfe und Schutz zu sein (Dtn 32,38), so wird im APs 74 Gott gebeten, „aufzustehen" und seinen Rechtsstreit zu führen (22). Dem „Gedenke!"-Aufruf wird nachgekommen; Gott wird nicht vergessen (vgl. Ps 74,2.12–17 mit Dtn 32,7.18). Dabei werden Motive von Gottes Heilswirken aus 6.8–9 im Psalm aufgenommen: Gottes Erwerben seines Volkes als Erbbesitz (נחלה) samt der Festlegung der Grenzen und Gebiete (APs 74,2.17).[87] Im ML erfolgt Jhwhs „Verschmähen" (נאץ *qal*) seines Volks aufgrund von dessen Bundesbruch (19).[88] Im Psalm wird das erfahrene „Schmähen, Verwerfen" (נאץ *pi*) von Gottes Namen durch den Feind bzw. ein törichtes Volk (10.18) betend vor Gott gebracht.[89] Noch raucht Gottes Zorn (אף) gegen seine Gemeinde. Warum? wird gefragt (vgl. Ps 74,1 mit Dtn 32,22). Und: Bis wann dauert es noch ... bis die zurückgezogene (Kampf-)Hand Gottes aus dem Gewandbausch herausfährt und Gericht an den Bedrängern vollzieht (vgl. Ps 74,10–11 mit Dtn 32,41–43)? Solches wird vor Gott eingeklagt, und auf dessen Eingreifen richten sich die Bitte und Erwartung dieser Volksklage.

Nach Eckart Otto übernehmen die APss im ML eine „weissagende Funktion" und dienen als Erkenntnis- und Begründungszusammenhang der „Überwindung der Leidenszeit Israels durch eine Heilszeit"[90]. Die Verbindungen zwischen ML und dem APs 74, den er als Spender- bzw. Subtext ansieht, bilanziert er mit den Worten: „Was in Ps 74 von Jhwh erbeten wird, ist in Dtn 32,27–42 zugesagt."[91] Angesichts der von ihm propagierten Abfolge: Notgebet (APs 74) → Zusage (ML: 27–42) überrascht es

---

84   Bei „Gemeinde" (עדה) – der Begriff erscheint im Dtn nicht – und dem „Stamm deines Erbbesitzes" (= der Jhwh eigene Stamm, vgl. KAHAL, 582) ist an Israel insgesamt zu denken (vgl. Jer 10,16; 51,19, ferner Ps 122,4).

85   Es erscheinen Formen der Wurzel חרף (Verb: 10.17.18, Nomen: 22); im ML ist die Wurzel nicht belegt. Zu dem in beiden Texten erscheinenden, synonymen Verb נאץ siehe nachfolgend.

86   Der Narr ist parallelisiert mit dem Feind und steht *pars pro toto* für das törichte Volk, das Jhwhs Namen geschmäht hat. „Bedränger, Feind" werden im Plural (4.23) wie auch – mehrheitlich – im Singular (3.10*bis*.18) erwähnt. In der finalen Stanze von Ps 74 (18–23) werden für Bedrängende und Bedrängte überwiegend singularische Begriffe verwendet (Ausnahmen: Arme in 19, Bedränger in 23).

87   Die Rede vom „Festlegen" (נצב *hi*) der „Grenzen/Gebiete" (גבולות) findet sich im AT ausser in Dtn 32,8 und Ps 74,17 lediglich noch in Spr 15,25.

88   Nimmt man den Beleg aus dem ML-Rahmen (31,20) hinzu, geht Israels Schmähen/Verwerfen Jhwhs Gottes Verschmähen von Israel im ML (19) voraus.

89   Das Verb ist mit zwei Dutzend Belegen im AT nicht allzu häufig: im Pentateuch 5mal, davon zweimal in Dtn: 31,20; 32,19; 5mal im Psalter, in den APss in 74,10.18 (ausser im ML liegen alle erwähnten Belege im *pi* vor).

90   Otto, Abschiedslied, 673.

91   Otto, HThKAT, 2166.

freilich, dass keine Bezugsstelle aus Ps 74 zu den angeführten Versen beigebracht wird.[92] Wenn sich diese Zusagen im ML aus dem Psalmgebet nähren, weshalb werden sie in *diesem* Abschnitt nicht erkennbar? Gegenüber der Annahme, dass das Notgebet zur Heilszusage führt, ist es m.E. naheliegender, dass umgekehrt die Zusage Basis und Anknüpfungspunkt für die Volksklage bildet. Gemäss Otto wurden die ur- und frühgeschichtlichen Heilsaussagen aus Ps 74,2.17 im ML aufgenommen (und erweitert). Warum lässt das ML Ps 74,12–16, wo die von Urzeit her geltende Königsherrschaft Jhwhs und ihre Wirkungen erwähnt werden, ausser Acht? Die rezipierten Motive sind im ML derart angeordnet, dass nach und trotz diesem Heilswirken der Abfall Israels erfolgte. Wäre für eine subversive Heilsunterlegung, wie Otto sie annimmt, nicht zu erwarten, dass im ML dieser Stoff nicht *vor*, sondern *nach* dem Abfall als Rekurs und Ausdruck von Jhwhs Treue o.ä. dargeboten würde? Umgekehrt argumentiert: Ein situationsoffenes ML ist geradezu disponiert für spätere Rezeptionen. Neh 8–9 liesse sich anführen, und tatsächlich geht Otto von der Abhängigkeitslage Dtn 31–32 → Neh 8(–9) aus.[93] In analoger, wenn auch inhaltlich anderer Weise „reagiert" m.E. Ps 74 auf Dtn (31–)32.

Fazit: Ps 74 folgt dem ML sachlich wie zeitlich. Der Psalm schöpft aus dem Lied und transformiert Aussagen, einerseits von Gottes Volk zum Feind-Volk, andererseits von Israel zu Jhwh. Dazu gehören die Charakterisierung als „törichtes Volk", die Momente der „Kränkung" und „(Ver-)Schmähung", aber auch das „Gedenken/(Nicht-)Vergessen", welches im Psalm die Gebetsbitten bestimmt. Den Geschehenslinien des ML folgend appelliert die Gemeinde an Jhwh, dass er nach geschehenem Gericht sich dem entkräfteten Volk neu zuwenden möge. Seinen Bund mit ihm soll er nicht preisgeben, sondern gegen seine und des Volkes Feinde vorgehen.

5.3 Das Mose-Lied und Psalm 77

Dtn 31,1–30; 32,44–47	Dtn 32,1–43		Ps 77,1–21	
Ohren/Hören: 31,11.28.30	1a	Spitzt die Ohren (האזינו), ihr Himmel ...	2b	... meine Stimme zu Gott, ja neige dein Ohr (והאזין) zu mir
	3b	... Gebt Grösse (גדל) unserem Gott (לאלהינו)!	14b	... Wer ist ein Gott (אל), gross (גדול) wie Gott (כאלהים)?
Weg (abweichen): 31,29	4ab	Der Fels: Vollkommen ist sein Tun (פעלו) / Fürwahr: Alle seine Wege (כל־דרכיו) sind Gerechtigkeit. //	13ab 14a	Ich will bedenken dein ganzes Tun (בכל־פעלך) / ja, über deine Wundertaten will ich nachsinnen. // Gott, in Heiligkeit/im Heiligtum ist dein Weg (דרכך) ...
	27d	... Jhwh hat getan (פעל) all dies!		

---

92   Otto (Abschiedslied, 659; HThKAT, 2166) erwähnt Dtn 32,6/Ps 74,2.18; Dtn 32,9/Ps 74,2; Dtn 32,8/Ps 74,16–17; Dtn 32,21/Ps 74,18; Dtn 32,24/Ps 74,19.

93   Vgl. Otto, HThKAT, 2118–2120 (Exkurs).

Dtn 31,1–30; 32,44–47	Dtn 32,1–43		Ps 77,1–21	
	12ab	Jhwh allein <u>führt es</u> (ינחנו), / und es gab bei ihm keinen ausländischen Gott. //	20abc 21ab	Durch das Meer [führte] <u>dein Weg</u> (דרכך), / ja, deine Pfade durch grosse Wasser, / aber deine Spuren wurden nicht erkannt. // <u>Du hast geführt</u> (נחית) wie die Herde dein Volk, / durch die Hand Moses und Aarons. //
Nicht-Vergessen: 31,(8).21 (Zeiten/ Genera– tionen: 31,10.12–13.21)	7ab	<u>Gedenke</u> (זכר) <u>der uralten Tage</u> (ימות עולם) / bedenkt die Jahre von Generation zu Generation (שנות דור־ ודור)! //	4a	Ich <u>gedenke/rufe an</u> (אזכרה) Gott, ja, ich seufze …
			6ab	Ich erwog <u>die Tage von Urbeginn her</u> (ימים מקדם) / <u>die uralten Jahre</u> (שנות עולמים). //
			Jes 63,11	<u>Da gedachte er</u> (ויזכר) <u>der uralten Tage</u> (ימי־עולם): / an Mose, sein Volk. //
	26ab	<u>Ich sprach</u> (אמרתי): „Ich will sie zerschlagen, / ich will tilgen aus den Menschen <u>ihr Gedenken</u> (זכרם).“ //	7abc	<u>Ich gedenke</u> (אזכרה), meditiere in der Nacht, / mit meinem Herzen sinne ich nach, / es durchforschte mein Geist. // (Vgl. 12–13)
	18b	… <u>du vergassest</u> (שכח) Gott, der dich unter Wehen hervorbrachte.	10a	<u>Hat vergessen</u> (השכח) gnädig zu sein Gott …?
			11ab	<u>Da sprach ich</u> (ואמר): „Was mich krank macht/Mein Besänftigen ist (חלותי היא), / dass sich geändert hat/sich ändern möge die Rechte des Höchsten (שנות ימין עליון).“ //
			12ab	<u>Ich will preisend in Erinnerung rufen</u> (אזכיר) die Grosstaten Jhs; / <u>fürwahr: Gedenken will ich</u> (כי־אזכרה) an dein Wunderwirken von Urbeginn an. // (Vgl. 13)

Dtn 31,1–30; 32,44–47	Dtn 32,1–43		Ps 77,1–21	
	5b	... <u>eine</u> verkehrte und verdrehte <u>Generation</u> (דור).	9ab	<u>Ist zu Ende</u> (האפס) für immer seine Gnade, / hat aufgehört der Spruch <u>von Generation zu Generation</u> (לדר ודר)? //
	20c	Fürwahr: eine Generation (דור) der Verkehrtheiten sind sie ...		
	36cd	Denn er wird sehen, dass geschwunden ist ihre Kraft, / <u>und zu Ende</u> (ואפס) sind Unmündige und Mündige(?). //		
	40b	... „So wahr ich lebendig bin <u>für immer</u> (לעולם)!"	8a	Wird <u>für immer</u> (לעולם) verwerfen der Herr ...?
	9	Jedoch: Der Anteil Jнwнs ist <u>sein Volk</u> (עמו), / <u>Jakob</u> (יעקב) ist das Mass seines Erbbesitzes. //	16ab	Du hast erlöst mit [deinem] Arm <u>dein Volk</u> (עמך), / <u>die Kinder Jakobs</u> (בני־יעקב) und Josephs. //
Zorn Gottes: 31,17	22a	Fürwahr: Ein Feuer hat sich entzündet <u>in meiner Nase/in meinem Zorn</u> (באפי) ...	10b	... hat er verschlossen <u>im Zorn</u> (באף) sein Erbarmen?
Israel/Jнwн erscheint/ sieht: 31,11.15	19a 20b	<u>Da sah es an</u> (וירא) Jнwн und verschmähte [sie] ... ... <u>ich will sehen</u> (אראה), was ihr Ende sein wird.	17ab 18c 19b	<u>Es sahen dich</u> (ראוך) die Wasser, Gott, / <u>es sahen dich</u> (ראוך) die Wasser, sie erbebten ... ... Fürwahr: <u>Deine Pfeile/ Blitze</u> (חצציך) schossen hin und her. ... es erleuchteten <u>Blitze</u> (ברקים) den Erdkreis ...
	23b	... <u>meine Pfeile</u> (חצי) will ich aufbrauchen gegen sie.		
	36c 41a 42a	Denn <u>er wird sehen</u> (יראה), dass geschwunden ist die Kraft ... Wenn ich geschärft habe <u>die blitzende Klinge</u> (ברק) meines Schwerts ... Ich will trunken werden lassen <u>meine Pfeile</u> (חצי) vom Blut ...		

Ps 77 gehört wie Ps 74 zu denjenigen APss, die Beziehungen zu beiden Mose-Liedern aufweisen. Werden die Verbindungen zwischen dem Psalm und Ex 15 öfters verhandelt, so finden diejenigen zu Dtn 32 kaum Beachtung.[94] Die Hauptschnittstelle und damit der Einstieg zur Überprüfung einer möglichen Anspielung ist das Gedenken

---

94 Zu den Verbindungen von Ps 77 mit dem Schilfmeerlied (vgl. 11.14–17.21 mit Ex 15,6.8.11–14.18) bzw. dem Moselied vgl. WEBER, Psalm 77, 207–211.234–236. Bei OTTO, Abschiedslied, 660 (Fussnote), findet sich lediglich der knappe Hinweis, dass in Dtn 32,7 auf Ps 77,6(–7) angespielt werde.

an frühe Zeiten (vgl. Dtn 32,7 mit Ps 77,6–7). Im ML schlägt das Bikolon 7ab die Thematik an. Beide Vershälften eröffnen mit Imperativen, die sich an das „törichte und unweise Volk" (6) richten. Dieses wird aufgefordert, die Ur- und Frühzeit zu erkunden, nämlich – so machen die umgebenden Verse deutlich (vgl. 4.6.8ff.) – das Erwählungs- und Heilswirken J$_{HWH}$s zugunsten Israels. Das Volk soll, angesichts seines abtrünnigen Verhaltens (5), die Lektion aus der Geschichte lernen. „Dein Vater" und „deine Alten/Ältesten" sollen sie vermitteln (7cd). In Ps 77 ermisst das sprechende (das Volk repräsentierende) Ich angesichts bedrängender Not Israels Frühzeit (6–7).[95] Die intensive Beschäftigung mit der überlieferten Geschichte dient dazu, angesichts des Zorneshandelns Gottes zu klären, ob und inwiefern in der Zukunft eine nochmalige Heilszeit erhofft werden darf (8–10).[96]

Anhand der Begrifflichkeit und des jeweiligen literarischen Kontextes wird ersichtlich, dass an beiden Orten das Gedenken – in Ps 77 im Kontrast zur notvollen Gegenwart – sich auf die *heilvolle*, das Bundesverhältnis konstituierende Frühzeit bezieht. In APs 77 ist das Erinnern signifikanter: Das in beiden Texten verwendete Verb זכר wird im Psalm zum strukturierenden Leitwort und bildet, verbunden mit Synonymen und dem Antonym שכח, eine reflektierend-memorierende, den Psalm bestimmende Topik. Mit Blick auf unsere Vergleichsanlage noch auffälliger sind die je zu zwei Doppelpaaren angeordneten Zeitbegriffe (vgl. Dtn 32,7 mit Ps 77,6). Mit ihnen werden Zeitdimensionen, die mit der Vergegenwärtigung der Frühgeschichte einhergehen, akzentuiert.

> Die Plurale „Tage" und „Jahre" – im ML mit ungewöhnlicher Feminin-Bildung (so nur noch Ps 90,15) – sind in beiden (parallelen) Verszeilen jeweils der Erstbegriff (vgl. noch homonym in Ps 77,11b). Der Zweitbegriff in der Erstzeile des ML (עולם) erscheint im Psalm pluralisch in der b-Zeile (vgl. ausserdem Dtn 32,40; Ps 77,8). Der gedoppelte Zweitbegriff in der b-Zeile des ML (דור־ודור) findet sich im Psalm nicht im entsprechenden Vers, jedoch in den nachfolgenden Fragen (9b [defektive Schreibweise], darüber hinaus ohne Doppelung in Dtn 32,5.20). Der Zweitbegriff in der Erstzeile des Psalms (קדם) fehlt im ML. Diese in Lied wie Psalm zusammengestellten Nominalfügungen sind selten bis singulär.[97]

In Ps 77 nehmen Verben des Gedenkens mehr Platz als im ML ein. Die Konfiguration der nominalen Zeitbegriffe ist im Vergleich mit den (noch) ungewöhnliche-ren Fügungen im ML als Vereinfachung einzustufen. In Ps 77 dürften die Wahl der Begriffe und ihre Zusammenstellung von der Bildung eines semantisch-sonantischen Chiasmus mit שנות ימין (11b) inspiriert sein.[98]

Der Vergleich ergibt ein Zweifaches: 1. sind die Übereinstimmungen auffälliger, als ein erster Augenschein vermuten lässt. Sie widerraten der Annahme, dass allein eine Motivverwandtschaft zugrunde liegt, und rücken eine Text-Text-Relation in den Vordergrund. 2. liegt im Psalm die Gedenkstruktur in ausgebauter und elaborierterer

---

95   Zunächst (6a) erscheint das spezifischere Verb חשב, das mit dem Durchsuchen der Zeiten eine einschätzende Bewertung verbindet; das herkömmliche, auch in Dtn 32,7 vorliegende Verb für das Gedenken (זכר) folgt danach (7a, ferner 4a.12ab).

96   Zum Zorn-Motiv vgl. Dtn 32,22 (sowie Dtn 31,17–18) mit Ps 77,(8–)10.

97   Ps 143,5 synthetisiert Ps 77,6–7 und ist offenkundig vom APs abhängig.

98   Zum komplexen wie bedeutsamen Scharniervers 11 vgl. WEBER, Psalm 77, 107–111.

Form vor. Analoges gilt für die vielen Zeitbegriffe, auch wenn die Doppel-Wendung gegenüber dem ML leicht modifiziert und vereinfacht wurde. Daraus ergibt sich: Die Rezeptionsrichtung ML → APs 77 ist plausibler. Die Textsignale in Ps 77 verweisen auf das ML als autoritative Grösse und insbesondere auf die dort eröffnende Belehrung unter Einbezug der Vergegenwärtigung (2.7). Bei Annahme einer umgekehrten Abhängigkeit wäre eine Vereinfachung des komplexeren Aussagegeflechts des Psalms durch das ML und die Abänderung der Nominalfügungen zu ungewöhnlicheren Gebilden zu plausibilisieren. Das dürfte schwierig sein. Im Sinne der präferierten Leserichtung interpretiert: Hier die Aufforderung an das Volk, an Gottes Heilswirken als tragenden Grund der Bundesbeziehung zu denken und einsichtig zu werden (ML), dort nach eingetroffenem Desaster die Frage, ob das Heil nochmals gegenwärtig werden könne (APs 77).[99] Ps 77 hört, beherzigt und befolgt – angesichts der desaströsen jüngeren Vergangenheit und Gegenwart – das ML neu und greift im zweiten Teil des Psalms auf Jhwhs heilvolles Gründungsgeschehen zurück.

Solches „Realisieren" von ML-Vorgaben bzw. „Korrespondieren" mit ihnen durch Ps 77 lässt sich durch weitere Momente ergänzen. Essentiell ist die Hörbereitschaft; sie geht dem Gedenken voraus und steht am Anfang beider Stücke: Im ML werden Himmel und Erde und mit ihnen das Volk zum Hören des Mose- und Gotteswortes aufgerufen; im Psalm ist es die Sprechperson, die in Dringlichkeit Gott aufruft, dass er Gehör schenke – was Israel Gott gegenüber gerade nicht tat (vgl. APs 81, → 5.6). Dem Aufruf zur Ehrbezeugung angesichts von Gottes Grösse, Wegen und Wundertaten am Eingang des ML wird in der zweiten Psalmhälfte nachgekommen: Gegen das beklagte Gottvergessen werden die Heilstaten Gottes preisend in Erinnerung gerufen (vgl. Dtn 32,3.18.27 mit Ps 77,13–14). Der Verhüllung seines Angesichts im Zorn im Lied und seinem Rahmen (Dtn 31,17–18; 32,20) wird im Psalm Gottes Erscheinen in Macht (Theophanie) gegenübergestellt (17–20). Gottes Pfeile/ Blitze werden nicht (mehr) gegen sein Volk „verbraucht", sondern treffen reale wie mythische Feindmächte (vgl. Dtn 32,23.41–42 mit Ps 77,18–19). Die Wahrnehmung (ראה) ist betont: Im ML „sieht" Gott den Götzendienst seines Volkes (19), „sieht", welches Ende es mit dem Volk nehmen wird (20),[100] „sieht" auch, wie ihre Kraft durch das erfahrene Gericht geschwunden ist, und ruft gegen Ende hin die Zuhörerschaft auf: „Seht jetzt!" (39). Gemeint ist, dass Jhwh allein Gott ist, allein zu retten vermag ... und anschliessend wird das Gericht an ihren Bedrängern angesagt. Ps 77,17 fährt gleichsam fort: Die (chaotischen) Feindmächte „sehen" Gott kommen und erbeben (Gewittertheophanie). Die Schilderung der Führung durch Jhwh im ML (12) wird am Psalmschluss bestätigt (20–21): als Hirt seiner Herde einst durch das (Schilf-) Meer und forthin, vermittelt durch Mose und Aaron. Die Aufzählung der Analogien macht deutlich, dass *beide* Teile des Psalms, die reflektierende Klage (1–10/11) wie der Hymnus mit eingeschobener Theophanie (12/16–21), das ML rezipieren. Beim Durchkämmen der Heilsüberlieferung nach Rettung angesichts der gegenwärtigen

---

99 Jes 63,11 dürfte ML (7) und Ps 77 (6–7) kennen und kombinieren. Zur Relation von Jes 63,7–64,11 zum ML vgl. Schmidtkunz, Moselied. 277,280.294–296, zu den APss vgl. Weber, Asaf und Jesaja, 462–473.

100 Auch das Motiv des Endes/Ausgangs findet sich in beiden Stücken, vgl. Dtn 32,20.26.29.36 mit Ps 77,8–9.

Not durch den Psalmisten leistete das ML einen wesentlichen, im Psalm ablesbaren Beitrag des Verstehens.[101]

Vor mehr als 25 Jahren schrieb ich in meiner Dissertation über den asaphitischen Psalm mit Blick auf das ML als Bezugsgrösse:

> „Ps 77 lässt sich auf dem Hintergrund des Moseliedes so verstehen, dass der Psalmist dessen überschriftartige Aufforderung zum ‚Gedenken' (Dtn 32,7) aktualisierend aufgenommen hat und der Aufforderung damit Folge leistet. Der im Moselied thematisierte Bundesbruch Israels und die daraus resultierenden Folgen (...) geben den Hintergrund von Ps 77 ab (v.a. 10f.). Es ist denkbar, dass das Moselied in der ihm zugewiesenen Funktion als ‚Zeugnis' (עד Dtn 31,19.21.26, vgl. 28) dem Psalmisten als Mittel für die theol. Interpretation des Desasters seiner Zeit diente."[102]

Die vorgenommene Neuüberprüfung ergab keine Veranlassung zur Revision meiner damaligen Einschätzung. Im Gegenteil: Die Abhängigkeitsrichtung ML → APs 77 stellt sich als konsistent und überzeugend dar – ohne dass die Möglichkeit einer umgekehrten Leserichtung gänzlich ausgeschlossen werden kann und muss.

5.4 Das Mose-Lied und Psalm 78

Dtn 31,1–30; 32,44–47		Dtn 32,1–43		Ps 78,1–72
Ohren/Hören: 31,11.28.30; 32,44 Weisung: 31,9.11–12.24. 26; 32,46	1ab	Spitzt die Ohren (האזינו), ihr Himmel, ich will reden! / Hören möge die Erde die Worte meines Mundes (אמרי־פי). //	Jes 1,2	Hört (שמעו), Himmel (שמים), und spitzt die Ohren (והאזיני), Erde (ארץ)! / Denn JHWH hat geredet (דבר). //
			1ab	Spitze bitte das Ohr (האזינה), mein Volk, für meine Weisung, / neigt euer Ohr (אזנכם) den Worten meines Mundes (לאמרי־פי)! // (Vgl. 5.10)
	4a	Der Fels (הצור): Vollkommen ist sein Tun! ... (Vgl. 15.18.37)	35ab	Sie gedachten, dass Gott ihr Fels (צורם) ist, / ja, Gott, der Höchste, ihr Erlöser. //

---

101 Das ML und Ex 15 sind freilich nicht die einzigen Überlieferungen, welche massgeblich waren für die Wende von der Klage zum Lob. Wesentlich war die Einsicht, dass Gottes *Ver*bergen in der Not sich zum (neuerlichen) *Ent*bergen seiner Machtpräsenz verändern kann (vgl. Weber, Psalm 77, 95–111). Zwar lässt sich auch diese „Umkehr" Jhwhs dem ML entnehmen, doch wichtiger war der von Jhwh – aufgrund seiner Asymmetrie der Gnade gegenüber der Vergeltung (vgl. Ex 34,6–7) – gewährte Neuanfang nach der Errichtung des Goldenen Kalbs. Ähnlich wie Mose Jhwhs Angesicht zu besänftigen vermochte (vgl. Ex 32,11–14), tritt mit Ps 77 ein (levitischer) „Mittler" in den Riss zwischen Gott und seinem Volk, damit Gott (nochmals) einen Neuanfang gewähre. Zu Ps 77 als „Mittlerklage" vgl. ebd., 191–198.221–233.

102 Weber, Psalm 77, 235.

Dtn 31,1–30; 32,44–47	Dtn 32,1–43		Ps 78,1–72	
Väter: 31,7.16.20 Söhne/Kinder: 31,13.(19.21) Volk/Israel: 31,1.11–12.16. 19.22–23.30	4–9	Vater/Väter (7c, vgl. 17d); Gott als Vater (6c); Söhne/ Kinder (5a); Volk (6b.9a, vgl. 36a.43a) bzw. Jakob/ Israel (8d.9b)	1–8	(Vor-)Väter (3b.5c.8a, vgl. 12a.57a); Söhne/Kinder (4a.5d.6b.6c); Volk (1a, vgl. 20d.52a.62a.71b) bzw. Jakob/Israel (5a.5b, vgl. 21b.21c.71b.71c)
Widerspenstig-keit: 31,27	5ab 6b 6d	... seine Nicht-Kinder ... / eine verkehrte und verdrehte Generation (דור). // ... du törichtes und unweises Volk? ... Er, er hat dich gemacht und gefestigt (ויכננך) (Vgl. 7)	8ab 8c	Ja, nicht sollen sie werden wie ihre Väter: / eine störrische und widerspenstige Generation (דור), // eine Generation (דור), die nicht festigte (לא־הכין) ihr Herz ... (Vgl. 6.17.37.40.56)
Nicht-Vergessen: 31,(8).21 (Zeiten/ Generationen: 31,10.12–13.21)	7ab	Gedenke (זכר) der uralten Tage, / bedenkt die Jahre von Generation zu Generation! // (Vgl. 18.26)	3–6	Erzählen (3b.4b.6c) bzw. kundtun (3a.5d)
			7ab	Ja, nicht vergessen (שכח) sollen sie die Taten Gottes, / und seine Gebote bewahren. //
			11ab	Sie vergassen (שכח) seine Taten / und seine Wunder, die er sie sehen liess. //
			35a	Sie gedachten (ויזכרו), dass Gott ihr Fels ...
			42a	Sie gedachten nicht (לא־זכרו) an seine Hand ... (Vgl. 39)
	8ab 8cd 9ab	Als zum Erbbesitz gab (בהנחל) der Höchste die Nationen (גוים), / als er schied die Menschenkinder, // da legte er fest die Grenzen der Völker (גבולת עמים) / nach der Zahl der Kinder Israels [Gottessöhne]. // Jedoch: Der Anteil Jhwhs ist sein Volk (עמו); / Jakob ist das Mass seines Erbbesitzes (חבל נחלתו).[103] //	54a 55abc	Er brachte sie in sein heiliges Gebiet (אל־גבול קדשו) ... Er vertrieb vor ihnen her Nationen (גוים), / verteilte sie mit der Messschnur als Erbbesitz (בחבל נחלה), / und er liess wohnen in ihren Zelten die Stämme Israels. //

103 Liest man Dtn 32,9 mit Schmidtkunz, Moselied, 19.146–147, „Ja, Jhwh teilte sich sein Volk Jakob zu, / sein abgemessenes Erbteil Israel" (mit Sam. und LXX, gegen MT), so verstärkt sich die Parallelität zu Ps 78,71.

Dtn 31,1–30; 32,44–47	Dtn 32,1–43		Ps 78,1–72	
			62ab	Er überlieferte dem Schwert <u>sein Volk</u> (עמו), / und über <u>seinen Erbbesitz</u> (ובנחלתו) ergrimmte er. //
			71abc	Hinter den Mutterschafen nahm er ihn weg, / um zu weiden <u>Jakob</u>, <u>sein Volk</u> (עמו), / und <u>Israel</u>, <u>sein Erbbesitz</u> (נחלתו). //
	12ab	J<small>HWH</small> allein <u>führte es</u> (ינחנו), / und es gab bei ihm keinen ausländischen Gott. //	14ab	<u>Er führte sie</u> (וינחם) mit der Wolke am Tag / und die ganze Nacht mit dem Schein des Feuers. //
			52ab 53ab	Er liess aufbrechen wie Schafe sein Volk / und leitete sie wie eine Herde in der Wüste. // <u>Er führte sie</u> (וינחם) sicher, und sie fürchteten sich nicht, / aber ihre Feinde bedeckte das Meer. //
			72ab	Er weidete sie nach der Lauterkeit seines Herzens, / und mit dem Geschick seiner Hände <u>führte er sie fernerhin</u> (ינחם). //
	15cd	<u>Er gab preis</u> (ויטש) <u>Gott</u> (אלוה), der ihn gemacht hatte, / hielt für töricht den <u>Felsen</u> (צור) <u>seines Heils</u> (ישעתו). // (Vgl. 4.13.18.30–31.37)	22ab	Denn sie hatten nicht geglaubt <u>Gott</u> (אלהים) / und nicht vertraut auf <u>sein Heil</u> (ישועתו). //
			35ab	Sie gedachten, dass <u>Gott</u> (אלהים) <u>ihr Fels</u> (צורם) ist / und Gott, der Höchste, ihr Erlöser. // (Vgl. 15.20)
			60ab	<u>Er gab auf</u> (ויטש) als Wohnstätte Schilo, / das Zelt, welches er aufgeschlagen hatte unter den Menschen. //

Dtn 31,1–30; 32,44–47	Dtn 32,1–43		Ps 78,1–72	
Kränkung Jₕwₕs 31,29	16ab 17ab 17cd	Sie machten ihn eifersüchtig (יקנאהו) durch Fremde [Götter], / durch Abscheulichkeiten kränkten sie ihn (יכעיסהו). // Sie opferten den Dämonen, die Nicht-Gott sind, / Göttern, die sie nicht gekannt hatten; // Neulinge, die [erst] vor kurzem kamen, / die nicht anerkannten/fürchteten eure Väter. //	57a	Sie wurden abtrünnig und treulos wie ihre Väter ...
			58ab	Sie kränkten ihn (ויכעיסוהו) mit ihren Kulthöhen, / und mit ihren Götzenbildern machten sie ihn immer neu eifersüchtig (יקניאוהו). //
Nicht-Vergessen: 31,21	18ab	Den Felsen (צור), der dich zeugte/gebar, hast du missachtet, / du vergassest (ותשכח) Gott, der dich unter Wehen hervorbrachte. //	7b	Ja, nicht vergessen sollen sie (ולא ישכחו) die Taten Gottes ...
			11a	Sie vergassen (וישכחו) seine Taten ...
			35a	Sie gedachten (ויזכרו), dass Gott ihr Fels (צורם) ist ...
Kränkung Jₕwₕs 31,29	19ab 21ab 21cd	Da sah [es] an Jₕwₕ und verschmähte [sie], / wegen der Kränkung (מכעס) ihrer Söhne und Töchter. // Sie, sie machten mich eifersüchtig (קנאוני) durch einen Nicht-Gott, / kränkten mich (כעסוני) durch Nichtse. // Doch ich, ich will sie eifersüchtig machen (אקניאם) durch ein Nicht-Volk, / durch eine törichte Nation will ich sie kränken (אכעיסם). // (Vgl. 16)	57a	Sie wurden abtrünnig und treulos wie ihre Väter ...
			58ab	Sie kränkten ihn (ויכעיסוהו) mit ihren Kulthöhen, / und mit ihren Götzenbildern machten sie ihn immer neu eifersüchtig (יקניאוהו). //

Dtn 31,1–30; 32,44–47	Dtn 32,1–43		Ps 78,1–72	
Widerspenstig-keit: 31,27	20cd	Fürwahr: <u>Eine Generation der Verkehrtheiten</u> (דור תהפכת) sind sie, / Kinder: <u>keine Treue</u> (לא־אמן) ist in ihnen. //	8ab 8cd	Ja, nicht sollen sie werden wie ihre Väter: / <u>eine</u> störrische und widerspenstige <u>Generation</u> (דור), // <u>eine Generation</u> (דור), die nicht festigte ihr Herz, / <u>und nicht treu war</u> (ולא־נאמנה) gegenüber Gott ihr Geist. //
			22ab	Denn <u>sie hatten nicht geglaubt</u> (לא האמינו) Gott, / und sie hatten nicht vertraut auf seine Rettung. // (Vgl. 32)
			37ab	Ihr Herz war nicht fest bei ihm, / <u>und sie hielten nicht treu</u> (ולא נאמנו) an seinem Bund. //
			57ab	Sie wurden abtrünnig und handelten treulos wie ihre Väter, / <u>kehrten um</u> (נהפכו) wie ein schlaffer/trügerischer Bogen. // (Vgl. 9)
Verzehrender Zorn: 31,17	22ab 22cd	Fürwahr: <u>Ein Feuer</u> (אש) hat sich entzündet <u>in meiner Nase/in meinem Zorn</u> (אפי) / und brennt bis in die tiefste Unterwelt. // <u>Und es frisst</u> (ותאכל) das Land <u>und seinen Ertrag</u> (ויבלה), / versengt die Grundfesten der Berge. // (Vgl. 42)	21abc	Deshalb: Es hörte [es] und ergrimmte, / und <u>ein Feuer</u> (ואש) entbrannte gegen Jakob, / <u>ja, auch Zorn</u> (וגם־אף) stieg auf gegen Israel. // (Vgl. Zorn-Motiv auch in 31.38.49–50)
			46a	Er gab dem Ungeziefer <u>ihren Ertrag</u> (יבולם) ...
			63ab	Seine jungen Männer <u>frass Feuer</u> (אכלה־אש), / und seine jungen Frauen wurden nicht mehr gepriesen. //
	25ab 25cd	Von draussen wird der Kinder berauben <u>das Schwert</u> (חרב), / und von drinnen Schrecken: // [betreffend] sowohl <u>den jungen Mann</u> (גם־בחור) <u>als auch die junge Frau</u> (גם־בתולה), / Säugling samt grauhaarigem Mann. //	62a 63ab 64a	Er überlieferte <u>dem Schwert</u> (לחרב) sein Volk ... <u>Seine jungen Männer</u> (בחוריו) frass Feuer, / <u>und seine jungen Frauen</u> (ובתולתיו) wurden nicht mehr gepriesen. // Seine Priester: <u>durch das Schwert</u> (בחרב) fielen sie ... (Vgl. 31)

Dtn 31,1–30; 32,44–47	Dtn 32,1–43		Ps 78,1–72	
	28ab	Fürwahr: Eine Nation, die zugrunde geht an Plänen sind sie, / und es gibt unter ihnen keine Einsicht (תבונה). // (Vgl. 29)	72ab	Er weidete sie nach der Lauterkeit seines Herzens, / und mit dem Geschick (ובתבונות) seiner Hände führte er sie fernerhin. //
	30cd	Wenn nicht so, dass ihr Fels (צורם) sie verkauft hat, / ja, Jhwh sie preisgegeben hat (הסגירם). //	35a	Sie gedachten, dass Gott ihr Fels (צורם) ist ...
			50c	... und ihr Leben gab er preis (הסגיר) der Pest. (Vgl. 48)
			62a	Er gab preis (סגר) dem Schwert sein Volk ...
	39de	Ich, ich lasse sterben/ töte (אמית) und mache lebendig (ואחיה) ...	50abc	Er bahnte immer neu einen Weg seinem Zorn, / hielt nicht zurück vom Tod (ממות) ihre Seelen, / und ihr Leben (וחיתם) gab er preis der Pest. //
	43cd	Und Rache wird er erstatten (ישיב) an seinen Bedrängern, / und entsühnen wird er (וכפר) seinen Erdboden, sein Volk. // (Vgl. 41)	38ab 38cd	Er aber war barmherzig, / bedeckte immer wieder (יכפר) die Schuld und vernichtete nicht. / Und oft wendete er ab (והרבה להשיב) seinen Zorn, / und erweckte nicht seinen ganzen Grimm. //

Das ML wie der APs 78 sind umfangreiche poetische „Lehrstücke" (vgl. Dtn 32,1–2 mit Ps 78,1–2).[104] Mit beiden verbindet sich ein hermeneutischer Charakter: Geschehen und Geschichte Israels werden bedacht und gedeutet, Funktion und Pragmatik sind angezeigt – im ML (auch) im Erzählrahmen (Lied als „Zeuge"), in Ps 78 am Eingang (Parabel und Rätselrede). Charakteristisch ist zudem der „Mose-Bezug": Im ML kommt er durch den Rahmen, in Ps 78 durch den Stoff zum Tragen. Darüber hinaus finden sich zahlreiche textliche Berührungen zwischen dem ML und dem zweitlängsten Psalm. Sie wurden vielfach notiert, zumal sich beide Stücke ohnehin durch innerbiblische Vernetzungen auszeichnen.[105] Die Berührungen zwischen ML und Ps 78 werden allerdings nicht *unisono* als derart distinktiv beurteilt, dass eine direkte

---

104 Zu diesem bedeutsamen Psalm vgl. WEBER, Psalm 78; GÄRTNER, Geschichtspsalmen, 36–134; KLEIN, Geschichte, 80–138/186, und den neuen Beitrag zu Ps 78 in diesem Sammelband (I.3, mit Lit.).

105 Vgl. OTTO, Abschiedslied, 660–663.671–673; DERS., HThKAT, 2166–2168.2178.2201–2203; MARKL, Volk, 272–273; SCHMIDTKUNZ, Moselied, 276–287.302–313; GÄRTNER, Geschichtspsalmen, 52–53; KLEIN, Geschichte, 111.118–119.130. BOYD, Rhetoric, vergleicht die beiden poetischen Texte unter den Aspekten der Erinnerungsrhetorik und der Identitätsbildung mit Blick auf die jeweilige Hörerschaft.

Abhängigkeit angenommen wird; teils wird eine Milieuverwandtschaft vertreten bzw. von traditions- und gattungsgeschichtlichen Gemeinsamkeiten ausgegangen.[106]

Anfänge sind bedeutsam; sie steuern die Rezeption und weisen ins Verstehen ein. Die Übereinstimmungen zwischen ML und Ps 78 beginnen beim ersten Wort, einem mit dem Imperativ des Verbs אזן *hi* gebildeten Höraufruf. Und auch das Ende des eröffnenden Zweizeilers ist identisch: Angekündigt werden אמרי־פי „die Worte meines Mundes".[107] Die Referenz des den Vers beschliessenden Suffixes und damit die Sprechperson bleibt in beiden Stücken ungenannt. Aufgrund des Erzählkontextes des ML ist es Mose; beim Psalm äussert sich zunächst Gott selbst, da die Zuhörerschaft als „*mein* Volk" angesprochen wird.[108] Auch die (Erst-)Adressierung (Vokative) ist verschieden: Im ML sind es die Himmel und danach die Erde, im APs 78 ist es das Gottesvolk. Bei den folgenden Versen treten diese Unterschiede jedoch zurück, und wir haben im Lied wie im Psalm von einem menschlichen Sprecher und dem Bundesvolk als Hörerschaft auszugehen. Eine Aufführung im Zusammenhang des Herbstfest-Zyklus, die sich für das ML und die beiden „Festpsalmen" (APs 50 und 81) anbietet, kann auch für Ps 78 erwogen werden.

Vergleicht man die beiden poetisch geformten Einheiten macht es den Anschein, dass Ps 78 den Vorspann des ML (Zeugenschaft von Himmel/Erde) „übergeht" und sich direkt an das Volk wendet. Die Darbietung des Psalms wird nicht mit einer „Zeugnis-Funktion" in Verbindung gebracht; vielmehr wird ihm eine bereits geschehene עדות „Bezeugung, Verordnung" zugrunde gelegt und diese mit einer Tora in Israel verbunden (5). Ein Verweis auf Dtn 31–32 kann vermutet werden; die Beauftragung der Weitergabe an nachfolgende Geschlechter (5–8) würde sich jedenfalls dazu fügen. Die Nichterwähnung der Zeugenfunktion und der Verweis auf bereits gegebene Tora und עדות sind Indizien für eine Abhängigkeit ML → APs 78.[109] Das Moment der Belehrung, welches die Eröffnung bestimmt, ist in Ps 78 gegenüber dem ML umfangreicher und komplexer (vgl. Dtn 32,2–6 mit Ps 78,2–8). Wenn zu Beginn im APs 78 auch das aktuell Vermittelte als „(Gottes!) Weisung" (Tora) bezeichnet und kurz darauf Tora als früher gegeben erwähnt wird (5.10), dann wird offensichtlich eine Relation hergestellt: Das Vorgetragene fusst auf „Tora", und es ist seinerseits „Tora": *deutende* Tora, gestaltet als Parabel und Rätselrede (1–2). Im ML fehlt der Tora-Begriff, im Erzählrahmen wird das Lied jedoch in diesem Sinn verstanden (vgl. Dtn

---

106		So zuletzt, unter Herausstellung der Unterschiede zwischen ML und Ps 78, SCHMIDTKUNZ, Moselied, 147.273–275.284–287.

107		Vgl. über die beiden Belege hinaus noch Hos 6,5; Ps 19,15; 54,5; Spr 4,5; 5,7; 7,24; 8,8; in Verbindung mit dem Imperativ von אזן aber nur im ML, im APs 78 und in Ps 54,4.

108		In Ps 78 wechselt die prophetische Gottesrede kurz danach zu weisheitlicher Belehrung; vielleicht schon ab 1b oder 2, jedenfalls in 3 ist das sprechende „Wir" nicht mehr die Gottesstimme. Insofern ist (auch) Ps 78 nicht gänzlich ohne Gottesrede. Obwohl das ML Gottesreden enthält, wird Israel nie als „mein Volk" angesprochen; anders in den APss, vgl. namentlich Ps 50,7, ferner 81,9.12.14.

109		Ähnlich GÄRTNER, Geschichtspsalmen, 53, die annimmt, dass die Eröffnung des ML im Hintergrund von Ps 78,1 stehe und der Sprecher des Psalms durch Bezüge auf Dtn 32,1 sich in die Tradition von Mose stelle. Bei Annahme der umgekehrten Abhängigkeitslage hätte das ML die Zeugenfunktion aufgrund des Erzählrahmens ergänzt.

31,24.26; 32,46). Die im ML bedeutsame und mit Jнwн als Vater gleichsam „direkt"
verbundene Nachkommenschaft (vgl. 5–8.17–20, ferner 45–46) ist in Ps 78 durch die
Generationenfolge der Väter/Söhne noch verstärkt (vgl. 3–12.57). Im Psalm liegt der
Nachdruck auf der steten Vergegenwärtigung von Gottes Wirken gegenüber seinem
Volk. Anfangs-, Gründungs- und Führungsgeschichte und Gottes Taten darin haben
in beiden Texten Gewicht, wie auch das (spätere) Fehlverhalten Israels – wenn auch
in je eigener Akzentuierung.[110] Die enge Verbindung von Gott und Volk, aber auch der
richtende und warnende Ton ist im ML gegenüber Ps 78 stärker akzentuiert.[111] Anja
Klein bilanziert: „Während die Mosedichtung literarisch nicht auf eine mögliche
Vorlage in Ps 78* angewiesen ist, lassen die aufgezeigten Berührungen umgekehrt
den unbekannten Sprecher von Ps 78* im mosaischen Gewand auftreten."[112]

Was die Vielzahl an Textberührungen angeht, wird auf die vorangestellte Synopse
verwiesen, die zu einem weitergehenden Vergleich einlädt. Wir beschränken uns auf
einige Schnittstellen. Eine Schlüsselaussage im ML ist die Bezeichnung Jнwнs (und der
Fremdgottheit) als צור „Fels" (4.13.15.18.30.31*bis*.37).[113] In Ps 78 ist nicht nur der (Wasser
spendende) Fels in der Wüste erwähnt (15.20, vgl., anders akzentuiert, Dtn 32,13; APs
81,17), sondern es findet sich ebenso die für das ML typische Verwendung des Ausdrucks als Epitheton (35). Diese ziemlich sicher von ML ausgehende Doppelverwendung
(„Fels" in Wüste/Land und als Gottesprädikat) haben ML wie Ps 78 gemeinsam; sie ist
ansonsten kaum bezeugt.[114] In Dtn 32,30cd werden in einer rhetorischen Frage nicht
nur der „Fels" und der Gottesname (Jнwн) parallelisiert, sondern auch die von diesen
ausgehenden, gegen das Volk gerichteten Handlungen des „Verkaufens" und „Preisge-
bens" (סגר *hi*). Letzteres Verb findet sich, ebenfalls mit Gott als Subjekt und dem Volk
als Objekt, in Ps 78 dreimal, und zwar in Zusammenhang mit dem Gericht. Dieses ist
demjenigen, das im ML angezeigt wird, nicht unähnlich (48.50.62, dazu Dtn 32,22–25).[115]
Ein Synonym zu סגר *hi* ist נטש *qal* „aufgeben". In Dtn 32,15cd ist vom „Preisgeben" Gottes
durch Israel (Jeschurun) die Rede, ergänzt in der Zweitzeile durch die Aussage, dass
Israel den Felsen seines Heils für töricht hielt. Der Gottespreisgabe entsprechen in Ps
78,22 der Unglaube und das Unvertrauen des Volks. Reziprok zum „Aufgeben" Gottes
durch Israel in Dtn 32,15 gibt Gott in Ps 78,60.62 seine Gegenwart unter ihnen (Lade)
in Schilo auf (נטש *qal*) und sein Volk dem Schwert preis (סגר *hi*). Die mit den beiden
Verben verbundene Geschehenslinie läuft (auch) hier vom ML zum APs: Die Auf- bzw.

---

110   Wie sich bereits am Verb נחה zeigt, nimmt das Motiv von Gottes Führen seines
      Volkes gegenüber dem ML (12) breiteren Raum ein (14.53.72, vgl. auch APs 77,21 – in
      beiden APss am betonten Schluss).
111   Markl, Volk, 273, meint, dass das ML mit seiner „harten Geschichtsperspektive
      und seinem ungestümen Gottesbild" die APss herausgefordert habe, „eine ‚gemäss-
      sigtere' Sicht sowohl der Geschichte als auch Gottes zu vermitteln" (damit ist auch
      etwas über die Abhängigkeitsrichtung gesagt, obwohl Markl sich diesbezüglich
      sonst zurückhält).
112   Klein, Geschichte, 111.
113   צור ist bei seinem erstmaligen Auftauchen „markiert" (Artikelsetzung, *casus pen-
      dens*) und damit hervorgehoben. Zur Gottesbezeichnung ausführlich Wüste, Fels,
      107–156.
114   Vgl. noch Jes 44,8; 48,21. Anders als beim „Abschiedslied" von Mose (ML) findet
      sich diese Doppelung beim „Abschiedslied" von David (2. Sam 22 = Ps 18) nicht.
115   Vgl. auch die Erwähnung der „jungen Männern" und „jungen Frauen" in Dtn 32,25
      und Ps 78,22.

Preisgabe Gottes durch Israel führt zur Auf- und Preisgabe Israels (im Gericht) durch Gott (vgl. Dtn 32,15.30 mit Ps 78,50.60.62).

Das ML enthält נחלה-Begrifflichkeit wie der APs 78 (Verb: Dtn 32,8, vgl. 31,7; Nomen: Dtn 32,9; Ps 78,55.62.71); Querbezüge sind zu vermuten. Das ML spricht von ur- und frühgeschichtlichen Festlegungen (8–9, Strophenrahmung): der Verteilung der Völker und der Zuteilung ihrer Grenzen/Gebiete (גבולות) durch den Höchsten, sodann von der Selbstzuweisung von Jakob/Israel als dem ihm eigenen Erbbesitz.[116] Ps 78, in dem die Belege gegen Schluss hin erscheinen (54–55.62.71), setzt die Aussagelinie gleichsam fort mit der Erwähnung, dass Gott sein Volk in sein heiliges Gebiet (גבול) bzw. in das Gebiet seines Heiligtums brachte. Die Zuteilung der Völker aus Dtn 32,8 wird in Ps 78,54–55 dahingehend modifiziert, dass die kanaanäischen Nationen ihres Landes verlustig gingen, weil Gott sie vertrieb und ihr Land „mit der Messschnur als Erbbesitz" (בחבל נחלה) den Stämmen Israels zuteilte. Damit dürfte ein Bezug zur Wahl Israels als „Mass seines Erbbesitzes" (חבל נחלתו) im ML hergestellt und eine Verbindung von Volkserwählung und Landgabe angezielt sein.[117] Diese Heilslinie wird in Ps 78,62 durch die Aussage unterbrochen, dass Gott über „seinen Erbbesitz" (Volk) erzürnte (im Zusammenhang mit der Preisgabe Schilos). Im vorletzten Psalmvers wird sie wieder aufgenommen: David wird bestimmt, Gottes Volk und Erbteil zu weiden. Erwähnenswert ist schliesslich die auffällige, lediglich in diesen beiden poetischen Stücken bezeugte Verbindung von Morphemen der Wurzeln כעס und קנא (Dtn 32,16.21bis; Ps 78,58).[118] Eine Anspielung mit dem ML als Haftpunkt und Ausgangstext (vgl. auch Dtn 31,29) ist für den Einzelbeleg in Ps 78 wahrscheinlich, zumal bei allen Vorkommen im ML das Volk das Subjekt ist und es um Götzendienst und damit Bundesbruch geht.

Umgekehrt zu dem von mir aufgrund der ausgewerteten Indizien angenommenen Abhängigkeitsgefälle ML → APs 78 geht Eckart Otto davon aus, dass im ML mit Ps 78 ein weiterer Asaph-Psalm „durchgängig rezipiert" werde.[119]

Über die Gemeinsamkeit der Notsituation hinaus, die in den APss als bereits eingetroffen gälten, verbinde ML und Ps 78 deren Überwindung. „Durch die Anspielung der Not an die Psalmen wird aber auch der Hoffnungshorizont der Rettung durch JHWH schon in der Schilderung des kommenden Unheils in Dtn 32 aufgerufen."[120] Dies sei auch die Funktion der Rezeption von Ps 78 im ML. „Auch hier geht es wie in Dtn 32,5–25 darum, dass das Volk Israel trotz der Wohltaten seines Gottes von ihm abgefallen ist und seinen Zorn geweckt hat, und auch darum, dass das Volk den Wunder- und Rettungstaten Gottes zum Trotz an ihm sündigte. Was in Dtn 32 wiederum als Zukunftsperspektive von Mose als Prophet vorausgesagt wird, ist in Ps 78 im Rückblick auch auf die mosaische Zeit beschrieben. Fordert Mose

---

116 Vgl. dazu auch SCHMIDTKUNZ, Moselied, 131–133; sie zieht die Variante aus 4Q37 „... nach der Zahl der Gottessöhne" vor.

117 Die unmittelbare Verbindung der beiden Begriffe ist exklusiv und erscheint ausser Dtn 32,9 und Ps 78,55 lediglich noch in Ps 105,11 = 1. Chr 16,18.

118 Vgl. darüber hinaus noch כעס allein in Dtn 32,19.27.

119 OTTO, HThKAT, 2166. In DERS., Abschiedslied, 660–661 (Fussnoten), werden an Verbindungen aufgeführt: 32,1/78,1; 32,7/78,3–7; 32,5–6.20/78,8; 32,7/78,2–4; 32,15/78,29–30; 32,16/78,58; 32,22/78,62–63; 32,30/78,48.

120 OTTO, Abschiedslied, 660.

in Dtn 32,7 dazu auf, der Vergangenheit zu gedenken und aus der Geschichte zu lernen, den Vater und die Ältesten zu befragen, so wird in Ps 78 das dazu gehörende Geschichtsnarrativ geliefert, das in Dtn 32,8–17 unter prophetischem Einfluss zusammengefasst wird. Ps 78,68–72 ist wie Ps 18 dann Subtext der Heilszusage in Dtn 32,36–43."[121]

Ergänzend zu meinen Ausführungen sei auf den letzten Satz im angeführten Zitat eingegangen; er lautet, leicht umformuliert, in Ottos Kommentar: „Psalm 78,68–72 ist auch Subtext, der auf die Heilzusagen in Dtn 32,27–43 voraus weist."[122] Kann die Annahme, dass der Schluss von Ps 78 der Gerichtsankündigung des ML unterlegt wurde bzw. als (messianisch-endzeitlich gedeuteter?) Subtext auf die Heilszusage Dtn 32,26–43 vorausweise (Amphibolie), durch Parallelen gestützt werden? Sprachliche Bezüge zum Schlussteil von Ps 78 finden sich in Dtn 32,9.12.28 (s. tabellarische Zusammenstellung). Dies könnte dahingehend interpretiert werden, dass die Uneinsichtigkeit des Volkes durch das Geschick Davids unterlaufen wird (vgl. Ps 78,71 mit Dtn 32,28) und Gott entsprechend Israel, sein Volk und Erbbesitz, allein bzw. durch seinen Gesalbten führt (vgl. Ps 78,71–72 mit Dtn 32,9–10). Die Bewegung im APs 78 von Mose (Beginn) zu David (Schluss) würde durch das ML damit implizit nachgebildet.[123] Machen wir den Umkehrschluss und fragen, wie der Ausgang des ML auf Ps 78 eingewirkt haben könnte: Diejenigen Aussagen im ML, die Heil und Hoffnung anzeigen, konzentrieren sich auf Dtn 32,36.39–43. Zu diesen Versen finden sich schwache Bezüge in Ps 78. Die deutlichste Parallele ergibt sich zwischen der sühnetheologischen Aussage (כפר) in Dtn 32,43 (in Verbindung mit 32,36) und Ps 78,38. Dies ist insofern bemerkenswert, als dies das Psalmzentrum betrifft (32–39). Es bereitet als Zwischenreflexion den Weg zum heilvollen Ausgang des Psalms vor und nimmt dabei Momente des ML (Gedenken an den „Fels"), aber auch von Ex 34,6(–7) auf.[124] Das Versagen Israels und seine Untreue werden festgestellt, aber zugleich auf die das Gericht überbietende Barmherzigkeit und die Sühnung der Schuld abgestellt bzw. gehofft. Vom ML hin zum APs 78 gedeutet: Der Psalm deckt in späteren Zeiten den Bundesbruch auf und weist zugleich den Weg der überbietenden Gnade gegenüber dem Volk, den Mose schon einmal Gott abgerungen hat (Ex 32–34). Die neuen Wege führt Jhwh aber nicht mehr durch Mose, sondern durch seinen Gesalbten.

Fazit: Ps 78 kennt und rezipiert das ML; eine gegenläufige Leseabfolge mag (partiell) möglich sein, ist aber literarhistorisch unwahrscheinlich.

---

121   Otto, Abschiedslied, 660–661.
122   Otto, HThKAT, 2166.
123   Anders der Schluss APs 77,20–21, wo Gottes Führen durch Mose (und Aaron) das letzte Wort behält.
124   Vgl. die obige Tabelle und Weber, Psalm 78, 224–227.234–235 (194–197.204).

5.5 Das Mose-Lied und Psalm 79

Dtn 31,1–30; 32,44–47	Dtn 32,1–43		Ps 79,1–13	
	3a	Fürwahr: <u>Den Namen</u> Jhwh rufe ich aus/an (שם יהוה אקרא) ...	6ab 6cd	Giesse aus deinen Grimm auf die Nationen, / die dich nicht anerkannt haben, // und auf Königreiche, die <u>deinen Namen nicht angerufen haben</u> (בשמך לא קראו)! //
	7ab	Gedenke der <u>uralten</u> (עולם) Tage, / bedenkt die Jahre <u>von Generation zu Generation</u> (דור־ודור)! //	13cd	Wir wollen dir lobdanken <u>für immer</u> (לעולם), / <u>von Generation zu Generation</u> (לדר ודר) wollen wir verkünden deinen Lobpreis. //
Erbbesitz (Land): 31,7	8a 8c 9ab	<u>Als zum Erbbesitz gab</u> (בהנחל) der Höchste <u>die Nationen</u> (גוים) ... Da legte er fest die Grenzen der Völker ... Jedoch: Der Anteil Jhwhs ist sein Volk; / Jakob ist das Mass <u>seines Erbbesitzes</u> (נחלתו). //	1abc	Gott, gekommen sind <u>Nationen</u> (גוים) <u>in deinen Erbbesitz</u> (בנחלתך), / sie haben verunreinigt deinen heiligen Tempel, / sie haben Jerusalem gemacht zu einem Trümmerhaufen. //
Gottes Zorn: 31,17	21a 21c 22ab	Sie, <u>sie machten mich eifersüchtig</u> (קנאוני) durch einen Nicht-Gott ... Doch ich, <u>ich will sie eifersüchtig machen</u> (אקניאם) durch ein Nicht-Volk ... Fürwahr: <u>Ein Feuer</u> (אש) hat sich entzündet <u>in meiner Nase/in meinem Zorn</u> (באפי) / und brennt (ותיקד) bis in die tiefste Unterwelt. // (Vgl. 32)	5ab	Bis wann, Jhwh, <u>wirst du zürnen</u> (תאנף) für immer, / wird brennen (תבער) <u>wie Feuer</u> (כמו־אש) <u>dein Eifer</u> (קנאתך)? //
	35a 36ab 37a	Mein ist <u>Rache</u> (נקם) und Vergeltung ... Fürwahr: Recht verschaffen wird Jhwh seinem Volk, / und über <u>seine Knechte</u> (ועל־עבדיו) wird er Mitleid haben. // <u>Dann wird er sagen</u> (ואמר): „<u>Wo sind ihre Götter</u> (אי אלהימו) ...?"	2ab	Sie haben gegeben den Leichnam <u>deiner Knechte</u> (עבדיך) / als Frass den Vögeln des Himmels ...

Dtn 31,1–30; 32,44–47	Dtn 32,1–43		Ps 79,1–13	
			10ab 10cd	Warum <u>dürfen sagen</u> (יאמרו) die Nationen: / „<u>Wo ist ihr Gott</u> (איה אלהיהם)?" // Kundwerden soll an den Nationen vor unseren Augen / <u>die Rache</u> (נקמת) am vergossenen Blut <u>deiner Knechte</u> (עבדיך). //
			Ps 135,14	Fürwahr: Recht verschaffen wird JHWH seinem Volk, / und über seine Knechte wird er Mitleid haben. //
	38cd 39d 39 f	Sie mögen sich erheben, <u>um euch zu helfen</u> (ויעזרכם); / er möge sein über euch ein Bergungsort. // Ich, <u>ich lasse sterben/ töte</u> (אמית) und mache lebendig ... ... und es gibt keinen, der aus meiner Hand <u>rettet</u> (מציל)!	9ab 9cd	<u>Hilf uns</u> (עזרנו), Gott unseres Heils, / gemäss der Ehre deines Namens. // <u>Ja, rette uns</u> (והצילנו) und bedecke/sühne unsere Sünden / um deines Namens willen. //
			11b	... nach der Grösse deines Armes lass übrig die Söhne des <u>Todes</u> (תמותה)!
	41c 42ab 42c 43ab 43cd	Dann werde ich <u>erstatten Rache</u> (אשוב נקם) an meinen Bedrängern .... Ich will trunken werden lassen meine Pfeile <u>vom Blut</u> (מדם), / und mein Schwert <u>soll fressen Fleisch</u> (תאכל בשר): // <u>vom Blut</u> (מדם) der Erschlagenen und Gefangenen ... Bringt zum Jubeln, <u>ihr Nationen</u> (גוים), sein Volk! / Denn <u>das Blut seiner Knechte</u> (דם־עבדיו) <u>wird er rächen</u> (יקום), // <u>und Rache wird er erstatten</u> (ונקם ישיב) an seinen Bedrängern, / <u>und entsühnen</u> (וכפר) wird er seinen Erdboden, sein Volk. //	2abc 3abc	Sie haben gegeben den Leichnam <u>deiner Knechte</u> (עבדיך) / <u>als Frass</u> (מאכל) den Vögeln des Himmels, / <u>das Fleisch</u> (בשר) deiner Begnadeten den Wildtieren des Landes. // Sie haben ausgegossen <u>ihr Blut</u> (דמם) / wie das Wasser ringsum Jerusalem, / und es gab keinen, der begrub. //
			7ab	Denn <u>gefressen hat man</u> (אכל) Jakob, / und seine Wohnstätte haben sie verwüstet. //
			9c	Ja, rette uns <u>und entsühne</u> (וכפר) unsere Sünden ...
			10cd	Kundwerden soll <u>an den Nationen</u> (בגוים) vor unseren Augen / <u>die Rache am vergossenen Blut deiner Knechte</u> (נקמת דם־עבדיך). //

Dtn 31,1–30; 32,44–47	Dtn 32,1–43		Ps 79,1–13	
		2. Kön 9,7	Und erschlagen sollst du das Haus Ahabs, deines Herrn, und so werde ich mich rächen am Blut meiner Knechte, der Propheten, und am Blut aller Knechte Jʜwʜs aus der Hand Isebels.
		12ab	<u>Erstatte</u> (והשב) unsern Nachbarn siebenfach in ihren Gewandbausch / ihren Hohn, mit dem sie dich verhöhnt haben, Herr! //

Im ML artikuliert das sprechende Subjekt, über die Schilderung von Gottes Wesen hinaus, das Fehlverhalten Israels. Es spricht Warnungen aus und kündet Gottes Eingreifen an. Der APs 79 dagegen beklagt bereits eingetroffenes Gericht: Kriegsereignisse und ihre Folgen, gipfelnd in der Zerstörung von Stadt und Tempel Jerusalems. Der Psalm stellt betend Fragen, bittet um Jʜwʜs Eingreifen und schliesst mit Bekenntnis und in Erwartung von Lobpreis. Ein Vergleich der Texte legt ein Gefälle nahe vom breiter gefassten ML mit seinem Charakter der „(belehrenden) Vorauswarnung" zu Ps 79, in welchem das angesagte Gericht eingetroffen ist. Zwar ist eine solche Geschehensabfolge nicht zwingend; sie wird aber, neben noch auszuführenden Indizien, durch die Vergleiche des ML mit dem Volksklagepsalm 74 und dem Mittlerpsalm 77 gestützt (s.o.). Eine Umkehr des Vektors beruht weniger auf philologischen Beobachtungen als auf entstehungsgeschichtlichen Vorannahmen.[125]

Die Berührungen zwischen ML und Ps 79 betreffen namentlich die Schlüsse. Wir konzentrieren uns daher auf die finale Gottesrede und die sie rahmenden Verse im ML (36.37–42.43) sowie die finale Stanze im APs 79 (10–13). Gottes „Knechte", die in beiden Texten erwähnt werden, erscheinen im ML vor und nach der Ich-Rede Jʜwʜs (36.43).[126] Mit Blick auf diese wird einerseits Gottes künftiges Erbarmen (נחם hitp, 36b) – die deutlichste Aussage des zu erwartenden Heils im ML –, andererseits das Rächen ihres Blutes ausgesagt (נקם, Verb und Nomen, 43b.43c, vgl. zuvor 35a.41c).[127] Wenn ich recht sehe, knüpft Ps 79 an diese Heils- („Knechte") wie Gerichtsaussagen („Bedränger") an. Die Psalmworte bitten angesichts des (im ML vorausgesagten und nun) eingetroffenen und beklagten Gerichts um eine neue Zuwendung Gottes und damit korrespondierend um sein Eingreifen gegen die Widersacher. In Ps 79,10 wird mit fast identischen Worten das Kundwerden von Gottes Rache (נקמה) am vergossenen „Blut deiner Knechte", deren Ergehen zuvor konkretisiert wurde (2–3.7), gegenüber den Nationen erbeten. Deren höhnische Frage: איה אלהיהם „Wo ist ihr Gott?" wird „zitiert" und Gott gefragt, warum sie diese überhaupt äussern dürfen (10). Die

---

125 So bei Datierung dieser APss in die exilisch-frühnachexilische Zeit und der (noch) späteren Ansetzung des ML.

126 So mit MT und Sam (4Q44 und LXX: „seine Kinder/Söhne").

127 Vgl. ähnlich 2. Kön 9,7, dazu Sᴀɴᴅᴇʀs, Provenance, 423–424. Die beiden Begriffe sind semantisch konträr und lautähnlich.

Feinde bestreiten damit die Wirksamkeit Jhwhs. Die Gebetsfrage der Sprechenden („wir") wird durch eine weitere Frage, die im Hintergrund mitzuhören sein dürfte, gestützt und argumentativ verstärkt. Es ist die im ML von Jhwh selbst an sein Volk gestellte Frage: אי אלהימו „Wo sind ihre Götter ...?" (37). Es handelt sich wie bei der von den Feinden geäusserten Frage um eine rhetorische, welche die Antwort mit sich führt. Wird im Psalm von den Feinden die Präsenz und Potenz des Gottes Israels bestritten, so von Jhwh im Lied die Präsenz und Potenz der Götter der Nationen. Auf dem Hintergrund des ML ist die im Psalm „zitierte" feindliche Infragestellung der Fähigkeit Gottes zu wirken, provokativ, und die Frage der Betenden gewinnt argumentatives Gewicht: Solche gegen Dich gerichteten Worte kannst Du, unser Gott, nicht dulden! Es soll sich erweisen, wo Israels Gott ist und wie er im Unterschied zu diesen Göttern zu „helfen" (עזר) vermag (vgl. Dtn 32,38 mit Ps 79,9).

Neben den Bitten um Hilfe und Rettung wird in Ps 79 auch – abstellend auf die Zusage am Ende des ML (43) – für das Sühnen (כפר) „unserer Sünden" (9) bzw. das Nicht-Gedenken/Anrechnen der Vergehen der Vorfahren gebeten (8). Am Psalmschluss bekennt sich die „Wir"-Gruppe zu Gott und bezeichnet sich als „Schafe deines Weidens".[128] Sie löst den Imperativ des Gedenkens an Gottes Heilstaten „von Generation zu Generation" aus dem ML ein – und zwar mit dem kollektiven Entschluss, den Lobpreis „von Generation zu Generation" zu verkünden (vgl. Dtn 32,7 mit Ps 79,13).

Der erörterte Textvergleich ergibt ein Gefälle ML → APs 79, geht also von einem analogen Vektor wie beim verwandten Volksklagepsalm 74 aus (s.o.). Eckart Otto und Petra Schmidtkunz sind der gegenteiligen Auffassung. Während Otto es bei einer kurzen Bemerkung belässt,[129] sind die Erörterungen bei Schmidtkunz ausführlicher.[130] Es geht dabei um Art, Ort und Beurteilung des Umschlags von Gericht zu Heil gegenüber Israel (bzw. zum Gericht an den Feinden) im ML.

Wie beim Vergleich von ML und Ps 50 erwähnt (s.o.), kann die auf die Zukunft bezogene Rede vom „Richten" (דין) Gottes (36a) im Sinn von „Recht verschaffen" oder „(ver)urteilen" interpretiert werden.[131] Sind im ersten Fall die Verszeilen des Bikolons 36ab als synonymer Parallelismus aufzufassen, so ist im zweiten Fall die Konjunktion adversativ („aber") und der Parallelismus antithetisch akzentuiert.[132] Schmidtkunz nimmt an, dass eine Verurteilung vorliegt. Hier nun kommen Dtn 32,43 und die Berührungen mit Ps 79 ins Spiel: In Ps 79,10 sind Gottes „Knechte" angesichts der Schilderung von 2–3 diejenigen, die das mit Gottes Zorn (5) verbundene Gericht (587/6 v. Chr.) erfahren haben. Gegenüber der *identifizierenden* Sicht von Gottes Knechten damals und seinem Volk heute im Psalm (13), hat das ML – nach Auffassung von Schmidtkunz – eine *differenzierende* Perspektive und trennt zwischen zu Bestrafenden und zu Belohnenden: Das Volk (bzw. die Kinder/ Söhne) trifft das Gericht, aber Gottes Knechte – es ist dies die (später) erneuerte,

---

128 Zur Ausdrucksweise (wie in Ps 74,1) vgl. Lippke, Schritte, 79–80.

129 Dtn 32,43 spiele auf Ps 79,10 an, vgl. Otto, Abschiedslied, 660 (Fussnote).

130 Vgl. Schmidtkunz, Moselied, 259–260, ferner 28–30.229–232.248–252.

131 Für die erste Deutung vgl. namentlich der mit Dtn 32,36ab identische Vers Ps 135,14, ferner Ps 54,3; 68,6, für die zweite u.a. APss 50,4; 76,9 und die Rezeption von Dtn 32,35–36 (LXX) in Hebr 10,30 (36b bleibt unerwähnt).

132 Schmidtkunz, Moselied, 229–230, bezeichnet den Parallelismus als synthetisch und schliesst die b-Zeile konjunktivisch an: „Ja, richten wird Jhwh sein Volk / und über seine Knechte sich erbarmen."

Jhwh-treue Glaubensgemeinschaft (Milieu-Verwandtschaft mit Trito-Jesaja) – wird Mitleid zuteil. Gemäss Schmidtkunz gab Ps 79,10 für die spätere Textänderung in Dtn 32,43 von „(seine) Söhne" (4Q44, LXX) zu „seine Knechte" (MT, Sam) möglicherweise den Anstoss und „verspräche damit nachdrücklich, was im Psalm als drängende Hoffnung geäußert wird"[133]. Die umgekehrte Rezeptionsrichtung ML → APs 79 sei wegen der inneren Kohärenz von Ps 79,2–3.10 und der ansonsten im ML überwiegenden Bezeichnung des Volkes als „Söhne" (5.19.20) unwahrscheinlich. Beschränkt man den Vergleich auf Dtn 32,36.43 und Ps 79,2–3.10(.13) biete ML einen gegenüber Ps 79 fortentwickelten, spezifischeren „Knechtsbegriff", der freilich in Ps 135,14 gegenüber dem ML wieder vereinfacht und wie in Ps 79 synonym verwendet werde.[134]

Die Argumentationskette von Schmidtkunz, in der das Abhängigkeitsgefälle von APs 79 → ML *ein* Glied darstellt, beruht wesentlich auf der Einschätzung von Dtn 32,36. Ein gewisses Schillern zwischen dem Ergehen Israels einerseits und dem des Feindes andererseits sei eingeräumt. Im Duktus des ML legt sich gleichwohl nahe, ידין im Sinne von „er wird Recht verschaffen" aufzufassen, die Verszeilen synonym (*in bonam partem*) zu interpretieren und „sein Volk" ≈ „seine Knechte" zu verstehen.[135] Damit sind als Fazit die „Knechte"-Aussagen nicht für das Abhängigkeitsgefälle zwischen ML und APs 79 in Anschlag zu bringen.

5.6 Das Mose-Lied und Psalm 81

Dtn 31,1–30; 32,44–47	Dtn 32,1–43		Ps 81,1–17	
Hören: 31,12–13 Mund: 31,19.21 Zeugenschaft: 31,19.21.26.28; 32,46	1ab	Spitzt die Ohren, ihr Himmel, so will ich reden! / <u>Hören</u> (שמע) möge die Erde die Worte <u>meines Mundes</u> (פי). //	6c	Eine Sprache („Lippe"), die ich nicht kannte, <u>höre ich</u> (אשמע).
			9ab	<u>Höre</u> (שמע), mein Volk, da ich als Zeuge auftreten will gegen dich! / Israel, <u>wenn du doch hören würdest auf mich</u> (אם־תשמע־לי)! //
			11c 12a	... Tue weit auf <u>deinen Mund</u> (פיך), da ich ihn füllen will! <u>Aber nicht hörte</u> (ולא־שמע) mein Volk auf meine Stimme ...
			14a	Ach, dass doch mein Volk <u>hörte auf mich</u> (שמע לי) ...!

---

133 SCHMIDTKUNZ, Moselied, 260.
134 Hinzuweisen ist noch auf das Prophetenwort an Jehu in 2. Kön 9,7, wo in spezifischer Weise von Jhwhs Knechten die Rede ist. SANDERS, Provenance, 423–424, erwähnt zudem noch einen aramäischen Beleg aus dem 8. Jh. v. Chr. (KAI 224,11–12).
135 So auch SANDERS, Provenance, 230–231; OTTO, HThKAT, 2145.2190. Während die ahndenden Aussagen in der Gottesrede 34–35 auf Feindvölker gemünzt sind, deutet die nachfolgende menschliche Zwischenrede (36) diese als Heilsworte für das Volk. In der letzten Gottesrede (37–42) wird das Gericht explizit gemacht.

Dtn 31,1–30; 32,44–47	Dtn 32,1–43		Ps 81,1–17	
Fremde Götter: 31,16.(18)	12ab	Jhwh allein führte es, / und es gab bei ihm keinen <u>ausländischen Gott</u> (אל נכר). //	10ab 11a	Nicht soll sein bei dir <u>ein fremder Gott</u> (אל זר), / und nicht sollst du niederfallen <u>vor einem ausländischen Gott</u> (לאל נכר)! // <u>Ich, Jhwh, bin dein Gott</u> (אנכי יהוה אלהיך), der dich Hinaufführende aus dem Land Ägypten (המעלך מארץ מצרים).
	16ab	Sie machten ihn eifersüchtig durch <u>Fremde</u> [Götter] (בזרים), / durch Abscheulichkeiten kränkten sie ihn. // (Vgl. 21.37)	Dtn 5,6	<u>Ich, Jhwh, bin dein Gott</u> (אנכי יהוה אלהיך), der dich herausgeführt hat aus dem Land Ägypten (מארץ מצררים), aus dem Sklavenhaus. Nicht sollen sein bei dir andere Götter (אלהים אחרים) gegen mein Angesicht!
	39abc	Seht jetzt! / Fürwahr: <u>Ich, ich bin es</u> (אני אני הוא), / und es gibt keinen <u>Gott</u> (אלהים) ausser <u>mir</u> (אני).	Dtn 20,1	... Denn Jhwh, dein Gott (כי־יהוה אלהיך), ist mir dir, der dich Hinaufführende aus dem Land Ägypten (המעלך מארץ מצרים).
Landerträge (u.a. Honig): 31,20 Essen/ sättigen: 31,20	13ab 13cd 14ab 14cd	Er liess einherfahren ihn auf den Höhen des Landes, / und es ass (ויאכל) die Erträge des Feldes. // Er liess es saugen <u>Honig</u> (דבש) aus dem Felsstück / und Öl <u>aus dem Felsgestein</u> (מחלמיש צור). // Rahm des Grossviehs und Milch des Kleinviehs, / samt Fett (עם־חלב) der Lämmer und Widder; // Zucht aus Baschan und Böcke / <u>samt Fettmark des Weizens</u> (עם־חלב כליות חטה). //	17ab	<u>Er hätte es gespiesen</u> (ויאכילהו) <u>mit erlesenstem Weizen</u> (מחלב חטה), / und <u>aus dem Felsen</u> (ומצור), <u>mit Honig</u> (דבש) würde ich dich sättigen. //

Dtn 31,1–30; 32,44–47	Dtn 32,1–43		Ps 81,1–17	
	15ab 15cd	Da wurde fett Jeschurun und schlug aus. / „Du bist fett geworden, du bist feist geworden, du bist störrisch geworden!" // Er gab preis Gott, der ihn gemacht hatte, / hielt für töricht den Felsen seines Heils. //	13ab 14ab	Da liess ich es ziehen in die Verstocktheit ihres Herzens: / „Sollen sie doch gehen in ihren eigenen <u>Plänen</u> (מועצותיהם)!" // <u>Ach</u> (לו), dass doch mein Volk hörte auf mich, / Israel auf meinen Wegen umherginge! //
	28ab 29abc	Fürwahr: Eine Nation, die zugrunde geht an <u>Plänen</u> (עצות) sind sie, / und es gibt unter ihnen keine Einsicht. // <u>Ach</u> (לו), dass sie doch weise geworden wären! / Dann würden sie verstehen dies, / würden achten auf ihr Ende. //		
	41b 41cd	...und es greift zum Gericht <u>meine Hand</u> (ידי). // Dann werde ich <u>erstatten</u> (אשיב) Rache an meinen Bedrängern (לצרי), <u>und meinen Hassern</u> (ולמשנאי) werde ich es vergelten. //	15ab 16ab	Wie leicht! Ihre Feinde würde ich demütigen, / <u>und gegen ihre Bedränger</u> (ועל צריהם) <u>würde ich wenden</u> (אשיב) <u>meine Hand</u> (ידי). // <u>Die</u> Jhwh <u>Hassenden</u> (משנאי יהוה) müssten ihm schmeicheln, / ja, es soll [vorbei] gewesen sein ihre Zeit für immer! //
	43c [e]	Und Rache <u>wird er erstatten</u> (ישיב) <u>an seinen Bedrängern</u> (לצרי), [und seinen Hassern (ולמשנאיו) wird er vergelten.]		
	43a [43ab]	<u>Bringt zum Jubeln</u> (הרנינו), ihr Nationen, sein Volk! ... [<u>Bringt zum Jubeln</u> (הרנינו), ihr Himmel, sein Volk, / <u>und fallt nieder</u> (והשתחוו) vor ihm, <u>all ihr Götter</u> כל אלהים)!//]	2ab 10ab	<u>Lasst einstimmen in den Jubel für Gott</u> (הרנינו לאלהים), unsere Stärke/Zuflucht, / jauchzt zu dem <u>Gott</u> Jakobs (לאלהי יעקב)! // Nicht soll sein bei dir ein fremder <u>Gott</u> (אל זר), / <u>und nicht sollst du niederfallen</u> (ולא תשתחוה) vor einem ausländischen <u>Gott</u> (לאל נכר)! //

Neben Ps 78 gilt 81 als derjenige APs mit der grössten Nähe zum ML. Insofern eine explizite Bezugnahme angenommen wird, werden beide Abhängigkeitsrichtungen vertreten.[136] Die für die APss 50 und 81 (sowie Ps 95) verwendete Bezeichnung als „Festpsalm" lässt an eine Volksversammlung mit liturgischer Aufführung denken (im Rahmen eines Jahresfestes). Ein solcher Sitz im Leben ist im ML nur knapp erwähnt (3.43), ergibt sich aber unter Berücksichtigung des narrativen Rahmens (Dtn 31,10–13.19–31). Bei Ps 50 und 81 ist eine analoge Einbettung anzunehmen (vgl. auch Neh 8–9). In Ps 81 kommt der Festkontext in den ersten Versen zum Ausdruck. Hinsichtlich des Festgeschehens berührt sich der Liedschluss mit dem Psalmanfang (vgl. Dtn 32,43 mit Ps 81,2): Beide Verse eröffnen mit der identischen Form הרנינו (Imperativ *hi* m pl, sonst nur noch Ps 32,11), mit der ein Kollektiv zu liturgischem Handeln aufgerufen wird. Ausgehend von der Kausativ-Verwendung des Verbs (*hi*), sollen die Angesprochenen das Gotteslob initiieren: „Veranlasst ein Jubeln, bringt zum Jubeln …!" o.ä.[137] Beide Male ist der Vollzug des Jubelns durch das Gottesvolk anvisiert.[138] Insofern knüpft Ps 81 da an, wo das ML aufhört. Dass diese Relation auch für die Bestimmung der Abhängigkeit von Belang ist, wird sich aufgrund weiterer Berührungen zeigen.

In allen drei Stücken (ML; APss 50; 81) werden die an einem Fest getanen Äusserungen durch „prophetische" Gottesworte legitimiert; in den beiden APss machen die Gottesreden den Hauptumfang des Textes aus. Pragmatisch geht es um (Gerichts-) Anklage, Warnung, Rüge. Unter den Rechtstermini erscheint in Ps 81,6[139] der Begriff עדות „Bezeugung, Zeugnis, Verordnung".[140] Derivate von der ihm zugrunde liegenden

---

136 Zum APs 81 vgl. WEBER, Werkbuch III, 169–171, und den neuen Beitrag in diesem Sammelband (I.4). OTTO (Abschiedslied, 660–662.665; HThKAT, 2166–2167.2178) vertritt die Priorität des Psalms gegenüber dem ML; SCHMIDTKUNZ, Moselied, 159–160.255.273–277.281–282.287–289, votiert dagegen für die umgekehrte Abhängigkeit. In der Tendenz eher für eine Priorität des ML sprechen sich SANDERS, Provenance, 170–171.173.385–386.389–392, und MARKL, Volk, 273–274.279, aus.

137 Zur Differenzierung zwischen *qal, pi* und *hi* von רנן vgl. JENNI, Pi'el, 154–155. Er unterscheidet bei den fünf *hi*-Belege zwischen normal-kausativem („jauchzen veranlassen", so in Ps 65,9; Hi 29,13 und wohl auch Dtn 32,43) und innerlich-kausativem Gebrauch („sich veranlassen, zu jauchzen", so in Ps 32,11; 81,2). In der Regel wird in Ps 81 das Verb mit Präpositionalobjekt (ל) als „Gott zujauchzen" o.ä. übersetzt. Dies ist möglich, hier aber wird (wie für Dtn 32,43) eine normal-kausative Auffassung präferiert.

138 In Dtn 32,43 ist es „sein Volk", in Ps 81 erscheint die angezielte Grösse erst in der Gottesrede (9: „mein Volk", ferner 12.14). Die direkt Angesprochenen – unter Annahme des normalen Kausativs – bleiben in Ps 81 ungenannt (gottesdienstliche Verantwortliche), im ML sind es die „Nationen" (MT) oder die „Himmel" (4Q44). Das Verständnis des ML wird diesbezüglich wesentlich durch Syntax, Pragmatik und textkritische Sachverhalte mitbestimmt (dazu OTTO, HThKAT, 2145.2152–2153.2195; WÜSTE, Fels, 56–63; SCHMIDTKUNZ, Moselied, 30.42–45). Ich interpretiere das Morphem עמו in 4Q44 nicht als suffigierte Präposition („zusammen mit ihm", so LXX), sondern als „sein Volk" (wie MT).

139 Zu diesem Vers stellen sich eine Reihe von Fragen, auf die hier nicht eingegangen werden kann. Kolometrisch ist von zwei Versen auszugehen: einem Bikolon 6ab und einem die zweite Stanze eröffnenden Monokolon 6c.

140 Im Singular in den APss noch 78,5; 80,1 (Präskript). Im Dtn erscheint der Begriff nur im Plural (4,45; 6,17.20). Mit dem Nomen (im Singular!) wird häufig das verschriftete

Wurzel finden sich auch in Dtn 31–32 (Lied-Rahmen) und Ps 50 (s.o.), nicht aber im
ML selbst.[141] Zur erwähnten Textpragmatik passt, dass im Psalm auch das Verb עוד II
„als Zeuge auftreten/zeugen gegen" Verwendung findet (9).[142] Dass die asaphitischen
Festpsalmen die Begrifflichkeit mit dem ML-Rahmen, aber nicht mit dem Lied selbst
(wiewohl passend), teilen, lässt die Annahme einer Abhängigkeitsrichtung Ps 81 (und
50) → ML als fraglich erscheinen.[143] Im erwähnten Psalmvers (9) wird das Auftreten
Gottes als anklagender Zeuge gerahmt durch das Schlüsselwort des Psalms: שמע
„hören" (5mal: 6c.9a.9b.12a.14a).[144] Das Volk wird zum Hören aufgerufen (vgl. Ps 50,7),
und zugleich wird dessen Nichthören auf Gott angeprangert. Diesbezüglich ergibt
sich eine Berührung mit dem eröffnenden Höraufruf des ML (1): Werden dort die
Himmel adressiert, indirekt auch die Erde und implizit das Volk, so richtet sich das
göttliche Wort im Psalm an „mein Volk" (9, vgl. Ps 50,7). Die Worte „meines (= Gottes)
Mundes" (פי) korrespondieren mit der Aufforderung Gottes, „deinen (= des Volkes)
Mund" (פיך) weit aufzutun, um ihn zu füllen – mit (einzuverleibenden) Worten wie
Speisen! (vgl. Dtn 32,1 mit Ps 81,11).[145] Auch wenn die sprachlichen Überschneidungen nicht sehr signifikant sind, legt der Vergleich nahe, dass der Psalm das ML in
seinem Rahmen rezipierte und das Hören (auf Gott) zur bestimmenden Thematik
ausbaute: Der warnende Zeugnischarakter des Lieds wird von der Gottesstimme
aufgenommen (6); der in Dtn 31–32 vorausgesagte und geschilderte Ungehorsam
wird in Ps 81 als Hörverweigerung thematisiert und damit der Aufruf zum Hören
und Gehorchen erneuert. Die שמע-Belege im narrativen Rahmen des ML stützen
diejenigen in Ps 81: In Dtn 31,12–13 wird die Volksversammlung samt den nachfolgenden Generationen zum Hören und Einhalten des Gehörten verpflichtet. Das
Hören ist das initiale wie kapitale Geschehen und die Voraussetzung für die weiteren
Schritte (Lernen, Gottesfurcht, Bewahrung und Befolgung der Tora). In Ps 81 verbindet sich mit der Hörunwilligkeit die fehlende Beherzigung und Lebensgestaltung

---

Depositum in der Lade bzw. diese als „Lade des Zeugnisses" bezeichnet (vgl. u.a. Ex
25,16.21–22; 40,3.5.20–21; Num 7,89; Jos 4,16). Es lässt sich erwägen, ob עדות „Zeugnis" in Ps 81 sich nicht nur auf die Festanordnung bezieht (vgl. Dtn 16), sondern
Tora-Verlesung und Lied-Aufführung einschliesst (vgl. 6.9 mit Dtn 31,9–13.19–22).

141   Verwendet wird das Nomen עד „Zeuge" oder das Verb עוד II, vgl. Dtn 31,19.21.26.28;
      32,46; Ps 50,7.
142   Gegenüber der Gattungsbestimmung des ML als „Streitrede", deren eigentli-
      cher Begriff (ריב) weder im ML, in dessen Rahmen noch in den beiden Asaph-
      Festpsalmen erscheint (unter den APss nur in Ps 74,22), liegen diese Ableitungen
      von dieser Wurzel effektiv vor und passen zur Charakterisierung besser, wobei mit
      dem verbalen „(Be-)Zeugen" ein anklagender, warnender Akzent verbunden ist.
143   Dem Psalm muss das ML mit seinem narrativen Rahmen bekannt gewesen sein.
      Bei einer Priorität von Ps 81 wäre die Zeugen-Begrifflichkeit in den narrativen
      Rahmen, aber nicht ins ML eingegangen. Oder aber diese ist nicht von Ps 81, son-
      dern von Dtn 4,26; 8,19; 30,19 her inspiriert.
144   Auch in Dtn 27,9 fordern Mose und die Leviten zum Hören auf. Zur Verbindung
      der Verben „zeugen, warnen" und „hören" vgl. über Ps 50,7; 81,9 hinaus auch Jer
      6,10; 11,7; Am 3,13; Neh 9,29.
145   Die Aufforderung verweist mehrsinnig auf den selbst verschuldeten Mangel und
      die Notwendigkeit sowie das Angebot der Speisung sowohl mit Gottes Wort (wel-
      ches aufgenommen und das Verhalten bestimmen soll) als auch mit Nahrung (vgl.
      12–14.17).

(vgl. 9.12.14). Die Unwilligkeit zu hören und die daraus sich ergebenden Folgen sind im ML und im APs 81 phraseologisch unterschiedlich akzentuiert, gleichwohl gibt es inhaltliche Berührungen (vgl. Dtn 32,15.28–29 mit Ps 81,13–14): Israel ist „störrisch geworden" (כשית), gab Gott preis und geht zugrunde an seinen „Plänen" (עצות) – Gott überliess sein Volk „der Verstocktheit ihres Herzens" (בשרירות לבם) und liess sie gehen „in ihren eigenen Plänen" (במועצותיהם). Identisch ist der abschliessende, weh- und anklagende Seufzer: „Ach, dass doch ..." (לו).

Die Fremdgötter-Thematik und mit ihr die Übertretung des Gebots der Alleinver- ehrung Jhwhs nimmt im ML breiten Raum ein. Im APs 81 konzentriert sich diese auf 11–12. Im Lied (12) wie im Psalm (10) ist von einem אל נכר „ausländischen, fremd- artigen Gott" die Rede.[146] Die Exklusivität dieses Ausdrucks – er findet sich sonst nur noch in Mal 2,11 – macht ihn auffällig und für die Frage nach der Abhängigkeit virulent, zumal die Parallelbezeichnung אל זר „fremder Gott" (10, vgl. noch Ps 44,21) im Begriff זרים „Fremde" (bezogen auf Götter) im ML (16) ähnlich erscheint. Ist im ML schildernd davon die Rede, so formuliert Ps 81 ein von Gott selbst ergehendes Verbot (Prohibitiv) nach der Weise des Dekalogs (vgl. Dtn 5,7, ferner u.a. Ex 20,3; 34,14). Daran schliesst sich die Selbstbezeugung אנכי יהוה אלהיך an, die in identischer Weise zweimal im Dekalog erscheint (vgl. Ps 81,11a mit Dtn 5,6.9).[147] Eine derartige, legitimierende Selbstvorstellung ist im Psalter singulär. Der Bezug auf die Präam- bel des Dekalogs ist offensichtlich, zumal im b-Kolon die Heraufführung „aus dem Land Ägypten" daran angeschlossen wird. Im Unterschied zur Dekalog-Präambel ist allerdings nicht vom Hinausziehen (יצא hi)[148], sondern vom Hinaufführen (עלה hi) die Rede.[149] Diese Redewendung ist ebenfalls geläufig, doch in der Gestalt der im b-Kolon verwendeten partizipialen Formulierung המעלך מארץ מצרים (/מ/-Alliteration) findet sie sich nur noch in Dtn 20,1.[150] Ps 81,10–11 rezipiert demnach Dtn 32,12.16, formuliert die Schilderung des ML um zu einem Gebot im Sinne des Dekalogs (vgl. Dtn 5,7) und fügt die Dekalog-Präambel in Verbindung mit der aktualisierenden (partizipialen) Formulierung von Dtn 20,1(–3) hinzu.[151]

---

146 Gemäss SANDERS, Provenance, 385–386, ist die Bezeichnung *ilum nakrum* im Akka- dischen seit der altbabylonischen Zeit belegt, und die Wendung אל נכר impliziert gegenüber אל אחר (Ex 34,14), „that the god concerned was previously unknown". Im ML-Rahmen ist von den „fremden Göttern des Landes" bzw. „anderen Göttern" die Rede (Dtn 31,16.18.20, vgl. auch Jos 24,20; Jer 5,19 – hier sind zusätzlich זרים erwähnt).

147 Vgl. ausserdem Ex 20,2.5; Jes 51,15; Hos 12,10; 13,4. Im ML findet man einen dies- bezüglichen Anklang in der Selbstaussage Jhwhs in 39ab.

148 Vgl. aber Ps 81,6b (jedoch mit der Präposition על).

149 In den beiden Hos-Belegen ohne Verb.

150 Mit „Jhwh, dein Gott" teilt Dtn 20,1 zudem zwei weitere Begriffe mit Ps 81,11a. Vgl. ähnlich noch Lev 11,45; Jos 24,17; 2. Kön 17,7; Jer 2,6. Die Einleitung des Kriegsgeset- zes (Dtn 20,1–4) hat weitere Verbindungen zu Ps 81 (und Dtn 31,6 im ML-Rahmen), vgl. den Aufruf: „Höre, mein Volk/Israel" (Dtn 20,3; Ps 81,9, ferner 81,12.14) sowie das Eingreifen Jhwhs gegen die Feinde (vgl. Ps 81,15).

151 Man beachte auch das Eifersuchtsmotiv im ML (Dtn 32,21), wo Jhwh wie im Deka- log als אל קנא „eifersüchtiger Gott" vorgestellt wird bzw. sich vorstellt (vgl. Dtn 5,9, ferner 4,24; 6,15, weiter auch Ex 20,5; 34,14).

Weitere Übereinstimmungen liegen zwischen Ps 81,10–11 und dem Beginn des
finalen Cantos im ML vor: In Dtn 32,39 sind, ähnlich wie im Psalm (aber auch in
Dtn 5,6–7), Selbstvorstellung und Fremdgötteraussagen verbunden. Gegenüber dem
Verbot der Fremdgötterverehrung ist mit der Betonung der Alleinstellung Jhwhs
jedoch von der anderen Seite der Münze die Rede. Ps 81,9–11 kommen auf den inners-
ten Kern der Gott-Volk-Beziehung zu sprechen. Diese Schlüsselpassage ruft ihrerseits Schlüsseltexte wach und formt sie aktualisierend um. Die Festeinbettung mit
der Vergegenwärtigung des Bundes und dem Aufruf zur Neuverpflichtung stellen
wesentliche Momente dieser Psalm-Strophe und von Ps 81 insgesamt dar. Die Textbezüge lassen eine Vorzeitigkeit von Ps 81 gegenüber dem ML (und dem dtn Dekalog)
nicht als plausibel erscheinen.[152]

Nach der Klage über die Verstocktheit Israels in Ps 81,12–14 folgen in 15–17 Versprechen bzw. Angebote zur Behebung von Feindesnot und Nahrungsmangel. Diese
Notlagen sind auf die Hör- und Gehorsamsverweigerung zurückzuführen (vgl. Dtn
8,7–9.19–20; 9,5–6) und könnten durch neues Hören und eine Verpflichtung auf Jhwh
als einzigem Gott (9–11) abgewendet werden. Auch diesbezüglich liegen Verbindungen zwischen Lied und Psalm vor. Was die Feind-Thematik betrifft, ergibt sich
die deutlichste Überschneidung zwischen Dtn 32,41bc und Ps 81,15b: Nur an diesen beiden Stellen liegen die Lexeme „Hand" (יד), „erstatten/wenden" (שוב hi) und
„Bedränger" (צרים) kombiniert vor. Die in Aussicht gestellte Abwendung der von
Feinden verursachten Not (Ps 81,15–16) wird durch das Versprechen künftiger Ahn-
dung begründet, die Gottes Volk zugute kommt (Dtn 32,41–43). Gottes Hilfe steht
freilich unter dem Vorbehalt der Umkehr und Neuverpflichtung. Erwähnung verdient, dass die konjunktivische Aussage vom erzwungenen „Schmeicheln, Ergebung
heucheln" (כחש pi) der Widersacher (16) eine Parallele in der finalen Seligpreisung
des Mose-Segens – dem letzten Wort Moses im Pentateuch überhaupt – hat (כחש ni,
Dtn 33,29). Dort wird die Unterwürfigkeit der Feinde gegenüber Israel ausgesagt.[153]

Im Schlussvers von Ps 81 wird als zweite Notlage der Nahrungsmangel angesprochen (17). Ein Vergleich mit den Speise-Aussagen im Lied, die sich dort über
mehrere Verse erstrecken (13–14), ergibt frappante Übereinstimmungen: An beiden
Stellen ist es Gott, der den Ernteertrag gewährt oder – wie im Fall von Ps 81 – von
sich als dem spricht, der das Volk speist und sättigt. Die Verbindung der Lexeme
„Honig" (דבש) und „Fels" (צור) findet sich im AT lediglich an diesen beiden Stellen.
Der Unterschied liegt darin, dass im ML der Honig aus dem mit צור synonymen סלע
gewonnen wird. Zugleich erscheint im b-Kolon des Psalms die Syntax gegenüber

---

152 Otto (Abschiedslied, 665; HThKAT, 2166–2167.2178) sieht das Verbot von Ps 81,10 in
     Dtn 32,12 als erfüllt aufgenommen, in Dtn 32,16 dann aber als im Land übertreten
     gekennzeichnet. Zieht man Dtn 5,6(–7) bei – was er nicht tut; vielmehr verweist
     er auf Ex 34,14 als Vorlage von Ps 81,10 (was eher für das ML gelten könnte) –, so
     läge gemäss seiner Argumentation die Abfolge Dekalog (oder Ex 34,14) → APs 81
     → ML vor.

153 Das Verb כחש erscheint im Dtn einzig in 33,29, in den APss lediglich in 81,16 (ähn-
     lich noch in 2. Sam 22,45 = Ps 18,45, ferner Ps 66,3). Eine ähnliche Aussage wie im
     Mose-Segen findet sich im Mose-Lied (Dtn 32,13): Liess Jhwh sein Volk einherfah-
     ren על־במותי ארץ „auf den Höhen des Landes (oder: der Erde)", so verspricht Mose,
     dass Israel על־במותימו „auf ihre (= der Feinde) Höhen" tritt. Das Einhergehen auf
     den Höhen des Landes wird im ML mit dem Essen der Felderträge verbunden.

dem a-Kolon, aber auch der Abfolge im ML invertiert. Das zweite Vergleichspaar, die Verbindung der Lexeme חלב und חטה, kommt ebenfalls sehr selten vor.[154] Liegt im Psalm die Constructus-Verbindung חטה חלב vor, so wird im Lied „Fett" zunächst im Zusammenhang mit den Tieren und danach – wie im Psalm – für die Erlesenheit des Korns verwendet; dabei ist die Constructus-Verbindung durch einen eingeschobenen Begriff erweitert. Zwar ist eine textliche Expansion (ML) gegenüber einer Kurzaussage (Ps 81) tendenziell eher als sekundär einzustufen; im vorliegenden Fall sprechen die Indizien jedoch für die Abhängigkeit ML → APs 81. Der Psalm wirkt gegenüber dem ML als poetische Verdichtung.[155] Dabei bezieht Ps 81 auch hier den Erzählrahmen ein: Der im ML fehlende Begriff שבע wird in Verbindung mit אכל nur in Dtn 31,20 und Ps 81,17 verwendet (vgl. auch APs 78,25.29). Darüber hinaus wird in Dtn 31,20 auch der Honig erwähnt (vgl. auch Dtn 8,5–16) und die Hinwendung zu den Götzen und damit der Bundesbruch vorausgesagt. Der im Psalm nur angedeutete Zusammenhang zwischen (verbotenem) Götzendienst und Nahrungsmangel wird durch diese Anspielung unterlegt (zum Hunger vgl. auch Dtn 32,24).

Fazit: Die Abhängigkeitsrichtung ML → APs 81 ist deutlich. Der Psalm greift Anfang und Ende des ML auf: Er setzt mit dem liturgischen Aufruf ein (2), mit dem das ML schliesst (43).[156] Im Zentrum (6c–11ab) und zu Beginn der finalen Stanzen (12a) erscheint mit fünf Belegen von שמע der Schlüsselbegriff des Psalms. Ps 81 nimmt dabei begrifflich wie sachlich auf den das ML eröffnenden Höraufruf (mit synonymem Verbpaar und dem Mund als Sprechorgan) Bezug (vgl. 6.9.11–12.14 mit Dtn 32,2). Darüber hinaus ist für den APs 81 das ML bei der Thematik der exklusiven Bundesbeziehung und des Hauptgebotes (vgl. 10–11 mit Dtn 32,23) sowie den Folgen der Hörunwilligkeit (Feindbedrängnis, Nahrungsmangel) und dem Angebot der Überwindung der Notlage ein wesentlicher Referenztext (vgl. 15–17 mit Dtn 32,13–14.41.43). Die Kumulation der Indizien ergibt für Ps 81 unter den sechs Detailvergleichen den höchsten Wahrscheinlichkeitsgrad für die Priorität des ML.

6. Bilanz und weiterführende Überlegungen

Absicht dieses Beitrags war eine Neuüberprüfung der Abhängigkeitsfrage zwischen ML und APss. Eigene Studien führten zur Annahme: Das ML ist ein wesentlicher Bezugstext der APss. Eckart Otto kam dagegen zum Schluss: Das ML ist nicht Ausgangspunkt und Referenztext für die APss, vielmehr greift es auf diese – im Verbund mit anderen

---

154   Abgesehen von diesen beiden Stellen findet sie sich lediglich noch in Ps 147,14.

155   Auch SCHMIDTKUNZ, Moselied, 159–160.273–274, hält es für wahrscheinlich, „dass Ps 81 eine Vielzahl anderer Texte rezipiert hat, zu denen auch das Moselied gehört" (ebd., 159–160).

156   Ob und inwiefern die Rezeptionstechnik, insbesondere bezüglich der Stellung im Quellen- und Zieltext, eine Rolle spielt, wäre eingehender zu untersuchen. Die Anknüpfung an das Ende des ML am Beginn von APs 81 könnte auf ein „serielles" Verständnis hindeuten: Das ML bietet die Grundlage, APs 81 manifestiert das Eintreffen des Angesagten anhand von späterem Fehlverhalten und lädt zur Umkehr ein. APs 78, dessen Anfang analog zum Anfang von ML gestaltet ist (ähnlich, wenn auch weniger deutlich APs 50), bietet dagegen ein „paralleles" Modell. Dies fügt sich zum Gleichnischarakter des Psalms, d.h. zur Überblendung geschichtlichen Geschehens mit einer deutenden Zweitebene.

Psalmen und prophetischen Texten – zurück und ist insofern ein Schlusstext. Die vorgelegte Untersuchung unterzog *beide* Auffassungen einer Überprüfung auf der Grundlage von Detailvergleichen zwischen dem ML und sechs der zwölf APss. Der Hauptfokus lag auf der Frage, ob eine intendierte Abhängigkeit anhand der Textindizien hinreichend plausibilisiert werden kann, und – sollte dies der Fall sein – auf der Bestimmung der Abhängigkeitsrichtung (relative literarhistorische Chronologie).

6.1 Die Asaph-Psalmen kennen das Mose-Lied und sind von ihm mitbestimmt

Als erster Ertrag ist ein Konsens festzuhalten: Die vorliegende Studie hat die von Otto und mir (sowie anderen) vertretene Annahme erhärtet, dass bei den untersuchten Texten über Motiv-Verbindungen und geprägte Traditionen hinaus mit *intendierten* Text-Text-Relationen zu rechnen ist.[157] Damit wird zugleich die Annahme gestützt, dass sich mit den APss eine Gruppencharakteristik verbindet, zu der eine Nähe zum ML gehört.

Der Dissens besteht darin, dass sich auf der Basis philologisch-intertextueller Beobachtungen gezeigt hat, dass in den untersuchten Fällen sich eine recht hohe Wahrscheinlichkeit für den Abhängigkeitsvektor ML → APss ergibt. Insofern wurde eine relative Chronologie etabliert, ohne dass – die Vergleichstexte betreffend – Datierungen festgelegt und weitergehende Folgerungen gezogen wurden.[158] Sie hängen von der Akzeptanz der vorgelegten Detailanalysen ab und erfordern weitergehende Überlegungen, bei denen andere Parameter einzubeziehen sind. Findet die aufgewiesene Abhängigkeitsrichtung Zustimmung, verdient auch die Annahme einer „mosaisch-levitischen" Profilierung der unter dem Label לאסף vereinten Psalmen weitere Überlegungen.[159] Schliesslich führte die Studie zu einem vertieften Verstehen der analysierten APss.

Die Detailstudien haben deutlich gemacht, dass die Relation zwischen ML und den APss auf zwei Pfeilern ruht. Über die begriffliche Rezeption des ML (und seines

---

157 Vorsichtiger diesbezüglich mein Doktorvater: SEYBOLD, Krise, 177 (68), spricht von Analogien und Parallelen und vom ML als dem „inneren Kreis der theologischen Tradition der Asafpsalmen" – er nennt Ps 50; 81; 82 und 78, dazu die „deuteroasaphitischen Psalmen" 105 und 106 – nahestehend, „näher als der dtr Einheitstheologie".

158 Stimmt man der vorgelegten Chronologie zu, ergeben sich Anfragen sowohl was Ottos spätpersische Ansetzung des ML (4. Jh. v. Chr.) als auch meine Frühdatierung der APss (8. Jh. v. Chr. bis Exil, teils Herkunft aus dem Zehnstämme-Gebiet) betrifft, vgl. WEBER, Datierung; DERS., Psalm 78; DERS., Asaf und Jesaja, 458–459.477–480; DERS., Asaph im Psalter. Die von Otto (ML) und mir (APss) vertretenen Annahmen bezüglich Entstehung sind untereinander nicht korrelierbar.

159 Dazu gehören Erwägungen rund um den Verfasser-, Überlieferungs- und Trägerkreis. Die in den APss erkennbare stupende Kenntnis von mit Mose verbundener (pentateuchischer) Überlieferung ist auffällig. GOULDER, Psalms, hat diesen Befund mit aus dem Zehnstämmereich herkommender Überlieferung und den Pentateuch-Strata (E, D, J, P) korreliert. Das Theoriebilde vermag insgesamt nicht zu überzeugen, ist aber zu Unrecht fast gänzlich ignoriert worden. Die Frage, ob der hinter den APss stehende Trägerkreis (auch) für Entstehungs- und Überlieferungsprozesse von Teilen dieses Schrifttums verantwortlich ist, verdiente weitere Überlegungen.

Rahmens) durch die APss hinaus sind Analogien deutlich geworden, welche Autorisierung (Gottesreden), Gattung, (liturgische) Aufführung (Feste), Hörerschaft, Funktion und Redeabsicht (Textpragmatik) betreffen und mit den Begriffen Situationsanalogie und Milieuverwandtschaft eingekreist werden können. Sind beide Pfeiler stark, ist die Wahrscheinlichkeit der Abhängigkeit(srichtung) am stärksten. Bei Ps 81 ist dies in grossem Mass der Fall. Der Psalm ist gekennzeichnet durch eine Kombination von analogem Setting und einer dezidierten Verweisstruktur mit Anspielungen und Hinweisen. Dazu gehören Wendungen, die der Psalm und das Lied (fast) exklusiv teilen. Ihm folgen auf der Wahrscheinlichkeitsskala die APss 50 und 78. Sie weisen über signifikante Textrelationen hinaus Ähnlichkeiten mit dem ML hinsichtlich der lehrhaften wie Fehlverhalten aufdeckenden Darbietung an einem (Herbst-)Fest, der Bezugnahme auf die Geschichte sowie des zeugnishaften und warnenden Charakters auf.[160]

Die asaphitischen Volks- und Mittlerklage-Psalmen wurden wahrscheinlich (ursprünglich) ebenfalls liturgisch aufgeführt. Mit ihrer Verarbeitung von nationalen Katastrophen interagieren und reagieren sie auf die im ML ausgesprochene Gerichtswarnung und Hoffnung auf Wiederherstellung. Innerhalb dieser Gruppe mag man Ps 74 aufgrund der Dichte und Qualität der Verbindungen zum ML gegenüber Ps 77 und 79 eine diesbezüglich leicht höhere Wahrscheinlichkeit zubilligen.

Es bleibt festzuhalten: Insgesamt haben alle Untersuchungen eine beträchtliche Menge an Indizien für die Abhängigkeit ML → jeweiliger APs ergeben. Das ML ist nicht nur älter als die (sechs) APss, sondern zugleich ein wichtiger Referenztext für sie. Es dient zum einen als Vorlage und Leittext, zum anderen als Deutehorizont in späteren Zeiten. Beides ist kaum ohne eine hohe, bereits früh erreichte Autorität des ML denkbar. Sie ist auch im Umstand abzulesen, dass das ML zusammen mit einem zweiten, ebenfalls Mose zugewiesenen Lied in den Pentateuch Eingang fand und zur Frühgeschichte Israels gerechnet wird.

Bekanntheit, hohe Autorisierung und anhaltende Bedeutung des ML sind in die Struktur der Schriften des ATs eingeschrieben. Dazu tragen bei: Aussagen des ML selbst, seine Einbettung im Dtn (Erzählrahmen), die Stellung am Ende der Tora (Dtn/Pentateuch), verbunden mit einem „testamentarischen" Charakter (zusammen mit dem Mose-Segen),[161] die (örtliche wie zeitliche) Ansetzung im Gefilde Moabs vor dem Übergang von der „Wüstenzeit" zur Landnahme (Transfercharakter), die mit Mose verbundene Initiierung sowie die den Leviten übertragene Perpetuierung[162] und schliesslich die Rezeption durch nachgeordnetes Schrifttum wie die APss (und weitere Texte aus den Nebi'im und Ketubim).

---

160 Ps 78 führt in einen mit dem ML wie den APs 50; 81 vergleichbaren Festkontext, hat mit seiner geschichtshermeneutischen Ausprägung jedoch einen eigenen Charakter.

161 Das ML wird im Titel von Ottos Aufsatz als „Abschiedslied" bezeichnet. Über den *retrospektiven* Aspekt hinaus ist ihm zugleich ein *prospektives* Moment eigen. Mose gibt für die Zeit nach ihm (aber mit seiner Tora) dem Volk für die Zukunft im Land ein warnendes „Zeugnis" (Dtn 32) und einen „Segen" (Dtn 33) mit auf den Weg.

162 Aus Dtn 31,9–13.19–27 geht hervor, dass die Bewahrung und Verlesung der Tora wie das Vortragen des zur Tora gehörenden Lieds ebenso wie die Verantwortlichkeit für die Lade künftig den Leviten obliegt, vgl. auch SONNET, Book, 134–180.

Der Bibelleser wird das Moselied daher als „alt" (und die Asaph-Psalmen als jünger) einstufen. Dem Bibelwissenschaftler stellen sich die Sachverhalte anders dar, selbst wenn er dieser relativen Chronologie zustimmt. Im Hintergrund steht eine Spannung, die sich auf die Begriffe historische Genese und kanonhermeneutische Geltung mit den zugeordneten Stichworten Vorzeitigkeit respektive Vorrangigkeit bringen lässt. Über den textvergleichend-literarhistorischen Ansatz dieser Studie hinausgehend sollen zu dieser Problematik im Schlussabschnitt einige Überlegungen erlaubt sein.

6.2　Nicht nur Genese, auch Geltung – kanonhermeneutische Überlegungen

Eckart Otto hat sich im Vorwort seiner verdienstvollen Kommentierung des Dtn für eine Vermittlung von diachronem Erklären und synchronem Verstehen ausgesprochen.[163] Mit dem ML in seinem Erzählzusammenhang, (fast) am Ende von Dtn und Pentateuch, kommt dieser doppelte Perspektive m.E. jedoch an seine Grenze. Noch stärker ist dies der Fall, wo – über Ottos Kommentierung des Dtn hinausblickend – eine spezifische, die heilsgeschichtliche Anlage einbeziehende Art von Diachronie und Synchronie hinsichtlich *der kanonisch gewordenen Schriftenabfolge* in Anschlag zu bringen wäre.

Um zunächst beim ML zu bleiben: Am Ende des vorherigen Abschnitts (→ 6.1) wurde die kanonhermeneutische Konstellation angesprochen. Die damit verbundene *Ausgangs*bedeutung des ML ist mit einer historisch gezeichneten *Schluss*bedeutung (Otto) schwer zu vermitteln; die kanonisch gewordene Konfiguration bleibt unterbelichtet. In der Alttestamentlichen Wissenschaft gelten die historische und literarische Rekonstruktion von Texten und damit die Erhellung der Entstehungsumstände (und Redaktionen) als Königsweg. Gegenüber der Genese ist die Geltung – insofern man diese Fragestellung der Bibelwissenschaft überhaupt zurechnen will[164] – mindestens so wichtig. Sie wird durch eine synchron-literarische Erarbeitung in kanonischem Horizont eingebracht. Über die *Ent*stehung hinaus ist also ebenso sehr das *Ver*stehen (wozu die Vorgeschichte gehört) und damit gegenüber der *Erst*verwendung die *Wieder- und Mehrfach*verwendung in den Blick zu nehmen. Das ist an sich schon anspruchsvoll, wird aber noch schwieriger, wo Erzählzeit (Übergang von der späten Bronze- zur frühen Eisenzeit) und erzählte Zeit (gemäss Otto: spätpersische Zeit) stark auseinandertreten.

Für das ML sind die im Zusammenhang mit der *Erst*aufführung (Dtn 31–32) angesprochenen *Wieder*aufführungen zentral, denn mit dem Zeugnischarakter ist eine

---

163　Otto, HThKAT, 15–16, schreibt nach Ausführungen zur Berechtigung historisch-kritischer Arbeit am Pentateuch: „Gleichzeitig aber darf die historische Kritik nicht dazu führen, dass der Text in seiner uns vorliegenden Gestalt verloren und zugunsten des Verstehens von Vorstufen nicht mehr verstanden wird, was vor die Herausforderung stellt, diachrone, an der Erfassung der Entstehung des Textes orientierte und synchrone an der Interpretation des vorliegenden Textes orientierte Methodik in der Kommentierung zu vermitteln. Dieser Aufgabe stellt sich der vorliegende Kommentar und darin sehe ich als sein Autor sein Spezifikum und seine Hauptaufgabe."

164　Einige Forscher bezeichnen die historische als *allein* relevante Fragestellung.

Verstetigung verbunden. Mit der Abhängigkeitsrichtung ML → APss kann über die historische Fragestellung hinaus eine geltungstheologische akzentuiert werden: Die APss bestätigen den Stellenwert des ML für die Geschichte Israels und „realisieren" mit ihrer Rezeption – teils im Sinne einer aktualisierten Neuauslegung („Predigt"), teils in Verarbeitung von katastrophischem (Gerichts-)Geschehen – die in Dtn 31–32 angezeigte, ja eingeschärfte Bedeutung für künftige Zeiten. Hört man auf das Lied selbst, so wird deutlich, dass ein Einfrieren in Entstehungsumstände seinem Anliegen und Anspruch (Eigensinn) gerade nicht entspricht. Die „Nachhaltigkeit" und damit das je neue Hören auf ihre bzw. Gottes Worte – man denke nur an Ps 81! – sind eminent wichtig. Die verspoetische Textgestalt mit ihrer Kontextoffenheit (Ambiguität) und Adaptibilität für neue Kontexte sowie die „liturgische" Performanz tragen das ihre zum „Gedenken" bzw. „Nicht-Vergessen" bei. Im Unterschied zu den (Asaph-)Psalmen werden das Schilfmeer- wie das Mose-Lied explizit der Frühgeschichte Israels zugeordnet und mit konkretem Festgeschehen in Verbindung gebracht.[165] Diese sind bedeutungsrelevant.[166] Es handelt sich um Schlüsselmomente in der Geschichte Israels, die untrennbar mit Jhwh und seinem Wirken verbunden sind. Zugleich ergibt sich aus ihnen eine jahreszyklische Verstetigung (Feste) und damit eine die Zeiten überschreitende wie auch verbindende Bedeutung.[167] Aufgrund der dargestellten Charakteristik und der Einbettung im Pentateuch kommt ihnen ein hoher Status zu. Er manifestiert sich in der erörterten Rezeptionsrichtung, aber auch in der Platzierung (von ML und APss) im späteren, dreiteiligen Kanon. Mit Harald Fisch gesagt: „The poem is not forgotten. The Song of Moses echoes endlessly throughout the Psalms and the Prophets."[168]

In der kanonischen Buchabfolge sind die APss (in den Ketubim) dem Pentateuch (Tora) nachgeordnet. Die autoritativ gewordene Leserichtung – und damit sind wir bei der zweiten, über das ML und die Einzelschriften hinausreichenden Dimension – muss (auch) theologisch bedacht werden. Denn auch damit verbindet sich nicht nur Genese, sondern auch Geltung, auch wenn mit Kanonstabilisierung und -umfang (bei den Ketubim auch die Reihenfolge der Bücher betreffend) eine gewisse Diversität verbunden ist. Am Eingang des Psalters wird unter Anknüpfung an Tora und

---

165 Mit der Poesie von Ex 15 und Dtn 32 ruht der Erzählfaden und wird die Vergangenheit in die Gegenwart gehoben – ein Charakteristikum (psalmischer) Verspoesie. Vgl. dazu die Überlegungen von Ballhorn, Mose. Diverse Zeitlagen und Stimmen machen das ML gegenüber dem Schilfmeerlied komplexer.

166 Freilich gibt es Hinweise, dass das ML ohne Kontext überliefert (und verwendet) worden sein könnte und später auch wurde. Ob späteres Ausklinken des ML aus der vorliegenden Eintextung für Zweitverwendungen anzunehmen ist oder das ML (oder Teile daraus) eine eigene Vorgeschichte hat und später in Abstimmung mit und/oder Hinzufügung von Geschichtserzählungen in Dtn (und Pentateuch) eingefügt wurde, wird bekanntlich diskutiert. Vgl. dazu auch den handschriftlichen Befund (4Q44, mit stichographischem Layout) und die Aufnahme des ML in die Oden und die Tefillin (4Q141), dazu Wüste, Fels, 27–28; Schmidtkunz, Moselied, 31.

167 Steins, Kanon, 74–84 (120–128), kennzeichnet in diesem Zusammenhang biblische Theologie in „kanonischem" Horizont in ihrer Funktion als Anamnese. Dazu fügt sich, dass zum Kanon das Moment des Überzeitlichen oder Jederzeitigen und insofern auch das allzeit Bedeutsamen, des Normativen, gehört, vgl. Ders., Geschichte, 225–226 (211).

168 Fisch, Poetry, 65.

Nebi'im angezeigt, dass der Psalter *als Buch* im Anschluss an diese selbst (auch) als „Weisung und Prophetie" verstanden werden will (Ps 1,1–2).[169]

Zuallerletzt: Die literargeschichtlichen wie Kanon-sequenziellen Vektoren vom ML zu den APss hin relativieren sich im später etablierten Kanon insofern, als innerhalb des Gesamten ein *wechselseitiges* Verstehen in Gang gesetzt wird, das Text-Text-Bezüge wahrnimmt und Sinnanreicherungen ergibt – jedenfalls insofern bei den Rezipienten eine memorative „Cloud" vorhanden ist und darauf zurückgegriffen werden kann.

7. Anhang: Text, Struktur und Übersetzung des Mose-Lieds[170]

I	A	1 a	הַאֲזִ֥ינוּ הַשָּׁמַ֖יִם וַאֲדַבֵּ֑רָה	Spitzt die Ohren, ihr Himmel, so will ich reden!
		b	וְתִשְׁמַ֥ע הָאָ֖רֶץ אִמְרֵי־פִֽי׃	Hören möge die Erde die Worte meines Mundes.
		2 a	יַעֲרֹ֤ף כַּמָּטָר֙ לִקְחִ֔י	Es triefe wie der Regen meine Lehre.
		b	תִּזַּ֥ל כַּטַּ֖ל אִמְרָתִ֑י	Es lasse rieseln wie der Tau mein Wort,
		2 c	כִּשְׂעִירִ֣ם עֲלֵי־דֶ֔שֶׁא	wie leichter Regen auf frisches Gras,
		d	וְכִרְבִיבִ֖ים עֲלֵי־עֵֽשֶׂב׃	ja, wie Regenschauer auf Kraut.
	B	3 a	כִּ֛י שֵׁ֥ם יְהוָ֖ה אֶקְרָ֑א	Fürwahr: Den Namen Jʜwʜ rufe ich aus.
		b	הָב֥וּ גֹ֖דֶל לֵאלֹהֵֽינוּ׃	Gebt Grösse unserem Gott!
		4 a	הַצּוּר֙ תָּמִ֣ים פָּעֳל֔וֹ	Der Fels: Vollkommen [ist] sein Tun!
		b	כִּ֥י כָל־דְּרָכָ֖יו מִשְׁפָּ֑ט	Fürwahr: Alle seine Wege [sind] Gerechtigkeit.
		4 c	אֵ֤ל אֱמוּנָה֙ וְאֵ֣ין עָ֔וֶל	Ein Gott der Treue [ist er] – ohne Trug.
		d	צַדִּ֥יק וְיָשָׁ֖ר הֽוּא׃	Recht und geradlinig [ist] er.
II.1	C	5 a	שִׁחֵ֥ת ל֛וֹ לֹ֖א בָּנָ֣יו מוּמָ֑ם	Es handelte[n] abscheulich gegen ihn: seine Nicht-Kinder – ihr Makel! –,
		b	דּ֥וֹר עִקֵּ֖שׁ וּפְתַלְתֹּֽל׃	eine verkehrte und verdrehte Generation.
		6 a	הֲ־לַיְהוָה֙ תִּגְמְלוּ־זֹ֔את	Wollt ihr Jʜwʜ dies erweisen,
		b	עַ֥ם נָבָ֖ל וְלֹ֣א חָכָ֑ם	du törichtes und unweises Volk?
		6 c	הֲלוֹא־הוּא֙ אָבִ֣יךָ קָּנֶ֔ךָ	Ist nicht er dein Vater, [der] dich erworben hat?
		d	ה֥וּא עָֽשְׂךָ֖ וַֽיְכֹנְנֶֽךָ׃	Er, er hat dich gemacht und dich gefestigt.

---

169   Vgl. Weber, Tora (mit Lit.). Ausgehend von den in Dtn 31–32 erwähnten Leviten, die mit der Lade, der daneben deponierten Tora und ihrer Vermittlung beauftragt wurden, wären unter Einbezug der APss weitere Aspekte in den Blick zu nehmen. Vgl. hierzu u.a. Cook, Roots, 15–44.53–65.126–132.236–241; Leuchter, Levites, 24–28.62–98.136–188; Weber, Asaph im Psalter.

170   Vgl. dazu die kurzen Erörterungen zum ML unter Kapitel 2.

	D	7 a	זְכֹר יְמוֹת עוֹלָם	Gedenke der uralten Tage,
		b	בִּ֫ינוּ שְׁנוֹת דּוֹר־וָדוֹר	bedenkt die Jahre von Generation zu Generation!
		7 c	שְׁאַל אָבִ֫יךָ וְיַגֵּדְךָ	Frage deinen Vater, [dass] er dir erzähle,
		d	זְקֵנֶ֫יךָ וְיֹ֫אמְרוּ לָֽךְ׃	deine Alten/Ältesten, [dass] sie [es] sagen dir!
II.2	E	8 a	בְּהַנְחֵל עֶלְיוֹן גּוֹיִם	Als zum Erbbesitz gab der Höchste [die] Nationen,
		b	בְּהַפְרִידוֹ בְּנֵי אָדָם	als er schied [die] Menschenkinder,
		8 c	יַצֵּב גְּבֻלֹת עַמִּים	da legte er fest [die] Grenzen der Völker
[4Q 37]		d	לְמִסְפַּר בְּנֵי יִשְׂרָאֵל׃ מספר בני אלהים	nach der Zahl der Kinder Israels. [nach der Zahl der Gottessöhne.]
		9 a	כִּי חֵלֶק יְהֹוָה עַמּוֹ	Jedoch: Der Anteil Jʜwʜs [ist] sein Volk;
		b	יַעֲקֹב חֶבֶל נַחֲלָתוֹ׃	Jakob [ist] das Mass seines Erbbesitzes.
	F	10 a	יִמְצָאֵ֫הוּ בְּאֶרֶץ מִדְבָּר	Er fand es im Land der Wüste,
		b	וּבְתֹ֫הוּ יְלֵל יְשִׁמֹן	ja, im Ödland des Steppen-Geheuls.
		10 c	יְסֹבְבֶ֫נְהוּ יְבוֹנְנֵ֫הוּ	Er umschirmte es, umhegte es,
		d	יִצְּרֶ֫נְהוּ כְּאִישׁוֹן עֵינֽוֹ׃	hütete es wie seinen Augapfel.
	G	11 a	כְּנֶ֫שֶׁר יָעִיר קִנּוֹ	Wie ein Adler/Geier aufstört/bewacht seine Nestbrut,
		b	עַל־גּוֹזָלָיו יְרַחֵף	über seine Vogeljungen schwebt,
		11 c	יִפְרֹשׂ כְּנָפָיו יִקָּחֵ֫הוּ	so breitete er aus seine Flügel, nahm es,
		d	יִשָּׂאֵ֫הוּ עַל־אֶבְרָתֽוֹ׃	hob es auf seine Schwinge.
II.3	H	12 a	יְהֹוָה בָּדָד יַנְחֶ֫נּוּ	Jʜwʜ allein führte es,
		b	וְאֵין עִמּוֹ אֵל נֵכָֽר׃	und es gab bei ihm keinen ausländischen Gott.
		13 a	יַרְכִּבֵ֫הוּ עַל־בָּ֫מֳתֵי אָ֫רֶץ	Er liess einherfahren ihn auf den Höhen des Landes,
		b	וַיֹּאכַל תְּנוּבֹת שָׂדָי	und es ass [die] Erträge des Feldes.
		13 c	וַיֵּנִקֵ֫הוּ דְבַשׁ מִסֶּ֫לַע	Er liess es saugen Honig aus [dem] Felsstück
		d	וְשֶׁ֫מֶן מֵחַלְמִישׁ צֽוּר׃	und Öl aus [dem] Felsgestein.
	I	14 a	חֶמְאַת בָּקָר וַחֲלֵב צֹאן	Rahm des Grossviehs und Milch des Kleinviehs,
		b	עִם־חֵ֫לֶב כָּרִים וְאֵילִים	samt Fett der Lämmer und Widder;
		14 c	בְּנֵי־בָשָׁן וְעַתּוּדִים	Zucht aus Baschan und Böcke
		d	עִם־חֵ֫לֶב כִּלְיוֹת חִטָּה	samt Fettmark des Weizens.
		14 e	וְדַם־עֵנָב	Auch [das] Blut der Weinbeere:
		f?	תִּשְׁתֶּה־חָֽמֶר׃	Du trankst frischen Wein.
III.1	K	15 a	וַיִּשְׁמַן יְשֻׁרוּן וַיִּבְעָט	Da wurde fett Jeschurun und schlug aus.
		b	שָׁמַ֫נְתָּ עָבִ֫יתָ כָּשִׂ֫יתָ	„Du bist fett geworden, du bist feist geworden, du bist störrisch geworden!"
		15 c	וַיִּטֹּשׁ אֱלוֹהַּ עָשָׂ֫הוּ	Er gab preis Gott, [der] ihn gemacht hatte,
		d	וַיְנַבֵּל צוּר יְשֻׁעָתֽוֹ׃	hielt für töricht den Felsen seines Heils.

	L	16 a	יַקְנִאֻהוּ בְּזָרִים	Sie machten ihn eifersüchtig durch Fremde [Götter],
		b	בְּתוֹעֵבֹת יַכְעִיסֻהוּ׃	durch Abscheulichkeiten kränkten sie ihn.
		17 a	יִזְבְּחוּ לַשֵּׁדִים לֹא אֱלֹהַ	Sie opferten den Dämonen, [die] Nicht-Gott [sind],
		b	אֱלֹהִים לֹא יְדָעוּם	Göttern, [die] sie nicht gekannt hatten;
		17 c	חֲדָשִׁים מִקָּרֹב בָּאוּ	Neulinge, [die erst] vor kurzem kamen,
		d	לֹא שְׂעָרוּם אֲבֹתֵיכֶם׃	[die] nicht anerkannten/fürchteten eure Väter.
III.2	M	18 a	צוּר יְלָדְךָ תֶּשִׁי	[Den] Felsen, [der] dich zeugte/gebar, hast du missachtet,
		b	וַתִּשְׁכַּח אֵל מְחֹלְלֶךָ׃	du vergaßest Gott, [der] dich unter Wehen hervorbrachte.
	N	19 a	וַיַּרְא יְהוָה וַיִּנְאָץ	Da sah [es] an Jhwh und verschmähte [sie],
		b	מִכַּעַס בָּנָיו וּבְנֹתָיו׃	wegen der Kränkung ihrer Söhne und Töchter.
		20 a	וַיֹּאמֶר אַסְתִּירָה פָנַי מֵהֶם	Er sprach: „Ich will verbergen mein Angesicht vor ihnen,
		b	אֶרְאֶה מָה אַחֲרִיתָם	ich will sehen, was ihr Ende [sein wird].
	O	20 c	כִּי דוֹר תַּהְפֻּכֹת הֵמָּה	Fürwahr: Eine Generation der Verkehrtheiten [sind] sie,
		d	בָּנִים לֹא־אֵמֻן בָּם׃	Kinder: keine Treue [ist] in ihnen.
		21 a	הֵם קִנְאוּנִי בְלֹא־אֵל	Sie, sie machten mich eifersüchtig durch einen Nicht-Gott,
		b	כִּעֲסוּנִי בְּהַבְלֵיהֶם	kränkten mich durch Nichtse.
		21 c	וַאֲנִי אַקְנִיאֵם בְּלֹא־עָם	Doch ich, ich will sie eifersüchtig machen durch ein Nicht-Volk,
		d	בְּגוֹי נָבָל אַכְעִיסֵם׃	durch eine törichte Nation will ich sie kränken.
III.3	P	22 a	כִּי־אֵשׁ קָדְחָה בְאַפִּי	Fürwahr: Ein Feuer hat sich entzündet in meiner Nase/in meinem Zorn
		b	וַתִּיקַד עַד־שְׁאוֹל תַּחְתִּית	und brennt bis in die tiefste Unterwelt.
		22 c	וַתֹּאכַל אֶרֶץ וִיבֻלָהּ	Es frisst [das] Land und seinen Ertrag,
		d	וַתְּלַהֵט מוֹסְדֵי הָרִים׃	versengt [die] Grundfesten der Berge.
	Q	23 a	אַסְפֶּה עָלֵימוֹ רָעוֹת	Ich will sammeln über sie Unheilsgeschehnisse,
		b	חִצַּי אֲכַלֶּה־בָּם׃	meine Pfeile will ich aufbrauchen gegen sie.
		24 a	מְזֵי רָעָב	Entkräftet vom Hunger
		b	וּלְחֻמֵי רֶשֶׁף	und aufgezehrt von Seuche
		c?	וְקֶטֶב מְרִירִי	und bitteres Verderben [werden sie sein].
		24 d	וְשֶׁן־בְּהֵמֹת אֲשַׁלַּח־בָּם	Ja, [den] Zahn wilder Tiere will ich loslassen auf sie,
		e	עִם־חֲמַת זֹחֲלֵי עָפָר׃	samt [dem] Gift der Kriechenden im Staub.
	R	25 a	מִחוּץ תְּשַׁכֶּל־חֶרֶב	Von draußen wird der Kinder berauben [das] Schwert,
		b	וּמֵחֲדָרִים אֵימָה	und von drinnen [wird kommen] Schrecken:

		25 c	גַּם־בָּחוּר֙ גַּם־בְּתוּלָ֔ה	[betreffend] sowohl den jungen Mann als auch die junge Frau,
		d	יוֹנֵ֖ק עִם־אִ֥ישׁ שֵׂיבָֽה׃	Säugling samt grauhaarigem Mann.
IV.1	S	26 a	אָמַ֖רְתִּי אַפְאֵיהֶ֑ם	Ich sprach: ›Ich will sie zerschlagen,
		b	אַשְׁבִּ֥יתָה מֵאֱנ֖וֹשׁ זִכְרָֽם׃	ich will tilgen aus [den] Menschen ihr Gedenken.
		27 a	לוּלֵ֗י כַּ֤עַס אוֹיֵב֙ אָג֔וּר	Wenn nicht Kränkung durch den Feind ich fürchten müsste,
		b	פֶּֽן־יְנַכְּר֖וּ צָרֵ֑ימוֹ	damit nicht falsch verstünden ihre Bedränger,
		27 c	פֶּן־יֹֽאמְרוּ֙ יָדֵ֣ינוּ רָ֔מָה	damit sie nicht sagen könnten: ›Unsere Hand war hoch erhaben!‹,
		d	וְלֹ֥א יְהוָ֖ה פָּעַ֥ל כָּל־זֹֽאת׃	und nicht: ›Jhwh hat bewirkt all dies!‹ «
	T	28 a	כִּי־ג֛וֹי אֹבַ֥ד עֵצ֖וֹת הֵ֑מָּה	Fürwahr: Eine Nation, [die] zugrunde geht an Plänen [sind] sie,
		b	וְאֵ֥ין בָּהֶ֖ם תְּבוּנָֽה׃	und es gibt unter ihnen keine Einsicht.
		29 a	ל֥וּ חָכְמ֖וּ	Ach, dass sie doch weise geworden wären!
		b?	יַשְׂכִּ֣ילוּ זֹ֑את	Dann würden sie verstehen dies,
		c	יָבִ֖ינוּ לְאַחֲרִיתָֽם׃	würden achten auf ihr Ende.
IV.2	U	30 a	אֵיכָ֞ה יִרְדֹּ֤ף אֶחָד֙ אֶ֔לֶף	Wie kann verfolgen einer tausend
		b	וּשְׁנַ֖יִם יָנִ֣יסוּ רְבָבָ֑ה	oder zwei in die Flucht schlagen zehntausend –
		30 c	אִם־לֹא֙ כִּי־צוּרָ֣ם מְכָרָ֔ם	wenn nicht so, dass ihr Fels sie verkauft hat,
		d	וַֽיהוָ֖ה הִסְגִּירָֽם׃	ja, Jhwh sie preisgegen hat?
		31 a	כִּ֛י לֹ֥א כְצוּרֵ֖נוּ צוּרָ֑ם	Fürwahr: Nicht wie unser Fels [ist] ihr Fels,
		b	וְאֹיְבֵ֖ינוּ פְּלִילִֽים׃	und unsere Feinde [sind] Schiedsrichter(?).
	V	32 a	כִּֽי־מִגֶּ֤פֶן סְדֹם֙ גַּפְנָ֔ם	Fürwahr: Vom Weinstock Sodoms [ist] ihr Weinstock
		b	וּמִשַּׁדְמֹ֖ת עֲמֹרָ֑ה	und von den Terrassenfeldern Gomorras.
		32 c	עֲנָבֵ֨מוֹ֙ עִנְּבֵי־ר֔וֹשׁ	Ihre Weinbeeren [sind] Gift-Weinbeeren,
		d	אַשְׁכְּלֹ֥ת מְרֹרֹ֖ת לָֽמוֹ׃	Bitter-Trauben [sind] sie.
		33 a	חֲמַ֥ת תַּנִּינִ֖ם יֵינָ֑ם	Drachen-Gift [ist] ihr Wein,
		b	וְרֹ֥אשׁ פְּתָנִ֖ים אַכְזָֽר׃	ja, grausames Schlangen-Gift.
	W	34 a	הֲלֹא־ה֖וּא כָּמֻ֣ס עִמָּדִ֑י	„Ist er nicht aufbewahrt bei mir,
		b	חָתֻ֖ם בְּאוֹצְרֹתָֽי׃	versiegelt in meiner Vorratskammer?
		35 a	לִ֤י נָקָם֙ וְשִׁלֵּ֔ם	Mein [ist] Rache und Vergeltung
		b	לְעֵ֖ת תָּמ֣וּט רַגְלָ֑ם	zu der Zeit, [da] wankt ihr Fuß.
		35 c	כִּ֤י קָרוֹב֙ י֣וֹם אֵידָ֔ם	Fürwahr: Nahe [ist] der Tag ihres Unglücks,
		d	וְחָ֖שׁ עֲתִדֹ֥ת לָֽמוֹ׃	ja, es eilt [das] Bereitete für sie.“
IV.3	X	36 a	כִּֽי־יָדִ֤ין יְהוָה֙ עַמּ֔וֹ	Fürwahr: Recht schaffen wird Jhwh seinem Volk,
		b	וְעַל־עֲבָדָ֖יו יִתְנֶחָֽם	und über seine Knechte wird er Mitleid haben.

		36 c	כִּי יִרְאֶה כִּי־אָזְלַת יָד	Denn er wird sehen, dass geschwunden [ist die] Kraft,
		d	וְאֶפֶס עָצוּר וְעָזוּב׃	und zu Ende [sind] Unmündige und Mündige(?).
	Y	37 a	וְאָמַר אֵי אֱלֹהֵימוֹ	Dann wird er sagen: „Wo [sind] ihre Götter,
		b	צוּר חָסָיוּ בוֹ׃	der Fels, bei dem sie sich geborgen haben?
		38 a	אֲשֶׁר חֵלֶב זְבָחֵימוֹ יֹאכֵלוּ	Sie, die das Fett ihrer Opfer essen,
		b	יִשְׁתּוּ יֵין נְסִיכָם	trinken den Wein ihrer Trankopfer.
		38 c	יָקוּמוּ וְיַעְזְרֻכֶם	Sie mögen sich erheben, um euch zu helfen;
		d	יְהִי עֲלֵיכֶם סִתְרָה׃	er(?) möge sein über euch ein Bergungsort.
V.1	Z	39 a	רְאוּ עַתָּה	Seht jetzt!
		b?	כִּי אֲנִי אֲנִי הוּא	Fürwahr: Ich, ich [bin] es,
		c	וְאֵין אֱלֹהִים עִמָּדִי	und es gibt keinen Gott ausser mir.
		39 d	אֲנִי אָמִית וַאֲחַיֶּה	Ich, ich lasse sterben und mache lebendig,
		e	מָחַצְתִּי וַאֲנִי אֶרְפָּא	ich zerschlage und ich, ich heile –
		f	וְאֵין מִיָּדִי מַצִּיל׃	und es gibt keinen, [der] aus meiner Hand rettet!
		40 a	כִּי־אֶשָּׂא אֶל־שָׁמַיִם יָדִי	Fürwahr: Ich erhebe zum Himmel meine Hand
		b	וְאָמַרְתִּי חַי אָנֹכִי לְעֹלָם׃	und ich sage:‚[So wahr] ich lebendig bin für immer!'
	AA	41 a	אִם־שַׁנּוֹתִי בְּרַק חַרְבִּי	Wenn ich geschärft habe die blitzende Klinge meines Schwerts,
		b	וְתֹאחֵז בְּמִשְׁפָּט יָדִי	und es ergreift [es] zum Gericht meine Hand,
		41 c	אָשִׁיב נָקָם לְצָרָי	dann werde ich erstatten Rache an meinen Bedrängern,
		d	וְלִמְשַׂנְאַי אֲשַׁלֵּם׃	und meinen Hassern werde ich es vergelten.
	BB	42 a	אַשְׁכִּיר חִצַּי מִדָּם	Ich will trunken werden lassen meine Pfeile vom Blut,
		b	וְחַרְבִּי תֹּאכַל בָּשָׂר	und mein Schwert soll fressen Fleisch:
		42 c	מִדַּם חָלָל וְשִׁבְיָה	vom Blut der Erschlagenen und Gefangenen,
		d	מֵרֹאשׁ פַּרְעוֹת אוֹיֵב׃	vom Haupt der Anführer des Feindes."
V.2	CC	43 a	הַרְנִינוּ גוֹיִם עַמּוֹ	Bringt zum Jubeln, ihr Nationen, sein Volk!
		b	כִּי דַם־עֲבָדָיו יִקּוֹם	Denn das Blut seiner Knechte wird er rächen,
		43 c	וְנָקָם יָשִׁיב לְצָרָיו	und Rache wird er erstatten an seinen Bedrängern,
		d	וְכִפֶּר אַדְמָתוֹ עַמּוֹ׃	und entsühnen wird er seinen Erdboden, sein Volk.

4Q44	CC	43 a	הרינו שמים עמו	Bringt zum Jubeln, ihr Himmel, sein Volk,
V.2		b	והשתחוו לו כל אלהים	und fallt nieder vor ihm, all ihr Götter!
		43 c	כי דם בניו יקום	Fürwahr: Das Blut seiner Kinder wird er rächen,
		d	ונקם ישיב לחריו	und Rache wird er erstatten an seinen Bedrängern,
		43 e	ולמשנאיו ישלם	und seinen Hassern wird er vergelten,
		f	וכפר אדמתו עמו	und entsühnen wird er seinen Erdboden, sein Volk.

Bibliographie

BALLHORN, E., Mose der Psalmist. Das Siegeslied am Schilfmeer (Ex 15) und seine Kontextbedeutung für das Exodusbuch, in: E. Ballhorn / G. Steins (Hg.), der Bibelkanon in der Bibelauslegung. Methodenreflexionen und Beispielexegesen, Stuttgart 2007, 130–151.

BEN-PORAT, Z., The Poetics of Literary Allusion, Journal of Descriptive Poetics and Theory of Literature 1 (1976) 105–128.

BOYD, S.L., The Rhetoric of Memory and the Formation of Identity in Psalm 78 and Deuteronomy 32, BR 66 (2021) 7–30.

BRODERSEN, A., The End of the Psalter: Psalm 146–150 in the Masoretic Text, the Dead Sea Scrolls, and the Septuagint (BZAW 505), Berlin – Boston, MA 2017.

CARR, D., Method in Determination of Direction of Dependence: An Empirical Test of Criteria Applied to Exodus 34,11–26 and Its Parallels, in: M. Köckert / E. Blum (Hg.), Gottes Volk am Sinai. Untersuchungen zu Ex 32–34 und Dtn 9–10 (VWGTh 18), Gütersloh 2001, 107–140.

COOK, S.L., The Social Roots of Biblical Yahwism (StBl 8), Atlanta, GA 2004.

FINSTERBUSCH, K., Integrating the Song of Moses into Deuteronomy and Reshaping the Narrative: Different Solutions in MT Deut 31:1–32:47 and (the Hebrew *Vorlage* of) LXX Deut 31:1–32:47, in: J.C. Gertz et al. (eds.), The Formation of the Pentateuch: Bridging the Academic Cultures of Europe, Israel, and North America (FAT 111), Tübingen 2016, 631–650.

FISCH, H., Poetry with a Purpose: Biblical Poetics and Interpretation (Indiana Studies in Biblical Literature), Bloomington, IN – Indianapolis, IN 1988.

GÄRTNER, J., Die Geschichtspsalmen. Eine Studie zu den Psalmen 78, 105, 106, 135 und 136 als hermeneutische Schlüsseltexte im Psalter (FAT 84), Tübingen 2012.

GOULDER, M.D., The Psalms of Asaph and the Pentateuch: Studies in the Psalter, III (JSOTS 233), Sheffield 1996.

IRSIGLER, H., Das Proömium im Moselied Dtn 32. Struktur, Sprechakte und Redeintentionen von V.1–3, in: R. Schulz / M. Görg (Hg.), Lingua Restituta Orientalis. FS J. Assfalg, Wiesbaden 1990, 161–174.

JACOBSON, K.N., Memories of Asaph: Mnemohistory and the Psalms of Asaph, Minneapolis, MN 2017.

JENNI E., Das hebräische Pi'el. Syntaktisch-semasiologische Untersuchung einer Verbalform im Alten Testament, Zürich 1968.

JÜNGLING, H.-W., Der Tod der Götter. Eine Untersuchung zu Psalm 82 (SBS 38), Stuttgart 1969.

KILCHÖR, B., Mosetora und Jahwetora. Das Verhältnis von Deuteronomium 12–26 zu Exodus, Levitikus und Numeri (BZABR 21), Wiesbaden 2015.

– / WEBER, B., „Unser Gott kommt …! (Ps 50,3): Psalm 50 und sein Setting im Lichte aufgenommener Überlieferungen, OTE 27 (2014) 1084–1111.

KLEIN, A., Geschichte und Gebet. Die Rezeption der biblischen Geschichte in den Psalmen des Alten Testaments (FAT 94). Tübingen 2014.

LEUCHTER, M., The Levites and the Boundaries of Israelity Identity, New York, NY 2017.

LIEDKE, G., Art. דין dīn richten, THAT I (²1978) 445–448.

LIPPKE, F., „Erhebe deine Schritte …" (Ps 74,3). Studien zur Motiv-, Religions- und Motivgeschichte von Psalm 74, Diss. theol. masch., Universität Tübingen 2020 [erscheint publiziert in der Reihe FAT I, Tübingen 2024].

LUNDBOM, J.R., Deuteronomy: A Commentary, Grand Rapids, MI – Cambridge, U.K. 2013.

MARKL, D., Gottes Volk im Deuteronomium (BZABR 18), Wiesbaden 2012.

–, Cultural Trauma and the Song of Moses (Deut 32), OTE 33 (2020) 674–689.

NASUTI, H.P., Tradition History and the Psalms of Asaph (SBLDS 88), Atlanta, GA 1988.

OTTO, E., Moses Abschiedslied in Deuteronomium 32. Ein Zeugnis der Kanonsbildung in der Hebräischen Bibel, in: Ders., Die Tora. Studien zum Pentateuch. Gesammelte Aufsätze (BZABR 9), Wiesbaden 2009, 641–678.

–, Deuteronomium 1–11. Erster Teilband: 1,1–4,43 (HThKAT), Freiburg i.Br. 2012 (1–622).

–, Deuteronomium 12–34. Zweiter Teilband: 23,16–34,12 (HThKAT), Freiburg i.Br. 2017 (1771–2300).

PAVAN, M., „He remembered that they were but flesh, a breath that passes and does not return" (Ps 78,39): The Theme of Memory and Forgetting in the Third Book of the Psalter (Pss 73–89) (ÖBS 44), Frankfurt a.M. 2014.

SANDERS, P., The Provenance of Deuteronomy 32 (OTS 37), Leiden 1996.

SCHMID K., Gibt es „Reste hebräischen Heidentums" im Alten Testament? Methodische Überlegungen anhand von Dtn 32,8f und Ps 82, in: A. Wagner (Hg.), Primäre und sekundäre Religion als Kategorie der Religionsgeschichte des Alten Testaments (BZAW 364), Berlin – New York, NY 2006, 105–120.

SCHMIDTKUNZ, P., Das Moselied des Deuteronomiums. Untersuchungen zu Text und Theologie von Dtn 32,1–43 (FAT II/124), Tübingen 2020.

SEYBOLD, K., Krise der Geschichte. Geschichtstheologische Aspekte im Moselied Dt 32, in: U. Becker / J. van Oorschot (Hg.), Das Alte Testament – ein Geschichtsbuch?! FS J. Conrad, Leipzig 2005, 59–80; Neuausgabe in: K. Seybold, Studien zu Sprache und Stil der Psalmen (BZAW 515), Berlin – New York, NY 2010, 169–189.

Sklarz, M., „Ha'azinu" (Dtn 32,1–43): Structure and Significance, SJOT 35 (2021) 59–72.

Sonnet, J.P., The Book within the Book: Writing in Deuteronomy (BiInS 14), Leiden 1997.

–, Voix divines dans le cantique de Moïse (Deutéronome 32), in: A. Wénin (ed.), La Contribution du discours à la caractérisation des personnages Bibliques. Neuvième colloque international du PRENAB, Louvain-la-Neuve, 31 mai – 2 juin 2018 (BETL 311), Leuven 2020, 153–173.

–, The Fifth Book of the Pentateuch: Deuteronomy in Its Narrative Dynamic, JAJ 3 (2012) 197–234.

Steins, G., Geschichte, die im Rahmen bleibt. Kanonische Beobachtungen an 1 Sam 2 und 2 Sam 22f, in: E. Ballhorn / G. Steins (Hg.), Der Bibelkanon in der Bibelauslegung. Methodenreflexionen und Beispielexegesen, Stuttgart 2007, 198–211; Neuausgabe in: Ders., Kanonisch-intertextuelle Studien zum Alten Testament (SBAB 48), Stuttgart 2009, 209–226.

–, Kanon und Anamnese. Auf dem Weg zu einer Neuen Biblischen Theologie, in: E. Ballhorn / G. Steins (Hg.), Der Bibelkanon in der Bibelauslegung. Methodenreflexionen und Beispielexegesen, Stuttgart 2007, 110–129; Neuausgabe in: Ders., Kanonisch-intertextuelle Studien zum Alten Testament (SBAB 48), Stuttgart 2009, 61–85.

Stipp, H.-J., Die Erkennbarkeit intentionaler innerbiblischer Intertextualität am Beispiel von Jeremia 26 und 36, in: J.J. Krause / K. Weingart (Hg.), Exegetik des Alten Testaments. Bausteine für eine Theorie der Exegese (FAT II/127), Tübingen 2021, 127–160.

Weber, B., Psalm 77 und sein Umfeld. Eine poetologische Studie (BBB 103), Weinheim 1995 (digital: https://www.academia.edu/40122041 [eingesehen am 21. März 2023]).

–, Zur Datierung der Asaph-Psalmen 74 und 79, Bib. 81 (2000) 521–532; Neuausgabe in: Ders., „Wie ein Baum, eingepflanzt an Wasserrinnen" (Psalm 1,3). Beiträge zu Poesie und Theologie von Psalmen und Psalter für Wissenschaft und Kirche (hg. von T. Uhlig; ABIG 41), Leipzig 2014, 187–200.

–, Psalm 78: Geschichte mit Geschichte deuten, ThZ 56 (2000) 193–214; überarbeitete Neuausgabe in: Ders., „Wie ein Baum, eingepflanzt an Wasserrinnen" (Psalm 1,3). Beiträge zu Poesie und Theologie von Psalmen und Psalter für Wissenschaft und Kirche (hg. von T. Uhlig; ABIG 41), Leipzig 2014, 223–246.

–, Der Asaph-Psalter – eine Skizze, in: B. Huwler / H.-P. Mathys / B. Weber (Hg.), Prophetie und Psalmen. FS K. Seybold (AOAT 280), Münster 2001; Neuausgabe in: Ders., „Wie ein Baum, eingepflanzt an Wasserrinnen" (Psalm 1,3). Beiträge zu Poesie und Theologie von Psalmen und Psalter für Wissenschaft und Kirche (hg. von T. Uhlig; ABIG 41), Leipzig 2014, 363–391.

–, Akrostichische Muster in den Asaph-Psalmen, BN 113 (2002) 79–94.

–, Entwurf einer Poetologie der Psalmen, in: H. Utzschneider / E. Blum (Hg.), Lesarten der Bibel. Untersuchungen zu einer Theorie der Exegese des Alten Testaments, Stuttgart 2006, 127–154; Neuausgabe in: Ders., „Wie ein Baum, eingepflanzt an Wasserrinnen" (Psalm 1,3). Beiträge zu Poesie und Theologie von Psalmen und Psalter für Wissenschaft und Kirche (hg. von T. Uhlig; ABIG 41), Leipzig 2014, 30–64.

–, „Asaf" und „Jesaja". Eine komparatistische Studie zur These von den Tempelsängern als für Jesaja 40–66 verantwortlicher Trägerkreis, OTE 22 (2009) 456–487.

–, Werkbuch Psalmen III. Theologie und Spiritualität des Psalters und seiner Psalmen, Stuttgart 2010.

–, Gottesrede in „Asaph-Texten", OTE 25 (2012) 737–760.

–, Meint *die Tora* J H W H S in Psalm 1,2 (auch) den Psalter? Erkundungen zur Reichweite des Tora-Begriffs, BN 178 (2018) 75–102.

–, Asaph im Psalter und in der Chronik. Erwägungen zu „Schnittstellen", Trägerkreisen und Redaktionsprozessen, in: F. Hartenstein / T. Willi (Hg.), Psalmen und Chronik (FAT II/107) , Tübingen 2019, 343–378.

–, „Asaph Meets Hosea". Verbindungen zwischen Hosea-Schrift und Asaph-Psalmen, ausgehend von „Kriegsbogen"-Formulierungen, OTE 32 (2019) 578–605.

–, List of Publications by Beat Weber: https://www.academia.edu/5918166 (eingesehen am 21. März 2023).

WEINGART, K., Erkennst du auch, was du liest? Zur Markierung von Zitaten im Alten Testament, in: R. Heckl (Hg.), Methodik im Diskurs. Neue Perspektiven für die Alttestamentliche Exegese (BThSt 156), Neukirchen-Vluyn 2015, 143–170.

WÜSTE, C., Fels – Geier – Eltern. Untersuchungen zum Gottesbild des Moseliedes (Dtn 32) (BBB 182), Göttingen 2018.

ZENGER, E., Psalm 82 im Kontext der Asaf-Sammlung. Religionsgeschichtliche Implikationen, in: B. Janowski / M. Köckert (Hg.), Religionsgeschichte Israels. Formale und materiale Aspekte, Gütersloh 1999, 272–292.

III.3 „Asaph Meets Hosea". Verbindungen zwischen Hosea-Schrift und Asaph-Psalmen, ausgehend von „Kriegsbogen"-Formulierungen[*]

Abstract: *Drawing on the possibilities, methods and challenges of biblical intertextuality, this study examines the evidence of a common reference to the (war) bow (קֶשֶׁת) in the Asaph Psalms (Pss 76; 78) and in Hosea (Hos 1–2; 7) by way of comparative analysis. The analysis reveals broad similarities and refers to a common prophetic-levitic-northern Israelite environment, with a reasonable possibility that the Asaph Psalms were formulated with knowledge of the Hosea passages.*

1. Vorbemerkungen

1.1 Nennen wir es einmal „Intertextualität"

Zu sozialen Interaktionen als Lebensvollzügen gehört Kommunikation. Zu ihr hat man auch literarische Formen respektive biblische Texte zu rechnen. Das „Gespräch" in Texten mit bzw. über andere Texte ist dabei ein wesentliches Element. Nennen wir dieses Phänomen einmal „Intertextualität" – im Bewusstsein, dass das Wort schillernd ist und unterschiedlich verwendet wird.

Die mit meinem Kollegen und Freund Phil Botha geführten Gespräche drehten sich öfters um „Intertextualität" in den Psalmen. In einem gemeinsamen Aufsatz erarbeiteten wir Textbezüge in Ps 3.[1] Darüber hinaus liess sich Phil von Studien von Bernhard Gosse anregen und stellte weisheitliche (und prophetische) Bezüge heraus, die er mit perserzeitlicher Entstehung oder Redaktion verband.[2] In meinen Studien standen eher buchtheologische und kanonhermeneutische Überlegungen im Vordergrund.[3] Das „Zusammen-Lesen" von Schrift gehört ja zur Signatur ihrer Kanonizität.

Über das hohe Mass innerbiblischer Bezüge besteht Einigkeit. Diese zu gewichten und zu deuten gehört jedoch zu den anspruchsvollen Tätigkeiten des Textverstehens. Um nur einige Fragen zu nennen: Von welcher Art und Funktion von „Intertextualität" ist auszugehen? Welche Abhängigkeitsrichtung (wenn überhaupt) liegt vor?

---

[*] Erstveröffentlichung (wird hier überarbeitet und aktualisiert): Beat WEBER, „Asaph Meets Hosea". Verbindungen zwischen Hosea-Schrift und Asaph-Psalmen, ausgehend von „Kriegsbogen"-Formulierungen, Old Testament Essays 32/2 (2019) 578–605 (OTE 32/2 = Gert T.M. Prinsloo / Beat Weber [eds.], „Be exalted, o God, above the Heavens!" [Psalm 108:6] – Studies in the Book of Psalms and its reception. FS Phil J. Botha, 288–780).
1 Vgl. BOTHA/WEBER, Song, 283–292.
2 Vgl. exemplarisch GOSSE, Influence. Von Phil Botha seien zwei Beiträge herausgegriffen: BOTHA, Psalm 91; DERS., Psalm 32.
3 Vgl. u.a. WEBER, Psaltergenese, 65–77; DERS., Time.

Welche Datierungsannahmen sind damit verbunden? Ist der Textbezug auf der Stufe der Entstehung oder einer Redaktion (eines einzelnen Psalms, einer Psalmengruppe und/oder des Psalters) anzusetzen? Ist der gewählte Zugang Autor-orientiert (Produktionsästhetik) oder Leser-orientiert (Rezeptionsästhetik)? Die Forschung kennt unterschiedliche Konzepte, doch fehlen der komparativen Textanalyse Werkzeuge, die den Sachverhalt scharf zu bestimmen vermögen.[4] In den Bibelwissenschaften ist angesichts mangelnder historischer Ankerpunkte die Gefahr der Zirkularität (*petitio principii*) beträchtlich. Anhand religions-, literatur- und redaktionsgeschichtlicher Parameter werden Annahmen generiert, die Textauffassungen vorstrukturieren.[5] Sich einem Forschungsparadigma verdankende Argumentationsketten führen leicht zu Verengungen in Wahrnehmung und Beurteilung von Texten und beeinflussen diachrone Einschätzungen von Intertextualität. Dazu ein Beispiel: Es ist offenkundig, dass das Moselied (Dtn 32,1–43) innerbiblisch stark vernetzt ist.[6] Herkömmlich gilt dieses als alter Text, der in den *Nebi'im* und *Ketubim* vielfach aufgenommen wird. Eckart Otto geht jedoch von der umgekehrten Abhängigkeit aus und fasst Dtn 32 als sehr späten Text, der als „Abschiedslied" eine Vielzahl an Texten aufnimmt.[7] Das Beispiel zeigt, dass intertextuelle Einschätzungen mit literar- und religionsgeschichtlichen Annahmen interagieren. Annahmen von intertextueller Abhängigkeit, die – in einer weithin oral-auditiven (und memorativen) „Textkultur" – tendenziell zu schnell deklariert werden, sind methodisch zudem mit einem motiv- und traditionsgeschichtlichen Ansatz abzugleichen. Dieser geht davon aus, „daß geprägte Sachverhalte in verschiedenen Texten konstant wiederkehren, *ohne daß* literarische Abhängigkeit nachweisbar oder auch nur wahrscheinlich ist"[8].

Der vorliegende, Phil Botha gewidmete Beitrag will das Gespräch über „Intertextualität(en)" weiterführen. Dabei geht es um einen Text, der – anders als die Weisheit – gemeinhin nicht mit der Komposition, Redaktion und Edition von Psalmen und Psalter in Verbindung gebracht wird.

---

4   Zu Begriff und Methodik vgl. u.a. MILLER, „Intertextuality; MEEK, Intertextuality; KELLY, Allusions; CARR, Method, 41–53; LEONARD, Allusions, sowie umfassender DALFERTH, Kunst, 226–239.

5   In der (süd)afrikanischen Bibelwissenschaft wird oft von einer genuinen „Kontextualität" der Interpretation ausgegangen, d.h. jede Auslegung wird als standortbezogen beurteilt und daher eine indigen-afrikanische Sichtweise eingefordert (die Nichtbeachtung dieser Dimension wird als „westlich", „eurozentrisch" o.ä. beurteilt).

6   Vgl. MARKL, Volk, 231–281 (mit Zusammenstellungen der Bezüge).

7   Vgl. OTTO, Moses; DERS., HThKAT, 2130–2203. Zur Relation von Mose-Lied und Asaph-Psalmen vgl. WEBER, Mose-Lied (im vorliegenden Band Beitrag III.2).

8   STECK, Exegese, 128 (kursiv im Original; zur traditionsgeschichtlichen Fragestellung insgesamt vgl. ebd, 124–147). Zur kritischen Weiterführung, Modifizierung und Anwendung dieses methodischen Ansatzes auf die Asaph-Psalmen samt der Herausarbeitung ihrer Prägung durch „ephraimite tradition" (E-Strata; Dtn; Hos; Jer) vgl. die Studie von NASUTI, History.

1.2 Hosea und die Asaph-Psalmen: zur Anlage dieser Studie

Die Prophetenschrift Hosea (Hos) ist kaum im Blick der Psalmenforschung.[9] Hier wird ein Vergleich von Hos mit Psalmen, die „Asaph" zugewiesen werden (לאסף: Pss 50; 73–83), vorgenommen. Diese Zuschreibung in den Präskripten ist nicht beliebig, vielmehr zeichnen sich die Asaph-Psalmen (APss) durch ein Ensemble an phraseo-logischen, formkritischen, traditionsgeschichtlichen und theologischen Charakte-ristika aus, die auf einen gemeinsamen Trägerkreis hinweisen.[10] Zahlreiche Indizien lassen darauf schliessen, dass APss aus dem Nordreich Israel stammen oder jeden-falls dort gepflegte Überlieferungen und Anliegen aufnehmen.[11] Teils verbindet sich dabei nordreich-israelitische Prägung mit Motiven aus Juda, insbesondere Jerusalem/Zion.[12] Damit kommen „Schnittmengen" zwischen Hos und den APss ins Blickfeld und verleihen dieser kleinen Vergleichsstudie Gewicht. Ein umfassender intertex-tueller Vergleich der 14 Hos-Kapitel mit den 12 APss ist im Rahmen dieses Festschrift-Beitrags nicht möglich. Immerhin wird eine Zusammenstellung von formalen und/oder inhaltlichen „Berührungen" zwischen Hos und APss in tabellarischer Weise vorangestellt (2.). Diese ist präliminarisch und kann als heuristische Basis für wei-tere Studien dienen.[13] Der anschliessende Detailvergleich beschränkt sich auf Aus-sagen zum „(Kriegs-)Bogen" (קשת) in Hos und den APss (3.). Daran schliessen sich eine Auswertung und weiterführende Überlegungen an (4.).

2. Präliminarische Zusammenstellung möglicher Textbezüge zwischen Hosea und den Asaph-Psalmen[14]

---

9 Die Berührungen sind beschränkt. Zudem hat sich für die Psalmen – ob zutreffend oder nicht – die Meinung durchgesetzt, dass sie mehrheitlich nachexilisch seien. Trotz der Spätdatierung (auch) von Hos-Texten überwiegen dort noch – m.E. zu Recht – Ansetzungen in der zweiten Hälfte des 8. Jh.s.

10 Zur Gruppencharakteristik der APss vgl. Nasuti, History; Weber, Asaph-Psalter; Ders., Asaf; Ders., Asaph im Psalter.

11 Man beachte etwa die Erwähnung der Rahel-Nachfahren in den APss im Vergleich mit den übrigen Psalmen: Joseph 4mal in den APss (77,16; 78,67; 80,2; 81,6, sonst lediglich noch 105,17; in Hos keine Erwähnung), Ephraim 3mal (78,9.67; 80,3, sonst noch 60,9 = 108,9; in Hos 37mal!); Manasse 1mal (80,3, sonst noch 60,9 = 108,9; in Hos keine Erwähnung); Benjamin 1mal (80,3, sonst noch 68,28, wo auch Sebulon und Naphtali erwähnt werden; Hos 1mal: 5,8). Dagegen wird Juda in den APss 2mal (76,2; 78,68) erwähnt (in den übrigen Pss 8mal und in Hos 15mal).

12 Eine Analogie stellt ein nordisraelitischer „Psalm" im Papyrus Amherst 63 dar, von dem der biblische (judäische) Ps 20 abgeleitet ist (falls die Abhängigkeitsrichtung zutrifft). Vgl. dazu van der Toorn, New Year, 633–637, und der neue Beitrag zu Ps 81 in diesem Band (I.4, Nachtrag).

13 Der Grad der Übereinstimmung ist unterschiedlich stark. Ob „Intertextualität" vorliegt, bedarf der Analyse in jedem einzelnen Fall.

14 Die Angaben *vor* | beziehen sich auf Verse in Hos, diejenigen *nach* | auf Verse in den APss.

	Ps 50	Ps 73	Ps 74	Ps 75	Ps 76	Ps 77	Ps 78	Ps 79	Ps 80	Ps 81	Ps 82	Ps 83
Hos 1					5.7|4	7||8 ff						
Hos 2	15|22		4|22		20|4	21|10	14|47	14|7	14|9.14	13|4; 17|11		19|5
Hos 3												
Hos 4	1|7; 2|18ff; 4|8.21	7|15					1|1; 6|7.11.59.67; 16|8.71			10|17		4.7| 17f
Hos 5	6|9.13; 14|22; 15|15				14|5	15|3	7|57; 9|55; 10|49; 15|34			7|10; 15|8		13|9
Hos 6	6f|5.8f	7|15			1|5		5|31; 7|10.57		2|19			
Hos 7	4|18; 16|4				16|4		13|36.42; 16|9.57.64	16|4		13|14f	16|7	
Hos 8	14|22					3.5|8ff	1|10; 14|7.11					7|16
Hos 9							17|59.67	3|1; 9|8	4|6; 10| 9f; 16|10	5|4		
Hos 10	4|18		14|23		6|12		8|58		19.15f; 8|10f			
Hos 11							2|58; 8f|38f		1|9.16	6|13		
Hos 12						14|21	10|55; 11|2; 15|58.66	12|1; 15|3f	6|5.8.15.20	10|11		6|19
Hos 13			15|15		4|10; 7f|3f; 10f|10.13		2|17.58; 6f|7.11.29ff; 14|50	8|2	10|8.20	4|10f; 6|17		
Hos 14	3|14f.22f						1|8.17.40.56		5ff|8ff; 7|12		4|3	

3. Aussagen zum Kriegsbogen in Hosea und den Asaph-Psalmen

Signifikant sind die Parallelen betreffend Ankündigungen und Aussagen von Gottes Eingreifen gegen menschliches Kriegshandeln bzw. -werkzeug. Ausgehend von Redeweisen in Verbindung mit dem „Bogen" in Hos und den APss werden die Belege des Lexems קֶשֶׁת (akkadisch: *qaštu*) in ihrem jeweiligen Umfeld untersucht. Mit dem „Bogen" ist stets die Kriegswaffe gemeint.[15] Er steht metonymisch für das mit ihm ausgeführte Kriegshandwerk, ja kann zum Symbol für den Krieg selbst werden. In Hos finden sich vier (1.5.7; 2,20; 7,16), in den APss drei Stellen (76,4; 78,9.57).[16] Die Belege verteilen sich auf zwei Redewendungen, die nach Hinweisen zu dieser Waffe im Alten Orient analysiert werden.

Der Krieg selbst wie auch seine propagandistisch-politische Auswertung nahmen unter den damaligen Mächten und ihren Herrschern grossen Raum ein. Dabei war der Pfeilbogen im Alten Israel wie im gesamten Alten Orient, in Ägypten und darüber hinaus ein überaus wichtiges Kampfgerät. Dies zeigt ein Blick auf die reichlich vorhandenen textlichen – biblischen wie altorientalischen – und ikonographischen Quellen.[17] Mit dem Kriegsbogen waren mehrere Waffengattungen bestückt. Er wurde verwendet von Fusstruppen (z.B. bei Belagerungen von Angreifern wie Angegriffenen), v.a. aber in Verbindung mit Zug- und Reitpferden: Bogenschützen agierten auf von Pferden gezogenen Streitwagen und später auch auf Pferden reitend. Sie waren für die Kampfkraft einer Armee massgeblich.[18] Aus biblischen sowie neuassyrischen Quellen geht hervor, dass Israel zeitweise eine Regionalmacht mit einer ansehnlichen Zahl an Streitwagen und Bogenschützen war.[19] Dass der Bogen zum Symbol für Herrschaft und Heeresmacht – die der Gottheit und der Könige – wurde,

---

15 Der Begriff wird auch für den Jagdbogen und als Himmelserscheinung (Regenbogen) verwendet. Insgesamt liegen im hebräischen AT über 70 Belege vor.

16 Der Psalter weist zehn Belege auf (alle in den Teilbüchern I–III); über die in den APss hinaus sind es Ps 7,13; 11,2; 18,35; 37,14.15; 44,7; 46,10. Der mit dem Bogen abgeschossene „Pfeil" (חֵץ) hat gut 50 Belege im hebräischen AT. In Hos findet er sich nicht, im Psalter 14mal, in den APss aber lediglich einmal, im Zusammenhang einer Theophanie („Blitzpfeile", Ps 77,18).

17 Als Überblick (mit Bild- und Kartenmaterial) vgl. Seevers, Warfare. Zu den Pfeilbogen („Long-range Weapon"), ihrer Art und Einsatzweise vgl. ebd., 61–64.104–106.122–123.183–201.220–231. Vgl. auch Trimm, Fighting. Die neuassyrische Zeit (8./7. Jh. v. Chr.), in die unsere Texte vermutlich gehören, ist dabei gut vertreten. Zur neuassyrischen Kavallerie und Streitwagentruppe vgl. Dezső, Army, zu derjenigen in Israel und Juda im 9./8. Jh. v. Chr. vgl. Cantrell, Horsemen.

18 Vgl. dazu Archer, Chariotry.

19 Vgl. 1. Kön 5,6–8; 10,25–29. Dass das Nordreich (im 9. Jh. v. Chr.) diesbezüglich potent war, lässt der Bericht des Assyrers Salmanassar III. über die Schlacht von Qarqar (853 v. Chr.) erkennen. Darin ist von 2000 Streitwagen des Königs Ahab von Israel die Rede (Kurkh-Stele II,91–92, vgl. COS 2.113, 263) – ob die hohe Zahl zutrifft, wird in der Forschung freilich debattiert. Samarische Streitwagen-Truppen (mit vier Pferden und einer 4er-Besatzung) wurden nach dem Fall des Nordreichs jedenfalls in assyrische Bestände integriert (vgl. Radner, Tribes, 113–117).

erstaunt daher nicht.[20] Auch die im Alten Testament geäusserte Opposition gegen das Vertrauen auf Kriegspotenz statt Gotteshilfe gehört in diesen Zusammenhang.[21] Worte, die sich gegen das Verhalten (des Königs) wenden, sich auf „Rosse und Reiter" abzustützen, sind auch solche gegen die Macht der Bogenschützen.[22]

3.1 Der zerbrochene Bogen: Gott als Kriegszerstörer

Bei der ersten Gruppe der Bogen-Belege ist die Vernichtung der Kriegsfähigkeit eines Herrschers bzw. seiner Heeresmacht im Blick. Die Redewendung vom „Zerbrechen eines/des (Pfeil-)Bogens" ist altorientalisch wie biblisch bezeugt: Im Akkadischen findet sich das Zerbrechen von Kriegsgerät allgemein sowie spezifisch des Bogens (*qašta šebēru*).[23] Vergleichbare Formulierungen finden sich auch in anderen semitischen Sprachen.[24] Im Bibelhebräischen liegt die Wendung שבר קשת sechsmal vor.[25] Weiteres Kriegsgerät kann eingeschlossen (Hos 2,20; Ps 76,4) oder hinzugefügt sein (Ps 46,10).[26] Der Agierende ist stets JHWH.[27] Auf die Hos- und APss-Stellen ist nun näher einzugehen. Dabei wird Hos 1,7, wo anstelle vom Zerbrechen vom (Nicht-) Retten (ישע *hi*) – ebenfalls mit Gott als Subjekt – die Rede ist, einbezogen.

---

20 Vgl. KEEL, Bogen, 141–177; WILKINSON, Representation (mit Bildmaterial). Zur assyrischen „glorification of the bow" vgl. TRIMM, Fighting, 537–538.

21 Vgl. Dtn 17,16; Jes 2,7; 31,1–3; Hos 1,7; 14,4; Mi 1,13; Ps 20,8–9; 33,16–20; 147,10–11. Das „Urdatum" des Eingreifen Gottes gegen Streitwagen, Ross und Reiter ist die Rettung Israels am Schilfmeer, vgl. Ex 14,19.23; 15,1.19.21; Dtn 11,4; 20,1, ferner Jes 43,16–17 (zu Ps 76,7 s.u.). Auch die Landnahme geschah gemäss Jos 24,12 (Gottesrede) nicht durch Israels Schwert und Bogen. JHWHs Theophanie kann allerdings ebenfalls mit Hilfe von Waffengebrauch beschrieben werden (vgl. Hab 3,8–9, wo Gott als Bogenschütze erscheint). Anders die Aussage in der phönizisch-luwischen Azatiwada-Inschrift (8./7. Jh. v. Chr.): „And I acquired horse upon horse, and shield upon shield, and army upon army, by the grace of Baal and the gods" (I,7–8, vgl. COS 2.31, 149; 4.15, 67).

22 Vgl. die Erwähnung des Bogens im Kontext von Rossen und Wagen in Jes 5,28; Jer 6,23; 50,42.

23 Z.B. bei Verfluchungen im Falle von Vertragsbruch bei Asarhaddon (7. Jh. v. Chr.): „May Astarte break your bow (GIŠ.BAN-ʾku-nu li-<iš>-bir) in the thick of battle ..." (mit dem König von Tyrus, r.e. IV,18, vgl. SAA II.5, 27), ähnlich: May Ištar, lady of battle and war, smash your bow (GIŠ.BAN-ku-nu liš-bir) in the thick of ba[ttle] ..." (Nachfolgevertrag, 453 § 48, vgl. SAA II.6, 48).

24 Vgl. in der ugaritischen Aqhat-Legende (14. Jh. v. Chr.): „... the bow was broken (ṯṯbr qšt) ..." (CTA 19 = KTU² 1.19 I,3–4, vgl. COS 1.103, 350), und in einem aramäischen Vertragsfluch (8. Jh. v. Chr.): „Just as (this) bow and these arrows are broken (תשבר קשתא וחציא), so may Inurta and Hadad break [the bow of Matiʾel] and the bow of his Nobles!" (Sefire I = KAI 222 A1, 38–39, vgl. COS 2.82, 214).

25 Jer 49,35 (*qal*); Hos 1,5 (*qal*); 2,20 (*qal*); Ps 37,15 (*ni*); 46,10 (*pi*); 76,4 (*pi*), ähnlich Jer 51,21.56 (auch 1. Sam 2,4?); Sach 9,10.

26 Dabei dürfte מלחמה (Hos 2,20; Ps 76,3, ferner Hos 1,7) Breviloquenz für (weitere) Kriegsgeräte (כלי מלחמה) sein (vgl. u.a. Dtn 1,41; Ri 18,11.16; 1. Sam 8,12; 2. Sam 1,27; Jer 21,4; 51,20; Ez 32,27) oder die Reihung zusammenfassend im Sinne von „Krieg insgesamt" abschliessen.

27 Der *ni*-Beleg Ps 37,(14–)15 basiert auf dem Tun-Ergehen-Zusammenhang; insofern ist Gottes Wirken indirekt ausgedrückt.

Hos 1,5	וְהָיָה בַּיּוֹם הַהוּא וְשָׁבַרְתִּי אֶת־קֶשֶׁת יִשְׂרָאֵל בְּעֵמֶק יִזְרְעֶאל:	Und es wird geschehen an jenem Tag, dass <u>ich zerbrechen werde</u> <u>den Bogen</u> Israels in der Talebene Jesreel.
Hos 1,7	וְאֶת־בֵּית יְהוּדָה אֲרַחֵם וְהוֹשַׁעְתִּים בַּיהוָה אֱלֹהֵיהֶם וְלֹא אוֹשִׁיעֵם בְּקֶשֶׁת וּבְחֶרֶב וּבְמִלְחָמָה בְּסוּסִים וּבְפָרָשִׁים:	Aber des Hauses Judas werde ich mich erbarmen, und ich werde sie retten: durch Jhwh, ihren Gott. Aber <u>nicht werde ich sie retten</u> mit <u>Bogen und mit Schwert</u> <u>und mit Krieg(sgerät)</u>, mit Rossen und mit Reitern.
Hos 2,20	וְכָרַתִּי לָהֶם בְּרִית בַּיּוֹם הַהוּא עִם־חַיַּת הַשָּׂדֶה וְעִם־עוֹף הַשָּׁמַיִם וְרֶמֶשׂ הָאֲדָמָה וְקֶשֶׁת וְחֶרֶב וּמִלְחָמָה אֶשְׁבּוֹר מִן־הָאָרֶץ וְהִשְׁכַּבְתִּים לָבֶטַח:	Und ich werde schliessen, sie betreffend, einen Bund an jenem Tag mit dem Getier des Feldes und dem Geflügel des Himmels und dem Kriechgetier des Erdbodens <u>Und Bogen und Schwert und Krieg(sgerät) werde ich</u> <u>zerbrechen</u>, aus dem Land heraus [entfernen], und ich werde sie ruhen/wohnen lassen in Sicherheit.

Ps 76,2	נוֹדָע בִּיהוּדָה אֱלֹהִים	a	Bekannt in Juda [ist] Gott,
	בְּיִשְׂרָאֵל גָּדוֹל שְׁמוֹ:	b	in Israel [ist] gross sein Name.
Ps 76,3	וַיְהִי בְשָׁלֵם סֻכּוֹ	a	Es wurde/war in Salem sein(e) Versteck/Hütte,
	וּמְעוֹנָתוֹ בְצִיּוֹן:	b	ja, seine Lagerstätte/Wohnung in Zion.
Ps 76,4	שָׁמָּה שִׁבַּר רִשְׁפֵי־קָשֶׁת	a	Dort <u>machte er zerbrochen Brände des Bogens</u>.[28]
	מָגֵן וְחֶרֶב וּמִלְחָמָה סֶלָה:	b	Schild und <u>Schwert und Krieg(sgerät)</u>. *Sela.*

Nach Hos 1–2 wird Jhwh in Zukunft Israel zerstören und nicht retten (*w-qtl, jqtl*). Die angezielten Zeiten stehen in unterschiedlicher Nähe zur Sprechgegenwart. Das mit (Symbol-)Handlungen zum Ausdruck gebrachte „kriegerische" Einschreiten Jhwhs richtet sich *gegen* die Fähigkeit Israels, Krieg zu führen: Das Zerbrechen von dessen Bogen in 1,5 markiert das Ende der Wehrfähigkeit des Nordreichs und – wie 1,4 zeigt – der Eigenstaatlichkeit. Gegenteilig ist das Verhalten gegenüber Juda: Es wird von Gott gerettet, aber nicht durch Heeresmacht. Bleibt 1,7 örtlich unbestimmt, so ist 1,5 lokalisiert: in der Talebene Jesreel. In 2,20 (im Kontext von 2,16–25) ist die Formulierung grundsätzlicher und zeitlich offener. Im Rahmen eines Bundes unter Einschluss der Tiere (Schöpfungsaussagen und Noah-Bund klingen an) kommt es zu einer Befriedung. Da „Anfangsgeschehnisse" (die Jugend- und Brautzeit) im Blick sind bzw. die (ferne) Zukunft mit ihr verglichen wird, legt sich nahe, „in Israel" als

---

28   Wahrscheinlich ist die singuläre *constructus*-Verbindung als *Genetivus subjectivus* zu interpretieren: „den Bogen, von dem Brände (ausgingen)". Mit רשף dürfte der Brandpfeil gemeint sein; dabei oszilliert die militärische mit der kosmisch-theophanen Vorstellung („Blitz"). Möglich ist zudem, dass eine Anspielung auf die in Ägypten und im Alten Orient bezeugte, teils mit *Baal* zusammen genannte Sturm- und Kriegsgottheit *Rešeph (Rašeph)* vorliegt, die als Bogenschütze oder im Blitz erscheinen kann. Vgl. dazu möglicherweise Ps 78,48, ferner COS 2.31, 150; COS 2.36, 156–157; Keel, Welt, 198–201.

Ganzisrael (Zwölfstämme) zu verstehen. 1,5 (Israel) und 1,7 (Juda) sind aufeinander bezogen, und 2,20 ist kaum ohne Rückverweis auf 1,5.7 zu interpretieren: Die Verbindung mit 1,7 deutet sich durch die Aufzählung von weiterem Kriegsgerät, diejenige mit 1,5 durch das Zerbrechen des Bogens und die Aufnahme und Neudeutung von Jesreel (vgl. 2,24–25) an.[29] Anders als in 1,5 wird der Bogen in 2,20 *zugunsten* von Israel zerbrochen. Das bringt sicheres Wohnen und Fruchtbarkeit im Land mit sich.[30]

In Ps 76 sind zuerst Juda und dann Israel als Grössen genannt, an denen Gott sich (heilvoll) manifestiert (V. 2).[31] Die Zerstörung des Kriegsgeräts durch Gott (V. 4) wird als Theophanie gegen fremde Kriegsmächte geschildert (V. 5–7) und mit Jhwh als Weltenrichter und Retter der Elenden verbunden (V. 8–10). Anders als in den Hos-Stellen ist in Ps 76,4 das Zerbrechen des Bogens ein vergangenes (*qtl*) und zugleich folgenreiches Geschehen. Lokaldeiktisch (שמה „dort[hin]") wird es mit Gottes Präsenz in Jerusalem („Salem // Zion") verbunden (V. 3).[32] Dabei oszilliert dessen Erscheinen und Agieren zwischen dem eines Kriegers und eines Löwen. Das für das Zerbrechen des Bogens verwendeten Verb שבר wird auch für das Zerreissen von Beute oder das Zermalmen von Gebeinen durch einen Löwen verwendet.[33] Gottes „Versteck/Lagerplatz in Salem/Zion" verbindet sich derart mit seinem Kommen von den „Beute-Bergen" (הררי־טרף) her (V. 5, vgl. Jes 31,4).[34]

Die metonymische Ausdrucksweise vom „Zerbrechen des Bogens" ist angesichts der diversen altorientalischen wie biblischen Belege als geprägte Wendung einzustufen. Abgesehen davon, dass der Gott Israels stets als Handelnder auftritt, ist die Verwendung weiterer Kriegsbegriffe beachtlich: Hos 2,20 und Ps 76,4 fügen als weitere Gegenstände des Zerbrechens וחרב ומלחמה „und Schwert und Krieg(sgerät)" an (ähnlich Hos 1,7).[35] In Ps 76,4 wird der Bogen zudem in eine *constructus*-Verbindung

---

29   Zu Hos 1–2, insbesondere zu Jesreel – dem Ort, an dem sich Unheil, militärisches Geschehen und Fruchtbarkeit verbinden –, vgl. WEBER, Namen.

30   Unerwähnt bleibt, *wessen* Kriegsgerät „zerbrochen" und aus dem Land entfernt wird. Man denkt an die Feinde Israels. Im Hymnus innerhalb des Volksklagepsalms Ps 44 erinnert sich Israel an die Rettung durch Jhwh, die nicht mit den üblichen militärischen Mitteln zustande kam (vgl. 44,2–9 mit der Aussage in V. 7: „Denn nicht auf meinen Bogen vertraue ich …").

31   Zu diesem Psalm vgl. WEBER, Salem (überarbeitet als Beitrag I.2 im vorliegenden Band); ZENGER, Psalm 76. Es ist naheliegender, die Doppelgrössen Juda/Israel (ursprünglich) *komplementär* im Sinne der eigenständigen Gebiete/Reiche (vgl. 1. Kön 4,20; 5,5; Jer 23,6; 32,30; 33,7; Hos 2,2; Sach 8,3) oder als *pars/totum* (Juda als Teil von Israel als Ganzem), jedenfalls nicht *identifizierend* (Juda = Israel insgesamt repräsentierend) aufzufassen.

32   Die ingressive Auffassung („wurde") von ויהי ist einer konstativen („war") vorzuziehen. Wie bei Juda/Israel (s.o.) sind diesbezüglich zeitliche Einordnungen und religionsgeschichtliche Zusammenhänge von Einfluss.

33   Vgl. 1. Kön 13,26.28; Jes 38,13, ähnlich טרף, vgl. Hos 5,14; 6,1; Ps 76,4; Hi 29,17.

34   Zu den Bergen, wo Löwen ihre Verstecke haben, vgl. Hld 4,8 (und Hi 40,8), zu ähnlicher Löwenmetaphorik vgl. u.a. Am 3,4; Mi 5,7; Nah 2,13–14; 3,1; Ps 7,3; 17,12. Im Jakob-Segen wird Juda als ein sich von Raub ernährender Löwe gezeichnet (Gen 49,9) und Joseph mit „uralten Hügeln" (עולם גבעת) in Verbindung gebracht (Gen 49,26, vgl. auch Dtn 33,15 im Mose-Segen).

35   Die vom Drohen des Gottes Jakobs betäubten „Wagen und Ross" (sg.) in Ps 76,7 sind dem in Hos 1,7 nachklappenden Paar „Rosse und Reiter" (pl.) ähnlich (vgl. auch Mi 5,9).

einbezogen („Brände des Bogens" → Brandpfeile) und zwischen dieser und dem Schwert noch מגן „Schild" (als Verteidigungswaffe) eingefügt.[36] Die Häufung von Waffen ist an sich noch nicht aussergewöhnlich, aber die Reihung von Bogen, Schwert und Krieg(sgerät) findet sich derart lediglich in Hos 1,7; 2,20 und Ps 76,4.[37] Das Eingreifen Gottes als löwengleicher Kriegszerstörer in Ps 76 fügt sich zu seinem Handeln in Hos 2,20 (mit 1,5.7 im Hintergrund).[38] Steht in Ps 76 der kriegerische und richtende Aspekt im Vordergrund, so in Hos 2 das Moment des Heilvollen (Tierfrieden, Wohnen in Sicherheit, Fruchtbarkeit). In Ps 76 ist das Geschehen in Jerusalem/Zion lokalisiert, aber der Psalm hat zugleich nordreichisraelitisches Kolorit und möglicherweise einen anti-assyrischen Akzent (Löwen-Metaphorik, V. 5–7).[39] Angesichts der aufgewiesenen Übereinstimmungen zwischen Hos 1–2 und Ps 76 ist von einer gemeinsamen Tradition und Geschehnissen der assyrischen Bedrängnis auszugehen. Darüber hinaus sind Verbindungen zwischen den hinter den Texten stehenden Verfasser- und Trägerkreisen zu erwägen. Schliesslich ist auch Intertextualität in Betracht zu ziehen. Ein Aufweis der Abhängigkeitsrichtung ist anhand der isolierten Belege *allein* aber kaum zu gewinnen. Unter Einbezug von flankierenden, von Datierungsprämissen abhängigen Parametern kommt man zu diachronen Entscheidungen, die allerdings oft mit Unsicherheiten belastet sind.

Gleichwohl sei ein mir plausibel erscheinendes (literar)geschichtliches Szenario tentativ skizziert: Hos 1,5 und 1,7 laufen auf die Geschehnisse von 733/722 v. Chr. (Annexion des Nordreichs) und 701 v. Chr. (Abzug der Assyrer von Jerusalem) zu. Näherhin ist Hos 1,4–5 mit dem bevorstehenden assyrischen Eingreifen von 733 v. Chr. durch Tiglat-Pileser III. und der Einnahme von Teilen des Nordreichs (samt der Talebene von Jesreel!) in Zusammenhang zu bringen.[40] Hos 1,7 führt in eine nur

---

36   „Bogen" und „Schwert" sind die Hauptwaffen für den Fern- und den Nahkampf. Der erwähnte Rundschild diente zur Selbst- und Fremdverteidigung, insbesondere der Bogenschützen.

37   Zur Aufzählung von Waffen vgl. Jes 21,15; 1. Chr 5,18 (hier ist auch der Schild erwähnt); werden nur zwei Begriffe (Bogen und Schwert etc.) verwendet, häufen sich die Belege (vgl. etwa Ez 39,9, mit weiteren Waffen). Am nächsten kommt Ps 46,10, wo mit anderer Terminologie ebenfalls von der Zerstörung weiterer Waffen (in Jerusalem!) die Rede ist.

38   Sein Eingreifen als/wie ein Löwe ist über Ps 76,3–7 hinaus im asaphitischen Ps 50 belegt. Ps 50,22 weist dabei eine Nähe zu Hos 5,14 (ebenfalls mit ואין מציל) sowie 5,36; 6,1 (vgl. Dtn 32,39) auf (Formulierungen mit טרף). In Ps 76,5 klingt Gottes sonnengleiches Kommen (zum Gericht) an (Ptz *ni* von אור). Solare Begrifflichkeit findet sich in weiteren APss (50,2–3; 80,2.4.8.20) und in Verbindung mit der Durchsetzung von Recht durch Gott in Hos 6,3–5. Zu Bezügen zwischen Hos 4–6 und Ps 50 vgl. Kilchör/Weber, Gott, 1096.1105–1106.

39   Vgl. Weber, Salem, und Zenger, Psalm 76, 390, unter Verweis auf den von neuassyrischen Herrschern mit Löwenmetaphern propagierten Machtanspruch. Vgl. etwa Sanherib: „I raged like a lion; I stormed like a flood. I set my face, together with my merciless warriors, against Merodach-baladan." (1. Feldzug I,25, vgl. COS 2.119A, 301).

40   Jesreel wurde angesichts seiner strategischen Lage von den Omriden zu einem militärischen Fort (Streitwagentruppe, auch Kavallerie?) (aus)gebaut. In der zweiten Hälfte des 9. Jh. v. Chr. wurde es von den Aramäern zerstört (Schutzmauer). Jesreel war oder blieb ein Ort agrarischer Produktion und diente Israel bis zur

wenig spätere Zeit, diejenige des syrisch-ephraimitischen Krieges, und ist – noch vor 701 v. Chr. – mit der Nichteinnahme von Jerusalem zu verbinden (vgl. 2. Kön 16,5[–8]; Jes 7,1–9).[41] Hos 1,5.7 sind demnach *vor* Ps 76 entstanden. Der Psalm spielt auf die Verschonung Jerusalems um 701 v. Chr. an (vgl. 2. Kön 18–19; Jes 36–37).[42] Über die „Bogen"-Worte in Hos 1–2 hinaus (zu 7,16 vgl. nachfolgend) greift der Psalmist auch hoseanische Löwen-Metaphorik auf (vgl. Hos 5,14; 6,1, ferner 13,7–8). Dies zeigt sich namentlich an der eigentümlichen Formulierung הררי־טרף (Ps 76,5).[43] Hos 2,20 nimmt 1,5.7 auf und ist möglicherweise ebenfalls *vor* 701 v. Chr. und Ps 76 anzusetzen.[44] Ist dem so, lässt sich Ps 76 als eine von Zion ausgehende Teilerfüllung und Bestätigung der Verheissung von Hos 2,20 lesen.[45] Dieser „Zionspsalm" ist vermutlich an JHWH-treue, (auch) in Juda heimisch gewordene Bewohner aus dem ehemaligen Zehnstämmereich adressiert.[46] Solches erklärt die Rezeption von Hos-Aussagen, zumal diese um 700 v. Chr. in den gleichen Kreisen, wie sie für Ps 76 anzunehmen sind, neu gehört und gepflegt worden sein dürften.[47]

Assyrerinvasion vermutlich weiterhin als Militärstützpunkt, vgl. ASTER, Function, 36–45.

41   Dies erwägt auch DEARMAN, Hosea, 98. Hos 1,7 wird häufig als späterer Eintrag (judäische Redaktion) eingestuft. Die Verbindungen zu 1,5–6 und das Geflecht der Jesreel-Erwähnungen in Hos 1–2 widerraten jedoch einer solchen Einschätzung.

42   So auch ZENGER, Psalm 76, 389. Jes 31,4 dürfte (kurz) vor 701 v. Chr. und damit früher als Ps 76 zu datieren sein.

43   Abgesehen von Ps 76,5 erscheint טרף im Psalter nur im asaphitischen Beleg Ps 50,22.

44   Das in Hos 2,20 angezielte Geschehen ist zeitlich allerdings schwer bestimmbar (Hos 2,18–25 und insbesondere V. 20 werden oft als redaktionell und spät eingestuft). Die Einschätzung der Abhängigkeitsrichtung zwischen den ähnlichen Formulierungen in Hos 2,20 und Ps 76,4 gestaltet sich entsprechend.

45   Sach 9,9–17 hat später Hos 1–2 wie Ps 76 im Blick.

46   Schütte plädiert mit guten Gründen für das Weiterbestehen von „Israel" nach dem Fall des Nordreichs, (auch) innerhalb Judas und unter Ägide der Davididen in Jerusalem (ab Hiskia). Vgl. SCHÜTTE, Exil, 168: „ ‚Israel' könnte das Israel im judäischen Exil sein, das den Alleinvertretungsanspruch für Israel reklamiert. ‚Israel' wären demnach immer Israeliten im Exil auf judäischem Territorium; in vielen Fällen könnten problemlos auch die anderweitig lebenden Israeliten unter diesem Begriff mit gefasst werden. Aus dieser Sicht heraus *muss* nicht von Juda die Rede sein, wenn es um das Geschick Israels geht. Bedarfsweise wäre Juda eigens neben Israel zu nennen, wenn nicht ‚Israel' nach der Zwölf-Stämme-Vorstellung Juda bereits einschließen sollte. Wo Juda neben ‚Israel' gestellt wird, dürfte die Zwölf-Stämme-Vorstellung keine Geltung gehabt haben."

47   Es ist gut möglich, dass Hos 1–3 (mit dem David-Schluss!) bald nach 701 v. Chr. (unter König Hiskia? Vgl. Hos 1,1) seine Schlussform gefunden hat. Vgl. ähnlich WEINGART, Chance, nach der Hos 3 die Kapitel 1–2 voraussetzt und für die (Nordreich-)Israeliten nach 720 v. Chr. Hoffnung auf eine zweite Chance verspricht. In diesem Fall wäre unter der Leitmotivik der Gomer-Ehe und der drei Kinder das Nebeneinander von Nordreich-Gericht und -Heilsworten ebenso verständlich wie der Einbezug der Juda-Stellen in 1,7; 3,5 sowie die integrativen Aussagen in 2,2.

3.2 Ein schlaffer Bogen: Israels Versagen

Nun sind noch die übrigen drei der insgesamt sieben Belege für den „Bogen" (קשת) in Hos und den APss in den Blick zu nehmen: Hos 7,16; Ps 78,9.57. Die Ausdrucksweise קשת רמיה „schlaffer, [von der Sehne] entspannter (trügerischer) Bogen" steht metonymisch für den Verlust der Schiess- und damit Kampffähigkeit. In Hos 7,16 wie Ps 78,57 findet sich diese Wendung im Kontext eines Vergleichs. Darüber hinaus liegen keine biblischen Belege vor, doch gibt es im Akkadischen ähnliche Formulierungen.[48] Weiter finden sich neben der Unmöglichkeit, Unfähigkeit und allenfalls Unwilligkeit, den Bogen zu gebrauchen, Aussagen, die von der (göttlichen) Befähigung und Ertüchtigung zur Verwendung des Bogens, sprechen. Auch hierzu gibt es biblische wie altorientalische Belege.[49] In den von uns untersuchten Texten ist dies in Ps 78,9 der Fall. In den Blick genommen wird zudem Hos 7,15 (im Kontext von Hos 7,8–16), wo eine ähnliche Aussage ohne Bogen-Erwähnung vorliegt. Schliesslich wird auch Gen 49,24 in den Vergleich einbezogen: Das Segenswort an Joseph führt wie Hos und die APss in israelitische, von den Joseph-Stämmen (Ephraim) dominierte Kontexte.[50]

Gen 49,24	וַתֵּשֶׁב בְּאֵיתָן קַשְׁתּוֹ	Doch es blieb dauerhaft sein [= Josephs] Bogen,
	וַיָּפֹזּוּ זְרֹעֵי יָדָיו	agil waren die Arm(zug)e seiner Hände(?)
	מִידֵי אֲבִיר יַעֲקֹב	aufgrund der Hände des Starken Jakobs,
	מִשָּׁם רֹעֶה אֶבֶן יִשְׂרָאֵל:	aufgrund des Namens(?) des Hirten, des Steines Israels(?).
Hos 7,15	וַאֲנִי יִסַּרְתִּי חִזַּקְתִּי זְרוֹעֹתָם	Ich aber, ich leitete an, stärkte ihre Arme,
	וְאֵלַי יְחַשְּׁבוּ־רָע:	doch gegen mich ersinnen sie Böses.

---

48   Vgl. die Worte des Heerführers Bēl-ibni an den Grosskönig Assurbanipal im Kontext der Elamiterkriege (neubabylonischer Brief aus dem 7. Jh. v. Chr.): „Vielleicht können die Götter des Herrn der Könige, meines Herrn, bewirken, daß man ihn [= elamitischer Aufständischer] mit entspanntem Bogen fassen kann (GIŠ.BAN ra-mi-ti i-ṣab-ba-tu-ma a-na) und ihn zum Herrn der Könige, meinem Herrn, schickt." (ABL 0281, Rs. 8–10, vgl. DE VAAN, Schwertklinge, 244–246). Die Götter sollen bewirken, dass der Widersacher mit einem schlaffen Bogen, d.h. unvorbereitet und kampfuntüchtig, gefasst werden kann. Zudem findet sich die Wendung „schlaffe(r) Arm(e)" als Metonymie für die nicht vorhandene Bereitschaft oder Fähigkeit, ein Kampfgerät zu handhaben, z.B. den Bogen, zu dessen Gebrauch beide Arme benötigt werden. Dazu aus einem Beschwörungsritual: „Erblickt mich, und eure Arme mögen schlaff herabsinken! Es schlage euch den Schädel ein die Hierodule Ištar! Euren Verstand mache wirr der Grossohrige! Nergal, der Herr der Waffe, zerbreche eure Waffe!" (KAR I. Nr. 44, Vs. 24, II,15–18, vgl. MEIER, Keilschrifttexte, 143).

49   Vgl. namentlich im Danklied Davids 2. Sam 22,35 (Ps 18,35): „Der meine Hände den Kampf lehrt/zum Kampf ertüchtigt, und der meine Arme zu spannen ermöglicht den bronzenen Bogen." Als akkadisches Beispiel diene der Lobgesang an Assurbanipal: „May Aššur and Bel bless you, may Nabû strengthen your bow! May Mullissu and the Lady of Arbela lengthen your reign for ever! May they bestow upon you the lives of the kings of all the lands!" (K 3093, r. 15–17, vgl. SAA III.22, 52).

50   Das Wort steht im Jakob-Segen an Joseph (Gen 49,1–2.22–26). Dieser enthält eine Reihe von Verständnisproblemen, auf die hier nicht eingegangen und für die auf die Kommentare verwiesen wird.

Hos 7,16	יָשׁוּבוּ ׀ לֹא עָל	Sie wenden sich um, nicht [zum] Hohen;
	הָיוּ כְּקֶשֶׁת רְמִיָּה	sie sind geworden wie ein schlaffer/trügerischer Bogen.
	יִפְּלוּ בַחֶרֶב שָׂרֵיהֶם	Es werden fallen durch das Schwert ihre Oberen
	מִזַּעַם לְשׁוֹנָם	wegen der Verwünschung ihrer Zunge(?) –
	זוֹ לַעְגָּם בְּאֶרֶץ מִצְרָיִם:	dies [ist] ihre Lästerung(?) im Lande Ägypten!

Ps 78,9	בְּנֵי־אֶפְרַיִם נוֹשְׁקֵי רוֹמֵי־קָשֶׁת a	Die Söhne Ephraims, gerüstete Bogenschützen,
	הָפְכוּ בְּיוֹם קְרָב: b	machten kehrt an einem/dem Tag des Kampfes.
Ps 78,57	וַיִּסֹּגוּ וַיִּבְגְּדוּ כַּאֲבוֹתָם a	Sie wurden abtrünnig und treulos wie ihre Väter,
	נֶהְפְּכוּ כְּקֶשֶׁת רְמִיָּה: b	kehrten sich um(?) wie ein schlaffer/trügerischer Bogen.

Der Segen Jakobs für Joseph betrifft künftige Zeiten, in denen dieser (bzw. seine Nachfahren) mit feindlichen Bogenschützen (בעלי חצים „Meister der Pfeile") konfrontiert werden wird.[51] Selbst des Bogens tüchtig und vom „Starken Jakobs"[52] ermächtigt, widersteht er ihnen (Gen 49,23–24). Diese Verbindung von Josephs Fertigkeit als Bogenschütze und seiner Ermächtigung durch Gott liegt Hos 7,15–16 zugrunde. Der Begriff des „Arms" in Gen 49,25 und Hos 7,15 ist identisch. Die Verben יסר[53] und חזק (vgl. Hi 4,3) in Hos 7,15 (Gottesrede) sind im Sinne der in Gen 49,24 angezeigten Befähigung zur Kriegskunst mit dem Bogen durch „die Hände des Starken Jakobs" zu verstehen.[54]

In Ps 78,9 wird die Kriegstüchtigkeit mit dem Bogen, die Joseph/Ephraim bzw. deren Nachkommen auszeichnete, ebenfalls erwähnt, und zwar mit der singulären Wendung נושקי רומי־קשת „ausgerüstete Bogenschützen"[55]. Die (doppelte) constructus-Verbindung dürfte ein homonymes Wortspiel unter Verwendung der Wurzeln רמה

---

51 Man beachte auch Gen 48,1–22: Die Adoption der Joseph-Söhne Ephraim und Manasse durch Jakob und die Verleihung des doppelten Erbteils an Joseph ist für den Joseph-Segen in Gen 49 (und die entsprechenden Aussagen in Hos und Ps 78) nicht unbedeutend. Vgl. zudem die Erwähnung Gottes als „Hirte" (V. 15) sowie die Übertragung Sichems an Joseph mit der Formulierung: „mit Schwert und durch Bogen" (Gen 48,22; Jos 24,12, zum Waffenpaar ferner Hos 1,7; 2,20; 7,16; Ps 76,4).

52 Dieses Gottesepitheton ist selten, vgl. noch Jes 10,13; 49,26; 60,16; Ps 132,2.5.

53 Hier im Sinne von „anleiten, unterweisen, instruieren, trainieren" (ähnlich Hi 4,3; Jes 28,26; Ps 94,10.12; Spr 31,1), nicht wie mehrheitlich „ermahnen, zurechtweisen züchtigen, bestrafen" (so auch in Hos 10,10 und wohl in 7,12).

54 Was mit Blick auf Joseph und Ephraim (vgl. Hos 7,8.11) gesagt wird, findet sich als Selbstzeugnis (Danklied) auch von David (vgl. 2. Sam 22,32–46 // Ps 18,32–46). Wie in Gen 49,24 liegt auch in 2. Sam 22,35 // Ps 18,35 die Verbindung von Händen, Armen und Bogen vor. Zu Gottes „(Kampf-)Arm" vgl. zudem den asaphitischen Beleg Ps 77,16, wo sein Erlösungshandeln „den Söhnen Jakobs und Josephs" (= Ephraim und Manasse?) zugute kommt.

55 Zu נשק (II) „sich rüsten, wappnen" in Verbindung mit dem Pfeilbogen vgl. ausserdem 1. Chr 12,2; 2. Chr 17,17.

I „schiessen, schleudern"[56] und II *pi* „betrügen, verraten"[57] (im Sinn von „ausgerüstete Bogenbetrüger" o.ä.) beinhalten.[58] In Verbindung mit der hintergründigen Bogen-Aussage kommt ein negatives, Ps 78 (wie Hos 7) bestimmendes Moment zum Tragen: In V. 8–12 werden „die Söhne Ephraims" (V. 9) mit der widerspenstigen Väter-Generation identifiziert, und ihr problematisches Kampfverhalten wird mit Bundesbruch, Tora-Verweigerung und dem Vergessen von Gottes Heilstaten verbunden. Die änigmatische Erwähnung der „Söhne Ephraims" und ihres Verhaltens ist eine Prolepse, deren Sinn erst in den letzten Abschnitten des Psalms (V. 56–64.65–72) – nach der Landgabe und -verteilung an die „Stämme Israels" (V. 55)[59] – ersichtlich wird.

In Ps 78,56–58 wird letztmals Israels Fehlverhalten – nun im Land – geschildert.[60] In V. 57 wird dabei ihr Versagen mit einem schlaffen Bogen verglichen. Die Redewendung קשת רמיה dürfte dabei neuerlich ein – diesmal polysemes – Wortspiel beinhalten: Das Geschehen wird verglichen mit einem Kriegsbogen, dessen Sehne abgespannt und der Bogen damit entlastet ist, so dass dieser nicht „ermüdet" und für den nächsten Einsatz gebrauchsfähig bleibt („gelockerter, schlaffer Bogen"). Im Hebräischen ist für die Adjektiv- bzw. Substantivbildung רמיה neben der Bedeutung „schlaff, lose" auch „träge, nachlässig"[61] sowie „trügerisch, tückisch, verräterisch"[62] (vermutlich von der derselben Wurzel רמה II) bezeugt. Der Kontext legt nahe, dass dieser Sinn als Zweitbedeutung („trügerischer, verräterischer Bogen") mitevoziert wird.[63] Wie in Ps 78,9 ist auch in Ps 78,67 der Bogen mit ähnlichem Fehlverhalten kontextuiert.[64] Bei beiden Bogen-Stellen in Ps 78 dürfte neben der vordergründigen demnach eine hintergründige, theologisch-ethisch akzentuierte Deutung mitschwingen.

Zieht man Hos 7,16 hinzu, so wird an allen drei Stellen das Fehlverhalten als Abwenden, Umkehren bzw. -stürzen geschildert (Ps 78,9.57: הפך *qal* + *ni*; Hos 7,16: שוב *qal*).[65] Im Kontext des Krieges ist an ein Um- bzw. Abwendung vom Kampf oder eine Flucht zu denken (vgl. Jos 7,8; 8,20; 2. Kön 9,23–24): Ephraim setzte seine

---

56   Neben Ps 78,9 vgl. v.a. Jer 4,29, zudem Ex 15,1.21 (Verb in Hos nicht belegt).
57   Vgl. u.a. Gen 29,25; Jos 9,25 (Verb in Hos und in den APss sonst nicht belegt). Im Akkadischen hat diese Wurzel nicht die Bedeutung „betrügen"; *ramû* beinhaltet jedoch „erschlaffen" und ist etymologisch mit dem im Hebräischen nur adjektivisch/substantivisch bezeugten רמיה verbunden (vgl. CAD 14, 127–129).
58   Im Bibelhebräischen ist die Wurzel רמה II freilich nur im *pi* bezeugt; insofern wäre ein (sonst nicht belegtes) Partizip *pi* mit מ-Präfix zu erwarten. Die ohne Präfix gebildete Adjektiv- bzw. Nominalbildung רמיה macht m.E. ein *double entendre* gleichwohl möglich. Anzufügen ist, dass das Moment des Betrügens mit der Namensetymologie und der Geschichte von „Jakob" verbunden ist (vgl. Gen 37,36; Hos 12,4, ferner Gen 29,25). Vgl. auch das Nomen מרמה „Betrug" u.a. in Gen 27,35 (Jakob), Hos 12,1.8.
59   Vgl. dazu Hos 12,10. Zum „Zelt" vgl. nachher noch Ps 78,60.67.
60   Vgl. dazu ausführlich der neue Beitrag zu Ps 78 in diesem Band (I.3).
61   Vgl. über Hos 7,16; Ps 78,57 hinaus Jer 48,10; Spr 10,4; 12,24.27; 19,15.
62   Meist verbunden mit Zungensünden (Rede), vgl. Mi 6,12; Ps 32,2; 52,4; 101,7; 120,2–3; Hi 13,7; 27,4. Geläufiger ist das Nomen מרמה „Trug, Täuschung".
63   Auch KLOPFENSTEIN, Lüge, 132.313, rechnet in Hos 7,16 und Ps 78,57 mit einem Schwanken zwischen den Bedeutungen *schlaffer* und *trügerischer* Bogen.
64   Die Abschnitte Ps 78,8–11 und 78,56–58 weisen über die erwähnten Bezüge hinaus Stichwort- und Sinnverküpfungen auf (Verben רמה, הפך und לא שמר; nominale Wendungen כאבותם sowie ברית אלהים bzw. עדותיו).
65   Das Gegenteil, „standhalten" (des Bogenschützen, im Kampf), wird durch עמד ausgedrückt, vgl. Am 2,15, ferner Ez 13,5.

Gott-gewährte Kampfkraft am Bogen nicht ein, und dies wird ihm als Versagen und Schuld angelastet.[66] In den narrativen Überlieferungen findet sich allerdings kein expliziter Hinweis auf eine Kampfverweigerung oder Flucht ephraimitischer Bogenschützen. In Hos 7 und Ps 78 (insbesondere in V. 9) wird gleichwohl, wenn auch schemenhaft, darauf verwiesen und bei der Hörerschaft ein entsprechendes Geschehen damit als bekannt vorausgesetzt. Nun will Ps 78 als Parabel und Rätselrede verstanden werden (V. 2), fordert entsprechend verstärkte Verstehensbemühungen ein und lässt eine Vielschichtigkeit der Interpretation annehmen. Zieht man dies in die Überlegungen mit ein, so findet sich im nach V. 56–58 geschilderten Gotteshandeln, das durch „Verwerfen" (מאס) und „Erwählen" (בחר) bestimmt ist,[67] eine Verbindung zur Erzählüberlieferung: Die Verwerfung Israels und die Preisgabe Schilos als Wohnsitz (V. 59–60) erinnern, verbunden mit weiteren Ausführungen (V. 61–64), an das Kampfgeschehen zwischen Israel und den Philistern bei Eben-Eser bzw. Aphek.[68] Dieses führte zum Verlust der Lade – und später zu deren Rückkehr, aber dann in judäisches Gebiet (1. Sam 4–6; 2. Sam 6).[69]

Exkurs: Eine für Israel unerklärliche Niederlage führte dazu, dass die Lade (Gottespräsenz) aus Schilo herbeigeholt wurde (vgl. 1. Sam 4,2–3). Ihre Ankunft gab Anlass zu Freudengeschrei und Zuversicht, währenddessen sich bei den Philistern Furcht ausbreitete. Die Philister machten sich jedoch selber Mut: „Seid Männer und kämpft!" (1. Sam 4,9).[70] Sie nahmen den Kampf auf, schlugen Israel in die Flucht, bereiteten ihm – noch unerklärlicher – eine grosse Niederlage und führten die Lade Gottes weg (1. Sam 4,10–11). Die durch den Ladeverlust ausgelöste traumatisierende Erfahrung wird in der Erzählüberlieferung geschildert, aber nicht erklärt (1. Sam 4,16–22).[71] Dass dieses einschneidende Geschehen aus der späten Richterzeit im kollektiven Bewusstsein erhalten blieb und (späterer) Deutung bedurfte, zeigen

---

66 Instruktiv ist das bereits erwähnte Danklied Davids: Die Zurüstung Gottes zum Kampf besteht im Verfolgen der Feinde respektive im „Nicht-Umkehren"; entsprechend müssen diese ihm den Rücken zukehren (vgl. 2. Sam 22,35–41 // Ps 18,35–41).

67 Vgl. V. 59.67.68.70. Hos verwendet mit Blick auf die Verwerfung des Volkes durch Gott das Verb in 4,6 und 9,17; der Gegenbegriff „erwählen" findet sich in Hos nicht.

68 In der ersten Verwerfungsaussage (V. 59) ist wie bisher das Israel *aller* Stämme gemeint: Niederlage und Ladeverlust betreffen Ganzisrael. Erst als Folge davon und nach Gottes neuerlichem Handeln (V. 65ff.) kommt es *innerhalb* von Israel zur Unterscheidung zwischen Ephraim (verwerfen) und Juda (erwählen).

69 Der Satz „Er gab in Gefangenschaft seine Macht / und seine Pracht in die Hand des Bedrängers" in V. 61 ist mit hoher Wahrscheinlichkeit auf die Wegführung der Lade durch die Philister bezogen. Zu V. 61–64 vgl. im Weiteren 1. Sam 4,10–11.17–18/22, zur asaphitischen Lade-Verhaftung WEBER, Asaph im Psalter, 356–361. In seiner Untersuchung zu Anspielungen in Ps 78 („narrative tracking") sieht auch LEONARD, Allusions, 107–108, hinter V. 59–68/72 Bezüge zu 1. Sam 4–6 und 2. Sam 6: „While terminological overlap with the Ark Narrative is almost entirely missing in the relevant portion of the psalm (vv. 59–72), the narrative parallels between the two passages point strongly toward an allusive connection" (107).

70 Die in Hos 7,15 im Zusammenhang mit der Stärkung der Arme durch Gott verwendete Wurzel חזק (*pi*) erscheint in der Philisterrede als Selbstbestärkung (*hitp*). Sie dient zudem zur Ermutigung Josuas und findet sich im Zusammenhang mit der Landnahme (vgl. Dtn 31,6–7.23; Jos 1,6–7.9.18; 10,5; 17,13; 23,6; Ri 1,28; 7,11).

71 LEUCHTER, Levites, 99–100, sieht in 1. Sam 4,19–22 und mit dem Verlust der „Herrlichkeit" die Kompromittierung der Eliden und ihre Ablösung durch die Leviten

Erwähnungen im Prophetenbuch Jeremia (Jer 7,12.14; 26,6.9, ferner 41,5). Während Hos auf Schilo und den Ladeverlust nur anzuspielen scheint, gibt Ps 78 (vor Jer) in der Verbindung von V. 9 und V. 56–64 einen Fingerzeig auf 1. Sam 4. Die „Kehrtwendung" von Ephraims Bogenschützen aus V. 9 wird unter modifizierender Aufnahme des Bogen-Motivs geschichtstheologisch verankert: Ephraim als Führungsstamm und Schutzmacht des Stämmeheiligtums mit der Lade – Schilo lag auf ephraimitischem Gebiet – hat sich mit seiner Elitetruppe, den Bogenschützen, der Verantwortung im Krieg „an einem/dem Tage des Kampfs" entzogen und „sich umgewandt" (Fahnenflucht?). Die Folgen waren eine verheerende Niederlage und der Verlust der Lade. Ihre fehlende Vorbereitung und Kriegsuntüchtigkeit werden verglichen mit einem „schlaffen Bogen", der nicht gebrauchsfähig und daher trügerisch war. In Hos wie Ps 78 werden dabei Kriegsversagen und götzendienerisches Verhalten miteinander verbunden.[72] Die daraus resultierende Verwerfung Israels und Preisgabe Schilos wird in Ps 78,59–60 (anspielend auf 1. Sam 4) auf den Untergang des Nordreichs bezogen und derart (Zeit-)Geschichte mit (Früh-)Geschichte interpretiert. Nach einer strukturellen wie geschichtlichen Zäsur setzt in Ps 78,65–66 das Gotteshandeln neu ein. Dabei dürften neuerlich Bezüge auf die in 1. Sam 4–6 geschilderten Geschehnisse vorliegen, diesmal auf Auswirkungen der Lade im Philisterland und deren Rückgabe (1. Sam 5,1–7,1).[73] In V. 67 ist (nach V. 57) neuerlich von einem „Verwerfen" die Rede: Es betrifft „das Zelt Josephs" bzw. „den Stamm Ephraim".[74] Ps 78 hat nicht die generelle Verwerfung der Joseph-Stämme bzw. des Nordreichs im Blick, vielmehr die Ablösung und Gewichtsverschiebung innerhalb Israels von Joseph/Ephraim zu Juda: Das zum Ladeverlust führende Versagen Ephraims führt zum Verlust seiner Führungsstellung im Stämmekollektiv Israel.[75] Dies manifestiert sich daran, dass die Lade (und mit ihr die „Gottespräsenz") nicht in ephraimitisches Gebiet (Schilo) zurückkehrt, sondern nach Juda (Beth-Schemesch, dann Kirjat-Jearim, schliesslich Jerusalem) gelangt. Am Psalmschluss (Ps 78,68–72) wird Gottes „Erwählung" entsprechend gegenüber „dem Stamm Juda", „dem Berg Zion" und „David, seinem Knecht" akzentuiert.[76] Ps

---

ausgedrückt. Ist dem so und sind Hos wie die APss mit dem Levitentum verbunden (dazu s.u.), wäre der Rekurs auf diese Schlüsselüberlieferung verständlich, zumal sie mit levitischen Funktionen und Begründungen verbunden ist.

72   In Ps 78 kulminiert die Schilderung in der Erwähnung von „Kulthöhen" und „Götzenbildern" (V. 58). Ähnliches lässt sich Hos 7,8–16 entnehmen; die beiden erwähnten Begriffe selbst finden sich aber anderswo (vgl. Hos 10,8; 11,2).

73   Die Übereinstimmungen zwischen V. 60–64 und 1. Sam 4 sind allerdings deutlicher als diejenigen zwischen V. 65–66 und 1. Sam 5–6. Das Schlaf-Motiv ist als zwischenzeitliche Untätigkeit Gottes (Zeit, in der sich die Lade in philistäischem Gebiet aufhielt) zu deuten.

74   Mit dem Stichwort „Zelt" wird auf die Landgabe an Israel (V. 55) und den Wohnsitz Gottes in Schilo (V. 60), mit „Ephraim" auf V. 9 und das Kampfversagen der epraimitischen Bogenschützen zurückgeblendet.

75   Die in der Joseph-Geschichte (Gen 37–50) reflektierte Gewichtung der Jakob-Söhne, insbesondere zwischen Juda und Joseph (auch im Ringen um Benjamin), in der Joseph unter den Brüdern eine hohe, ja eine Sonderstellung einnimmt (vgl. auch Hos 13,1), spiegelt ein Verständnis, das für Ps 78 in dieser Weise nicht mehr gegeben ist. Vgl. dazu auch WEINGART, Stämmevolk, 235–266.

76   Hinter V. 67–70 dürfte die Ladeüberführung in 2. Sam 6 mitbedacht sein (so auch LEONARD, Allusions, 108). Zu David vgl. namentlich 2. Sam 5,1–3, ferner 6,21; 7,8.

78 deutet mit dieser Frühgeschichte als Parabel das Geschehen in seiner Gegenwart bzw. nahen Vergangenheit: Nach dem Untergang des Nordreichs 722 v. Chr. leitet Gott sein Volk Israel unter Führung von Juda und den Davididen von seinem erwählten Wohnort Jerusalem (Ort der Lade) aus.[77] Auch nach 722 v. Chr. werden die Zehn Stämme nicht als endgültig „verworfen" oder „verloren" angesehen. Eigenstaatlich ist ihre Zeit vorbei, aber sie sind und bleiben Israel. Davids Aufgabe ist es denn auch, nicht (nur) Juda, sondern Jakob/Israel zu „weiden": Gottes „Volk" und „Erbteil" (Ps 78,71–72).[78] Die Annahme, dass Juda (zusammen mit Benjamin) das Erbe der Zehn Stämme antritt bzw. übernimmt und seitdem *allein* als Israel gilt, wird durch Ps 78 nicht gestützt.[79]

In Ps 78 wird das am Verhalten mit dem Bogen sich zeigende Kriegsversagen mit Bundesversagen verbunden: der Untreue gegenüber Gott, dem „Vergessen" seiner Heilstaten, dem Errichten von Kulthöhen und der Verehrung von Götzenbildern.[80] Geschichtlich wie inhaltlich liegt beides nicht auf derselben Ebene: Mit dem Götzendienst ist das Fehlverhalten im Nordreich im Blick (ähnlich Hos). Die poetisch geformte Parabel und Rätselrede ermöglicht die Relationierung von Geschehnissen aus unterschiedlichen Zeiten und ihre Deutung auf den Untergang des Nordreichs 722 v. Chr. hin.

Wenden wir uns Hos 7 zu: In V. 16 geht dem Bogen-Wort die Aussage voran, dass sie (Ephraim) sich umgewendet, umgekehrt haben – „nicht [zu] Hohem". Das/der „Hohe" (עַל) dürfte für Gott selbst oder – eher – für mit ihm verbundene Verhaltensweisen und Segnungen stehen.[81] Es ist von einer Wende zum Negativen die Rede. Dies fügt sich zu Aufrufen an das Volk bzw. Ephraim zu einer Um- bzw. Hinkehr zu Jʜᴡʜ, welche aber abgelehnt werden (vgl. Hos 7,10, ferner 5,4; 6,1; 11,5.7). Für das Umwenden wird in Hos 7,16 (wie 7,10, vgl. 3,5) das Verb שוב und nicht wie Ps 78,9. (44.)57 das prägnantere הפך verwendet. In Hos 7,8–16 erscheinen gleichwohl beide Begriffe und zwar in den Rahmenversen 8 (הפך)[82] und 16 (שוב). Sie enthalten je

---

Nach asaphitischer Überzeugung (Ps 74,1; 77,16.21; 78,52.70–72; 79,13; 80,2) war, ist und bleibt Gott – wie in Gen 49,24; 49,15 angezeigt – der Hirte für Jakob/Israel (und damit auch Joseph/Ephraim).

77 Nach langen Vergangenheitsschilderungen (*qtl, wjjqtl*) wechselt mit dem an den Schluss des Psalms gesetzten Verb נחה „führen, leiten" die Perspektive zu Gegenwart/Zukunft (*jqtl*).

78 Die Suffixe *sein* Volk und *sein* Erbteil sind auf Gott und nicht auf David zu beziehen, vgl. V. 1.20.62 (sowie die Belege in Hos und den weiteren APss) bzw. V. 78.62 (ferner die asaphitischen Seitenbelege Ps 74,2; 79,1; Hos verwendet den Begriff „Erbteil" nicht).

79 Zur Deutung des Psalms vgl. Wᴇʙᴇʀ, Psalm 78, und den neuen Beitrag zu Ps 78 in diesem Sammelband (I.3).

80 Das treulose Handeln (בגד) findet sich über Ps 78,57 hinaus auch in Hos 5,7; 6,7.

81 Die Aussagen in Hos 7,10.14–15 lassen an „den Hohen" denken, das Sinnen von „Bösem" in Hos 7,15 schiebt dagegen das Umkehren „zu Hohem" (im Sinne von Gutem) in den Vordergrund. Dieses Verständnis legt auch aufgrund der ähnlichen Aussage in Hos 11,7 und des Jakob-Segens an Joseph nahe (Gen 49,25, vgl. ferner Ps 50,4).

82 Vgl. noch Hos 11,18. Bei den fünf Belegen Hos 7,8; 11,8; Ps 78,9.44.57 handelt es sich um sämtliche Hos- und APss-Stellen des Verbs הפך .

einen Vergleich für Ephraim (Fladenbrot und schlaffer Bogen).[83] Der recht unverhofft eingeführte Bogen-Vergleich ist dabei nicht als Folge-, sondern Parallelaussage zu verstehen: Die jetzige Umwendung entspricht einem Verhalten, das dem mit einem kriegsuntüchtigen Bogen entspricht.[84] Die Aussage in Hos 7 ähnelt derjenigen in Ps 78 insofern, als das Umkehren in Hos 7,16 dem Abtrünnig- und Treulos-Werden von Ps 78,57 gleichkommt. Die Doppelsinnigkeit von „schlaffem" und „trügerischem Bogen" erweist sich als treffend: Ephraims Vertrauen auf Bündnisse mit Fremdmächten statt Jhwh ist trügerisch bzw. wird sich als trügerisch erweisen (vgl. Hos 5,13; 7,11.13). Der vorangehende Kontext lässt an eine Hinkehr zu Assur denken, zumal das „Gehen" zu Assur mit dem „Fliehen" vor Jhwh verbunden wird (Hos 7,11–13). Ist der eigene Bogen nicht kampfbereit, so wird das feindliche Schwert sein Werk vollbringen: „Es werden fallen durch das Schwert ihre Oberen ...", heisst es nachher in Hos 7,16.

Dass Hos 7,1–16 und Ps 78,9.57 von Gen 49,24 abhängig sind, ist hinreichend deutlich. Aufgrund dessen, dass die auffällige Wendung „wie ein schlaffer/trügerischer Bogen" in Hos 7 wie in Ps 78 vorliegt, ist ein gemeinsamer traditionsgeschichtlicher Hintergrund gegeben, zumal die Bogen-Formulierung jeweils mit ähnlichen Aussagen, die von Befähigung, aber auch von Abtrünnigkeit und Umkehr handeln, flankiert sind. Die Rede vom „schlaffen Bogen" ist dabei, verglichen mit Ps 78, in Hos 7,16 änigmatischer: Im Psalm ist sie, verzahnt mit Befähigung, Versagen, Gründen und Folgen, ausgeprägter und hat argumentatives Gewicht. In Hos 7,15–16 erfährt der Bogen-Vergleich keine mit Ps 78 vergleichbare geschichtliche Deutung.[85] Von daher ist erwägbar, ob Hos 7 sich nicht auf Ps 78 und dessen Deutung stützt.[86] Nun zeigt eine Durchsicht aller „Schnittstellen" zwischen Hos und Ps 78 (Tabelle s.o.), dass in Hos diese recht verstreut vorliegen;[87] im Asaph-Psalm dagegen konzentrieren sie sich clusterartig auf die Passagen Ps 78,7–11 und 78,55–59, in denen die Bogen-Belege

---

83   Das nicht gewendete Fladenbrot ist – auf der einen Seite ungebacken, auf der anderen verbrannt – unbrauchbar; der schlaffe Bogen ist ebenfalls unbrauchbar, und er steht mit der Umkehr im Kampf in Zusammenhang. Wird das erste mit der Vermischung mit den Völkern, so das zweite mit der Trennung von Gott in Verbindung gebracht. In Hos 11,8, der zweiten Stelle mit הפך, kommt ein Moment hinzu, das *in nuce* möglicherweise auch in 7,8–16 präsent ist: Die mit der „Umdrehung" von Sodom und Gomorra (sowie Adam und Zebojim) verbundene Begrifflichkeit (Gen 19,21.25.29*bis*; Dtn 29,22) wird auf Ephraim angewendet (anders Am 4,11).

84   In diese Richtung verweist die Verbsequenz *jqtl* → *qtl* → *jqtl* in Hos 7,16 und die Syntax, in der die zweite Verbalaussage mit der ersten weder syndetisch noch konjunktional verbunden ist.

85   In Hos 7,16 (auch Hos 4,4–6; 12,15?) ist ein entsprechender Hintergrund allenfalls angetippt, und die entsprechende Kenntnis wäre den Hörern vorausgesetzt.

86   Gisin, Hosea, 320–330, geht von dieser Abhängigkeitsrichtung aus und versteht die Ankündigung, dass die Oberen durch das Schwert fallen werden (Hos 7,16), auf dem Hintergrund des analogen Fallens der Priester durch das Schwert in Ps 78,64 (mit Verweis auf 1. Sam 4,11–22). Zudem nennt er für Hos 7,11–16 weitere Abhängigkeiten von Ps 78, deren Evidenz weniger stringent ist. Auch Cook, Roots, 53–54, beurteilt Ps 78 als älter als Hos und geht von folgender Staffelung aus: Ps 78,17 → Hos 13,2; Ps 78,29–31 → Hos 13,6–7.

87   Mehrfache Berührungen mit Ps 78 sind für Hos 4,6; 6,7; 7,17; 14,1 zu erwägen.

erscheinen (V. 9.57). Dieser Befund spricht tendenziell dafür, dass – wie schon beim „Zerbrechen" – auch bei diesen Bogen-Aussage Hos gegenüber dem Asaph-Psalm älter ist. Falls dem so ist, hat Ps 78 nicht nur auf Überlieferungen der Frühgeschichte und der Lade zurückgegriffen, sondern mit einem Seitenblick auf Hos beide Passagen formuliert.[88] Die Beschreibung der Väter-Generation(en) in Ps 78,8.10–11 liest sich dann wie eine summarische Bestätigung der hoseanischen Prophetie.[89] Diese Rezeptionsrichtung fügt sich zur Annahme, dass Ps 78 als Geschichtsparabel den Fall des Nordreichs 722 v. Chr. verarbeitet und in hiskianischer Zeit (um 700 v. Chr., ähnlich wie Ps 76) den JHWH-treuen, nun in Juda neu beheimateten Israeliten den Weg in die Zukunft weist. Die Botschaft des Psalmisten lautet: „Joseph/Ephraim hat an der Erwählung JHWHs nur Anteil im glaubensvollen Anschluss an Jerusalem und Zion. JHWHs ‚Führung' Israels dauert fort, aber sie geschieht jetzt und fortan durch das davidische Königshaus."[90] In Hos 7,(8–)16 geht es dagegen um die Offenlegung von Ephraims Bündnispolitik und die Ansage des Gerichts. Im Blick ist wohl die Zeit der syrisch-ephraimitischen Koalition (Pekach in Samaria) gegen Juda (Ahas) und des assyrischen Gegenschlags (Tiglat-Pileser III.) mit seinen Auswirkungen, also die 730er Jahre v. Chr.[91]

4. „Asaph Meets Hosea" und der Fortgang Israels

4.1 Levitische Verbindungen?

Die Übereinstimmungen zwischen den „Bogen"-Worten in Hos 1–2; 7,8–16 und den APss 76 und 78 sind beträchtlich und lassen „Intertextualität" annehmen, auch wenn bei den Abhängigkeitsrichtungen über Wahrscheinlichkeiten nicht hinauszukommen ist. Die angeklungenen, unter Einbezug weiterer Texte in Hos und den APss noch zu vertiefenden Gemeinsamkeiten an Themen, Anliegen, Redeweisen, Zeithorizonten und israelitisch-ephraimitische Traditionen reichen über punktuelle Intertextualität hinaus und lassen erwägen, ob weitergreifende Verbindungen vorhanden sind. Eine mögliche Folgerung ist, dass der Prophet Hosea wie auch der hinter den APss stehende Kreis Leviten sind, die im Nordreich beheimatet waren und im (späten) 8. Jh. v. Chr. mit ihren Überlieferungen in den Süden kamen. Dies würde die starke Nordreich-Verankerung, verbunden mit vereinzelten, aber wiederholten Juda-, David- und/oder Zion-Bezügen in beiden Texten, verständlich machen. So hat Wolfgang Schütte, Hinweise von Hans Walter Wolff aufnehmend und weiterführend, für die Hos-Schrift (frühes 7. Jh. v. Chr.) einen levitischen Adressaten-, Tradenten- und

---

88 Zu den Gemeinsamkeiten zwischen Hos und Ps 78 gehören auch Traditionen von Ägypten/Exodus (sowie Wüste und Landgabe), vgl. Hos 2,16–17; 8,13; 9,3.10; 11,1.5.11; 12,10.14; 13,4–6 mit Ps 78,12–31.40.51–55. WEINGART, Juda, sieht Hos 13* und Ps 78* als Reflexe einer judäischen Geschichtsdeutung nach dem Untergang des Nordreichs am Ende des 8. Jh.s (Hos 13) bzw. Anfang des 7. Jh.s v. Chr. (Ps 78). Zur Verbindung von Prophetie und Weisheit/Gleichnisrede vgl. Hos 8,12; 12,11.14; 14,10 mit Ps 78,1–4.

89 Zur Widerspenstigkeit (סרר) vgl. Hos 4,16; 9,15, zur Übertretung des Bundes vgl. Hos 6,7; 8,1, zum „Vergessen" Gottes (und seiner Heilstaten, seiner Weisung) vgl. Hos 2,15; 4,6; 8,14; 13,6.

90 WEBER, Psalm 78, 244.

91 So mit MACINTOSH, Hosea, 268–269.

Redaktorenkreis in Betracht gezogen.[92] Weiter hat Mark Leuchter jüngst Hoseas Prophetie als „levitical teaching" in mosaischer Tradition und Verpflichtung charakterisiert.[93] Zuvor hatte schon Stephen Cook nicht nur Hos, sondern auch die APss mit levitisch-jahwistischen Kreisen aus dem Norden und später am Hof von Hiskia in Verbindung gebracht.[94] Was die APss betrifft, komme ich ebenfalls zur Annahme, dass sie zu levitischen (kultprophetischen) Trägerkreisen und einer Bewegung von Israel nach Juda gehören (Hiskia-Zeit).[95] Sollte sich die Annahme von levitischen Kreisen hinter Hos wie den APss bestätigen und die textlichen Verbindungen sich derart sozio-historisch verankern lassen, würde dies die aufgewiesenen Intertextualitäten zusätzlich plausibilisieren und sie in ein neues Licht rücken. Die „Kommunikation" mit und hinter diesen Texten wäre dann enger als allgemein angenommen.

4.2 Ephraim ist nicht einfach tot, Israel lebt und ist mehr als Juda!

„Ephraim … wurde schuldig durch Baal und starb" (Hos 13,1). Die Abwendung von Jhwh und die Hinwendung zu Baal (Götzendienst) führen laut Hos in den Tod (vgl. auch 13,12–14). Mit der Zerstörung Samarias (vgl. 14,1) und dem Ende des Nordreichs Israel als politischer Grösse tritt dieser ein. Doch das Gerichtswort (13,1–14,1) ist nicht das letzte; es folgen Umkehrruf und Bussgebet (14,2–4), verbunden mit abschliessenden Heilsworten (14,3–9). Fazit: Ephraim ist tot (13,1) … und doch wird Ephraim – nach der Umkehr zu Gott – leben (14,9). Das Volk der Zehn Stämme hat noch eine Zukunft. Als Stimme nach dem Untergang deutet Ps 78 dessen Geschichte als Gericht und weist am Ende zugleich den Weg in eine heilvolle Zukunft. Zuteil wird sie (nur) im Anschluss an Gottes Erwählungshandeln: politisch an Juda, kultisch an den Zion und dynastisch an den Gottesknecht David (respektive seine Thronnachfolger in Jerusalem). Dieser soll Gottes Volk, „Jakob" und „sein Erbe Israel", weiden und d.h. durch die kommenden Zeiten führen (vgl. Hos 3,5; Ps 78,70–72).[96] Die mit dem Norden verbundene Identität als Israel besteht fort. Neben der im Gebiet des

---

92 Vgl. Wolff, Dodekapropheton 1, XXVI.98.204.281; Schütte, Gerechtigkeit, 163–189.197–200.

93 Vgl. Leuchter, Levites, 142–154.

94 Vgl. Cook, Roots, 24–38.53–57.71–142. Er schreibt: „The parallels in phraseology and idiom between Hosea and the Psalms of Asaph are often too close to be coincidental" (ebd., 238). Ähnlich zuvor Nasuti, History, 75.161–164.176–178.

95 Vgl. Weber, Asaph im Psalter, 361–371. Indizien für Integrationsleistungen in hiskianischer Zeit, an denen (auch) aus dem Nordreich kommende Leviten beteiligt gewesen sein dürften, sind über die Verbindung zwischen Königshaus und Prophetie (Jes) hinaus in Spr 25,1 und 2. Chr 29,25–30 (Lieder Davids und des Sehers Asaph) vermerkte editorische Tätigkeiten.

96 Dass das Nordreich Israel über seine politische Existenz hinaus nicht einfach als ausgelöscht verstanden und die Israel-Bezeichnung von Juda übernommen wurde, zeigen die Heilsworte der Hos-Schrift (2,1–3.16–25; 3,5; 11,8–11; 14,5–9), die einen gesamtisraelitischen Horizont anzeigen. Zur singulären Redeweise von den „beiden Häusern Israel" in Jes 8,14 (und damit auch die Verbindung von Israel und Juda) vgl. die unterschiedlichen Einordnungen von Fleming, Legacy, 47–51, und Weingart, Stämmevolk, 203–212.342–344.

einstigen Nordreichs verbliebenen und mit Neuansiedlern assimilierten Bevölkerung ist eine namhafte Israel-Gemeinschaft in Juda anzunehmen.[97] Darüber hinaus gibt es Hinweise auf Nordreich-Israeliten in Assyrien[98] und später auch in der ägyptischen Diaspora.[99] Dass Israel nicht nur eine Geschichte hatte, sondern (mit Juda zusammen) auch eine Zukunft bekommt, zeigen (weitere) prophetische Worte.[100] Die Betonung auf Ganzisrael unter Einschluss der Nordstämme ist auch der Chronik eigen.[101] Und samarisch-samaritanische Akzente finden sich bis ins Neue Testament hinein.[102] Freilich gibt es, v.a. im Zusammenhang des Tempelneubaus in Jerusalem, auch Samaria-kritische Töne.[103] Wie komplex und problematisch die Geschichte vom Nordreich Israel bzw. Samaria auch verlief und wie heftig die Kritik auch ausfiel, „Israel" wird weder durchgängig durch Juda substituiert noch werden die Zehn Stämme als „verloren" preisgegeben.[104]

5. Schluss

„Intertextualität" war der Einstiegspunkt, um das Gespräch mit Phil Botha fortzusetzen. Unter dem Leitsatz „Asaph meets Hosea" wurden die „Kriegsbogen"-Aussagen in der Hos-Schrift (Hos 1–2; 7) und den Asaph-Psalmen (Ps 76; 78) untersucht und die Gemeinsamkeiten auf mögliche Abhängigkeiten hin befragt. Dabei bestätigte sich, wie relativ einfach ähnliche Textaussagen aufzuspüren sind, wie schwierig und anspruchsvoll es dagegen ist, Abhängigkeitsrichtung und die Funktion des Aufgenommenen im aufnehmenden Text zu bestimmen. Traditiongeschichtliche Bezüge sind gewiss, die Annahme der Priorität der hoseanischen gegenüber den asaphitischen Stellen blieb im Bereich des Wahrscheinlichen. Über die Einzelvergleiche hinaus wurde ein historischer wie tradtionsgeschichtlich-theologisches Netzwerk

---

97   Vgl. SCHÜTTE, Exil, insbesondere 165–185.

98   Vgl. RADNER, Tribes, 101–123.

99   Auf der Nilinsel Elephantine und im benachbarten Syene befanden sich neben Exil-Judäern (vgl. Jer 43,4ff.) auch Vertriebene aus aramäischen und nordisraelitischen Gebieten. Trifft die Rekonstruktion von Karel van der Toorn zum Papyrus Amherst 63 zu, so gibt es ein „(weiteres) missing link" insofern, als Israeliten aus dem Nordreich samt ihren Überlieferungen (Psalmen) um ca. 700 v. Chr. zunächst in Rasch (= Karawanenstadt Palmyra) Zuflucht fanden und ihre Nachkommen später nach Ägypten übersiedelten. Vgl. VAN DER TOORN, Papyrus Amherst 63, v.a. 10–11.25–39.65–68; kritisch dazu BECKING, Elegy. Vgl. dazu der neue Beitrag in diesem Band zu Ps 81 (I.4, Nachtrag).

100   Vgl. u.a. Jes 11,11–16; Jer 3,18; 30–31; Ez 28,25–26; 37,15–28; 47–48; Sach 10,6–12; Esr 6,16–17. Die zeitlichen Ansetzungen sind im Einzelnen strittig, eine generelle Zuweisung in die nachexilische Zeit ist jedoch nicht angebracht.

101   Vgl. WEINGART, Israelite, 163–169.

102   Vgl. Jdt; Lk 10,1–16; 17,11–19; Joh 4; Apg 1,8; 8,4–17.25; 9,31.

103   WEINGART, Israelite, 159–163, rechnet zu diesem perserzeitlichen „exclusivist view" neben Esr 4,1–3 auch 2. Kön 17,24–41.

104   Neuere archäologische Funde lassen einen samaritanischen Tempel auf dem Garizim bereits zur Perserzeit annehmen. Sie regten Studien an, die sich allerdings weithin auf die nachexilische Zeit beschränken. Vgl. etwa KNOPPERS, Jews; HECKL, Rolle; HENSEL, Juda.

ansichtig: „Hosea" und „Asaph" warnen vor dem Gericht, deuten das Geschehen, zeigen im Gericht Wege der Hoffnung auf und begleiten mit (Gottes-)Worten Israel über sein staatliches Ende hinaus in neue Zeiten. Dies geschieht im Anschluss und in Verbindung mit Orten und Grössen der Verheissung und Erwählung Jhwhs: Juda, Zion, David. Der „Gott Jakobs" hat sein Volk, das mehr als Juda umfasst, hart gerichtet, aber nicht endgültig preisgegeben. Gegenüber einer allzu stark Juda-zentrierten Sichtweise ist dies festzuhalten.

Bibliographie

Archer, R., Chariotry to Cavalry: Developments in the Early First Millennium, in: G.G. Fagan / M. Trundle (eds.), New Perspectives on Ancient Warfare (History of Warfare 59), Leiden – Boston, MA 2010, 57–79.

Aster, S.Z., The Function of the City of Jezreel and the Symbolism of Jezreel in Hosea 1–2, JNES 71 (2012) 31–46.

Becking, B., An Elegy for a Conquered City. Or: Does Papyrus Amherst 63 xii 1–11 Reflect the Fall of Samaria?, WO 51 (2021) 136–148.

Botha, P.J., Psalm 91 and its Wisdom Connections, OTE 25 (2012) 260–276.

–, Psalm 32 as a wisdom intertext, HTS 70 (2014): https://doi.org/10.4102/hts.v70i1.2710 (eingesehen am 7. Dezember 2023).

Botha, P.J. / Weber, B., „Killing Them Softly with this Song …": The Literary Structure of Psalm 3 and Its Psalmic and Davidic Contexts. Part II: A Contextual and Intertextual Interpretation, OTE 21 (2008) 273–297.

Cantrell, D.O., The Horsemen of Israel: Horses and Chariotry in Monarchic Israel (History, Archaeology, and Culture of the Levant 1), Winona Lake, IN 2011.

Carr, D., Method in Determining the Dependence of Biblical on Non-Biblical Texts, in: Z. Zevit (ed.), Subtle Citation, Allusion, and Translation in the Hebrew Bible, Sheffield, U.K.– Bristol, CT 2017, 41–53.

Cook, S.L., The Social Roots of Biblical Yahwism (StBL 8), Atlanta, GA 2004.

Dalferth, I.U., Die Kunst des Verstehens. Grundzüge einer Hermeneutik der Kommunikation durch Texte, Tübingen 2018.

Dearman, J.A., The Book of Hosea (NICOT), Grand Rapids, MI – Cambridge, U.K. 2010.

De Vaan, J.M.C.T., „Ich bin eine Schwertklinge des Königs". Die Sprache des Bēl-ibni (AOAT 242), Kevelaer / Neukirchen-Vluyn 1995.

Dezső, T., The Assyrian Army: I. The Structure of the Neo-Assyrian Army. 2. Cavalry and Chariotry (Antiqua et Orientalia 3 / Assyriologia 8/2), Budapest 2012.

Fleming, D.E., The Legacy of Israel in Judah's Bible: History, Politics, and the Reinscribing of Tradition, New York, NY 2012.

Gisin, W., Das Buch Hosea (EdC.B AT 37), Witten 2014.

Gosse, B., L'influence du livre des Proverbes sur les rédactions bibliques à l'époque perse (STrEu 14), Paris 2008.

Heckl, R., Die Rolle Samarias bei der Entstehung des Judentums. Auf dem Weg zu einer neuen Sicht der nachexilischen Geschichte Israels, BZ 62 (2018) 1–31.

HENSEL, B., Juda und Samaria: Zum Verhältnis zweier nach-exilischer Jahwismen (FAT 110), Tübingen 2016.

KEEL, O., Die Welt der altorientalischen Bildsymbolik und das Alte Testament: Am Beispiel der Psalmen, Zürich / Neukirchen-Vluyn 1972.

–, Der Bogen als Herrschaftssymbol. Einige unveröffentlichte Skarabäen aus Ägypten und Israel zum Thema „Jagd und Krieg", ZDPV 93 (1977) 141–177.

KELLY, J.R., Identifying Literary Allusions: Theory and the Criterion of Shared Language, in: Z. Zevit (ed.), Subtle Citation, Allusion, and Translation in the Hebrew Bible, Sheffield, U.K. – Bristol, CT 2017, 22–40.

KILCHÖR, B. / WEBER, B., „Unser Gott kommt ...!" (Ps 50,3). Psalm 50 und sein Setting im Lichte aufgenommener Überlieferungen, OTE 27 (2014) 1084–1111.

KLOPFENSTEIN, M.A., Die Lüge nach dem Alten Testament: Ihr Begriff, ihre Bedeutung und ihre Beurteilung, Zürich – Frankfurt a.M. 1964.

KNOPPERS, G.N., Jews and Samaritans: The Origins and History of Their Early Relations, New York, NY 2013.

LEONARD, J.M., Identifying Subtle Allusions: The Promise of Narrative Tracking, in: Z. Zevit (ed.), Subtle Citation, Allusion, and Translation in the Hebrew Bible, Sheffield, U.K.– Bristol, CT 2017, 91–113.

LEUCHTER, M., The Levites and the Boundaries of Israelite Identity, New York, NY 2017.

MACINTOSH, A.A., A Critical and Exegetical Commentary on Hosea (ICC), London – New York, NY 2014 (1997).

MARKL, D., Gottes Volk im Deuteronomium (BZABR 18), Wiesbaden 2012.

MEEK, R.L., Intertextuality, Inner-Biblical Exegesis, and Inner-Biblical Allusions: The Ethics of a Methodology, Bib. 95 (2014) 280–291.

MEIER, G., Keilschrifttexte nach Kopien von T.G. Pinches: 10. Ritual für das Reisen über Land, AfO 12 (1937) 141–144.

MILLER, G.D., Intertextuality in Old Testament Research, CBR 9 (2011) 283–309.

NASUTI, H.P., Tradition History and the Psalms of Asaph (SBLDS 88), GA 1988.

OTTO, E., Singing Moses: His Farewell Song in Deuteronomy 32, in: D.J. Human (ed.), Psalmody and Poetry in Old Testament Ethics (LHB 572), London – New York, NY 2012, 169–180.

–, Deuteronomium 12–34. Zweiter Teilband: 23,16–34,12 (HThKAT), Freiburg i.Br.: 2017.

RADNER, K., The „Lost Tribes of Israel" in the Context of the Resettlement Programme of the Assyrian Empire, in: S. Hasegawa / C. Levin / K. Radner (eds.), The Last Days of the Kingdom of Israel (BZAW 511), Berlin – Boston, MA 2019, 101–123.

SCHÜTTE, W., „Säet euch Gerechtigkeit!". Adressaten und Anliegen der Hoseaschrift (BWANT 179), Stuttgart 2008.

–, Israels Exil in Juda. Untersuchungen zur Entstehung der Schriftprophetie (OBO 270), Fribourg / Göttingen 2016.

SEEVERS, B., Warfare in the Old Testament: The Organization, Weapons, and Tactics of Ancient Near Eastern Armies, Grand Rapids, MI 2013.

STECK, O.H., Exegese des Alten Testaments. Leitfaden der Methodik, Neukirchen-Vluyn ¹²1989.

TRIMM, C., Fighting for the King and the Gods: A Survey of Warfare in the Ancient Near East (RBSt 88), Atlanta, GA 2017.

VAN DER TOORN, K., Celebrating the New Year with the Israelites: Three Extrabiblical Psalms from Papyrus Amherst 63, JBL 136 (2017) 633–649.

– (ed.). Papyrus Amherst 63 (AOAT 448), Münster 2018.

WEBER, B., „In Salem wurde sein Versteck ..." Psalm 76 im Lichte literarischer und historischer Kontexe neu gelesen, BN 97 (1999) 85–103.

–, Asaf – ein Name, seine Träger und ihre Bedeutung in biblischen Zeiten, in: M. Witte / J.F. Diehl (Hg.), Orakel und Gebete. Interdisziplinäre Studien zur Sprache der Religion in Ägypten, Vorderasien und Griechenland in hellenistischer Zeit (FAT II/38), Tübingen 2009, 235–259.

–, Psalm 78: Geschichte mit Geschichte deuten, in: Ders., „Wie ein Baum, eingepflanzt an Wasserrinnen" (Psalm 1,3). Beiträge zur Poesie und Theologie von Psalmen und Psalter in Wissenschaft und Kirche (hg. von T. Uhlig; ABIG 41), Leipzig 2014, 223–246 (Erstveröffentlichung 2000).

–, Der Asaph-Psalter – eine Skizze, in: Ders., „Wie ein Baum, eingepflanzt an Wasserrinnen" (Psalm 1,3). Beiträge zur Poesie und Theologie von Psalmen und Psalter in Wissenschaft und Kirche (hg. von T. Uhlig; ABIG 41), Leipzig 2014, 363–391 (Erstveröffentlichung 2001).

–, Von der Psaltergenese zur Psaltertheologie: Der nächste Schritt der Psalterexegese?! Einige grundsätzliche Überlegungen zum Psalter als Buch und Kanonteil, in: Ders., „Wie ein Baum, eingepflanzt an Wasserrinnen" (Psalm 1,3). Beiträge zur Poesie und Theologie von Psalmen und Psalter in Wissenschaft und Kirche (hg. von T. Uhlig; ABIG 41), Leipzig 2014, 65–77 (Erstveröffentlichung 2010).

–, „Rufe seinen Namen: Jesreel!" (Ps 18,1). Untersuchungen zum Anfang der Hosea-Schrift (Hosea 1,1–2,3), insbesondere zu den „Jesreel"-Aussagen, Biblisch erneuerte Theologie. Jahrbuch für Theologische Studien (BeTh) 1 (2017) 11–38.

–, „At the Time when Yhwh Delivered Him out of the Palm of all His Enemies and out of the Hand of Saul" (Psalm 18,1): From David in the Book of Samuel to David in the Book of Psalms and Back Again, SJOT 32 (2018) 291–304.

–, Asaph im Psalter und in der Chronik. Erwägungen zu „Schnittstellen", Trägerkreisen und Redaktionsprozessen, in: F. Hartenstein / T. Willi (Hg.), Psalmen und Chronik (FAT II/107), Tübingen 2019, 343–378.

–, Mose-Lied (Dtn 32,1–43) und Asaph-Psalmen (Ps 50; 73–83). Untersuchungen zu ihrem Verhältnis, ZABR 27 (2021) 257–309.

WEINGART, K., Stämmevolk – Staatsvolk – Gottesvolk? Studien zur Verwendung des Israel-Namens im Alten Testament (FAT II/68), Tübingen 2014.

–, Juda als Sachwalter Israels: Geschichtstheologie nach dem Ende des Nordreiches in Hos 13 und Ps 78, ZAW 127 (2015) 440–458.

–, Eine zweite Chance für Israel? Gericht und Hoffnung in Hos 3,1–5, Bib. 97 (2016) 342–359.

–, What Makes an Israelite an Israelite? Judean Perspectives on the Samarians in the Persian Period , JSOT 42 (2017) 155–175.

Wilkinson, R.H., The Representation of the Bow in the Art of Egypt and the Ancient Near East, Journal of the Ancient Near Eastern Society 20 (1991) 83–99.

Wolff, H.W., Dodekapropheton 1. Hosea (BKAT XIV/1), Neukirchen-Vluyn ³1976 (1965).

Zenger, E., Psalm 76, in: F.-L. Hossfeld / E. Zenger, Psalmen 51–100 (HThKAT), Freiburg i.Br. 2000, 383–401.

III.4 „Asaph" und „Jesaja".
Eine komparatistische Studie zur These von Tempelsängern als für Jesaja 40–66 verantwortlichem Trägerkreis[*]

Abstract: *Some scholars have questioned the thesis of a prophetic persona responsible for Isaiah 40–55/66. It has been argued (by Ulrich Berges and others) that temple singers/musicians (as we hear of them in postexilic literature, especially Chronicles) are responsible for Isaiah 40ff. This essay investigates that proposition from the viewpoint of the Asaphite Psalms in Book III of the Psalter, as well as the "Deutero-Asaphite" Psalms in Book IV. Three interfaces between "Asaph" (Pss 50; 73–83; 90–106*) and "Isaiah" (Isa 40–66) are examined as examples: first, the reception and transformation of the Exodus-tradition in Psalm 77 and Isaiah 40–55; second and most extensively, the way of dealing with catastrophic situations in Psalms 77–79 (plus Ps 106) and Isaiah 63,7–64,11; and third, "a new song" in Isaiah 42,10–13 (plus other hymns) and in Psalms 96 and 98. Observations and indications of these intertextual investigations are evaluated and summarised. The study finds interesting proximities and interdependencies between the two textual strata, which support the thesis of (Asaphite) temple singers as the group responsible for composing, transmitting and/or editing (also) the exilic-postexilic part of Isaiah 40ff. The limitations of this study as a test case and without examining the Levitical (Asaphite and Qorachite) Psalms or Isaiah 40–66 overall are acknowledged. Besides all the noted connections, the difference of texts belonging to the prophetic book Isaiah or to the Book of Psalms should not be underestimated.*

1. Einleitung

In seiner Kommentierung von Jesaja 40–48 vertritt Ulrich Berges die Meinung, dass diese Kapitel nicht auf eine prophetische Persönlichkeit „Deutero-Jesaja" zurückzuführen seien. Vielmehr spricht er sich für „Tempelsänger als Verfasser von Jes 40ff. aus, die über einige Jahrzehnte ab ca. 550 v. Chr. zuerst in Babel, dann in Jerusalem ihr Oratorium der Hoffnung und des Trostes schrieben"[1]. Seine Ausführungen lassen

---

[*]   Erstveröffentlichung (wird hier überarbeitet und aktualisiert): Beat WEBER, „Asaf" und „Jesaja". Eine komparatistische Studie zur These von Tempelsängern als für Jesaja 40–66 verantwortlichem Trägerkreis, Old Testament Essays 22 (2009) 456–487. Der Aufsatz war Erich Zenger (1939–2010) zu seinem 70. Geburtstag am 5. Juli 2009 gewidmet. Er war als Beitrag für das zu Zengers Geburtstag geplante Forschungskolloquium „Der Psalter und das Jesajabuch im intertextuellen Diskurs" vorgesehen, welches leider abgesagt werden musste.
1   BERGES, Jesaja 40–48, 63. Im letzten, nach der Erstfassung dieses Beitrags erschienenen Kommentarband kommt BERGES, Jesaja 55–66, nochmals ausführlich auf die Verbindung von Priestern, Leviten, Tempelsängern und schriftprophetischen Verfassern (ebd., 42–56) sowie auf die literarischen Verbindungen zwischen Jesajabuch und Psalter (ebd., 56–64) zu sprechen.

durchscheinen, dass er als dafür verantwortliche Dichter- und Musikergilde insbesondere an die Asaphiten denkt.[2]

Erich Zenger hält Tempelsänger für die Entstehung des Psalmenbuchs (mit)verantwortlich – ähnlich wie sein Münsteraner Lehrstuhl-Nachfolger Berges (inzwischen in Bonn) dies für Jes 40ff. in Betracht zieht. Zenger nimmt dies an für die Redaktionsstufe einer „David-Asaf-Komposition" (Ps 50–83, 5. Jh. v. Chr.), die er auf „asafitische Theologen" zurückführt.[3] Zur Buchwerdung schreibt er:

> „Die unverkennbare Nähe gerade der jüngsten Teile des Psalmenbuchs zur späten Weisheit und die Betonung der (Tempel-) Musik machen es wahrscheinlich, dass der Psalter seine Endgestalt im Milieu der weisheitlich inspirierten levitischen Tempelsängerschaft (vgl. 1 Chr 16,4f; 2 Chr 7,26; 29,30) erhalten hat ... So wurde das Psalmenbuch zum Grundtext der persönlichen Frömmigkeit und der messianischen Hoffnungen. Es war das ‚Lebensbuch' jener Gruppen, die in den Psalmen ‚die Armen', ‚die Frommen' und ‚die Gerechten' genannt werden."[4]

Berührungen zwischen Gattungen und Motiven aus den Büchern Jesaja und Psalmen werden seit langem notiert. Liessen sich die Hypothesen von Berges (und anderen) hinsichtlich Jes 40ff. und von Zenger zum Psalter erhärten, könnten literarische Gemeinsamkeiten von (Teil-)Kompositionen beider Bücher auf gemeinsame Kreise, die mit der Verfassung, Tradierung und/oder Herausgabe der Stoffe betraut waren, zurückgeführt und damit plausibilisiert werden.

In meinem Beitrag geht es darum, diese „Tempelsänger-These" als Brücke zwischen den Büchern Jesaja und Psalmen probeweise auf ihre Tragfähigkeit zu testen. Dabei gehe ich von den mit „Asaph" verbundenen Psalmen auf das von Jesaja ben-Amoz (Jes 1,1) her autorisierte Buch zu. Die Vergleichsanlage basiert auf der begründeten Annahme, dass diese Psalmen ein Gruppenkolorit aufweisen und mit einer Gilde levitischer Tempelsänger in Zusammenhang stehen, deren Eponym „Asaph" ist, und die für Dichtung, Vortrag und/oder Tradierung dieser Psalmen verantwortlich zeichnet. Die nachfolgenden Annahmen, asaphitische Konstellationen betreffend, bilden dabei die Ausgangsbasis.[5]

---

2 Vgl. BERGES, Jesaja 40–48, 38–43.62–63. In Untersuchungen zu den „Armen" und „Knechten" in den Büchern Jesaja und Psalter (vgl. DERS., Armen; DERS., Knechte) hat sich ihm zudem gezeigt, dass hinter beiden Kompositionen eine aus der Exilserfahrung hervorgehende und mit dem Zion verbundene „Gemeinde der Knechte" als massgeblicher Trägerkreis stehe. Wie die Tempelsänger mit der Gemeinde der Knechte in Verbindung zu bringen sind, lässt er unerklärt.

3 Vgl. ZENGER, Buch, 445–446, der auch für die von ihm ins 6./5. Jh. v. Chr. datierte Komposition Ps 3–41* (Davidpsalter I) vorexilische Hof- und Tempelsänger erwägt (ebd., 445). Zu den Charakteristika der „Asaf-Sammlung" (Ps 50; 73–83) vgl. DERS., Psalm 82, 277–286.

4 ZENGER, Buch, 448.

5 Für ausführliche Begründungen verweise ich auf meine Psalmenstudien, insbesondere WEBER, Psalm 77; DERS., Asaph-Psalter; DERS., Werkbuch II, 15ff.; DERS., Asaf; DERS., Asaph im Psalter.

1.1 Zu den genuinen Asaph-Psalmen (Ps 50; 73–83) und zum Psalterteilbuch III (Ps 73–89)

1. Die allermeisten Asaph zugeschriebenen Psalmen sind mit dem Nordreich Israel verbunden: Sie beinhalten dort beheimatete Traditionen, sind dort entstanden oder verarbeiten dessen Fall um 722 v. Chr.
2. Asaph-Psalmen, die der Bewältigung des Untergangs des Nordreichs (wohl während der hiskianischen Regentschaft) dienten, wurden nach dem Untergang Jerusalems 587/6 v. Chr. neu verwendet und durch Ps 79 fortgeschrieben.[6]
3. Die Kompetenz liturgischer wie theologischer Verarbeitung kollektiver Katastrophen erklärt die bedeutende Stellung, welche den Asaphiten als Tempelsängern unter den frühen Heimkehrern aus dem Exil zukommt.
4. Bereits in exilisch-frühnachexilischer Zeit liegt ein „Asaph-Psalter" mit der Trias Ps 77–79 im Zentrum vor, der den Untergang beider Teilreiche im Norden (Israel) und im Süden (Juda) reflektiert.
5. Dem Asaph-Psalter wird später eine zweite Gruppe von Qorach-Psalmen hinzugefügt, Er bildet mit dieser zusammen (und Ergänzungen), in Abstimmung mit dem Psalterteilbuch II (Ps 42–72), das Psalterteilbuch III („Exilsbuch"). Darin wird der asaphitische Zentralpsalm durch den Schlusspsalm geschichtstheologisch fortgeschrieben: Nach der Erwählung des Zions und Davids als König über Israel (Asaphpsalm 78) kommt es zur Verwerfung des Davidkönigtums und der Zerstörung Jerusalems samt des Tempels (Etanpsalm 89).

1.2 Zu den Deuteroasaph-Psalmen (Ps 96; 105–106) und Psalterteilbuch IV (Ps 90–106)

1. In nachexilischer Zeit entstehen auf der Basis der vorliegenden Asaph-Psalmen neue Psalmen: Ps 78 wird geschichtstheologisch mit Ps 105–106 weiterentwickelt, von Ps 50 führen Linien zu Ps 91, dazu von Ps 50 und 81 solche zu Ps 95. Das Label לאסף „zugehörig Asaph" wird diesen neuen Psalmen nicht (mehr) zuerkannt, vermutlich weil der aus zwölf Psalmen bestehende Asaph-Psalter (Ps 50; 73–83) bereits als abgeschlossen galt.
2. Aus 1. Chr 16 geht hervor, dass Teile der Psalmen 105; 96 und 106 als Lobpreis von Asaph und seinen Brüdern, die Dienst an der Lade taten, vorgetragen wurden. Eine Verfasserschaft wird nicht explizit behauptet, legt sich aber nahe. Zumindest stehen ihnen diese Psalmen zur Disposition (vgl. auch 2. Chr 29,30). Die drei, aus dem Teilbuch IV des Psalters vorgetragenen Psalmen, die keine Asaph-Zuweisung haben, werden in der Chronik jedenfalls mit dem gleichnamigen Haupt der Tempelsänger-Gilde in Verbindung gebracht und daher als „deutero-asaphitisch" bezeichnet.
3. Die erwähnten Einflüsse der genuinen Asaph-Psalmen (Ps 50; 73–83) auf später im Psalterteilbuch IV (Ps 90–106) gesammelte und konfigurierte Psalmen lassen sich noch vermehren. Die Ergebnisse einer Vergleichsstudie zeigen, dass eine erhebliche Zahl der Psalmen aus Teilbuch IV asaphitisch geprägt ist. Zu den

---

6 Vgl. WEBER, Datierung.

Gemeinsamkeiten gehören namentlich mit Mose verbundene Vorstellungen und Überlieferungen. Es ist davon auszugehen, dass die asaphitischen und die später entstandenen, deutero-asaphitischen Psalmen demselben Trägerkreis zugehören.[7]
4. Ein Bündel an Indizien spricht für die Annahme, dass asaphitische Kreise für die Konzeption des Psalterteilbuchs IV verantwortlich zeichnen. Dessen „mosaische Prägung" (wozu das JHWH-Königtum gehört, vgl. Ex 15,18) hat ihre Verhaftung im Kern des Asaph-Psalters (Ps 77–78). Von daher lässt sich mit gewissem Recht die Bezeichnung „deutero-asaphitisch" nicht nur für Psalmen aus dem Teilbuch IV, sondern auch für dieses selbst verwenden.

Nach dieser knappen Skizze zu „Asaph" wenden wir uns „Jesaja" zu. Anhand von Textvergleichen[8] soll der Frage nachgegangen werden, ob der für den Asaph-Psalter und Psalterteilbuch IV angenommene, levitisch-asaphitische Verfasser- bzw. Trägerkreis auch hinter Textgestalten des Jesaja-Buchs, insbesondere solchen aus Jes 40–55/66, steht bzw. stehen könnte. Dabei fokussiere ich mich auf drei „Schnittstellen": 1. Exodus-Motivik im Vergleich zwischen Ps 77 und „deutero-jesaianischen" Texten; 2. Vergegenwärtigung von Geschichte und Volksklage in Asaph-Pssalmen und Jes 63,7–64,11; 3. „Ein neues Lied" in „deutero-jesajanischer" Hymnik und in den „deutero-asaphitischen" JHWH-Königspsalmen 96 und 98. Jes 63–64 und seinem asaphitischen Kolorit gilt dabei das Hauptaugenmerk.

2. Exodus-Rezeption und -Transformation: Psalm 77 und Jesaja 40–55

Rezeption und Transformation von Exodus-Motivik ist in asaphitischen wie jesajanischen Texten bedeutsam. Ich beschränke mich auf den Vergleich von Ps 77[9] mit Jes 43,16–19; 51,9–10/11 und ziehe weitere Texte nur partiell bei. Die diesbezüglich signifikanteste Intertextualität liegt zwischen den Versen Ps 77,20 und Jes 43,16 vor:

Ps 77,20	בַּיָּם דַּרְכֶּךָ	a	Durch das Meer [führte] dein Weg,
	וּשְׁבִילֶיךָ בְּמַיִם רַבִּים	b	ja, deine Pfade durch grosse Wasser,
	וְעִקְּבוֹתֶיךָ לֹא נֹדָעוּ	c	aber deine Spuren wurden nicht erkannt.
Jes 43,16	כֹּה אָמַר יְהוָה	a	So spricht der HERR,
	הַנּוֹתֵן בַּיָּם דָּרֶךְ	b	der gibt durch das Meer einen Weg,
	וּבְמַיִם עַזִּים נְתִיבָה	c	ja, durch mächtige Wasser einen Pfad …

An beiden Stellen (mit ihren Kontexten) wird auf die Schilfmeertradition zurückgegriffen. Die identische Formulierung בים „durch das Meer" – mit Artikel! – verweist auf das Rettungshandeln JHWHS an Israel beim Auszug (vgl. Ex 14–15). Die Parallelbegriffe „grosse" bzw. „mächtige Wasser" konnotieren mythische bzw.

---

7 Vgl. WEBER, Verbindungslinien (überarbeitet als Beitrag III.1 im vorliegenden Band).
8 Zur innerbiblischen Intertextualität (Zitierungen, Anspielungen etc.) generell und für Jes 40–66 im Speziellen vgl. SOMMER, Prophet; SCHULTZ, Search; NURMELA, Mouth.
9 Vgl. WEBER, Psalm 77; DERS., Wasser.

kriegsmetaphorische Momente (vgl. Ps 77,17; Jes 17,12–13; Hab 3,8.15). In Jes 51,9–10 ist gegenüber Jes 43 die Verbindung von Schilfmeerwunder und urzeitlichem Chaoskampf verstärkt. Entsprechend stehen die Aussagen näher bei Ps 77, wo diese Verzahnung innerhalb des hymnischen Teils ebenfalls gegeben ist (vgl. auch Ps 74,13–14). Jes 51,9–10/11 und Ps 77 verbindet zudem das mit dem machtvollen Wirken Gottes beim Exodus assoziierte Wortpaar עֹז „Macht" und זְרוֹעַ „(erhobener) Arm" (V. 15–16, ferner Ps 79,11). Ausserdem verweisen die Zeitbegriffe in beiden Texten auf Gottes Wirken in der Ur- bzw. Frühzeit, wie ein Vergleich von Ps 77,6 mit Jes 51,9 zeigt (יָמִים מִקֶּדֶם Ps 77,6; כִּימֵי קֶדֶם Jes 51,9; עוֹלָמִים Ps 77,6; Jes 51,9).[10]

Bedeutsam ist, dass die „Meer"- bzw. „Wasser"-Motivik in beiden Textzusammenhängen mit „Weg"-Terminologie verbunden wird. Eine solche Kombination findet sich explizit weder in der narrativen noch der hymnischen Überlieferung des Exodus-Buchs. In Jes 43 und 51 sind die Formulierungen Teil einer Wegtheologie, die mit dem Aufruf beginnt, (die bzw.) den דֶּרֶךְ יְהוָה freizuräumen (Jes 40,3).[11] Auch in Ps 77 sind „Weg"-Vorstellungen bedeutsam: Von Gottes דֶּרֶךְ ist bereits in V. 14 die Rede, und die „Weg"-Aussagen von V. 20 münden im Schlussvers 21 in die Aussage von Gottes Führung, welche die Wüstenquerung evoziert (und auf gegenwärtiges Geschehen hin öffnet). Diese Wasser- wie Wüstenwege in Ps 77,20–21 sind nicht ohne Analogie in Jes 43, wie die Verklammerung der Verse 16 und 19 zeigt (vgl. ähnlich Jes 57,14–18).

Wir ziehen ein Fazit: In Ps 77,12ff. und Jes 43,16–19; 51,9–10 (dazu in weiteren asaphitischen sowie deutero-jesaianischen Texten) werden Exodus- und Wüstenüberlieferungen für Gegenwart und Zukunft aktualisiert. Der Vergleich macht deutlich, dass Weg- und Führungsaussagen prägnant verwendet werden.[12] Eine Differenz ist aber zu notieren: In Jes 43,16; 51,10 bereitet – in Übereinstimmung mit den Aussagen in Ex 14–15 – Jʜᴡʜ den Weg, so dass ihn die „Erlösten" גְּאוּלִים (Jes 51,10, vgl. Ps 77,16) beschreiten können. In Ps 77,20 dagegen – und dies ist m.W. singulär – schreitet Jʜᴡʜ selbst durch das Meer respektive durch grosse Wasser (vom Volk ist dann wieder in V. 21 die Rede).[13]

Zum Schluss soll auf ein weiteres Moment hingewiesen werden, das Ps 77 und die Kapitel Jes 40ff. verbindet. Ihr Beginn (Jes 40,1–11) mit doppeltem Imperativ von נחם zeigt – im Verbund mit weiteren Belegen (vgl. bereits Jes 12,1, dann v.a. Jes 49,13; 51,3.12.18; 52,9) –, dass das „Trost"-Motiv im Jesajabuch, v.a. aber in Jes 40–55, eine bedeutende Rolle spielt. Berges attestiert Jes 40,1–11 eine hohe Intertextualität und

---

10   Mittels Formen des Verbs זכר wird in Jes 43,18 das Erinnern an eine spezifische Geschichte untersagt (Vetitiv), in Ps 77,12–13 in Ausrichtung auf Gottes Wunderwirken in der Frühzeit (Exodus) vollzogen.

11   Zum Freiräumen (פנה pi) des Weges vgl. ferner Jes 57,14; 62,10 und asaphitisch Ps 80,10 (Ellipse). Zum verwandten „Machen" bzw. „Bahnen" (שׂים) des Weges vgl. Jes 43,19; 49,11; 51,10 und asaphitisch Ps 50,23 (Toda-Darbringung als Wegbahnung!). Zur Thematik insgesamt vgl. Kɪᴇsᴏᴡ, Exodustexte, 104ff.; Zᴇʜɴᴅᴇʀ, Wegmetaphorik, 463ff.503ff.; Bᴇʀɢᴇs, Exodus; Lᴜɴᴅ, Way.

12   In den Worten von Hᴏssғᴇʟᴅ/Zᴇɴɢᴇʀ, Psalmen 51–100, 411 (Hossfeld): „Die seltene Verflechtung von Wegterminologie und Wassermotivik findet sich nur noch bei Deutero-Jesaja Jes 43,16–17; 51,9–10 und Hab 3,15."

13   Das Gewicht des Dreizeilers Ps 77,20 liegt auf der Verhältnisbestimmung von Offenbarung und Verhüllung. Letzteres kommt im Schlusskolon 20c zum Tragen, das in Jes 43,16 entsprechend ohne Parallele ist.

notiert als „Trost"-Bezüge neben den Threni u.a. Jer 31,15 und Gen 50,21, wo Josef seine Brüder tröstet.[14] Gen 37,35 und Ps 77,3[15] lässt er unerwähnt. In Ps 77,3 weigert sich der Sprechende, „sich trösten zu lassen". Wie in Jer 31,15 liegt auch in diesem Psalmvers eine Anspielung auf Gen 37,35 vor: Es wird an die Totenklage Jakobs angesichts des – vermeintlichen! – Todes von Josef erinnert. Jeglicher Tröstung und damit der Beendigung der Totenklage wird eine Absage erteilt. Der Umstand, dass – trotz Jakobs Trauer – Josef ja lebt, bekommt durch den Bezug auf den Untergang der Josef-Stämme (Nordreich) neue Verstehensfacetten. Die in Ps 77,3 impliziten Gestalten „Jakob" und „Josef" erscheinen in Ps 77,16 explizit: Den Nachfahren Jakobs und Josefs (= Ephraim und Manasse?)[16] wurde im Exodus Gottes Erlösung (גאל) zuteil. Die Joseferzählung wird durch die Aussagen vom „untröstlichen Jakob" in Gen 37,35 und dem „tröstenden Josef" in Gen 50,21 umklammert. Von diesen „Trost"-Belegen dürften Impulse für die Verarbeitung des Untergangs des Nord- wie des Südreichs ausgegangen sein. Ich denke, dass sich dies am Asaph-Psalm 77 im Blick auf das Nordreich und in Jes 40–55, wo Jakob/Israel einen markanten Platz einnimmt,[17] im Blick auf Jerusalem und das Südreich zeigt.

3. Katastrophenverarbeitung: Psalm 77–79 (sowie Psalm 106) und Jesaja 63,7–64,11

Kein Abschnitt im Jesaja-Buch weist stärkere Berührungen mit Asaph-Psalmen auf als Jes 63,7–64,11 (= Jes 63–64).[18] Sie betreffen Gattung, begriffliche und motivliche Übereinstimmungen sowie theologische Prägung. Deutliche Affinitäten hat Jes 63–64 insbesondere zur Psalmentrias Ps 77–79 im Kern des Asaph-Psalters (Ps 73–83), ferner zu Ps 74; 80 und dem deutero-asaphitischen Ps 106 (s.u.).[19] Eine, wenn

---

14 Vgl. BERGES, Jesaja 40–48, 83–89.

15 Zur Stelle und ihrer Bedeutung vgl. WEBER, Psalm 77, 49–57.229–233; zu weiteren Berührungen zwischen Ps 77 und Jes 40,1–11 vgl. LUND, Way, 90–91.

16 Vgl. Gen 48,4–6.13–20.

17 Vgl. Jes 43,1.14; 44,23; 47,4; 48,14.20; 51,10 u.a. Zu (deutero)asaphitischen Belegen vgl. Ps 75,10; 76,7; 77,16; 78,5.21.71; 79,7; 81,2.5; (105,6.10.23). Öfters ist dabei vom „Gott Jakobs" die Rede (im Jesajabuch dagegen einzig in Jes 2,3). Der Name „Josef", der im Psalter lediglich in (deutero)asaphitischen Psalmen erscheint (vgl. Ps 77,16; 78,67; 80,2; 81,6; 105,17), bleibt im Jesajabuch unerwähnt.

18 Der hier zu Grunde gelegte (rekonstruierte) Text samt poetischer (Haupt-)Gliederung wird im Anhang zu dieser Studie dargeboten (auf eine detaillierte Textstrukturierung wurde verzichtet, zumal eine Gesamtinterpretation von Jes 63–64 nicht im Fokus dieser Studie ist). Für die textkritischen, kolometrischen und grammatikalischen Entscheidungen sowie die Auslegung dieses teils schwierigen Textes sei auf die Erörterungen in DE WARD, Handbook, 212–221, sowie auf die einschlägigen Monographien und Kommentare verwiesen (vgl. namentlich FISCHER, Jahwe; KOENEN, Ethik, 157–208.252–254; STECK, Studien, 229–242; EMMENDÖRFER, Gott, 261–289; GOLDENSTEIN, Gebet; KOOLE, Isaiah III/3, 344–405; BAUTCH, Developments, 29–63; UHLIG, Theme, 287–315; BERGES, Jesaja 56–66, 476–538).

19 Viele Ausleger von Jes 63–64, die auf Intertextualität achten, weisen (auch) auf asaphitische Psalmen als Paralleltexte hin (KLEIN, Exodus, hat bei ihrer Untersuchung der Rezeption von Exodus-Motivik die [Asaph-]Psalmen – abgesehen von Ps 106 – kaum im Blick). Von den ausserjesajanischen Paralleltexten, die FISCHER,

nicht *die* wesentliche Kompetenz der hinter den Asaph-Psalmen stehenden Kreise liegt in der (theologischen) Katastrophenverarbeitung. Sie wird gattungsmässig als „Volksklage" bezeichnet, und diese ist auffallend stark in der Gruppe der Asaph-Psalmen vertreten (vgl. Ps 74; 77[20]; 79–80; 83). Jes 63–64 wird ebenfalls dieser Gattung zugerechnet, wenngleich dieser Text eine spezielle Ausprägung hat.[21]

Die Übereinstimmungen von Jes 63–64 mit psalmpoetischen Stücken innerhalb der (Asaph-)Psalmen und Threni sind mindestens so zahlreich wie mit anderen Texten aus dem Buch Jesaja. Auch wenn Jes 63–64 innerhalb Jesaja ein relativ eigenständiger Text darstellt, ist das Buch, in das er eingebettet ist, der primäre Kontext für das Verständnis. Aufgrund dieses Lesehorizonts werden Bezüge innerhalb des Prophetenbuchs verstärkt. Über den Nahkontext hinaus spielen insbesondere Aussagen über Verstockung, Sünden, Verwüstung und die Knechte in vorgelagerten Texten wie Jes 1,2–7; 6,9–11; 29,9ff.; 54,17; 57,14–21; 59,1ff. eine Rolle, um das Volksklage-Gebet als Bitte um eine von Gott gewährte Aufhebung der Verstockung zu verstehen.[22]

Jes 63–64 strukturiert sich m.E. in drei Hauptteile (Cantos), die in je zwei Subteile (Stanzen) untergliedert sind:

I A (17 Verszeilen)	63,7–10	זכר „gedenken" (7a)	
I B (16 Verszeilen)	63,11–14	זכר „gedenken" (11a)	
II A (18 Verszeilen)	63,15–19b	שמים „Himmel" (15a)	
II B (16 Verszeilen)	63,19c–64,4c	שמים „Himmel" (19c)	זכר „gedenken" (4c)
III A (14 Verszeilen)	64,4d–7	קצף „zürnen" (4d)	
III B (13 Verszeilen)	64,8–11	קצף „zürnen" (8a)	זכר „gedenken" (8b)

Die jeweils dem gleichen Canto zugehörigen Stanzen eröffnen je identisch, nämlich mit זכר „gedenken", שמים „Himmel" respektive קצף „zürnen". Dem Verb זכר kommt

---

Jahwe, 205–256, angibt, führen die Asaph-Psalmen 77; 78; 74; 79 und der deutero-asaphitische Ps 106 (in dieser Reihenfolge) die Zusammenstellung an. Bislang wurden aber Asaph-Psalmen lediglich als Belege angeführt und mit ihnen weder ein theologisches Kolorit noch ein hinter ihnen stehender Trägerkreis verbunden.

20   Die „Mittlerklage" Ps 77 ist als eine Sonderform derselben einzustufen (vgl. WEBER, Psalm 77, 187–198).

21   Zu Recht spricht BAUTCH, Developments, 29(ff.), von einem „anomalous Psalm of communal lament".

22   Vgl. STECK, Studien, 238–241; GOLDENSTEIN, Gebet (mit der Tendenz, Anspielungen überzubetonen); GÄRTNER, Jesaja 66, 222–272; UHLIG, Theme, 287–315. Ob Jes 63–64 als vorgefundenes Traditionsstück adaptiert ins Jesaja-Buch eingestellt oder für diesen Buch-Kontext erst verfasst wurde, ist in der Forschung strittig. Verbindet sich mit der ersten Annahme in der Regel eine exilisch-frühnachexilische Datierung, so legt die zweite eine spätere Ansetzung (hellenistische Zeit?) nahe. Für eine redaktions- und entstehungsgeschichtliche Debatte ist hier nicht der Ort. Gleichwohl werden sich aus dieser Untersuchung Indizien und Einsichten ergeben (s.u.), die für die erwähnte Fragestellung von Belang sind.

über die Strukturierung von Canto I hinaus die Funktion eines theologischen Leitworts für Jes 63–64 zu, da es auch am Ende von Canto II (64,4c) und am Anfang der Schlussstanze III B (64,8b) erscheint.[23]

3.1 Canto I (Jes 63,7–10 | 11–14)

Canto I bietet – in Einlösung der Aufforderung des Mose-Lieds (vgl. 7.11 mit Dtn 32,7[ff.]) – ein strukturiertes Geschichtsgedenken, das auch für Ps 74; 77; 105–106, insbesondere aber für Ps 78[24] kennzeichnend ist und die Basis für das anschliessende Bittgebet (Canto II/III) bildet. Es geschieht mittels des Verbs זכר „erinnern, gedenken" (7.11, vgl. Jes 12,4; 46,8–9) sowie Zeitbegriffen (9.11: יְמֵי־עוֹלָם) und ist inhaltlich auf Gottes heilvolle Taten in der Frühgeschichte ausgerichtet. Sie sind חַסְדֵי יהוה „Gnadenerweise JHWHs" (vgl. 7a, vgl. Ps 89,2) bzw. תְּהִלּוֹת יהוה „Preistaten JHWHs" (7b, vgl. Jes 60,6; Ps 78,4).

Vom Fehlverhalten des Volkes, innerjesaianisch mit Sünden- und Verstockungsaussagen verbunden (vgl. Jes 1,20; 3,8; 30,1.9; 50,5), ist (vorerst) nur in knapper Form die Rede (10ab). Ein Vergleich von Jes 63,10 mit Ps 78,40 – nur an diesen beiden Stellen erscheinen die Begriffe מרה „widerspenstig sein" und עצב pi/hi „betrüben" in parallelen Verszeilen! – sowie Ps 106,43 zeigt frappante Übereinstimmungen:

Ps 78,40	כַּמָּה יַמְרוּהוּ בַמִּדְבָּר	a	Wie oft <u>waren sie widerspenstig gegen ihn</u> in der Wüste.
	יַעֲצִיבוּהוּ בִּישִׁימוֹן	b	<u>kränkten ihn</u> in der Einöde.
Jes 63,10	וְהֵמָּה מָרוּ	a	*Aber sie,* <u>sie waren widerspenstig</u>
	וְעִצְּבוּ אֶת־רוּחַ קָדְשׁוֹ	b	<u>und kränkten</u> seinen heiligen Geist …
Ps 106,43	פְּעָמִים רַבּוֹת יַצִּילֵם	a	Viele Male riss er sie heraus.
	וְהֵמָּה יַמְרוּ בַעֲצָתָם	b	*Aber sie,* <u>sie benahmen sich (wiederholt) widerspenstig</u>[25] <u>mit ihrem Ratschluss</u>[26]
	וַיָּמֹכּוּ בַּעֲוֹנָם	c	und versanken in ihrem Vergehen.

---

23 Über die Struktur hinaus ist die Zeit- und Kommunikationssituation sorgfältig zu beachten: Mit Canto I ist dem Gebet ein homiletisches Gedenken an Israels Frühgeschichte in der Redestruktur von „Er" (Gott) und „Sie" (Israel) vorangestellt. In der Schlussreminiszenz (63,14cd) vollzieht sich ein Wechsel zur „Du"-Rede, welche die nachfolgenden Cantos II und III bestimmt. Diese beinhalten ein kollektiv akzentuiertes Klage- und Bittgebet. In der Sprechgegenwart steht das „Du" Gottes dem „Wir" des Volkes gegenüber. Im finalen Canto III ist dies ausschliesslich und betont der Fall, in Canto II dagegen wird – wie schon in I – zwischen dem Volk („Wir") und seinen Vorfahren („Sie") differenziert.

24 Zum Verständnis von Ps 78 als Einzeltext, hermeneutischem Schlüssel für den Asaph-Psalter sowie als „Mitte" des Psalmenbuchs vgl. WEBER, Psalm 78: Geschichte; DERS., Werkbuch II, 46–56; DERS., Psalm 78 als Mitte, sowie der neue Beitrag zu Ps 78 in diesem Band (I.3).

25 In Ps 106,7 wird die Widerspenstigkeit am Schilfmeer lokalisiert (zur Wendung רֹב חֲסָדֶיךָ „Fülle deiner Gnadenerweise" vgl. Jes 63,7). Zur Widerspenstigkeit gegen JHWHs Geist vgl. Ps 106,22.

26 Es ist von der phonologischen Parallelität /בעץ/ + /עצב/ zwischen יעצבוהו „und sie kränkten ihn" in Jes 63,10 (vom Verb עצב) und בעצתם „mit ihrem Ratschluss" in Ps

Das Verb מרה „widerspenstig sein", *hi* „sich widerspenstig benehmen" ist ein Leitwort in Ps 78 und erscheint Refrain-artig (V. 8.17.40.56). Als Ort, wo Israel widerspenstig handelte bzw. Gott kränkte, wird in Ps 78 die „Wüste // Einöde" genannt (zum Wortpaar vgl. auch Dtn 32,10; Jes 43,19–20; Ps 106,14). In Jes 63,10 findet sich keine Ortsangabe, wohl aber wird in 64,9 mit einem synonymen Wortpaar gesagt, dass die „heiligen Städte/Zion/Jerusalem" zur Wüste wurden. Auf dem Hintergrund von Ps 78 ist in Jes 63–64 damit die Wüste als Ort, wo sie sündigten, gleichsam in der Zivilisation angekommen.

Die preisende Vergegenwärtigung urzeitlicher bzw. frühgeschichtlicher Geschehnisse als Kontrast zur gegenwärtigen Notzeit ist für die Volksklage typisch.[27] Allerdings nimmt die Geschichtsreminiszenz in Jes 63–64 einen ungewöhnlich grossen Raum ein und rückt dadurch in die Nähe des lehrhaften Ps 78 (und Ps 105–106). Angesprochen ist eine (versammelte) „Wir"-Gruppe, aus der zu Beginn (7ab, vgl. noch 15e) ein sprechendes „Ich" hervortritt (vgl. ähnlich Ps 78: V. 2 [„Ich"] → V. 3–4 [„Wir"]). Wahrscheinlich nimmt diese Person die Funktion eines Mittlers zwischen Gott und dem Volk wahr (vergleichbar mit dem deutero-jesaianischen „Knecht Jhwhs"), wohl im Sinne eines prophetischen Amts wie Mose (vgl. Dtn 18,15–18, dazu die Anlehnung der Eröffnung von Jes 63–64 wie Ps 78 an das Mose-Lied). Eine levitisch-asaphitische Prägung des Jesaja-Psalms würde der Annahme einer prophetischen Mittlerfunktion Vorschub leisten. Äussert sich mit diesem „Ich" im Jesaja- wie im Asaph-Psalm eine von Gott beauftragte und autorisierte Gestalt, fügte sich dies zum Umstand, dass mit 8ab in die Geschichtsreminiszenz ein Gotteswort im Sinne einer Bundeszusage prophetisch eingebracht und Jhwhs Eingreifen als מושיע „Retter" (vgl. Jes 43,3.11 u.ö.) begründet wird.[28] Der mit 8a identische Ausdruck עמי „mein Volk" erscheint auch im eröffnenden Höraufruf von Ps 78, dort als Vokativ. Eine solche Anrede ist nur aus dem Munde Gottes vorstellbar. So gesehen verbindet die beiden Texte eine prophetisch akzentuierte weisheitlich-didaktische Geschichtslehre.

Ein wichtiges Moment ist die Zeit- und Generationendifferenzierung. Auch darin ist Jes 63–64 mit Ps 78 vergleichbar, wo diese sich ab V. 3 in einer „Väter-Söhne"-Staffel anzeigt.[29] Dient „Haus Israel" (Jes 63,7d) als umfassende Bezeichnung für Volk und Land in Geschichte und Gegenwart, wird ansonsten mit Bedacht differenziert: Mit „wir/uns" (erstmals 7c) ist das gegenwärtige (gottesdienstlich versammelte?) Volk angesprochen; mit „sie/ihnen" (erstmals 7e) ist dagegen das frühere Israel im Blick. Dieses liegt der hier beklagten Katastrophe zeitlich voraus und ist das Israel der

---

106,43 (vom Nomen עצה) auszugehen. In Ps 106 lässt sich zudem ein feinsinniges Lautspiel zwischen dem „Ratschluss" in V. 13.43 (vgl. auch Jes 40,13; 44,26; 46,10–11; 47,13) und den „Götzen" (pl von עצב) in V. 36.38 (vgl. auch Jes 46,1; 48,5; 58,3) erkennen.

27   Vgl. Podella, Fasten, 258–263.

28   Es wird als in der Frühzeit ergangen eingeführt und hier gleichsam aktualisiert. Möglicherweise handelt es sich um eine Anspielung auf Worte aus dem Dornbusch, in denen Jhwh Mose gegenüber erstmals von „meinem Volk" spricht (Ex 3,7.10, vgl. Ex 6,7; Jes 51,16).

29   Vgl. darin auch die Wandlung Gottes vom „Retter" (8c) zum „Feind" (10c, vgl. Jes 42,24–25). In Ps 78 ist Gottes Rettungs- und Gerichtshandeln als Wechselgeschehen geschildert. Zu Ps 78 vgl. auch den neuen Beitrag in diesem Band (I.3).

Anfangszeit. Insbesondere das grundlegende Rettungsgeschehen am Schilfmeer ist im Fokus, wie Stanze I B (11–14) zeigt.[30]

Im Blick auf Schnittstellen des Jesaja-Psalms mit Asaph-Texten sind Mose – sein Name erscheint im gesamten Jesaja-Buch nur in 63,11–12 – und mit ihm verbundene Vorstellungen bedeutsam.[31] Stärker noch als in 7 wird mit den die Stanze eröffnenden Worten עוֹלָם יְמֵי־וַיִּזְכֹּר „Da gedachte er der Tage der Vorzeit ..." (11a) der Aufruf זְכֹר יְמוֹת עוֹלָם „Gedenke an die Tage der Vorzeit ...!" im Mose-Lied (Dtn 32,7) beherzigt. Ähnliches gilt für die Eröffnung von Ps 78, wo Dtn 32,1.5–7 aufgerufen wird (vgl. auch den Mose-Lied-Hintergrund des „unser Vater"-Bekenntnisses aus Jes 63,16 in Dtn 32,6). Die Anspielung wird verstärkt, wenn die Abfolge Ps 77 → Ps 78 berücksichtigt wird, zumal im Schlussvers von Ps 77 das erste Mal im Psalter der Name „Mose" (und „Aaron") fällt.[32] Wie die Schilfmeer-Rettung verbindet sich auch die „Hirte-Herde"- respektive Führungs-Motivik mit Mose (vgl. 11–14 und zuvor Jes 40,11). Dazu fügt sich, dass das „Hirte-Herde"-Motiv gleichsam das „Monogramm" der Asaph-Psalmen ist und durchwegs prägnant platziert erscheint (vgl. Ps 74,1; 77,21; 78,52.71–72; 79,13; 80,2). Ein Vergleich zwischen Ausschnitten von Ps 77 und Jes 63,11–14, wo die Motive „Wasser" und „Weg" ebenfalls verbunden sind (s.o.), vermag genannte Gemeinsamkeiten zu vertiefen und zu ergänzen:

Ps 77,16	גָּאַלְתָּ בִּזְרוֹעַ עַמֶּךָ	a	Du hast erlöst[33] mit [deinem] <u>Arm</u>
	בְּנֵי־יַעֲקֹב וְיוֹסֵף	b	die Söhne Jakobs und Josefs.
Ps 77,21	נָחִיתָ כַצֹּאן עַמֶּךָ	a	*Du hast geführt* wie die *Herde* <mark>dein Volk</mark>
	בְּיַד־מֹשֶׁה וְאַהֲרֹן	b	durch die <u>Hand</u> <u>Moses</u> und Aarons.[34]
Jes 63,11	אַיֵּה הַמַּעֲלֵם מִיָּם	c	... „Wo ist der, der *sie heraufführt* aus dem Meer,[35]
	אֵת רֹעֵי צֹאנוֹ	d	die Hirten seiner *Herde*? ...
Jes 63,12	מוֹלִיךְ לִימִין מֹשֶׁה	a	Der gehen lässt zur <u>Rechten</u>[36] Moses
	זְרוֹעַ תִּפְאַרְתּוֹ	b	seinen herrlichen <u>Arm</u> ...? ..."
Jes 63,14	כֵּן נִהַגְתָּ עַמְּךָ	c	... So *leitetest du* <mark>dein Volk</mark>,
	לַעֲשׂוֹת לְךָ שֵׁם תִּפְאָרֶת	d	um dir zu machen einen herrlichen Namen.

---

30 Die Eröffnung in 11ab verwendet das poetische Stilmittel der Ambiguität: Die Syntax lässt als Subjekt des Gedenkens 1. Jhwh, 2. Mose und 3. „sein Volk" zu. Für die als Zitat eingespielte Fragestaffel (11c–13a) eröffnet dies unterschiedliche Deutungsoptionen, denen hier nicht weiter nachgegangen werden kann.

31 Zur Verankerung der Asaph-Psalmen in den mit Mose verbundenen Überlieferungen und Funktionen vgl. Weber, Asaph-Psalter, 125–126.

32 Sein Name erscheint ansonsten ausschliesslich im asaphitisch beeinflussten Psalterteilbuch IV (vgl. Ps 90,1 [Präskript]; 99,6; 103,7; 105,26; 106,16.23.32); zu Mose im Psalter vgl. Weber, Moses, 187–188.207–210.

33 Vgl. Jes 63,9.16.

34 Die Verse 16 und 21 sind – in Umklammerung der Trikola V. 17–20 – eng aufeinander bezogen.

35 Vgl. Ps 77,20.

36 Vgl. Ps 77,11, ferner Ex 15,6.12; Ps 89,14.

Die Führung des Volkes durch JHWH und dessen Repräsentanten verbindet beide Textabschnitte. Geschieht im Asaph-Psalm die irdische Führung der „Herde" durch Mose und Aaron, so in Jes 63,11 durch eine nicht näher bestimmte Zwei- oder Mehrzahl von „Hirten seiner Herde". Zudem finden sich die mit der Machtdurchsetzung verbundenen Begriffe „Arm" und „Hand" an beiden Orten.[37]

In der Fragestaffel 11c–13a sind heilvolle Frühzeit (Exodusgeneration) und notvolle Gegenwart (Exilsgeneration) verschliffen. Die Bewegung des „Hinaufführens" (עלה hi, 11c) zielt in nuce auf den Berg Zion, Jerusalem und seinen Tempel (vgl. Jes 2,3; 40,9), vielleicht sogar auf den dortigen Opferkult (vgl. Jes 56,7; 57,7; 60,7). Dabei wird mit eigentümlichen Wortverbindungen und schillernder Tier-Metaphorik eine Brücke vom Exodus (Schafherde) über die Wüste (Pferd?) zur Landgabe (Vieh) geschlagen.[38] Die Formulierungen werden durchsichtig für die Gewährung von Umkehr, Wiederherstellung und Heimkehr.[39] Analog wird in den Asaph-Psalmen das durch die Not der Gegenwart ausgelöste Gedenken an die heilvolle Frühzeit transparent auf die Erwartung eines Neueingreifens JHWHs. Die Symbiose von Traditionskenntnis, Volksrepräsentanz (inkl. Mittlerschaft), Tempelsängerpoesie und Prophetie ist asaphitischen Psalmen wie Jes 63–64 eigen.

3.2 Canto II und III (Jes 63,15–19b | 19c–64,4c ‖ 4d–7 | 8–11)

Die imperativische Anrede in 15ab und damit das einsetzende und die Cantos II und III bestimmende Gebet markiert eine Zäsur gegenüber dem Gedenken von Canto I, das Geschichte und Gegenwart verbindet. Hinsichtlich der Berührungen mit den Asaph-Psalmen ergibt sich eine Verschiebung von Ps 77–78 zum Exilspsalm 79. Damit wird deutlich, dass sich der Jesaja-Psalm am Kern des Asaph-Psalters (Ps 77–79) mit dessen Katastrophenverarbeitung (Ps 77: Untergang Nordreich; Ps 79: Untergang Südreich) und dem „Zentralpsalm" 78 als hermeneutisch-theologischem „Schlüssel" orientiert.

Die Eröffnung der Stanze II A lässt aber zunächst noch einen anderen Asaph-Psalm aufscheinen, nämlich Ps 80, der deutlich älter als Ps 79 und Jes 63–64 einzustufen ist:

| Ps 80,15 | אֱלֹהִים צְבָאוֹת שׁוּב־נָא | a | Gott der Heerscharen, kehre doch um/zurück; |
| | הַבֵּט מִשָּׁמַיִם וּרְאֵה | b | blick her vom Himmel und sieh! … |

---

37 Das beiden Textabschnitten gemeinsame Begriffspaar „Wasser // Fluten" verweist ebenfalls aufs Schilfmeergeschehen (vgl. Ps 77,17.20 mit Jes 63,12–13 [auch 51,10] und Ex 15,8). Die Rede vom „Spalten" (בקע) des Meeres bzw. der Wasser (vgl. Ex 14,16.21) verbindet Jes 63,12 (und 48,21) dagegen mit Ps 78,13(.15). Zu dem in Jes 63–64 (und im Jesaja-Buch insgesamt) wichtigen Begriff תפארת „Schmuck, Herrlichkeit, Ehre" (Jes 63,12.14.15; 64,10) vgl. noch Ps 78,61, wo damit die Lade bezeichnet wird (sonst im Psalter nur noch in Ps 71,8; 89,18; 96,6).

38 Zu V. 13 vgl. auch Ps 106,9 („… er liess sie gehen durch die Fluten wie [durch] die Wüste").

39 Vgl. Jes 14,1–3; 35,10; 44,20; 49,5–6; 51,11; 52,8, ferner Asaph-Psalm 80,4.8.15.20 (dazu s.u.).

Jes 63,15	הַבֵּט מִשָּׁמַיִם	a	<u>Blick her vom Himmel</u>
	רְאֵה מִזְּבֻל קָדְשְׁךָ וְתִפְאַרְתֶּךָ	b	<u>und sieh</u> von deinem heiligen und herrlichen Wohnsitz! ...
Jes 63,17	שׁוּב לְמַעַן עֲבָדֶיךָ	c	Kehr um/zurück wegen deiner Knechte,
	שִׁבְטֵי נַחֲלָתֶךָ	d	der Stämme deines Erbbesitzes!

Die Übereinstimmung besteht in der Bitte an Gott, zu „sehen" (נבט *hi*, ראה).[40] Sie liegt mit dem involvierten Gefälle vom Himmel zur Erde nur an diesen beiden biblischen Stellen vor (in Form einer Zusage noch in Ps 33,13; 102,20). Im Asaph-Psalm erscheint die Aufforderung im Rahmen einer Bitte um Wiederherstellung, die als Refrain wiederkehrt (Ps 80,4.8.15.20). Der Jesaja-Psalm lehnt sich kaum zufällig an denjenigen Kehrvers (Ps 80,15) an, der in seiner Formulierung von den anderen abweicht. Denn nur wenige Zeilen nach Jes 63,15 und dem Warum? der Herzensverhärtung in 17ab (vgl. Jes 6,9–10) wird die Bitte um deren Behebung in 17cd (vgl. Ps 90,13) mit der gleichen, nur in dieser Refrain-Variante erscheinenden Verbform שׁוּב „kehre um/zurück ...!"[41] erfleht (gleichsam reziprok zu Jes 44,22, vgl. ferner Klgl 5,20–22).[42]

Über Ps 80 hinaus kennzeichnet die Asaph-Psalmen eine spezifische „Namenstheologie", die sich in einer Vielzahl und Varianz von Gottesbezeichnungen sowie im Anrufen, Erkennen und Erscheinen Jhwhs äussert.[43] Ein wesentlicher Haftpunkt der asaphitischen Namens- und Offenbarungstheologie ist Moses Mittlerfunktion im Zusammenhang von Bundesbruch und -erneuerung am Sinai (Ex 32–34), die in den Aussagen von Ex 33,19; 34,6–7 gipfelt. Theologische Katastrophenbewältigung wird von da aus begründet.[44] Hinter Jes 63–64 spiegelt sich eine ähnliche Theologie, wie die Theophanie-Passage (Jes 63,19–64,2),[45] v.a. aber die häufige Erwähnung seines immerwährenden, herrlichen „Namens" (שׁם Jes 63,12.14.16.19; 64,1.6) bzw. dessen Aus- oder Anrufung zeigt.

---

40   Mit Anknüpfungen an Jes 51,1–2.6; 62,2; 63,5. Koole, Isaiah III/3, 374, vermerkt, dass der Jesajapsalm im Gegensatz zum Asaphpsalm (V. 2) keinen Höraufruf enthalte.

41   In den übrigen Kehrversen erscheint die *hi*-Form השׁיבנו „stelle uns wieder her!"

42   Als weniger distinktive Gemeinsamkeiten zwischen den beiden Volksklagen sind zu notieren: Macht-, Zorn- und Rettungsbegrifflichkeit (vgl. u.a. גבורה Ps 80,3; Jes 63,15; ישׁע Ps 80,4.8.20; Jes 63,8–9; 64,4), die Führungs- und Hirtenmotivik (vgl. Ps 80,2; Jes 63,11.14) sowie die An- bzw. Ausrufung des Gottesnamens (vgl. Ps 80,19; Jes 63,19; 64,6).

43   Vgl. Weber, Asaph-Psalter, 124.

44   Jes 63,7ef „nach seinem Erbarmen (כרחמיו) und der Fülle seiner Gnadenerweise (וכרב חסדיו)" klingt möglicherweise ebenfalls an Ex 34,6 an. Vgl. dazu auch Aussagen in den genuinen Asaph-Psalmen (vgl. Ps 77,8–10/11; 78,38–39) sowie – noch verstärkt – im von den Asaphiten geprägten „mosaischen" Psalterteilbuch IV (vgl. Ps 90,7–8.13–14; 99,6–8; 102,14; 103,4.8–10.17; 106,7.23.45, dazu Weber, Psalm 78 als Mitte, 320–323).

45   Zum „Erzittern" (רגז) der Elemente bzw. Völker vgl. Ps 77,17.19 mit Jes 64,1 sowie – beides verbindend – Ps 99,1.

Die Wendung שבטי נחלך/שבט „Stamm/Stämme deines Erbteils" ist lediglich in
Ps 74,2 und Jes 63,17 belegt (dazu noch „Stamm seines Erbteils" in Jer 10,16; 51,19).[46]
Da im Jesaja-Beleg parallel dazu von Gottes „Knechten" die Rede ist, ziehen wir
beim Vergleich Ps 79,1–2.20 hinzu, wo – einzig innerhalb eines explizit „Asaph"
zugeschriebenen Psalms[47] – ebenfalls von „deinen Knechten" (עבדיך)[48] die Rede ist:

Ps 74,2	זְכֹר עֲדָתְךָ קָנִיתָ קֶּדֶם	a	Gedenke deiner Gemeinde, die du erworben hast vorzeiten.
	גָּאַלְתָּ שֵׁבֶט נַחֲלָתֶךָ	b	die du erlöst hast als Stamm deines Erbbesitzes,
	הַר־צִיּוֹן זֶה שָׁכַנְתָּ בּוֹ	c	des Berges Zion, auf dem du Wohnung genommen hast!
Ps 79,1	אֱלֹהִים בָּאוּ גוֹיִם בְּנַחֲלָתֶךָ	a	Gott, es kamen Völker in deinen Erbbesitz,
	טִמְּאוּ אֶת־הֵיכַל קָדְשֶׁךָ	b	verunreinigten deinen heiligen Tempel,
	שָׂמוּ אֶת־יְרוּשָׁלַם לְעִיִּים	c	machten Jerusalem zu einem Trümmerhaufen.
Ps 79,2	נָתְנוּ אֶת־נִבְלַת עֲבָדֶיךָ	a	Sie haben gegeben den Leichnam deiner Knechte
	מַאֲכָל לְעוֹף הַשָּׁמָיִם	b	als Frass den Vögeln des Himmels,
	בְּשַׂר חֲסִידֶיךָ לְחַיְתוֹ־אָרֶץ	c	das Fleisch deiner Begnadeten den Wildtieren des Landes.
Ps 79,10	יִוָּדַע בַּגּוֹיִם לְעֵינֵינוּ	c	Es soll kund werden an den Völkern vor unseren Augen
	נִקְמַת דַּם־עֲבָדֶיךָ הַשָּׁפוּךְ	d	die Vergeltung des vergossenen Blutes deiner Knechte.
Jes 63,17	שׁוּב לְמַעַן עֲבָדֶיךָ	c	Kehr um/zurück wegen deiner Knechte,
	שִׁבְטֵי נַחֲלָתֶךָ	d	der Stämme deines Erbbesitzes!

Die Gebetsbitte Jes 63,17cd ist eine Collage aus Bruchstücken der Asaph-Psalmen 80
(s.o.) sowie 74 und 79. Der Vergleich mit Ps 74,2 zeigt, dass im Asaph-Psalm Israel
bzw. die Volksgemeinde, Erbbesitz JHWHs, als *unitas* im Blick ist und keine Differenzierung zwischen Einst und Jetzt gemacht wird. Im Jesaja-Text dagegen rückt
eine Gruppe als *pluritas* in das Erbe der (einstigen) Stämme als Gottes Erbbesitz
ein und repräsentiert Israel. Dieser sozio-theologische Befund, der in das Gesamtbild von Jes 40–66 mit den Erwähnungen von JHWHs „Knecht" (Jes 41,8–9; 42,1.19;
43,10 u.ö.) und v.a. „Knechten" (Jes 54,17; 56,6; 65,8–9.13–15; 66,14) einzuzeichnen
ist, dürfte eine spätere Entwicklung repräsentieren. Zeitlich dazwischen ist Ps 79

---

46 Im Asaph-Beleg Ps 78,55 erscheinen die beiden Begriffe innerhalb paralleler Verszeilen (vgl. dazu Dtn 32,8–9; Ps 82,8). Zum „Erbbesitz" ferner Jes 57,13; Ps 78,62.71;
   82,8; 105,11; 106,40.

47 Ausserdem ist in Ps 78,70 im Singular von „David, seinem Knecht" die Rede (vgl.
   auch Ps 18,1; 89,4.21.40). Zudem erscheinen Gottes „Knechte" nach Ps 89,51 noch im
   (deutero-asaphitischen) Psalterteilbuch IV (Ps 90,13.16; 102,15.23.29; 105,25 – unmittelbar danach ist die Rede von „Mose, seinem Knecht").

48 In Ps 74,19 ist zudem von עֲנִיֶּיךָ „deinen Elenden" die Rede (ohne Suffix innerhalb der
   Asaph-Psalmen noch Ps 74,21; 82,3, mit Synonym Ps 76,10; 79,8; 82,3–4).

einzureihen: Die Rede vom Erbbesitz (V. 1) lässt im Duktus des Schilfmeerlieds (vgl. Ex 15,17) an den Heiligen Berg denken. Dass die Schändung des Zions und die seines Volkes – beide sind Gottes „Erbbesitz" – nahe beieinander liegen, macht der nachfolgende V. 2 auf dem Hintergrund der asaphitischen Vorlage Ps 74 deutlich. Als betroffene Grösse erscheint nicht Israel bzw. das Volk, sondern „deine Knechte". Die in Ps 79,2.10 angezeigte Verbindung von Todesschicksal und enger Jнwн-Beziehung macht sie zu einer Art „Märtyrer". Ob sich hier bereits die ab dem Exil sich ausbildenden Glaubens- und Gemeindegestalt des wahren Israels anzeigt? In Ps 89ff. wie Jes 40ff. wird diese jedenfalls greifbar und dürfte auch in Jes 63,17 gemeint sein. Mit den עבדי יהוה „Knechten Jнwнs" in Jes 63,17c drückt sich das Selbstverständnis der für Textentstehung und/oder -tradierung verantwortlichen Gruppe aus. Von daher ist sie für unsere Fragestellung nach einem die Textbereiche „Asaph" und „Jesaja" verbindenden Trägerkreis von besonderer Relevanz. Mit der Bezeichnung verbindet sich – stärker noch als bei den „Armen" (דל/אביון/ענו/עני) – weniger Niedrigkeit als eine Sonder- bzw. Ehrenstellung, Loyalität und Abhängigkeit gegenüber Jнwн.[49] Vorausgesetzt die Textabfolge Ps 74 → Ps 79 → Jes 63–64 ist zutreffend, bildet sich darin Kontinuität wie Weiterentwicklung ab, die sozio-historisch am ehesten mit einem über Zeitumbrüche hinweg stabilen Kollektiv zu verbinden ist.

Was das Thema kollektiver „Sünden" betrifft, muss beim Vergleich von Jes 63–64 mit asaphitischen Texten differenziert werden: Die klassische „Volksklage" spricht von Gottes „Zorn/Zürnen" bzw. „Verwerfen" (vgl. Ps 44,10; 60,3.12; 74,1; 77,8–10; 80,5). Das Volk bezichtigt sich nicht selbst, gesündigt zu haben, wie dies in Texten, die als „Sündenbekenntnisse" bzw. „Bussgebete" bezeichnet werden, der Fall ist (vgl. Ps 106; Esr 9,6–15; Neh 1,5–11; 9,6–37; Dan 9,4–19). Diese werden mit deuteronomistischen Einflüssen in Verbindung gebracht und nachexilisch datiert. Auch die Threni enthalten Hinweise darauf, dass mit und ab der Exilskatastrophe das Schuldbekenntnis ein wesentliches Moment in Notgebeten wurde. Ps 79 und Jer 63–64 (auch Klgl 5), die man (noch) der Gattung „Volksklage" zuweist, aber ein Sündenbekenntnis einschliessen, dürften dem Übergangsbereich zwischen den beiden Gebetstypen zuzuordnen sein. In Jes 63–64 konzentriert sich diese Thematik weithin auf Canto III (Jes 64,4–11), wo beide Stanzen mit der Verbindung von Gotteszorn und Volksvergehen eröffnen (Jes 64,4def.8ab) und eine Aufhebung der Verstockung erbeten wird (Jes 64,8, vgl. Jes 63,17cd).[50] Angesichts dessen, dass Canto III und Ps 79 über Sünden-Begrifflichkeit und Zorn-Motivik hinaus auch die Zerstörung Jerusalems bzw. des Tempels beklagen, ist die besondere Nähe von Ps 79 und Jes 63–64 zu Recht herausgestellt worden.[51] Die wichtigsten Berührungen beider Gebete seien aufgelistet:

---

49   Neben der Bezeichnung für Propheten (vgl. 2. Kön 9,7; 17,13.23 u.ö.) weisen auch der Ehrentitel „Knecht Jнwнs" v.a. für Mose (Ex 14,31; Dtn 34,5; Jos 1,1.7; Ps 105,26 u.ö.) und David (2. Sam 3,18; 7,5.8; Jes 37,35; Ps 18,1; 78,70; 89,4.21 u.ö.) in diese Richtung.

50   Neben dem verbalen חטא „sündigen" (4e) gibt das dreimal singularisch verwendete Nomen עון „Verfehlung" (5d.6d.8b) den Hauptbegriff ab. In den Asaph-Psalmen sind diese beiden Wurzeln lediglich in Ps 78–79 vertreten (Ps 78,17.32.38; 79,8–9).

51   Vgl. FISCHER, Jahwe, 214–216.

Ps 79,1	אֱלֹהִים בָּאוּ גוֹיִם בְּנַחֲלָתֶךָ	a	Gott, es kamen Völker in deinen Erbbesitz,
	טִמְּאוּ אֶת־הֵיכַל קָדְשֶׁךָ	b	verunreinigten deinen heiligen Tempel,
	שָׂמוּ אֶת־יְרוּשָׁלַ͏ִם לְעִיִּים	c	machten Jerusalem zu einem Trümmerhaufen.
Ps 79,5	עַד־מָה יְהוָה תֶּאֱנַף לָנֶצַח	a	Bis wann, HERR, wirst du zürnen für immer,
	תִּבְעַר כְּמוֹ־אֵשׁ קִנְאָתֶךָ	b	wird brennen wie Feuer dein Eifer?
Ps 79,7	כִּי אָכַל אֶת־יַעֲקֹב	a	Denn gefressen hat man Jakob
	וְאֶת־נָוֵהוּ הֵשַׁמּוּ	b	und seine Weidegebiete verwüstet.
Ps 79,8	אַל־תִּזְכָּר־לָנוּ עֲוֺנֹת רִאשֹׁנִים	a	Nicht gedenke uns Verfehlungen der Früheren;
	מַהֵר יְקַדְּמוּנוּ רַחֲמֶיךָ	b	eilends komme uns entgegen dein Erbarmen,
	כִּי דַלּוֹנוּ מְאֹד	c	denn *wir sind sehr schwach geworden!*
Ps 79,9	עָזְרֵנוּ אֱלֹהֵי יִשְׁעֵנוּ	a	Hilf uns, Gott unseres Heils,
	עַל־דְּבַר כְּבוֹד־שְׁמֶךָ	b	gemäss der Ehre deines Namens!
	וְהַצִּילֵנוּ וְכַפֵּר עַל־חַטֹּאתֵינוּ	c	Ja, rette uns und bedecke unsere Sünden
	לְמַעַן שְׁמֶךָ	d	um deines Namens willen!
Jes 64,4	הֵן־אַתָּה קָצַפְתָּ	d	Ja du, du zürntest,
	וַנֶּחֱטָא בָּהֶם	e	und wir sündigten auf ihnen –
	עוֹלָם וְנִוָּשֵׁעַ	f	immerwährend, so dass wir gerettet werden mussten.
Jes 64,5	וַנְּהִי כַטָּמֵא כֻּלָּנוּ	a	Wir sind geworden wie der Unreine, wir allesamt,
	וּכְבֶגֶד עִדִּים כָּל־צִדְקֹתֵינוּ	b	und wie ein regelbeflecktes Kleid all unsere Rechtstaten.
	וַנָּבֶל כֶּעָלֶה כֻּלָּנוּ	c	Wir welkten wie Laub, wir allesamt,
	וַעֲוֺנֵנוּ כָּרוּחַ יִשָּׂאֻנוּ	d	und unsere Verfehlung, wie der Wind tragen sie uns davon.
Jes 64,8	אַל־תִּקְצֹף יְהוָה עַד־מְאֹד	a	Nicht zürne, HERR, so sehr,
	וְאַל־לָעַד תִּזְכֹּר עָוֺן	b	und nicht für immer gedenke der Verfehlung!
Jes 64,9	עָרֵי קָדְשְׁךָ הָיוּ מִדְבָּר	a	Deine heiligen Städte sind Wüste geworden,
	צִיּוֹן מִדְבָּר הָיָתָה	b	Zion ist Wüste geworden,
	יְרוּשָׁלַ͏ִם שְׁמָמָה	c	Jerusalem Öde.
Jes 64,10	בֵּית קָדְשֵׁנוּ וְתִפְאַרְתֵּנוּ	a	Unser heiliges und unser herrliches Haus,
	אֲשֶׁר הִלְלוּךָ אֲבֹתֵינוּ	b	in dem dich priesen unsere Väter;
	הָיָה לִשְׂרֵפַת אֵשׁ	c	es ist geworden zum Raub des Feuers,
	וְכָל־מַחֲמַדֵּינוּ הָיָה לְחָרְבָּה	d	und all unsere Kostbarkeiten sind geworden zum *Trümmerfeld.*
Jes 64,11	הַעַל־אֵלֶּה תִתְאַפַּק יְהוָה	a	Kannst du dich ob alle dem zurückhalten, HERR,
	תֶּחֱשֶׁה וּתְעַנֵּנוּ עַד־מְאֹד	b	schweigen *und uns erniedrigen so sehr?*

Beide Klagegebete sprechen von „Verfehlungen" o.ä. – eigenen und im Fall von Ps 79 auch solchen der Vorfahren (vgl. Ps 78) – und stellen einen Zusammenhang mit dem Zürnen Gottes her. Damit verbunden ist die (zugelassene) Beeinträchtigung von

Jhwhs „Erbbesitz" an Volk und Land, insbesondere die Verwüstung von Jerusalem und des Ziontempels. Ps 79 steht aufgrund des geschilderten Zerstörungshandelns (V. 1–3) näher am durch die Invasoren angerichteten Geschehen (587/6 v. Chr.) als Jes 63–64, wo die sich einstellenden Folgen der Entsiedelung und Verödung (V. 9–10) im Fokus sind. Ausserdem nehmen reflexive Momente ein grösseres Gewicht ein. Eine literarische Abhängigkeit mit Ps 79 als Spender- und Jes 63–64 als Empfängertext ist zu vermuten. Ps 79 seinerseits dürfte von Ps 74, dazu Ps 79 sowie Jes 63–64 auch von Ps 78 mitgeprägt worden sein.

Fazit: Beim Vergleich von Jes 63–64 mit Psalmen, die mit Asaph(iten) in Verbindung stehen, zeigt sich über Ähnlichkeiten in Gattung und Motivik hinaus eine Milieuverwandtschaft, die sich mit identischen oder verwandten Verfasser- bzw. Trägerkreisen erklären lässt. Das Zentrum des asaphitischen Kleinpsalters, Ps 77–79, in dem der Fall des Nordreichs (Ps 77–78) durch denjenigen des Südreichs (Ps 79) fortgeschrieben wird, ist die hauptsächliche Bezugsgrösse für die Gestaltung von Jes 63–64. Ferner weist Jes 63–64 Ähnlichkeiten mit dem deutero-asaphitischen Ps 106 auf, der zeitlich jünger als Jes 63–64 sein dürfte. Aufgrund des Textvergleichs zwischen Jesaja-Psalm und asaphitischen Psalmen, des deutlichen Unterschieds zu späteren (deutero)asaphitischen Stücken (Psalterbuch IV; Chronik) und der (wahrscheinlichen) Referenz von Jes 64,9–10 auf die Geschehnisse von 587/6 v. Chr. ist zu vermuten, dass Jes 63–64 aus spätexilischer oder frühnachexilischer Zeit stammt und als (ursprünglich im Gottesdienst verhafteter?) Psalm in den Kontext des Jesaja-Buchs (allenfalls mit Adaptionen) eingefügt wurde. Ort und Funktion im Buch bleiben – insbesondere aufgrund der Rückkehr zur „Volksklage" nach den Heilsansagen und hymnischen Stücken in Jes 40ff. – allerdings ebenso schwierige wie zentrale Fragen, die m.E. bisher noch nicht zufriedenstellend beantwortet werden konnten.[52]

4. „Ein neues Lied": Jesaja 42,10–23 (mit weiteren Hymnen) und Psalm 96/98

Wir verlassen zum Schluss die genuinen Asaph-Psalmen und bedenken Schnittstellen zwischen deutero-jesaianischen und deutero-asaphitischen Texten. Ein summarischer Vergleich der Häufigkeit, Dichte und Art der Schnittstellen zeigt, dass

---

52 Einen neuen Vorschlag bringt Uhlig, Theme, 287–315, in die Diskussion: Er beurteilt Funktion bzw. kommunikative Strategie von Jes 63–64 innerhalb des Buchkontextes auf dem Hintergrund von Jes 40,1–63,6 als Offenlegung („disclosure") der Verstockten. Mit anderen Worten: Jes 63–64 ist das – von Jhwh abgelehnte! – Gebet derjenigen, die von den zuvor geäusserten Heilsproklamationen unberührt blieben, deren Verhärtung deswegen anhält und die ihres Anspruchs, zum Volk bzw. Jhwhs Knechten zu gehören, verlustig gingen. Auch diese Lösung wirft Fragen auf: Liegen in der Lesestrategie des Buches genügend Indizien vor, die plausibel zu machen vermögen, dass eine positiv verwendete, auf Erhörung angelegte Volksklage sekundär gleichsam in ihr Gegenteil gekehrt wurde? Ist die artikulierte Einsicht in die Sünden- und Verstockungsproblematik und die Bitte an Jhwh um die Behebung derselben nicht Zeichen tiefer Einsicht, welche die Betenden aus der Gemeinschaft des Gottesvolkes nicht aus-, sondern vielmehr einschliessen?

Jesaja-Parallelen im Bereich von Psalterteilbuch IV häufig sind.[53] So spiegeln sich etwa die hymnischen Passagen in Jes 40–55[54] viel stärker in den Psalmen von Teilbuch IV denn III.[55]

Neues Heil (Jes 42,9, vgl. 43,18–19) ruft nach neuem Lobpreis, der als שִׁיר חָדָשׁ „ein neues Lied" (Jes 42,10) Gestalt annimmt.[56] Der Aufruf zum kollektiven Singen eines neuen Lieds leitet Jes 42,10–13, den ersten Hymnus „Deutero-Jesajas", ein. Dieser ist programmatischer Auftakt der untereinander verwobenen hymnischen Stücke innerhalb von Jes 40–55. Von den sieben, im hebräischen Alten Testament auftauchenden Wendungen שִׁיר חָדָשׁ „ein neues Lied" – stets indeterminiert – finden sich ausser Jes 42,10 sämtliche Belege im Psalter (Ps 33,3; 40,4; 96,1; 98,1; 144,9; 149,1).[57] Im Fokus unseres Interesses steht die Parallelität mit dem aufgrund von 1. Chr 16 als deutero-asaphitisch ausgewiesenen Ps 96, der ebenso wie Jes 42,10–13 ein Stück eröffnet.[58] In den Vergleich einbezogen wird Ps 98, bei dem angesichts der Parallelität mit Ps 96 („Zwillingspsalmen") ebenfalls asaphitisches Kolorit erwartet werden darf.[59] Die nachfolgende Zusammenstellung erhebt die wichtigsten Textanalogien:

Jes 42,10	שִׁירוּ לַיהוָה שִׁיר חָדָשׁ	a	Singt dem HERRN ein neues Lied,
	תְּהִלָּתוֹ מִקְצֵה הָאָרֶץ	b	seinen Lobpreis[60] vom Ende der Erde,
	יוֹרְדֵי הַיָּם וּמְלֹאוֹ	c	ihr Befahrende des Meers und seiner Fülle,
	אִיִּים וְיֹשְׁבֵיהֶם	d	der Inseln[61] und deren Bewohner!

---

53 Vgl. dazu CREACH, Shape; BALLHORN, Telos, 62–146; WEBER, Verbindungslinien.
54 Vgl. MATHEUS, Singt.
55 Dieser Befund hat zu tun mit dem Unterschied zwischen Asaph-Psalmen einerseits und den deutero-asaphitischen Psalmen des Psalterteilbuch IV andererseits (vgl. WEBER, Asaf, 245–246): Die mit לְאָסָף präskribierten, vorexilisch-exilischen Psalmen haben es mit Gerichtsansage und Katastrophenverarbeitung zu tun; die deutero-asaphitischen, (früh)nachexilischen Stücke dagegen sind hymnisch akzentuiert und haben diesbezüglich eine Nähe zur deutero-jesaianischen Verkündigung (vgl. dazu DERS., Verbindungslinien). Jes 40–55 wie Psalterteilbuch IV stehen im Zeichen des von JHWH als Weltenkönig proklamierten bzw. gewirkten Neuanfangs.
56 In Jes 40ff. wird sowohl Kontinuität/Analogie als auch Diskontinuität/Kontrast von Früherem und Neuem angesprochen (vgl. dazu BERGES, Jesaja 40–48, 238–241.300–305).
57 Vgl. WEBER, Lied.
58 Im remake von Ps 96 in 1. Chr 16 fehlt bezeichnenderweise die Eröffnungszeile und damit die Erwähnung eines „neuen Lieds" (vgl. 1. Chr 16,23).
59 Zu Ps 96 und 98 vgl. WEBER, Werkbuch II, 144–148.163–156 (Ps 96,7ab8a und Ps 96,11ab12a werden als Trikola gelesen). HOSSFELD/ZENGER, Psalmen 51–100, 668–669.689–690, vertreten die Abhängigkeitsrichtung Jes 42 → Ps 96/98, LEENE, Suche, 805.815–816.818, und BERGES, Jesaja 40–48, 240–241, gehen dagegen von der umgekehrten Abhängigkeit aus.
60 Vgl. das identische Morphem in 12a, ferner die Verwendung der Wurzel הלל „lobpreisen" in Ps 96,4.
61 Der auch noch in 12b erscheinende Begriff bezeichnet im Plural „Inseln" oder das „Küstengebiet". Im Buch Jesaja ist er geläufig, im Psalter findet er sich in Ps 72,10 und im zwischen den „Zwillingen" Ps 96 und 98 eingeschobenen Ps 97 (V. 1).

Jes 42,11	יִשְׂאוּ מִדְבָּר וְעָרָיו	a	Es sollen [die Stimmen] erheben die Wüste und ihre Städte,
	חֲצֵרִים תֵּשֵׁב קֵדָר	b	die Gehöfte, die Kedar bewohnt.
	יָרֹנּוּ יֹשְׁבֵי סֶלַע	c	Es sollen jubeln die Bewohner von Sela,
	מֵרֹאשׁ הָרִים יִצְוָחוּ	d	vom Gipfel der Berge mögen sie jauchzen.
Jes 42,12	יָשִׂימוּ לַיהוָה כָּבוֹד	a	*Sie sollen erstatten dem Herrn Ehre*
	וּתְהִלָּתוֹ בָּאִיִּים יַגִּידוּ	b	und seinen Lobpreis sollen sie auf den Inseln verkünden.
Jes 42,13	יְהוָה כַּגִּבּוֹר יֵצֵא	a	Der Herr, als der Held zieht er aus,
	כְּאִישׁ מִלְחָמוֹת יָעִיר קִנְאָה	b	als Kriegsmann weckt er die Kampfeslust;
	יָרִיעַ אַף־יַצְרִיחַ	c	er lässt ertönen fürwahr den Schlachtruf,
	עַל־אֹיְבָיו יִתְגַּבָּר	d	über seine Feinde erweist er sich als heldenreich.
Ps 96,1	שִׁירוּ לַיהוָה שִׁיר חָדָשׁ	a	Singt dem HERRN ein neues Lied,
	שִׁירוּ לַיהוָה כָּל־הָאָרֶץ	b	singt dem HERRN, du ganze Erde,
Ps 96,2	שִׁירוּ לַיהוָה בָּרְכוּ שְׁמוֹ	a	singt dem HERRN, preiset seinen Namen!
	בַּשְּׂרוּ מִיּוֹם־לְיוֹם יְשׁוּעָתוֹ;	b	Verkündet von Tag zu Tag sein Heil,
Ps 96,3	סַפְּרוּ בַגּוֹיִם כְּבוֹדוֹ	a	erzählt unter den Nationen *seine Ehre*,
	בְּכָל־הָעַמִּים נִפְלְאוֹתָיו	b	unter allen Völkern seine Wundertaten!
Ps 96,7	הָבוּ לַיהוָה מִשְׁפְּחוֹת עַמִּים	a	*Bringt dar dem Herrn*, ihr Sippen der Völker,
	הָבוּ לַיהוָה כָּבוֹד וָעֹז	b	*bringt dar dem Herrn Ehre* und Macht,[62]
Ps 96,8	הָבוּ לַיהוָה כְּבוֹד שְׁמוֹ	a	*bringt dar dem Herrn die Ehre* seines Namens![63]
Ps 96,11	יִשְׂמְחוּ הַשָּׁמַיִם וְתָגֵל הָאָרֶץ	a	Freuen sollen sich die Himmel und jauchzen die Erde;
	יִרְעַם הַיָּם וּמְלֹאוֹ	b	tosen sollen das Meer und seine Fülle;
Ps 96,12	יַעֲלֹז שָׂדַי וְכָל־אֲשֶׁר־בּוֹ	a	frohlocken soll das Feld und alles, was auf ihm ist.
Ps 98,1	שִׁירוּ לַיהוָה שִׁיר חָדָשׁ	a	Singt dem HERRN ein neues Lied,
	כִּי־נִפְלָאוֹת עָשָׂה	b	denn Wundertaten hat er gewirkt!
Ps 98,7	יִרְעַם הַיָּם וּמְלֹאוֹ	a	Tosen soll das Meer und seine Fülle,
	תֵּבֵל וְיֹשְׁבֵי בָהּ	b	der Erdkreis und die Bewohner auf ihm.

Die imperativische Eröffnung der drei hymnischen Stücke (dazu noch Ps 149,1) ist identisch. In der Zeilenfortführung zeigen sich dann Variationen hinsichtlich synonymer Aufrufe (Ps 96,1–2, auch Jes 42,10), Adressierungen (Jes 42,10[-11], auch Ps 96,1.7; 98,4) und Begründungen (Ps 98,1, auch 96,4–5). Während der Hymnus in Jes 42 seine Basis im (neuerlichen) Einschreiten JHWHs als Kriegsheld hat (V. 13), laufen die Aussagen der beiden Psalmen auf Gott als (endzeitlichen) Welten-Richter zu (Ps 96,10.13; 98,9). Dabei rezipiert und transformiert das „neue Lied" in Jes 42,10–13 das mit אָשִׁירָה לַיהוָה „Ich will singen JHWH ..." eröffnende „Erstlied" Israels angesichts

---

62 Vgl. die deutliche Anlehnung an Ps 29,1.
63 Vgl. Ps 66,2; 79,9.

von Gottes Heilshandeln an Israel: Ex 15,1–18.[64] Die deutlichsten Indizien für die Ausrichtung am Schilfmeerlied als prototypischer Vorlage ergeben sich aufgrund der Rahmenverse 10 und 13 (zu מלחמה איש „Kriegsmann" vgl. Ex 15,3[65]).[66] Ebenso knüpfen die „neuen Lieder" Ps 96 und 98 an Ex 15 als „Erst- bzw. Urlied" (zudem an Ps 29) an – etwa mit ihren Jhwh-Königs-Aussagen (Ex 15,18; Ps 96,10; 98,6) und der Rede von Jhwh als „Wundertäter" (פלא אשה Ex 15,11; נפלאות Ps 96,3; 98,1). Anders als in Jes 42,10–13 verbindet sich aber mit der Transformierung in Ps 96/98 zugleich eine – durch Ps 76,3ff. asaphitisch beeinflusste?[67] – „Entmilitarisierung" in Richtung Mission und Völkerhuldigung, die in Ps 98 zudem kosmisch geweitet ist.

Neben dem Aufruf, ein neues Lied zu singen, ist als signifikante Parallele die Aufforderung, Jhwh כבוד „Ehre" abzustatten, zu notieren. Sie verbindet Jes 42,12 (vgl. 42,8) mit Ps 96, dem Ps 29 als Vorlage gedient hat (vgl. Ps 29,1–2 mit Ps 96,7–8 = 1. Chr 16,28–29). In Ps 98 erscheint der Begriff dagegen nicht (vgl. aber Ps 97,6). Der Vergleich zeigt, dass die Aufforderungen in Jes 42,12 und in den Zeilen 7ab des Trikolons Ps 96,7ab8a ähnlich formuliert sind. Zudem ist auf die analoge Phraseologie von Jes 42,10 und Ps 96,11 sowie 98,7 hinzuweisen.[68] Die Wendung ומלאו הים „das Meer und seine Fülle" erscheint lediglich an diesen drei Orten – dazu in 1. Chr 16,32, wo der entsprechende Passus aus Ps 96 zitiert wird. Eine Kenntnis der Formulierung in der einen oder anderen Richtung ist anzunehmen. Die Nähe des Jesaja-Textes zu Ps 98 ist enger als zu Ps 96, wie die begriffliche Ähnlichkeit zwischen den „Bewohnern" der Inseln (Jes 43,10d)[69] und – genereller – denen des Erdkreises (Ps 98,7b) zeigt.[70]

Bezieht man die auf Jes 42,10–13 folgenden, durch das Moment des Jubels[71] verbundenen hymnischen Stücke Jes 44,23; 45,8; 48,20–21; 49,13; 51,3; 52,9–10; 54,1–3 als Vergleichsgrösse ein,[72] verstärkt sich der Befund, dass Ps 98 gegenüber Ps 96 einen noch engeren Bezug zu Jes 40ff. hat.[73] Als Parallelen hervorzuheben sind die innerhalb des Alten Testaments nur in Jes 51–52 und Ps 98 belegten Wendungen זמרה קול „Schall von Instrumentenspiel" o.ä. (Jes 51,3; Ps 98,5, vgl. auch Ex 15,2; Jes 12,2; Ps 118,14) und קדשו זרוע „sein heiliger Arm" (Jes 52,10; Ps 98,1). Hinzuweisen ist auch

---

64   Zur Begründung des expliziten und impliziten Verweises des „neuen Lieds" auf Ex 15,1–18 als „Erstlied" bzw. prototypisches „Urlied" von Gottes Rettungshandeln zugunsten seines Volkes vgl. Weber, Lied. Bereits das „Loblied der Erlösten" (Jes 12) greift auf das Schilfmeerlied zurück (vgl. auch Jes 11,15–16). Zudem findet sich im Textvorfeld Exodusmotivik in Jes 40,6.10.18.24–25; 41,3.13–14; 42,8.

65   Als asaphitische Seitenbelege von Jes 42,13 spielen möglicherweise Ps 78,65 (Jhwh als „Held") und 80,3 („Erwecken" der „Heldenkraft") eine Rolle.

66   Dieser Umstand spricht (auch) dafür, Jes 42,13 nicht – wie Berges, Jesaja 40–48, 209.239–240.248–253, dies tut – von Jes 42,12 zu trennen und zu den nachfolgenden Versen zu ziehen.

67   Vgl. Koole, Isaiah 3/1, 249.

68   Berges, Knechte, 240, stuft diese als „besonders auffällig" ein.

69   Das Verb ישב „sitzen, wohnen" ist aufgrund der drei Belege innerhalb des Jesaja-Hymnus (10d.11b.11c, vgl. dazu auch Schilfmeerliedbelege in Ex 15,14–15) gewichtig.

70   Hinsichtlich Jes 43,10c und Ps 98,7b stellt sich eine Komplementarität zwischen den „Befahrenden des Meers" und den „Bewohnern" des Erdkreises ein.

71   Vgl. v.a. רנה/רנן in Jes 42,11; 44,23; 48,20; 49,13; 52,9; 54,1, dazu Ps 96,12; 98,4.8.

72   Vgl. Matheus, Singt, ferner Berges, Buch, 328–331.

73   Vgl. Nurmela, Mouth, 37–38; er weist die Intertextualität zwischen Jes 44,23; 49,13 und Ps 96,11–13; 98,4.7–9 auf.

auf den Umstand, dass die Wurzel פצח I „fröhlich sein, in Jubel ausbrechen" ausser in Ps 98 (V. 4) ausschliesslich im Jesajabuch und dort v.a. innerhalb der hymnischen Stücke von Jes 40–55 erscheint (vgl. Jes 14,7; 44,23; 49,13; 52,9; 54,1; 55,12).

Die Auswertung der Schnittstellen zwischen deutero-jesaianischer Hymnik und Ps 96/98 gibt der Einschätzung von Hossfeld/Zenger recht, dass Ps 96/98 jünger und von Jes 40ff. abhängig sind.[74] Die Jes 40ff. durchziehende Spannung zwischen „Altem/ Früherem" und „Neuem" ist in den Psalmen des Psalterteilbuchs IV so nicht (mehr) gegeben. Während Jes 52,10 im Blick auf das Heil zwischen Gegenwartsansage und zukünftiger Einlösung pendelt,[75] wird in Ps 98,1(–3) bezeugt, dass das Heil eingetreten ist. Ähnlich ist in Jes 51,3 der „Schall von Instrumentenspiel" wohl erst angesagt,[76] in Ps 98,5 dagegen ist die Zeit zu dessen Realisierung gekommen.[77] Ausserdem sind die für die jesajanische Verkündigung wichtigen „Inseln" (oder „Küstenstreifen") und die Befahrung des Meeres in Ps 96/98 kein Thema (mehr). Die entsprechenden Aussagen in Jes 42,10–12 werden in Ps 96/98 zu einem Lob der Schöpfung an den Schöpfer umgestaltet (Ps 96,11–12; 98,7, vgl. auch Ps 97,1). Schliesslich dürfte Ps 96,8 (und möglicherweise auch Ps 98,5–6) einen bereits etablierten und geordneten Tempelbetrieb voraussetzen.

5. Auswertung und Fazit

Entstehung und Überlieferung altisraelitischer Texte sind nicht ohne soziale und institutionelle Anbindungen zu denken. Die Erhebung sozio-historischer Gestalten im Alten Israel im Sinne von (der Elite zuzurechnenden) Personen, Trägergruppen und Institutionen, die für Literaturwerdung und -überlieferung spezifischer Textkorpora verantwortlich zeichnen, ist aufgrund der beschränkten Datenbasis allerdings nicht einfach.[78] Die gewählte komparatistische Methodik vermag nur Annäherungen an die Wirklichkeit zu leisten, zumal Textbeobachtungen sich nicht zwingend in dahinter stehende Sozialgestalten überführen lassen. Mit den im Titel dieses Essays angezeigten Namen „Jesaja" und „Asaph" sind Autoritäten genannt, mit denen Texte und Buch(teil)gestalten verbunden sind, und zwar – beidemale – in primärer (Jes 1–39*; Ps 50; 73–83 → Asaphpsalter) wie sekundärer Weise (Jes 40–66/Jesaja-Buch; Ps 96; 105–106 → Psalterteilbuch IV). Die Signaturen „deutero-jesajanisch" und

---

74   Hossfeld/Zenger, Psalmen 51–100, 589, gehen (mit Rückgriff auf Jörg Jeremias) davon aus, dass Ps 98 auf Jes 52,10 zurückgreift. Vgl. auch Ballhorn, Telos, 97, für den die Wendung „neues Lied" auf Jes 42,10 verweist.

75   „Jhwh hat entblösst ... und alle Enden der Erde werden sehen ..." (qtl-x → wqtl-x).

76   Darauf deutet in der Satzfolge der Wechsel von der qtl/wjjqtl- zur jqtl-Konjugation hin.

77   Berges, Jesaja 40–48, 240–241, führt für das Abhängigkeitsverhältnis Ps 96/98 → Jes 40ff. an, dass die Psalmen theologische Kernaussagen wie „Befreiung" und „Tröstung" nicht übernehmen würden. Dem ist so, und das ist auch im Blick auf Jes 51,3 zu beobachten; es lässt sich aber dadurch erklären, dass für die Psalmen die Zeit der Schmerzen und damit die Heilswende zurückliegt und damit die Thematik von „Trost" und „Befreiung" nicht mehr (in dieser Unmittelbarkeit) gegeben ist.

78   Eine alttestamentliche Literaturgeschichte unter Einbezug mesopotamischer und ägyptischer Stoffe bzw. Angaben bieten van der Toorn, Culture, und Schmid, Literaturgeschichte.

„deutero-asaphitisch" zeigen an, dass beide Texte/Korpora auf Vorgängerliteratur und deren Gestalten aufruhen. Der exemplarische Quervergleich hat ergeben bzw. bestätigt, dass zwischen Jes 40–66 und (deutero)asaphitischen Psalmen und Korpora – zumindest partiell – deutliche Verbindungen vorliegen. Die Annahme einer gemeinsamen Gilde oder stark vernetzter Trägerkreise als Hort von Traditionsüberlieferung, Textproduktion und -redaktion ist eine valable Möglichkeit, die in den Texten greifbaren Gemeinsamkeiten wie Eigenheiten zu erklären. Kommt dazu, dass die Angaben über Kyrus und die Exilsrückkehr der asaphitischen Tempelmusiker (vgl. Jes 44,24ff.; Esr 1–2; 6,1–5; Neh 7,6ff.44.66) den spätexilisch-frühnachexilischen Rahmen abstecken, der als Milieu des Aufbruchs und Neuanfangs zu qualifizieren ist.[79] „Jesaja" und „Asaph" erscheinen als prophetische bzw. levitische Autoritäten, an die sich genealogisch oder funktional Einzelgestalten (vgl. z.B. die prophetische „Stimme" in Jes 40,1–11 bzw. der „Knecht JHWHs") und Kollektive (vgl. etwa „die Knechte JHWHs", diverse „wir"-Aussagen und die Rede von den „Söhnen Asaphs") anschliessen, in die sich ein sprechendes „Ich" in ein Kollektiv eingezeichnet weiss. Von daher ist eine schroffe Gegenüberstellung zwischen einer Prophetengestalt („Deutero-Jesaja") hier und einem levitisch-asaphitischen Tempelsängerkollektiv dort kaum gegeben.

Anhand eines Schaubilds sollen die untersuchten Texte zeitlich eingeordnet und intertextuelle Abhängigkeiten („Pfeile") dargestellt werden – wissend, dass unterschiedliche Datierungen der Entstehung-, Redaktions- und Kompositionsvorgänge auch zu ganz anderen Beurteilungen führen können:

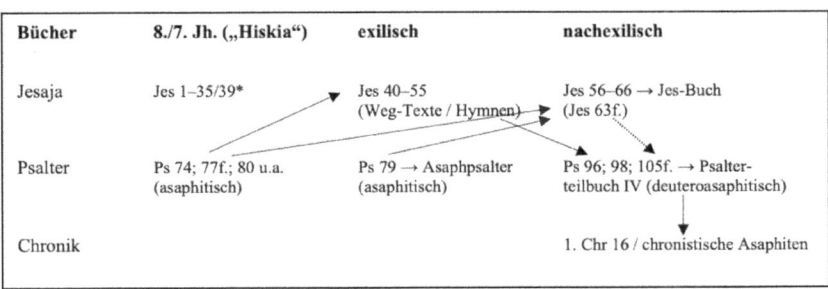

Wie Jes 40–55/66 hat auch das Psalterteilbuch IV mit den ins Psalterteilbuch III aufgenommenen Asaph-Psalmen einen „Vorbau" aus vorexilischer (Ps 79: exilischer) Zeit.[80] Deren Einwirken auf Jes 63–64 ist unverkennbar. Was die untersuchten Texte betrifft, sind die Asaph-Psalmen gegenüber Jes 40–66 entweder als direkte Spendertexte oder als prägend einzuschätzen.[81] Umgekehrt dürften Texte aus Jes 40–66

---

79   Zur Nachzeichnung der frühperserzeitlichen Konstellationen in Jerusalem/Jehud vgl. Keel, Geschichte, 967ff.

80   Ein Vergleich zwischen genuinen Asaph-Psalmen und deutero-asaphitischen Psalmen findet sich in Weber, Verbindungslinien.

81   Vgl. auch Sommer, Prophet, 122–127, der die Rezeption von Ps 81–82 in Jes 40 bzw. 48 erörtert. Nurmela, Mouth, notiert für Jes 40–55 (Ps 74,10.18.22–23; 75,9; 78,15.20; 79,8) sowie Jes 56–66 (Ps 73,28; 78,4 [2mal]; 83,2) je vier Anspielungen auf Asaph-Psalmen.

gegenüber den deutero-asaphitischen Psalmen bzw. Psalterteilbuch IV als primär zu
veranschlagen sein. Als zeitlich noch später sind die chronistischen Angaben über
die Asaphiten einzustufen.

Über Ähnlichkeiten hinsichtlich Gattung, Motive und Begriffe hinaus ergeben
folgende Charakteristika, die den Jesaja bzw. Asaph zugewiesenen Texten gemeinsam sind:

1. die Bedeutung des Exodus als heilsgeschichtlich-mythisches Grunddatum und
   dessen Transformierung und Aktualisierung (u.a. als „Weg"-Theologie);
2. die Bedeutung Moses als Führungsgestalt samt seiner Funktion als Prophet bzw.
   Mittler zwischen Gott und dem Volk sowie die mit ihm assoziierten poetischen
   Überlieferungen (Ex 15; Dtn 32);
3. in der Hymnik die Betonung des universalen JHWH-Königtums, verbunden mit
   Heilsgeschichte und Schöpfungstheologie;
4. die Namens-, Erscheinungs- und Erkenntnistheologie mit der Bedeutung und
   Varianz des Gebrauchs von Gottesnamen und -bezeichnungen;
5. neben der genuinen Redeform der Prophetie (Jesaja) bzw. Psalmenpoesie (Asaph)
   Kenntnis und Einbezug der jeweils anderen Redeweise und damit die wechsel-
   seitige Integration von Prophetie und (gottesdienstlicher) Dichtung/Gebet;
6. eine grosse, sich anhand intertextueller Bezüge und Traditionsrezeption äussernde Vertrautheit mit Israels autoritativer Überlieferung, die man als „Schriftgelehrsamkeit"[82] bezeichnen kann.

Die Auswertung der relevanten Texte zeigt, dass die sich auf die eponyme Gestalt
von Asaph zurückführenden levitisch-asaphitischen Tempelsänger bzw. -musi-
ker ein Gepräge aufweisen, das sich zwar nicht randscharf bestimmen lässt, aber
doch deutliche Merkmale aufweist, so dass ein Gruppenkolorit greifbar wird. Die
Anfänge dieser Gruppe, die der Chronist bis auf die Davidzeit zurückführt, sind
m.E. jedenfalls bis ins Nordreich Israel im 8. Jh. v. Chr. zurückzuverfolgen, und ihre
Zeit erstreckt sich bis (mindestens) ins 4./3. Jh. v. Chr. (chronistische Asaphiten).[83]
Ein vergleichbarer, wenn auch nicht ganz so langer Zeitbogen spiegelt sich in der
mit der Prophetengestalt Jesaja ben-Amoz verbundenen, im Jesaja-Buch gefassten
Textüberlieferung. Dabei bilden in beiden Fällen zwei spezifische Zeiträume Schwer-
punkte der Literaturbildung: die letzten zwei Jahrzehnte des 8. Jh.s unter König
Hiskia (assyrische Bedrängnis) sowie die exilisch-frühnachexilische Zeit (in der
Gola und in Israel).

Es ist einzuräumen, dass von asaphitischen Tempelsängern mit Sicherheit erst
hinsichtlich des zweiten Tempels gesprochen werden kann, auch wenn die chronistischen Berichte nicht einfach als Retrojektionen abzutun sind. Allerdings dürfte
aus dem Dunkel des Exils kaum eine so profilierte Gruppe auftauchen (vgl. Esr
2,1–2.41.65), hätte diese nicht bereits vor dem Exil wichtige Funktionen an Tempel
bzw. Hof innegehabt. Über mit „Asaph" präskribierte Psalmen hinaus bestätigen
ausserbiblische Quellen (Sanheribs Annalen III,46–47; Abbildung von jüdischen

---

82   Zur levitischen Schreibertätigkeit bzw. Schriftgelehrsamkeit vgl. VAN DER TOORN,
     Culture, 79–82.89–96.117–118.
83   Vgl. dazu WEBER, Asaph im Psalter.

Leierspielern auf Palastrelief in Ninive),[84] dass zur Zeit Hiskias am Hof und/oder Tempel Sänger und Sängerinnen wirkten. Eine Identifizierung mit den Asaphiten ist freilich nicht möglich. In den Büchern Samuel und Könige hören wir nichts von ihnen. Die diesbezüglich einzige „Asaph"-Spur führt zu einem Joach ben-Asaph (2. Kön 18,18,37 = Jes 36,3.22, auch = 2. Chr 29,12?),[85] der unter König Hiskia das hohe Amt des מזכיר innehatte. Die Daten sind spärlich und die Glieder der Indizienkette nur lose verbunden, gleichwohl ist mit der Möglichkeit zu rechnen, dass Vorfahren bzw. eine Seitenlinie der Tempelsänger dieses Amt am Königshof bekleideten.[86] Sollte die ägyptische Prägung (wh\m.w) dieses, biblisch erstmals 2. Sam 8,16 erwähnten Amts des *mazkîr* zutreffen, enthält es jedenfalls Funktionen,[87] die mit Anliegen und Inhalten der Asaph-Psalmen konvergieren. Im Licht einer möglichen Verbindung einer Asaphlinie mit diesem Amt ist für unsere Thematik auch Jes 66,3 zu beachten, wo die „Wächter" auf den Mauern Jerusalems מזכירים „Erinnerer (JHWHs)" genannt werden (nur hier im Plural). Zudem hat Gottfried Schmidt die auch von Berges erwogene Meinung vertreten, dass der Gottesknecht in Jes 40ff. titular zu verstehen und als „Gottessprecher" (mit Mittlerfunktion) den höfischen מזכיר beerbt hätte.[88] Sollte er recht haben, könnte dies ein weiteres Indiz sein für eine Verknüpfung von hinter „Asaph" und „Jesaja" stehenden Trägerkreisen und von ihnen wahrgenommenen Funktionen.

Eine Verflechtung der hinter „Jesaja" und „Asaph" stehenden Kreise respektive ihrer Literatur ist aufgrund der zeitlichen und örtlichen Nähe (Jerusalem [Hof/Tempel]) nicht verwunderlich.[89] Die wechselseitigen Abhängigkeiten (s. Schaubild) bestätigen diese Annahme. Dabei prägen sich in der ersten zeitlichen Schnittstelle (um 700 v. Chr.) die Textgestalten recht unterschiedlich aus: hier die Jerusalemer Theologie Jesajas, dort vom Nordreich herkommende (mosaisch-levitische) Theologie des Asaph-Kreises mit ihren Gerichtsansagen und Verarbeitungen der Katastrophen (insbesondere der Untergang des Nordreichs). Der mit den Geschehnissen von 587/6 v. Chr. verbundene massive Umbruch scheint die beiden Kreise dann enger verbunden zu haben: die prophetische Gruppe der „Knechte", die im Anschluss an

---

84 Vgl. KEEL, Geschichte, 734 [Abb. 497]; WEBER, Asaf, 240.252–253.

85 Von diesem Joach ben-Asaph liegt möglicherweis – die Echtheit vorausgesetzt – ein Siegelabdruck vor, wobei dieser sein Amt bereits unter Hiskias Vorgänger Ahas ausgeübt hätte (vgl. DEUTSCH, Period, 27–29 [Nr. 9]; WEBER, Asaf, 238–240).

86 Vgl. WEBER, Psalm 77, 296–298; DERS., Asaf, 238–240. Aus ähnlicher Zeit wie Hiskia ist ein moabitisches Siegel mit einer מזכיר-Inschrift gefunden worden, vgl. ABU TALEB, Seal.

87 Wie z.B.: erinnern, Bericht erstatten, (diplomatisch) vermitteln, das Recht wahren, als Sprecher des Königs (oder eben Gottes) fungieren etc.

88 Vgl. SCHMIDT, Gottes-Diener, ferner BERGES, Jesaja 40–48, 62–63.

89 Die Studie von DE JONG, Isaiah, 313ff.333ff.345ff., über Jesaja und die altorientalische (neo-assyrische) Prophetie hat Verbindungen von Prophetie zu Tempel (und Hof), Kult und Musik herausgestellt – ein (weiteres) Indiz dafür, dass der Unterschied zwischen Propheten(kreisen) und Tempelsängern möglicherweise weniger gross ist als vielfach angenommen. Vgl. auch VAN DER TOORN, Culture, 102: „Confirmation of the central Place of Deuteronomy, Isaiah, and Psalms in the scribal curriculum may be found in the *Levitical signature* of the final redaction of these books" (Kursivsetzung BW).

den „Knecht Jʜᴡʜs" die vorexilischen Überlieferungen des Jesaja ben-Amoz bewahrt und fortgeschrieben haben, bzw. die schon früh aus der Gola zurückkehrenden levitischen Asaphiten. Auch sie konnten auf vorexilisches Traditionsgut zurückgreifen; ja, die sich in diesen Gebeten abzeichnende Kompetenz der Katastrophenverarbeitung dürfte wesentlich dazu beigetragen haben, dass sie nach dem Exil bald als führende Gruppe erscheinen. In beiden Gruppen werden die Überlieferungen der genannten Zeiträume verbunden. Dies äussert sich zum einen in der Kerngruppe Ps 77–79 des Asaph-Psalters mit seinem Bogen vom Fall des Nordreichs (Ps 77) hin zum Fall des Südreichs (Ps 79), zum andern in der „Hiskia-Brücke" Jes 36–39, welche die Hauptteile des Buchs miteinander verbindet. Dort wird dem König aufgrund seiner Gebete gleichsam der *touch* eines Tempelsängers verliehen. Im Verbund mit anderen psalmpoetischen Texten wie u.a. Jes 12, den hymnischen Stücken in Jes 40ff. und der Volksklage Jes 63–64 sind dies kumulative Indizien dafür, dass in der mit Jesaja verbundenen (späten) Prophetie Tempelmusiker und die von ihnen verwendeten literarischen Gattungen einbezogen wurden. Andererseits weisen – von den vorexilischen Asaph-Psalmen angefangen bis hin zu den chronistischen Belegen – die Asaphiten und ihre gottesdienstlichen Stücke wiederholt prophetische Passagen auf, so dass eine Wechselwirkung zwischen „Jesaja" und „Asaph" (mit ihren Texten) vermutet werden kann.

Zurück zur Eingangsfrage: Steht hinter Jes 40–66 (oder einem Teil daraus) eine der Asaphgilde nahestehende oder ihr gar zugehörende prophetische Stimme? Ist darüber hinaus auch die Buchgestalt Jesaja in asaphitischen Kreisen verankert? Eindeutige Antworten vermochte diese Vergleichsstudie nicht zu geben, wohl aber zu zeigen, dass die Hypothese einige Plausibilität hat und weiterer Überprüfung wert ist. Es würde nicht verwundern, wenn Asaphiten für die Verbindung von prophetischer und tempeltheologisch-poetischer Tradition, die in unterschiedlicher Weise sich mit Text- bzw. Buchgestalten von „Asaph" wie „Jesaja" verbindet, verantwortlich wären. Bei komparatistischen Studien besteht allerdings die Gefahr, Gemeinsamkeiten zu (über)betonen, Unterschiede nicht in gleicher Weise zu gewichten und Gegenargumente abzublenden. Sollte ein levitisch-asaphitischer Trägerkreis hinter beiden Textkorpora bzw. Büchern stehen, bleibt die Tatsache bestehen, dass Prophetie und Poesie je unterschiedlich gewichtet sind.[90] Zudem gehört Jesaja zu den Propheten, verweist auf die vom Deuteronomium geprägten Königsbücher und etabliert sich später als „Kopfbuch" der „Hinteren Propheten". Die poetisch-gottesdienstlichen Asaphtexte dagegen finden Eingang in den Psalter, der später das „Kopfbuch" des dritten Kanonteils, der „Schriften", bilden wird. Hierin spiegelt sich bei allen Querverbindungen eine grundlegende, auch kanontheologische Differenz, deren Signifikanz nicht zu unterschätzen ist.

---

90   Selbst Bᴇʀɢᴇs, Überlegungen, mit seiner These, dass hinter Jes 40ff. Tempelsänger stehen, anerkennt: Der Verkündiger „kann in der Textwelt des Jesajabuches nur Jesaja ben Amoz sein ... dessen prophetische Stimme mit 40,1 ‹Tröstet, tröstet mein Volk›, spricht euer Gott' bis zum Ende des Buches hallt. In Jesaja ben Amoz, der Zeugnis und Weisung zur Zeit der assyrischen Krise in seinen Schülern verschloss und auf das erneute heilvolle Eingreifen Jhwhs wartete (Jes 8,16–18), erkennen die prophetischen Tradenten von Jes 40–66 auch ihren Lehrer und reihen sich selbstbewusst in die nie endende Sukzession prophetischer Geistträger ein" (ebd., 23–24). Kritisch zur Tempelsänger-These Tɪᴇᴍᴇʏᴇʀ, Comfort, 30–32.

6. Anhang: Text, Übersetzung und Struktur von Jesaja 63,7–64,11

חַסְדֵי יְהוָה אַזְכִּיר	I A		63,7a	Der Gnadenerweise des HERRN will ich gedenken,
תְּהִלֹּת יְהוָה		[17]	7b	der Preistaten des HERRN,
כְּעַל כֹּל אֲשֶׁר־גְּמָלָנוּ יְהוָה			7c	gemäss all dem, was uns erwiesen hat der HERR,
וְרַב־טוּב לְבֵית יִשְׂרָאֵל			7d	und der Fülle an Gutem am Haus Israel,
אֲשֶׁר־גְּמָלָם כְּרַחֲמָיו			7e	welche er an ihnen erwiesen hat nach seinem Erbarmen
וּכְרֹב חֲסָדָיו			7f	und gemäss der Fülle seiner Gnadenerweise.
וַיֹּאמֶר אַךְ־עַמִּי הֵמָּה			8a	Er sprach: „Fürwahr, mein Volk sind sie,
בָּנִים לֹא יְשַׁקֵּרוּ			8b	Söhne, die nicht die Treue brechen!"
וַיְהִי לָהֶם לְמוֹשִׁיעַ			8c	Und er wurde für sie zum Retter.
בְּכָל־צָרָתָם לֹא צָר			9a	In all ihrer Bedrängnis war ihm selbst Bedrängnis,
וּמַלְאַךְ פָּנָיו הוֹשִׁיעָם			9b	aber der Engel seines Angesichts rettete sie.
בְּאַהֲבָתוֹ וּבְחֶמְלָתוֹ הוּא גְאָלָם			9c	In seiner Liebe und seinem Mitleid hat er selbst sie erlöst;
וַיְנַטְּלֵם וַיְנַשְּׂאֵם כָּל־יְמֵי עוֹלָם			9d	er hob sie auf und trug sie alle Tage der Vorzeit.
וְהֵמָּה מָרוּ			10a	Aber sie, sie waren widerspenstig
וְעִצְּבוּ אֶת־רוּחַ קָדְשׁוֹ			10b	und kränkten seinen heiligen Geist.
וַיֵּהָפֵךְ לָהֶם לְאוֹיֵב			10c	Da wandelte er sich für sie zu einem Feind;
הוּא נִלְחַם־בָּם			10d	er selbst kämpfte gegen sie.
וַיִּזְכֹּר יְמֵי־עוֹלָם	I B		11a	Da gedachte (er) der Tage der Vorzeit
מֹשֶׁה עַמּוֹ		[16]	11b	(des) Mose(s), sein(es) Volk(s):
אַיֵּה הַמַּעֲלֵם מִיָּם			11c	„Wo ist der, der sie heraufführt aus dem Meer,
אֵת רֹעֵי צֹאנוֹ			11d	die Hirten seiner Herde?
אַיֵּה הַשָּׂם בְּקִרְבּוֹ			11e	Wo ist der, der in seine Mitte legt
אֶת־רוּחַ קָדְשׁוֹ			11f	seinen heiligen Geist?
מוֹלִיךְ לִימִין מֹשֶׁה			12a	Der gehen lässt zur Rechten Moses
זְרוֹעַ תִּפְאַרְתּוֹ			12b	seinen herrlichen Arm?
בּוֹקֵעַ מַיִם מִפְּנֵיהֶם			12c	Der spaltet die Wasser vor ihrem Angesicht,
לַעֲשׂוֹת לוֹ שֵׁם עוֹלָם			12d	um für sich zu machen einen immerwährenden Namen,
מוֹלִיכָם בַּתְּהֹמוֹת			13a	der sie gehen lässt durch die Fluten?"
כַּסּוּס בַּמִּדְבָּר לֹא יִכָּשֵׁלוּ			13b	Wie das Pferd in der Wüste nicht strauchelt,
כַּבְּהֵמָה בַּבִּקְעָה תֵרֵד			14a	wie das Vieh in die Talebene hinabsteigt,
רוּחַ יְהוָה תְּנִיחֶנּוּ			14b	(so) führt der Geist des HERRN es.
כֵּן נִהַגְתָּ עַמְּךָ			14c	So leitetest du dein Volk,
לַעֲשׂוֹת לְךָ שֵׁם תִּפְאָרֶת			14d	um dir zu machen einen herrlichen Namen.

הַבֶּט מִשָּׁמַיִם	II A	15a	Blick her vom Himmel
וּרְאֵה מִזְּבֻל קָדְשְׁךָ וְתִפְאַרְתֶּךָ	[18]	15b	und sieh von deinem heiligen und herrlichen Wohnsitz!
אַיֵּה קִנְאָתְךָ וּגְבוּרֹתֶךָ		15c	Wo sind dein Eifer und deine Heldentaten?
הֲמוֹן מֵעֶיךָ וְרַחֲמֶיךָ		15d	Die Regung deines Innern und dein Erbarmen,
אֵלַי הִתְאַפָּקוּ		15e	mir gegenüber haben sie sich zurückgehalten.
כִּי־אַתָּה אָבִינוּ		16a	Gewiss, du bist unser Vater,
כִּי אַבְרָהָם לֹא יְדָעָנוּ		16b	denn Abraham kennt uns nicht,
וְיִשְׂרָאֵל לֹא יַכִּירָנוּ		16c	und Israel weiss nicht um uns.
אַתָּה יְהוָה אָבִינוּ		16d	Du, HERR, bist unser Vater,
גֹּאֲלֵנוּ מֵעוֹלָם שְׁמֶךָ		16e	‚unser Erlöser' ist von jeher dein Name!
לָמָּה תַתְעֵנוּ יְהוָה מִדְּרָכֶיךָ		17a	Warum lässt du uns abirren, HERR, von deinen Wegen,
תַּקְשִׁיחַ לִבֵּנוּ מִיִּרְאָתֶךָ		17b	verhärtest unser Herz vor der Furcht dir gegenüber?
שׁוּב לְמַעַן עֲבָדֶיךָ		17c	Kehr um wegen deiner Knechte,
שִׁבְטֵי נַחֲלָתֶךָ		17d	der Stämme deines Erbbesitzes!
לַמִּצְעָר יָרְשׁוּ עַם־קָדְשֶׁךָ		18a	Für geringe Zeit nahmen sie in Besitz dein heiliges Volk;
צָרֵינוּ בּוֹסְסוּ מִקְדָּשֶׁךָ׃		18b	unsere Bedränger zertraten dein Heiligtum.
הָיִינוּ מֵעוֹלָם לֹא־מָשַׁלְתָּ בָּם		19a	Wir wurden solche, über die du seit Vorzeit nicht herrschtest,
לֹא־נִקְרָא שִׁמְךָ עֲלֵיהֶם		19b	über denen nicht ausgerufen wurde dein Name.
לוּא־קָרַעְתָּ שָׁמַיִם יָרַדְתָּ	II B	19c	O dass du zerrissest den Himmel, herabführest,
מִפָּנֶיךָ הָרִים נָזֹלּוּ	[16]	19d	dass vor deinem Angesicht Berge erbebten –
כִּקְדֹחַ אֵשׁ הֲמָסִים		64,1a	wie Feuer entzündet Reisig,
מַיִם תִּבְעֶה־אֵשׁ		1b	Feuer zum Kochen bringt Wasser –,
לְהוֹדִיעַ שִׁמְךָ לְצָרֶיךָ		1c	um kundzutun deinen Namen deinen Bedrängern,
מִפָּנֶיךָ גּוֹיִם יִרְגָּזוּ		1d	dass vor deinem Angesicht Völker erzittern,
בַּעֲשׂוֹתְךָ נוֹרָאוֹת לֹא נְקַוֶּה		2a	ob deinem Tun furchtgebietender Geschehnisse, die wir nicht erhofften:
יָרַדְתָּ מִפָּנֶיךָ הָרִים נָזֹלּוּ		2b	du fuhrst herab, dass vor deinem Angesicht Berge erbebten.
וּמֵעוֹלָם לֹא־שָׁמְעוּ		3a	Aber von alters her haben sie nicht zugehört,
לֹא הֶאֱזִינוּ		3b	nicht die Ohren gespitzt.
עַיִן לֹא־רָאָתָה		3c	Kein Auge hat gesehen
אֱלֹהִים זוּלָתְךָ		3d	einen Gott ausser dir,
יַעֲשֶׂה לִמְחַכֵּה־לוֹ		3e	der (so) tut an dem, der harrt auf ihn.
פָּגַעְתָּ אֶת־שָׂשׂ		4a	Du bist begegnet dem Jubelnden
עֹשֵׂה צֶדֶק		4b	und dem, der tut Gerechtigkeit –
בִּדְרָכֶיךָ יִזְכְּרוּךָ		4c	auf deinen Wegen gedenken sie an dich.

הֵן־אַתָּה קָצַפְתָּ	III A	4d	Ja du, du zürntest,
וַנֶּחֱטָא בָּהֶם	[14]	4e	und wir sündigten auf ihnen –
עוֹלָם וְנִוָּשֵׁעַ		4f	immerwährend, so dass wir gerettet werden mussten.
וַנְּהִי כַטָּמֵא כֻּלָּנוּ		5a	Wir sind geworden wie der Unreine, wir allesamt,
וּכְבֶגֶד עִדִּים כָּל־צִדְקֹתֵינוּ		5b	und wie ein regelbeflecktes Kleid all unsere Rechtstaten.
וַנָּבֶל כֶּעָלֶה כֻּלָּנוּ		5c	Wir welkten wie Laub, wir allesamt,
וַעֲוֹנֵנוּ כָּרוּחַ יִשָּׂאֻנוּ		5d	und unsere Verfehlung, wie der Wind tragen sie uns davon.
וְאֵין־קוֹרֵא בְשִׁמְךָ		6a	Und da ist keiner, der anruft deinen Namen,
מִתְעוֹרֵר לְהַחֲזִיק בָּךְ		6b	der sich aufmacht, um festzuhalten an dir.
כִּי־הִסְתַּרְתָּ פָנֶיךָ מִמֶּנּוּ		6c	Denn verborgen hast du dein Angesicht vor uns
וַתְּמוּגֵנוּ בְּיַד־עֲוֹנֵנוּ		6d	und uns zergehen lassen durch die Hand unserer Verfehlung.
וְעַתָּה יְהוָה אָבִינוּ אָתָּה		7a	Aber jetzt, HERR, unser Vater bist du!
אֲנַחְנוּ הַחֹמֶר וְאַתָּה יֹצְרֵנוּ		7b	Wir sind der Ton, und du bist unser Töpfer,
וּמַעֲשֵׂה יָדְךָ כֻּלָּנוּ		7c	das Werk deiner Hand, wir allesamt.
אַל־תִּקְצֹף יְהוָה עַד־מְאֹד	III B	8a	Nicht zürne, HERR, so sehr,
וְאַל־לָעַד תִּזְכֹּר עָוֹן	[13]	8b	und nicht für immer mögest du gedenken der Verfehlung!
הֵן הַבֶּט־נָא		8c	Ja, blick doch her:
עַמְּךָ כֻלָּנוּ		8d	Dein Volk sind wir allesamt!
עָרֵי קָדְשְׁךָ הָיוּ מִדְבָּר		9a	Deine heiligen Städte sind Wüste geworden,
צִיּוֹן מִדְבָּר הָיָתָה		9b	Zion ist Wüste geworden,
יְרוּשָׁלִַם שְׁמָמָה		9c	Jerusalem Öde.
בֵּית קָדְשֵׁנוּ וְתִפְאַרְתֵּנוּ		10a	Unser heiliges und unser herrliches Haus,
אֲשֶׁר הִלְלוּךָ אֲבֹתֵינוּ		10b	in dem dich priesen unsere Väter;
הָיָה לִשְׂרֵפַת אֵשׁ		10c	es ist geworden zum Raub des Feuers,
וְכָל־מַחֲמַדֵּינוּ הָיָה לְחָרְבָּה		10d	und all unsere Kostbarkeiten sind geworden zum Trümmerfeld.
הַעַל־אֵלֶּה תִתְאַפַּק יְהוָה		11a	Kannst du dich ob all diesem zurückhalten, HERR,
תֶּחֱשֶׁה וּתְעַנֵּנוּ עַד־מְאֹד		11b	schweigen und uns erniedrigen so sehr?

Bibliographie

ABU TALEB, M., The Seal of *plṭy bn mˀš* the *mazkīr*, ZDPV 101 (1985) 21–29.

BALLHORN, E., Zum Telos des Psalters. Der Textzusammenhang des Vierten und Fünften Psalmenbuches (Ps 90–150) (BBB 138), Berlin – Wien 2004.

BAUTCH, R.J., Developments in Genre between Post-Exilic Pentitential Prayers and the Psalms of Communal Lament (AcBib 7), Atlanta, GA 2003.

BERGES, U., Das Buch Jesaja. Komposition und Endgestalt (HBS 16), Freiburg i.Br. 1998.

–, Die Armen im Buch Jesaja. Ein Beitrag zur Literaturgeschichte des AT, Bib. 80 (1999) 153–177.

–, Die Knechte im Psalter. Ein Beitrag zu seiner Kompositionsgeschichte, Bib. 81 (2000) 153–178.

–, Der zweite Exodus im Jesajabuch. Auszug oder Verwandlung?, in: F.-L. Hossfeld / L. Schwienhorst-Schönberger (Hg.), Das Manna fällt auch heute noch. Beiträge zur Geschichte und Theologie des Alten, Ersten Testaments. FS E. Zenger (HBS 44), Freiburg i.Br. 2004, 77–95.

–, Überlegungen zur Bundestheologie in Jes 40–66, in: C. Dohmen / C. Frevel (Hg.), Für immer verbündet. Studien zur Bundestheologie der Bibel. FS F.-L. Hossfeld (SBS 211), Stuttgart 2007, 19–26.

–, Jesaja 40–48 (HThKAT), Freiburg i.Br. 2008.

–, Isaiah 55–66 and the Psalms: Shared Viewpoints, Literary Similarities, and Neighboring Authors, JBL 141 (2022) 277–299.

–, Jesaja 56–66 (HThKAT), Freiburg i.Br. 2022.

CREACH, J., The Shape of Book Four of the Psalter and the Shape of Second Isaiah, JSOT 80 (1998) 63–76.

DE JONG, M.J., Isaiah among the Ancient Near Eastern Prophets: A Comparative Study of the Earliest Stages of the Isaiah Tradition and the Neo-Assyrian Prophecies (VT.S 117), Leiden – Boston, MA 2007.

DE WAARD, J., A Handbook on Isaiah (Textual Criticism and the Translator 1), Winona Lake, IN 1997.

DEUTSCH, R., Biblical Period Hebrew Bullae: The Josef Chaim Kaufmann Collection, Tel Aviv 2003.

EMMENDÖRFER, M., Der ferne Gott. Eine Untersuchung der alttestamentlichen Volksklagelieder vor dem Hintergrund der mesopotamischen Literatur (FAT 21), Tübingen 1998.

FISCHER, I., Wo ist Jahwe? Das Volksklagelied Jes 63,7–64,11 als Ausdruck des Ringens um eine gebrochene Beziehung (SBB 19), Stuttgart 1989.

GÄRTNER, J., Jesaja 66 und Sacharja 14. Eine traditions- und redaktionsgeschichtliche Untersuchung zum Abschluss des Jesaja- und des Zwölfprophetenbuches (WMANT 114), Neukirchen-Vluyn 2006.

GOLDENSTEIN, J., Das Gebet der Gottesknechte. Jesaja 63,7 – 64,11 im Jesajabuch (WMANT 92), Neukirchen-Vluyn 2001.

HOSSFELD, F.-L. / ZENGER, E., Psalmen 51–100 (HThKAT), Freiburg i.Br. 2000.

KEEL, O., Die Geschichte Jerusalems und die Entstehung des Monotheismus. Teil 1+2 (LB IV,1), Göttingen 2007.

KIESOW, K., Exodustexte im Jesajabuch. Literarische und motivgeschichtliche Analysen (OBO 24), Fribourg / Göttingen 1979.

KLEIN, A., Praying Exodus: Biblical History in the Prayer of the Servants (Isa 63:7–64:11), in: J. Stromberg / J.T. Hibbard (eds.), The History of Isaiah: The Formation of the Book and its Presentation of the Past (FAT 150), Tübingen 2021, 239–253.

KOENEN, K., Ethik und Eschatologie im Tritojesajabuch. Eine literarkritische und redaktionsgeschichtliche Studie (WMANT 62), Neukirchen-Vluyn 1990.

KOOLE, J.L., Isaiah. Part 3. Volume 1: Isaiah 40–48 (HICOT), Kampen 1997.

–, Isaiah. Part III. Volume 3: Isaiah Chapters 56–66 (HICOT), Leuven 2001.

LEENE, H., Auf der Suche nach einem redaktionskritischen Modell für Jesaja 40–55, ThLZ 121 (1996) 803–818.

LUND, Ø., Way Metaphors and Way Topics in Isaiah 40–55 (FAT II/28), Tübingen 2007.

MATHEUS, F., Singt dem Herrn ein neues Lied. Die Hymnen Deuterojesajas (SBS 141), Stuttgart 1990.

NURMELA, R., The Mouth of the Lord Has Spoken: Inner-Biblical Allusions in Second and Third Isaiah (Studies in Judaism), Lanham, MD 2006.

PODELLA, T., Şôm-Fasten. Kollektive Trauer um den verborgenen Gott im Alten Testament (AOAT 224), Kevelaer / Neukirchen-Vluyn 1989.

SCHMID, K., Literaturgeschichte des Alten Testaments. Eine Einführung, Darmstadt 2008.

SCHMIDT, G., Der „profetische Gottes-Diener". Zur Herkunft und Geschichte der Rede vom sog. Gottes-Knecht im AT, BN 117 (2003) 71–104.

SCHULTZ, R.L., The Search for Quotation: Verbal Parallels in the Prophets (JSOTS 180), Sheffield 1999.

SOMMER, B.D., A Prophet Reads Scripture: Allusion in Isaiah 40–66, Stanford, CA 1998.

STECK, O.H., Studien zu Tritojesaja (BZAW 203), Berlin – New York, NY 1991.

TIEMEYER, L.-S., For the Comfort of Zion: The Geographical and Theological Location of Isaiah 40–55 (VT.S 139), Leiden – Boston, MA 2011.

UHLIG, T., The Theme of Hardening in the Book of Isaiah: An Analysis of Communicative Action (FAT II/39), Tübingen 2009.

VAN DER TOORN, K., Scribal Culture and the Making of the Hebrew Bible, Cambridge, MA – London 2007.

WEBER, B., Psalm 77 und sein Umfeld. Eine poetologische Studie (BBB 103), Weinheim 1995 (digital: https://www.academia.edu/40122041 [eingesehen am 21. März 2023]).

–, Zur Datierung der Asaph-Psalmen 74 und 79, Bib. 81 (2000) 521–532; Neuausgabe in: Ders., „Wie ein Baum, eingepflanzt an Wasserrinnen" (Psalm 1,3). Beiträge zur Poesie und Theologie von Psalmen und Psalter für Wissenschaft und Kirche (hg. von T. Uhlig; ABIG 41), Leipzig 2014, 187–200.

–, Psalm 78: Geschichte mit Geschichte deuten, ThZ 56 (2000) 193–214; überarbeitete Neuausgabe in: Ders., „Wie ein Baum, eingepflanzt an Wasserrinnen" (Psalm 1,3). Beiträge zur Poesie und Theologie von Psalmen und Psalter für Wissenschaft und Kirche (hg. von T. Uhlig; ABIG 41), Leipzig 2014, 223–246.

–, Der Asaph-Psalter – eine Skizze, in: B. Huwyler / H.-P. Mathys / B. Weber (Hg.), Prophetie und Psalmen. FS K. Seybold (AOAT 280), Münster 2001, 117–141; Neuausgabe in: Ders., „Wie ein Baum, eingepflanzt an Wasserrinnen" (Psalm 1,3).

Beiträge zur Poesie und Theologie von Psalmen und Psalter für Wissenschaft und Kirche (hg. von T. Uhlig; ABIG 41), Leipzig 2014, 363–391.

–, Werkbuch Psalmen II. Die Psalmen 73 bis 150, Stuttgart ²2016 (2003).

–, „Es sahen dich die Wasser – sie bebten ..." (Ps 77,17b). Die Funktion mythopoetischer Sprache im Kontext von Psalm 88, OTE 19 (2006) 261–280; Neuausgabe in: Ders., „Wie ein Baum, eingepflanzt an Wasserrinnen" (Psalm 1,3). Beiträge zur Poesie und Theologie von Psalmen und Psalter für Wissenschaft und Kirche (hg. von T. Uhlig; ABIG 41), Leipzig 2014, 201–222.

–, Psalm 78 als „Mitte" des Psalters? – ein Versuch, Bib. 88 (2007) 305–325; Neuausgabe in: Ders., „Wie ein Baum, eingepflanzt an Wasserrinnen" (Psalm 1,3). Beiträge zur Poesie und Theologie von Psalmen und Psalter für Wissenschaft und Kirche (hg. von T. Uhlig; ABIG 41), Leipzig 2014, 392–411.

–, Ein neues Lied, BN 142 (2009) 39–46.

–, Asaf – ein Name, seine Träger und ihre Bedeutung in biblischen Zeiten, in: M. Witte / J.F. Diehl (Hg.), Orakel und Gebete. Interdisziplinäre Studien zur Sprache der Religion in Ägypten, Vorderasien und Griechenland in hellenistischer Zeit (FAT II/38), Tübingen 2009, 235–259.

–, Verbindungslinien von den Psalmen Asaphs (Ps 50; 73–83) zu den Psalmen des Psalterteilbuchs IV (Ps 90–106). Erwägungen zu einem asaphitischen Trägerkreis, in: F.-L. Hossfeld / J. Bremer / T.M. Steiner (Hg.), Trägerkreise in den Psalmen (BBB 178), Göttingen 2017, 97–131.

–, Asaph im Psalter und in der Chronik. Erwägungen zu „Schnittstellen", Trägerkreisen und Redaktionsprozessen, in: F. Hartenstein / T. Willi (Hg.), Psalmen und Chronik (FAT II/107), Tübingen 2019, 343–378.

–, Moses, David and the Psalms: The Psalter in the Horizon of the „Canonical" Books, RivBib 68 (2020) 187–212.

ZEHNDER, M., Wegmetaphorik im Alten Testament. Eine semantische Untersuchung der alttestamentlichen und altorientalischen Weg-Lexeme mit besonderer Berücksichtigung ihrer metaphorischen Verwendung (BZAW 268), Berlin – New York, NY 1999.

ZENGER, E., Psalm 82 im Kontext der Asaf-Sammlung. Religionsgeschichtliche Implikationen, in: B. Janowski / M. Köckert (Hg.), Religionsgeschichte Israels. Formale und materiale Aspekte, Gütersloh 1999, 272–292.

–, Das Buch der Psalmen, in: Ders. et al., Einleitung in das Alte Testament (hg. von C. Frevel; KStTh 1,1), Stuttgart ⁸2012, 428–452.

III.5 Asaph im Psalter und in der Chronik. Erwägungen zu „Schnittstellen", Trägerkreisen und Redaktionsprozessen[*]

Abstract: *The central argument of this paper is that the historical conditions revealed within the psalms attributed to Asaph (Pss 50; 73–83) and Chronicles demonstrate the continuity of tradition therein, spanning some four hundred years, particularly the way in which the Asaph corpus shares the theology of the Ark of the Covenant with Chronicles. Most of the Asaph Psalms have their roots in the northern tribes (esp. Joseph) and in early Levitism (connected with the Ark of the Covenant which was originally located in Shiloh, as were maybe the pre-Asaphites themselves). These threads produce an arc in terms of time, substance and function extending from the Asaphite Levites to the singers of Chronicles; in effect, a circle of transmitters. The Psalter and Chronicles share four common features: the importance of David (1), the kingship of God (2), prayer, psalms, worship and temple (3), and an Israel-relatedness with a universal horizon, beginning in 1 Chr 1:1 with Adam, ending in Ps 150:6 with "everything that has breath ..." (4). The Psalter and Chronicles are both historical-theologically oriented. First, the traditions underpinning 1–2 Chr cover the period that is assumed in Books I–III of the Psalter, whereas Books IV–V with their universal horizon, the kingship of God, the emphasis on temple and liturgy and the hymnody of worship form the background of the Chronistic theology. Chronicles thereby takes up ancient Asaph tradition in a post-exilic Levitical context. Second, the group behind the Asaph Psalms initially focused on announcing and executing judgment. After the fall of the Northern Kingdom (722 B.C.), the circle of transmitters associated with Asaph, its tradition and function became influential in Judah under Hezekiah. The important Ps 78 was written during this period and addresses its message especially to the population of the former Northern Kingdom (in Judah and elsewhere). According to it, the kingdom as a state with its sanctuaries was lost, but not its inhabitants, who would have a future in connection with Judah, David and Zion. The Ten Tribes remain part of Israel. Later, the exilic-postexilic Asaphite-influenced texts map a course from penitential prayer to YHWH-praise. Finally, the Chronistic Asaphites are prophetic musicians and leading worshipers.*

1. Einleitung

Meine Hauptthese lautet: *Ein sich von Asaph herleitender Trägerkreis steht für eine Traditionskontinuität über eine lange Zeit (rund 400 Jahre). Dieser übermittelt Stoffe,*

---

[*] Erstveröffentlichung (hier überarbeitet und aktualisiert): Beat WEBER, Asaph im Psalter und in der Chronik. Erwägungen zu „Schnittstellen", Trägerkreisen und Redaktionsprozessen, in: Friedhelm Hartenstein / Thomas Willi (Hg.), Psalmen und Chronik (Forschungen zum Alten Testament II/107), Tübingen: Mohr Siebeck 2019, 343–378.

Anliegen und Funktionen aus der (mittleren) Königszeit, die in die Buchgestalten von Psalter und Chronik einfliessen.

Die These verbindet literar- und soziohistorische Indizien, hat ihren Einstichpunkt bei der als Gruppe verstandenen Asaph-Psalmen (Ps 50; 73–83)[1] und hilft u.a. folgende Momente verständlicher zu machen:

1. Die Verbindungen der Psalmen, die Asaph zugeschrieben sind, mit Psalmen ohne Asaph-Zuschreibung aus dem Teilbuch IV (Ps 90–106).[2]
2. Die mit Asaph-Texten verbundene Integration von Nordstämmen und die Einbringung ihrer Traditionen nach Jerusalem/Juda sowie das damit verbundene Anliegen eines Ganz-Israel.
3. Die Bedeutung der Lade und der mit ihr verbundenen Theologie und Liturgie.
4. Die hohe Stellung des Reformkönigs Hiskia in der Chronik.

Der These zugrunde liegt die Überzeugung, dass eine Reihe asaphitischer Psalmen, namentlich der schon aufgrund seiner Länge bedeutsame Ps 78, gegen Ende des 8. Jh. v. Chr. vorlagen.[3] Von ihnen her ergibt sich ein Zeit-, Stoff- und Funktionsbogen bis hin zu den asaphitischen Sänger-Leviten der Chronik. Die hier vorgelegte Skizze ist ein Grobentwurf. Er konzentriert sich auf *eine* Gruppierung, die den Leviten zugerechnet wird, und erhebt nicht den Anspruch, die Gestaltwerdung von Psalter und/oder Chronik hinreichend zu erklären.

---

1 Überlieferungs- und Schriftwerdungsprozesse sollen damit an einer Trägergruppe sozio-historisch festgemacht werden. Zu den Institutionen und Ämtern, die als Trägerkreise in Frage kommen, vgl. die Überblicksskizze von SEIDEL, Trägergruppen. Gegenüber Deuteronomist(en) und Chronist(en), die institutionell nicht greifbar sind, scheint mir für das Alte Israel ein Erklärungsmodell, das von bezeugten Trägergruppen ausgeht, angemessener zu sein.

2 Mehr dazu in WEBER, Verbindungslinien.

3 Im (jedenfalls in Kontinentaleuropa) vorherrschenden Paradigma, welches die formative Periode der Schriftwerdung weithin (spät)perserzeitlich ansetzt (vgl. SCHMID, Traditionsliteratur, 6–7, ähnlich VAN DER TOORN, Culture, 6), bildet diese „Frühdatierung" (die über die Asaph-Psalmen hinaus auch die diesen zugrunde liegenden Überlieferungen betreffen) eine Minderheitsposition. Eine umfassende Begründung wäre angebracht, kann hier aber nicht geboten werden. Ich verweise diesbezüglich auf frühere Studien (vgl. namentlich WEBER, Psalm 78, 209–214 [240–245]; DERS., Asaph-Psalter; DERS., Asaf) und begnüge mich da und dort mit einigen Argumenten, die für die von mir angenommene Einordnung sprechen. Eine königszeitliche Ansetzung (8./7. Jh. v. Chr.) wird in der Regel für gewisse Zions- und (JHWH-)Königspsalmen (jedenfalls deren Grundschichten), aber kaum (mehr) für Psalmen mit pentateuchischen Stoffen (und einer Nähe zum Dtn), wie es die Asaph-Psalmen sind, vertreten (ALBERTZ, Israel, sieht zumindest den asaphitischen Ps 80 im Norden nach 732 v. Chr. entstanden und setzt Ex 15,1–18 als Synthese zwischen Nord- und Südreichtheologie in hiskianischer Zeit an; RUSSELL, Song, 72–73.113–130, vertritt dagegen eine vorkönigszeitliche Datierung des Schilfmeerliedes und verweist zu Recht auf die Abhängigkeit der asaphitischen Psalmen 74; 77; 78 von ihm; zur Abhängigkeitslage zwischen Dtn 32,1–43 und den Asaph-Psalmen vgl. WEBER, Mose-Lied).

2. Aspekte der Buchgestalten von Psalter und Chronik im Vergleich

Vor der Fokussierung auf Asaph und seine Texte scheint im Sinne einer Panoptik ein kurzer Vergleich der Bücher Psalter und Chronik geraten. Sie sind nicht nur die umfangreichsten und gewichtigsten der Ketubim, sondern zugleich diejenigen, die theologisch, thematisch und geschichtlich am weitesten ausgreifen.[4] Ihnen gemeinsam sind Momente wie u.a.:

1. Die Bedeutung Davids und seines Königtums ist hervorgehoben.
2. Die Königsherrschaft Gottes ist bedeutsam.
3. Gebet, Psalmen, Gottesdienst und Tempel haben ihren Platz.
4. Es liegt ein Israel-Bezug vor,[5] verbunden mit einem universalistischen Horizont: Die Chronik fängt mit Adam an (1. Chr 1,1), der Psalter hört mit dem umfassenden „Alles, was Odem hat ..." (Ps 150,6) auf.

Psalter wie Chronik zeigen je selbst an, dass sie auf Geschehenes und Gegebenes zurückverweisen bzw. dieses (re)aktualisieren.[6] Für unsere Fragestellung von besonderem Interesse ist deren geschichtlicher bzw. geschichtstheologischer Aufriss. Ein solcher ist nicht nur in der Chronik, sondern auch im Psalter greifbar.[7] Er lässt sich zusammen mit anderen Momenten in die nachfolgende Grobskizze überführen.[8]

	Psalter (Pss: lyrisch / Buch: quasi-narrativ)			Chronik (narrativ)		
Zeit	*Inhalt/Gestalt*	*Rückbezug*	*„Gattung"*	*Inhalt/Gestalt*	*Rückbezug*	*„Gattung"*
vor-exilisch	PsB I+II: <u>David</u> → S 72 Sängerpss: QI–**A 50**	1./2. Sam	± תפלה (Ind.Pss)	I Chr: Geneal + <u>David</u>; <u>Sänger</u>: **A-H-E/J** 2. Chr: Salomo + ff Könige; Sänger: Söhne **A-H-J**	1./2. Sam; Pent 1./2. Kön; (Pent); aus PsB IV+V	תהלה/תודה (Liturgie)

---

4 Eine auf die in Baba Bathra (bBB 14b) bezeugte Konfiguration der Bücher aufbauende Kanontheologie der Ketubim bietet STEINBERG, Ketuvim; dazu WEBER, Richtung.

5 Diesbezüglich zum Psalter BALLHORN, Pragmatik, 247–253.

6 Allerdings hat der Psalter einen längeren Werdegang und eine größere Dignität, die mit seiner prophetischen Qualität in Verbindung gebracht wird.

7 Zur Geschichtstheologie des Psalters vgl. WILSON, Editing, 199–228; WALTON, Psalms; KRATZ, Tora, 21–28; LEUENBERGER, Psalterdoxologien, 179–184; WEBER, Werkbuch III, 225–227.

8 In dieser (und teils weiteren) Skizze(n) werden folgende Abkürzungen verwendet: A = Asaph(psalm[en]); D = David(psalm[en]); E = Etan(psalm); ff = (nach)folgende; Geneal = Genealogie(n); H = Heman(psalm); Ind.Pss = Individualpsalmen; J = Jedutun; Koll.Pss = Kollektivpsalmen; M = Mose(psalm); Q = Qorach(psalmen): QI = Ps 42–49; QII = Ps 84–88 (ohne Ps 86); Pent = Pentateuch; PsB = Psalterteilbuch/-bücher I–IV (Ps 1–41 | 42–72 | 7–89 | 90–106 | 107–150); S = Salomo(psalm).

	Psalter (Pss: lyrisch / Buch: quasi-narrativ)			**Chronik** (narrativ)		
exilisch	PsB III: Sängerpss: A-QII-H-E / D 86	Pent*	Diverse (Koll.Pss)	(marginal)	–	–
nach-exilisch	PsB IV+V: M 90, viele ≠ Überschrift, einige D, ≠ Sängerpss!	Pent + Diverse	± תהלה/תודה (Liturgie)	– [Erzählzeit]	–	–

Dazu folgende Erläuterungen: In der Chronik wie im Psalter ist David die prägende Gestalt, freilich in unterschiedlicher Akzentuierung: Zeigt der Psalter in den Teilbüchern I und II einen David, der sich in der Not betend an Jhwh wendet und Rettung erfährt,[9] so erscheint er in der Chronik in helleren Farben und tritt als Kultbegründer auf. Bemerkenswerter noch ist der Unterschied hinsichtlich der nach-davidischen Ära: Bekommt Salomo in der Chronik ausreichend Raum, bietet der Psalter mit Ps 72 lediglich eine programmatische Stabübergabe von David an Salomo (vgl. noch Ps 127). Mit dem Kolophon Ps 72,20 ist die David-Sammlung, ja die Königszeit *insgesamt* abgeschlossen. Es wird kein späterer König auf dem Jerusalemer Thron erwähnt. In der dem Psalter aufgrund seiner Abfolge der Psalmen und ihrer Überschriften unterlegten Geschichtstheologie bricht nach David (und Salomo) unvermittelt die Zeit des Niedergangs und Exils an. Die übrige Königszeit wird übersprungen. Das Katastrophen- und Exilsbuch III, das von den Asaph-Psalmen geprägt ist, kennt (wie der Psalter generell) keine getrennten Königreiche. Es verarbeitet das doppelte Ende von Nord- und Südreich, indem es die Geschehnisse von 720 v. Chr. (Fall Samarias/des Nordreichs) und 587 v. Chr. (Fall Jerusalems/des Südreichs)[10] synchronisierend zusammenzieht. Klage- und geschichtstheologisch verdichtet geschieht dies im Zentrum des Asaph-Psalters (Ps 77–79). Teilbuch III endet paradigmatisch wie programmatisch mit dem Heman/Etan-Psalmenpaar 88 und 89: Es ringt mit der Verheissung an David angesichts des untergegangenen Königtums. In der Struktur des Psalters zieht das Ende des davidischen Königtums in Jerusalem auch das Ende der Gilden-Psalmen (Asaph, Qorach-Söhne, Heman, Etan) nach sich. Diesbezüglich vermitteln Psalter und Chronik in ihren Selbstaussagen das gleiche Bild: Die Sängergilden haben ihren Ort am ersten (königszeitlichen), nicht am zweiten (nachexilischen) Tempel.[11]

Mit dem Ende des Psalterteilbuchs III ist die Hauptzäsur markiert.[12] Als Konstante, die das Königtum unter David und Salomo übergreift, bleibt die bereits in Ps 2 angezeigte

---

9 Vgl. auch die Angaben zur *vita David* in den Präskripten, dazu Weber, Tag.

10 Zu den Datierungen vgl. Young, Hezekiah, 12–21.

11 Eingeschlossen ist der Untergang des ersten Tempels.

12 Die Textüberlieferung aus Qumran sowie kompositorische und redaktionsgeschichtliche Evidenzen bestätigen den Haupthiatus im Psalter zwischen Buch I–III und IV–V (vgl. Wilson, Editing, 155ff.).

Königsherrschaft des Himmelsgottes. Sie tritt in den Teilbüchern IV und V, welche die nachexilische Zeit repräsentieren, in den Vordergrund (vgl. Ps 93ff., zuvor Ps 29, auch Ex 15,18). Zwar meldet sich David in den Teilbüchern IV und V neuerdings zu Wort, aber in anderer Weise: Der Blick geht nicht mehr zurück, sondern richtet sich in die Zukunft.[13] Hinter bzw. vor David steht ab Ps 90 Mose, der האלהים איש.[14] Mit dem Rückgriff auf Israels Frühgeschichte,[15] der Königsherrschaft Jhwhs und Mose als Fürbitter und Mittler vollzieht sich ein Neuanfang (Teilbuch IV).[16] Nach dem Desaster wird ein solcher durch Jhwhs überreiche Barmherzigkeit ermöglicht.[17] Nach den häufigen תפלות in Teilbuch I und II und der Verdichtung der Krisen in Buch III hellt sich in den letzten beiden Teilbüchern die Atmosphäre deutlich auf: תודה und v.a. תהלה treten als Genres in den Vordergrund, und die Tempelliturgie bekommt einen erhöhten Stellenwert.

Soweit die knappe Skizze der dem Psalter unterlegten Geschichtstheologie. Mit Blick auf die „Schnittstellen" zwischen Psalter und Chronik ergibt sich eine eigentümliche Gemengelage: Einerseits liegt aufgrund der Psalmen Davids und der Sängergilden eine gewisse Nähe zwischen der Chronik (v.a. 1. Chr) und Psalterteilbuch I–II/III vor, zumal hier wie dort der Geschichtsbogen von David bis zum Exil führt. Wo die Chronik aufhört, fangen nämlich die Teilbücher IV und V erst an. Andererseits sind gegenläufig dazu den Schlussbüchern des Psalters Charakteristika eigen, die sich gut zur Chronik fügen: der universale Horizont, das Königtum Gottes,[18] die Betonung von Tempel und Liturgie und die gottesdienstliche Hymnik unter Verwendung der Verben ידה hi und הלל pi.[19] Entgegen dem ersten Augenschein erweisen sich nicht die älteren Psalterteilbücher I–III, sondern die „nachexilischen" IV und V (und damit nicht die Gilden-Psalmen!) als Boden, auf dem die Chronik aufruht.[20]

---

13   Vgl. Kleer, Sänger, 119ff.; Ballhorn, Telos, 62ff.

14   Vgl. das Präskript Ps 90,1, ferner Dtn 33,1; Esr 3,2; 1. Chr 23,14; 2. Chr 30,16. Zur Bedeutung Moses im Psalter vgl. Weber, Werkbuch III, 151–153.

15   Der Frühgeschichte Israels (Ps 105–106) ist zudem die Schöpfung (Ps 104) vorangestellt. Wenham, Psalms, 125 spricht von „the three pentateuchal psalms".

16   Vgl. Schnocks, Vergänglichkeit, 185–191. Mit Spieckermann, Psalmen 1, 71, gesprochen: „Auf die Anklagen der Erben Davids gegen Gott in Ps 89 kann außer Gott selbst nur Mose antworten."

17   Zur Rezeption der Selbstenthüllung Jhwhs in Ex 34,6(–7) vgl. u.a. Ps 99,9; 103,8. Dazu Weber, Werkbuch III, 151–153. Wenham, Psalms, 125–126, notiert, dass Ps 103 mit seiner Betonung der Gnade die Psalmen 104–106 einleite, die Gruppe mit Bezügen zu Ex 34,6 umrahmt sei (vgl. Ps 103,8; 106,45, ferner 106,7) und damit anzeige, dass die Hoffnung auf Wiederherstellung letztlich auf Jhwhs Barmherzigkeit beruhe.

18   Zur Königsherrschaft Gottes in der Chronik vgl. Willi, Chronik, 51 (mit Verweis auf 2. Chr 13,8: „Königtum Jhwhs in der Hand der Söhne Davids"); Hahn, Liturgy, 38–42.

19   Zur Verwendung dieser Verben in der Chronik vgl. Kleinig, Song, 66–68. Die mit der chr Darstellung vergleichbare Tendenz zur Doxologisierung in den beiden letzten Psalterteilbüchern lässt sich beispielhaft an deren Implementierung bei der Zusammenstellung von Ps 57 und 60 zu Ps 108 zeigen (dazu Botha, Psalm 108, 585–595).

20   Dieser Umstand rät zur Vorsicht beim Versuch einer (vor)schnellen, zeitlichen Verknüpfung zwischen den Psalmen der Sängergilden und den Sängerleviten in der Chronik.

Dem entspricht, dass die Chronik Psalmen(fragmente) den Teilbüchern IV (Ps 96; 105–106) und V (Ps 132) entnimmt.[21] Zur Gemengelage gehört ferner, dass David in I Chr 16 Asaph Psalmen aufführen lässt, die ihm zur Verfügung stehen, nach Ausweis des Psalters aber nicht von ihm stammen, jedenfalls nicht explizit asaphitisch markiert sind.

Dieser Befund an Verschiebungen hinsichtlich der Übereinstimmungen der Chronik mit Psalterteilbuch I–III einerseits und IV–V andererseits dürfte mit der von der Chronik gewählten Überblendungstechnik zwischen Erzählzeit und erzählter Zeit in Zusammenhang stehen.[22] Die Wahrnehmung und Zuordnung dieser chr „Doppelbilder" sowie die Nachzeichnung der Entstehungs- und Wirkungsgeschichte des Psalters gehören denn auch zu den grössten Herausforderungen bei der anvisierten Verhältnisbestimmung von Psalter und Chronik.

Mit dem auf Geheiss Davids von Asaph in 1. Chr 16,8–36 bei der Ladeüberführung vorgetragenen „Psalm", der Passagen aus dem Psalterteilbuch IV (Ps 96; 105–106) collagiert, liegt die grösste Übereinstimmung der beiden Bibelbücher vor. Damit rückt Asaph in unser Gesichtsfeld. Um ihn und den mit ihm in Verbindung gebrachten textlichen Niederschlag soll es nun gehen. Allerdings klammern wir den bekannten Asaph-Vortrag in 1. Chr 16 weithin aus[23] und beschäftigen uns mit anderen asaphitischen „Schnittstellen" zwischen Psalter und Chronik.

3. Sichtung und Sortierung der „Asaph"-Belege

„Asaph" als Eigenname oder Patronym findet sich inschriftlich auf Siegeln hoher Beamter des königszeitlichen Israel und Juda (8. und 7. Jh. v. Chr.).[24] Zudem wird ein Träger dieses Namens als Vorfahre eines Spitzenfunktionärs von Hiskia in den Nebi'im erwähnt (2. Kön 18,18.37 = Jes 36,3.11).[25] Die restlichen Belege – der

---

21 Die Collage 1. Chr 16,8–36 entnimmt Ps 96 und 105 wesentliche Teile, während von Ps 106, der die Sündengeschichte Israels darbietet, bezeichnenderweise nur der Schluss (V. 47–48) mit Bitte und Doxologie rezipiert wird. Zum Verhältnis von Psalter und Chronik vgl. auch WEBER, Moses, 205–207.

22 Man vergleiche dazu etwa die Ähnlichkeit zwischen der Schilderung der Grundsteinlegung zum zweiten Tempel in Esr 3,10–13 mit der Einweihung des ersten Tempels in 2. Chr 5,11–14.

23 Dies verdankt sich auch dem Umstand, dass für die diesem Essay zugrunde liegende Münchner Tagung vom 19.–23. August 2012 zwei Beiträge zu 1. Chr 16 vorgesehen waren (die Referate fielen leider aus).

24 Für eine Zusammenstellung, Diskussion und Einordnung der Belege vgl. WEBER, Asaf, bzw. den überarbeiteten Beitrag in diesem Band (→ II.1).

25 Die Echtheit der Siegel und Bullen ist teils strittig. Mindestens zwei stammen aus dem Nordreich, u.a. ein authentisches Asaph-Siegel aus Megiddo (dazu KEEL/UEHLINGER, Göttinnen, 290). Interessant ist eine Tonbulle, die eine Personidentifikation mit einem Asaph-Beleg in den Nebi'im nahelegt. Die Inschrift lautet „[zugehörig Je]hoach, [Sohn des] A(sa)ph, Knecht (= Minister) des Achas" (vgl. DEUTSCH, Period, 27–29). Der Besitzer weist sich als Königsbeamter (Minister) aus und dürfte mit dem in 2. Kön 18,18.37 (// Jes 36,3.11) genannten Joach ben-Asaph identisch sein. Dieser hatte unter Hiskia das hohe Amt eines מזכיר inne. Verhält es sich so, wäre der Asaph-Nachfahre Joach bereits unter Hiskias Vater und Thronvorgänger Achas המזכיר des

Hauptbestand – konzentrieren sich auf Bücher der Ketubim, nämlich den Psalter (Präskripte), Esra-Nehemia und – mit grösstem Anteil – die Chronik. Dort verbindet sich mit dem Namensträger – mit Ausnahme von Neh 2,8 – durchwegs eine Gestalt, die Psalmen autorisiert, dichtet und/oder vorträgt bzw. das Haupt einer Gilde von Sängern und Musikern ist.[26] Ich beschränke mich auf einige Hinweise zu den Asaph-Psalmen und eine kurze Auswertung.

3.1 Asaph im Psalter

Der Name „Asaph" findet sich ausschliesslich in Präskripten von Psalmen unter der Form לאסף „zugehörig Asaph" (Ps 50; 73–83, wenige Mss Ps 108).[27] Eine Reihe von Untersuchungen haben gezeigt, dass unter der gemeinsamen Überschrift sich ein Corpus von Psalmen herausschälen lässt, welches eine Reihe von gemeinsamen Charakteristika aufweist.[28] Die Wichtigsten seien hier stichwortartig aufgelistet:

1. Es handelt sich durchwegs um Kollektiv- bzw. Volkspsalmen.[29] Ein (ursprünglich) gottesdienstlicher Sitz im Leben ist häufig.
2. Kernthema ist das Gericht Gottes. Es kreist um die beiden Pole Gerichtswarnung (*ante factum*) und Gerichtsverarbeitung (*post factum*).
3. Kennzeichnend ist eine Gottesnamen- und Präsenztheologie. Dazu kommen Theophanie und (kult)prophetische Gottesrede.
4. Auffällig ist eine Stämme-Verhaftung, mit besonderer Affinität zu denen des Nordens.

Königs gewesen. Ein weiteres Siegel trägt die Inschrift „zugehörig Jirmijahu, dem mazkir, Knecht (= Minister) des Achas" (vgl. ebd., 29–31). Sind die Siegel authentisch, hatte in der Regentschaft von Achas zunächst Jirmijahu das Amt des מזכיר inne. Er wurde von Joach ben-Asaph darin abgelöst, der das Amt unter Hiskia behielt. Eine moabitische Siegelinschrift (8./7. Jh. v. Chr., vgl. Abu Taleb, Seal) belegt, dass das ägyptisch beeinflusste Amt des מזכיר (biblisch unter David und Salomo [2. Sam 8,16], Hiskia [2. Kön 18,18] und Josia [2. Chr 34,8] belegt) in vergleichbarer Zeit auch in einem Nachbarstaat existierte. Eine Identifikation der königszeitlichen Namensträger und Nachfahren des Asaph (Siegelbesitzer, מזכיר aus 2. Kön 18) zum mit Psalmdichtung und Tempelmusik betrauten Eponymen bzw. dessen Gilde lässt sich aufgrund des Datenmaterials freilich nicht erweisen.

26 Die Identität mit der Person im Label von Psalmen, die auf Asaph zurückgeführt werden, darf als gesichert gelten.

27 Zu den Psalmenüberschriften vgl. die kaum rezipierte Studie von Bayer, Titles (zur Asaph-Zuschreibung ebd., 87–95) und Janowski, Hindin.

28 Vgl. u.a. Buss, Psalms; Sarna, Superscriptions; Schelling, Asafspsalmen; Nasuti, History; Goulder, Psalms; Weber, Psalm 77, 265–309; Ders., Asaph-Psalter; Ders., Asaf; Ders., Gottesrede.

29 Auch die „Ich"-Passagen von Ps 73 und 77 haben eine kollektive Einfärbung: In Ps 73 ist das „Ich" als paradigmatisches, in Ps 77 als repräsentierendes Ich zu bestimmen (zu Ps 77 als „Mittlerpsalm" vgl. Weber, Psalm 77, 191–198).

5. Die Asaph-Psalmen zeichnen sich durch profunde Kenntnis und Aktualisierung altisraelitischer Überlieferungen aus.[30] Die poetischen Mose-Stücke in Ex 15 und Dtn 32 geniessen dabei besondere Dignität.[31]

6. Hinter diesen Psalmen wird eine Gruppe ansichtig, die für die Volksgemeinschaft Führungsverantwortung wahrnimmt. Dabei manifestiert sich eine beträchtliche Traditions- und Funktionsbreite (neben Tätigkeiten im Gottesdienst auch solche aus Recht, Prophetie, Weisheit und Unterweisung). Man hat an Leviten zu denken, deren Wohnsitz und Wirkungsort ursprünglich im Gebiet der Joseph-Stämme lag.[32] Die recht unterschiedlichen Funktionen, die sich in den Psalmen abbilden, passen jedenfalls zu den Diensten, welche die Leviten (über die Zeiten hinweg) wahrgenommen haben.[33]

---

30   Vgl. GOULDER, Psalms, 10: „The Asaph psalms contain, as no other body of psalms does, the elements of a continuous outline of Israelite history, beginning from the oppression in Egypt, and going on at least as far as the Davidic-Solomonic Empire." Zur Beziehung der Asaph-Psalmen zu Dtn 32 vgl. WEBER, Mose-Lied, zu Hos COOK, Roots, 17–18.53–57.184.236–241, und WEBER, „Asaph Meets Hosea". Geht man von einem Nordreich-Hintergrund des Dtn aus (so SCHMID, Traditionsliteratur, 310) und setzt die erste Fassung (frühestens) in der Zeit Josias an, stellt sich die Frage, wie die dtn Überlieferungen in der Zeit Josias nach Jerusalem kommen. Für einen Transfer vom Norden nach dem Süden legt sich eher die Zeit Hiskias nahe (so auch SCHNIEDEWIND, Bible, 77–81, ähnlich YOUNG, Hezekiah, 109–121). Eine Edierung oder Profilierung einer Fassung des Dtn zur Zeit Hiskias würde sich zur vertretenen textproduktiven Wirkungszeit der asaphitischen Leviten in der zweiten Hälfte des 8. Jh.s v. Chr. fügen. Das dtn Königsgesetz (Dtn 17,14–20) lässt sich jedenfalls – sofern überhaupt mit realer Königsherrschaft im Alten Israel abgleichbar – mindestens so gut mit Hiskia wie mit Josia in Verbindung bringen (die Differenz zwischen Dtn und Chr betont CHOI, Traditions, 68).

31   Zu den Verbindungen zwischen Mose-Lied (Dtn 32) und Asaph-Psalmen vgl. WEBER, Mose-Lied (in diesem Sammelband → III.2).

32   Vgl. Ps 77,16; 78,67; 80,2; 81,6, dazu BUSS, Psalms, 388: „The Asaph psalms fall into the stream of an originally or heavily North-Israelite deuteronomic-levitical tradition". Nach LEUCHTER, Levites, 59–92, sind die Anfänge des Levitismus in Israel im Norden und zeitlich vormonarchisch. Dagegen lässt sich ins Feld führen, dass levitische Genealogien im Pentateuch (Ex 6,16–25; Num 3,17–22; 26,57–62) Asaph (anders als Qorach) nicht erwähnen. Aus der Nichterwähnung auf eine nichtlevitische Herkunft zu schliessen, ist freilich nicht zwingend; allerdings ist auch nicht auszuschliessen, dass Asaph respektive seine Nachfahren erst später (nach 720 v. Chr. oder erst nachexilisch?) in levitische Stammlinien integriert wurden. Insgesamt scheint mir eine Herkunft von Landleviten aus dem Norden am plausibelsten. Ein Stämmeverbund ist nicht nur ein chr Moment, vielmehr ist ein tribales, dezentralisiertes Sozial- bzw. Politsystem (teilweise als Gegengewicht zum Königtum) charakteristisch für das mittlere und nördliche Israel (nicht aber für Juda!) bis ins 8. Jh. v. Chr. (vgl. FLEMING, Legacy, 179–303).

33   LABAHN, Herrschaftsanspruch, zeichnet für die Chronik ein „multifunktionales Levitenbild" und versucht es in ein Entwicklungsschema, das von den Leviten als clerus minor über die Assoziierung von Sängern/Musikern und Türhütern bis hin zur Eindringung in nicht-religiöse Funktionen (Schreiber, Beamte, Richter etc.) reicht, zu überführen (für die spätere Zeit vgl. DIES., Licht). Von den inschriftlichen

Strittig mit Blick auf die Asaph-Psalmen sind in der Forschung erstens deren zeitliche Einordnung[34] und zweitens die Einschätzung ihres Bezugs zum Zion. Gegenüber der Zionstheologie der Qorachiten-Gilde vertreten die Asaphiten m.E. tendenziell eine „Aussenwahrnehmung" mit Blick auf den Zion,[35] verbunden mit Bemühungen um eine Integration levitischer Geschichtstheologie und Jerusalemer Tempeltheologie (s.u.).

Zu erwähnen ist, dass in der Psalterforschung asaphitische Einflüsse über die mit לאסף überschriebenen Psalmen hinaus in den Bereichen des zweiten Davidpsalters[36] und des Teilbuchs IV[37] diskutiert werden. Hinsichtlich des Vergleichs von Psalter und Chronik ist der zweite Bereich relevant. Nicht zuletzt aufgrund der Verwendung von Ps 96; 105–106 im Asaph-Vortrag von 1. Chr 16[38] werden diese Psalmen (und weitere des Teilbuchs IV) gelegentlich als „deutero-asaphitisch"[39] bezeichnet.

3.2 Auswertung

Ein Vergleich der Asaph-Belege lässt Gemeinsamkeiten wie Differenzen erkennen.[40] Die Siegelinschriften und 2. Kön 18 zeigen Asaph-Namensträger oder -Nachfahren während der Königszeit in hohen politischen Ämtern. Die Stellen in Psalter, Esr-Neh und Chr verbinden Asaph und seine Nachfahren mit levitischen Funktionen

---

und psalmischen Asaph-Belegen sowie den Leviten-Aussagen in anderem Schrifttum her (Dtn; Jos; 1./2. Sam) bleibt zu diskutieren, ob Leviten politische und juridische Funktionen (u.a. Schreiber, Beamte, Richter) wie auch solche der Prophetie und Unterweisung, die Labahn für die Chronik zu erhärten vermag, nicht bereits viel früher wahrgenommen haben (und perserzeitlich dann daran angeknüpft werden konnte). Ist man gewillt, der erzählten Zeit *auch* Gewicht zu verleihen, was beim konstruktivistischen Ansatz von Labahn kaum geschieht, sind der Chronik selbst entsprechende Hinweise zu entnehmen (diesbezüglich vorsichtiger BLENKINSOPP, Sage, 310–312, der bereits für die frühvorexilische Zeit bei den Leviten von Schreibertätigkeiten ausgeht; auch VAN DER TOORN, Culture, 88ff., nimmt für die vorexilische Zeit eine Verbindung von levitischem Priestertum und Schreibertätigkeiten an). Die Geschichte und Aufgabenbereiche der Leviten in biblischen Zeiten werden allerdings bis heute kontrovers beurteilt, wie etwa ein Vergleich der gegensätzlichen Sichtweisen von LEUCHTER, Levites, und HECKL, Mose, zeigt.

34 Vgl. dazu die knappe Überblicksskizze in WEBER, Asaf, 254–258.
35 Selbst der oft als „Zionspsalm" eingestufte Ps 76 gehört nicht genuin zu dieser „Gattung" (dazu WEBER, Werkbuch II, 35–39).
36 ZENGER, Buch, 445–446, spricht mit Blick auf Ps 50–83 von einer „David-Asaf-Komposition", für die im 5. Jh. v. Chr. „asafitische Theologen" verantwortlich gewesen seien (v.a. Ps 58 und 60 sind für ihn „asaphitisch").
37 Vgl. WEBER, Verbindungslinien (eine überarbeitete Fassung findet sich in diesem Band unter III.1).
38 Das Vortragen von Psalmen muss das Dichten derselben nicht zwingend einschliessen (zum Aspekt der Performanz von 1. Chr 16 vgl. GILES/DOAN, Songs, 85–103). Nach Ausweis der Chronik standen diese Psalmen Asaphs jedenfalls zur Verfügung.
39 Vgl. NASUSTI, History, 62 u.ö.; WEBER, „Asaf", 458–459. Die m.E. plausibelste Erklärung dafür, dass die asaphitisch beeinflussten Psalmen aus Teilbuch IV das Label לאסף nicht (mehr) tragen, liegt darin, dass deren Sammlung bereits in frühnachexilischer Zeit als abgeschlossen galt.
40 Vgl. WEBER, Asaf, 252–258.

im Kult. In Esr-Neh und Chr sind es gesanglich-musikalische Leitungsfunktionen im Tempelgottesdienst.[41] Die Präsenz bei wichtigen Ereignissen wie Ladeüberführung, Tempeleinweihung (je 1. Chr – Bezug auf den ersten Tempel) und Tempelfundamentlegung (Esr-Neh – Bezug auf den zweiten Tempel) zeigt ihre Bedeutung. Asaph oder Asaphiten spielen unter allen „Big Five" der Chronik eine Rolle: David, Salomo, Josaphat, Hiskia und Josia.[42] Asaphitische Dienste und ihre Träger haben nach Ausweis der Chronik in der gesamten Königszeit Bestand.

In Differenz gegenüber Esr-Neh und Chr warnen die Asaph-Psalmen vor Gottesgericht (Paränesen) respektive verarbeiten dieses nach dessen Eintreffen (Volks- und Mittlerklagen). Anders als die Chr fokussieren sie sich nicht auf Lobpreis, bieten Mose-Überlieferungen anstelle der Beauftragung durch David, und auch die prophetische Rede ist anderer Art.

Unter Hinzunahme der sog. deutero-asaphitischen Psalmen im Bereich des Teilbuchs IV zeigt ein Überblick über wesentliche Charakteristika der Textkorpora folgende Gewichtungen:

	Asaph-Psalmen (Ps 50; 73–83)	DtAsaph-Psalmen (Ps 90–106*)	Asaph in Esra-Nehemia	Asaph in Chronik
Gericht(sklage), Busse	√√	√	(√ = Neh 9: asaphitisch?)	–
Lobpreis	(√)	√	√	√√
Gottesrede	√√	√	–	√
Mose-Überlieferungen	√√	√√	–	(√)
Lade	√	(√)	–	√√
Geschichte + Deutung	√√	√√	(√)	√

41   Unter den frühen Exilsheimkehrern erscheinen die „Söhne/Nachfahren Asaphs" als erste und einzige, von den (übrigen) Leviten unterschiedene Sängergruppe (Esr 2,41; 7,44). Bei der Fundamentlegung des Tempels (Esr 3,10) treten Priester (mit Trompeten) und Leviten, die als Asaphiten (mit Zimbeln) näher bestimmt werden, in Erscheinung. Ihre Intonation zielt vornehmlich auf Lobpreis für JHWH – eine Tendenz, die sich in der Chronik noch verstärkt (zur chr Musik vgl. KLEINIG, Song; WILLI, Evokation). Die Levitenordnung erwähnt, dass Asaph unter der Anleitung des Königs „prophezeite" bzw. geisterfüllt musizierte und ihm bei der Diensteinteilung das erste Los zufiel (1. Chr 25,1–2.6–9). Letztmals handelnd erscheint Asaph bei der Tempeleinweihung (Salomo) in 2. Chr 5. In 2. Chr 29,30 (Hiskia) und 35,15 (Josia) wird auf ihn zurückverwiesen. Die Gruppenbezeichnung „die Söhne/Nachfahren Asaphs" findet sich in 1. Chr 25,1–2.; 2. Chr 35,15, zudem dürfte die Gilde das eine oder andere Mal unter „Sängern" oder „Leviten" mitgemeint sein. Schliesslich erscheinen spezifische asaphitische Funktionsträger. Dazu gehören namentlich Mattanja (1. Chr 9,15), der mit der gleichnamigen Person in Neh 11,17; 12,8.25 identisch sein dürfte, und der prophetisch redende Jahasiël (2. Chr 20,14–17, dazu WEBER, Gottesrede, 754–757).

42   Zum jeweiligen Textumfang vgl. die Zusammenstellung und Auswertung bei STRÜBIND, Tradition, 110–114.

Der Befund ist mit einem Modell, das sich nicht auf die exilisch-nachexilische Zeit beschränkt, sondern die Königszeit und damit vorexilische Parameter miteinbezieht, m.E. am besten erklärt. Als Versuch, dieses Modell zu konkretisieren, sei folgende zeitliche Staffelung vorgeschlagen:

1. Die Asaph-Psalmen stammen überwiegend aus der mittleren Königszeit (8. Jh. v. Chr.).
2. In exilisch-nachexilischer Zeit ist *cum grano salis* von dieser Reihenfolge auszugehen: a) Abschluss des Asaph-Kleinpsalters; b) deutero-asaphitische Psalmen (Teilbuch IV*); c) Asaph-Belege in Esr-Neh.
3. Die chr Asaph-Aussagen gehören in die spätnachexilische Zeit. Aufgrund der Horizontverschmelzung der Chr sowie deren Aufnahme levitischer Traditionen ist mit dem Einfliessen historisch verbürgter Sachverhalte aus der Königszeit zu rechnen.

Dass die Asaph-Psalmen in die Teilbücher I–III eingeordnet sind, die aus der Eigensicht des Buches vorexilischen (I–II) und exilischen Stand (III) reflektieren, die Chronik dagegen Psalmen aus den „nachexilischen" Teilbüchern IV–V rezipiert, fügt sich dazu. Die Präferierung eines diachronen Modells, das grössere Zeiträume umfasst, führt zur Vermutung, dass hinter den Asaph-Belegen die Konturen eines Trägerkreises, der über längere Zeit tätig war, ansichtig werden. Dies soll durch Vergleiche anhand einiger Themen nachfolgend evaluiert und substantiiert werden.

4. Asaphitische Gottesrede im Psalter und in der Chronik

Die Thematik ist vielschichtig. Ich habe dieser Fragestellung eine separate Studie gewidmet und verweise für eine detaillierte Argumentation auf die Publikation.[43]

Gotteswort im Psalmwort beginnt in Ps 2 und endet in Ps 132[44] – in beiden Texten mit Verweisen auf die Nathan-Weissagung (2. Sam 7). Bei den Gottesreden sind die Asaph-Psalmen mit vier Stücken, in denen grössere Passagen inkorporiert sind (Ps 50; 75; 81; 82), prominent vertreten. Der Befund stellt sich im Vergleich mit Aussagen in der Chronik, die prophetische Hinweise mit Asaph verbindet, folgendermassen dar:

Textkorpus	Gottesrede	Zur Prophetie	Theophanie	Begriffe	Bemerkungen
APs 50	5.7–13/15. 16–23	(1–4)	2–3		Kult + Ethik / Theophanie
APs 74	–	9	(13–15)	≠ אותת, ≠ נביא	Prophetenverlust
APs 75	3–4/6.11	–	–		Frevlergericht
APs 77	–	9	17–20	≠ אמר	Wortverlust
APs 81	7–15/17	–	–		Volksermahnung
APs 82	2–7	–	–		Götterschelte

---

43   Vgl. WEBER, Gottesrede, zu Ps 50 auch KILCHÖR/WEBER, Gott.
44   Vgl. die tabellarische Zusammenstellung in WEBER, Werkbuch III, 166–167.

Textkorpus	Gottesrede	Zur Prophetie	Theophanie	Begriffe	Bemerkungen
APs 83	–	2	14–16		Gottesschweigen
1. Chr 25	–	1–2	–	הנבא, הנביאים	Instrumentenspiel + Prophetie
2. Chr 20	15–17	14(.20)	–	רוח יהוה	Heilswort
2. Chr 29	–	30	–	החזה	Asaph, der Seher
2. Chr 35	–	15(?)	–	החוזה המלך	Der Seher des Königs (Bezug wohl auch auf Asaph)

Die Gottesreden in den Asaph-Psalmen sind als Kultprophetie anzusprechen. Am deutlichsten ist das liturgische Setting in den „Festpsalmen" 50 und 81. Diese Ich-Reden Gottes mit ihrem warnenden Charakter tragen die Signatur der Mündlichkeit. Sie sind m.E. im Kern als authentische Rede und nicht als imaginiert oder als von vornherein literarisch einzustufen.[45] Die Gottesrede ist teils unmarkiert, und eine klare Abgrenzung zwischen Gottes- und Prophetenwort ist nicht immer gegeben.[46] Bezeichnungen wie „Prophet" o.ä. fehlen ebenso wie die üblichen Ein- oder Ausleitungsformeln.[47] Die Reden Gottes applizieren und aktualisieren v.a. „mosaische" Überlieferungen. Die Art und Weise, wie sie das tun, zeigen (noch) nicht das Stadium späterer Schriftauslegung. Gleichsam gegenläufig zu den Gottesreden (und Theophanien) wird in Asaph-Psalmen das Fehlens bzw. Ausbleiben von Gottespräsenz und Prophetenwort thematisiert.[48]

In der Chronik sind Gottesreden bzw. prophetisch vermittelte Gottesbescheide zahlreich. In aller Regel ergehen solche in „klassischer" Weise durch als Propheten bezeichnete Personen gegenüber dem König. 2. Chr 20,15–17 (Sondergut) ist m.W. die einzige Stelle, wo eine Gottesrede von einem Leviten übermittelt wird. Dass dieser zugleich als Asaphit ausgewiesen wird, fällt auf und lässt nach (kult)prophetischer Kompetenz fragen, wie sie sich auch in den Asaph-Psalmen niederschlägt.[49] In der Chronik wird Asaph – wie andere Sängerhäupter – titular als „der Seher (des Königs)" bezeichnet (2. Chr 29,30 und vermutlich auch 35,15). Dieses Amt ist dem Sängerhaupt[50] vorbehalten; bei den Nachfahren ist von charismatischem ad hoc-Vollzug

---

45 Vgl. HILBER, Prophecy, 128–185, anders TOURNAY, Voir, 129–146; HOSSFELD, Das Prophetische, 238–243.

46 Darin mit Ähnlichkeiten zu früher Schriftprophetie.

47 Das einzige Mal, wo ein נביא erscheint (Ps 74,9), wird der Verlust derselben (und damit des Gotteswortes) beklagt (ähnlich auch Ps 77,9).

48 Vgl. Ps 74,9; 77,9; 83,2. Solches Gottesschweigen muss nicht zwingend mit der exilisch-nachexilischen Zeit in Verbindung gebracht werden, wie Am 2,11–12 im Kontext des Israel-Spruchs, der eher ins 8. denn ins 6. Jh. v. Chr. zu datieren ist, zeigt. Vgl. auch Mi 3,6–7.

49 In den übrigen Psalmen, die Sängergilden zugeschrieben werden, ist Gottesrede nur marginal in den qorachitischen Psalmen 46 (V. 11) und 87 (V. 4, evtl. 6) greifbar. Eine Ausnahme macht der Etan-Psalm 89 (V. 4–7.20–38).

50 Die „klassischen" Propheten werden meist mit anderer Terminologie bezeichnet und treten stärker als Gegenüber des Königs auf. Ko, Singers, rechnet für das Exil

auszugehen. Dabei geschieht „prophezeien" in Verbindung mit musikalischem Vortrag bzw. dieser selbst wird als Form der Prophetie verstanden.[51]
    Die Prophetie des Asaphiten in 2. Chr 20 ist speziell und fügt sich nur bedingt in die üblichen Kategorien.[52] Inmitten der versammelten Gemeinde und nach dem Gebet des Königs bemächtigt sich Gottes Geist Jahasiëls. Man hat an eine *ad hoc*-Prophetie zu denken; von musikalischem Vortrag ist nicht die Rede.[53] Es lässt sich allerdings erwägen, ob Jahasiël ins Licht von Elisa gerückt werden soll, der nach Ausweis von 2. Kön 3,15 ebenfalls vor Josaphat tritt und zur prophetischen Inspiration der Musik bedarf.[54] Erweckt wird der Anschein einer genuinen Prophetie, zumal Aufmerksamkeitsruf und Botenformel diesen Eindruck unterstützen. Die Rede selbst ist eine Collage aus unterschiedlichen Stücken, die der Aktualisierung dienen.[55] Mit seinem Rückgriff auf mosaische Stoffe erweist sich Jahasiël freilich als rechter Asaphit, nimmt man die Asaph-Psalmen zur Grundlage.[56] Im Unterschied zu den Asaph-Psalmen liegt in 2. Chr 20,15–17 also keine genuine Gottesrede vor, sondern (eher) sekundäre Kultprophetie im Sinne von aktualisierender Schriftauslegung.[57]

5. Asaphitische Gottespräsenz: Lade, Keruben, Namen

Die Lade, dieser bewegliche und mit den Stämmen Israels verbundene Gegenstand verdichteter Gottespräsenz, spielt in der Chronik eine beträchtliche Rolle.[58] Dies ist um so auffälliger, als sie ab dem Exil als verschollen gilt[59] und in den nachexilischen

---

mit einer Beeinflussung der Sänger-Leviten durch „Mesopotamian scholar-singers and *kalû*-priests in the Neo-Babylonian royal court" (ebd., 252).

51   Die Chronik kennt verschiedene Varianten der Prophetie mit unterschiedlicher Funktion und Autorisierung, vgl. dazu im Detail SCHNIEDEWIND, Word.

52   Vgl. dazu WEBER, Gottesrede, 754–757.

53   In der Chronik gibt es Analogien in 2. Chr 15,1 (Asarja → Asa) und 24,20 (Secharja → Volk/Joasch). Ansonsten liegt die einzige Verbindung von Geistempfang und prophetischer Rede bei Saul (und seinen Boten) vor (vgl. 1. Sam 10,6.10–12; 19,20–24).

54   Als weitere Ähnlichkeit vgl. auch die Moabiter-Koalition in 2. Kön 3,14–19.

55   Die deutlichste Bezugnahme liegt zu Ex 14,13–14 vor.

56   Wenn König Josaphat danach (2. Chr 20,20) zum Vertrauen auf JHWH und zum Vertrauen auf Gottes נביאים aufruft, lässt sich fragen, ob Jahasiël bei „seinen Propheten" mitgemeint ist. Dies ist nicht auszuschliessen. Wahrscheinlicher aber scheint mir, dass ein Reflex auf bereits autorisiertes Schrifttum vorliegt und Jahasiël, der zuvor nicht als „Prophet" eingeführt wird, als „zeitweiliger" Prophet eingestuft wird. Als solcher agiert er als schriftanwendender wie gottesdienstlich-aktualisierender Sänger-Levit.

57   Mit SCHNIEDEWIND, Word, 115–118, mag man den Gotteswortgebrauch der Chronik als „in transition", nämlich „from prophet to exeget", bestimmen und Jahasiël auf der Skala stärker auf die Seite des Exegeten rücken. Freilich bedarf auch die Schriftauslegung und -aktualisierung prophetischer Geistbegabung.

58   Zur gesamtisraelitischen Relevanz der Lade vgl. Dtn 31,9–13; Jos 8,33; 18,1–10; 19,51 (im Kontext von Ps 78,59–60 vgl. daselbst V. 54–55), zu deren Bedeutung in Chr GLESSMER, Leviten, 139–142; PORZIG, Lade, 244–255; LABAHN, Herrschaftsanspruch, 98–115.332–333.

59   Nach Jer 3,16 (explizit nur hier in den Prophetenschriften) spielt sie keine Rolle mehr; nach 2. Makk 2,5–8 dagegen hat Jeremia sie in einer Höhle (auf dem Berg Nebo)

Büchern Esr-Neh; Hag; Sach und Mal unerwähnt bleibt.[60] Die rund 50 Stellen für ארון in der Chronik machen insgesamt etwa 1/4 der AT-Belege aus; sie finden sich gehäuft in 1. Chr 13; 15–16 und 2. Chr 5.[61] Schon bei der ersten Erwähnung (1. Chr 6,16) erscheint die Lade im Kontext der levitischen Sänger. Die Schilderung der gescheiterten Ladeüberführung in 1. Chr 13 läuft weithin parallel zu 2. Sam 6. Allerdings ist im Sondergut zu Beginn des Kapitels (1. Chr 13,1–4) der Einbezug der Leute „in allen Landen Israels" samt den Priestern und Leviten auffällig. Markanter noch ist bei der gelungenen Ladeüberführung nach Jerusalem (1. Chr 15,1–16,6, mehrheitlich Sondergut) die Legitimierung der Leviten (vgl. 1. Chr 15.2.15): Niemand ausser ihnen darf die Lade tragen. Jhwh selbst hat sie für diesen Dienst immerwährend auserwählt. So hat Mose es geboten nach dem Wort Jhwhs (vgl. 1. Chr 15,14–15). Zur Legitimierung dieses exklusiven Ladedienstes wird hinter die Samuelbücher zurück auf grundlegende Überlieferung abgestellt (vgl. Dtn 10,8–9; 31,9ff.24ff.). Die Verbindung der Leviten mit der Lade als Ort der irdischen Präsenz Jhwhs dürfte bis in vormonarchische Zeit (Schilo) zurückreichen, also weit vor die Chronik.[62] Ja, die den Leviten anvertraute Verantwortung für die Lade macht seit jeher ihre besondere Stellung und Würde aus. Sie wird in der Chronik aber besonders betont.

Damit ist die Vorzugsstellung der Nachfahren Levis bzw. Moses (vgl. 1. Chr 23,14–15) beim Dienst an der Lade begründet. Wie aber ist die nicht von Mose, sondern von David angeordnete Bestimmung Asaphs als „das Haupt" (הראש) derer, die den Dienst vor der Lade tun (1. Chr 16,5, vgl. 15,16–19), zu erklären? Mit dem Hinweis auf die Asaphiten als Erstrückkehrer (vgl. Esr 2,41; Neh 7,44) lässt sich die besondere Stellung Asaphs nicht hinreichend begründen.[63] Wir begeben uns auf die Suche nach Spuren einer Ladetheologie in den mit Asaph verbundenen Psalmen.

Am Ende des Tempelweihgebets (2. Chr 6) nimmt Salomo einen Passus aus Ps 132 (V. 8–10 und 1) modifiziert auf (V. 41–42).[64] Dazu gehört die Wendung ארון עזך „Lade deiner Kraft" (Ps 132,8 = 2. Chr 6,41) – es ist dies die einzige *explizite* Lade-Erwähnung im Psalter.[65] Trotz der Betonung von Zion und David deutet Ps 132 an anderer, von

---

versteckt. Die Lade wird auch in CD V,2–3 (und in Qumran-Schriften) erwähnt (dazu Porzig, Lade, 256–277).

60 Zur Gestalt und Funktion von Lade und Keruben vgl. Eichler, Ark. Nach Porzig, Lade (zusammenfassend ebd., 287–300), sind alle pentateuchischen Lade-Belege (nach)priesterlich oder (spät)deuteronomistisch und damit (spät)nachexilisch (mit 1. Sam 4 als Kristallisationskern). Die Ladetradition ist nach ihm eine theologische Fiktion aus später Zeit. Kaum im ersten und wohl auch nicht im zweiten Jerusalemer Tempel habe je eine Lade gestanden.

61 Zur Bedeutung der Lade etwa Hahn, Liturgy, 24–25: „David's deep concern for the Ark ... is greatly amplified by the Chronicler, who refers to the Ark by names not found elsewhere in the tradition, such as ‚footstool of our God' and ‚the holy Ark.' In evoking the Ark, the Chronicler again summons the historical memory of the Exodus and the people's entry into the land. The Ark becomes the gathering point of God's holy people."

62 Vgl. Pitkänen, Sanctuary, 38–158.

63 Auch Labahn, Herrschaftsanspruch, 104–105, notiert „eine Entwicklung der Steigerung des Einflusses und des Ansehens von Asaf" (104), die sie als korrelierend mit dessen Bedeutung für die Psalmen herausstellt, ohne diese freilich zu erklären.

64 Vgl. auch Num 10,35–36; Jes 55,3, dazu Beentjes, Freude, 35–38.

65 Zur Lade im Psalter vgl. die Sondierungen von Day, Ark. Porzig, Lade, 228–243, beschränkt sich auf Ps 132.

der Chronik nicht rezipierten Stelle (V. 2.5) mit der seltenen Rede von JHWH als אביר
יעקב „Starker Jakobs" eine Verhaftung der Lade in Ephraim zumindest an (vgl. Gen
49,24).[66] Eine solche bestätigt der Asaph-Psalm 78, der wie Ps 132 ebenfalls den Zion
und David erwähnt (V. 68–72). In Ps 78,60–61 wird die einst an der Lade haftende
Gottespräsenz im ephraimitischen Schilo erwähnt (vgl. 1. Sam 3,3).[67] Erscheint auch
nicht die ganze Wendung „Lade deiner Kraft", sondern nur עזו „seine Kraft", steht der
Ladebezug doch ausser Zweifel.[68] Dass Gott seinen Wohnsitz dort preisgab, ist eine
geschichtstheologische Deutung der in 1. Sam 4–5 berichteten Geschehnisse.[69] Für
die Lade trug Ephraim als Führungs- und Schutzstamm besondere Verantwortung.
Entsprechend wird ihr Verlust ihm als Kriegsversagen angelastet. In Ps 78 ist die Niederlage bei Aphek dasjenige Geschehen, dass zur gleichnishaften Erklärung für den
Fall des Nordreiches hinführt (vgl. Ps 78,9.67 mit Gen 49,23–24; Hos 7,16; Am 2,15): Der
Ladeverlust und mit ihm das Versagen Ephraims samt dessen Abwendung von Gott
(vgl. V. 9.56ff.) mündet in die Verwerfung Israels (Nordreich) und führt zur Präpon-
deranz Judas in Verbindung mit der Erwählung von Zion und David (vgl. V. 68–72).[70]

---

66   Zu Nordreich-Kolorit und Schilo-Verhaftung vgl. Toews, Monarchy, 59–65.124. Auch
     die jesajanischen Belege (Jes 1,24 [„Starker Israels"]; 49,26; 60,16, ferner 10,13) könn-
     ten auf Nordreich-Provenienz verweisen. Darüber hinaus lässt sich diskutieren, ob
     in V. 6 mit אפרתה (ursprünglich) nicht das judäische Bethlehem (so Gen 35,19; 48,7;
     Mi 5,1, vgl. Ruth 4,11; 1. Chr 4,4), sondern ein mittelpalästinischer Ort in der Gegend
     von Bethel und Rama (= Ramathajim-Zophim) im Blick ist (vgl. Gen 35,16.19; 48,7;
     1. Sam 1,1.19; 10,2; Jer 31,15). Ferner sind die שדי־יער möglicherweise nicht Kurzform
     für das judäische Kirjat-Jearim (vgl. Jos 15,9.60), wo die Lade zeitweise war (vgl.
     1. Sam 7,1–2; 1. Chr 13,5–6), sondern es liegt auf dem Hintergrund von Jos 17,15.18
     (Landgewinn durch Waldrodung) ein Bezug auf Joseph vor.
67   In der Rede vom לחם אבירים „Brot der Starken" (Manna) in Ps 78,25 verweist das
     nomen rectum auf Gott selbst (Majestätsplural?) oder himmlische Wesen. Die erste
     Annahme scheint näherliegender (vgl. den Kontext V. 20–24). Dann läge hier eine
     mit der unter den Joseph-Stämmen beheimateten Rede vom „Starken Jakobs" ver-
     wandte Formulierung vor.
68   Vgl. Day, Ark, 71–72, der die göttliche Ladepräsenz auch im Parallelterminus תפארת
     gegeben sieht (Ps 78,61, dazu auch Ps 96,6). Keinen Ladebezug in Ps 78 vermag dage-
     gen Spieckermann, Heilsgegenwart, 146, zu erkennen.
69   Vgl. dazu Weber, „Asaph Meets Hosea", 592–596, und den neuen Beitrag zu Ps 78 in
     diesem Band (→ I.3). Ps 78 ist m.E. vor den vergleichbaren Aussagen in der „Tem-
     pelrede" (Jer 7,12–15, vgl. 26,4–6) anzusetzen, die daran anknüpfen. Diese geben
     Zeugnis des über lange Zeit lebendig gebliebenen Bewusstseins sowohl für die
     Bedeutung der Lade, die ursprünglich in Schilo beheimatet war, als auch deren
     Verlust, verstanden als Preisgabe der ephraimitischen „Brüder". Zur Tempelrede
     mit Blick auf Schilo und die Lade vgl. Pitkänen, Sanctuary, 111–127, ferner Willi-
     Plein, Palast, die Jer 7,13.15 nicht zur Ursprungfassung rechnet. Die Bedeutung von
     Ps 78 (V. 56–72) im Zusammenhang mit Gottes irdischer Wohnstatt hat Pitkänen,
     Sanctuary, 127–158, erkannt und widmet dem Psalm entsprechende Aufmerksam-
     keit. Mit seiner Ansetzung ins 10. Jh. v. Chr. würdigt er freilich den didaktischen
     Charakter des Psalms als Parabel (V. 2) m.E. nicht hinreichend bzw. vermischt
     Referenz (Aphek-Schlacht) und Deutung (Nordreich-Fall).
70   Zu dieser Deutung von Ps 78 vgl. Weber, Psalm 78, zu seinem Schluss auch die
     Nathan-Verheissung in 2. Sam 7,8 // 1. Chr 17,7.

Der asaphitische Trägerkreis bietet mit seinem „Hauptpsalm" eine schlüssige Erklärung, warum die Lade von Mose herkommt, aber trotz ursprünglich ephraimitischer Beheimatung nun auf den Zion und zu David gehört[71] – und dies zu einer Zeit, wo nach dem Untergang des Nordreichs (mit der [neuerlichen] Zerstörung Schilos?) das weitere Geschick der Zehnstämme Israels auf dem Spiel steht.[72] Diese Antwort plausibilisiert die chronistisch bezeugte Ehrenstellung Asaphs an der Lade – zumal die Asaphiten selbst aus dem Norden kommen, in Mose-Überlieferungen tief verankert sind und in grossem Ausgriff diese gleichsam von Zo'an nach Zion überführen.[73] Asaph und seine Brüder werden nach Ausweis der Chronik autorisiert, den mit Lobpreis verbundenen Dienst vor der Lade weiterhin, nämlich תמיד „beständig", zu tun (1. Chr 16,37, vgl. Dtn 10,8).[74]

Über weitere Begriffe hinaus[75] haben auch Momente wie Keruben,[76] Sonnensymbolik (verbunden mit Jhwhs Durchsetzung von Recht) und Namenstheologie

---

71   Möglicherweise ist dies in der debattierten Bedeutung von שילו im Juda-Spruch (Gen 49,10) bereits reflektiert, oder dies konnte (später) so gedeutet werden (vgl. Schley, Shiloh, 161–163).

72   In der Charakterisierung von Ps 78 als „paradigmatisch" bzw. „geschichtshermeneutisch" stimme ich mit Hartenstein, Bedeutung, 335–336.343–344 (mit Blick auf den Einzelpsalm) wie ähnlich mit der breit angelegten Monographie von Gärtner, Geschichtspsalmen, 36ff.102ff. (mit Blick zusätzlich auch auf die Asaph-Psalmengruppe) überein. Hinsichtlich der zeitlichen wie funktionalen Einordnung liegen unterschiedliche Einschätzungen vor.

73   Vgl. Weber, Psalm 78, 196 (227): „Jhwh hat sein Volk als seine,Zo'on' (צאן 52.70) geführt (13–14.52–54.71–72) von,Zo'an' (צען 12.43) nach,Zion' (ציון 68, vgl. 54). Dort ruht jetzt Jhwhs Präsenz, und von dort geht das Heil Israels aus."

74   Hinweise, dass der Dienst bei der Lade auf Asaphs Nachfahren übertragen wurde, bietet die Erzählung über Josias Passa (2. Chr 35,1–5.15), der einzigen chronistischen Lade-Erwähnung nach Salomo. Am Zielort im Tempel angekommen scheint die Lade allerdings an Bedeutung verloren bzw. diese an den Tempel oder das mit ihr verbundene Gotteswort abgegeben zu haben. Es ist gut möglich, dass die (asaphitischen) Leviten andere Funktionen übernommen haben. Im Rahmen der Passa-Feier spricht König Josia die Leviten in 2. Chr 35,3 als solche an, die „Ganz-Israel Einsicht vermitteln (המבינים[ה])" (Qere mit mlt Mss ptz hi). Im gleichen Vers entbindet der König die Leviten von der Ladetragpflicht (nachklappend zu 1. Chr 23,6 und 2. Chr 5,2–10 [vgl. 1. Chr 23,26]). Eine Verschiebung vom Dienst vor der Lade zur Vermittlung von Einsicht, also der Unterweisung, wird ersichtlich (vgl. neben בין hi auch שכל hi, dazu 2. Chr 30,22, ferner Neh 8,8.13; 9,20 sowie die Angabe משכיל im Präskript einiger Psalmen [u.a. der Asaph-Psalmen 74 und 78] und der ShirShabb, dazu Glessmer, Leviten, 142–144). Die in Esr-Neh beschriebenen Tätigkeiten der Leviten (Esr 3,10; 6,16ff.; v.a. Neh 8,7ff.; 9,4ff.; 12,8.24.27ff.) weisen ebenfalls in diese Richtung.

75   Hinzuweisen ist ferner auf die Rede vom אלהים עוזנו „Gott, unserer Stärke" in Ps 81,2 und die Bitte um Erweckung der גבורה „Heldenkraft" Gottes in Ps 80,3. Ferner kann עדות „Zeugnis" auf den Ort verweisen, wo sie deponiert wurde (vgl. Ex 25,16.21–22), wie die Wendung „Zelt des Zeugnisses" (Num 9,15; 17,22–23; 18,2; 2. Chr 24,6) zeigt. Hierzu sind asaphitisch neben dem Präskript zu Ps 80 (so nur noch zu Ps 60) Ps 78,5 und 81,5–6 anzuführen.

76   Vgl. u.a. Ex 25,22; Num 7,89; 1. Sam 4,4 und eine Reihe Belege in der Chronik, erstmals 1. Chr 13,6, letztmals 2. Chr 5,8. Zu den Keruben vgl. Keel, Geschichte 1, 294–316.

Affinitäten zur Lade und sind Kennzeichen asaphitischer Theologie. Anzuführen sind die solaren Theophanien zu Beginn der Psalmen 50 und 80, namentlich 80,2–3: „Du thronst [über] den Keruben, erscheine bitte im Lichtglanz vor Ephraim und Benjamin und Manasse!"[77] Die Verbindung von Sonnensymbolik und Gottes Kommen zu Gericht bzw. Rettung ist evident (vgl. Ps 50,1–4; 80,2–4).[78] Ps 80 ist im Nordreich Israel verhaftet, vermutlich auch Hos 6,3–5.[79] Dort könnte allerdings bereits eine Integration von Nordreich-Überlieferungen in (alte) Jerusalemer Tradition vonstatten gegangen sein (vgl. den Doppelbezug auf Ephraim und Juda in V. 4). Ähnliches lässt sich für Ps 50 vermuten, wo das „Aufstrahlen" Gottes vom Zion her erfolgt (V. 2). Gerichtsthematik, levitische Lade-Verhaftung und Theophanie fügen sich durchaus zur vermuteten Nordreich-Provenienz der Asaph-Psalmen.[80] Eine exilisch-nachexilische Ansetzung passt kaum, wohl aber eine Einbettung dieser Texte in das 8. Jh. v. Chr., wo sie nach dem Fall des Nordreichs nach Jerusalem gelangten oder dort entstanden.[81] Hiskias Gebetsanrufung: „Jhwh, Gott Israels, thronend [über] den Keruben ..." (2. Kön 19,15, vgl. Jes 37,16 – nicht in Chr) überrascht nicht. Auch archäologische Befunde, wie der Siegelabdruck eines Ministersohns von König Hiskia mit dem Namen *jhzrḥ* „Jhwh strahlt auf"[82], die Sonnenscheibe auf diversen *lmlk*-Abdrücken und das Skarabäus-Motiv[83] machen über ägyptische Einflüsse hinaus für diese Zeit eine Verbindung von Jerusalemer und ephraimitischen Vorstellungen plausibel. Zuletzt ist auf die den Asaph-Psalmen eigene Vielfalt und Dichte an Gottesbezeichnungen hinzuweisen.[84] Ein Ursprung dieser Namens- und Präsenztheologie in einer Lade-Verhaftung scheint naheliegend.[85]

---

77 Als später („deutero-asaphitisch") ist Ps 99,1 einzustufen. Im selben Psalm (V. 5) ist zudem die Anbetung vor dem „Schemel seiner Füsse" erwähnt (vgl. auch Jes 66,1; Ps 132,7; Thr 2,1; 1. Chr 28,2 [Bundeslade // Schemel seiner Füsse]).

78 Die Sonnensymbolik ist zunächst im Nordreich greifbar, dazu KEEL, Geschichte 1, 419–420, mit Verweis auf KEEL/UEHLINGER, Göttinnen, 282–298.311–317. Zur (vorexilischen) „Solarisierung Jhwhs" vgl. JANOWSKI, Jhwh (Ps 50,2; 80,2 werden von ihm allerdings als „nachexilisch" eingestuft, vgl. ebd., 233). Zu Ps 50 vgl. KILCHÖR/WEBER, Gott.

79 LEUCHTER (Reform, 18–49; Levites, 73–92) lokalisiert in Schilo levitische Gruppen mit juridischen und prophetischen Funktionen – eine Charakterisierung, für die sich Anhaltspunkte auch in den asaphitischen Psalmen finden lassen. In der Chronik werden den Leviten unter Josaphat richterliche Aufgaben übertragen, vgl. 2. Chr 19,8–11 (dazu Dtn 1,16–17; 10,17–18; 16,18–20, jedoch ohne direkten Bezug auf die Leviten).

80 Auch die Sphinx-Gestalt des ägyptisch beeinflussten Asaph-Siegels aus Megiddo hat eine Analogie zu den Keruben (dazu KEEL/UEHLINGER, Göttinnen, 282–298).

81 Vgl. das Fazit von KEEL, Geschichte 1, 383: „In Jerusalem scheint in der 2. Hälfte des 8. Jh.s der solare Aspekt Jhwhs stärker betont worden zu sein als je zuvor."

82 Vgl. KEEL, Geschichte 1, 419.

83 Vgl. KEEL/UEHLINGER, Göttinnen, 311–317; KEEL, Geschichte 1, 416–421.

84 Die Belege sind zusammengestellt in WEBER, Psalm 77, 281–282, vgl. auch DERS., Asaph-Psalter, 124.

85 Über die Verwendung von אל hinaus verweist namentlich יהוה/אלהים צבאות (ursprünglich) in den Norden, nach Schilo und zur Lade (vgl. 1. Sam 1,3.11; 4,4, ferner Jer 7,12, dazu TOEWS, Monarchy, 5–22.53–24.57–60). Kritisch dazu KEEL, Geschichte 1, 214.390–392, der ebenda auf eine Grabinschrift aus *Chirbet el-Qom* (gegen Ende des 8. Jh.s v. Chr.) hinweist, welche die älteste inschriftliche Erwähnung von JHWH

Fazit: Die in einigen Asaph zugeschriebenen Psalmen greifbare Ladeverhaftung macht dessen Legitimation als Oberhaupt im Dienst bei der Lade, wie ihn die Chronik zeichnet, verständlich.[86] Unter den levitischen Lade-Trägern sind daher wohl auch die Lade*überlieferungs*-Träger zu suchen. Wie und wann aber kommen derartige mosaisch-levitische Traditionen mit ihren Trägern aus dem Norden nach Jerusalem … und dann auch noch in der Zeit des Chronisten? Mit dem Versuch, Antworten auf dieses Fragenbündel zu erkunden, komme ich zu meinem letzten Abschnitt. Der Schlüssel dafür liegt – wie bereits angeklungen – m.E. in der zweiten Hälfte des 8. Jh. v. Chr., namentlich in der Regentschaft Hiskias. Es ist dies eine Zeit, in der Rahmenbedingungen für das Sammeln, Edieren und Verschriften religiöser Überlieferungen gegeben sind – mehr noch als in der dafür häufig vermuteten Perserzeit.[87]

6. Konturen des asaphitischen Trägerkreises – ein Versuch

6.1 Israels zehn Stämme

Zum Israel der Nordstämme und den dort gepflegten Überlieferungen weiss die atl. Wissenschaft erstaunlich wenig Schlüssiges zu sagen – und je später die formativen Perioden der Schriftwerdung angesetzt werden, desto unbefriedigender sind die Antworten. Seit kurzem liegen allerdings Studien vor, in denen in unterschiedlicher Weise der Norden (Israels Zehnstämme, Nordreich) neue Aufmerksamkeit erfährt und seine Bedeutung und seine Traditionen verstärkt gewürdigt werden.[88] Im biblischen Zeugnis kommt jedenfalls über unterschiedliche Textkorpora hinweg das Israel der Zehn Stämme immer wieder in den Blick.[89] Dessen Bedeutung für die Asaph-Psalmen ist bereits deutlich geworden. In einer anders akzentuierten Weise gilt das auch für die Chronik. Dass sie am Nordreich nicht interessiert sei oder dieses ablehne, stimmt nur mit Blick auf die politische Gegebenheit des Königtums

---

Zeba'ot biete. In der Chronik wird die Wendung eher gemieden (aus der Vorlage teils nicht übernommen).

86 WILLI, Chronik, 205, fragt mit Blick auf 1. Chr 5–6: „Aber ist es bloßer Zufall, daß im Onomastikon der levitischen Stammväter und Sippen eine nicht unerhebliche Zahl von Namen vorkommt, die eine enge Beziehung zur Kulttradition, zum Jahwismus und zu der alten Tora- und Mosetradition – und daher zu Ägypten – verraten?" Von den gerschomitischen Asaphiten her ist die Antwort ein klares „Nein!".

87 Vgl. RENZ, Texttradition, 64: „Dass das 8. und 7. Jh. noch nicht reif für Textproduktion war, wird man kaum behaupten können. Jedenfalls liegt bereits ein ausgeprägtes Schreiber- und Beamtensystem vor." Zu Entstehung, Entwicklung und Funktion hebräischer Schreibkunst, Epigraphik und Literatur vgl. auch die Studien von SANDERS, Invention, und SCHNIEDEWIND, Finger.

88 Vgl. v.a. FLEMING, Legacy; FINKELSTEIN, Kingdom; KNOPPERS, Jews, ferner ALBERTZ, Israel; WEINGART, Stämmevolk, und COOK, Roots.

89 Man beachte z.B., wie in 1. Kön 11–12 die Reichstrennung nicht etwa dem Norden, sondern Salomo und Jerobeam angelastet wird und Jerobeam I. weithin die Dynastieverheissungen an David (wenn auch konditional) übertragen werden (vgl. auch die Heilsverheissungen an Israel unter Jerobeam II. in 2. Kön 14,26–27). Seine Abkehr von Jerusalem als irdischer Wohnstätte JHWHS (Lade!) wird ihm zum Fall (vgl. 1. Kön 12,28–33; 14,7–11 – zu Jerobeam I. in historischer und literarischer Optik vgl. TOEWS, Monarchy, und BODNER, Drama).

und dessen Kultbetrieb.[90] Das Interesse an der Bewohnerschaft der Nordstämme ist dagegen auffallend gross.[91] So finden sich öfters (meist im Sondergut) Ausführungen zu Gegebenheiten und Leuten im Gebiet der Stämme im Norden. Sie reichen – abgesehen von Gesamtisrael unter David und Salomo – von der Zeit Rehobeams bis zu derjenigen Josias.[92] Anders als in den Könige-Büchern ist von einem Untergang oder einer Exilierung des Nordreichs – mit Ausnahme der 2½ Stämme im ostjordanischen Gebiet (1. Chr 5,26–27) – nicht die Rede.[93] Das Bemühen um die Bruderstämme im Norden und deren Einbezug fasst Bae in die Worte: „Damit wird die Chronik zu einer Geschichte ganz Israels aus der Perspektive des Südens, der die Verantwortung für das Ganze trägt."[94] Ich würde den Sachverhalt umkehren und so zuspitzen: Im Entwurf der Chronik rückt das nachexilische Jehud gleichsam in Ganz-Israel[95] ein, und dazu gehören die Nordstämme.[96] Auffallend häufig sind dabei die Leviten und der rechte Kult(ort) im Spiel. Zu Jerobeam I. findet sich in den Könige-Büchern die Aussage, dass er für die Höhenheiligtümer (Bethel und Dan) „Priester machte aus dem Gesamtbestand des Volkes – solche, die nicht von den Söhnen Levis waren" (2. Kön 12,31[–32]).[97] Weiterführend dazu ist in 2. Chr 11,13–17 zu lesen: „Und die Priester und die Leviten, die aus ganz Israel [waren], stellten sich ein bei ihm [= Rehabeam]

---

90   Die Chronik meidet z.B. die dynastische Bezeichnung „Haus Israel" und lässt sie in 2. Chr 11,1 gegenüber der Vorlage (1. Kön 12,20) bewusst aus.

91   In 1. Chr 5,1–2 wird das Erstgeburtsrecht Josephs betont, und in 1. Chr 9,3 werden als Bewohner Jerusalems (Erstbesiedler als nachexilische Wiederbesiedler?) auch Nachfahren der Joseph-Stämme Ephraim und Manasse erwähnt. Vgl. KNOPPERS, Jews, 5–6.71–101.

92   Rehobeam: 2. Chr 11,13–17; Abija: 2. Chr 13,3–20; Asa: 2. Chr 15,3–9; Josaphat: 2. Chr 18,1–34 (mehrfacher Numeruswechsel gegenüber der Vorlage 2. Kön 22: dort Bezug auf König Ahab, hier auf König Ahab *und* Josaphat); 19,4–11; 20,35–37; Joram: 2. Chr 12,12–15; Ahasja: 2. Chr 22,4–9; Athalja: 2. Chr 23,1–2; Amazja: 2. Chr 25,5–13.17–24; Ahas: 2. Chr 28,5–15; Hiskia: 2. Chr 29,23–24(?); 30,1–31,1.6; Josia: 2. Chr 34,4–7.9.33; 35,3.17–19.

93   Dies übrigens auch im Gegensatz zur Exilierung Judas (1. Chr 9,1; 2. Chr 36,18–21, vgl. auch 2. Chr 28,5–8), was JAPHET (1 Chronik, 215) zur Bemerkung veranlasst: „Daß Judas Schicksal hier wesentlich negativer dargestellt wird als das der Mehrheit Israels, ist, gelinde gesagt, überraschend." Es liegt eine eigentümliche Reziprozität insofern vor, als die Könige-Bücher den Dynastien und Geschehnissen im Norden eigenständigen Raum zubilligen, aber gegenläufig zur Chronik, wo dies nicht geschieht, das Zehnstämme-Reich als untergegangen und exiliert zeichnen (vgl. 2. Kön 17), was wiederum die Chronik nicht tut.

94   BAE, Suche, 106.

95   Nicht erst die levitisch geprägte Chronik betont Ganz-Israel (dazu LABAHN, Herrschaftsanspruch, 59–64.375–376), vielmehr hat die Wendung ihren Haftpunkt bereits im (ebenfalls levitisch geprägten?) Deuteronomium (vgl. Dtn 1,1; 5,1; 11,6; 13,2; 18,16; 21,12; 27,9; 29,1; 31,1.7.11; 32,45; 34,11). Zu Israel als Einheit und Ganzheit im Dtn vgl. auch MILLAR, Place, 74–75.

96   YOUNG, Hezekiah, 204, bilanziert zu Recht: „Yet virtually every one of the 46 occurrences of ישׂראל כל in Chronicles refers either to the territory occupied by all twelve tribes or to the northern kingdom alone."

97   Mit Blick auf Jerobeam I. und die Loslösung der zehn Stämme vgl. die Doppelprophetie von Ahija, dem Kultprophet aus Schilo, einmal zu dessen Gunsten, das andere Mal zu dessen Ungunsten (vgl. 1. Kön 11,29–39; 14,1–18).

aus all ihren Gebieten, denn es verliessen die Leviten ihre Weideplätze und ihre
Güter und zogen nach Juda und Jerusalem, denn verstossen hatte sie Jerobeam und
seine Söhne aus dem Priesterdienst für JHWH ... Und hinter ihnen her [folgten Leute]
aus allen Stämmen Israels, die ihr Herz darauf richteten, zu suchen JHWH, den Gott
Israels. Sie kamen nach Jerusalem, um zu opfern JHWH, dem Gott ihrer Väter ..." (vgl.
ferner 2. Chr 13,9–11). Anscheinend liessen sich die im alten JHWHismus verankerten
Leviten nicht für Dienste am neuen Heiligtum in Bethel rekrutieren.[98]

Nordstämme und Levitentum – beides ist in den Asaph-Psalmen und der Chronik greifbar. Herkunftsort der asaphitischen Leviten[99] ist der Norden, ihr (einstiges)
Zentrum möglicherweise das ephraimitische Schilo,[100] erstwählter Ort von JHWHS

---

98   Mit Blick die Pflege von Überlieferungen aus dem Zehnstämme-Gebiet sowie deren
      (vermutlich vorexilischen) Transfer nach Juda/Jerusalem ist Bethel ein immer wie-
      der diskutierter Ort (vgl. FINKELSTEIN, Saul, 364–365, DERS., Kingdom, 141–144; FLE-
      MING, Legacy, 314–322; KNOPPERS, Jews, 34.52ff.121). Die Einschätzungen zu Bethel
      sind allerdings (auch archäologisch) kontrovers. Phasenweise scheint die Lade in
      Bethel stationiert gewesen zu sein (Ri 20,26–27), ansonsten bieten die biblischen
      Texte für eine solche Lokalisierung kaum Anhaltspunkte (ähnlich KOENEN, Bethel,
      75–76). In Dan ist – zumindest früher – mit levitisch-gerschomitischen Priestern zu
      rechnen, wie Ri 18,30 zeigt. Eine (von mir früher auch erwogene) Verbindung von
      Asaphiten mit Bethel und dort verhafteten Traditionen (so v.a. GOULDER, Psalms
      of Asaph) ist nicht auszuschliessen, aber unsicher.
99   Dass die Asaphiten bis in die Zeit Davids zurückgeführt werden können – so die
      Chronik (auch LAATO, Genealogies, 90–92) – wage ich nicht zu behaupten. Immer-
      hin wird David Gesangsspiel (Leier) und Psalmdichtung zuerkannt, sind für ihn
      und seinen Hof in 2. Sam 19,36 „Sänger und Sängerinnen" (auch für Hiskia gemäss
      Sanheribs Bericht vom Feldzug 701 v. Chr. [vgl. WEIPPERT, Textbuch, 333]) erwähnt.
      Sie scheinen dort allerdings der Unterhaltung bei Tisch und nicht gottesdienstli-
      chen Zwecken zu dienen. Ferner lässt uns 1. Kön 10,12 wissen, dass König Salomo
      aus gewissen Hölzern „Stand- und Tragleiern für die Sänger" anfertigen liess. Die
      Erwähnung von „Sängern" unter David wie Salomo erfolgt in Nebenbemerkungen,
      sind daher unverdächtig und beachtenswert. Eine Verbindung zu (asaphitischen)
      Leviten wird freilich nirgends angezeigt (zur möglichen Bedeutung der Leviten im
      vereinten Königreich und bei der Reichstrennung vgl. TOEWS, Monarchy, 90–100).
100   Zu Schilo vgl. SCHLEY, Shiloh; PITKÄNEN, Sanctuary, 111–158; ACKERMAN, Shiloh;
      COOK, Levites, 162–170; LEUCHTER, Reform, 18–49.66–69; TOEWS, Monarchy,
      10–22.59–60.99–100.105–106.170–172; FINKELSTEIN, Shiloh, 1367.1369; DERS., King-
      dom, 2–26.49–50; KNITTEL, Heiligtum; JERICKE, Schilo. Wahrscheinlich wurde
      Schilo von den Philistern ca. 1050 v. Chr. zerstört (diskutiert wird auch eine Zer-
      störung im Zusammenhang mit der Annektion des Nordreichs durch die Assyrer
      um 720 v. Chr.). Auch nachdem Schilo die Lade verloren und nie mehr beherbergt
      hat (vgl. 2. Sam 4–6), bestand – nach einem Unterbruch? – eine Siedlung wohl
      weiter, wenn auch nicht mehr mit dem Nimbus besonderer Gottespräsenz (vgl. Ps
      78,60–61; Jer 7,12–15; 26,6–9; 41,4–5). In der Zeit der Reichstrennung ist von einem
      (Kult-)Propheten aus Schilo die Rede (vgl. 1. Kön 11,29ff.; 14,2ff., dazu TOEWS, Mon-
      archy, 28–39.135–143; BODNER, Drama, 48–58.120–139). An den mit ihm verbunde-
      nen Begebenheiten wird deutlich, dass prophetisches Wort aus Schilo einerseits
      den Ephratiten/Ephraimiten Jerobeam (I.) in das Dynastieversprechen an David
      nahezu einrückte, zugleich aber dessen Abkehr von Jerusalem als Wohnstätte
      Gottes (Ladepräsenz) scharf verurteilte. Dass Schilo als einstiger Ort irdischer

Gottespräsenz (Lade) im Land,[101] einst Sammelpunkt von Ganz-Israel[102] und früh schon Depositort für verschriftetes Recht.[103] Ihre Zukunft aber liegt im Süden, ihr Wirkungsort wird Jerusalem.[104] Von dort gelangten asaphitische Überlieferungen – nicht ohne Modifikationen – auf einem langen Weg in die Chronik. Die chronistische Aufmerksamkeit gegenüber den Nordstämmen allein zeitnahen Umständen wie der Samaritanerproblematik[105] zuzuschreiben, ist zu kurz gegriffen. Es ist vielmehr anzunehmen, dass übermittelte historische Gehalte in die Chronik aufgenommen wurden.[106]

6.2 Hiskias Integrationsbemühungen und der asaphitische Beitrag dazu

Gottes Gericht bzw. die assyrischen Invasionen[107] ins Nordreich ab 733 v. Chr. führten zu einschneidenden Folgen für das Israel der zehn Stämme und resultierten in

---

Gottespräsenz (Ladeverhaftung) bis in die Exilszeit lebendig blieb, macht die Tempelrede Jeremias (Jer 17,12–15) deutlich.

101 Zwar hat die Fixierung auf (das josianische) Jerusalem eine lange Forschungstradition, doch lässt sich Dtn 12,5ff. durchaus (zunächst) mit Schilo in Verbindung bringen. Vgl. dazu die Studien von MCCONVILLE, Time, 91–110.120–123.132–139, und PITKÄNEN, Sanctuary, 95–110.

102 Die mit Schilo (und Sichem) verbundene panisraelitische, deuteronomische wie levitische Überlieferung (Jos 18,1.8–10; 19,51; 21,19; 22,12; Ri 18,31; 21,19; 1. Sam 1,9; 3,21; 4,4) sowie die Verbundenheit mit der Lade (s.o.) lassen eine wie immer auch geartete Verhaftung von (prä)asaphitischen Leviten mit diesem Kultort vermuten (vgl., wenn auch ohne Erwähnung Asaphs, LEUCHTER, Levites, 69–98). Anders als Jerusalem, Bethel und Dan war Schilo noch nicht mit königlichen Ansprüchen verbunden; dagegen gingen von Gestalten, die sich (auch) in Schilo aufhielten, Königsprophezeiungen und -salbungen im Süden (Saul, David) wie im Norden (Jerobeam I.) aus (vgl. 1. Sam 9; 16,1–13; 1. Kön 11,29–39).

103 Vgl. 1. Sam 10,25, dazu VAN DER TOORN, Culture, 86–89.

104 Ob sich ihr Exodus vom Norden in den Süden erst unter Hiskia oder schon früher vollzog, ist nicht sicher auszumachen. Auf eine etappierte, über einen längeren Zeitraum erfolgte Übersiedlung der Leviten nach Juda/Jerusalem deutet die Formulierung in 2. Chr 11,14 („Jerobeam und seine Söhne"!) an (vgl. ferner 2. Chr 15,9; 19,4). Ihren Höhepunkt dürfte die Integrierung von Nordreich-Leviten im Süden aber in der Regentschaft Hiskias erreichen (s.u.). In diese Richtung deuten der Bericht in den Könige-Büchern (Kultreform und Mose-Bezug in 2. Kön 18,4–7) und noch mehr derjenige in der Chronik (Passa und nachfolgende Versorgungsordnung in 2. Chr 30–31).

105 Vgl. etwa die Deutung von BAE, Suche, 162ff., welche die Chronik als einladende Werbung an die Samaritaner im Sinne eines wieder zu vereinigenden Israels deutet. Ob neue Evidenzen und ihre Auswertung, verbunden mit der Einsicht, dass eine strikte Trennung erst in makkabäischer Zeit (Zerstörung des Heiligtums auf dem Garizim) erfolgte (vgl. KNOPPERS, Jews, 102–216), eine solche Sichtweise noch plausibel erscheinen lässt, bleibt zu diskutieren. Zum Stand der Forschung vgl. HENSEL, Juda.

106 Zu den chr Berichten über die Regierungszeit Hiskias vgl. YOUNG, Hezekiah, 195–255.

107 Zu den assyrischen Quellen vgl. WEIPPERT, Textbuch, 310ff.326ff., zu deren Beurteilung YOUNGER, Involvement; YOUNG, Hezekiah, 61–87, sowie der Sammelband

unterschiedlichen Geschicken.[108] Über die Bedrohung durch die Assyrer hinaus sah
sich das Südreich, auch hinsichtlich des Verhaltens gegenüber den „Brüdern" aus dem
Norden, vor grosse Herausforderungen gestellt. Dazu gehörte die Integration eintref-
fender Flüchtlinge.[109] Es ist gleichwohl damit zu rechnen, dass Juda in der zweiten
Hälfte des 8. Jh.s v. Chr. wirtschaftliche Prosperität (jedenfalls bis 701 v. Chr.) erlebte.
Namentlich für die Zeit der Regentschaft von König Hiskia (725–696 v. Chr.)[110] sind
eine Reihe baulicher, ökonomischer, administrativer und militärischer Massnahmen
erkennbar, die Judas Aufstieg zu einer Regionalmacht anzeigen.[111] Einflüsse und
Interessenverbindungen Hiskias mit Blick auf den Norden sind ersichtlich,[112] zumal
nach 720 v. Chr. dort nicht nur mit Zerstörung, Flucht und Exilierung, sondern auch
mit einer gewissen Kontinuität im Land und fortgesetztem Austausch mit Juda zu
rechnen ist.[113] Für unsere Fragestellung relevant sind seine Kultreformen und Anzeichen für eine integrative Sichtweise unter Einbezug der Nordstämme.[114] Dazu fügt

---

ASTER/FAUST (eds.), Southern Levant. Vgl. ferner KEEL, Geschichte 1, 380.403–
404.464–466.

108   Die da sind: 1. Deportation nach Assyrien (vgl. Jes 11,11–16; Hos 9,3; 1. Kön 14,15;
      2. Kön 15,29; 17,6.23; 18,11; 2. Chr 5,26–27; 30,25; Tob 1,1–3.10; 13,8); 2. Verbleib unter
      Assimilierung mit Neuangesiedelten (vgl. 2. Kön 17,24ff.; Esr 4,2.10); 3. Flucht nach
      Ägypten (vgl. Hos 9,3.6, ferner gewisse Indizien die jüdische Kolonie in Elephan-
      tine betreffend); 4a. Verbleiben im Land unter (religiöser) Orientierung nach Juda/
      Jerusalem und/oder 4b. (spätere) Übersiedlung oder Flucht nach Juda/Jerusalem
      (vgl. Jes 10,20–22; 2. Chr 11,13–17; 30,1ff.; 2. Chr 31,6; Tob 1,5–8).

109   Zu inschriftlichen Hinweisen auf Personen mit Herkunft aus dem (ehemaligen)
      Nordreich vgl. SCHNIEDEWIND, Refugees, und MENDEL-GEBEROVICH/CHALAF/UZIEL,
      People.

110   Die Chronologie ist strittig. Zur Argumentation für die genannten Regierungsjahre
      (und 720 v. Chr. für den Fall Samarias) vgl. YOUNG, Hezekiah, 9–33.285–286.

111   Um einige Auswirkungen und Massnamen zu nennen: 1. Bauliche Massnah-
      men in Jerusalem (Ausbesserung der Befestigungsanlage, neue Stadtmauer,
      Wasserversorgung) aufgrund einer beträchtlichen Zunahme (u.a. durch Flücht-
      linge) der Bevölkerung und der Assyrerbedrohung (vgl. Jes 22,9–11); 2. Politisch-
      militärische Intervention und Einflussnahme in Philistäa; 3. Logistische und
      ökonomische Massnahmen wie die Einrichtung eines Administrativzentrums
      in Ramat Rachel (königlich gravierte Vorratskrüge etc). Vgl. dazu u.a. SCHÜTTE,
      Exil, 7–17; DERS., David, 100; FINKELSTEIN/SILBERMAN, Temple; RENZ, Texttradition;
      VAUGHN, Theology; SCHNIEDEWIND, Bible, 64–90; KEEL, Geschichte 1, 405ff.; YOUNG,
      Hezekiah, 35–59, und die Beiträge in VAUGHN/KILLEBREW (eds.), Jerusalem (v.a.
      Teil 2) – anders: GUILLAUME, Jerusalem.

112   Vgl. die Adaption nordisraelitischer Ölproduktion, Siegelfunde mit Nordreich-
      Namen sowie der Umstand, dass Hiskias Thronnachfolger nach einem bedeutenden
      Nordstamm (Manasse) benannt wurde und mit einer Frau aus dem galiläischen
      Jotba verheiratet war (2. Kön 21,19). Dazu FINKELSTEIN, Settlement, 508–510;
      SCHÜTTE, Exil, 12–14.

113   Vgl. KNOPPERS, Jews, 18–44.

114   Vgl. 2. Kön 18,4–7.22; 21,3; Mi 3,1.9–10(?), ferner KEEL, Geschichte 1, 410.420(ff.).
      Hiskias Ausrichtung an Moses Geboten in Gegenüberstellung zur Nichtbeach-
      tung derselben durch das Nordreich (2. Kön 18,6.12) ist ebenso auffällig wie die
      enge erzählerische Verknüpfung vom Untergang des Nordreichs und dem Aufstieg
      Hiskias in 2. Kön 17,1–18,12. SCHÜTTE, Exil, 7–24.165–177.230–240, spricht sogar von
      einer nach dem Fall des Nordreichs einsetzenden „Israelitisierung Judas".

sich ein wachsendes Bildungsmilieu mit der Zunahme an literarischer Produktion und editorischen Tätigkeiten. Eine Sammlung weisheitlicher Sprüche durch „die Männer Hiskias" wird erwähnt (Spr 25,1ff.), ja Hiskia selbst erscheint als Dichter und Beter von Psalmen (2. Kön 19,15–19; 20,3; Jes 38,9–20).[115] Die Chronik erwähnt die Förderung levitischer Aufführungen von Psalmen und deutet eine Edition von Psalmen an (2. Chr 29,25–30).[116] Ihr Kontext sind Hiskias äussere und innere Reformen des Tempels (2. Chr 29–30), die historische Haftpunkte aufweisen, wobei bereits die Sühneopfer (und nicht erst das Passa) Ganz-Israel (aus dem Süden *und* dem Norden) im Blick haben dürften (2. Chr 29,24, vgl. 2. Chr 30,1ff.).[117] Es ist davon auszugehen, dass bei diesen Tätigkeiten Leviten aus den Nordstämmen dazu gehörten, deren theologischen Überlieferungen einflossen und bearbeitet wurden. Auch wenn die Quellenlage kein sicheres Urteil ermöglicht, so spricht manches dafür, dass Asaphiten in Jerusalem Einfluss gewannen (oder bereits hatten) und Hiskias Anliegen einer Integration der Nordstämme theologisch wie literarisch massgeblich begleiteten und förderten.[118] Gut möglich, dass Joach ben-Asaph,[119] der unter König Hiskia das Spitzenamt des מזכיר innehatte (vgl. 2. Kön 18,18.37 = Jes 36,3.11), einer von ihnen war.[120] Spätestens zu dieser Zeit ist neben der etablierten zadokidischen Jerusalemer

---

115   Vgl. auch VAN LEEUWEN, Sage, 298–299: „In the case of a prophet like Isaiah, strong verbal and thematic parallels to proverbs from the court of Hezekiah exist (e.g., Isa 5:21 and Prov 26:5, 12, 16; 28:11)."

116   Eine bereits etablierte Autorität davidischer und asaphitischer Psalmen ist dabei vorausgesetzt (vgl. KLEINIG, Song, 62.68–69). Eine musikalische David-Tradition scheint gemäss Am 6,5 bereits für das Nordreich (Samaria) vor dem Fall bezeugt. Vgl. ferner die Verfassung von Schriftstücken in 2. Chr 30,1 und die geschulten, mehrsprachigen Spitzendiplomaten in 2. Kön 18,17ff.

117   Mit YOUNG, Hezekiah, 195–233. Er geht aus von einer „northern participation at the rededication ceremony, and as such it is reasonable to postulate a direct linkage between the northern kingdom and the revitalization of the temple" (ebd., 207). Letztere wird beurteilt als „a calculated maneuver directly related to the closure of Yahwistic shrines elsewhere, assuring the priority and economic well-being of the all-important sanctuary in Jerusalem" (ebd., 208). Zur Darstellung Hiskias in Chr unter Einbezug des Nordens vgl. auch KNOPPERS, Jews, 82–92.

118   Vgl. WEBER, Asaph-Psalter, 125–126, und v.a. GOULDER, Psalms, 190ff.; ELLIOTT, Northern Psalms. Auch Kontakte mit prophetischen Kreisen um Hosea und allenfalls Amos und Jesaja sind anzunehmen (zu Hos vgl. COOK, Roots, 53–57.236–248, zu Am 1–2 [Israel-Spruch] vgl. SCHÜTTE, Exil, 38–43). Zur Kritik an der Führungsschicht dieser Zeit vgl. Mi 3,1–12.

119   AscJes 6,17 reduziert Joach ben-Asaph zu Asaph.

120   Die Funktion des מזכיר („In-Erinnerung-Bringer", „Gedächtnisverwalter" [Schütte], Herold, Kanzler, Archivar, Oberstaatsanwalt o.ä.) ist nicht präzis bestimmbar. Die Wortbedeutung lässt an juridische, geschichtsarchivierende bzw. -aktualisierende Aufgabenbereiche denken, die den Asaph-Psalmen jedenfalls nicht fremd sind. Dieses hohe Staatsamt hatte unter David und Salomo ein Josaphat ben-Achilud (2. Sam 8,16 = 1. Chr 18,15; 2. Sam 20,24; 1. Kön 4,3) inne, der vermutlich aus dem Norden stammte (ein anderer Achilud-Sohn wird in 1. Kön 4,12 mit der Verwaltung des Gebiets um Tanaach, Megiddo und Beth-Schean betraut). Die Chronik erwähnt Amt und Träger unter Hiskia nicht – um eine Vermischung von Asaph-Linien zu vermeiden bzw. diese für die Sängergilde zu reservieren? –, dafür unter König Josia einen מזכיר mit demselben Namen, aber anderem Patronym (Joach

Kulttheologie mit einem (neuerlichen?[121]) Bedeutungsgewinn levitischer und damit auch deuteronomischer Theologie zu rechnen.[122] In deren Umkreis gehören neben den Asaph-Psalmen mosaische und prophetische Überlieferungen. Der Umstand, dass manche Asaph-Psalmen neben ihrer Nordreich-Verhaftung auch Jerusalemer Bezüge haben, kann als Ausdruck dieser Integration beurteilt werden. Als Beispiel sei Ps 77 angeführt: Dort wird die Rettungsgeschichte, die mit der Wendung „die Söhne Jakobs und Josephs" auf die Nordstämme fokussiert ist (V. 16), mit dem Hinweis auf Gottes Leitung „durch die Hand Moses und Aarons" (V. 21) verschränkt.[123] Mit diesem offenen Schluss wird die Heilsgeschichte auf Gegenwart und Zukunft hin geöffnet. Der doppelte Verweis auf die Mittlergestalten Aaron und Mose lässt sich auf diesem Hintergrund als Vergemeinschaftung von Jerusalemer Tempeltheologie (Zadokiden) und nordstämmiger Levitentheologie lesen.[124]

Einen herausragenden Beitrag zu dieser integrativen Neuausrichtung liefert Ps 78.[125] Der Asaphit eröffnet sein Lehrgedicht im Anschluss an das Moselied (vgl. Dtn

---

ben-Johas, 2. Chr 34,8). Andererseits kennt 2. Chr 29,12 (vgl. 1. Chr 6,5–6) einen gerschomitischen Leviten mit Namen Joach ben-Simma – mit Filiation zu Asaph gemäss 1. Chr 6,24–28! – und dessen Sohn Iddo (mit teils ähnlichen Funktionen, wie sie dem מזכיר unter Josia zugewiesen werden).

121 Will man die Informationen über die gemeinsame Königszeit unter David und Salomo nicht als legendarisch bzw. rückwirkend konstruiert abtun, wäre damit ein Anschluss an David und seine Integration zweier Priesterlinien (Abjathar und Zadok) gegeben, nachdem unter Salomo – gemäss den Könige-, aber nicht den Chronik-Büchern! – Abjathar aus der Jerusalemer Priesterschaft ausscheiden musste (vgl. 2. Sam 8,15–18; 20,25–26; 1. Kön 2,22–27; 4,4 [hier erscheint Abjathar doch als Priester?!]; 1. Chr 15,11; 18,16; 24,6.31).

122 Es legt sich nahe, die in 2. Kön 18,4 genannten Reformmassnahmen dtn beeinflussten Immigranten aus dem Norden zuzuschreiben (vgl. Toews, Monarchy, 170–172). Zu den Umrissen dieser grossen theologischen Bewegungen vgl. Schmid, Traditionsliteratur, 307–315 (wenn auch mit anderer Datierung), ähnlich van der Toorn, Culture, 166–172; Christian, Authorship, 234–236. Cook, Roots, 20–57, sieht in den Asaph-Psalmen frühbiblischen Jahwismus („Sinai Theology") repräsentiert und in Hiskia den Schirmherrn einer vom Norden kommenden levitisch-asaphitischen „Pro-Sinai-Coalition". Schniedewind, Bible, 74–90, nimmt an, dass zur Zeit Hiskias eine Erstedition von Dtn, eine Vorstufe der Kön-Bücher (bis 2. Kön 17), Fassungen früher Schriftprophetie (Jes; Mi; Hos; Am) und Stoffe aus Gen, Ex und Lev (Lev 17–26) vorlagen.

123 Vgl. dazu Weber, Psalm 77, 131–137.165–173.

124 Ähnliche Integrationsbemühungen sind in Ps 76 (dazu Weber, „Salem") auszumachen (LXX ergänzt in der Überschrift: „gegen den Assyrer"). Für die Doppelheit von Nordreich-Kolorit und Jerusalem-Bezug ist die Annahme späterer Jerusalemer Überarbeitungen (Goulder, Psalms of Asaph, 26ff.) eine, wenn auch nicht die einzig mögliche Erklärung.

125 Vgl. der neue Beitrag zu Ps 78 in diesem Band (I.3), ferner Weber, Psalm 78; Ders., Werkbuch II, 46–56; Ders., Werkbuch III, 195–197; Ders., „Asaph Meets Hosea", 589–601; Ders., Mose-Lied, 287–294; ähnlich, teils mit anderen Akzenten, Weingart, Juda. Goulder, Psalms, 127, bezeichnet den Psalm als „widely misunderstood". Zu Recht wird die Nähe zum Dtn gesehen. Häufig folgt dann die Einstufung als „deuteronomistisch" und ihr folgt eine nachexilische Datierung auf dem Fuss (so etwa die Studie von Witte, Exodus; mit geschichtstheologischer Einbettung in den Psalter vgl. Gärtner, Geschichtspsalmen, 36–134; Klein, Geschichte, 80–186).

32,1) prophetisch (vgl. Num 12,6–8). Zugleich signalisiert er, dass sein Vortrag weisheitlich, als Parabel und Rätselrede (משל und חידות), aufzufassen ist (V. 1–2). Dann rückt er sich legitimierend in die lange Kette der Traditionsträger ein (V. 3), streicht Weitergabe und Einlösung des Überlieferten heraus und markiert sein Anliegen der Weitergabe an die kommenden Generationen (V. 4–8). In zwei Erzählbögen wird hernach Gegenwart und Zukunft mit Geschehnissen der frühen Volksgeschichte gedeutet. Der Anfang ist bewusst bei Ephraim gewählt (V. 9); Israels Verlust der Lade bei Aphek wird dem Führungsstamm Ephraim angerechnet und transparent gemacht für den Untergang des Nordreichs: Anstelle von Joseph, Ephraim und Schilo (V. 59–67) rückt die Trias Juda (Stamm), Zion (Heiligtum) und David (Königslinie) endgültig und irreversibel in die von Gott bestimmte Vorzugsstellung auf.[126] Der Psalm sieht die politischen und institutionellen Grössen des Nordens als verloren an, nicht aber die Bewohnerschaft (ähnlich wie die Chronik). Er dürfte sich denn auch vornehmlich an seine Landsleute aus dem Norden (oder noch im Norden) richten, die nach dem Desaster von 720 v. Chr. neuer Orientierung bedürfen. Er beantwortet die eminent theologische Frage, ob es für die Zehnstämme-Israeliten nach dem als Gericht verstandenen Verlust ihrer Eigenständigkeit noch eine Zukunft als Gottesvolk gebe.[127] Seine Antwort lautet: Das Volk aus dem Nordreich Israel hat am Erwählungshandeln Jhwhs insofern Anteil, als es den Primat von Juda anerkennt und sich an den Jerusalemer Tempel und das davidische Königshaus anschliesst. Legitimiert und autorisiert wird diese Botschaft durch stetigen Rückbezug auf Mose und die mit ihm verbundenen Überlieferungen, denen seine Landsleute aus dem Norden sich verpflichtet wissen. Selbst David wird am Schluss in ein „mosaisches Gewand" gehüllt: Auch er ist nun Jhwhs „Knecht"[128], der „neue Mose", der in Jhwhs Auftrag das Volk durch Gegenwart und Zukunft sicher führt (vgl. Ps 77,21).[129] Man würde Ps 78 missverstehen, wenn man ihn von seinem Ende her einfach pro-judäisch und

---

Die Relation zwischen Dtn und Ps 78 ist freilich vielschichtig. Ich würde jedenfalls von einem, aus dem Norden stammenden Dtn ausgehen und von Asaph-Psalmen, welche (teils) die dtn Überlieferung kennen. GOULDER, Psalms, 32–34, kehrt die Abhängigkeitsrichtung um und schreibt: „Deuteronomy did not descend from heaven in 622, and it is equally possible that the Asaph community influenced the Deuteronomists; indeed, I shall argue that they were their grandparents" (ebd., 32).

126 Gegenüber Gottes Handeln an Joseph bzw. Juda, Zion und David („verwerfen" ↔ „erwählen", Ps 78,67–70) ist sein Verhalten gegenüber Schilo als seinem Wohnsitz zurückhaltender formuliert (נתש „brach liegen lassen, unbeachtet lassen, aufgeben", Ps 78,60).

127 Ähnlich die asaphitischen Psalmen 76–77 und zeitlich vorausgehend die Volksklagen Ps 74; 80; 83, dazu jeweils WEBER, Werkbuch II. Vgl. insbesondere die Erwähnung der Verhöhnung in der Klagebitte von Ps 74,10.18 mit der Verhöhnung des Assyrers Sanherib in 2. Kön 19,22–23 = Jes 47,23–24; 2. Chr 32,17 (zu dieser Ansetzung von Ps 74 vgl. DERS., Datierung, 521–528.530–532 [187–296.198–200]).

128 Zum Titel „Gottesknecht" für Mose vgl. u.a. Dtn 34,5; Jos 1,1.13.15; 2. Kön 18,12; 2. Chr 1,3; 24,6.9, für David vgl. u.a. Ps 18,1; 89,4.21.40; 132,10; 144,10; 1. Chr 17,7ff.; 2. Chr 1,3.

129 Das verwendete Motiv vom Hirten und seiner Herde – gleichsam asaphitisches Monogramm (vgl. Ps 74,1; 77,21; 78,52.70–72; 79,13; 80,2) – ist seinerseits nordisraelitisch geprägt und in josephitischen und mosaischen Überlieferungen verhaftet (vgl. Gen 48,15; 49,24; Ex 15,13; Hos 12,14; Jes 63,11; Ps 77,21). Es wird hier auf David

pro-davidisch interpretierte. Ohnehin sind nicht – wie meist angenommen – Teile der Nordreichbevölkerung und ihre Traditionen von Juda/Jerusalem gleichsam aufgesogen worden und haben sich damit erledigt. Eher ist mit Wolfgang Schütte von einer „Israelitisierung Judas"[130] zu sprechen oder jedenfalls einer neuen Austarierung judäischer und ephraimitischer Überlieferung und Theologie in hiskianischer Zeit: Israel ging nicht einfach in Juda auf, sondern blieb „Israel".

Wechseln wir zum Schluss zur chronistischen Schilderung dieser Zeit, von der Sara Japhet schreibt: „In Chr überragt die Gestalt des Hiskija sämtliche Könige von Juda einschließlich Joschija."[131] Nun wird der Quellenwert (auch) der Hiskia-Kapitel 2. Chr 29–32 gemeinhin kritisch beurteilt. Darstellung und Gewichtung des chronistischen Hiskia scheinen mir perserzeitlich allerdings nicht hinreichend erklärbar, sondern Gegebenheiten der erzählten Zeit mit zu reflektieren.[132] Die Lektüre der Hiskia-Kapitel in der Chronik von den Asaph-Psalmen her, mit ihrem Bemühen um eine Integration der Nordstämme, weist sich als erhellend und unterstützt die These einer chronistischen Rezeption asaphitischer Überlieferungen. So überrascht die besondere Rolle, die König Hiskia zukommt, ebenso wenig wie dessen Bemühen um den Norden[133] – ganz zu schweigen von der prominenten Stellung, welche die Leviten und mit ihnen die Asaphiten einnehmen.[134] Das Wohlwollen Hiskias ihnen gegenüber ist kaum zu überbieten.[135]

---

adaptiert, vergleichbar mit dem Wort des Propheten Nathan an den JHWH-Knecht David in 2. Sam 7,8 // 1. Chr 17,7 (dazu auch HAHN, Liturgy, 22–23).

130   Vgl. SCHÜTTE, Exil, 7–24.165–177.230–240.

131   JAPHET, 2 Chronik, 416. Ihre Notiz wird von der Schlussbemerkung von YOUNG, Hezekiah, 293, noch überboten: „Few men have done more in one lifetime to immortalize their place on the world stage. It is only appropriate that biblical scholarship has finally come to recognize his well-deserved status as the greatest king in the history of Israel."

132   Diese Annahme wird von einer neuen Monographie zu Hiskia bestätigt, vgl. YOUNG, Hezekiah (zur chr Darstellung vgl. 195–283). Seine Folgerung: „Many of the details which emerge from cautious reconstruction of the Hezekiah arc in Chronicles are historically plausible and cast serious doubt on the notion of his resplendent kingdom as a mere post-exilic retrojection. In tandem with all of the evidence that has been amassed in these chapters pertaining to source material underlying the Hezekiah narrative, this leads to the bold but cogent assertion that it is the book of Chronicles, not Kings, which better preserves the picture of the historical Hezekiah." (ebd., 281–282).

133   Es handelt sich weithin um chr Sondergut, ebenso wie die bemerkenswerte Episode unter seinem Vorgänger Ahas, wo sich auf prophetische Intervention hin das Nordreich grossmütig gegenüber den Gefangenen aus Juda erweist (2. Chr 28,9–15). Mit Blick auf die Bedeutung der Nordstämme in der Chronik ist ferner auf 1. Chr 9,3ff. (zu Bewohnern Jerusalems gehören auch Nachfahren von Benjamin, Ephraim und Manasse) und die nur in den Asaph-Psalmen (Ps 83,7) und der Chronik (1. Chr 5,10.19–20) bezeugten Hagriter hinzuweisen – eine Information, die wohl aus Quellen der ostjordanisch-israelitischen Stämme stammt (zu den Hagritern auch WILLI, Völkerwelt, 441–442).

134   Vgl. dazu 2. Chr 29,4ff.12ff.25ff.; 30,15ff.; 31,2ff.

135   Die besondere Verbundenheit der Leviten mit Hiskia stellt auch LABAHN, Herrschaftsanspruch, 128–144.159–168, heraus, freilich ohne daraus Anhaltspunkte für historische Geschehnisse im letzten Drittel des 8. Jh.s zu erwägen.

Dazu einige Stichworte unter Anknüpfung an Ps 78: Die Chronik verwendet für Mose wie für David die Bezeichnung „Gottesknecht"; darüber hinaus verleiht sie diesen Ehrentitel als einzigem Davididen Hiskia (2. Chr 32,16). Das treulose Verhalten der Väter und Brüder in 2. Chr 30,7(-8)[136] zielt ebenso wie der anschliessende Umkehrruf Hiskias auch die verbliebene Nordreichbevölkerung an. Er hat Anhalt am levitischen Bussgebet in Neh 9 (vgl. V. 16–17.31). Dahinter steht der asaphitische Ps 78 mit vergleichbaren Aussagen (vgl. V. 8–9.37–38.57–58), aber einem gegenüber Neh 9 deutlicheren Bezug auf das (gefallene) Nordreich und Hiskia. Kristallisationspunkt der Umkehrmöglichkeit bietet das mit Mose verbundene Offenbarungswort Jhwhs in Ex 34,6 (im Kontext des Bundesbruchs).[137] Das Setting von 2. Chr 30 fügt sich jedenfalls zur Zeitlage nach 720 v. Chr., ohne dass nachexilische Momente deswegen ausgeschlossen werden müssen.[138] Die bereits erwähnte Notiz in 2. Chr 29,30, dass Hiskia den Leviten gebot, zu lobpreisen „mit den Worten Davids und Asaphs, des Sehers", passt doppelsinnig zu hiskianischen wie perserzeitlichen Verhältnissen und bestätigt die hohe Stellung Asaphs und seiner Psalmen.[139] Dass die geschichtstheologische Zeitdeutung von Ps 78 ihre Wirkung nicht verfehlt hat, zeigen davon beeinflusste Stücke wie Ps 105–106 (und damit 1. Chr 16); Neh 9 und Jes 63–64.[140] Die asaphitische Übermittlung passt sich dabei – bei einem Zeitrahmen von rund 400 Jahren nicht erstaunlich – veränderten Umständen an. So manifestieren sich in und neben den Gemeinsamkeiten auch erhebliche Differenzen, namentlich was wahrgenommene Funktionen der Asaphiten betrifft.[141] Für die Transformation der Aufgaben von Kultprophetie, Gerichtsansage und -klage sowie Geschichtsaktualisierung (Asaph-Psalmen) hin zu instrumentalem und gesanglichem Lobpreis im Tempel (chr Asaphiten) sind mannigfache Gründe zu vermuten – nicht zuletzt der

---

136 Die daselbst erwähnte Preisgabe durch Jhwh zum שמה „Entsetzen" (vgl. Dtn 28,37, asaphitisch Ps 73,19) wurde für den Norden in Hos 5,9 (vgl. Ez 23,33), für den Süden im Buch Jeremia (u.a. Jer 25,9.18; 29,18) erwähnt.

137 Aufnahmen von Ex 34,6(-7) finden sich auch in Psalmen des Teilbuchs (I und) III. Zu den Belegen vgl. Weber, Werkbuch III, 151–154; Coniglio, Yhwh, 41–42.

138 Vgl. Young, Hezekiah, 209–233 (mit Bestreitung einer Retrojektion von Josias Passa). Als Zeithintergrund unpassend wäre das Anrücken der assyrischen Armee gegen Juda 701 v. Chr. (davon ist erst in 1. Chr 32 die Rede) oder die babylonischen Deportationen gut 100 Jahre später (in 2. Kön 18,9–12 ist die Belagerung und Wegführung Samarias in den Hiskia-Bericht eingeschoben).

139 Eine frühe Psaltervorstufe ist am ehesten im elohistischen Grundbestand des David-Asaph-Psalters Ps 50–83* zu suchen. Die in 2. Chr 29,30 erwähnte Verwendung zum Lobpreis fügt sich freilich schlecht zu dieser Sammlung und ist nachexilischer Überblendung zuzuschreiben (vgl. Neh 12,46).

140 Man kann sich sogar fragen, ob das königszeitlich-nachexilische Überblendungsmodell der Chronik nicht am משל -Charakter von Ps 78 geschult ist. Im Fall von Ps 78 mag man eher von „Rekapitulierung" (Geschichte → Gegenwart), im Fall der Chronik von „Inaugurierung" (Gegenwart → Zukunft) sprechen. Zur Ähnlichkeit der Präsentation Davids als neuer Mose in Ps 78 und (vgl. auch Hahn, Liturgy, 21–23, zur Verbindung der beiden Gestalten im Psalter vgl. Weber, Moses.

141 Dass Leviten generell, jedenfalls zur Zeit des nachexilischen Tempels, multifunktional agieren, zeigt Labahn, Herrschaftsanspruch.

Fall beider Teilreiche und je andere Gewichtungen und Aufgaben am vorexilischen und nachexilischen Tempel.[142]

6.3 Die Asaphiten auf dem Weg von Hiskia in die Entstehungszeit der Chronik

Die nach-hiskianische Königszeit bedarf hinsichtlich asaphitischer Beeinflussung genauerer Untersuchungen, die bisher nicht vorliegen. Eine Zuordnung von Asaph-Psalmen in diese Zeit vermag ich nicht zu sehen. König Josia scheint – anders als für die Könige-Bücher – aus chronistischer wie asaphitischer Sicht weniger bedeutsam als Hiskia.[143] Levitische Einflüsse sind in der (Früh-)Verkündigung des Propheten Jeremia in Verbindung mit bei ihm wie bei Josia zutage tretenden nordisraelitischen Interessen und Bezügen zu vermuten.[144]

Die Erwähnungen von Asaphiten in den Rückkehrerlisten (Esr 2,41; Neh 7,44) und darüber hinaus (u.a. Esr 3,10; Neh 11,17.22) zeigen, dass eine konsolidierte Gruppe von Musikern mit Bezug auf den Ahnherrn Asaph zu den ersten Heimkehrern aus dem babylonischen Exil gehörte. Ihnen wurden alsbald Aufgaben rund um den Gottesdienst bezüglich Musik/Gesang und wohl auch Verkündigung zugewiesen. In Esr 3,12 führt eine Spur insofern zum ersten Tempel zurück, als einige Leviten ihn noch mit eigenen Augen sahen.[145] Die Asaphiten haben sich daher kaum erst im Exil konstituiert. Eine Verhaftung bereits am ersten Tempel ist wahrscheinlich.[146] Es stellt sich freilich die Frage: Wie kommt es, dass ausgerechnet die Asaphiten nach der Rückkehr aus dem Exil in eine derart prominente Stellung aufrücken? Die mir plausibelste Erklärung liegt in deren Kompetenz, Katastrophen theologisch zu verarbeiten. Asaphitische Volks- und Mittlerklagen (wie Ps 77; 80; 83 und wohl

---

142   Etwas Vergleichbares wird auch bei Etan und Heman greifbar, die von esrachitischen Weisheitslehrern zu Sängerleviten mutieren (vgl. 1. Kön 5,11 mit 1. Chr 15,17–19; 25,1ff. – ohne Beleg in Esr-Neh! –; der in 1. Chr 15,19 letztmals erwähnte Etan wird später durch Jedutun ersetzt oder ist mit ihm identisch). Die beiden in den Psalter eingegangenen und ihnen zugeschriebenen Stücke Ps 88 und 89 dürften eine Zwischenstufe darstellen, wie die Überschriften (Ps 88,1; 89,1) nahelegen.

143   Vgl. auch BAE, Suche, 142, nach der „Josia die Maßnahmen Hiskias erneut und dauerhaft geregelt hat, die sich zuvor aus der Not heraus ergeben hatten (2. Chr 29,34; 30,17)". Ob man mit ihr David-Salomo und Hiskia-Josia parallelisieren und von einer „zweiten Gründungszeit" des Jerusalemer Kults sprechen will (ebd., 158–161), sei dahingestellt.

144   Vgl. 2. Kön 23,4.15–20.29, ferner Jer 2–4; 7,12–15 und v.a. 30–31. Zu einem levitischen bzw. nordisraelitischen Kolorit mit Blick auf Josia, Jeremia und die Schaphaniden vgl. LEUCHTER, Reform, 18ff.50ff.; SCHÜTTE, David, 106–108. Beim chr Josia findet sich einen Bezug auf das Nordreich in 2. Chr 34,6–7.9 (Sondergut), wobei die levitische Vermittlung mit Blick auf die Geldspende von „Manasse und Ephraim und vom gesamten Rest Israels" bemerkenswert ist. Ebenfalls interessant ist die Ausdifferenzierung levitischer Funktionen, namentlich die Erwähnung von סופרים in 2. Chr 34,13 (Sondergut), und die schon erwähnte Verschiebung levitischer Aufgaben in 2. Chr 35,3 (s.o.).

145   Aufgrund Esr 3,10–11 liegt sich nahe, dass Asaphiten dazu gehörten.

146   So auch LAATO, Genealogies, 88–92.97. Zur Darstellung und Einschätzung der asaphitischen Herkunftslinie(n) vgl. GOULDER, Psalms, 312–327.

auch – besonders umstritten – Ps 74[147]) und theologische Geschichtsdeutung (Ps 78) haben bereits nach dem Fall des Nordreichs einen Weg der Verarbeitung und des Neuanfangs geebnet. Dass ihre Psalmen beim Untergang des Südreichs reaktualisiert und allenfalls modifiziert wurden, legt sich nahe. Auch wenn ich im Gegensatz zur *opinio communis* die Mehrheit der asaphitischen Volksklagen nicht erst im babylonischen Exil (oder danach) ansetze, so ist Ps 79 davon auszunehmen.[148] Mit ihm wird Ps 74 fortgeschrieben und zugleich das Psalmenpaar 77–78 ajouriert. Damit ist im Kern des bald abgeschlossen vorliegenden Asaph-Psalters (Ps 50; 73–83)[149] der Fall *beider* Teilreiche reflektiert, nämlich in der Sequenz der Psalmen 77–79 im Zentrum.

Die in das Psalterteilbuch III (Ps 73–89) eingezeichnete Trias der Levitenpsalmen von Asaph (Ps 73–83), Heman (Ps [84–]88)[150] und Etan/Jedutun (Ps 89) findet sich – mehrheitlich in dieser Reihenfolge – in der chr Konstellation der drei Sängergruppen nachgebildet (vgl. v.a. 1. Chr 25,1; 2. Chr 5,12; 29,13–14; 35,15).[151]

6.4 Fazit: der asaphitische Trägerkreis und seine Textüberlieferung

Ich habe den Versuch unternommen, den Bogen von Asaph in den Psalmen bis zu Asaph und seinen Nachfahren in der Chronik zu spannen und Konturen einer asaphitischen Trägergruppe aufzuzeigen. Die Verantwortlichen, die hinter den Asaph-Psalmen stehen, sind mit Gerichtsankündigung und -verarbeitung beschäftigt. Das Repertoire der exilisch-nachexilischen Kreise und deren Texte, die asaphitischen Einfluss verraten (vgl. Ps 90–106*; Neh 9; Jes 63–64), zeigen ein breites Spektrum, von Bussgebeten bis zum Jhwh-Lobpreis. Die Asaphiten der Chronik schliesslich sind weniger Dichter und Beter denn Musiker. Sie konzentrieren sich auf die תהלה, den Lobpreis Gottes.[152] Warum im Laufe der spätnachexilischen Zeit der Einfluss

---

147 Dazu Weber, Datierung, 521–528 (187–196).
148 Vgl. Weber, Datierung, 528–532 (196–200). Ps 79 stellt eine Zwischenform in der Entwicklung von der Volksklage zum (nachexilischen) Bussgebet (vgl. Jes 63–64; Neh 9; Ps 106) dar. Er steht der Gattung „Volksklage" nahe, anders als diese und vergleichbar mit den Busspsalmen, spricht er aber die Schuld der Väter und eigene Sünden an und beurteilt sie als die Not mitverursachend (vgl. Ps 79,8–9).
149 Er bildet mit einer frühen Davidssammlung (Davidpsalter II) den Grundstock des „Elohistischen Psalters" (Ps 42–83). Dieser wird später durch eine zweite Qorachitergruppe, einen David- und den finalen Etan-Ps 89 ergänzt (Ausbalancierung der Teilgruppen David, Asaph und Qorach-Söhne).
150 Im Präskript von Ps 88 liegt eine Doppelzuweisung zu Heman wie den Söhnen Qorachs vor. Damit ist der Psalm mit der vorauslaufenden Qorach-Sammlung Ps 84–87/88 (mit dem David-Psalm 86 in der Mitte) verknüpft.
151 Dass Heman und Etan/Jedutun wie im Psalter (vgl. die Nachbarschaftsstellung und den Esrachiter-Bezug in Ps 88–89) eng zusammengehören, scheint auch die Chronik anzuzeigen (vgl. 1. Chr 2,6; 16,41–42, dazu 1. Kön 5,11).
152 In der Chronik werden Bitt- und Bussgebete nicht (mehr) von Leviten, sondern von Königen gesprochen (vgl. namentlich das Tempelweihgebet Salomos in 2. Chr 6). Ähnlich übernehmen in Esr-Neh dies führende Volksrepräsentanten, so Esra (Esr 9) und Nehemia (Neh 1,4–11). Lediglich in Neh 9 – darin mit Ps (105–)106 vergleichbar – verbinden die Leviten mit Lobpreis Geschichtserinnerung und Bittgebet.

der Asaphiten – nicht aber der Leviten generell[153] – nachlässt und diese sich dann im Dunkel der Geschichte verlieren bzw. assimiliert werden, konnte bisher nicht hinreichend geklärt werden.[154]

Die abschliessende Überblicksskizze gruppiert Epochen[155] und Texte, die offenkundig oder jedenfalls mutmasslich mit diesem levitischen Trägerkreis verbunden sind.

Textkorpus	750–700 v. Chr.	Exilisch	(früh)nachexilisch	spätnachexilisch
Prophetie	(Hos*; Proto-Dtn?)	(DtJes?)	Jes 63–64	
Psalter	APs 74–78; 80–83	APs 79 (73?) → Asaph-Psalter	Ps 90–106[156]	
Esra-Nehemia			Neh 9	
Chronik				A in Chr (1. Chr 16 u.a.)

Bibliographie

ABU TALEB, M., The Seal of *plṭy bn m'š* the *mazkīr*, ZDPV 101 (1985) 21–29.

ACKERMAN, S., Who Is Sacrificing at Shiloh? The Priesterhoods of Ancient Israel's Regional Sanctuaries, in: M.A. Leuchter / J.M. Hutton (eds.), Levites and Priests in Biblical History and Tradition (Ancient Israel and Its Literature 9), Atlanta, GA 2011, 25–43.

ALBERTZ, R., Israel in der offiziellen Religion der Königszeit, in: H. Irsigler (Hg.), Die Identität Israels. Entwicklungen und Kontroversen in alttestamentlicher Zeit (HBS 56), Freiburg i.Br. 2009, 39–57.

ASTER, S.Z. / FAUST, A. (eds.), The Southern Levant under Assyrian Domination, University Park, PA 2018.

---

153 Vgl. dazu GLESSMER, Leviten; LABAHN, Licht. Zudem werden Leviten bzw. Gruppen aus ihnen aufgrund diverser Indizien für die Herausgabe des Psalters wie der Chronik verantwortlich gemacht (vgl. u.a. SMITH, Compilation; GILLINGHAM, Singers; KLEIN, 1 Chronicles, 17).

154 Mündlich äußerte mein Kollege, Edgar Kellenberger, die Vermutung, dass die Verschiebung von Gerichtsverarbeitung zu Lobpreis mittelfristig dazu führte, dass die Asaphiten an Bedeutung verloren. Dass es zu dieser Verschiebung kam, lag möglicherweise sowohl an den gewandelten Zeitbedürfnissen als auch an den Asaphiten als Kindern ihrer Zeit.

155 Die Epochen sind Annäherungswerte. Es geht hier eher um eine relative als um eine absolute Chronologie. Vgl. auch die Zeittabelle in WEBER, Asaf und Jesaja, 478.

156 Zur Herausarbeitung asaphitischer Einflüsse bei diesen Psalmen vgl. WEBER, Verbindungslinien.

Bae, H.-S., Vereinte Suche nach Jhwh. Die Hiskianische und Josianische Reform in der Chronik (BZAW 355), Berlin – New York, NY 2005.

Ballhorn, E., Zur Pragmatik des Psalters als eschatologisches Lehrbuch und Identitätsbuch Israels, in: A. Gerhards / A. Doeker / P. Ebenbauer (Hg.), Identität durch Gebet. Zur gemeinschaftsbildenden Funktion institutionalisierten Betens in Judentum und Christentum (Studien zu Judentum und Christentum), Paderborn 2003, 241–259.

–, Zum Telos des Psalters. Der Textzusammenhang des Vierten und Fünften Psalmenbuchs (Ps 90–150) (BBB 138), Berlin – Wien 2004.

Bayer, B., The Titles of the Psalms: A Renewed Investigation of an Old Problem, Yuval 4 (1982) 29–123.

Beentjes, P.C., „Die Freude war groß in Jerusalem" (2Chr 30,26). Eine Einführung in die Chronikbücher (SEThV 3), Münster 2008.

Blenkinsopp, J., The Sage, the Scribe, and Scribalism in the Chronicler's Work, in: J.G. Gammie / L.G. Perdue (eds.), The Sage in Israel and the Ancient Near East, Winona Lake, IN 1990, 307–315.

Bodner, K., Jeroboam's Royal Drama (Biblical Refigurations), Oxford – New York, NY 2012.

Botha, P.J., Psalm 108 and the Quest for Closure to the Exile, OTE 23 (2010) 574–596.

Buss, M., The Psalms of Asaph and Korah, JBL 82 (1963) 382–392.

Choi, J.H., Traditions at Odds: The Reception of the Pentateuch in Biblical and Second Temple Period Literature (LHB 518), New York, NY – London 2010.

Christian, M.A., Revisiting Levitical Authorship: What Would Moses Think?, ZABR 13 (2007) 194–236.

Coniglio, A., „Gracious and Merciful is Yhwh ..." (Psalm 145:8): The Quotation of Exodus 34:6 in Psalm 145 and Its Role in the Holistic Design of the Psalter, LASBF 67 (2017) 29–50.

Cook, S.L., The Social Roots of Biblical Yahwism (StBL 8), Atlanta, GA 2004.

–, Those Stubborn Levites: Overcoming Levitical Disenfranchisement, in: M.A. Leuchter / J.M. Hutton (eds.), Levites and Priests in Biblical History and Tradition (Ancient Israel and Its Literature 9), Atlanta, GA 2011, 155–170.

Day, J., The Ark and the Cherubim in the Psalms, in: B. Becking / E. Peels (eds.), Psalms and Prayers: Papers Read at the Joint Meeting of the Society of Old Testament Study and Het Oudtestamentisch Werkgezelschap in Nederland en België (OTS 55), Leiden – Boston, MA 2007, 65–77.

Deutsch, R., Biblical Period Hebrew Bullae: The Josef Chaim Kaufman Collection, Tel Aviv 2003.

Eichler, R., The Ark and the Cherubim (FAT 146), Tübingen 2021.

Elliott, S.J., Northern Psalms in Southern Contexts: Defining a Historical Setting for the Psalms of Asaph (MA Thesis masch., Trinity Western University), Langley 2019.

Endres, J.C. / Millar, W.R. / Burns, J.B. (eds.), Chronicles and Its Synoptic Parallels in Samuel, Kings, and Related Biblical Texts, Collegeville, PA 1998.

FINKELSTEIN, I., Art. „Shiloh", NEAEHL 4 (1993) 1364–1370.

–, The Settlement History of Jerusalem in the Eighth and Seventh Centuries BC, RB 115 (2008) 499–515.

–, Saul, Benjamin and the Emergence of „Biblical Israel": An Alternative View, ZAW 123 (2011) 348–367.

–, The Forgotten Kingdom: The Archaeology and History of Northern Israel (SBL. Ancient Near Eastern Monographs 5), Atlanta, GA 2013.

– / SILBERMAN, N.A., Temple and Dynasty: Hezekiah, the Remaking of Judah and the Rise of the Pan-Israelite Ideology, JSOT 30 (2006) 259–285.

FLEMING, D.E., The Legacy of Israel in Judah's Bible: History, Politics, and the Rein-scribing of Tradition, Cambridge, U.K. – New York, NY 2012.

GÄRTNER, J., Die Geschichtspsalmen. Eine Studie zu den Psalmen 78, 105, 106, 135 und 136 als hermeneutische Schlüsseltexte im Psalter (FAT 84), Tübingen 2012.

GILES, T. / DOAN, W.J., Twice Used Songs: Performance Criticism of the Songs of Ancient Israel, Peabody, MA 2009.

GILLINGHAM, S.E., The Levitical Singers and the Editing of the Hebrew Psalter, in: E. Zenger (ed.), The Composition of the Book of Psalms (BETL 238), Leuven 2010, 91–123.

GLESSMER, U., Leviten in spät-nachexilischer Zeit. Darstellungsinteressen in den Chronikbüchern und bei Josephus, in: M. Albani / T. Arndt (Hg.), Gottes Ehre erzählen. FS H. Seidel, Leipzig 1994, 127–151.

GOULDER, M.D., The Psalms of Asaph and the Pentateuch: Studies in the Psalter, III (JSOTS 233), Sheffield 1996.

GUILLAUME, P., Jerusalem 720–705 BCE, SJOT 22 (2008) 195–211.

HAHN, S.W., Liturgy and Empire: Prophetic Historiography and Faith in Exile in 1–2 Chronicles, Letter & Spirit 5 (2009) 13–50.

HARTENSTEIN, F., Zur Bedeutung der Schöpfung in den Geschichtspsalmen, in: R. Achenbach / M. Arneth (Hg.), „Gerechtgkeit und Recht zu üben" (Gen 18,19). Studien zur altorientalischen und biblischen Rechtsgeschichte, zur Religionsge-schichte Israels und zur Religionssoziologie. FS E. Otto (BZABR 13), Wiesbaden 2009, 335–349.

HECKL, R., Mose und Aaron als Beamte des Gottes Israel. Die Entstehung des bibli-schen Konzepts der Leviten (VT.S 190), Leiden – Boston, MA 2022.

HENSEL, B., Juda und Samaria. Zum Verhältnis zweier nachexilischer Jahwismen (FAT 110), Tübingen 2016.

HILBER, J.W., Cultic Prophecy in the Psalms (BZAW 352), Berlin – New York, NY 2005.

HOSSFELD, F.-L., Das Prophetische in den Psalmen. Zur Gottesrede der Asafpsalmen im Vergleich mit der des ersten und zweiten Davidpsalters, in: F. Dietrich / B. Willmes (Hg.), Ich bewirke das Heil und erschaffe das Unheil (Jesaja 45,7). Studien zur Botschaft der Propheten. FS L. Ruppert (FzB 88), Würzburg 1998, 223–243.

JANOWSKI, B., JHWH und der Sonnengott. Aspekte der Solarisierung JHWHs in vor-exilischer Zeit, in: J. Mehlhausen (Hg.), Pluralismus und Identität (VWGTh 8), Gütersloh 1995, 214–241.

–, „Die Hindin der Morgenröte" (Ps 22:1). Ein Beitrag zum Verständnis der Psalmenüberschriften, in: F. Hartenstein / T. Willi (Hg.), Psalmen und Chronik (FAT II/107), Tübingen 2019, 151–198.

JAPHET, S., 1 Chronik (HThKAT), Freiburg i.Br. 2002.

–, 2 Chronik (HThKAT), Freiburg i.Br. 2003.

JERICKE, D., Art. „Schilo", in: Ortsangaben der Bibel (odb), 2017 (letzte Änderung: 14.02.2022): https://www.odb.bibelwissenschaft.de/ortsnamen/ortsname.php?n=162 (eingesehen am 21. März 2023).

KEEL, O., Die Geschichte Jerusalems und die Entstehung des Monotheismus, Teil 1+2 (OLB IV,1), Göttingen 2007.

– / UEHLINGER, C., Göttinnen, Götter und Gottessymbole. Neue Erkenntnisse zur Religionsgeschichte Kanaans und Israels aufgrund bislang unerschlossener ikonographischer Quellen, Fribourg ⁶2010.

KILCHÖR, B. / WEBER, B., „Unser Gott kommt ...!" (Ps 50,3). Psalm 50 und sein Setting im Lichte aufgenommener Überlieferungen, OTE 27 (2014) 1084–1111.

KLEER, M., „Der liebliche Sänger der Psalmen Israels". Untersuchungen zu David als Dichter und Beter der Psalmen (BBB 108), Bodenheim 1996.

KLEIN, A., Geschichte und Gebet. Die Rezeption der biblischen Geschichte in den Psalmen des Alten Testaments (FAT 94), Tübingen 2014.

KLEIN, R.W., 1 Chronicles: A Commentary (Hermeneia), Minneapolis, MN 2006.

KLEINIG, J. W., The Lord's Song: The Basis, Function and Significance of Choral Music in Chronicles (JSOTS 156), Sheffield 1993.

KNITTEL, A.-K., Das erinnerte Heiligtum. Tradition und Geschichte der Kultstätte in Schilo (FRLANT 273), Göttingen 2019.

KNOPPERS, G.N., Jews and Samaritans: The Origins and History of Their Early Relations, Oxford – New York, NY 2013.

KO, M.H., The Levite Singers in Chronicles and Their Stabilising Role (LHB 657), London – New York, NY 2017 (2019).

KOENEN, K., Bethel. Geschichte, Kult und Theologie (OBO 192), Freiburg i.Br. / Göttingen 2003.

KRATZ, R.G., Die Tora Davids. Psalm 1 und die doxologische Fünfteilung des Psalters, ZThK 93 (1996) 1–34.

LAATO, A., The Levitical Genealogies in I Chronicles 5–6 and the Formation of Levitical Ideology in Post-Exilic Judah, JSOT 62 (1994) 77–99.

LABAHN, A., Licht und Heil. Levitischer Herrschaftsanspruch in der frühjüdischen Literatur aus der Zeit des Zweiten Tempels (BThSt 112), Neukirchen-Vluyn 2010.

–, Levitischer Herrschaftsanspruch zwischen Ausübung und Konstruktion. Studien zum multi-funktionalen Levitenbild der Chronik und seiner Identitätsbildung in der Zeit des Zweiten Tempels (WMANT 131), Neukirchen-Vluyn 2012.

LEUCHTER, M., Josiah's Reform and Jeremiah's Scroll: Historical Calamity and Prophetic Response (HBM 6), Sheffield 2006.

–, The Levites and the Boundaries on Israelite Identity, Oxford – New York, NY 2017.

LEUENBERGER, M., Psalterdoxologien. Entstehung und Theologie, in: Ders., Gott in Bewegung. Religions- und theologiegeschichtliche Beiträge zu Gottesvorstellungen im alten Israel (FAT 76), Tübingen 2011, 166–193.

MCCONVILLE, J.G., Time, Place and the Deuteronomic Altar-Law, in: J.G. McConville / J.G. Millar, Time and Place in Deuteronomys (JSOTS 179), Sheffield 1994, 89–139.

MENDEL-GEBEROVICH, A. / CHALAF, O. / UZIEL, J., The People Behind the Stamps: A Newly-Found Group of Bullae and a Seal from the City of David, Jerusalem, BASOR 383 (2020) 159–182.

MILLAR, J.G., Living at the Place of Decision: Time and Place in the Framework of Deuteronomy, in: J.G. McConville / J.G. Millar, Time and Place in Deuteronomys (JSOTS 179), Sheffield 1994, 15–88.

NASUTI, H.P., Tradition History and the Psalms of Asaph (SBLDS 88), Atlanta, GA 1988.

PITKÄNEN, P., Central Sanctuary and Centralization of Worship in Ancient Israel: From the Settlement to the Building of Solomon's Temple (Gorgias Dissertation Near Eastern Studies 5), Piscataway, NJ 2003.

PORZIG, P., Die Lade Jahwes im Alten Testament und in den Texten vom Toten Meer (BZAW 397), Berlin – New York, NY 2009.

RENZ, J., Die vor- und außerliterarische Texttradtion. Ein Beitrag der palästinischen Epigraphik zur Vorgeschichte des Kanons, in: J. Schaper (Hg.), Die Textualisierung der Religion (FAT 62), Tübingen 2009, 53–81.

RÖSEL, M., Israels Psalmen in Ägypten? Papyrus Amherst 63 und die Psalmen XX und LXXV, VT 50 (2000) 81–99.

RUSSELL, B.D., The Song of the Sea: The Date of Composition and Influence of Exodus 15:1–21 (SBLit 101), New York, NY 2007.

SANDERS, S.L., The Invention of Hebrew, Urbana, IL 2009.

SARNA, N.M., The Psalm Superscriptions and the Guilds, in: S. Stein / R. Loewe (eds.), Studies in Jewish Religious and Intellectual History. FS A. Altmann, Tuscaloosa, AL 1979, 281–300.

SCHELLING, P., De Asafspalmen hun samenhang en achtergrond (DNL.T), Kampen 1985.

SCHLEY, D.G., Shiloh: A Biblical City in Tradition and History (JSOTS 63), Sheffield 1989.

SCHMID, K., Schriftgelehrte Traditionsliteratur. Fallstudien zur innerbiblischen Schriftauslegung im Alten Testament (FAT 77), Tübingen 2011.

SCHNIEDEWIND, W.M., The Word of God in Transition: From Prophet to Exegete in the Second Temple Period (JSOTS 197), Sheffield 1995.

–, How the Bible Became a Book: The Textualization of Ancient Israel, Cambridge, U.K. – New York, NY 2004.

–, The Finger of the Scribe: How Scribes Learned to Write the Bible, Oxford – New York, NY 2019.

–, Northern Refugees in Jerusalem: The Case of Menaḥem, Son of Yawbana, in: V.D. Beiler & A.D. Rubin (eds.), Linguistic and Philological Studies of the Hebrew Bible and its Manuscripts. FS G.A. Rendsburg (SSN 75), Leiden – Boston, MA 2023, 262–269.

SCHNOCKS, J., Vergänglichkeit und Gottesherrschaft. Studien zu Psalm 90 und dem vierten Psalmenbuch (BBB 140), Berlin – Wien 2002.

SCHÜTTE, W., David, König Israels. Zum „Prophetenschweigen" im Deuteronomistischen Geschichtswerk, BZ 57 (2013) 97–110.

–, Israels Exil in Juda. Untersuchungen zur Entstehung der Schriftprophetie (OBO 279), Fribourg / Göttingen 2016.

SEIDEL, H., Die Trägergruppen alttestamentlicher Überlieferung, in: H.M. Niemann / M. Augustin / W.H. Schmidt (Hg.), Nachdenken über Israel, Bibel und Theologie. FS K.-D. Schunck (BEAT 37), Frankfurt a.M. 1994, 375–376.

SMITH, M.S., The Levitical Compilation of the Psalter, ZAW 103 (1991) 258–263.

SPIECKERMANN, H., Heilsgegenwart. Eine Theologie der Psalmen (FRLANT 148), Göttingen 1989.

–, Psalmen. Band 1: Psalm 1–49 (ATD 14), Göttingen 2023.

STEINBERG, J., Ketuvim – ihr Aufbau und ihre Botschaft (BBB 152), Hamburg 2006.

STRÜBIND, K., Tradition als Interpretation in der Chronik. König Josaphat als Paradigma chronistischer Hermeneutik und Theologie (BZAW 201), Berlin – New York, NY 1991.

TOEWS, W.I., Monarchy and Religious Institution in Israel under Jerobeam I (SBLMS 47), Atlanta, GA 1993.

TOURNAY, R.J., Voir et entendre Dieu avec les Psaumes ou la liturgie prophétique du second temple à Jérusalem (CRB 24), Paris 1988.

VAN DER TOORN, K., Scribal Culture and the Making of the Hebrew Bible, Cambridge, U.K. – London 2007.

VAN LEEUWEN, R.C., The Sage in the Prophetic Literature, in: G. Gammie / L.G. Perdue (eds.), The Sage in Israel and the Ancient Near East, Winona Lake, IN 1990, 295–306.

VAUGHN, A.G., Theology, History, and Archaeology in the Chronicler's Account of Hezekiah (ABSt 4), Atlanta, GA 1999.

– / KILLEBREW, A.E. (eds.), Jerusalem in Bible and Archaeology: The First Temple Period (SBLSymS 18), Atlanta, GA 2003.

WALTON, J.H., Psalms: A Cantata about the Davidic Covenant, JETS 34 (1991) 21–31.

WEBER, B., Psalm 77 und sein Umfeld. Eine poetologische Studie (BBB 103), Weinheim 1995 (digital: https://www.academia.edu/40122041 [eingesehen am 21. März 2023]).

–, „In Salem wurde sein Versteck …" Psalm 76 im Lichte literarischer und historischer Kontexte neu gelesen, BN 97 (1999) 85–103.

–, Zur Datierung der Asaph-Psalmen 74 und 79, Bib. 81 (2000) 521–532; Neuausgabe in: Ders., „Wie ein Baum, eingepflanzt an Wasserrinnen" (Psalm 1,3). Beiträge zur Poesie und Theologie von Psalmen und Psalter für Wissenschaft und Kirche (hg. von T. Uhlig; ABIG 41), Leipzig 2014, 187–200.

–, Psalm 78: Geschichte mit Geschichte deuten, ThZ 56 (2000) 193–214; überarbeitete Neuausgabe in: Ders., „Wie ein Baum, eingepflanzt an Wasserrinnen" (Psalm 1,3).

Beiträge zur Poesie und Theologie von Psalmen und Psalter für Wissenschaft und Kirche (hg. von T. Uhlig; ABIG 41), Leipzig 2014, 223–246.

–, Der Asaph-Psalter – eine Skizze, in: B. Huwyler / H.-P. Mathys / B. Weber (Hg.), Prophetie und Psalmen. FS K. Seybold (AOAT 280), Münster 2001, 117–141; Neuausgabe in: Ders., „Wie ein Baum, eingepflanzt an Wasserrinnen" (Psalm 1,3). Beiträge zur Poesie und Theologie von Psalmen und Psalter für Wissenschaft und Kirche (hg. von T. Uhlig; ABIG 41), Leipzig 2014, 363–391.

–, In Richtung einer biblischen Theologie. Vorstellung einer kürzlich erschienenen Monographie von Julius Steinberg samt einigen anschließenden Erwägungen, JETh 21 (2007) 229–237.

–, Asaf – ein Name, seine Träger und ihre Bedeutung in biblischen Zeiten, in: M. Witte / J.F. Diehl (Hg.), Orakel und Gebete. Interdisziplinäre Studien zur Sprache der Religion in Ägypten, Vorderasien und Griechenland in hellenistischer Zeit (FAT II/38), Tübingen 2009, 235–259.

–, „Asaf" und „Jesaja". Eine komparatistische Studie zur These von Tempelsängern als für Jesaja 40–66 verantwortlichem Trägerkreis, OTE 22 (2009) 456–487.

–, Von der Psaltergenese zur Psaltertheologie: Der nächste Schritt der Psalterexegese?! Einige grundsätzliche Überlegungen zum Psalter als Buch und Kanonteil, in: E. Zenger (ed.), The Composition of the Book of Psalms (BETL 238), Leuven 2010, 733–744; Neuausgabe in: Ders., „Wie ein Baum, eingepflanzt an Wasserrinnen" (Psalm 1,3). Beiträge zur Poesie und Theologie von Psalmen und Psalter für Wissenschaft und Kirche (hg. von T.Uhlig; ABIG 41), Leipzig 2014, 65–77.

–, Werkbuch Psalmen III. Theologie und Spiritualität des Psalters und seiner Psalmen, Stuttgart 2010.

–, Gottesrede in „Asaph-Texten", OTE 25 (2012) 737–760.

–, „An dem Tag, als Jhwh ihn rettete aus der Hand aller seiner Feinde und aus der Hand Sauls" (Ps 18,1). Erwägungen zur Anordnung der biographischen Angaben zu David im Psalter, VT 64 (2014) 284–304.

–, Werkbuch Psalmen II. Die Psalmen 73 bis 150, Stuttgart ²2016 (2003).

–, Verbindungslinien von den Psalmen Asaphs (Ps 50; 73–83) zu den Psalmen im Psalterteilbuch IV, in: F.-L. Hossfeld / J. Bremer / T.M. Steiner (Hg.), Trägerkreise in den Psalmen (BBB 178), Göttingen 2017, 97–131.

–, „Asaph Meets Hosea". Verbindungen zwischen Hosea-Schrift und Asaph-Psalmen, ausgehend von „Kriegsbogen"-Formulierungen, OTE 32 (2019) 538–605.

–, Moses, David and the Psalms: The Psalter in the Horizon of the „Canonical" Books, RivBib 68 (2020) 187–212.

–, Mose-Lied (Dtn 32,1–43) und Asaph-Psalmen (Ps 50; 73–83). Untersuchungen zu ihrem Verhältnis, ZABR 27 (2021) 257–309.

WEINGART, K., Stämmevolk – Staatsvolk – Gottesvolk? Studien zur Verwendung des Israel-Namens im Alten Testament (FAT II/68), Tübingen 2014.

–, Juda als Sachverwalter Israels. Geschichtstheologie nach dem Ende des Nordreichs in Hos 13 und Ps 78, ZAW 127 (2015) 440–458.

WEIPPERT, M., Historisches Textbuch zum Alten Testament (GAT 10), Göttingen 2010.

WENHAM, G.J., Psalms as Torah: Reading Biblical Songs Ethically (Studies in Theological Interpretation), Grand Rapids, MI 2012.

WILLI, T., Chronik. 1. Teilband 1,1–10,4 (BKAT XXIV/1), Neukirchen-Vluyn 2009.

–, Evokation und Bekenntnis. Art und Ort der chronistischen Vokal- und Instrumentalmusik, in: C. Karrer-Grube et. al. (Hg.), Sprachen – Bilder – Klänge. Dimensionen der Theologie im Alten Testament und in seinem Umfeld. FS R. Bartelmus (AOAT 359), Münster 2009, 351–361.

–, Die Völkerwelt in den Chronikbüchern, in: M. Pietsch / F. Hartenstein (Hg.), Israel zwischen den Mächten. FS S. Timm (AOAT 364), Münster 2009, 437–453.

WILLI-PLEIN, I., Palast, Gotteshaus oder Räuberhöhle. Erwägungen zum Tempelwort des Jeremia, in: Dies., Davidshaus und Prophetie. Studien zu den Nebiim (hg. von F. Hartenstein / U. Neumann-Gorsolke / M. Pietsch; BThSt 127), Neukirchen-Vluyn 2012, 183–210.

WILSON, G.H., The Editing of the Hebrew Psalter (SBLDS 76), Chico, CA 1985.

WITTE, M., From Exodus to David – History and Historiography in Psalm 78, in: N. Calduch-Benages / J. Liesen (eds.), History and Identity: How Israel's Later Authors Viewed Its Earlier History (DCLY), Berlin – New York, NY 2006, 21–42.

YOUNG, R.A., Hezekiah in History and Tradition (VT.S 155), Leiden – Boston, MA 2012.

YOUNGER, K.L., Assyrian Involvement in the Southern Levant at the End of the Eigth Century B.C.E., in: A.G. Vaughn / A.E. Killebrew (eds.), Jerusalem in Bible and Archaeology: The First Temple Period (SBLSymS 18), Atlanta, GA 2003, 235–263.

ZENGER, E., Das Buch der Psalmen, in: Ders. et al., Einleitung in das Alte Testament (hg. von C. Frevel; KStTh 1,1), Stuttgart [8]2012, 428–452.

Veröffentlichungen des Verfassers zu den Asaph-Psalmen

Vor der Zusammenstellung der eigenen Veröffentlichungen zu den Asaph-Psalmen ist auf die umfangreiche digitale Psalmen- und Psalter-Bibliographie hinzuweisen, die allgemein zugänglich ist und regelmässig aktualisiert wird: BiblioPss1990ff.: Bibliography of Psalms and the Psalter. In Conjunction with the History of Interpretation and Application of Psalms since 1990: https://www.academia.edu/5910732 (zuletzt eingesehen am 23. März 2023). Studien zu den Asaph-Psalmen findet man dort namentlich unter den Rubriken I.3. (einzelne Psalmen: Ps 50; 73–83), I.4.a (Teilbücher I–III) und I.5. (Gesamtkomposition, Themen, Theologie). Am besten lädt man die Datei auf den eigenen Computer und sucht im PDF mit der Suchfunktion nach den gewünschten Stichwörtern (z.B. Asaph, Asaf, Ps 50, Ps 73, Ps 74 etc.).

–1999

1. Wo ist ein Gott gross wie JAHWE?! Sprachstil, Struktur und Tradition in Psalm 77, Basel 1989 [unveröffentlichte Akzessarbeit im Fach Altes Testament, Theologische Fakultät, Universität Basel].
2. Psalm 77 und sein Umfeld. Eine poetologische Studie (Bonner Biblische Beiträge 103), Weinheim: Beltz Athenäum 1995 [Diss. theol. Universität Basel, für die Publikation leicht überarbeitet. Inzwischen vergriffen → eingescannt und digital zugänglich mit download-Option unter: https://www.academia.edu/40122041 (eingesehen am 23. März 2023)].
3. „In Salem wurde sein Versteck ...“ Psalm 76 im Lichte literarischer und historischer Kontexte neu gelesen, Biblische Notizen 97 (1999) 85–103; → I.2 in diesem Band (überarbeitet).

2000–2009

4. Psalm 78: Geschichte mit Geschichte deuten, Theologische Zeitschrift 56 (2000) 193–214; → 18., darin Beitrag 10. (überarbeitet), 223–246.
5. Psalm 83 als Einzelpsalm und als Abschluss der Asaph-Psalmen, Biblische Notizen 103 (2000) 64–84; → 18., darin Beitrag 12. (überarbeitet), 258–281.
6. Zur Datierung der Asaph-Psalmen 74 und 79, Biblica 81 (2000) 521–532: → 18., darin Beitrag 8. (überarbeitet), 197–200.
7. Der Asaph-Psalter – eine Skizze, in: Beat Huwyler / Hans-Peter Mathys / Beat Weber (Hg.), Prophetie und Psalmen. FS für Klaus Seybold (Alter Orient und Altes Testament 280), Münster: Ugarit-Verlag 2001, 117–141; → 18., darin Beitrag 17. (überarbeitet), 363–391.
8. Akrostichische Muster in den Asaph-Psalmen, Biblische Notizen 113 (2002) 79–94; → II.2 in diesem Band (überarbeitet).
9. Prophetische Predigt im Asaph-Psalm 81, Jahrbuch für evangelikale Theologie 17 (2003) 35–44; → 18., darin Beitrag 11. (überarbeitet), 247–257.
10. „Es sahen dich die Wasser – sie bebten ...“ (Ps 77:17b). Die Funktion mythopoetischer Sprache im Kontext von Psalm 77, Old Testament Essays 19 (2006)

261–280 [englischsprachige Fassung → 12.]; → 18., darin Beitrag 9. (überarbeitet), 201–222.

11. Psalm 78 als „Mitte" des Psalters? – ein Versuch, Biblica 88 (2007) 305–325; → 18., darin Beitrag 18. (überarbeitet), 392–411.

12. „They Saw You, the Waters—They Trembled" (Psalm 77:17b): The Function of Mytho-poetic Language in the Context of Psalm 77, in: Dirk J. Human (ed.), Psalms and Mythology (Library of Hebrew Bible / Old Testament Studies 462), New York, NY – London: T & T Clark 2007, 104–125 [deutschsprachige Fassung → 10.].

13. Asaf / Asafiten / Asafpsalmen, in: Das wissenschaftliche Bibellexikon im Internet (www.wibilex.de) 2008: https://bibelwissenschaft.de/stichwort/13961 (eingesehen am 7. Dezember 2023).

14. Asaf – ein Name, seine Träger und ihre Bedeutung in biblischen Zeiten, in: Markus Witte / Johannes F. Diehl (Hg.), Orakel und Gebete. Interdisziplinäre Studien zur Sprache der Religion in Ägypten, Vorderasien und Griechenland in hellenistischer Zeit (Forschungen zum Alten Testament II/38), Tübingen: Mohr Siebeck 2009, 235–259; → II.1 in diesem Band (überarbeitet).

15. „Asaf" und „Jesaja". Eine komparatistische Studie zur These von Tempelsängern als für Jesaja 40–66 verantwortlichem Trägerkreis, Old Testament Essays 22 (2009) 456–487; → III.4 in diesem Band (überarbeitet).

2010–2019

16. Werkbuch Psalmen III. Theologie und Spiritualität des Psalters und seiner Psalmen, Stuttgart: Kohlhammer 2010 [darin Seiten 166–171.195–197 zu Asaph-Psalmen].

17. Gottesrede in „Asaph-Texten", Old Testament Essays 25 (2012) 737–760; → II.3 in diesem Band (überarbeitet).

18. Wie ein Baum, eingepflanzt an Wasserrinnen" (Psalm 1,3). Beiträge zur Poesie und Theologie von Psalmen und Psalter für Wissenschaft und Kirche (hg. von Torsten Uhlig; Arbeiten zur Bibel und ihrer Geschichte 41), Leipzig: Evangelische Verlagsanstalt 2014 [erster Sammelband zu Psalmen und Psalter mit überarbeiteten Beiträgen u.a. → 4., 5., 6., 7., 9., 10., 11. Inzwischen vergriffen (aber erhältlich unter LOGOS-Software: https://www.logos.com, eingesehen am 8. Dezember 2023). Ob ein Neuabdruck in Print und/oder der Sammelband digital zugänglich gemacht wird unter: https://www.academia.edu/5911258 (eingesehen 13. Dezember 2023), ist derzeit in Diskussion].

19. Gemeinsam mit Benjamin Kilchör: „Unser Gott kommt ...!" (Ps 50,3). Psalm 50 und sein Setting im Lichte aufgenommener Überlieferungen, Old Testament Essays 27 (2014) 1084–1111; → I.1 in diesem Band (überarbeitet).

20. Werkbuch Psalmen I. Die Psalmen 1 bis 72, Stuttgart: Kohlhammer ²2016 (2001) [darin Seiten 228–232 zu Ps 50].

21. Werkbuch Psalmen II. Die Psalmen 73 bis 150, Stuttgart: Kohlhammer ²2016 (2003) [darin Seiten 15–84 zu Ps 73–83].

22. Werkbuch Psalmen I–III (eBook). Band 1: Die Psalmen 1 bis 72; Band 2: Die Psalmen 73–150; Band 3: Theologie und Spiritualität des Psalters und seiner Psalmen, Stuttgart: Kohlhammer 2016 [digitale Gesamtausgabe der drei

Bände; darin I:228–232 zu Ps 50; II: 15–84 zu Ps 73–83; III: 166–171.195–197 zu Asaph-Psalmen].

23. Verbindungslinien von den Psalmen Asaphs (Ps 50; 73–83) zu den Psalmen des Psalterteilbuchs IV (Ps 90–106). Erwägungen zu einem asaphitischen Trägerkreis, in: Frank-Lothar Hossfeld / Johannes Bremer / Till Magnus Steiner (Hg.), Trägerkreise in den Psalmen (Bonner Biblische Beiträge 178), Göttingen: V&R unipress / Bonn University Press 2017, 97–131; → III.1 in diesem Band (überarbeitet).

24. Asaph im Psalter und in der Chronik. Erwägungen zu „Schnittstellen", Trägerkreisen und Traditionsprozessen, in: Friedhelm Hartenstein / Thomas Willi (Hg.), Psalmen und Chronik (Forschungen zum Alten Testament II/107), Tübingen: Mohr Siebeck 2019, 343–378; → III.5 in diesem Band (überarbeitet).

25. „Asaph Meets Hosea". Verbindungen zwischen Hosea-Schrift und Asaph-Psalmen, ausgehend von „Kriegsbogen"-Formulierungen, Old Testament Essays 32 (2019) 578–605 (FS für Phil J. Botha); → III.3 in diesem Band (überarbeitet).

2020–

26. Mose-Lied (Dtn 32,1–43) und Asaph-Psalmen (Ps 50; 73–83). Untersuchungen zu ihrem Verhältnis, Zeitschrift für Altorientalische und Biblische Rechtsgeschichte 27 (2021) 257–309; → III.2 in diesem Band (überarbeitet).

27. „Ich will auftun zum Gleichnis meinen Mund …" (Ps 78,2). Psalm 78 und seine Deutung der Gegenwart mit Hilfe der Vergangenheit; → I.3 in diesem Band (Erstveröffentlichung).

28. „Psalm 81: Auf Jhwh hören! → I.4 in diesem Band (Erstveröffentlichung).

29. „Neigt euer Ohr zu den Worten meines Mundes!" (Psalm 78,1). Studien zu den Asaph-Psalmen (Österreichische Biblische Studien 57), Lausanne – Berlin: Lang 2024 [darin die überarbeiteten Beiträge → 3., 8., 14., 15., 17., 19., 23., 24., 25., 26. und die neuen Beiträge → 27., 28.].

30. „Please Open Your Ear, My people, to My Torah …!": What Psalm 78 Wants to Say to Whom, in: David Davage / Lena-Sofia Tiemeyer (eds.), Song, Prayer, Scripture: Aspects of the Use of the Book of Psalms from the Hebrew Bible to the 21st Century (Library of Hebrew Bible / Old Testament Studies), London – New York, NY: T & T Clark 2024, forthcoming.

31. Monocola, Ambiguity and Propositional Density: Poetic Art, Technique and Rhetoric in Psalm 81, Journal of Northwest Semitic Languages 51.1 (2025) forthcoming.

Hinweis: *Die aufgeführten Werke 16., 18., 20. und 21. (22.) sind derzeit (auch) in der Bibelsoftware LOGOS implementiert und können dort erworben und genutzt werden* (vgl. https://www.logos.com; https://faithlife.com [eingesehen am 8. Dezember 2023]).

ÖSTERREICHISCHE BIBLISCHE STUDIEN

Herausgegeben von Georg Braulik

Band 1 bis 13 sind erschienen im Verlag Österreichisches Katholisches Bibelwerk.

Band   1   Wilhelm Egger: Nachfolge als Weg zum Leben. Chancen neuerer exege-
tischer Methoden, dargelegt an Mk 10, 17–31. (vergriffen)

Band   2   Herbert Migsch: Gottes Wort über das Ende Jerusalems. Eine literar-,
stil- und gattungskritische Untersuchung des Berichtes Jeremia 34, 1–7;
32, 2–5; 37, 3–38, 28.

Band   3   Walter Kirchschläger: Jesu exorzistisches Wirken aus der Sicht des
Lukas. Ein Beitrag zur lukanischen Redaktion.

Band   4   Roland Schwarz: Bürgerliches Christentum im Neuen Testament?
Eine Studie zu Ethik, Amt und Recht in den Pastoralbriefen.

Band   5   Roman Kühschelm: Jüngerverfolgung und Geschick Jesu. Eine exege-
tisch-bibeltheologische Untersuchung der synoptischen Verfolgungs-
ankündigung Mk 13, 9–13 par und Mk 23, 29–36 par.

Band   6   Ryszard Rubienkiewicz: Die Eschatologie von Henoch 9–11 und das
Neue Testament (aus dem Polnischen übersetzt von Herbert Ulrich).

Band   7   Birgit Langer: Gott als "Licht" in Israel und Mesopotamien. Eine Studie
zu Jes 60, 1–3, 19f.

Band   8   Gerhard Langer: Von Gott erwählt – Jerusalem. Die Rezeption von Dtn
12 im frühen Judentum.

Band   9   Ursula Struppe: Die Herrlichkeit Jahwes in der Priesterschrift. Eine
semantische Studie zu kebôd YHWH.

Band   10   Ingeborg Gabriel: Friede über Israel. Eine Untersuchung zur Friedens-
theologie in Chronik I 10 - II 36.

Band   11   Gottfried Glaßner: Vision eines auf Verheißung gegründeten Jerusalem. Textanalytische Studien zu Jesaja 54.

Band   12   Martin Stowasser: Johannes der Täufer im Vierten Evangelium. Eine
Untersuchung zu seiner Bedeutung für die johanneische Gemeinde.

Band   13   Michael Weigl: Zefanja und das "Israel der Armen". Eine Untersuchung
zur Theologie des Buches Zefanja.

Seit 1996 erscheint die Schriftenreihe bei der Peter Lang GmbH, Internationaler Verlag der Wissenschaften in Berlin.

Band   14   Alfred Friedl: Das eschatologische Gericht in Bildern aus dem Alltag.
Eine exegetische Untersuchung von Mt 24, 40f par Lk 17, 34f. 1996.

Band   15   Herbert Migsch: Jeremias Ackerkauf. Eine Untersuchung von Jeremia
32. 1996.

Band   16   Gianni Barbiero: Das erste Psalmenbuch als Einheit. Eine synchrone
Analyse von Psalm 1–41. 1999.

Band   17   Reginaldo Gomes de Araújo: Theologie der Wüste im Deuteronomium.
1999.

www.peterlang.com